Kreation und Leitung Hans Höfer

A P A
GUIDES

THAILAND

Herausgegeben von Star Black
Überarbeitet von Steve Van Beek
Fotografiert von Luca Invernizzi Tettoni

Deutsche Redaktion Dieter Vogel

RV Reise- und Verkehrsverlag

APA PUBLICATIONS

A P A
GUIDES

Titel in deutscher Sprache

LÄNDER & REGIONEN

Ägypten
Argentinien
Australien
Bali
Bretagne
Burma
China
Elsaß
Florida
Frankreich
Griechenland
Griechische Inseln
Großbritannien
Hawaii
Hong Kong
Indien
Indonesien
Irland
Israel
Italien
Jamaika
Jemen
Kalifornien
Kanada
Kanalinseln
Kenia
Korea
Kreta
Malaysia
Marokko
Mexiko
Nepal
Neuseeland
New York
Philippinen
Portugal
Schottland
Singapur
Spanien
Sri Lanka
Taiwan
Teneriffa
Thailand
Toskana
Türkei
Ungarn
USA Südwest
USA

STÄDTE–CITYGUIDES

Bangkok
Berlin
Florenz
Istanbul
Jerusalem
Lissabon
London
München
Paris
Peking
Prag
Rio
Rom
San Francisco
Sydney
Venedig
Wien

APA–SPECIALS

Ostafrika Safari
Ostasien
Rhein, Der
Südasien
Wasserwege in Westeuropa

Titel in englischer Sprache

COUNTRIES & REGIONS

Alaska
Alsace
American Southwest
Argentina
Australia
Bahamas
Bali
Barbados
Brazil
Brittany
Burma
California
California, Northern
California, Southern
Canada
Caribbean
(The Lesser Antilles)
Channel Islands
China
Egypt
Florida
France
The Gambia/Senegal
Germany
Gran Canaria
Great Britain
Greece
Greek Islands
Hawaii
Hong Kong
Hungary
India
Indonesia
Ireland
Israel
Italy
Jamaica
Kenya
Korea, Republic of
Malaysia
Mallorca & Ibiza
(incl. Menorca & Formentera)
Mexico
Morocco
Nepal
New England
New York State
New Zealand
Pacific Northwest, The
Pakistan
Philippines
Portugal
Provence
Puerto Rico
Rajasthan
Rockies, The
Scotland
Spain
Sri Lanka
Sweden
Taiwan
Tenerife
Texas
Thailand
Trinidad and Tobago
Turkey
Tuscany
Wales

CITYGUIDES

Bangkok
Beijing
Berlin
Buenos Aires
Calcutta
Dublin
Edinburgh
Florence
Istanbul
Jerusalem
Lisbon
London
Melbourne
Munich
Paris
Prague
Rio de Janeiro
Rome
San Francisco
Singapore
Sydney
Venice
Vienna

INSIGHT SPECIALS

Continental Europe
Crossing America
East African Wildlife
East Asia
Indian Wildlife
Rhine, The
South America
South Asia
Waterways of Europe

THAILAND

RV Reise - und Verkehrsverlag GmbH
Berlin/Gütersloh/Leipzig/München/Potsdam/Stuttgart
Vertrieb: GeoCenter Verlagsvertrieb GmbH, München
Thailand ISBN: 3-575-21344-5
Printed in Singapore by Höfer Press Pte Ltd

ZU DIESEM BUCH

Im Laufe von nur wenigen Jahren hat sich Thailand, einstmals exotisches Reiseziel eines kleinen Kreises anspruchsvoller Weltenbummler, zu einem der beliebtesten Urlaubsziele Asiens entwickelt. Wie könnte es auch anders sein. Der Reiz des Landes und warmherzige, gastfreundliche Menschen wirken wie ein Magnet auf jene, die zum erstenmal kommen, aber auch auf die, die es immer wieder hierher zieht. Seien es die wundervollen Tempelanlagen oder das Flair einer Metropole wie Bangkok, stille Berglandschaften im Norden oder traumhafte Strände im Süden – Thailand schlägt jeden in seinen Bann.

Der vorliegende *Apa Guide Thailand* wurde für ein internationales Reisepublikum geschrieben und beschäftigt sich sowohl mit der Geschichte des Landes als auch mit zeitgenössischen Entwicklungen. Abgerundet wird der Band durch eine ganz außergewöhnliche Bebilderung. Die Idee für diese Art des Reisejournalismus stammt von **Hans Höfer**, dem Gründer von Apa Publications. Bereits 1970 kam der vielgerühmte *Apa Guide Bali* quasi als Prototyp auf den Markt. Mittlerweile sind gut 100 deutschsprache Titel erhältlich, die eine komplette Reisebibliothek darstellen.

Es ist das Markenzeichen der Apa Guides, für jedes Buch die besten verfügbaren Autoren und Fotografen auszuwählen, die das jeweilige Land wie ihre Westentasche kennen. Außerdem wird jedes Projekt von einem eigenverantwortlich arbeitenden Herausgeber betreut. Zum ursprünglichen Team des vorliegenden Bandes gehörten Hans Höfer, Star Black und William Warren, ein seit langem in Bangkok heimischer Amerikaner. Während das Buch einerseits von den Beobachtungen Warrens über Bangkok und die Komplexität der thailändischen Kultur lebt, haben sich Höfer und Black im Süden, Nordwesten, Osten und Nordosten des Landes genauestens umgeschaut und dabei mehr als 30 000 Kilometer zurückgelegt.

Die Notizbücher füllten sich. Doch damit nicht genug. Auch andere Autoren mit profunden Kenntnissen des Landes stießen dazu: **Marcus Brooke**, **Robert Borrows**, **Jerry Dillon**, **Nancy Grace**, **Frank Green**, **John Stirling** und **Tony Wheeler**. Priya Rangsit, die Urenkelin von König Chulalongkorn, wurde damit betraut, einen sachkundigen Essay zur Geschichte Thailands zu schreiben. David DeVoss, Aporanee Buatong und Kultida Wongsawatdichart waren für die Aktualisierung und Überarbeitung von Text und Kurzführer verantwortlich.

Wir schreiben das Jahr 1991, und es hat sich viel getan in Thailand. Um den veränderten Gegebenheiten Rechnung zu tragen, baten wir **Steve Van Beek**, Herausgeber und Autor des *Apa City Guide Bangkok*, ein Buch, das 1989 als bestes Reisebuch über Asien PATA-Preisträger war, unseren Thailand-Reiseführer zu aktualisieren und zu ergänzen. Als Ergebnis haben Sie praktisch ein neues Buch in Händen.

Van Beek lebt schon seit langem in Bangkok und hat zahlreiche Bücher und Filme über Thailand gemacht, wie etwa *The Arts of Thailand*. Er schreibt regelmäßig für *International Herald Tribune* sowie für asiatische und europäische Zeitschriften. Auch für das Projekt der Apa Pocket Guides konnte er gewonnen werden, und er verfaßte die Reiseführer für Phuket und Chiang Mai.

Eine Bereicherung der besonderen Art stellen die Talente des Fotografen **Luca Invernizzi Tettoni** dar, der ebenfalls in Bang-

Van Beek

Tettoni

Black

Rangsit

kok zu Hause ist und zusammen mit Van Beek schon einige andere Bücher produziert hat. Das Gros der Fotos in diesem Reiseführer stammt von ihm.

Die Kalifornierin **Star Black** schloß am Wellesley College ihre Studien in Kunst und Englischer Literatur ab, ehe sie sich in Bangkok niederließ, Südostasien ausgiebig bereiste und ihren ersten Apa Guide verfaßte. Mittlerweile lebt sie wieder in den USA, wo sie als freiberufliche Fotografin in New York arbeitet. Die Bebilderung des Buches *Texas Boots*, erschienen bei Penguin-Viking, ist das Werk Blacks.

William Warren, einer der bestinformierten *farangs* (Ausländer) in Bangkok, arbeitet dort als freier Autor und Journalist. Er veröffentlicht regelmäßig Aufsätze zum Themenbereich Asien und hat Bücher wie *The Legendary American* oder *The House on the Klong* verfaßt, die sich mit dem Leben und der Kunstsammlung Jim Thompsons beschäftigen, jenem Pionier, der die Thaiseide international marktfähig machte.

M.R. Priyanandana Rangsit besuchte die School of Oriental and African Studies an der Universität London, wo sie Sanskrit sowie die Geschichte Südostasiens und Indiens mit Schwerpunkt Alte Geschichte belegt hatte. Priya ist freie Autorin, deren Arbeiten in *The Bangkok Post*, *The Nation*, *Vogue Magazine* (London), in *Monarchist* und im *Taj Magazine* (Bombay) erscheinen. Rangsit stammt aus einer der ältesten Literaten-Familien Thailands: Ihr Großvater, Prinz Krom Muen Bidyalongkorn, galt als Hofdichter des Königreichs, während ihre Mutter, V. na Pramuenmarg, eine Romanschriftstellerin war.

David DeVoss, der frühere Redaktionschef von *Time* in Bangkok, kam 1972 zum erstenmal nach Asien, als er zu *Time* ins damalige Saigon ging. Später arbeitete er dann in Hongkong. 1981 zog er nach Bangkok um, eine Stadt, die er seit 1978 gut fünfzigmal besucht hatte. Bei der Herstellung des Apa Guide Thailand, Ausgabe 1982, standen ihm **Aporanee (Oi) Buatong** und **Kultida Wongsawatdichart** zur Seite, der damals den Kurzführer aktualisiert hatte. Aporanee, Absolvent der Chulalongkorn-Universität in Englischer Literatur, hatte in den USA ein Fulbright-Stipendium erhalten. Wongsawatdichart arbeitete als Reporter und Redaktionsassistent bei *Time* in Bangkok.

Charles Levine, der die Beiträge zum ursprünglichen Apa Guide Thailand zu koordinieren hatte, war zwei Jahre lang beim Friedenskorps in Indien tätig, ehe er sich in Bali niederließ. Anschließend arbeitete er in Singapur als leitender Redakteur mit McGraw-Hill und Apa Publications zusammen.

Auch **John Gottberg Anderson** und **Yvan Van Outrive** schulden wir für unschätzbare Hilfe beim Aktualisieren der Daten Dank, ebenso wie den Mitarbeitern der Tourism Authority of Thailand, des Hotels Montien und des Thailändischen Konsulats in Singapur. Nicht zu vergessen **General E. Black**, **Per Bang-Jensen**, **James Stanton**, **Henry Aronson**, **Leonard Lueras**, **Patrick (Shrimp) Gauvain** und **Sam Chan** sowie den vielen Ungenannten, die die Produktion dieses Buches erst möglich gemacht haben.

Die deutsche Übersetzung der auf den neuesten Stand gebrachten englischen Ausgabe besorgten **Andrea Gensicke** (Kurzführer), **Petra Pyka**, **Hanni Schicke** und **Anna Vujevic**. Für Redaktion und Satzarbeiten war **Manfred Jansen** verantwortlich, der das Projekt in knapp zwei Monaten über die Bühne brachte.

– Apa Publications

De Voss

Buatong

Van Outrive

Levine

INHALT

DER NORDOSTEN

DIE OSTKÜSTE DES GOLFS

DER SÜDEN

KARTEN

KURZFÜHRER

Das Land

Thailand übt eine unwiderstehliche Anziehungskraft auf Abenteurer und Unternehmer aus, seit es vor gut tausend Jahren von den Völkern des Ostens und im 16. Jahrhundert von den Europäern entdeckt wurde. Vielfältige Bodenschätze, ideale Anbaubedingungen, die Schönheiten der Natur, eine eindrucksvolle kulturelle Tradition, die ihren Niederschlag in Architektur und Kunst findet, sowie warmherzige, gastfreundliche Menschen – all das trägt dazu bei, daß Jahr für Jahr mehr Besucher ins Land strömen: allein 1989 waren es fast fünf Millionen.

Doch traditionelle Reize sind nur die eine Seite der Medaille. Thailand erlebt momentan eine Phase des Übergangs, wandelt sich zusehends vom Entwicklungsland zur Industrienation, und zwar mit einer Vehemenz, die das Gesicht von Stadt und Land gleichermaßen verändert. Die Geschichte des Landes ist geprägt von konsequentem Einzelgängertum und einem Pragmatismus, durch den es gelungen ist, auf der Grundlage einer verantwortungsvollen Finanzpolitik und der Überzeugung, den Kurs selbst zu bestimmen, für stabile wirtschaftliche Verhältnisse zu sorgen. Deshalb mußte Thailand nie das Schicksal einer Kolonie erdulden, und auf dem Weg in die Zukunft hat man die eigenen Wurzeln nie vergessen.

Während der Wandel zwar allenthalben spürbar wird, ist hierzulande, verglichen mit Völkern, die einen ähnlichen Kurs eingeschlagen haben, doch vieles anders. Die Schönheit der Natur ist nach wie vor ungetrübt: gepflegte Strände, grüne Reisfelder, bewaldete Hügelketten. Und auch in der Stadt – mag sie noch so modern sein – begegnet man in den Tempeln, Palästen und im kulturellen Erbe auf Schritt und Tritt der Vergangenheit.

Natürlich ist dies nicht immer sofort erkennbar, schon gar nicht in einer Metropole wie Bangkok, die mit ihrer Hektik das Nervenkostüm des Besuchers arg strapaziert: „Das soll das exotische Asien sein, von dem ich geträumt habe? Die Stadt ist doch der Wahnsinn, von Stadtplanung keine Spur!" Schon. Aber auch hier gilt, daß die Schönheit Thailands oft nur ein paar Schritte entfernt beginnt, versteckt. Die Mühe lohnt sich!

Der springende Punkt sind denn auch die Menschen, die ihrem eigenen Rhythmus folgen und das Leben genießen wollen, anstatt immer nur zu arbeiten. Trotz moderner Maschinen sind etwa in den bäuerlichen Gemeinschaften die alten Traditionen lebendig geblieben. Für den Besucher bedeutet das, daß es viel zu sehen und zu erleben gibt, auch wenn die Zeit natürlich nicht stehenbleibt.

Bangkok – quasi ein Stadtstaat, der mit dem Rest des Landes kaum etwas gemein hat – ist die Pforte Thailands nach draußen, Sitz der Regierung und des Monarchen sowie Zentrum der Geschäftswelt. Außerhalb gedeiht der Reis auf den Feldern, finden sich Dörfer, Plantagen und Wälder. Die zweitgrößte Stadt ist Chiang

Vorherige Seiten: Ständchen am Geburtstag des Königs vor der Riesenschaukel. Alter Druck mit Touristen vor einem Erfrischungsstand. Kontraste. Fruchtbares Tal am Doi Inthanon. Links: Verwaltungsbeamte mit Geschenken auf dem Weg zu einem Kloster in Lampang.

Mai mit gut 150 000 Einwohnern. Sieben Achtel der Bevölkerung leben auf dem Land und in kleineren Städten, davon finden fast 70 Prozent ihr Auskommen in der Landwirtschaft.

Die Geographie des Landes zeichnet sich durch unglaubliche Vielfalt aus: Auf einer Fläche von über 513 000 Quadratkilometern stößt man zwischen dem 6. und 20. Breitengrad nördlich des Äquators auf tropischen Regenwald, gewaltige Reisanbauflächen und bewaldete Hügellandschaften.

Das Land ist mit reichen Bodenschätzen gesegnet. Zur Flora und Fauna der tropischen Regenwälder gehören unter anderem schillernde Eisvögel, Sittiche, Fasane, Flughörnchen und Flugdrachen, Gibbons, Dutzende von Schlangenarten, Hunderte von Schmetterlingsarten und fast tausend verschiedene Orchideenarten. Früchte wachsen in Hülle und Fülle, und zwar entweder wild im Dschungel oder in Familiengärten und Plantagen: 30 verschiedene Bananen- und Kochbananensorten, Kokosnüsse, Durianfrüchte, Orangen, Limonen, Zimtäpfel, Mango, Papaya, Brotfrucht, Mangostanen, Rambutan, Litschi, Longan, Jackfruit und andere mehr.

In geographischer Hinsicht finden wir im Süden eine 2600 Kilometer lange Küstenlinie, während im Norden an den Grenzen zu Burma und Laos – einem Gebiet, in dem im Bergland Teakhölzer und in den Tälern Reis, Obstbäume und Gemüse gedeihen – eine Höhe von bis zu 2596 Metern erreicht wird.

Kerngebiet des Nordostens ist das trockene Khoratplateau, wo die Bauern dem Boden Reis, Tapioka, Jute und andere zum Verkauf bestimmte landwirtschaftliche Produkte abringen. Die Grenze dieser Region, die kulturell enge Verbindungen zu Laos aufweist, bildet im Norden und Osten der Mekong.

In der Zentralregion verwandelt der Monsun die Landschaft in ein riesiges „Hydrokultur“-Becken, wo gewaltige Mengen Reis – Grundnahrungsmittel und Exportschlager schlechthin – angebaut werden. Auf dem Chao Phraya (Menam) werden Menschen und Lebensmittel nach Bangkok transportiert. Er führt Nährstoffe aus dem nördlichen Bergland mit sich, die bei Überschwemmungen in den Reisfeldern abgelagert werden.

Den Süden des Landes bildet eine langgezogene, bis nach Malaysia reichende Landzunge. Hier wechseln sich Gummi- und Palmenplantagen mit Reisfeldern und Obstbäumen ab, wobei naturgemäß der starke Einfluß Malaysias spürbar wird.

Thailand auf einen Blick

Fläche: 513 115 Quadratkilometer
Bevölkerung: 55 Millionen
Staatsform: Konstitutionelle Monarchie
Hauptstadt: Bangkok, 6 Millionen (offiziell), 8 Millionen (Agglomeration) Einwohner
Volksgruppen: 80 Prozent Thai, 10 Prozent Chinesen, 4 Prozent Malaien, 6 Prozent Lao, Mon, Khmer, Burmesen, Vietnamesen, Inder und Bergstämme
Religionen: Hinayana-Buddhismus (95 Prozent), Islam (4 Prozent), Christen (0,6 Prozent)
Höchste Erhebung: Doi Inthanon (2596 Meter)
Währung: Baht; 15 Baht entsprechen 1 DM (Stand Mai 1991)
Stromversorgung: 220 Volt Wechselstrom

Das Volk der Thai hat es verstanden, seine Unabhängigkeit in mehr als 800 Jahren andauernder Auseinandersetzungen zu verteidigen. Stolz verweist man darauf, als einziges Land in Südostasien niemals europäische Kolonie gewesen zu sein. Bürgerkriege kennt das Land ebenfalls nicht, obwohl über politische Themen leidenschaftlich gestritten wird. Als geschickte Diplomaten genießen die Thai den Respekt auch mächtigerer Länder. Zwar sind die Einflüsse von außen mannigfaltig, aber das Land konnte sich seine unverwechselbare Identität bewahren.

Thai bedeutet „frei" sein. Seit dem 12. Jahrhundert heißt das Land im Ausland zwar „Siam", die Thai selbst hielten jedoch an der Tradition fest, ihr Land nach der jeweiligen Hauptstadt Sukhothai, Ayutthaya usw. zu benennen. Im 19. Jahrhundert hieß das Königreich offiziell Siam, bis das Land infolge der Demokratisierung 1939 in Thailand umbenannt wurde.

Die Heimat der ersten Thai ist nicht mehr genau auszumachen. Sprachforscher haben die These aufgestellt, sie hätten ursprünglich im Südosten Chinas gelebt und seien von dort in die südlichste Provinz Chinas, ins heutige Yunnan, gezogen, wo sie Fuß faßten. Es kann auch sein, daß die Thai aus Thailand stammen, nach Norden zogen, aber von den Mongolen unter Kublai Khan wieder nach Süden gedrängt wurden.

Jedenfalls existierte im heutigen Thailand, vor allem im Tal des Chao Phraya, bereits eine Hochkultur, lange bevor die Thai ins Tal kamen.

Ban Chiang-Kultur: Die ersten Dokumente aus der Frühgeschichte machte durch Zufall im Zweiten Weltkrieg ein holländischer Kriegsgefangener, der für die Japaner an der „Todesbahn" Siam-Burma arbeitete, zugänglich. In der Westprovinz Kanchanaburi bei Ban Kao stieß er auf Steinwerkzeuge. Man entdeckte Höhlen aus dem Paläolithikum und Neolithikum, in denen reiche Schätze an Töpferwaren und Werkzeugen geborgen werden konnten.

Vorherige Seiten: ***Loy Kratong*** **in Chiang Mai – eine Augenweide. Abenteurer im 17. Jahrhundert. Links: Bronzeartefakte aus Ban Chiang.**

Wichtigste Fundstätte ist jedoch das Dörfchen Ban Chiang bei Udon Thani im Nordosten. Die systematischen Ausgrabungen förderten bemalte Töpfe, Juwelen, Bronze- und Eisenwerkzeuge zutage. Falls die Methoden der Thermolumineszenz exakt sind, fällt die Bronzezeit Thailands mit der Zweistromlandkultur im Euphrat-Tigris-Gebiet zusammen, ja könnte sogar älter als die europäische Bronzezeit sein.

Die Identität der Bewohner von Ban Chiang liegt noch im dunkeln. Archäologischen Kriterien zufolge bedeuten Keramikfunde, daß eine Kultur schon gut 2000 Jahre in der Entwicklung begriffen ist. Das Steingut in Ban Chiang ist etwa 5600 Jahre alt, die Besiedelung dauerte bis etwa 250 v. Chr., dann fehlen plötzlich sämtliche Spuren menschlicher Existenz. Man baute Reis an, hielt Haustiere und stellte schön verziertes Steingut mit einzigartigem Design her. Die rotbemalten Gefäße sind mit den Fingern spiralförmig verziert und fanden bei Begräbnissen als Opfergaben für die Toten ebenso Verwendung wie Ketten aus Glas und Halbedelsteinen. Ähnliche Funde machte man auch in der Umgebung von Ban Chiang.

Indischer Einfluß: Obwohl es keine entsprechenden Funde gibt, ist in alten Manuskripten davon die Rede, daß bereits im 3. Jahrhundert v. Chr. Völker indischer Herkunft hier siedelten.

Das *Mahavamsa,* die Chronik des singhalesischen Buddhismus, berichtet von Ashoka, dem indischen Herrscher (268-232 v. Chr.), der sich als erster Souverän zum Buddhismus bekannte. Ashoka soll zwei Missionare nach Suvannabhumi, ins „Land des Goldes", entsandt haben, ins heutige Südostasien. Als das Christentum auf den Plan trat, gab es bereits Seehandel zwischen Indien und Südthailand. Hinduistische Statuen, die im Süden an Flußmündungen gefunden wurden, lassen darauf schließen, daß hier seit dem 4. Jahrhundert Menschen leben.

Buddhismus und Hinduismus, feierliche Riten der Inder, Ikonographie, Gesetzestexte, kosmologische und architektonische Abhandlungen – all das haben die Herrscher Südostasiens übernommen und gemäß den eigenen Bedürfnissen und Vorlieben abgewandelt. Die Sprache der Höfe war Sanskrit, während der buddhistische Kodex in Pali verfaßt wurde. Es mögen um ihre Macht besorgte Stammesoberhäupter gewesen sein, die für diese kulturelle Vielfalt gesorgt haben, indem sie *Brahmanen* (Angehörige der indischen Priesterkaste) ins Land holten, um die eigene Position zu festigen.

Diese Entwicklung sorgte vor allem in Kambodscha für Veränderungen. Die Mon und die Khmer waren die ersten „indisierten“ Völker, die sich auf dem Gebiet des heutigen Thailands niederließen. Der Mon-Einfluß ist in der buddhistischen Kunst der Dvaravati-Zeit (6. bis 11. Jahrhundert) erkennbar, während das Volk der Khmer, das den berühmten Tempel von Angkor Wat errichtete, in den nordöstlichen Provinzen Thailands viele Tempelanlagen hinterließ. Archäologische Funde deuten darüber hinaus auf religiöse Siedlungen der Mon bei Lop Buri und Nakhon Pathom seit dem 7. Jahrhundert hin, was auf frühe Besiedelung durch eine Urbevölkerung schließen läßt.

Die Thai kommen: Zur Besiedelung Thailands in der Frühzeit gibt es mehrere Theorien. Eine davon besagt, daß etwa ab dem 10. Jahrhundert ein Volk aus Yunnan die Flüsse und Ströme entlang in die Hochtäler des südostasiatischen Flußsystems zog. Dort teilten sie sich auf. Die Shan (auch *Thai Yai*, „Große Thai“, genannt) gingen in das obere Burma, die Ahom-Thai ließen sich in Assam nieder, und eine dritte Gruppe siedelte in Laos, während eine vierte die Insel Hainan vor der vietnamesischen Küste bevölkerte.

Die größte Gruppe der *Thai Noi* („Kleine Thai“) siedelte zunächst im Norden des heutigen Thailand, und zwar bei Chiang Saen und in den südlich gelegenen Tälern. Aus den Fürstentümern wurden später zum Teil selbständige Reiche. Das erste entstand 1238 in Sukhothai an den Südrändern des Thai-Verbreitungsgebiets. 1281 folgte Chiang Rai, 1296 dann Chiang Mai. Erst viel später zog die Hauptgruppe der Thai die Halbinsel hinunter und gründete größere Staatenverbände. Chiang Mai beherrschte den Norden mehr oder minder unangefochten und konnte seine kulturelle Eigenständigkeit bewahren.

Im 13. Jahrhundert waren die Thai das dominierende Herrschergeschlecht der Region, die geschwächten Reiche der Mon und der Khmer gingen in ihrem Einflußbereich auf. Etwa 1238 erreichten sie den Zenit ihrer Macht: Aus Inschriften geht hervor, daß die Khmer aus Sukhothai vertrieben wurden.

Über die Geschichte der Halbinsel im Süden wissen wir weniger als über den kulturell reicher gesegneten Norden. Die Gebiete um die Meerenge standen unter der Herrschaft des wirtschaftlich und militärisch starken Reiches von Srivichaya (7. bis 13. Jahrhundert). Alte Chroniken besagen, daß in der Hauptstadt „ein Mann um die Mittagsstunde keinen Schatten warf“. Man nimmt daher an, daß sie sich entweder in Palembang (Sumatra), im südthailändischen Chaiya oder in Kalimantan auf Borneo befand.

Für Chaiya sprechen Inschriften aus dem Jahre 775, die einem König von Srivijaya in der Nähe der Stadt am Isthmus von Kra zugeschrieben wurden. Die Kunst von Srivijaya ist vielgestaltig und zeigt Einflüsse aus Indien, Champa und Java. Im 13. Jahrhundert zerfiel das Reich, die Einzelstaaten gingen im Machtbereich der Sukhothai auf.

Phra Ruang: „Sukhothai“ bedeutet soviel wie „Dämmerung des Glücks“. Schenkt man frühen Inschriften Glauben, erfreuten sich die Menschen großer Freiheiten. Das erste unabhängige Thai-Reich gilt als goldenes Zeitalter in der Geschichte der Thai. Als angeblich ideales Staatswesen ruft es häufig nostalgische Gefühle wach. Es war ein Land, in dem Überfluß herrschte: gerechte, patriarchalische Könige regierten über friedliebende, zufriedene Bürger. Sukhothai steht für die Anfänge der Stammesgesellschaft der Thai in ihrer reinsten Form.

Die Überlieferung spricht von Phra Ruang – wie König Arthur ein mythologischer Held – als Reichsgründer. Vorher sollen die Thai-Völker unter der Knute der Khmer gestanden haben, denen sie Abgaben entrichten mußten. Der Tribut an Angkor bestand aus dem heiligen Wasser eines Sees außerhalb von Lop Buri, das der Khmer-Gottkönig aus allen Ecken seines Reiches für zeremonielle Zwecke herbeischaffen ließ.

Alle drei Jahre schaffte man es in großen irdenen Gefäßen auf Ochsenkarren herbei. Unterwegs gingen viele Krüge zu Bruch, so daß die tributpflichtigen Völker oft zwei- bis dreimal die beschwerliche Reise zurücklegen mußten. Der greise Phra Ruang kam schließlich auf die Idee, das Wasser in versiegelten gewebten Bambusbehältern zu transportieren, die die lange Reise unbeschadet überstanden.

Die Khmer wurden angesichts des neuen Transportsystems hellhörig. Der König selbst zog seine Astrologen zu Rate, die ihm versicherten, der erfindungsreiche Thai sei ein Mann mit übersinnlichen Kräften, der seiner Herrschaft gefährlich werden könnte. Der König entsandte seinen besten General, der sich auf magische Weise unterirdisch fortbewegen konnte, um den Thai-Herrscher aus dem Weg zu räumen. Phra Ruang ahnte die Gefahr und wich nach Sukhothai aus, wo er sich, als buddhistischer Mönch verkleidet, in Wat Mahathat verbarg. Der Khmer-General, der plötzlich in der Mitte des Tempels auftauchte, wurde von Phra Ruang in eine Steinsäule verwandelt.

Ram Kamhaeng: Zum berühmtesten Herrscher von Sukhothai wurde der zweite Sohn des Gründerkönigs, Ram Kamhaeng. Er war der erste Thai-Herrscher, der detaillierte Aufzeichnungen über seine Verwaltung und die eigene Kindheit hinterließ. Mit 19 trat er die Thronfolge an, als er mit seinem Vater einen Feldzug gegen ein Nachbarland inszenierte und im Nahkampf auf einem Elefanten den Sieg davontrug. Danach erhielt er von seinem Vater den Namen Phra Ram Kamhaeng („Rama der Tapfere").

Das Königreich Sukhothai war damals ziemlich klein und bestand nur aus der Stadt und den umliegenden Gebieten. Am Ende der Herrschaft Ram Kamhaengs hatte sich

Seither war der Name Phra Ruangs in aller Munde. Er gab sein Mönchsdasein auf, heiratete die Tochter des Herrschers von Sukhothai und folgte nach dem Tod des Königs auf Wunsch des Volks diesem auf den Thron nach. Als Souverän des unabhängig gewordenen Königreichs Sukhothai nahm er den Titel Sri Indraditya an.

Es besteht kein Zweifel, daß seither der Buddhismus eine bedeutende Rolle in Thailand spielt. Wie die Monarchie bildet er bis zum heutigen Tag ein kontinuierliches Moment in der Geschichte des Landes.

Oben: Sukhothai aus der Luft.

die Fläche des Staatsgebiets verzehnfacht: von Luang Prabang im Osten umfaßte es die Zentralebene bis zur südlichen Halbinsel. Auch die Mon im Süden Burmas ordneten sich unter.

Ram Kamhaeng galt als Fachmann der Verwaltung, der Gesetzgebung und der Diplomatie mit einer Schwäche für schöne Frauen. Er soll auch die Thai-Schrift erfunden haben, indem er das Khmer-Alphabet durch Thai-Wörter ergänzte. Die neue Schrift taucht zum erstenmal in einer Inschrift von 1292 auf: Der König beschreibt das idyllische Leben und berichtet von fruchtbarem Land, dem Überfluß an Nahrungsmitteln, dem freien Handel, dem Verbot der Sklaverei und einem garantierten Erbe.

Der König war ein frommer und gewissenhafter Buddhist der Theravada-Schule. Man tauschte sich auch mit singhalesischen Mönchen aus, so daß es zu einer Reinigung der kanonischen Texte kam und der Bau von *chedis* neue Impulse erhielt.

Eine Spur Animismus blieb dennoch erhalten. Ram Kamhaeng schrieb von einem in den Bergen hausenden Geist namens Phra Khapung Phi, „höher als alle anderen im Land". Wer ihn sich geneigt mache, würde Wohlstand über das Land bringen. Die Vorstellung von einem übergeordneten Geist, der sich um das Wohl des Volkes kümmert, lebt bis heute im Bild Phra Siam Devadhirajs,Siams Schutzengel, fort.

Die Diplomatie gegenüber China war ein Schlüssel zu den Erfolgen Ram Kamhaengs. Die Mongolen verfolgten eine Politik des „Teile und Herrsche" und setzten sich für die Thai ein, um ein Gegengewicht zu den Khmer zu schaffen. Ram Kamhaeng soll 1299 selber nach China gereist sein. In der *History of the Yuan* ist von sieben Missionen aus „Sien" (Sukhothai) zwischen 1282 und 1323 die Rede. Chinesische Handwerker kamen zu den Thai und lehrten sie die Herstellung glasierter Töpferwaren. So entstanden die berühmten Keramiken von Sawankhalok, deren Brennöfen noch heute stehen.

Im selben Jahr, in dem Pagan den Armeen Kublai Khans in die Hände fiel (1287), ging Ram Kamhaeng mit den Fürsten Mengrai aus Chiang Rai und Ngam Muang aus Phayao im Norden ein Bündnis ein. Man garantierte sich gegenseitig die Respektierung der Grenzen und gemeinsames Vorgehen gegen äußere Feinde. Diese Allianz hatte Bestand, solange die drei Herrscher lebten.

Gründung Chiang Mais: Mengrai hieß der Thai-Herrscher, der dem Norden zum Aufstieg verhalf und der um 1292 Haripunjaya, die Hauptstadt des Mon-Reiches, einnahm. Zunächst schickte er einen Agent provocateur, der Zwietracht säen sollte. Als das Ziel erreicht war, fiel seiner Armee die Stadt „wie eine reife Frucht" in den Schoß.

Mengrai wollte eine neue Hauptstadt gründen und lud seine Partner zu einer Beratung ein. Die drei einigten sich auf eine verheißungsvolle Stelle, wurden dort doch fünf weiße Sambarhirsche, zwei weiße Bellhirsche sowie eine Familie aus fünf weißen Mäusen angetroffen. Hier, am Mae Ping, legte Mengrai 1296 den Grundstein für Chiang Mai („Neue Stadt"), die zur Hauptstadt des Königreichs Lanna Thai „Land der Millionen Reisfelder", wurde.

Ram Kamhaeng soll in den Stromschnellen des Mae Yom bei Sawankhalok ertrunken sein. Sein Sohn Lo Thai (er regierte von 1318-1347) war mehr der Religion als der Kriegsführung zugetan und verlor ein Gebiet nach dem anderen. Man nannte ihn Dharmaraja, den „frommen König". In seiner Amtszeit wurden die Beziehungen zu Sri Lanka, dem damaligen Zentrum des orthodoxen Buddhismus, ausgebaut. Lo Thai schrieb, er habe viele Gebäude errichten lassen, um darin heilige Buddha-Reliquien aus Sri Lanka unterzubringen.

Lo Thais Sohn hieß Li Thai und war ein ebenso gläubiger Mann wie sein Vater. Als Thronfolger verfaßte er eine berühmte Abhandlung zur buddhistischen Kosmologie, die *Traibhumikatha* („Geschichten von den Drei Welten"). Als er 1347 König wurde, erklärte er, daß er gemäß den zehn kanonischen Jatakas des Buddha regieren wolle. Er amnestierte Verbrecher, weil er ein Buddha werden und „alle Lebewesen auf Erden vom Leiden und dem Zwang zur Wiederverkörperung erlösen" wollte.

Da für den König die Religion wichtiger als militärische Macht war, erlebte einer der ehemaligen Vasallenstaaten Sukhothais, nämlich Ayutthaya, einen kometenhaften Aufstieg. Dieses Staatsgebilde im Süden weitete seine Macht über das Chao-Phraya-Tal immer mehr aus, bis Li Thai die Oberhoheit Ayutthayas anerkennen mußte. Der König hatte seine Unabhängigkeit eingebüßt, wurde noch frommer und zog schließlich die gelbe Mönchskutte an. Seine Familie stellte weitere drei Herrschergenerationen, allerdings lediglich als Statthalter. 1438 wurde Sukhothai verlassen.

Das Königreich Sukhothai brachte den Thai erstmals eine eigenständige Kultur mit eigener Verwaltung, Kunst und Architektur. Die während dieser Zeit entstandenen Buddha-Bildnisse zeichnen sich durch verfeinerte Linienführung im Gesicht, linearen Fluß und Formenharmonie aus und gelten als die schönsten Beispiele thailändischer Kunst.

Rechts: Wat Chetupon bei Sukhothai.

Bis heute ließ sich nicht klären, von wem die Gründer Ayutthayas abstammten. Im Volksmund kursiert folgende Geschichte:

Der König von Traitrung mußte eines Tages entdecken, daß seine unverheiratete Tochter einen Sohn gebar, nachdem sie eine Aubergine verzehrt hatte, die ein Gemüsegärtner mit seinem Urin befruchtet hatte. Der Übeltäter namens Nai Saen Pom – „der Mann mit den 100 000 Warzen" – wurde verurteilt und samt Prinzessin und Kind aus der Stadt verbannt.

Indra erblickte mit seinem göttlichen Auge das Elend der drei und gewährte dem Gärtner drei magische Wünsche. Als erstes bat Saen Pom darum, daß seine Warzen verschwänden, dann wollte er Herrscher über ein Königreich sein, und der dritte Wunsch war eine goldene Wiege für seinen Sohn. Alle drei Wünsche gingen in Erfüllung! Das Kind wurde auf den Namen Chao U-Thong getauft, „Prinz der goldenen Krippe".

Tatsächlich war U-Thong ein unabhängiges Fürstentum in der heutigen Provinz Suphan Buri. Die Dynastie repräsentierte die angesehenen Könige von Chiang Saen. Unter König Phya U-Thong brach eine Cholera-Epidemie aus, die den Herrscher zwang, sein Volk nach Ayuthia (Ayutthaya) zu evakuieren, eine antike indische Siedlung, die ihren Namen von Ramas legendärem Königreich in Indien hatte.

Die neue Hauptstadt Phya U-Thongs war aus verschiedenen Gründen sehr günstig gelegen. Sie stand nämlich am Zusammenfluß von Chao Phraya, Lop Buri und Pasak nicht weit vom Meer, umgeben von fruchtbaren Reisfeldern – eine ideale Lage für ein Verwaltungs- und Verkehrszentrum. Offiziell wurde die Stadt 1350 eingeweiht, nachdem der König den Titel Ramathibodi I., König von Dvaravati Sri Ayuthia, angenommen hatte. Innerhalb weniger Jahre hatte der König Zentralsiam samt Sukhothai unter seiner Herrschaft vereint; seine Macht erstreckte sich bis zur malaiischen Halbinsel und nach Südburma. Der König und seine Nachfolger starteten Feldzüge gegen Chiang Mai und Kambodscha, um ihr Reich auszudehnen.

Obwohl die Thai für den Fall und Untergang von Angkor die Verantwortung trugen, standen die Könige von Ayutthaya von Beginn an unter dem Einfluß der Khmer-Kultur. Sie hatten allerdings mit den umgänglichen

Königen von Sukhothai nichts mehr gemein, sondern waren Autokraten, „Herren über das Leben", deren Machtposition in Anlehnung an den *devaraja* (Gottkönig) der Khmer noch verstärkt wurde. Das Prinzip des *devaraja* war jedoch aufgrund der Lehrsätze des Theravada-Buddhismus gewissen Modifikationen unterworfen, wobei der König nicht eigentlich göttlich, sondern lediglich Schutzpatron und religiöses Oberhaupt war. Allerdings wurden die höfischen Rituale und die Sprache der Khmer am Hof von Ayutthaya gepflegt. Brahmanische Würdenträger sah man Seite an Seite mit buddhistischen Mönchen bei offiziellen Feiern – eine Tradition, die bis heute in Bangkok lebendig ist.

Ramathibodi I. teilte die Staatsverwaltung in vier Einzelbereiche auf: Haushalt, Finanzen, Inneres und Landwirtschaft. Damit stand seine königliche Herrschaft auf einer soliden Basis, die mit Ayutthaya als Hauptstadt 417 Jahre lang währte.

Ramathibodi I. starb im Jahre 1369. Sein Sohn Ramesuen nahm 1390 Chiang Mai ein. Möglicherweise kamen dabei auch Kanonen zum Einsatz, womit zum erstenmal der Einsatz dieser Waffen in Siam belegt wäre.

Links: Ayutthaya im 17. Jahrhundert. Oben: Detail eines Thai-Manuskripts mit königlicher Parade im 17. Jahrhundert.

Ramesuens Armee eroberte drei Jahre darauf auch Angkor und nahm, so das *Pongsawadan,* die „Annalen von Ayutthaya", über 90 000 Kriegsgefangene. Wirtschaftlich gesehen waren Arbeitskräfte damals wertvoller als Gold.

Der tödliche Schlag gegen die Hauptstadt der Khmer soll 1431 durch König Boromaraja II. geführt worden sein. Nach siebenmonatiger Belagerung nahmen seine Truppen die Stadt ein.

Die Herrschaft König Trailoks: Die 200 Jahre währende Epoche von Kriegen zwischen Chiang Mai und Ayutthaya erreichte unter der Herrschaft von König Boroma Trailokanath, kurz Trailok (1448-1488), ihren Höhepunkt. In den Feldzügen gegen Maharaja Sutham Tilok ergänzten List und Tücke sowie okkulte Praktiken seine militärische Schlagkraft. Trailok entsandte beispielsweise einen burmesischen Mönch als Spion, der Tilok überredete, einen der heiligen Bäume von Mengrai zu fällen. Die Folge war eine Pechsträhne des Königs.

Abgesandte aus Ayutthaya wurden auf dem Weg zu Tilok dabei ertappt, als sie sieben Gefäße mit Gegenständen begruben, die auf magische Weise Unglück über Chiang Mai bringen würden. Man warf die Gefäße in den Fluß und die Abgesandten, denen man Steine an die Füße gebunden hatte, hinterher. Die Kämpfe zwischen den rivalisierenden Reichen führten dazu, daß die Hauptstadt in den letzten 25 Jahren der Herrschaft Trailoks nach Phitsanulok verlegt wurde. Die Kämpfe endeten mit einem Patt.

Unter Trailok wurden Reformen durchgeführt, die die Verwaltung Siams und seine Gesellschaft bis ins 19. Jahrhundert prägten. Er brachte den losen Verband der Provinzen Ayutthayas unter die Kontrolle eines zentralen Regierungsapparates und modifizierte das *sakdi na* – ein uraltes System zur Regelung des Grundbesitzes, das die Gesellschaft in mehrere Klassen unterteilte, Rechte und Pflichten der Lehnsherrn und Pächter sowie die Bezahlung der Beamten festlegte.

Trailok arbeitete auch ein Fronsystem aus, unter dem alle arbeitsfähigen Männer gezwungen waren, alljährlich einen Teil ihrer Arbeitskraft dem Staat zur Verfügung zu stellen. Der Status der Frauen wurde unter diesem System indirekt aufgewertet, denn sie waren in Abwesenheit der Männer für den gesamten Haushalt verantwortlich.

Trailoks Palastgesetz von 1450 legte genau fest, welchen Rang die Angehörigen der königlichen Familie einnahmen, umriß die Aufgaben der Beamten und kodifizierte die Feierlichkeiten am Hofe. Es war zugleich ein Strafgesetzbuch, in dem unter anderem stand, daß mit dem Tode bestraft wird, wer „erotische Gedichte an den Hof bringt" oder bei einer Audienz des Königs zu flüstern wagt. Wer mit dem Fuß gegen eine Palasttür stieß, dem wurde das Bein abgehackt. Offensichtlich dienten solche Strafandrohungen in erster Linie der Abschreckung und stärkten die Machtfülle und den Nimbus des Königs. Das Palastgesetz sah auch für den Hof Strafen vor: Es war Aufgabe des Scharfrichters, königlichen Missetätern mit einem Sandelholzknüppel das Genick zu brechen.

Die Gesetze König Trailoks dienten dazu, für einen reibungslosen Alltag zu sorgen. Noch heute wird man eher in den Adelsstand erhoben, anstatt von Geburt an dazuzugehören. Die Mitglieder des Königshauses haben keinen Ewigkeitsanspruch auf ihre Titel, sondern werden innerhalb von fünf Generationen wieder zu normalen Bürgern.

Portugiesen und Burmesen: Während sich die Konflikte mit den Burmesen verschärften, kamen nun die ersten Europäer ins Land.

Der Portugiese Alfonso de Albuquerque eroberte 1511 Malacca und segelte mit seinen Schiffen nach Siam. König Ramathibodi II. (er regierte von 1491-1529) gewährte den Portugiesen das Recht, sich im Königreich niederzulassen und Handel zu treiben. Als Gegenleistung mußten sie Waffen und Munition bereitstellen. Portugiesische Söldner kämpften Seite an Seite mit den Thai gegen Chiang Mai und brachten ihnen bei, wie man mit Kanonen und Musketen umgeht.

Gegen die immer aggressiver auftretenden Burmesen konnten jedoch auch sie nichts ausrichten. König Tabinshweti aus Pegu hatte nach der Einigung des burmesischen Reichs ein Auge auf Ayutthaya geworfen, das durch die Kriege gegen Chiang Mai bereits geschwächt war.

Als Tabinshweti 1549 angriff, hatte König Mahachakrapat gerade den Thron bestiegen. Die Burmesen legten einen Belagerungsring um die Stadt, den der König durchbrechen wollte. Seine Söhne, seine Frau und Tochter zogen auf Kriegselefanten mit dem König in den Kampf. Folgende Geschichte ist uns überliefert: Die als Soldat verkleidete Königin Suriyothai ritt auf ihrem Elefanten zwischen den König und den Feind, als sie sah, daß ihr Mann in Bedrängnis geraten war. So rettete sie zwar ihm das Leben, kam dabei selbst jedoch um. Ein ihr zu Ehren errichtetes *chedi* mit ihrer Asche ist noch heute in Ayutthaya zu sehen.

Die burmesische Invasion von 1549 scheiterte; Tabinshwetis Armee wurde geschlagen, Mahachakrapat verstärkte mit Hilfe der Portugiesen den Abwehrring um sein Reich. Man fing 300 wilde Elefanten ein und bildete sie für zukünftige Kriege aus.

Unter den neuen Kriegselefanten waren auch sieben weiße Exemplare. Die buddhistischen Könige in Südostasien schätzten weiße Elefanten deshalb sehr, weil ihr Besitz Glück verheißt, dem König zu Ansehen verhilft und den Wohlstand des Landes fördert. Als Birmas König Bayinnaung, der seinem Schwiegervater auf den Thron gefolgt war, davon erfuhr, setzte er zu einer erneuten Invasion an.

Ayutthaya fiel 1569 in die Hände der Armee Bayinnaungs. Die Burmesen zogen plündernd und brandschatzend durch die Stadt und vertrieben die meisten Einwohner nach Birma. König Mahachakrapat wurde gefangengenommen und starb, bevor er in Pegu eintraf.

Maha Thammaraja, der nominelle Stellvertreter des geschlagenen Königs, wurde von Bayinnaung zum Statthalter in Siam ernannt. Naresuen, der älteste Sohn des Königs, mußte in Burma leben. Bayinnaung benutzte ihn als Faustpfand für Maha Thammarajas Wohlverhalten. Mit 15 Jahren durfte der Junge wieder nach Siam zurückkehren – zusammen mit seinem jüngeren Bruder Ekatotsarot begann er unverzüglich, bewaffnete Kräfte um sich zu scharen.

Naresuen hatte in der Gefangenschaft Einblick in die Stärke und Kampfmethoden der Burmesen bekommen. Er bildete seine Leute für den Guerillakrieg aus; die neue Taktik der Blitzüberfälle brachte den Siamesen die Spitznamen „wilde Tiger“ und „lauernde Katzen“ ein.

Er sah nach dem Tod von Bayinnaung 1581 die Gelegenheit gekommen, die Unabhängigkeit für Siam zu erkämpfen. Aufstände in Shan und Ava nahmen den jungen König Nandabayin zu Hause so in Anspruch, daß Naresuen 1584 einfach erklärte, Ayutthaya sei nun frei. Doch die Burmesen gaben Siam nicht auf; neun Jahre lang versuchten sie immer wieder, das Land zu unterjochen. Naresuen organisierte klug die Abwehr und konnte alle Angriffe abwehren. Bei einem Scharmützel tötete er im Nahkampf den burmesischen Kronprinzen.

Naresuen wurde 1590 nach dem Tod seines Vaters König und rekonsolidierte das siamesische Königreich. Nun war er es, der wiederholt Burma angriff und den Nieder-

Links: Ayutthaya-Königsjuwelen aus dem Wat Ratburana. Oben: Prinz Naresuen verwickelt die Burmesen in ein Seegefecht.

gang des burmesischen Reichs beschleunigte. Auch die Khmer, die an der Ostgrenze Siams die Schwäche Ayutthayas nicht hatten ausnutzen können, wurden unterworfen. Ayutthaya erlebte unter „Naresuen dem Großen" eine Blütezeit, von der europäische Besucher im 17. Jahrhundert schwärmten.

Europas „Tor zum Osten": Die Regierungszeit von Ekatotsarot (1605-1610) fiel mit dem Eintreffen der Holländer zusammen. Ekatotsarot hatte kein Interesse an der Fortsetzung der kriegerischen Politik seines Bruders und konzentrierte sich stattdessen auf die wirtschaftliche Entwicklung. Also erhob er unter anderem eine Handelssteuer, was ihm seitens der Europäer den Ruf eines „Geizkragens" eintrug.

Die Holländer eröffneten 1608 ihre erste Handelsniederlassung in Ayutthaya. König Ekatotsarot wollte den Handel fördern und schickte noch im selben Jahr eine Abordnung nach Den Haag. Zum erstenmal hielten sich damit Angehörige der Thai in Europa auf. Unter König Song Tham (1610-1628) kamen die Briten mit einer Botschaft James I. an den Hof von Ayutthaya. Auch sie wurden willkommen geheißen; man überließ ihnen ein Stück Land, auf dem sie eine Fabrik errichten konnten.

Die Europäer sahen Siam in erster Linie als Tor nach China. Aufgrund der Monsunzeiten war es unmöglich, ohne Zwischenaufenthalt direkt ins Reich der Mitte zu segeln. Ayutthaya und seine Häfen waren Umschlagplätze von Waren, die zwischen Europa, Indien, dem Malaiischen Archipel, China und Japan gehandelt wurden. Auch der siamesische Markt war nicht unattraktiv für die Ausländer. Der Frieden, den Naresuen sicherte, machte das Land reich, und die Thai waren immer mehr hinter Luxusgegenständen wie Porzellan und Seide her. Die Japaner, die bereits eine größere Handelsniederlassung in Ayutthaya eingerichtet hatten, bezahlten siamesische Waren (Felle, Teakholz, Zinn und Zucker) mit purem Silber.

Unter dem Abenteurer Yamada Nagamasa, der bei Hofe einen hohen Posten bekleidete, gehörten viele Japaner zur Leibwache des Königs. Diese Söldner spielten 1628 eine geschichtlich bedeutsame Rolle, als sie Prasat Thong, einem der zukünftigen Könige, dazu verhalfen, sich als Regent zu etablieren und später den rechtmäßigen Thronnachfolger auszuschalten. Als der Schogun in Edo sich weigerte, Prasat Thong als Thai-Monarchen anzuerkennen, griff dieser die japanische Niederlassung an; es gab mehrere Tote, die restlichen Japaner flohen Hals über Kopf nach Kambodscha.

Prasat Thong regierte bis 1655. Er schuf königliche Monopole, so daß der gesamte Außenhandel dem König unterstand, der vom Finanzminister vertreten wurde. Ayutthayas Bedeutung als Handelszentrum wuchs in dieser Zeit, und da begehrte Waren staatlicher Kontrolle unterlagen, konnten sie nur von den königlichen Lagerhäusern in der Hauptstadt ausgegeben werden.

Nachdem die Holländer 1641 die Portugiesen aus Malacca vertrieben hatten, be-

herrschten sie die Meere des Fernen Ostens. Im Jahre 1648 demonstrierten sie im Golf von Siam Stärke und übten Druck auf Prasat Thong aus, von dem Handelskonzessionen erwartet wurden, die die Kontrolle über die Wirtschaft Siams ermöglichten. Prasat Thongs Sohn, König Narai (1656-1688), verachtete die Holländer und verbündete sich mit den Engländern. Nach einer erneuten Seeblockade der Holländer 1664 an der Mündung des Chao Phraya erhielten sie das Monopol auf den Fellhandel und damit als erste Europäer Exterritorialrechte.

Griechischer Favorit: Die Franzosen standen am höchsten in der Gunst des Königs

Narai. Ihre Geschichte ist eng verknüpft mit dem Leben des griechischen Abenteurers Constantine Phaulkons, einer der schillerndsten Figuren in der Geschichte Thailands.

Die ersten französischen Jesuiten kamen 1665 an den Hof von Ayutthaya, wo sie ein Gotteshaus errichten durften. Der König war freundlich und tolerant, so daß diese annahmen, er stehe kurz vor dem Übertritt zum christlichen Glauben. Ludwig XIV. war entzückt, als er von den (übertriebenen) Berichten hörte – er träumte von der Errettung der Heiden und vor allem von territorialen Gewinnen für Frankreich. König Narai war denn auch höchst erfreut, als er 1673 eine Botschaft des Sonnenkönigs erhielt.

Jetzt tritt Monsieur Phaulkon auf den Plan. Der Sohn eines griechischen Gastwirts begann seine Karriere bei der East India Company als Kajütenjunge. Mit den Briten segelte er nach Osten und kam 1678 nach Siam. Er war sprachbegabt und lernte in kaum zwei Jahren das Thai; seine englischen Gönner verschafften ihm eine Stelle als Dolmetscher im Finanzministerium. In nur fünf Jahren hatte sich Phaulkon bis zum Phya Vijayendra emporgearbeitet. Dadurch hatte er jederzeit Zugang zum König, dessen Vertrauen er nach und nach gewann.

Links: König Narai (1656-88). Oben: Constantine Phaulkon. Sein geschicktes Taktieren brachte den Franzosen Privilegien ein.

Im Jahr vor seiner Ernennung schied Phaulkon aus der East India Company aus; er wurde katholisch, um eine Japanerin gleichen Glaubens heiraten zu können. Als Phaulkon endgültig ins französische Lager übertrat, folgte ihm König Narai nach. Er schickte zwei Botschaften an den Hof Ludwigs XIV., worauf die Franzosen im Jahre 1685 Ayutthaya einen Besuch abstatteten. König Narai ließ sich zwar nicht zum Katholizismus bekehren, aber man verschaffte sich eine Menge Handelsprivilegien.

Phaulkon fungierte während des Aufenthalts der Franzosen in Ayutthaya als Dolmetscher. Insgeheim weihte er einige Jesuiten in seine Pläne ein, das gesamte Land zum Katholizismus zu bekehren. Dazu brauche er Zivilisten und Soldaten aus Frankreich. Es folgte ein weiterer Austausch von Delegationen zwischen Ludwig XIV. und Narai; anschließend begleitete ein französisches Bataillon unter dem Befehl von Marschall Desfarges die französische und die siamesische Delegation an Bord von Kriegsschiffen nach Siam. Die kleine, sehr schlagkräftige französische Streitmacht bekam von König Narai das Recht, an Land zu gehen. Phaulkon war für seine Verdienste zum Grafen und zum Ritter des Ordens von St. Michael ernannt worden.

Doch das Blatt begann sich allmählich gegen Phaulkon zu wenden. Einige hohe siamesische Beamte waren über den großen Einfluß Phaulkons gar nicht glücklich. Der luxuriöse Lebensstil des „griechischen Tausendsassas“ galt ihnen als schlagender Beweis seiner ausbeuterischen Politik.

Europäische Besucher wußten zu berichten, daß in Phaulkons Landhaus bei Lop Buri allabendlich für 40 Gäste aufgetragen wurde und der Wein in Strömen floß. Nicht nur die Präsenz französischer Soldaten machte ihn zunehmend unbeliebt, sondern auch das Gerücht, Phaulkon habe einen Adoptivsohn des Königs zum Christentum bekehrt und Vorsorge für dessen Thronfolge getroffen.

Als König Narai 1688 schwer erkrankte, ergriff die antifranzösische Bewegung die Initiative. Unter der Führung Phra Phetrachas, einem Befehlshaber des königlichen Elefantenregiments, stellten die Rebellen den kranken König unter Hausarrest. Phaulkon wurde wegen Hochverrats verhaftet und im Juni bei Lop Buri hingerichtet. Narai starb im Juli. Sein Nachfolger wurde Phra Phetracha, dessen wichtigstes Ziel der sofortige Abzug der französischen Truppen war, dem Desfarges schließlich zustimmte.

Perle des Ostens: Die meisten Informationen, die man im Westen über Siam hatte, wurden von Europäern während der Regierungszeit Narais zusammengetragen. Die Besucher schrieben nach ihrem Aufenthalt am Hofe Narais umfangreiche Berichte. Es gibt zahlreiche Zeichnungen, aus denen man erschließen kann, wie Ayutthaya damals aussah. Die Königspaläste und Hunderte von Tempeln standen innerhalb der Mauern, die die Insel umgaben, auf der die Hauptstadt gebaut worden war. Vielfach wurde Ayutthaya mit Venedig verglichen; es galt als „Perle des Ostens". Der Abbé de Choisy, ein Abgesandter König Ludwigs, war etwas zurückhaltender, als er schrieb: „Ich habe nie etwas Schöneres gesehen, trotz der Tatsache, daß die Tempel als einziges den Eindruck einer unverfälschten Natur stören."

Die auf Narai folgenden Könige machten Schluß mit der Politik der offenen Tür. Der Handel wurde eingeschränkt, die Missionare durften bleiben; Ayutthaya schloß sich für über 100 Jahre systematisch von der Außenwelt ab. Die Herrscher konnten sich auf religiöse und kulturelle Fragen konzentrieren. Die Infrastruktur wurde durch den Ausbau der Wasserwege verbessert.

Am Beginn der Herrschaft König Boromakots (1733-1758) stand ein besonders heftiger Machtkampf, während seine Amtszeit friedlich verlief und als das goldene Zeitalter Ayutthayas gilt. In Scharen strömten Dichter und Künstler an den Hof; Literatur und Kunst blühten auf. Damals lud Ceylon eine Delegation siamesischer Mönche ein, die den singhalesischen Buddhismus reinigen sollten, wodurch die früheren Rollen der beiden Länder umgekehrt wurden.

Diese ruhige Zeit erwies sich als Ruhe vor dem Sturm. 1758 wurde Boromakots Sohn Ekatat nach heftigem Streit mit seinem Bruder um die Thronfolge zum König erklärt. Er umgab sich mit einer ansehnlichen Damengesellschaft. Indessen hatte ein Dorfhauptmann das dritte burmesische Reich vereinigt und den königlichen Titel Alaungpaya angenommen. Die eindringenden burmesischen Truppen wurden 1760 zurückgeschlagen. 1767 jedoch kam es zu einer zweiten burmesischen Invasion unter Alaungpayas Sohn Hsinbyushin, in deren Verlauf Ayutthaya nach 14monatiger Belagerung eingenommen wurde.

Um sich möglichst rasch aus der eroberten Stadt zurückziehen zu können, zerstörten die Burmesen Ayutthaya vollständig und töteten alles, was sich ihnen in den Weg stellte. Vier Jahrhunderte Thai-Kultur waren somit ausgelöscht. Zu allem Überfluß plünderten die burmesischen Buddhisten die Tempelanlagen ihrer Glaubensbrüder, schmolzen goldene Buddhastatuen ein. Fast 100 000 Gefangene wurden nach Burma verschleppt.

Taksins Rache: Trotz ihres überwältigenden Siegs war die Herrschaft der Burmesen nur von kurzer Dauer. Das alte Sprichwort „In Ayutthaya fehlt es nie an wackeren Männern" bewahrheitete sich wieder einmal. Der junge General Phya Tak Sin scharte in der letzten Phase der burmesischen Belagerung eine Gruppe von Getreuen um sich. Er sah, daß die Lage des Landes unter dem schwachen König und seinem dekadenten Gefolge aussichtslos war. Anstatt also zu warten, bis die ganze Stadt vernichtet wurde, durchbrach er mit seinen Leuten den Belagerungsring der Burmesen und floh nach Chanthaburi an der Südostküste des Golfs von Siam. Dort stellte Phya Tak Sin eine Armee und eine Flotte auf. Sieben Monate nach dem Fall von Ayutthaya segelte er mit seinen Streitkräften zur Hauptstadt zurück und verjagte die burmesischen Belagerer.

Taksin faßte kurzerhand den Beschluß, die Hauptstadt zu verlegen. Seinen Soldaten eröffnete er, die alten Könige seien ihm im Traum erschienen und hätten ihn dazu aufgefordert. In Wirklichkeit waren bei seiner Entscheidung strategische Erwägungen wichtiger als übernatürliche Eingebungen. Die neue Hauptstadt sollte näher beim Meer gelegen sein, den Außenhandel ankurbeln und im Falle eines erneuten burmesischen Angriffs die Verteidigung und eventuelle Evakuierung der Bewohner leichter machen.

Bereits im 17. Jahrhundert war ein kleines Fischerdorf flußabwärts ein wichtiger Außenhandelsposten für Ayutthaya geworden. Der Ort hieß Bangkok, „Dorf der wilden Olivenhaine", und war von den Franzosen mit Befestigungsanlagen ausgestattet worden. Die Siedlung erstreckte sich auf beiden Seiten des Chao Phraya an einer Stelle, wo ein enger Kanal sich zum Hauptfluß ausgeweitet hatte. In Thonburi am Westufer des Flusses ließ Taksin seine neue Hauptstadt errichten und sich zum König ernennen.

Taksin hatte es nicht leicht, denn seit dem Fall Ayutthayas war die Autorität der Zentralgewalt rasch zerfallen, das Königreich hatte sich in Einzelprovinzen aufgelöst; es lag nun an ihm, sie wieder unter einer starken Regierung zu vereinen. Es gelang Taksin nicht nur, die Autorität der Zentralgewalt wiederherzustellen, er konnte auch einige burmesische Invasionsversuche erfolgreich zurückschlagen.

Seine Herrschaft dauerte bis 1782. In den letzten sieben Jahren hatte er sich zunehmend auf die beiden Generale Chao Phya Chakri und Chao Phya Sarasih, zwei Brüder, gestützt, die bei allen militärischen Aktionen das Sagen hatten. Sie befreiten erfolgreich Chiang Mai und den Norden des Landes von den Burmesen; Kambodscha und den größten Teil des heutigen Laos brachten sie unter die Oberhoheit der Thai.

Der siegreiche Feldzug nach Laos trug Thailand den berühmten Smaragd-Buddha ein. Chao Phya Chakri brachte ihn 1779 von Vientiane nach Thonburi. Er war aus echtem Jade gehauen und wurde angeblich 1436 in einer Pagode in Chiang Rai entdeckt, die vom Blitz getroffen worden war. Er gilt als heiligstes aller Buddha-Bildnisse und soll die Unabhängigkeit und den Wohlstand Thailands gewährleisten.

In Thonburi wurde aus dem starken, gerechten Führer Taksin ein grausamer und exzentrischer Despot; vielleicht hatten ihm die ständigen Kriege zu sehr zugesetzt. Plötzlich erklärte er sich selbst zum *bodhisattva,* zum zukünftigen Buddha, und ließ Mönche verprügeln, die ihm die Reverenz verweigerten. Er litt unter Verfolgungswahn und zwang seine Familie sowie die Beamten am Hof, sich zu Verbrechen zu bekennen, die sie gar nicht begangen hatten.

Oben: Abenteurer des 17. Jahrhunderts auf einem thailändischen Wandbild.

Als im März 1782 ein Aufstand ausbrach, wurde Taksin zum Rücktritt gezwungen und in ein Kloster verbannt. Ein kleiner Hofbeamter namens Phya San, der den Aufstand angeführt hatte, bot den freigewordenen Thron Chao Phya Chakri an, als dieser von einem Feldzug aus Kambodscha zurückkehrte. Dieser General wurde am 6. April 1782 zum König ernannt. Noch heute begeht man diesen Tag als Chakri-Tag. Taksin, der in den Augen der Generalität nach wie vor eine Bedrohung darstellte, wurde schließlich exekutiert. Chao Phya Chakri soll beim Abschied von seinem früheren König und Gönner geweint haben.

Als Herrscher über Siam nahm General Chakri den Namen Ramathibodi an, wie der frühere Gründer einer neuen Dynastie. Die erste Amtshandlung des späteren Rama I. (1782-1809) war die Verlegung des Verwaltungsapparates von Thonburi – einer sumpfigen Gegend – nach Bangkok.
Er wußte um die Bedeutung alter Traditionen und machte sich daran, seinem kriegsmüden Volk das Selbstvertrauen zurückzugeben. Aus Sukhothai und Ayutthaya brachte man Buddha-Bildnisse nach Bangkok. Die Architekten waren gehalten, den Ayutthaya-Stil nachzuahmen, ja sogar Ziegel aus Ayutthaya dienten in der neuen Hauptstadt als Baumaterial für die Stadtmauer.
Er scharte alle überlebenden Handwerksmeister aus der alten Hauptstadt um sich und beauftragte sie mit dem Bau des ersten großen Gebäudes in der neuen Hauptstadt: Wat Phra Keo, Tempel des Smaragd-Buddhas. Die Bauzeit betrug drei Jahre, dann brachte man das Heiligtum nach Bangkok und stellte es in der königlichen Kapelle auf. Zur Erinnerung an dieses Ereignis erhielt die offizielle Bezeichnung der Hauptstadt eine weitere Beifügung und hieß nun Krung Thep Phra Maha Nakorn Amorn Rattanakosin, „Stadt der Engel, Wohnsitz des Smaragd-Buddhas". Seitdem heißt die Hauptstadt bei den Thai Krung Thep. International hat sich der Name Bangkok durchgesetzt.

Wichtigstes Problem war die Sicherung der Grenzen. Zu Beginn seiner Regentschaft startete der burmesische König Bodawpaya eine Reihe militärischer Expeditionen, bei denen eine große Zahl von Soldaten eingesetzt wurden. Die siamesischen Truppen griffen die Eindringlinge an strategisch wichtigen Grenzorten an und hinderten sie daran, größeren Schaden anzurichten. Anschließend wurde Burma in die britischen Kolonialkonflikte hineingezogen, so daß Siam aus dem Schneider war.

Thailand verdankt Rama I. die Wiedergeburt seiner kulturellen Tradition. Der König ernannte Expertengremien, die mit großer Sorgfalt jene Fragmente historischer und religiöser Abhandlungen zusammentragen und sichten sollten, die die Zerstörung Ayutthayas 1767 überstanden hatten.

Auch eine andere Tradition ließ Rama I. wiederaufleben: Er machte seinen Bruder zum *Maha Uparaja* (Stellvertreter des Königs), der fast so viel Macht wie er selbst haben sollte. Seine Residenz Wang Na, der „rückwärtige Palast", beherbergt nun das Nationalmuseum und erstreckte sich früher über die Nordhälfte des Sanam Luang-Parks.

Da sämtliche Regalien während der Belagerung Ayutthayas zerstört worden waren, ließ Rama I. eine neue Krone und neue Prunkgewänder für seine Krönung anfertigen. Als Greis ließ er für seinen Leichnam eine goldene Urne machen, ganz im Sinne des antiken Hofprotokolls, das vorschrieb, daß die sterblichen Überreste von Monarchen vor der Einäscherung in Urnen aufbewahrt werden sollten.

Der König war von der goldenen Urne so angetan, daß er sie in sein Schlafzimmer stellen ließ, um sie jederzeit bewundern zu können. Als eine seiner Frauen das bemerkte, brach sie in Tränen aus und sagte: „Das ist ein böses Omen!" - „Unsinn", erwiderte der König und lachte: „Wenn ich sie nicht bei Lebzeiten von außen betrachte, wann zum Teufel soll ich sie dann anschauen?"

Rama II. und Rama III.: Seine Nachfolger, die Könige Rama II. und Rama III., führten die Konsolidierung des Siam-Reiches weiter und förderten Kultur und Kunst der Ayutthaya-Ära. Als zweiter Monarch der Chakri-Dynastie hatte Rama II. (1809-1824) eine künstlerische Ader. Er ließ zahlreiche Klöster bauen oder restaurieren. Sein berühmtestes Werk war Wat Arun, der Tempel der Dämmerung, der später von Rama IV. vergrößert wurde. Außerdem soll er die großen Türen Wat Suthats geschaffen und die dabei verwendeten Spezialwerkzeuge anschließend vernichtet haben, um Nachahmungen zu verhindern.

Als sein Vater noch regierte, hatte sich Rama II. einen Namen als Dichter gemacht. Sein Hauptwerk heißt *Inao,* ein episches Gedicht, das von einer javanischen Legende abgeleitet ist. Seine klassische Fassung des *Ramakien*, der thailändischen Version des indischen *Ramayana,* wurde damals fertiggestellt. Längere Abschnitte daraus stammen aus der Feder des Königs und anderen

Dichtern. Rama II. hielt sich Theater- und klassische *khon*- und *lakhon*-Tanzgruppen am Hof, die seine Werke aufzuführen hatten.

Rama II. nahm die seit Narai unterbrochenen Beziehungen zum Westen wieder auf, so daß die Portugiesen als erste eine Botschaft in Bangkok einrichten konnten. Rama III. (1824-1851) förderte den Zustrom von Ausländern und intensivierte den Handel mit China.

Da chinesisches Porzellan in großen Mengen verfügbar war, wurden viele seiner Tempel, einschließlich Wat Arun, mit diesem Material verziert und gelten als typisch für seine Amtsperiode, da dieser Stil bald wieder aus der Mode kam.

In Europa galt der äußerst fromme Buddhist Rama III. als „streng und reaktionär". Andererseits war er es, der amerikanische Missionare ins Land holte, die medizinische Versorgung nach westlichem Muster, etwa die Pockenschutzimpfung, einführten.

Anna und der König von Siam: Hollywood ist es zu verdanken, daß Rama IV. (1851-1868) als berühmtester König Siams in die Annalen einging. Er wurde als König Mongkut bekannt und in dem Streifen *The King and I* („Der König und ich") als lüsterner, kahlköpfiger Despot porträtiert, ein völlig falsches Bild, denn als erster Thai-König verstand er die Bedeutung der westlichen Kultur und Technik. Seine Regierungszeit gilt als Zeit des „Brückenschlags zwischen dem Neuen und dem Alten".

Als jüngerer Bruder Rama III. verbrachte Mongkut 27 Jahre als buddhistischer Mönch, bevor er König wurde. Er mischte sich als einfacher Mann unters Volk und las buddhistische Schriften in der Pali-Sprache. Missionare brachten ihm Englisch und Latein bei, so daß er sich in europäische Bücher vertiefen und Geschichte, Geographie sowie die Naturwissenschaften, insbesondere die Astronomie, studieren konnte.

Bereits als Abt wirkte er als Reformator, tilgte Elemente des Aberglaubens aus den alten buddhistischen Schriften und gründete eine Sekte, die Dhammayuttika, die sich streng an buddhistischen Glaubenssätzen orientiert. Die Mönche dieses Ordens tragen braune Gewänder.

Mongkut erkannte, daß die alten Werte der Thai-Kultur sein Land nicht vor westlicher Überfremdung bewahren würden. Er war im Gegenteil davon überzeugt, daß sein Land modernisiert werden und so mit den westlichen Ländern gleichziehen könnte. Er hoffte

Vorherige Seiten: Prunkschiffparade bei den Krönungsfeierlichkeiten für König Prajadhipok 1925. Klassischer Tanz bei Hofe. Oben: Kanal (*klong*) als Schiffahrtsweg vor 100 Jahren.

das feindselige Verhältnis zum Ausland abzubauen.

England kam zuerst in den Genuß dieser Politik; ein Vertrag sorgte für exterritoriale Sonderrechte, begrenzte die Einfuhrsteuer auf drei Prozent und ermöglichte die zollfreie Einfuhr von Opium aus Indien. Frankreich, die USA und andere westliche Länder schlossen ähnliche Verträge ab. Als Mongkut das staatliche Monopol auf den Reisanbau aufhob, wurde Reis bald der wichtigste Exportartikel des Landes.

Rama IV. wollte auch seine Kinder in den Genuß der Vorteile bringen, die ihm die englische Sprache verschafft hatte. Er holte Anna Leonowens als Englischlehrerin an den Hof. Die selbsternannte Gouvernante übertrieb in ihren Aufzeichnungen maßlos ihren Einfluß bei Hofe und charakterisierte den König als grausamen Autokraten, der in eine Haremsaffäre nach der anderen verwikkelt gewesen sein soll. Die Chroniken erwähnen ihren Aufenthalt (1862-67) kaum.

Mongkut war ein leidenschaftlicher Astronom, was indirekt seinen Tod mitverursachte. Von den Observatorien in seinen Lieblingspalästen in Bang Pa-In und Petchburi aus errechnete er für den 18. August 1868 eine totale Sonnenfinsternis. Skeptiker aus Europa und Asien standen neben dem König an der Südostküste des Golfs von Siam und wurden Zeuge, wie sich der Mond zwischen Sonne und Erde schob. Mongkuts Ansehen unter den Einwohnern aus westlichen Ländern und den östlichen Astrologen stieg nach diesem Triumph. Er konnte ihn nicht lange auskosten, denn auf der Reise an die Küste holte er sich eine Malariainfektion, an der er zwei Wochen später starb.

König Chulalongkorn: Mongkuts Sohn Chulalongkorn war erst 15 Jahre alt, als er den Thron bestieg. Als Rama V. regierte er 42 Jahre lang über Siam – nur der gegenwärtige Monarch Bhumibol ist länger im Amt – und verwandelte ein rückständiges asiatisches Land in ein modernes Königreich des 20. Jahrhunderts.

Chulalongkorn ging sofort daran, das Leben am Hof umzugestalten. Er beendete die Sitte des Fußfalls, und die Hofbeamten durften bei den königlichen Audienzen auf Stühlen sitzen. Die Leibeigenschaft schaffte er schrittweise ab, so daß sich Feudalherrn und Leibeigene mit den neuen Verhältnissen vertraut machen konnten. Das alteingesessene System der Fronarbeit ersetzte er durch die direkte Besteuerung.

Seine Herrschaft war in der Tat eine „Revolution von oben“. Als Rama V. König wurde, gab es in Siam keine Schulen, kaum Straßen, Eisenbahnen oder Krankenhäuser und keine moderne Armee.

Um das Land zu modernisieren, holte er ausländische Berater ins Land und schickte seine Söhne und andere junge Leute zum Studium ins Ausland. Auch eine Palastschule für die Kinder der Aristokraten sowie andere Schulen und Berufsschulen ließ er bauen. Zuvor waren die Klöster die einzigen Stätten gewesen, an denen man in Siam etwas lernen konnte.

1892 war ein entscheidendes Jahr, als der König die Zahl der Ministerien von vier auf zwölf erhöhte; der Post- und Telegrafendienst wurde aufgenommen und die erste Eisenbahnstrecke gebaut. Die Brüder des Königs hatten einflußreiche Posten in der Regierung inne. Prinz Devawongse war Außenminister und Prinz Damrong erster Innenminister und Historiker des Landes, der den Namen „Vater der Thai-Geschichte" erhielt. Die älteren Kinder Chulalongkorns kehrten um 1890 vom Studium aus Europa zurück und arbeiteten mit an der Modernisierung von Armee und Marine; einer seiner Söhne wurde zum ersten Justizminister des Landes ernannt.

<u>Links außen</u>: Rama IV. mit Gattin. <u>Links innen</u>: Ein Sohn König Chulalongkorns. <u>Oben links</u>: König Chulalongkorn und Gefolge in Heidelberg. <u>Oben rechts</u>: Prinz Damrong, der „Vater der thailändischen Geschichte".

Das erste Krankenhaus in Siriraj wurde nach jahrelangen Auseinandersetzungen 1886 eröffnet. Die meisten Thai waren Anhänger der Kräutermedizin und lehnten die *farang*-Medizin ab. Außerdem fehlte es an qualifizierten Ärzten. Doch letztendlich konnten alle Hindernisse beseitigt werden.

Außenpolitisch mußte Rama V. Kompromisse eingehen und bestimmte Landesteile preisgeben, damit Siam nicht ebenfalls unter das Joch des Kolonialismus geriet. Frankreich eroberte 1883 Annam, die Briten setzten sich 1886 in Burma fest – Siam sah sich plötzlich von zwei expansionistisch orientierten Großmächten eingekreist. Grenzkonflikte und Kanonenbootdiplomatie zwangen Siam, sich Frankreich zu fügen und seine Ansprüche auf Laos und Kambodscha fallenzulassen. Ähnlich ging es mit einigen Gebieten der malaiischen Halbinsel, die Siam an die Briten abtreten mußte, damit diese im Gegenzug ihre Sonderrechte aufgaben. Am Ende der Regierungszeit Chulalongkorns hatte Siam etwa 120 000 Quadratkilometer seiner Randgebiete aufgegeben. Das scheint jedoch kein zu hoher Preis dafür zu sein, daß der Frieden erhalten und das Kernland der Thai im Chao-Phraya-Becken unabhängig geblieben war.

Zweimal fuhr Chulalongkorn nach Europa, wo er 1897 und 1907 Residenzen und

Schloßanlagen in Augenschein nehmen konnte. Prompt ließ er darauf den Dusit-Palast auf dem Gelände eines Obsthains errichten. Über die breite Rajadamnern-Avenue war er direkt mit dem Großen Palast verbunden. In Dusit fanden für ausgewähltes Publikum Partys, ja sogar Maskenbälle statt, und der König kochte häufig selbst.

Bereits zu Lebzeiten des Königs zeitigten seine Reformen erste Früchte. Wirtschaftlich gab es Fortschritte, den Bauern ging es – anders als ihren Kollegen in Französisch-Indochina und Britisch-Burma – recht gut. Es nimmt nicht wunder, daß Chulalongkorn postum den Ehrennamen Piya Maharaj, „Geliebter großer König", erhielt. Rama V. war sich zwar der weltweiten demokratischen Strömungen bewußt, hielt Siam aber noch nicht reif für die Demokratie. Er soll durch „besonnenen Einsatz seiner absoluten Macht" für Fortschritte gesorgt haben.

Umstrittener Glanz: Der Nachfolger Rama V., Vajiravudh, ließ als erste Amtshandlung verschwenderische Krönungsfeierlichkeiten veranstalten. Er regierte von 1910-1925, hatte in Oxford studiert und war von westlichen Ideen geprägt, die nun das gesellschaftliche Leben der Thai mitgestalten sollten.

Es folgte ein Erlaß, wonach alle Thai ab 1913 Familiennamen annehmen mußten. Da es in Thailand keine Klans und Kasten gab, waren genealogische Traditionen wenig verankert. Man kannte lediglich Vornamen. Der König hielt das für ein Zeichen fehlender Kultur. Vor allem auf dem Lande war man höchst erstaunt über das neue Gesetz. Vajiravudh selbst legte für Hunderte von Familien Namen fest. Damit man die Namen seiner Amtsvorgänger besser handhaben konnte, übertrug er ihnen nachträglich den Namen Rama und die entsprechende Nummer; so schuf er die berühmte Chakri-Dynastie, in die er als Rama VI. einging.

Da das Schönheitsideal der Thai mit westlichen Vorstellungen nicht zusammenpaßte, wurden die Frauen ermutigt, lange Haare zu tragen und ihre *dhotis* (Überfallhosen) durch den *panung,* einen sarongähnlichen Umhang, zu ersetzen. Im ganzen Königreich wurde die Schulpflicht eingeführt; die Chulalongkorn-Universität, die erste Siams, wurde gegründet, und die Knaben- und Mädchenschulen erlebten eine Blüte.

Der bedeutendste politische Beitrag Rama VI. war die Unterstützung nationalistischer Bestrebungen. Der König war ein versierter Schriftsteller, der Literatur und Theater dazu benutzte, das Nationalgefühl der Thai zu stärken; er ließ in seinen Stücken legendäre Heldenfiguren wiederaufleben. Unter einem Pseudonym verfaßte er Aufsätze, die die Tugenden des Thai-Volks rühmten.

Bei Ausbruch des Ersten Weltkriegs blieb Siam neutral, später stellte sich Vajiravudh auf die Seite der Alliierten. Er entsandte 1917 ein kleines Expeditionskorps nach Frankreich und sorgte damit für die Aufnahme Siams in den Völkerbund. Die Flagge der Thai – ein weißer Elefant vor rotem Hintergrund – wehte mit vielen anderen auf der Versailler Friedenskonferenz, doch leider verwechselte man den Dickhäuter mit einem kleinen Haustier. Der König war enttäuscht und ließ eine andere Flagge anfertigen; sie war rot mit weißen und blauen Streifen, die das Volk, die Religion und die Monarchie repräsentieren sollten – Elemente, die für das heutige Thailand prägend sind.

König Vajiravudh gab Einzelkonsultationen mit seinen Ministern den Vorzug vor Kabinettssitzungen. Sein Regime galt als autokratisch und unkoordiniert. Auch seine Familie war unzufrieden, weil sie den König selten zu Gesicht bekam, der viel lieber mit seinen Höflingen zusammen war, denen gegenüber er sich sehr großzügig zeigte.

Seine Extravaganzen rissen gewaltige Löcher in die von Chulalongkorn geschaffenen Reserven. Gegen Ende seiner Amtszeit mußte der Schatzmeister Geld lockermachen, um die Privatausgaben des Königs zu decken. Sein jüngster Bruder Prajadhipok konnte als Nachfolger die Früchte einer klugen, aber umstrittenen Politik ernten.

Kurze Herrschaft: Der frühe Tod seines Bruders trug Prajadhipok die Königswürde ein, obwohl der Eton-Absolvent lieber beim Militär Karriere gemacht hätte. Er erwies sich als sparsamer Mann, der eine effektive Verwaltung aufbaute. Im Gegensatz zu seinem Bruder wollte er die Staatsausgaben reduzieren, indem er etliche Beamte entließ und die Apanage des Königshauses drastisch kürzte. Diese Politik in Verbindung mit den Mehreinnahmen aus dem Außenhandel machte sich für das Land mehr als bezahlt.

In den ersten Regierungsjahren ließ der König das Telefonnetz ausbauen; der Flughafen Don Muang wurde zu einem Zentrum des internationalen Flugverkehrs. In seine Amtszeit fällt auch die Gründung des Nationalmuseums, der Staatsbibliothek und eines Kunstministeriums.

<u>Links</u>: Chulalongkorns Witwe und Familie; König Vajiravudh und König Prajadhipok sind in der Mitte oben bzw. unten rechts zu erkennen.

Prajadhipok war ein gewissenhafter, hart arbeitender Mann, der sich höchstpersönlich um das Wohl seiner Untergebenen kümmerte. Er war sich zwar bewußt, daß eine kleine Gruppe von Intellektuellen, die im Ausland studiert hatten, sich mehr Mitspracherechte erhoffte, doch auch er meinte, die Siamesen seien noch nicht reif für die Demokratie. 1927 erklärte er in aller Öffentlichkeit, das Volk müsse erst mehr politisches Bewußtsein entwickeln, bevor die Demokratie eingeführt werden könnte.

Die Weltwirtschaftskrise von 1931 traf den Reisexport Siams hart. Als Prajadhipok den Goldwert als Verrechnungseinheit des Baht zum englischen Pfund fallenließ, war es bereits zu spät – die Krise brach über das Land herein. Der Staat sah sich gezwungen, noch mehr Geld einzusparen (man kürzte die Gehälter der Beamten) und machte Abstriche bei der Armee. Die Unzufriedenheit unter den Militärs und der Bürokratie wuchs, da man sich um die Karriere gebracht sah.

Während der Feierlichkeiten zum 150. Jahrestag der Gründung der Chakri-Dynastie im April 1932 kursierten die Gerüchte. Prajadhipok war der letzte Repräsentant des Königtums, der in den Genuß einer prachtvollen Parade mit Prunkschiffen kam. Am 24. Juni 1932 machte ein Staatsstreich der absoluten Monarchie in Thailand ein Ende.

Verantwortlich für den Coup war die People's Party (Volkspartei), eine Gruppierung von Militärs und Zivilisten, die im Ausland studiert hatten. Ihr Chefideologe, ein junger, in Frankreich ausgebildeter Anwalt, hieß Pridi Panomyong. Unter den Militärs ragte Leutnant Luang Pibulsongram heraus, der eine beachtliche Anzahl junger Offiziere um sich scharen konnte. Mit Hilfe einiger Panzer starteten die 70 Verschwörer ihre „Revolution". Sie besetzten strategisch wichtige Plätze und nahmen ältere Prinzen als Geiseln. Andere Offiziere griffen nicht ein, die Bevölkerung sah tatenlos zu. Der König, der sich gerade in Hua Hin aufhielt, kehrte eilends in die Hauptstadt zurück und nahm die provisorische Verfassung an, um Blutvergießen zu vermeiden. Er „herrschte nicht mehr, blieb aber König".

Von der Monarchie zur Demokratie: Die absolute Monarchie war alsbald abgeschafft und durch die Diktatur einer Partei ersetzt. Kaum saß das neue Regime im Sattel, ließ es verkünden, die Thai seien nicht gebildet ge nug, sich selbst zu regieren. Die neue Regierung erklärte die ersten zehn Jahre ihres Regimes zur Probezeit für die Demokratie. Im Dezember 1932 unterzeichnete der König die Verfassung, in der das allgemeine Wahlrecht versprochen und alle vier Jahre freie Wahlen angekündigt wurden.

1933 gab es innerhalb der Regierung eine Kontroverse über die Wirtschaftspolitik Pridis, der den gesamten Grundbesitz verstaatlichen wollte. Dieser Plan war als kommunistisch verschrien, und Pridi mußte vorübergehend ins Exil. Dasselbe Jahr sah einen Gegencoup, durch den Mitglieder des Exekutivrats unter Pibul (Pibulsongram) an die Macht kamen. Die beiden nächsten Jahrzehnte waren bestimmt vom Machtkampf zwischen Pibul, hinter dem das Militär stand, und Pridi, der, 1934 zurückgekehrt, von der Intelligenz unterstützt wurde.

König Prajadhipok fühlte sich indessen immer unwohler in seiner Haut. Ein Verfassungsstreit mit der Regierung gipfelte 1935 in seiner freiwilligen Abdankung. In seiner Abschiedsrede an das Volk sagte er, er übergebe die Macht an das Volk der Thai insgesamt und nicht an eine bestimmte Gruppe der Gesellschaft.

Zum Zeitpunkt der Abdankung hielt sich der König in England auf; dort blieb er auch und lebte bis zu seinem Tod im Jahre 1941 als „Prinz Sukhothai“. Ananda Mahidol, sein zehnjähriger Neffe, der in der Schweiz studierte, wurde zum König ernannt. Drei Mitglieder des Exekutivrats erhielten den Auftrag, als „Kronrat“ bis zur Volljährigkeit Mahidols die Amtsgeschäfte wahrzunehmen.

Orientierungslosigkeit und Instabilität: Die plötzliche Verpflanzung der westlichen Demokratie in eine tief in der Tradition verwurzelte Gesellschaft zog politische Orientierungslosigkeit und Instabilität nach sich. Die „permanente“ Verfassung wurde mehrere Male überarbeitet, Experimente mit einem Einkammer- und einem Zweikammersystem scheiterten, so daß immer wieder das Militär die Macht übernahm.

Von 1935-1938 hatte das Land mehrere Regierungskrisen durchzustehen, durch die Pibul wieder an die Macht kam. Wirtschaftlich und kulturell erlebte der Nationalismus eine neue Blüte. Als Zeichen des wiedererwachten Chauvinismus wurde der Name des Staates in Thailand abgeändert. Pibul startete eine „Zivilisierungskampagne“, in deren Verlauf die Massen gezwungen wurden, sich westlich zu kleiden und westliche Lebensgewohnheiten anzunehmen. Das Kauen der Betelnuß, seit urdenklichen Zeiten in Thailand gang und gäbe, wurde verboten. Auf der Straße mußten die Menschen Schuhe und Hüte tragen. Wer sich weigerte, wurde beispielsweise in Notfällen oder kurz vor der Entbindung nicht ins Krankenhaus aufgenommen.

Der Ausbruch des Zweiten Weltkriegs stellte die traditionelle prowestliche Haltung Thailands auf eine harte Bewährungsprobe: Die Japaner marschierten in Bangkok ein, woraufhin Pibul kapitulierte, da Widerstand Menschenleben gefordert hätte.

Sein Botschafter in den USA, Seni Pramoj, erkannte die neuen Herren nicht an und weigerte sich, die thailändische Kriegserklärung an Amerika weiterzuleiten, da er die Japaner dafür verantwortlich machte. Die Note blieb während des Kriegs in seiner Schreibtischschublade liegen! Nach dem Krieg blieben Thailand Entschädigungsforderungen durch die USA erspart, da der Krieg ja nie offiziell erklärt worden war.

Diese Entscheidung der Alliierten wurde hauptsächlich durch die Aktivität von Exil-Thailändern und amerikafreundlichen Thai zu Hause beeinflußt. Die Untergrundbewegung Seri Thai (Free Thai Movement) entstand. Sie stand auf Seiten der Alliierten und wurde von Pridi, dem damaligen Regenten, unterstützt. Ihr Anführer hieß Seni Pramoj, der in den USA lebte. Man betrieb gezielte Sabotage, um die japanische Kriegsmaschinerie zu treffen. Die Japaner zogen sich immer größeren Unwillen zu, und als sie in Bedrängnis gerieten, brach Pribuls Kollaborationsregime zusammen. Um der Versöhnung mit dem Westen willen wurde 1945 Seni Pramoj zum neuen Ministerpräsidenten ernannt.

Dessen Regierung wurde bald von Pridis Regime abgelöst, der infolge des Krieges an Ansehen gewonnen hatte. Der inzwischen 20jährige König Ananda Mahidol kehrte 1945 nach Hause zurück. Bei seinem Empfang kam es zu Tumulten. Kaum ein Jahr später wurde der König erschossen in seinem Schlafzimmer aufgefunden. Sein tragischer und unaufgeklärter Tod bedeutete Pridis politisches Ende, der ins Exil nach Peking gehen mußte.

<u>Links</u>: Bilder der am Staatsstreich beteiligten Offiziere und die thailändische Verfassung. <u>Oben</u>: Für den „Tag des Pflugs" wirft man sich ordentlich in Schale (1930).

Ananda Mahidols Nachfolger wurde sein jüngerer Bruder König Bhumibol Adulyadej, der jetzige Monarch. Der neue König nahm 1946 seine Studien in der Schweiz wieder auf; Prinz Rangsit von Jainat, der nach sechsjähriger Gefangenschaft entlassen worden war, wurde bis zu seinem Tod im Jahre 1951 zum Regenten ernannt.

Das Militär konsolidierte 1947 in einem unblutigen Staatsstreich seine Macht. Eine der Hauptfiguren war Leutnant Sarit Thanarat, Befehlshaber der ersten Division, die das Gebiet um Bangkok besetzt hielt. Der Staatsstreich brachte eine neue Generation von Armeeoffizieren an die Macht, die in Thailand ausgebildet worden waren und weniger unter westlichem Einfluß standen als die Putschisten von 1932. In den Nachbarstaaten gab es kommunistische Bestrebungen, von denen sich Ober- und Mittelschicht bedroht fühlten. Das reichte aus, um eine zwanzig Jahre währende Militärdiktatur zu rechtfertigen.

Feldmarschall Pibul kam 1948 wieder zu politischen Ehren. Zehn Jahre lang war er Regierungschef. Seine antikommunistische Außenpolitik führte ihn an die Seite der USA, die gegen die Volksrepublik China Front machten. Thailand trat 1950 der SEATO (South East Asian Treaty Organization) bei, die sich den Kampf gegen den Kommunismus zum Ziel setzte. Die amerikanische Wirtschaftshilfe, in erster Linie natürlich Militärhilfe, setzte 1950 ein. Vor allem während des Vietnamkriegs flossen auf diese Weise horrende Summen ins Land.

Nach seiner Weltreise im Jahre 1955 entschloß sich Pibul, demokratische Experimente zuzulassen. Das Parteienverbot wurde aufgehoben, im „Hyde-Park“-Stil konnte man überall Reden halten. Das demokratische Zwischenspiel scheiterte nach kaum zwei Jahren: der Ausnahmezustand wurde erklärt, das Pibul-Regime von Sarit gestürzt.

Politik der starken Hand: Der Militärputsch von 1957 brachte das Trio Sarit, General Thanom Kittikachorn und General Prapass Charusathien an die Macht, das die Geschikke Thailands von den fünfziger bis in die frühen siebziger Jahre bestimmen sollte. Sarit knüpfte an die Politik der Monarchie an, unter der ein einzelner Mann unumschränkte Macht gehabt hatte. Obwohl er jegliche demokratischen Bestrebungen unterband, konnte er für seine Politik, deren oberste Werte Entschlossenheit und Disziplin waren, breite Unterstützung finden.

Nach und nach wurden die Militärs jedoch in geschäftliche Aktivitäten verwickelt; sie versuchten, die Banken sowie Industrie und Handel unter ihre Kontrolle zu bekommen. Das Sarit-Regime erklärte die wirtschaftliche Entwicklung des Landes zum wichtigsten Ziel seiner Politik und arbeitete einen Sechsjahresplan aus. Ein Investitionsausschuß wurde geschaffen, der ausländisches Kapital ins Land holen sollte. Man erkannte auch den Tourismus als entscheidende Devisenquelle und schuf die Tourist Organization of Thailand (heute: Tourism Authority of Thailand). Sarit tat einiges, um das Land voranzubringen.

Nach Sarits Tod 1963 wurde sein Berater Thanom Ministerpräsident und Chef der Junta; Prapass bekleidete das Amt des Oberbefehlshabers der Streitkräfte. Die Furcht vor dem Kommunismus begründete Thailands Haltung im Vietnamkrieg. 1965 erhielten die USA die Erlaubnis, fünf Luftwaffenstützpunkte zu errichten; im Gegenzug finanzierte Washington Straßenbauprojekte, wobei jedoch viel Geld in die Taschen der Verwaltungsbeamten geflossen sein soll.

1968 verkündete der König eine neue Verfassung; im Jahr darauf wurden Wahlen abgehalten, aus denen Thanom als Sieger hervorging. Die innenpolitische Lage wurde prekär; überall kam es zu Demonstrationen, so daß die Verfassung außer Kraft gesetzt und das Kriegsrecht verhängt wurde. Die Forderungen der Studenten nach Beendigung der Militärdiktatur und nach einer Rückkehr zu demokratischen Verhältnissen lösten im Oktober 1973 schwere Studentenunruhen aus, wobei die als links geltende Thammasat-Universität im Mittelpunkt stand. Das Militär ging gegen die demonstrierenden Studenten vor – es gab 69 Tote und 800 Verletzte. Thanoms Clique mußte zurücktreten und ins Exil gehen.

Oben: Das königliche Prunkschiff um 1870, fotografiert von Thomson.

Die kurze Epoche einer offenen Politik von 1973-1976 war eingeläutet. Wie das Institute of Southeast Asian Studies schrieb, war es „für die Bürokraten und die führenden Militärs ein Alptraum". Hunderte von Bürgerinitiativen bildeten sich. Streiks und Demonstrationen gehörten zum Alltag in Thailand, und nach den Wahlen wurden Koalitionsregierungen gebildet. Außenpolitisch gesehen war M.R. Kukrit Pramoj bislang der erfolgreichste Ministerpräsident, der diplomatische Beziehungen zur Volksrepublik China aufnahm und Thailands Rolle in der ASEAN stärkte.

Er erkannte, daß die bedrückende Lage der armen Landbevölkerung kommunistischen Umsturzversuchen in die Hände arbeitete und gründete den Tambun Council Fund, der Geld für Bewässerungskanäle, Brücken und andere Projekte zur Verfügung stellte.

Trotz dieser Erfolge waren die Studenten nicht zufrieden, da sie den Eindruck hatten, die herrschenden Schichten widersetzten sich nach wie vor gesellschaftlichen Veränderungen. Die Proteste verstärkten sich. 1976 kehrte Thanom Kittikachorn nach Thailand zurück, der trotz Einreiseverbots die Sympathie führender Militärs genoß. Am 6. Oktober kam es zu schweren Zusammenstößen zwischen Sicherheitskräften und Studenten. Unter fadenscheinigen Vorwänden stürmten

Polizei und rechtsradikale Schlägertrupps die Thammasat-Universität, ermordeten Dutzende von Studenten und beendeten die dreijährige Phase demokratischer Verhältnisse in Thailand. Die Armee setzte die gewählte Regierung ab und übernahm für die nächsten 15 Jahre selbst die Macht.

Mit Dharma regieren: „Wir werden mit *dharma* (Rechtschaffenheit) für das Wohlergehen und das Glück des siamesischen Volkes regieren", lautete 1950 anläßlich seiner Krönung der Eid König Bhumibol Adulyadejs. Der König allein ist es, der dem Land Kontinuität und Stabilität verleiht, Elemente, die dem turbulenten Auf und Ab der thailändischen Politik fehlen. Gemeinsam mit Königin Sirikit reist der König unermüdlich durchs Land, stets bemüht, die Lebensbedingungen der Menschen zu verbessern. Überall wird ihm die Ehrerbietung der Bevölkerung zuteil. Als konstitutioneller Monarch bewahrt der König in Krisenzeiten Neutralität, so daß ihm alle Putschisten bislang ihre Loyalität versichert haben.

Im April 1981 warf der König sein moralisches Gewicht in die Waagschale, als die sogenannten Jungtürken einen Putsch wagten, um die Regierung von General Prem Tisulanonda zu stürzen. Trotz zahlenmäßiger Überlegenheit brach die Revolte zusammen, nachdem klar wurde, daß die Bewegung keine Rückendeckung durch den König hatte. Bangkok feierte im April 1982 seinen 200. Geburtstag als Hauptstadt.

Die achtziger Jahre brachten einen enormen wirtschaftlichen Aufschwung und die Stärkung Thailands als Regionalmacht, da das Land seine Wirtschaft auf Industrialisierung umgestellt hat. Motor des Wachstums ist Kapital aus Taiwan, da dieses Land aufgrund des eigenen Wohlstands nicht mehr konkurrenzfähig ist, aus Hongkong, das 1997 an die chinesische Volksrepublik fällt, und aus Japan, das für 50 Prozent aller Investitionen in Thailand verantwortlich zeichnet.

Günstiger Baugrund und niedrige Lohnkosten bilden Anreize, die das Land verändern. Die Skyline von Bangkok bekommt ein neues Hochhaus nach dem anderen, und die Bevölkerung – offiziell 6 Millionen – dürfte die Achtmillionengrenze überschritten haben. Viele Landbewohner werden durch höhere Löhne in die Stadt gelockt.

Die einschneidendsten Veränderungen finden jedoch auf dem Land statt. Der langgehegte Traum von der Erschließung neuer Häfen an der Ostküste geht mit der Eröffnung des Hafens von Laem Chabang allmählich in Erfüllung. Im Zentralplateau, im Norden und teilweise auch im Nordosten entstehen neue Fabriken, während die Natur für den Fremdenverkehr erschlossen wird.

Leider bedeutet Erschließung im Zuge der Landnahme die Vernichtung von Wäldern. Auch soziale Probleme entstehen, die nicht selten zu Unruhen führen. Einkommensunterschiede, Probleme der Infrastruktur, eine überhitzte Wirtschaft und ein neues „thailändisches Wirtschaftswunder" – all das bereitet vielen Sorge, denen der Wandel zu schnell geht, ohne daß beispielsweise die Kosten gebührend berücksichtigt werden.

Die Außenpolitik Thailands steht im Zeichen wirtschaftlicher Erwägungen und des Pragmatismus. Der von 1988 bis Februar 1991 amtierende Ministerpräsident Chatichai Choonhavan schlug einen neuen Kurs ein und begann den Dialog mit einstmals verfeindeten Staaten in Indochina.

Auf der Suche nach neuen Märkten für thailändische Produkte und Investitionsmöglichkeiten für thailändisches Kapital war er bestrebt gewesen, dem Land eine Führungsrolle in Südostasien einzuräumen. Angesichts der ausgeplünderten Ressourcen beargwöhnten viele diese Haltung als Opportunismus, während Befürworter darin Zukunftsmusik sahen.

Das Land steht vor einer schwierigen Zukunft. Bislang ist es mit einer klugen Finanzpolitik stets gelungen, sich irgendwie über Wasser zu halten. Es gibt Anzeichen dafür, daß der Staat bei der Verteilung des neuen Reichtums, im Umweltschutz und aufgrund der Verlangsamung des Wirtschaftswachstums sich nicht mehr so stark zurückhalten wird wie früher, wo mehr die Privatinitiative, weniger eine zentralisierte Wirtschaftspolitik gefördert worden war.

Im Februar 1991 putschte die Armee unter General Sunthorn Kongsompong, da der bisherige Regierungschef Chatichai der Korruption bezichtigt wurde. Als Ministerpräsident der Übergangsregierung fungiert Anand Panyarachun. Es bleibt abzuwarten, ob Thailand mit seinen einzigartigen Traditionen und religiösen Werten, seinem Nationalstolz und dem Festhalten an der Monarchie trotzdem als einer der wichtigsten Staaten Südostasiens ins 21. Jahrhundert gehen wird.

THAILÄNDISCHE PORTRAITS

Selbst ein flüchtiger Blick auf die thailändische Geschichte zeigt, daß es unsinnig ist, Pauschalurteile über Land und Leute zu fällen. Auf den folgenden Seiten beschäftigen wir uns mit Eigenheiten des thailändischen Charakters und lernen so die verschiedensten Vertreter dieses Volkes kennen.

Ob es nun ein junger Mönch mit seiner Bettelschale ist, der in der Dämmerung durch die Straßen Bangkoks schreitet, eine schick gekleidete Geschäftsfrau, die gerade mit einer Frau vom Land im seidenen *pasin* (bodenlanges Wickeltuch) verhandelt, oder König Bhumibol, der von einer benachbarten Dorfschule im Hubschrauber zu einem seiner Sommerpaläste zurückkehrt – in Thailand trifft man stets auf interessante Persönlichkeiten.

Der König: *Seine Majestät der König bereitet sich auf eine Zeremonie im Wat Phra Keo vor, dem Tempel des Smaragd-Buddhas. Die Schaulustigen, die sich schon Stunden vor Beginn eingefunden haben, bieten einen Querschnitt durch die Bevölkerung: Landbewohnerinnen mit kurzen Haaren und Spuren der Betelnuß auf den Lippen, Bauern in blauen, selbstgewebten Baumwoll-Shorts, Studenten in frisch gebügelten Uniformen, Damen der feinen Gesellschaft im Seidenkleid, Büroangestellte aus den nahegelegenen Amtsstuben und viele Kinder. Gespannte Erwartung liegt in der Luft.*

Für die meisten Thai ist es nicht das erste Mal, daß sie den König zu Gesicht bekommen, denn er gehört zu jenen Monarchen, die sich ihren Untertanen ständig zeigen. Im Laufe der Zeit ist das Programm zwar eingeschränkt worden, aber der König eröffnet nach wie vor Messen, leitet Zeremonien, händigt Universitäts-Diplome aus und besucht ländliche Gebiete, wo er Projekte zur Förderung der Landwirtschaft in Gang gebracht hat. Dennoch bemächtigt sich der Menschen ein Gefühl der Erregung und scheuen Ehrerbietung, wenn der König auftaucht.

Schwerter klirren, die Ehrenwache gibt das Zeichen, atemlose Stille – durch die kunstvoll

Vorherige Seiten: Am Chulalongkorn-Tag wird die Statue des früheren Königs verehrt. Die königliche Familie im Wat Phra Keo. Links: König Bhumibol bei der Investitur des Kronprinzen.

verzierten Türen, die Wat Phra Keo vom Gelände des Großen Palastes trennen, tritt der gertenschlanke König in einer makellos weißen Uniform, gefolgt von der schönen Königin im traditionellen Kleid der Thai-Frauen. Ihre Majestäten, König Bhumibol und Königin Sirikit, geben sich die Ehre.

Der König von Thailand ist beides, Symbol und Mensch. Das in ferner Vergangenheit im sagenumwobenen Sukhothai entstandene Symbol hat Kriege und Revolutionen, den Fall von Dynastien, den Zusammenbruch von Traditionen, den Sturz von Diktaturen und demokratischen Regierungen sowie Krisenzeiten ebenso überlebt wie Jahre wirtschaftlichen Wohlstands. Während sich die Rolle der Monarchie in den meisten anderen Ländern, die noch einen König haben, auf reine Repräsentationsfunktionen beschränkt, bildet sie in Thailand den stärksten einigenden Faktor des Landes, der von allen Gruppen respektiert wird. Das Bild des Königs und der Königin hängt praktisch in jedem Haushalt, und im Kino erweist man vor dem Hauptfilm dem auf die Leinwand projizierten Bild des Monarchen beim Klang der Nationalhymne stehend seine Reverenz. Was die sonst sehr toleranten Thailänder nicht akzeptieren, sind abfällige Bemerkungen über die Monarchie!

Als Mensch ist der König ebenso ungewöhnlich wie als Symbol. Er wurde 1927 in Cambridge, Massachusetts, geboren, wo sein Vater, Prinz Mahidol von Songkhla, Medizin an der Harvard-Universität studierte und seine Mutter Krankenpflege. Sein Vater, ein Sohn von König Rama V., ging später als Vater der modernen Medizin Thailands in die Geschichte ein. Zum Zeitpunkt der Geburt des Prinzen Bhumibol schien wenig Aussicht, daß er jemals König werden könnte. In der von Rama V. festgelegten Erbfolge standen zwischen ihm und der Königswürde all jene Kinder, die der regierende König Rama VII. haben würde, dann sein eigener Vater und schließlich sein älterer Bruder Ananda.

Doch Rama VII. hatte keine Söhne, und Prinz Mahidol starb im Jahre 1929. So wurde nach der Abdankung Rama VII. Ananda, damals noch ein junger Student in der Schweiz, zum König erklärt, obwohl er erst nach Kriegsende nach Thailand zurückkehrte. 1946 wurde er unter mysteriösen Umständen im Großen Palast ermordet, und sein jüngerer Bruder, Prinz Bhumibol, bestieg als neunter König der Chakri-Dynastie den Thron.

In den 41 Jahren seit seiner Krönung 1950 hat sich König Bhumibol als würdiger Nachfolger seiner gefeierten Vorgänger erwiesen. Zusammen mit Königin Sirikit hat er jeden Teil seines Landes besucht und 1955 als erster König den Nordosten des Landes bereist. Dabei geht es ihm nicht darum, den Monarchen herauszukehren, sondern er möchte mit den Menschen in Kontakt kommen und sich aus erster Hand über ihre Probleme informieren. Das bekannteste Portrait zeigt ihn im Arbeitsanzug auf dem Land, wobei er in der einen Hand das Sprechfunkgerät, in der anderen die Landkarte hält.

Ansatzpunkt für die Beschäftigung mit den Problemen der Landbevölkerung war der Versuch, neue Feldfrüchte für die Bergstämme zu finden, um sie vom Opiumanbau wegzubekommen. Den Beamten schärfte er ein, technische Hilfe zu gewähren und für Saatgut und vor allem für Absatzmärkte zu sorgen. Auch Straßenbau und Bewässerungsprojekte spielen dabei eine Rolle.

Seine Erfahrung mit derartigen Hilfsprogrammen kommt mittlerweile Bauern in allen vier Regionen zugute. Von seinen Sommerpalästen aus – häufig ganz gewöhnliche Häuser – reist er mit Jeep oder Hubschrauber in die Dörfer, um sich ein Bild von den Bedürfnissen der Menschen zu verschaffen. Er vertraut auf aktive Mitarbeit der Betroffenen und erwartet Unterstützung von der Verwaltung.

Sogar Teile des Palastgartens werden als landwirtschaftliche Versuchsflächen genutzt. Dem erstaunten Besucher bietet sich der Anblick von friedlich grasenden Kühen, wenn er an dem von einem Wassergraben umgebenen Chitralada-Palast vorbeifährt (der Große Palast dient nur noch für Bankette und Staatsempfänge). Auf dem Gelände finden sich eine Versuchsmolkerei sowie zahlreiche Teiche mit Millionen von *tilapia*-Fischen. Die Besatzfische werden an die Bauern verteilt, die sie dann zu Beginn der Pflanzzeit in ihren Reisfeldern aussetzen und drei Monate später die ausgewachsenen Fische zusammen mit dem Reis „ernten“.

Andere Mitglieder der Königsfamilie sind an ähnlichen Hilfsprogrammen beteiligt. Die 80jährige Königinmutter gründete die „Flying Doctors“, die abgelegene Gebiete medizinisch und zahnärztlich versorgen. Königin Sirikit rief die Stiftung SUPPORT ins Leben, die dafür sorgt, daß alte Handwerkskünste nicht aussterben, und sich um jene Menschen vom Land kümmert, deren Erzeugnisse von SUPPORT im eigenen Land verkauft werden, aber auch in den Export gehen.

Darüber hinaus nimmt das Königspaar an zahlreichen Zeremonien teil, wie sie im Rahmen des jahreszeitlich bedingten Kleiderwechsels des Smaragd-Buddhas, der buddhistischen Feiertage, der Eröffnungssitzung des Parlaments oder der Parade am Tag der Waffengattungen anfallen. Nicht mehr so häufig wie früher tritt das Paar bei der Aushändigung

<u>Links und oben</u>: König Bhumibol ist nicht nur Respektsperson, sondern auch Mensch.

von Diplomen und auf unzähligen Hochzeiten und Trauerfeiern in Erscheinung.

Wenn die Thai ihren König als Symbol verehren, so haben sie im Laufe der Jahre auch ein ähnliches Gefühl für ihn als Mensch entwickelt, eine Tatsache, die die Monarchie zu keiner Zeit seit der Regentschaft von König Bhumibols Großvater, Chulalongkorn (Rama V.), mehr gestärkt hat.

Buddhismus – Ganzheitliches Sein: *Ein junger buddhistischer Mönch in safranfarbenem Gewand schreitet würdevoll im fahlen Morgenlicht eine Straße entlang, eine Tuchtasche über einen Arm gelegt, mit dem anderen eine Messingschale haltend. Schweigend öffnet er die Almosenschale, um Reis und Currygerichte von normalen Thai in Empfang zu nehmen, die ihn vor ihrem Haus erwartet haben. Kein Wort des Dankes kommt über seine Lippen, denn buddhistischen Grundsätzen zufolge erweist er ihnen einen Gefallen, eröffnet er ihnen damit doch die Möglichkeit, sich Verdienste zu erwerben, um im nächsten Leben als höheres Wesen wiedergeboren zu werden. So setzt er barfüßig seinen Weg fort, wendet sich den nächsten Spendern zu, wie die Mönche es seit 2000 Jahren tun.*

Die Zahl der in den 28 000 *wats* (Klöstern) lebenden Mönche schwankt von Jahreszeit zu Jahreszeit; am größten ist sie während der Monsunregen, der traditionellen Zeit für einen jungen Mann, in den Priesterstand einzutreten. Die Überlieferung verlangt, daß jeder männliche Buddhist einmal im Leben für einen Zeitraum von sieben Tagen bis zu sechs Monaten Mönch wird. Der öffentliche Dienst und das Militär sind gehalten, dafür ihren Leuten freizugeben, und die Unternehmen gewähren sogar bezahlten Urlaub.

Da es keine Bestimmungen zur Ordination von Frauen gibt, gelten die Verdienste des Mönchs auch für seine Mutter und weibliche Verwandte. Es gibt zwar Nonnen – sie tragen Weiß –, doch genießen sie nicht dieselben Rechte wie die Männer. Sie leben in Seitengebäuden des *wat*, singen in eigenen Gruppen und erhalten das Essen, das die Mönche nicht verzehrt haben.

Vor der Ordination wird der zukünftige Mönch kahlgeschoren. Anschließend hat er Fragen zu beantworten, die ihm der Abt stellt und durch die sichergestellt wird, daß er physisch und psychisch gesund ist. Wohnen wird er entweder im Schlafsaal oder im *kuti* (Meditationshaus).

Während seiner Zeit im Kloster lauscht er den Predigten, die auf den Lehren Buddhas basieren, studiert die *Tripitaka* (Drei Körbe), die Lehren Buddhas in Pali, meditiert und übt sich im asketischen Leben ohne materiellen Besitz. Abspülen und saubermachen gehören zu den notwendigen Tätigkeiten. Zusammen mit den anderen Mönchen verläßt er in der Dämmerung das Kloster, um seine Morgenmahlzeit zu bekommen.

Ein buddhistischer Mönch darf „nicht stehlen, lügen und verleumden, töten, sexuelle Ausschweifung pflegen oder Rauschmittel, Luxus oder frivole Amüsements genießen". Er hat außerdem nicht weniger als 227 Regeln zu befolgen, die alle Einzelheiten des täglichen Lebens betreffen. In der Praxis halten sich die Mönche, mit Ausnahme der Dhammakaiya-Sekte, an zehn Grundregeln. Abgesehen von gelber Robe, Almosenschale und einiger persönlicher Gegenstände darf er nichts besitzen. Er nimmt täglich zwei Mahlzeiten zu sich, die erste früh am Morgen und die zweite vor Mittag.

Trotz dieses spartanischen Lebens ist ein *wat* (wörtlich: „Tempel") von der „realen" Welt nicht abgeschottet. Fast jedem *wat* ist eine Schule angegliedert – jahrhundertelang gab es gar keine anderen. Im Dorf ist der Tempel seit jeher Zentrum des gesellschaftlichen Lebens gewesen, wobei der Mönch als Kräuterdoktor, Seelsorger und Vermittler bei Streitigkeiten fungierte. Mönche spielen auch in vielen Ritualen des täglichen Lebens eine wichtige Rolle, etwa beim Segnen neuer Gebäude, bei Geburtstagen und Beerdigungen.

Die Mönche können nach Belieben (mit Ausnahme der Fastenzeit von Juli bis Oktober) von einem Kloster zum anderen reisen. Darüber hinaus stehen die *wats* jedem offen, der sich zurückziehen möchte. Am *wan phra*, einem mit dem Mondkalender bestimmten Wochentag, gehen die Gläubigen in den Tempel und lauschen den Gesängen und Predigten. Die beliebteste Art, sich Verdienste zu erwerben, ist – neben der Aufgabe, die Mönche mit Nahrung zu versorgen – vor allem, notwendige Reparaturen an einem Tempel durchführen oder – noch besser – ein altes, baufälliges Gebäude durch ein neues ersetzen zu lassen. Wenn die Fastenzeit vorbei ist, reisen die Thai mit Booten oder Bussen in entlegene Dörfer, um dort Schenkungen zu machen, eine Gelegenheit, die zum ausgiebigen Feiern benutzt wird.

In Thailand herrscht das Hinayana (Kleines Fahrzeug des Buddhismus) vor, auch Theravada genannt, das ursprünglich aus Indien kam. Diese Form wird auch im benachbarten Burma praktiziert, aber ein kurzer Besuch eines thailändischen und eines burmesischen Tempels offenbart erstaunliche Unterschiede: So wie die Thai die meisten äußeren Einflüsse – seien es Khmer-Tempelverzierungen oder chinesische Kochkünste – ihren Vorstellungen angepaßt haben, so schufen sie sich im Laufe der Jahrhunderte einen eigenen, ihrem Wesen entsprechenden Buddhismus.

Wer chinesische Vorfahren hat, praktiziert Mahayana-Buddhismus (Großes Fahrzeug). Heiligtümer finden sich in Bangkok und den meisten Städten. Betritt man als Besucher einen solchen *sanjao* (Schrein), wird klar, daß es hier recht vital zugeht: Räucherstäbchen verbreiten ihren Duft, Wahrsager lesen aus Stäbchen die Zukunft, Papiergeld wird verbrannt, damit die Verstorbenen sich auch etwas leisten können, Glocken läuten und die Laute der Frömmigkeit durchdringen alles.

Auch als Philosophie hat der Buddhismus eine eigene Rolle bei der Formung des thailändischen Volkscharakters gespielt, ganz besonders im Hinblick darauf, wie die Menschen auf Ereignisse reagieren. Der buddhistische Gedanke der Vergänglichkeit des Lebens und des materiellen Besitzes sowie die Notwendigkeit, extreme Gefühle oder Verhaltensweisen zu vermeiden, haben viel zu jenem entspannten, sorglosen Charme beigetragen, der als eine der angenehmsten Eigenschaften der Menschen hier auffällt. Streß, Magengeschwüre und Nervenzusammenbrüche sind auch in Thailand, zumindest in Bangkok, nicht unbekannt. Daß es sich dabei aber dennoch um Ausnahmeerscheinungen handelt, ist sicher nicht zuletzt auf den Einfluß des Buddhismus zurückzuführen.

Gut 95 Prozent der Thai sind Buddhisten. Trotzdem hat man anderen Religionen schon immer große Toleranz entgegengebracht. In Bangkok und im Süden des Landes gibt es Hunderte von Moscheen, wobei der Islam die zweitstärkste Religionsgruppe stellt. Der Staat stellt Gelder für Instandhaltung oder Neubau von Moscheen zur Verfügung.

Über hundert Jahre lang haben Missionare ohne großen Erfolg versucht, die Menschen zum Christentum zu bekehren. König Mongkut, der ihnen freundlich gesonnen war und von ihnen Englisch lernte, hatte das Gefühl, daß die Missionare dort offenere Ohren fanden, wo die einheimische Religion auf schwachen Beinen stand. Buddhismus und Integrationsfähigkeit der Gesellschaft waren jedoch stark genug, so daß nur wenige Thai anderwei-

Oben: Feierliche Mönchsweihe im Wat Suthat.

tig Halt suchten. Es gibt Christen, besonders in Chiang Mai, doch die Kirchtürme verschwinden im Meer der *chedis*.

Allgegenwärtige Geister: *Eine alte Frau, die ehrerbietig vor einem kleinen Geisterhäuschen kniet, legt ihre Handflächen in einer Andachtshaltung zusammen, die die Thai* wai *nennen. Vor dem Häuschen hat sie brennende Räucherstäbchen und einen Zweig stark duftenden Jasmins angebracht. So hofft sie, den Geist freundlich zu stimmen und ihn dazu zu bringen, ihr einen Wunsch zu erfüllen – einen Lotteriegewinn vielleicht oder den langersehnten Enkelsohn oder einfach Gesundheit.*

Fast jeder thailändische Mann und auch sehr viele Frauen tragen zumeist an einem

Kettchen um den Hals ein Amulett. Manche haben nicht weniger als ein halbes Dutzend davon, um sich vor Autounfällen, Schußverletzungen, Schlangenbissen oder dergleichen zu schützen. In der Provinz gilt die Tätowierung als Mittel, Unheil abzuwenden. In einer offiziellen Chronik ist zu lesen, der erste thailändische Botschafter in Frankreich habe Ludwig XIV. in höchstes Erstaunen versetzt, als er von einem Amulett erzählte, das ihn gegen Gewehrkugeln immun mache. Bei der unverzüglich angeordneten Demonstration fielen, so der Bericht, die Kugeln des Exekutionskommandos wirkungslos zu Boden, bevor sie ihr Ziel erreichen konnten.

Regelmäßig werden die Astrologen befragt, um das günstigste Datum für Hochzeiten, wichtige Reisen, einen Wohnungswechsel, ja selbst für die Bekanntgabe der neuen Staatsverfassung herauszufinden.

Viele nichtbuddhistische Glaubensformen sind brahmanischen Ursprungs, und noch heute nehmen Brahmanen-Priester wichtige Funktionen im religiösen Leben Thailands wahr. Der thailändische Hochzeitsritus ist ebenso wie viele Begräbniszeremonien hinduistisch geprägt.

Auch die mit dem Königshaus zusammenhängenden Rituale werden von Brahmanen geleitet. Eine der populärsten und beeindruckendsten ist die Zeremonie des Pflügens, die in Bangkok alljährlich im Mai auf dem Phramane-Feld nördlich vom Tempel des Smaragd-Buddhas abgehalten wird. Um den Beginn der Reispflanzsaison anzukündigen, bietet man einem heiligen Ochsengespann eine Getreideauswahl an. Die Astrologen passen genau auf, welches Getreide gefressen wird, denn daraus läßt sich der zu erwartende Regen sowie Erfolg oder Mißerfolg der Ernte ablesen. Danach zieht das Gespann einen vergoldeten Pflug durchs Feld, und in einem symbolischen Akt wird Saatgut ausgesät, das anschließend von Bauern Korn für Korn eingesammelt wird, um ihnen bei ihrer eigenen Aussaat Glück zu bringen. Der Oberpriester macht nach umfangreichen Berechnungen Voraussagen über die Menge des Regens und den Umfang der nächsten Ernte.

Der thailändische Begriff für „Geist" ist *phi*, und die Zahl der *phis* ist unvorstellbar groß. Von einem verführerischen weiblichen *phi* glaubt man, daß er in einer Bananenstaude wohnt und junge Männer, die ihr zu nahe kommen, unbarmherzig quält. Von einem anderen ist bekannt, daß er in seine Opfer fährt und sie zwingt, sich in aller Öffentlichkeit auszuziehen. (Aus irgendeinem Grund scheinen die schlimmsten Quälgeister weiblichen Geschlechts zu sein!)

Wenn man durch eine beliebige Stadt in Thailand (das moderne Bangkok eingeschlos-

sen) geht, bemerkt man auf jedem Grundstück ein kleines Häuschen, das meistens auf einem Pfahl steht. Der Standort wurde nach komplizierten astrologischen Berechnungen bestimmt. Bei gewöhnlichen Wohnhäusern wird es einer Thai-Behausung ähneln, während es sich bei größeren Gebäuden wie einem Hotel oder Bürogebäude meist um einen kunstvollen Minitempel aus Beton handelt, der vergoldet und bemalt ist.

Alle dienen sie den Geistern des Grundstücks als Wohnung, in deren Macht es steht, die Menschen zu plagen oder ihnen Gutes zu tun. Deshalb werden jeden Tag Opfer dargebracht: frische Blumen, Speisen und Räucherstäbchen, um sie milde zu stimmen. Reißen die Schicksalsschläge in einer Gegend gar nicht mehr ab, wird in der Regel als Experte ein buddhistischer Priester zu Rate gezogen, der im Zwiegespräch mit dem ungnädigen Geist feststellt, was nicht in Ordnung ist.

Links: Opfer für einen Geist. Oben: Segnung eines neuen Geisterhäuschens vor einer Villa.

Eines der berühmtesten Geisterhäuser Bangkoks steht auf dem Grundstück des Hotels Erawan an der Kreuzung Rajadamri Avenue und Phloen Jhit Road. Dieser dem hinduistischen Gott Brahma geweihte Schrein wurde in den fünfziger Jahren von den Besitzern errichtet, nachdem beim Bau des Hotels mehrere Arbeiter bei mysteriösen Unfällen verletzt wurden. Es sprach sich bald herum, daß der Schrein auch anderen Personen Glück bringt. Viele Menschen suchen ihn auf, schmücken ihn mit Girlanden oder Holzelefanten oder beauftragen einen *lakhon*-Tänzer mit einem Tanz des Dankes.

Ein weniger bekannter Schrein steht auf dem Gelände des Hilton. Dort werden ausnahmslos Opfer in Phallusform dargebracht. Es handelt sich um Exemplare der verschiedensten Größen, naturgetreu aus Holz, Wachs, Stein oder Beton nachgebildet, und werden von Frauen gespendet, die sich ein Kind wünschen.

Für den durchschnittlichen Thai hat die Vermischung solcher Praktiken mit dem Buddhismus nichts Widersprüchliches. Ein hohes Maß an Toleranz macht es möglich, den Geisterglauben in die religiösen Überzeugungen des Buddhismus miteinzubeziehen.

Beamtentum – ein ehrenvoller Beruf: *Sie sitzt hinter dem Schreibtisch und trägt in der Regel eine hellbraune Uniform, typisch für den öffentlichen Dienst. Wenn sie die tägliche Routine einmal nicht in Anspruch nimmt, hält sie ein Schwätzchen. Auch ihre Kolleginnen überarbeiten sich nicht: Sie wissen, daß ihnen niemand ihren Platz streitig machen wird. Politiker kommen und gehen, der Beamte jedoch bleibt. Ihre Berufswahl hängt mit einer alten asiatischen Tradition zusammen. Die Bezahlung ist zwar nicht gerade üppig, aber es gilt als sehr ehrenvoll, eine Stelle beim Staat innezuhaben. Während andere hinter dem schnöden Mammon herjagen,* verdient *sie sich ihren Lebensunterhalt. Die Uniform macht eine Persönlichkeit aus ihr und läßt sie in der Gewißheit leben, daß sie bis zum 60.*

Lebensjahr, wenn das gesetzliche Rentenalter erreicht ist, eine unkündbare Stelle hat.

Zu den Angestellten im öffentlichen Dienst gehören in Thailand wesentlich mehr Menschen, nicht nur jene, die in der Verwaltung arbeiten. Lehrer an Universitäten und Schulen, Krankenschwestern der staatlichen Kliniken oder Angestellte der verschiedenen staatlichen Monopolbetriebe (Eisenbahn, Staatslotterie, Tabakindustrie sowie das Post- und Fernmeldewesen) – Hunderttausende sind im Staatsdienst, so daß die Beamten nach den Bauern den zahlenmäßig größten Teil der arbeitenden Bevölkerung stellen.

Die Bezahlung der Angestellten des öffentlichen Dienstes ist wesentlich niedriger als die der Beschäftigten im Dienstleistungssektor oder in der Industrie. So verdient ein Universitätsdozent mit einem ausländischen Doktorgrad beispielsweise weniger als umgerechnet 400 US-Dollar monatlich. Trotzdem herrscht kein Mangel an Bewerbern, nicht einmal für untergeordnete Positionen.

Eine Beschäftigung im Staatsdienst bietet Sicherheit, denn man kann außer in Fällen eklatanter Unehrlichkeit oder beim Nachweis von Korruption kaum gekündigt werden. Außerdem spielt das damit verbundene gesellschaftliche Prestige eine große Rolle. Besonders für junge Frauen war dies immer schon eine der wenigen gesellschaftlich akzeptablen Möglichkeiten, Geld zu verdienen, da eine Karriere in der Geschäftswelt für eine junge Frau aus gutem Hause als unschicklich galt.

Doch die Zeiten, sie ändern sich. Die traditionelle Auffassung, wonach Geschäftsberufe Ausländern, etwa chinesischen oder indischen Einwanderern überlassen werden sollten, ist im Aussterben begriffen. Vielseitige Arbeitsmöglichkeiten und ein höheres Einkommen locken viele Menschen, die früher nur in den Staatsdienst getreten wären. Man geht nun auch in die Werbung, arbeitet für eine Flug- oder Handelsgesellschaft oder betritt etwa als Lehrer das Klassenzimmer einer Privatschule, die bessere Gehälter zahlen als der thailändische Staat.

Der Gouverneur: *Um vier Uhr morgens beginnt der Tag mit einer Meditation, es folgt ein 18stündiger Arbeitstag. Er raucht und trinkt nicht, hält sich (mit dem Einverständnis seiner Frau) an das Zölibat, ist strenger Vegetarier, schläft auf einer dünnen Matratze, trägt das blaue Hemd des Bauern und gilt als absolut unbestechlich.*

Ein Heiliger? Keineswegs, es handelt sich um den Gouverneur von Bangkok, einer der größten Städte der Welt, auch was das deftige Vergnügen anbelangt. Wie, so fragt man sich, konnte jemand mit derart spartanischem Lebensstil im turbulenten politischen Alltag Thailands bestehen?

Der 55jährige Chamlong Srimuang ist zweifelsohne einer der ungewöhnlichsten Politiker der Welt. Nachdem er 30 Jahre lang als Generalmajor der thailändischen Armee unter anderem auch in Indochina Dienst getan hatte, veränderte der Buddhismus schlagartig sein Leben. Er reichte seinen Abschied ein und machte sich daran, mit aller Kraft dem einfachen Volk zu helfen.

Nach einem erfolgreichen Wahlkampf (Motto: Zurückhaltung und Sparsamkeit) war er 1985 für eine vierjährige Amtsperiode gewählt worden, und zwar in erster Linie deshalb, weil Srimuang als aufrichtig galt, eine Tugend, die bei der an Korruption gewöhnten Bevölkerung großen Anklang fand.

er eine Lohnerhöhung. Doch damit nicht genug, er kooperierte weiter mit Straßenkehrern und der Müllabfuhr, lernte deren Beruf und Alltag in der Stadt mit ihren Augen sehen.

Zwei Aspekte liegen ihm vor allem am Herzen: Hilfe für den einfachen Mann von der Straße und die Umsetzung buddhistischer Weltsicht als lebendige Kraft.

Srimuang entstammt einer mittellosen Familie aus Thonburi, besuchte eine buddhistische Schule und schloß die weiterführende Schule als Klassenbester ab. Ein Stipendium ermöglichte ihm eine Ausbildung auf der renommierten Chulachomklao Royal Military Academy, die er ebenfalls mit Auszeichnung absolvierte.

Srimuang, einem lebhaften, vitalen, aufgeschlossenen und freundlichen Menschen, ist es gelungen, Korruption und Schlendrian in der Stadtverwaltung auszumerzen und die Beamten positiv zu motivieren.

Er genoß bald den Ruf eines Mannes, der gern mit unkonventionellen Ideen experimentiert. Eines Morgens tauchte er mit einem Besen bewaffnet in den Straßen der Hauptstadt auf, um zu sehen, wie man sich als Straßenkehrer fühlt. Nachdem er eine Strecke von fünf Kilometern gesäubert hatte, verfügte

Links: Schmucke Kerls in schmucken Uniformen.
Oben: Die Menschen Bangkoks.

Im Verlauf seines Werdegangs beim Militär erwachte sein Interesse an buddhistischer Philosophie. Er verkaufte sein Haus, da er nicht an materiellen Besitztümern haften wollte, und führte den Erlös wohltätigen Zwecken zu.

Dann legte er das Gelübte ab, ein einfaches Leben führen zu wollen. „Maßvoll essen, wenig Geld ausgeben, und was zuviel ist, der Allgemeinheit zur Verfügung stellen", wurde sein Motto. Es heißt, er begnüge sich mit zehn Löffeln Reis pro Tag.

Diese Lebenseinstellung suchte er durch die Eröffnung eines vegetarischen Restaurants am Chatuchak Park weiterzugeben, wo ein köstliches Mahl nur wenige Baht kostet. Die

Idee fand so großen Anklang, daß mittlerweile eine Restaurantkette entstanden ist.

Gleichzeitig eröffnete er seinen Tueng Shop, wo Artikel des täglichen Bedarfs billig zu haben sind. Sachen aus zweiter Hand werden günstig verkauft, der Gewinn wird wohltätigen Zwecken zugeführt.

So kommt es, daß die Menschen ihn „Maha Chamlong" (Der Große) nennen, ihn 1989 mit überwältigender Mehrheit wiederwählten und daß seine Parteigänger im Stadtrat sitzen.

Für viele ist das erst der Anfang. Der frische Wind, der durch ihn Einzug gehalten hat, könnte die gesamte thailändische Politik beeinflussen. Ganz gewiß werden andere Politiker auf seine Programme aufmerksam, nehmen sich ein Beispiel an ihm. Auch eine politische Karriere auf landesweiter Ebene wird nicht ausgeschlossen.

Das Militär: Wer vorankommen will, geht zur Armee. Der thailändische Soldat gehört ebenso wie der Staatsdiener zu einer großen, weitverzweigten Organisation, deren Funktion sich nicht nur auf die Landesverteidigung beschränkt. Wer als Wehrpflichtiger seine vorgeschriebenen zwei Jahre ableistet, tut dies zumeist als Gefreiter mit den üblichen Pflichten. Die Offiziere engagieren sich jedoch stark in Wirtschaft und Verwaltung.

Das unterscheidet ihre Rolle von jener ihrer Kollegen in Westeuropa oder den Vereinigten Staaten ganz deutlich, schließlich rekrutierte sich die Führung des Landes häufig aus Angehörigen des Militärs. Die Bezeichnung „Oberbefehlshaber" ist keine Worthülse, sondern weist auf die Wurzeln des Betreffenden und die Aufgabe hin, die er zu erfüllen hat.

Hohe Offiziere sitzen in der Geschäftsleitung von Banken, sind Eigentümer von Hotels oder mischen unmittelbar in der Geschäftswelt mit, während sie aktiv eine militärische Karriere verfolgen. Eine Militärlaufbahn gilt hierzulande wie ein Berufsbild im Staatsdienst und bietet für einen mittellosen, aber intelligenten und ehrgeizigen jungen Mann eine der wenigen Möglichkeiten, aufgrund eigener Leistungsbereitschaft weiterzukommen. Die Armee ist als integraler Bestandteil aus der thailändischen Gesellschaft nicht mehr wegzudenken.

Die thailändische Frau: *Eine thailändische Geschäftsfrau, zierlich, mit sanfter Stimme und ebensolchem Auftreten, ist das genaue Gegenteil zum westlichen Typus „Karrierefrau". Ein altes Sprichwort bezeichnet die Frau als „Hinterbeine des Elefanten"; es entspricht einer langen Tradition, daß die Frau ihren Mann ehrt und ihm gehorcht. Diese Rolle hat sich in den letzten Jahrzehnten gewaltig gewandelt, und nicht selten beansprucht die Frau auch die „Vorderbeine" für sich selbst.*

Während der Debatte über die letzte Verfassung wurde 1974 ein vom einzigen weiblichen Mitglied des Gremiums gestellter Antrag, die Gleichberechtigung von Mann und Frau erstmals verfassungsrechtlich zu verankern, mit überwältigender Mehrheit abgelehnt. Daraus könnte man den Schluß ziehen, daß die thailändische Frau massiv unterdrückt wird und der Feminismus auf fruchtbaren Boden fällt. Doch auch hier zeigt sich, wie sehr Äußerlichkeiten täuschen können.

Zumindest die Frauen der Oberschicht wären höchst erstaunt und amüsiert bei dem Gedanken, daß sie von den Männern unterdrückt werden; denn sie wissen genau, wieviel Macht sie in Wahrheit besitzen.

Wenn Sie in Thailand ein Haus mieten, werden Sie die Miete wahrscheinlich an eine Frau zahlen, selbst wenn Ihr Vertragspartner auf dem Papier ein Mann ist. Und wer sich – besonders in Bangkok – geschäftlich betätigt, wird früher oder später auf einen der berühmten weiblichen Wirtschaftsmagnaten stoßen, über die in den verschiedensten westlichen Zeitschriften bereits viel geschrieben wurde.

An der Spitze bedeutender Unternehmen stehen Frauen, und einige der größten Hotels in Bangkok werden von Frauen geleitet. Sie bekleiden Spitzenpositionen im öffentlichen Dienst, arbeiten als Ärztinnen, und auf dem Dorf gibt es zahlreiche „Bürgermeisterinnen". Das Verhältnis der männlichen und weiblichen Studenten beträgt fast 50 : 50.

Es ist zwar richtig, daß Frauen der Unterschicht weniger gute Berufsaussichten haben, aber häufig die Finanzen der Familie verwalten und für die Erziehung der Kinder verantwortlich sind. Frauen auf dem Bau sind nichts Ungewöhnliches, sie gehen putzen, betreiben ein kleines Geschäft oder sind Busfahrerinnen. Leider sind Frauen der unteren Schichten nicht vor Ausbeutung sicher, wie die thailändische Sex-Industrie und die Bereitschaft (nicht selten eher die nackte Not) der Bauernfamilien, ihre Töchter als Prostituierte zu verkaufen, beweisen.

Links: Soldaten bei einer religiösen Zeremonie. Oben links: Weibliche Thai-Prominenz. Oben rechts: Noi, die *samlor*-Fahrerin aus Hua Hin, hat einen seltenen Beruf für Frauen.

Noi, die *samlor*-Fahrerin: *Sie ist so grazil, daß man meinen könnte, sie ruht sich auf dem Rücksitz des beim Markt an der Hauptstraße in Hua Hin geparkten samlor (Tuk-Tuk) nur aus. Doch dann steigt sie auf den Fahrersitz und fragt, wo's hingehen soll.*

Die 22jährige Noi gehört zu den wenigen weiblichen *samlor*-Fahrern des Badeorts. Sie fällt auf, da sie klug, hübsch, witzig, sehr redegewandt und nach eigenen Worten ein *jai ron* (Hitzkopf) ist, der kein Blatt vor den Mund nimmt. In ihrer Arbeitskluft könnte man sie für eine Angestellte oder Studentin halten.

„Ich bin gern *samlor*-Fahrerin“, meint sie freundlich lächelnd. „Wenn ich im Hotel oder Restaurant arbeiten würde, wäre ich nicht unabhängig. So aber bestimme ich meine Arbeitszeit selbst. Und wenn ich mal keine Lust habe, fahre ich halt nicht!“

Ein weiterer Fahrer gesellt sich zu uns. Es ist ihr Mann, der 25jährige Mun. Auch kein Kind von Traurigkeit. Die unbekümmerte Art der beiden jungen Leute hat etwas Ansteckendes. Erst nachdem man sich ein wenig unterhalten hat, wird klar, daß sie es im Leben nicht gerade leicht hatten. Doch beklagen sie sich deswegen nicht.

„Ich stamme aus einer armen Familie aus Surin und habe ein paar Jahre bei Verwandten in Bangkok gearbeitet“, erzählt Noi. „Mit 18 besuchte ich die Familie einer Freundin in Petchburi. Eines Abends schaute ich aus dem Fenster, und da sah ich ihn“, fährt sie scheu lächelnd und mit leuchtenden Augen fort. „Er war Bauarbeiter, ruhte sich aus und rauchte eine Zigarette. Wir kamen ins Gespräch...“

Sie beschlossen, sich in Muns Heimatstadt Hua Hin niederzulassen, und bezogen eine wackelige Schilfhütte mit Blechdach gleich an den Bahnschienen, wo zwischen Mitternacht und sechs Uhr morgens die meisten Züge vorbeidonnern. Sie leben in sehr bescheidenen Verhältnissen. Mehr ist nicht drin.

Ihren *samlor* mieten sie für 15 Baht pro Tag, doch häufig haben sie nicht einmal genug Geld, um die Miete zu bezahlen.

„Letztes Jahr haben wir zusammen an bestimmten Tagen 600 Baht verdient. Dann kamen die Motorrad-Taxis, und das Geschäft ging zurück. Manchmal sind 100 Baht pro Tag drin, dann wieder haben wir nicht genug zu essen“, meint Noi lapidar.

Die beiden haben eine dreijährige Tochter, die aber bei der Großmutter in Surin lebt, weil es für drei nicht reicht. „Einmal im Jahr besuchen wir sie für ein paar Tage, wenn wir uns die Zugfahrt leisten können. Wir hätten sie gerne bei uns, aber wer soll auf sie aufpassen, wenn wir arbeiten?“

Sie erzählen ohne Bitterkeit. Die beiden sind jung und hoffen auf die Zukunft. Ein eigenes *samlor* wäre toll, aber neu kostet so etwas 20 000 Baht, eines aus zweiter Hand auch noch 5000 Baht.

Wenn er das Geld hätte, meint Mun, würde er ein gebrauchtes Motorrad kaufen und einen Beiwagen für drei Passagiere dranbasteln. Noi hört schweigend zu, ohne seinen Optimismus ganz zu teilen.

Die Chinesen: *Ein betagter chinesischer Ladenbesitzer sitzt in Shorts und Unterhemd hinter der Theke seiner Gemischtwarenhandlung in einem der zahllosen schmalen, zwei- oder dreistöckigen Häuser, die in jedem thailändischen Ort zu finden sind. Auf dem Schreibtisch liegt ein Abakus, an der Wand hängt ein chinesischer Kalender. Gegenüber hat sein Neffe eine Beratungsfirma, komplett mit Computer und Fax-Gerät.*

Der Onkel lebt mit seiner vielköpfigen Familie im Stockwerk über dem Laden, den er tagtäglich öffnet, ausgenommen am chinesischen Neujahrstag. Dann bleiben die Eisengitter zwei, drei Tage geschlossen, und die ganze Familie genießt die Feiertage, man besucht die Gräber der Vorfahren und kostet den seltenen Luxus des Nichtstuns aus. Der Neffe wohnt in einer Siedlung am Stadtrand und fährt jeden Tag mit seinem BMW ins Geschäft.

Thailand kennt, wie alle Länder Südostasiens, seit den frühesten Tagen des Handels chinesische Kaufleute. Als sich König Rama I. für Bangkok als neue Hauptstadt entschied, war das Gelände, auf dem er den Großen Palast bauen wollte, von chinesischen Läden blockiert. Er bat daraufhin die Besitzer, doch einen Kilometer flußabwärts nach Sampeng zu ziehen. So entstand das chinesische Zentrum der Stadt.

Während des 19. und in der ersten Hälfte des 20. Jahrhunderts kamen zahllose Einwanderer aus China ins Land. Erst ab 1949, nach der kommunistischen Machtergreifung, wurde der Zustrom schwächer und hörte schließlich ganz auf. Wie in anderen asiatischen Ländern auch wandten sich die Chinesen dem Handel zu, da sie kein Land kaufen durften und man ihnen kein politisches Mitspracherecht zugestand. Sie eröffneten Banken, Leihhäuser, Export- und Importfirmen sowie unzählige Läden und Restaurants.

In einem unterscheiden sich die thailändischen Chinesen jedoch ganz wesentlich von ein Stipendium, einen Paß oder sonstige Papiere haben wollten.

Ähnliche religiöse Überzeugungen haben Integrationshindernisse, mit denen beispielsweise die Chinesen in Malaysia oder Indonesien konfrontiert sind, erst gar nicht aufkommen lassen. Das hat dazu geführt, daß Chinesen und Thai sehr häufig untereinander geheiratet haben. So ist es heute, besonders in den Städten, schwierig, mit Sicherheit einen „reinen“ Thai herauszufinden. König Taksin, der die Zerstörung von Ayutthaya rächte und seine Hauptstadt in Thonburi errichtete, hatte eine chinesische Mutter; die meisten prominenten thailändischen Familien haben in ihrem Stammbaum chinesische Vorfahren.

den Chinesen anderer südostasiatischer Länder: sie haben sich fast vollständig an die thailändische Gesellschaft angepaßt. Zum Teil ist das natürlich die Folge einer ganz bewußten Regierungspolitik, denn alle Kinder, seien sie chinesischer, indischer oder sonstiger Abstammung, müssen schon in der Volksschule Thai lernen. Bis vor wenigen Jahren wurde das Chinesische nicht einmal auf der Universität gelehrt. Die Chinesen wurden ermutigt, manchmal auch gezwungen, thailändische Namen anzunehmen, wenn sie

Links: Chinesischer Tempel in Nakorn Pathom.
Oben: Die Chinesen sind gut integriert.

Das faszinierende Ergebnis dieser Entwicklung ist, daß sich die Chinesen in Thailand nie abgekapselt haben. Sogar Orte wie Yaowaraj, wo die Atmosphäre so chinesisch ist wie in Hongkong, sind niemals Gettos gewesen, und die dortigen chinesischen Vereinigungen dienen eher wohltätigen als kulturellen Zwecken.

Antichinesische Ressentiments sind den Thailändern fremd, und auch Rassenunruhen und Verfolgungen, wie sie in den letzten Jahren in den Nachbarländern zu beobachten waren, blieben dem Land erspart. Nur in der älteren Generation kann man noch Leute finden, die von sich selbst als „Chinesen“ sprechen und sich auch als solche fühlen. Die jüngere Generation dagegen fühlt sich als „Thai", sie beherrscht die Landessprache, ist loyal und interessiert sich kaum für China.

Die Bauern – Rückgrat der Nation: *Der* phu yai ban, *der thailändische Bürgermeister, zumeist um die Vierzig oder älter (Erfahrung und Beständigkeit werden als wesentliche Führungseigenschaften angesehen), muß das Leben in seinem Dorf sehr genau kennen. Er bildet das Rückgrat der bäuerlichen Gemeinschaft, denn er spielt bei den Dorfbewohnern eine wesentlich bedeutendere Rolle als die von der Regierung bestellten Distriktsbeamten. Der von den Bewohnern des Dorfes in nicht geheimer Wahl auserkorene* phu yai ban *ist Wortführer des Dorfes bei Verhandlungen,*

entscheidet in Streitfällen, organisiert Gemeinschaftsaufgaben, muß zuhören können und viel Verständnis haben.

Die meisten thailändischen Dörfer sind erstaunlich isoliert, auch wenn sie in der Nähe großer Städte liegen. Sehr viele kennen noch keine Stromversorgung, und zur nächsten Quelle sind es in der trockenen Nordostregion oft mehrere Kilometer. Die Thai-Bauern sind selbstgenügsame Leute und kümmern sich wenig um die Außenwelt.

Als Universitätsstudenten aus Bangkok vor den Wahlen des Jahres 1975 das ehrgeizige Vorhaben starteten, die Landbevölkerung politisch zu mobilisieren, mußten sie zu ihrem Erstaunen feststellen, daß die meisten Dorfbewohner nicht interessiert an den Vorgängen in der Hauptstadt waren und auch nicht wußten, was dort oder im Land generell passierte.

Ein älteres Ehepaar aus einem Dorf im Süden, das von seinem zu Geld gekommenen Sohn nach Bangkok eingeladen worden war, zeigte sich nur von einer einzigen Attraktion der Großstadt beeindruckt, und zwar von den automatischen Türen eines Kaufhauses. Doch selbst das war letztlich ohne Bedeutung, denn als die beiden zu Hause von ihrem Erlebnis erzählten, glaubte ihnen keiner.

Das Land und die Feldfrüchte, die es hervorbringt, die Launen des Wetters, der Tempel, die Möglichkeiten, sich Verdienste in diesem Leben zu erwerben, die Feste und Zeremonien, die bösen Geister, die überall auf den Unvorsichtigen lauern, die Liebesgeschichten und kleinen Skandale, die die täglichen Sorgen zerstreuen, Krankheit und Tod – alles das ist wie schon seit Jahrtausenden der wirkliche Lebensinhalt auf dem Lande.

Wenn es nach ihnen ginge, würden sie im Dorf bleiben, da die Stadt eigentlich nichts zu bieten hat. Doch Armut treibt die Menschen fort. Verläßt einer der jungen Männer das Dorf, betrachtet die Familie seinen Weggang einerseits mit Hoffnung, weil er ganz bestimmt Geld nach Hause schicken wird, wenn er einen guten Job findet. Andererseits ist sie traurig, denn wer einmal weg ist, kehrt außer zu kurzen Besuchen nicht mehr zurück, und wenn doch, dann hat er sich so verändert, daß man ihn nicht mehr wiedererkennt.

Bergstämme: *Sie trägt einen riesigen Turban, ein schwarzes Kleid aus schwerem, glänzendem Material und sehr viel Silberschmuck. Die Frau aus dem Stamm der Hmong (kurz Meo genannt), die aus ihrem Dorf in den Bergen zum Markt in Chiang Mai gekommen ist, stellt in der sonst rein thailändischen Stadt eine sehr auffallende, exotisch wirkende Erscheinung dar. Dennoch erregt sie keinerlei Aufsehen, denn in den letzten zehn Jahren sind die Meo ein gewohnter Anblick im Norden, ja auch in Bangkok geworden.*

Etwa 20 verschiedene Stämme leben mehr oder weniger nomadisierend in den Bergen entlang der Grenze zu Birma und Laos. Das Spektrum reicht von großen und eher fortschrittlich eingestellten Stämmen wie den Meo bis zu zahlenmäßig unbedeutenden Gruppen. Zu letzteren gehören die scheuen, erst vor ein paar Jahren entdeckten Phi Tong Luang („Geister der gelben Blätter").

In kultureller Hinsicht sind diese Stämme deshalb von Interesse, weil sie aufgrund ihrer Isolierung ihre Sitten und Gebräuche seit Jahrhunderten unverändert bewahren konnten. Der Regierung bereiten sie aufgrund der von ihnen betriebenen Brandrodung einiges Kopfzerbrechen, aber auch weil sie den Opiumanbau als Haupteinnahmequelle ansehen.

Für lange Zeit beschränkte sich der Kontakt zwischen den Bergstämmen und der Außenwelt ausschließlich auf meist amerikanische Missionare, die ihre Sprache lernten und mit ihnen in ihren Dörfern lebten und arbeiteten, häufig mehr als fünf Tagesreisen von der nächsten „zivilisierten" Siedlung entfernt. Als sich die Regierung der tatsächlichen Probleme im Zusammenhang mit den Bergstämmen bewußt wurde, ergriff man Maßnahmen, und inzwischen ist ein Entwicklungsprogramm in Gang gekommen. Der König versucht, sie für neue Kulturpflanzen wie Kaffee, Tee und Obstbäume zu erwärmen. Die Grenzpolizei richtet Schulen ein, und die „Fliegenden Ärzte" übernehmen die medizinische Versorgung. Außerdem findet das charakteristische Kunsthandwerk der Stämme, das zuerst von den Missionaren und nun auch von der Stiftung SUPPORT gefördert wird, zunehmend Anklang in Bangkok und im Ausland, so daß den Bergvölkern eine zusätzliche Einkommensquelle erschlossen werden konnte.

Literatur: *Eine populäre Romanschriftstellerin, eine schlanke, energisch wirkende Frau*

Links: Yao-Frauen mit Kind in Tracht. Oben: Meo-Frauen in ihrer charakteristischen Kleidung aus schwerer schwarzer Baumwolle.

Anfang Vierzig. Sie ist die Autorin von einem halben Dutzend sehr erfolgreicher Romane, von denen die meisten verfilmt und auch in einer Fernsehversion gezeigt wurden. Alle ihre Romane erschienen zuerst als Fortsetzungen in Frauenzeitschriften, und alle sprechen hauptsächlich weibliche Leser an. In ihren Büchern geht es normalerweise um ein Mädchen aus gutem Hause, das sich in einen mittellosen jungen Mann verliebt. Eine Heirat wird von ihrer Familie selbstverständlich strikt abgelehnt. Natürlich obsiegt am Ende schließlich doch die Liebe (nach vielen Kapiteln und noch mehr Hindernissen), und der junge Mann überzeugt die Familie von seinem lauteren Charakter.

Der Durchschnittsthailänder jedoch bevorzugt Groschenromane, die nichts mit der Wirklichkeit zu tun haben und meistens von Frauen für Frauen geschrieben sind, auch wenn bestimmte gesellschaftliche Themen durchaus auf Interesse stoßen.

Natürlich gibt es auch Ausnahmen, etwa M.R. Kukrit Pramot, ein sehr vielseitiger Mann, der als klassischer Tänzer, Filmstar, Herausgeber und Politiker fungierte. Er verfaßte ungemein populäre Romane, die etwa das Leben bei Hof oder die Auseinandersetzungen zwischen Buddhismus und Kommunismus zum Gegenstand haben. Auch zeitgenössische Autoren, die soziale Probleme behandeln, finden zahlreiche Leser, besonders unter der Studentenschaft. Khamsing Srinawak, der Autor von *The Politician and Other Stories* ist zweifelsohne einer der besten, wenn nicht gar der beste Verfasser von Kurzgeschichten der letzten Jahre.

Die klassische thailändische Literatur, die vor allem aus dem *Ramakien* (der Thai-Version des Sanskrit-Epos *Ramayana*), aus Sagen in Versform und höfischer Poesie besteht, hat alte Geschichten in modernem Gewand zum Gegenstand, wobei das meiste 1767 bei der Zerstörung Ayutthayas verlorenging. Die ersten Könige der Chakri-Dynastie versammelten Geschichtenerzähler und Gelehrte um sich und versuchten so gut es eben ging zu rekonstruieren. Heute liest man all das an der Universität, ebenso wie Übersetzungen westlicher Klassiker (*Der Kaufmann von Venedig* ist von König Rama VI. ins Thailändische übertragen worden).

Viele Thriller stammen interessanterweise aus der Feder von Polizisten, die mit den Schattenseiten des Lebens sehr gut vertraut sind und viel Zeit haben. Wie Dickens sind die Autoren des Geldes wegen gezwungen, ihr Werk Kapitel für Kapitel an Zeitschriften zu verkaufen – erst komplett erscheint der Roman dann in gebundener Form. In den letzten Jahren findet auch mehr und mehr zeitgenössische westliche Literatur, die von Übersetzern in rauhen Mengen übertragen wird, ein immer größeres Publikum.

Filmindustrie: *Eine thailändische Filmschauspielerin: Wie überall verkörpert sie ein Ideal, ein Schönheitsideal, nicht die Realität. Sie hat helle, pfirsichzarte Haut, eine tadellose Figur und spricht mit sanfter, fast kindlicher Stimme, die häufig kaum mehr als ein Flüstern ist. Sie ist nach der neuesten Mode gekleidet, ihr Schmuck sieht sehr teuer aus. Irgendwie bringt sie es fertig, gleichzeitig jungfräulich unberührt und sexy auszusehen. Sie schmückt Kalender und lächelt von riesigen Plakatwänden. Immer macht sie mehrere Filme gleichzeitig, in denen sie mehr oder weniger die gleiche Rolle spielt.*

vinzen. Dort beträgt der Eintritt zehn Baht, und Filme sind trotz Fernsehen und Video die wichtigste Unterhaltungsmöglichkeit.

Bis in die siebziger Jahre waren die meisten einheimischen Filme 16-mm-Stummfilme, die in jeder Vorstellung „live" von Erzählern vertont wurden. Oft gab es nur einen einzigen Erzähler, der am Projektor stand und alle Rollen sprach. Häufig waren Handelsvertreter in Sachen Arzneimittel die Moderatoren, die so auf Kundenfang gingen. In den Höfen der Tempel errichtete man riesige, durchsichtige Leinwände, so daß das Publikum von beiden Seiten aus zuschauen konnte.

Heute entstehen in der Regel 35-mm-Tonfilme. Die Regisseure haben die ausgefeilten

Nur wenige ausländische Besucher schauen sich während ihres Aufenthaltes in Thailand einen einheimischen Film an. Das ist wegen der Sprachschwierigkeiten zwar verständlich, aber auch bedauerlich; denn Filme zeigen viel von den zeitgenössischen kulturellen Trends eines Landes. Es gibt mehrere bedeutende Filmateliers in Thailand, alle in Bangkok, die im Jahr mehrere hundert Filme herstellen. Obwohl sie in der Hauptstadt mehr Zuschauer anziehen, als man vermuten möchte, genießen sie ihre größte Popularität jedoch in den Pro-

Links: *Likay*-Tänzer während einer Pause. Oben: Filmplakat aus den sechziger Jahren.

Techniken der Filmherstellung des Westens übernommen, und einige Produzenten haben sogar Experimente mit Themen gemacht, die nicht den bewährten Schablonen der Vergangenheit entsprechen. Bisher waren dies jedoch nur wenige, denn das thailändische Filmpublikum weiß sehr genau, was es sehen will.

Zuerst einmal möchte man bekannte Gesichter, dieselben Stars immer und immer wieder, und zwar in bekannten Rollen. Die mit großem Abstand beliebtesten Schauspieler machen 20 bis 30 Filme pro Jahr, meistens miteinander. Das Publikum wünscht sich mit geringfügigen Variationen immer die gleichen Geschichten. So ist das Cinderella-Thema sehr beliebt: Armes Mädchen (oder armer Junge) trifft berühmten Jungen (oder berühmtes Mädchen), meistert eine Menge Schwierigkeiten und bekommt ihn (oder sie), nachdem alle Hindernisse beseitigt sind.

Eine andere beliebte Geschichte ist die des armen Jungen vom Lande, der in den Sündenpfuhl der Stadt kommt, dort allen Arten von – gewöhnlich sexuellen – Versuchungen ausgesetzt ist und schließlich das tugendhafte, schöne Mädchen bekommt, das ihn von Anfang an geliebt hat.

Ebenso großer Beliebtheit erfreuen sich Gruselgeschichten – je blutrünstiger desto besser. Wie traurig die Geschichte auch sein mag, das Publikum liebt die Komik. Daher

sind auch Slapstick-Schauspieler ebenso gefragt wie die Superstars. Auch eine Menge Gesang und Tanz dürfen in einem guten Film nicht fehlen. Schließlich wollen die Kinogänger, daß der Film auch hinsichtlich seiner Länge das Eintrittsgeld lohnt. Zweieinhalb Stunden gelten durchaus als normal, viele Filme dauern drei Stunden oder länger.

Traditioneller Tanz: *Eine Gruppe von Studenten, die klassischen Thai-Tanz lernt, übt würdevoll die komplizierten Bewegungen dieser uralten Form des Theaters. Es handelt sich zumeist um junge Mädchen, denn seit jeher wurden die* khon-*Tänze von maskierten Frauen aufgeführt, da im innersten Hof des Tempels keine Männer zugelassen waren. Heute sind auch Männer dabei, die dann so schwierige athletische Rollen wie Hanuman, den weißen Affengott, übernehmen. Die Lernenden sind recht jung, denn über ein gewisses Alter hinaus ist es schwierig, die Positionen einzunehmen, nach denen ein Tänzer beurteilt wird. Die Finger müssen beispielsweise bis fast zum Handgelenk anmutig nach hinten gebogen werden können.*

In einer *khon*-Aufführung verbergen sich alle Rollen hinter Masken, bis auf drei, bei denen viel Make-up sowie aufwendige, edelsteinbesetzte Kostüme und Kopfbedeckungen die Individualität des einzelnen Tänzers in den Hintergrund drängen. Es wäre ein unverzeihlicher Verstoß gegen die Regeln, wenn durch ein Lächeln oder eine andere Geste zum Ausdruck kommen sollte, daß es sich bei dem Tänzer um ein menschliches Wesen handelt. So ist jede Bewegung genauestens vorgeschrieben, und jeder, der etwas von klassischem Tanz versteht, würde eine Abweichung von den Regeln sofort registrieren. Eine normale Aufführung kann bis zu acht Stunden dauern. Das gesamte *Ramakien* würde 720 Stunden in Anspruch nehmen.

Khon war nie Kunst für die breite Masse. Entstanden in königlichen Palästen und jahrhundertelang nur dort aufgeführt, war diese Tanzform ausschließlich zur Erbauung des Königs gedacht. Sie hat in erster Linie aufgrund der Bemühungen des Fine Arts Department überdauert, das eine klassische Tanzschule unterhält und Aufführungen im Nationaltheater von Bangkok veranstaltet. Die Szenenausschnitte, die in bestimmten Touristenrestaurants geboten werden, sind nur ein schwacher Abglanz dessen, was in einer Originalaufführung geboten wird.

Zwei populäre klassische Tanzformen sind *lakhon* und *likay*. Im *lakhon* werden keine Masken verwendet und die Bewegungen sind weniger stilisiert, während der *likay* als burleske Abwandlung des klassischen Tanzes zu verstehen ist. Als wesentlicher Bestandteil von Provinzfesten beschränkt er sich in den frühen Abendstunden auf reinen Klamauk; sobald aber die Kinder schlafen gelegt worden sind, geht es um recht deftigen Sex, die Wortspiele und Doppeldeutigkeiten begeistern die Zuschauer oft bis zum Morgengrauen.

Oben: Hinter den Kulissen. Rechts: Das Kostüm spielt die entscheidende Rolle, nicht der Akteur.

Essen ist eine Lieblingsbeschäftigung vieler Thai, und angesichts der Vielfalt, der Geschmacksnuancen und Farben der angebotenen Speisen ist das kein Wunder. Hinzu kommt das exotische Ambiente: Man ißt auf Fischmärkten, in schwimmenden Restaurants oder an den Ständen der Straßenhändler. Im ganzen Land führen aromatische Gerüche und herrlich anzuschauendes Essen den Gast in Versuchung. Ganz besonders reizvoll dabei ist, daß jede Region ihre eigene traditionsreiche Küche besitzt.

Im Norden ißt man rustikaler und fetter als in der Zentralregion. Schweinefleisch ist hier die Basis vieler Gerichte, deren Rezepturen aus Birma und Laos stammen. Wie auch im Nordosten reicht man zu allen Mahlzeiten *khao niew*, Klebereis. Der Reis wird zu kleinen Kugeln geformt und in die Soßen und Curries gestippt.

Den Reichtum der nördlichen Küche lernt man am besten bei einem Kantoke-Essen kennen, wo man sich aus einer Auswahl typischer Spezialitäten bedient: Klebereis, knusprige Schweinekruste, Hühnercurry, gedünsteter Kohl, dünne Eiernudeln, Schweinehack auf Tomatencurry, Schweinecurry, Gurken in Salzlake und Suppe mit Kürbiseinlage. Ein Kantoke-Abend, wie er von verschiedenen Restaurants in Chiang Mai angeboten wird, umfaßt für gewöhnlich auch Tanzdarbietungen (traditionelle Tänze) und Gesänge der Bergstämme.

An weiteren typischen Gerichten des Nordens findet man:

Sai Oua: Eine scharfe, fette, auch *naam* genannte Schweinswurst. Man röstet die Würste über einem aus Kokosnußschalen gespeisten Feuer, was ihnen das besondere Aroma verleiht. Obwohl die Zubereitung hygienisch grundsätzlich unbedenklich ist, sollte man diese Spezialität nur in besseren Restaurants essen. Hüten Sie sich vor den Chilis (*prik kii nuu* = „Rattenkötel"), die, als Gewürz im Innern der Würste verborgen, nur darauf warten, Ihnen die Tränen in die Augen und den Schweiß auf die Stirn zu treiben.

Khao Soy: Ein ursprünglich aus Birma stammendes Rezept. Eiernudeln mit Rind- oder Hühnerstückchen in einer auf Kokoscreme basierenden Soße. Mit Knuspernudeln und geröstetem Knoblauch bestreut und mit einer gekochten Eierhälfte belegt. Schmeckt köstlich!

Nam Prik Ong: Schweinehack, Chilis, Tomaten, Knoblauch und Shrimpspaste werden vermengt und mit knackigen Gurkenstükken, blanchierten Kohlblättern sowie Schweinekruste serviert. Kalt.

Larb: Ein Gericht aus gehacktem Schweine-, Rind-, Hühner- oder sogar Fischfleisch, das eigentlich der Küche des Nordostens entstammt und dort in der Regel roh verzehrt wird. Im Norden kocht man *larb* und reicht es mit Bohnen, Minzeblättern und anderen Würzstoffen.

Gaeng Hang Lay: Ebenfalls ein ursprünglich burmesisches Rezept – äußerst scharf. Wer empfindliche Geschmacksknospen hat, sollte sich bei diesem süß-sauren Curry aus Schweine- und Tamarindenfleisch in erster Linie an den Klebereis halten.

Mieng: Fermentierte Teeblätter, eigentlich eher ein Snack. Man stopft sich etwas davon in die Backe und kaut daran herum, solange es schmeckt.

Der Nordosten: Diese Region kennt keinen Überfluß und das spiegelt sich auch in der Küche wider. Larven, Insekten, Frösche, Landkrebse und ähnliches mehr füllen hier die Kochtöpfe. Die Küche ist der des benachbarten Laos eng verwandt und kennt einige der schärfsten Gerichte überhaupt. Man sollte sich dem Essen dennoch ohne Vorurteile nähern: vieles ist nicht nur ungewöhnlich, sondern auch köstlich.

Auch im Nordosten Thailands (I-sarn) reicht man zu allen Mahlzeiten Klebereis, der hier als hervorragendes Schlafmittel gilt, weil er schwer im Magen liegt. Es heißt, wer Klebereis zu Mittag ißt, wird den Nachmittag verschlafen. Man formt den Reis zu kleinen Kugeln und taucht diese in die Soßen (etwa in die äußerst schmackhafte Honigsoße mit gehackten Chilis).

Gai Yang: Gekräutertes Hühnerfleisch, das man über offenem Feuer grillt, damit der Saft herausläuft. In Bangkok gibt es das beste Gai Yang in den kleinen Läden hinter dem Thai Boxing Stadium an der Rajdamnern Nok Road (neben dem TAT-Büro).

Nua Yang: Sonnengetrocknete Rindfleischstreifen. In besseren Restaurants serviert man *Nua Nam Tok Salika*, so benannt nach der Gegend, aus der dieses würzige Fleisch kommt.

Links: Die thailändische Küche ist ein Augen- und Gaumenschmaus.

Larb: Wie im Norden aus Rind, Huhn, Schwein oder Fisch. Auf den Dörfern ißt man *larb* roh, in den Restaurants wird es angebraten und mit Minzeblättern gereicht.

Som-dtam: Wer sich im Nordosten heimisch fühlen möchte, sollte schon einiges von diesem feurigen Salat vertragen können. Rohe Papayastreifen bilden die Basis. Man würzt sie mit Limonensaft, Chilis, getrockneten Shrimps und – sofern vorhanden – mit gesalzenen Landkrebse. Das Ganze wird im Mörser zerstoßen und serviert. Sogar die Thai pflegen beim Genuß dieser Speise ins Schwitzen zu geraten.

Der Süden: Die hiesige Küche wird von den Essensvorschriften des Islam und den Gewürzen Malaysias beherrscht. Zu jeder Mahlzeit reicht man Reis. Auch hier kann das Essen sehr scharf sein.

Khao Yam: Ein Reisgericht mit *kapi*, einer Paste aus fermentierten Shrimps. Unterschiedliche Gewürze machen Khao Yam zu einem variationsreichen Genuß.

Phat Phet Sataw: Sataw sieht aus wie eine Limabohne, hat jedoch im Unterschied zu dieser einen bitteren Beigeschmack. Durch Kochen mildert man das Bittere, das dennoch jedem Gericht ein spezielles reizvolles Aroma verleiht.

Khao Mok Gai: Ein arabisches Rezept. Gegrilltes Huhn auf Safranreis mit zart geröstetem Ingwer.

Khanom Chin: Eine Frühstücksspezialität, die morgens um 9 Uhr auf den Markt kommt. Wird überall im Land angeboten, stammt jedoch angeblich aus dem Süden. Kleine Rinderhackbällchen, in einer roten Soße geschmort und mit Reisnudeln serviert.

Nam Prik Kung Siap: Am Spieß gebratene getrocknete Garnelen, die man mit Chilis, *kapi* und Limonen serviert. Ein besonders schmackhaftes Essen.

Gaeng Dtai Plaa: Ein Junggesellenrezept, das von Fischern ausgedacht wurde, die auf Vorrat kochen mußten. Man schmort dabei Fischnieren, Chilis und Gemüse bis zu sieben Tage lang in einer Currysoße. Anhänger dieser Spezialität behaupten, je länger es kocht, umso besser schmeckt es. Dazu reicht man Reisnudeln.

Gaeng Luang: Ein Currygericht, das in einer Brühe gegart wird, die jener des limonengewürzten *Gaeng Som* in anderen Landesteilen ähnelt. In die Brühe gibt man kleingeschnittene Fischstücke.

Thailand
160 km/ 100 miles
MYANMAR
Salween
Pyinmana
Toungoo
Pyu
Sittang
Pegu
Rangoon
Moulmein
Golf von Martaban
Ye
MOSCOS - INSELN
Tavoy
Mergni
MERGUI - ARCHIPEL
Andamanisches
Meer
Fang
Chiang Rai
Phayao
Chiang Mai
Lamphun
Lampang
Phrae
Nan
Ping
Tak
Sukhotai
Phitsanulok
Lom Sak
Nakhon Sawan
Chao Phr
Louangphrabang
Mekong
Mènam Khong
LUANG PRABANG KETTE
Xam Nua
Xiangkhoang
Nam-dinh
Thanh-hoa
Golf von Tonkin
VIETNAM
Vinh
LAOS
Vientiane
Nong Khai
Loei
Udon Thani
Sakon Nakhon
THIU KHAO PHETCHABUN
Khon Kaen
Maha Sarakham
Savannakhet
Mae Nam Khong
THAILAND
Ubon Ratchathani
Mun
Pakxé
Kông
Nakhon Ratchasima
Lop Buri
Surin
Sara Buri
THIU KHAO PHANOM DONGRAK
Ayutthaya
Nakhon Pathom
Krung Thep
Bangkok
Samut Prakan
Chon Buri
Pattaya
Rayong
Phet Buri
Hua Hin
BILAUKTAUNG RANGE
Great Tenasserim
(KAMBODSCHA)
Siĕmréab
Bătdâmbâng
Tônlé Sab
Poŭthĭsăt
Kâmpóng Thum
Mékôngk
Krâchéh
Kâmpóng Cham
CHUŎR PHNUM KRÂVANH
KO CHANG
KO KUT
Phnum Pénh
Mekong
Prey Vêng
Thanh-Pho Ho Chi Minh (Saigon)
Kâmpôt
Chau-phu
VIETNAM
Rach-gia
Khanh-hung
Golf von
Thailand
Chumphon
KO TAO
KO PHANGAN
KO SAMUI
Ranong
Ao Ban Don
Ban Na Kha
Surat Thani (Ban Don)
Ban Na San
Nakhon Si Thammarat
Pang-Nga
Ao Luk
KO PHUKET
Krabi
Phuket
MALACCA
KO LANTA YAI
Trang
Thale Luang
Thale Sap Songkhla
Hat Yai
Songkhla
Pattani
KU TARUTAO
Satun
HALBINSEL
Yala
Kota Baharu
Alor Setar
Georgetown (Penang)
Butterworth
MALAYSIA

LAND DES LÄCHELNS

Vergegenwärtigen Sie sich ein höchst abwechslungsreiches Land mit hohen, baumbestandenen Bergen, in dessen Dschungeln zahlreiche Tiere leben, aber auch Orchideen und exotische Pflanzen gedeihen. Glitzernde Flüsse durchziehen die Ebenen auf ihrem Weg zum Golf von Thailand, der mit endlosen Sandstränden aufwartet: Die Götter haben es gut mit diesem Land gemeint!

Orangefarbene Tempeldächer und goldene Türme schimmern im sanften Licht der Morgendämmerung, silbrige Kanäle durchziehen die fruchtbaren Niederungen und markieren ein Netz von Reisfeldern: zerbrechliche Kunstwerke von unglaublicher Schönheit. Die Werke der Menschen stehen den Schönheiten der Natur in nichts nach. Seit unvordenklichen Zeiten wirkt diese Synthese wie ein Magnet, der den Reisenden in seinen Bann zieht. Viele kamen, um zu schauen, und sind für immer geblieben.

Thailand heißt wörtlich übersetzt „Land der Freien". Mit „Land des Lächelns" kommt das freundliche Wesen der Menschen zum Ausdruck. Die Thai sind zu Recht stolz darauf, nie unter dem Einflußbereich fremder Mächte gestanden zu haben. Es ist das einzige Land Südostasiens, das dem Joch des Kolonialismus entgangen ist. Allenthalben wird der ungebrochene Geist der Unabhängigkeit spürbar. Hinter der Liebenswürdigkeit läßt sich gesundes Selbstbewußtsein ausmachen, eine Menschlichkeit ohne Unterwürfigkeit. Der Stolz auf die eigene Person bildet die Grundlage des thailändischen Nationalgefühls und bedingt die Fähigkeit, den Wechselfällen des Lebens lächelnd gegenüberzustehen.

Und Grund zum Lächeln gibt es allemal. Eine Kultur der Sonne und Farbenpracht, aber auch glitzernde Wasserwege, die für erfrischende Kühle sorgen, eine Küche, die in ganz Asien ihresgleichen sucht, gutaussehende Männer und hübsche Frauen, eine gesunde Wirtschaft und nicht zuletzt Toleranz in religiösen und politischen Fragen. Auch der Ausländer wird stets willkommen geheißen, denn Gastfreundschaft und die Sorge für den Reisenden liegen den Thai im Blut.

Mit einer Bevölkerung von 55 Millionen und einer Fläche von fast 514 000 Quadratkilometern ähnelt Thailand auch in der Form Mittelamerika. Es herrscht tropisches Klima mit einer heißen Jahreszeit von März-Juni, Monsunregen von Juli-November und einer gemäßigten Periode von Dezember-Februar. Die Hauptstadt Bangkok (6 Millionen Einwohner) liegt auf derselben geographischen Breite wie Madras, Khartum, Guatemala City, Guam und Manila.

Verwaltungstechnisch umfaßt Thailand vier Gebiete: Zentralregion einschließlich Bangkok sowie Nord-, Nordost- und Südregion, wobei jeder Landesteil kulturell eigenständig ist und erst nach eingehender Beschäftigung seinen Reiz erkennen läßt. Die Hauptstadt ist nicht repräsentativ für das ganze Land, denn außerhalb der Metropole beginnt das Land der Freien eigentlich erst richtig.

Vorherige Seiten: Bangkok aus der Vogelperspektive.

45 Min.
Sold and serviced by
Kodak
DRUG STORE
SONY
NEC
TAXI
TOYOTA

SINGAPORE STOPOVER
HOLIDAYS
tac
TAXI

STADT MIT VIELEN GESICHTERN

Bangkok zeigt jedem Besucher ein anderes Gesicht. Manche werden vom Lärm abgeschreckt und ziehen die ländliche Umgebung vor, andere kümmern sich gar nicht um die Hauptverkehrsstraßen, sondern stürzen sich in das Labyrinth der Seitenstraßen, wo es das geheimnisvolle Asien noch gibt. Manche haben es nur auf die Besichtigung der grandiosen Bauwerke abgesehen, während sich andere vom Reiz der kühlen Kanäle angezogen fühlen und die tropischen Schönheiten genießen. Manche wohnen lieber im Luxushotel, weitab von jeder Straße, andere suchen nach günstigen Unterkünften in der Altstadt, wo man ungezwungen mit der Bevölkerung in Kontakt kommt.

Es gibt Städte, die es einem leichtmachen: Nach wenigen Tagen hat man eine klare Vorstellung ihrer Aufteilung und ihres Charakters und fühlt sich bemüßigt, sie kreuz und quer zu durchstreifen, um sie auf eigene Faust zu erkunden. Andere erschließen sich dem Besucher nicht so schnell. Daran mag die gewaltige Ausdehnung schuld sein oder weil es kein eigentliches Zentrum gibt, weil sie ausgesprochen verwirrend erscheinen und weil kein einheitlicher Charakter, sondern ausgeprägte Gegensätzlichkeit erkennbar wird. Fast jeder Besucher wird Bangkok ohne Zögern in die zweite Gruppe einordnen.

Die Metropole mit gut sechs, im Großraum wohl über acht Millionen Einwohnern erscheint auf den ersten Blick als bunt durcheinandergemischte Anhäufung von Neuem und Altem, Ost und West, Harmonie und Chaos, Exotischem und Banalem.

Einen Augenblick lang verweilt man etwa im verträumten Innenhof eines Tempels, fasziniert vom rhythmischen Gemurmel der Mönche und dem silbernen Geklingel kleiner Windglöckchen, um schon im nächsten Leben und Gesundheit zu riskieren bei dem Versuch, eine der Straßen zu überqueren, auf denen der wahrscheinlich dichteste Verkehr ganz Asiens tost. Auch wer einen völlig neuen, überarbeiteten Stadtplan dabei hat, stößt möglicherweise dennoch auf Straßen, die eigentlich nicht existieren dürften – denn sie sind nicht eingezeichnet. Oder man sucht nach Busstrecken, die geändert oder eingestellt wurden. Und was früher eine ganz normale Straße war, kann jetzt zur Einbahnstraße geworden sein.

Wenn Bangkok kein systematisches Stadtbild aufweist, dann deshalb, weil Stadtplanung so gut wie unbekannt ist. Kanäle und Elefantenpfade bildeten die ersten Verkehrswege, und anstatt ein dem 20. Jahrhundert angemessenes Verkehrsnetz zu schaffen, versah man einfach die vorhandenen Wege mit einer Betondecke. Die ersten Schotterstraßen wurden 1863 angelegt. Es war, als hätten die Thai eine böse Vorahnung, daß damit quasi die Büchse der Pandora geöffnet würde. Man zog den gemächlichen Verkehr auf den Kanälen vor.

Bestimmte Stadtteile entstanden praktisch einfach deshalb, weil man dem Lärm des Zentrums entfliehen wollte. Chinatown bildete ein mehr oder minder zusammenhängendes Gebilde in unmittelbarer

<u>Vorherige Seiten</u>: Ein Verkehrschaos ist nichts Ungewöhnliches in Bangkok. <u>Links</u>: Überlebensgroßes Kinoplakat.

Nachbarschaft zu den reetgedeckten, schwimmenden Thai-Behausungen im Norden. König Chulalongkorn ließ am Ende der Rajdamnern Road einen Landsitz errichten, und auch andere Mitglieder der Königsfamilie siedelten sich hier an. Ausländer bauten ihre Botschaften und Handelsniederlassungen an der New Road in unmittelbarer Nachbarschaft der Post, hatten aber ihre Häuser am Ende der New Road, in Bangkolem. Hier, in Thanon Tok (wörtlich: „Die Straße fällt" in den Chao Phraya), wehte stets ein kühles Lüftchen, und nur der Schiffsverkehr beeinträchtigte die Idylle.

Der größte, völlig ungeordnete Bauboom in der Geschichte Bangkoks fand in den späten fünfziger Jahren statt. Das meiste, was heute als „modern" auffällt, ist seit damals entstanden: vielstöckige Bürohäuser, klimatisierte Einkaufszentren, praktisch alle breiten Straßen, riesige Filmtheater, internationale Hotels und die endlosen Reihen von Läden, und zwar alles im „Eierkisten-Stil", wie ein Kritiker bissig bemerkte. Davor waren dort, wo sich heute die teure Villengegend rechts und links von der Sukhumvit Road und der Phaholyothin Road erstreckt, nur Reisfelder.

Bis 1955 hätte man sich noch mit dem Boot von der Stelle, an der sich jetzt das Hotel Dusit Thani erhebt, zum Fluß fahren lassen können. Straßen wie Sathorn, Silom (Windmill Road), Suriwong, Siphya, Wittayu, Rajdamri und andere, die sich jetzt im Zentrum befinden, sind an den Kanälen entlang und später über sie hinweg gebaut worden. Auch im Norden und Osten wurde Land für die Besiedelung erschlossen. Das Hotel Erawan lag eher ungünstig am Stadtrand, während es heute *westlich* vom geographischen Stadtzentrum zu finden ist!

Nach dem Boom schien für viele Beobachter ein neues Bangkok entstanden zu sein, und dennoch waren bestimmte Gegenden – beispielsweise in der Nähe des Großen Palastes, in Chinatown oder auf der anderen Flußseite in Thonburi (das heute zur Greater Bangkok Metropolitan Area gehört) – vom Baufieber überhaupt nicht berührt worden und sehen noch heute so aus wie vor fünfzig Jahren. Doch der Wandel läßt sich auch hier nicht aufhalten. Neu errichtete Wolkenkratzer ersetzen die alten Häuser in Chinatown.

Heute lebt etwa jeder achte Thailänder in Bangkok. Knapp 80 Prozent aller Autos sind hier zugelassen. Die zweitgrößte Stadt des Landes, Chiang Mai oder Khon Kaen, hat etwa 160 000 Einwohner. Mindestens 55 Prozent der Bevölkerung Bangkoks – vielleicht sogar erheblich mehr – stammen von Chinesen ab. Die Bevölkerung hat sich seit dem Zweiten Weltkrieg verachtfacht, nicht zuletzt auch durch den Zuzug von Tagelöhnern, die am Bau arbeiten und die Straßen sauberhalten. Etwa 70 Prozent aller thailändischen Universitätsstudenten sind in Bangkok immatrikuliert, und die Monarchie behauptet sich nun schon 210 Jahre in der thailändischen Metropole.

Für viele Bangkokbegeisterte verleihen gerade diese Vitalität, Vielseitigkeit und die kaum miteinander zu vereinbarenden Gegensätze der Stadt ihren unverwechselbaren Charakter. Von den berühmten Touristenattraktionen einmal abgesehen wird man ständig von

Rechts: Holz-Soldat hält vor den Toren des Wat Rajabopit Wache.

unerwarteten und oftmals höchst amüsanten Eindrücken überrascht: Denken wir nur an einen schmalen *klong,* der geräuschlos an einem supermodernen 400-Betten-Hotel vorbeifließt, an einen tropischen Bilderbuchgarten oder eine elegante kleine chinesische Pagode auf dem Dach eines sonst völlig unauffälligen Hauses mit den üblichen kleinen Läden.

Hinter einem Filmtheater taucht ein zwar etwas verwahrloster, aber immer noch nobler viktorianischer Palast auf. „The Darling", ein Friseurladen, liegt gleich neben dem Restaurant „Cabbages and Condoms". Eine alte Frau flicht auf einem belebten Gehsteig Jasminblüten zu Girlanden. Ein gewaltiger, drei Stockwerke hoher Buddha ragt zwischen modernen Glas- und Betonbürobauten auf. Das ringförmige Apartmenthaus wird von Bürogebäuden umstanden.

Auf dem Gelände eines Krankenhauses, das früher einmal der Palast eines Kronprinzen war, steht ein kleiner griechischer Tempel. Das Stundenhotel heißt lapidar „Bungalow Home Fun". Ein paar Gassenjungen, die sich gegenseitig mit den Bewegungen des Balletttänzers einen Korbball zukicken. Auf einer gigantischen Filmwerbetafel posiert eine bäuchlings liegende, spärlich bekleidete junge Dame. Tausende von Wanderschwalben haben sich eine der lautesten Straßen der Stadt als Schlafplatz ausgesucht. Während einer Teeparty wird auf samtgrünem Rasen klassischer Thai-Tanz gezeigt. So abwechslungsreich kann Bangkok sein!

Zur ersten Orientierung mag folgende grobe Einteilung dienen:

1. *Das frühe königliche Bangkok* (ab 1782): Die Gegend um den Großen Palast einschließlich Wat Phra Keo, Wat Po, Sanam Luang und Wat Rajabopitr. Die zweite Erschließungsphase dehnte das Stadtgebiet zur Stadtmauer bei Klong Ong Ang aus, dazu gehören auch Wat Suthat und Riesenschaukel.

2. *Das späte königliche Bangkok* (ab 1900): Chitralada-Palast (Residenz von König Bhumibol), Marmor-Tempel, Parlamentsgebäude und Dusit-Zoo.

3. *Das militärische Bangkok*: Gehört eigentlich zu (2), da viele Paläste und Büros aus der Zeit Ramas V. im Dusit-Viertel von der Armee übernommen wurden.

4. *Das chinesische Bangkok:* Yaowaraj Road und Umgebung.

5. *Das alte touristische Bangkok:* New Road, Hotel Oriental, die unteren Teile der Suriwong Road und der Silom Road.

6. *Das neue touristische Bangkok:* Der obere Teil der Suriwong Road und der Silom Road, der Bereich zwischen Siphya Road und Sathorn Road, Rajprasong um den Erawan-Schrein und die untere Sukhumvit Road.

7. *Alte Wohnviertel*: Die Straßen rechts und links von der Sukhumvit bzw. Phaholyothin Road östlich bis Prakanong und darüber hinaus.

8. *Neue Wohnviertel*: Ausgedehnte Areale für die Mittel- und Oberschicht jenseits der New Petchburi Road, an der Autoschnellstraße nach Norden und in den Westen (Thonburi).

9. *Die wichtigsten Thai-Märkte:* Pratunam, Bangrak, Thevet, Klong Toey, um nur die größten zu nennen.

Rechts: Der Chao Phraya windet sich majestätisch durch die Stadt.

Hotels 1–66
1 Century
2 Continental
3 Federal
4 Florida
5 Fortuna
6 Honey
7 Malaysia
8 Miami
9 Miramar
10 Morakot
11 New Fuji
12 Boulevard
13 Prince
14 Rajsubhamit
15 Reno
16 Rex
17 Rose
18 Royal
19 Suriwongse
20 Swan
21 Thai
22 Viengtai
23 Bangkok Center
24 First
25 Grace
26 Majestic
27 Manhattan
28 New Nana
29 Peninsula
30 Rajan
31 Siam
32 New Trocadero
33 Victory
34 Airport
35 Ambassador
36 Bangkok Palace
37 Grand Hyatt Erawan
38 Impala
39 Mandarin
40 Manohra
41 Narai
42 Royal River
43 Silom Plaza
44 Windsor
45 Asia
46 Dusit Thani
47 Hilton International
48 Central Plaza
49 Imperial
50 Indra
51 The Menam
52 Meridien President
53 Montien
54 Rama Gardens
55 Landmark
56 Royal Orchid Sheraton
57 Siam Inter-Continental
58 Tawana Ramada
59 Oriental
60 Regent
61 Shangri-la
62 Tara
63 Novotel
64 Majestic Palace
65 Holiday Inn Crowne Plaza
66 Princess
Wongsawang
Rama VI Bridge
Soi Sawai Suwan
Pracha-narumit
Pracha Rat II
Pracha
Sanit Wong
Chao Phraya River
Tha-Harn
Techa-Wanit
Pradiphat
Rama VI
Ranong 1
Ranong 2
Thoet Damri
Samsen
Amnuai Songkram
Rama V
Set Siri
Ratchawithi-
Nakhon Chaisri
Krung-Thon-Brücke
Ratchawithi
Nakhon
SRIYAN
Sukhothai
Chaisri
Kathol. Kirche
Vimarn Mek
National-bibliothek
Krönungshalle
Dusit Zoo
Chitralada Palast
Thewes Blumenmarkt
Wat Benchamabophit (Marmortempel)
Phitsanulok
Luk Kuang
Sawankhalok
Freiheitsstatue
Wat Intraviharn
Phra
Pinklao
Phra-Pinklao-Brücke
Charoen
Königl. Barkenmuseum
National Theater
National Gallery
Wat Bovornivej
ESCAP
Fremden-verkehrsamt Thailand (TAT)
Rajdamnern Boxing Stadium
Königl. Rennclub
Yo Thi
Sri Ayutthaya
Bangkok Noi Bahnhof
Amt f. Öffentlich-keitsarbeit
National Museum
Thammasat Universität
Phran Nok
Wat Rajnada
Lan Luang
YOMMARAT
Phaya Thai
Suan Pakkad
Wat Saket (Goldener Hügel)
Phetchburi
Lohaprasad
Wat Phra Kaeo
Giant Swing
Baan Baht
Jim Thompson's House
Siam Center
Großer Palast
Wat Suthat
Wat Rajapradit
Wat Rajabophit
Kasem
Mahboonkrong Center
Rama I
Wat Po
Charoen
Krung
National-Stadion
Police Hospital
Wat Arun
Itsara Phap
Pahurat Markt
Britisches Konsulat
Henri Dunant
Königl. Sportclub
Wat Chakkrawat
Hualampong Bahnhof
Saphan Phut (Memorial) Brücke
Chulalongkorn Universität
Saowapha Institute (Schlangenfarm)
Prachadipok Road
Rama IV
Wat Pathum Khongka
Si Phraya
Sanit Wong Mahai
In Thara Phi Thak
Taksin Statue
Ya Rat
Hauptpostamt
Surawong
Silom
Lart Charoen
Zentral-Warenhaus
Boxing
Phet Kasem
Wongwian Yai
WONGWIENYAI
Nakhon
Chao Phraya River
Nua (North)
(South)
Tai
Alliance Francaise
Lertsin Hospital
Wat Phasri Maha Umathewi
Taksin (Sathorn) Brücke
Sathorn
Sathorn
Louise 3
Einwanderungs-behörde
New Road
Nang
THUNG MAHAMEK
Saint
Soi
Taksin
Krung
Chan
Wuthakart
Charoen
Sawan
Charoen
Sathu Pradit

Bangkok
1,0 miles/ 1600 m
Wipha-
Phahon Yothin
Wadi-
Rangsit
ATUCHAK
PARK
Chatuchak
Wochenendmarkt
PHANKHWAI
Suthisan-Winitchai
Wadi-
Rangsit
Pracha Suk
Pracha Songkhro
DINDAENG
Daeng
Phisek
Lard Phrao
Ratchada
Chantina 11
Sukha
Phiban
Bangkapi
(Choke Chai 4)
Lard Phrao 53
Nak Niwat
Lard Phrao 87 Chan Thrasuk
Lard Phrao 80 Chanthina
Lard Phrao 112
Lard Phrao
Chan Si Chawala
Mahat Thai
Ramkhamhaeng 39
Ramkhamhaeng 21
Ramkhamhaeng 11
Ramkhamhaeng
Rama IX
Theatre
Buddh. Welt-vereinigung
Soi 3
S.11
Soi 21 Asoke
ASOKE
New
Phetchburi
Pattanakan
Siam Society
Soi 9
S. 13
Soi 4
Soi 10
Soi 12
Soi 23
S. 25
S. 27
Soi 31
Soi 33
Soi 35
Soi 39
Samitivej Hospital
Ekamai
Tan
Klong
Prakhanong-
aptistenkirche
Phisek
Soi 16
Soi 18
Soi 20
Soi 22
Soi 26
Ratchada
Expressway
Soi 53
Soi 55
Sukhumvit 63
Soi 36
Sukhumvit
KLONG TOEY
Rama IV
Soi 42
Soi 65
Soi 67
Soi 71
Expressway
essway
Sukhumvit
Botschaften 1 - 37
1 Australien
2 Belgien
3 Brasilien
4 Großbritannien
5 Brunei
6 Burma
7 Kanada
8 China
9 Dänemark
10 Ägypten
11 Finnland
12 Frankreich
13 Deutschland
14 Indien
15 Indonesien
16 Israel
17 Japan
18 Korea
19 Laos
20 Malaysia
21 Niederlande
22 Neuseeland
23 Norwegen
24 Pakistan
25 Philippinen
26 Portugal
27 Rumänien
28 Singapur
29 Spanien
30 Sri Lanka
31 Schweden
32 Schweiz
33 Türkei
34 UdSSR
35 Ver. Arab. Emirate
36 USA
37 Vietnam

DIE INNENSTADT

Die Geburtsstätte Bangkoks liegt auf Rattanakosin, einer künstlich geschaffenen Insel in einer Schleife des Chao Phraya, deren Südteil über Klong Lawd mit dem nördlichen verbunden wird.

Hier findet man den Großen Palast, den Wat Phra Keo (Tempel des Smaragd-Buddhas), das ausgedehnte Oval des Sanam Luang (Phramane-Feld) sowie die bedeutendsten königlichen und religiösen Bauwerke der Stadt. Das Herzstück der Metropole bietet sich geradezu als Ausgangspunkt für Entdeckungsreisen durch die thailändische Vergangenheit und Gegenwart an. Beginnen Sie Ihren Erkundungsgang mit dem Monument der Demokratie auf der unter Rama V. gebauten Rajdamnern Avenue, der thailändischen Version der Champs Elysées. Die Prachtstraße führt zum baumgesäumten Sanam Luang, wo sich während der heißen Sommermonate bunte Drachen durch die Lüfte schwingen. Der majestätische Anblick des Wat Phra Keo, der hinter Sanam Luang im Glanz der Sonne erstrahlt, wird selbst dem erschöpftesten Weltenbummler neues Leben einhauchen.

Eine Oase der Ruhe und Meditation inmitten der hektischen Metropole ist der Schrein im offiziellen Zentrum Bangkoks. Gleich neben dem mit Kanonen gespickten Verteidigungsministerium steht **Lak Muang,** ein kleiner Tempel mit einer vergoldeten Steinsäule, die von Rama I. zu Beginn seiner Regierungszeit errichtet wurde und als Wahrzeichen der Stadtgründung gilt. Später kam noch eine zweite Säule hinzu. Entfernungen innerhalb der Stadt werden von Lak Muang aus gemessen. Ähnlich wie die Shiva-*lingams* (Shiva ist ein indischer Gott der Zeugungskraft) wird dieser Tempel als Quelle der Kraft verehrt.

Die Thai glauben, daß Lak Muang und die in dem anmutigen und vor kurzem restaurierten Tempel wohnenden Geister auch Wünsche erfüllen können: Sie erfragen Zahlenkombinationen für das Lotteriespiel, bitten um Kindersegen oder gute Noten in der Schule.

Zahllose Blumengaben schmücken den kleinen Tempel, und schwerer Weihrauchduft hängt in der Luft. Tiefreligiöse Thai verbeugen sich ehrfurchtsvoll vor der Steinsäule und heften Blattgold an die bereits mit Gold überzogene Reliquie.

Dankbare Gläubige, deren Wünsche durch den Tempelgeist erfüllt wurden, engagieren Tanzgruppen, die in der angrenzenden *sala* klassische Thai-Tänze (*lakhon*) vorführen. Die beste Zeit, diesen kleinen Tempel zu besuchen, ist am Spätnachmittag, an Feiertagen und besonders vor der Lotterieziehung.

Der **Große Palast** ist für Besucher von 9 bis 18 Uhr täglich geöffnet (ziehen Sie sich für den Palastbesuch entsprechend an – in kurzen Ärmeln und Shorts brauchen Sie Ihr Glück gar nicht erst zu versuchen!). Zur Palastanlage gehören auch die königliche Gebetsstätte – der Tempel des Smaragd-Buddhas – , die königliche Waffensammlung, das Münzmuseum und die Artefakte aus dem Großen Palast, die in einem kleinen Museum auf dem Palastgelände ausgestellt werden. 100 Bath kostet der Eintritt für den Großen Palast, den Tempel des Smaragd-Buddhas und den Vimarn Mek-Palast in der Nähe des Dusit-Zoos.

Die für Thailand so typische Verschmelzung weltlicher und spiritueller Elemente prägt die Palastanlage. Hohe, zinnenbewehrte Mauern umschließen den Großen Palast. Den Hauptzugang bildet das gewaltige Phiman Jayasri-Doppeltor. König Rama I. begann mit dem Bau des Palasts 1782, seine Nachfolger erweiterten die Anlage und ließen dabei die verschiedensten Baustile (von thailändisch bis italienisch) einfließen. Nach der Ermordung von König Ananda im Jahre 1946 zog sein Bruder, der jetzige König Bhumibol, in den komfortableren Chitralada-Palast. Der Große Palast wird heute nur noch für Bankette, Empfänge und königliche Zeremonien benutzt.

Als letztes und prächtigstes Gebäude der Anlage wurde die dreitürmige Königliche Residenz, **Chakri Maha Prasad**, unter der Regentschaft Ramas V. (1868-1910) anläßlich der 100-Jahr-Feier für die Chakri-Dynastie errichtet. Von den prächtigen Schätzen des Palastes sind

Vorherige Seiten: Phramane Ground während der Feuerbestattung von Königin Rambhai Bharni 1985. Unten: Chakri-Thronsaal.

allerdings nur die Empfangsräume der Öffentlichkeit zugänglich. Chakri Maha Prasad stellt eine beeindruckende Mischung thailändischer und europäischer Architektur dar. Der untere Teil des Gebäudes wurde von einem Briten entworfen; die Spitztürme – Inbegriff thailändischer Architektur – wurden im letzten Moment hinzugefügt, nachdem Puristen dagegen protestiert hatten, daß ein thailändischer Kultbau ganz im europäischen Stil gehalten werden sollte.

Im obersten Stockwerk bewahrt man unter dem zentralen Spitzturm goldene Urnen mit der Asche verstorbener Chakri-Herrscher auf. In den großen Empfangshallen sind Ölgemälde verstorbener Könige, Büsten ausländischer Herrscher (viele von ihnen lernte Rama V. während seiner Reisen kennen) und Kunstgegenstände meist europäischen Ursprungs ausgestellt. Kernstück ist der Chakri-Thronsaal, in dem der König auf einem Niello-Thron unter einem weißen, neunstufigen Schirm, der ursprünglich für König Chulalongkorn gefertigt wurde, ausländische Gäste empfängt.

Der **Dusit Maha Prasad** rechts neben der Residenz wurde von Rama I. 1789 errichtet, um alte Holzbauten zu ersetzen. Das vierstufige Dach mit seinem neunstufigen Turm stellt ein besonders eindrucksvolles Beispiel klassischer Thai-Architektur dar. Der Prachtbau besticht durch die Eleganz seiner Formen und Proportionen. Auf dem Balkon im Nordflügel wurden einst königliche Empfänge im Freien gegeben. Der Thron auf dem Balkon war das letzte Mal 1911 in Gebrauch, als der König nach seiner Krönung den Hofbediensteten den Treueeid abnahm. Heute bahrt man verstorbene Könige und Königinnen hier festlich auf, bevor ihre Leichname auf dem Sanam Luang verbrannt werden.

Vor dem Dusit Maha Prasad liegt der „schönste Pavillon Thailands", der **Arporn Phimok Prasad**. Der Pavillon wurde in Höhe der königlichen Sänfte errichtet, so daß der Herrscher bequem von seinem Elefanten heruntersteigen und für eine Zeremonie Hut und Umhang anlegen konnte, bevor er sich zur Audienzhalle begab. Rama V. ließ den Pavillon in Bang Pa-In, seiner Sommerresidenz südlich von Ayutthaya, nachbauen. 1985 war eine Nachbildung des Pavillons bei der Weltausstellung in Brüssel zu bewundern.

Auf der linken Seite des Chakri Maha Prasad führt ein Tor zu den Frauengemächern und dem lieblichen Garten mit seinen glucksenden Springbrunnen, kleinen Pavillons und gestutzten Bäumchen. Mit Ausnahme des Königs war jedem männlichen Wesen über zwölf Jahre der Zutritt zum königlichen Harem untersagt. Bewaffnete Frauen sorgten dafür, daß sich niemand in den Harem hineinschleichen konnte. Selbst heute ist dieser Teil des Palasts für „Normalsterbliche" geschlossen – nur als hoher Diplomat oder Regierungsbeamter wird man unter Umständen zu einer großen Gartenparty des Königs eingeladen. Nördlich der Frauengemächer liegt die **Borompiman-Halle**, die in europäischem Stil von König Chulalongkorn als Residenz für den damaligen Kronprinzen, den späteren König Rama VI., errichtet wurde. In diesem Gebäude ist auch der junge König Ananda ermordet worden.

Thron im Amarin-Thronsaal mit Urnen der sterblichen Überreste von Chakri-Königen.

Die **Amarin Vinichai-Halle** östlich des Durchgangs zum früheren Harem gehört zu den wenigen Überresten des ursprünglichen Gebäudekomplexes. Nur drei Räume gibt es in dem von Rama I. errichteten Bau, der als königliche Residenz diente. Das Schlafgemach lag direkt über der Audienzhalle. Heute finden in dieser Halle Krönungen oder Ordensverleihungen statt. Bei diesen besonderen Anlässen ist der schiffsförmige Thron zunächst von zwei Vorhängen – in der Sprache der Thai *Phra Visud* genannt – verhüllt. Der König nimmt seinen Platz ein und erscheint in seinem prunkvollen Ornat hinter den sich auf ein Fanfarensignal hin öffnenden Vorhängen.

Wat Phra Keo, der **Tempel des Smaragd-Buddhas**, gehört ebenfalls zur Palastanlage. Er dient dem Monarchen als Kultstätte für die Ausübung seiner religiösen Pflichten. Im Gegensatz zu den restlichen 28 000 Tempeln des Königreichs leben hier keine Mönche. Wat Phra Keo gehört mit seinen vergoldeten Türmen, prächtigen Pavillons und mythologischen Gottheiten zu den bedeutendsten Sehenswürdigkeiten der Welt. Der Tempel entspricht genau dem Bild, das die meisten ausländischen Besucher von Thailand haben und hinterläßt mit Sicherheit bleibende Eindrücke.

Für den Wat Phra Keo lohnen sich sogar zwei Besuche: Wählen Sie einen Werktag, um in aller Ruhe durch die Tempelanlage zu streifen. An Feiertagen ist der *wat* zwar fast übervölkert, dafür gewinnt man aber ein recht gutes Bild von der Bedeutung, die die Kultstätte im Leben der Thai einnimmt. In tiefe Meditation versunken liegen Gläubige mit dem Gesicht zum Boden vor dem goldenen Altar. Der Tempel ist erfüllt vom Gemurmel der betenden Thai und dem schweren Duft der Räucherstäbchen und Blumengaben. In gespenstisch grünes Licht getaucht blickt die kleine Buddha-Statue mit sanftem Lächeln auf die Betenden herab. Hier spürt man etwas von der Macht, die der Smaragd-Buddha seit Jahrhunderten auf die Menschen Thailands ausübt.

Die Tempelanlage wurde 1782 unter König Rama I. in Anlehnung an den

Wat Phra Keo Tempel des Smaragd-Bud dhas, ergläinz im Lichterschein.

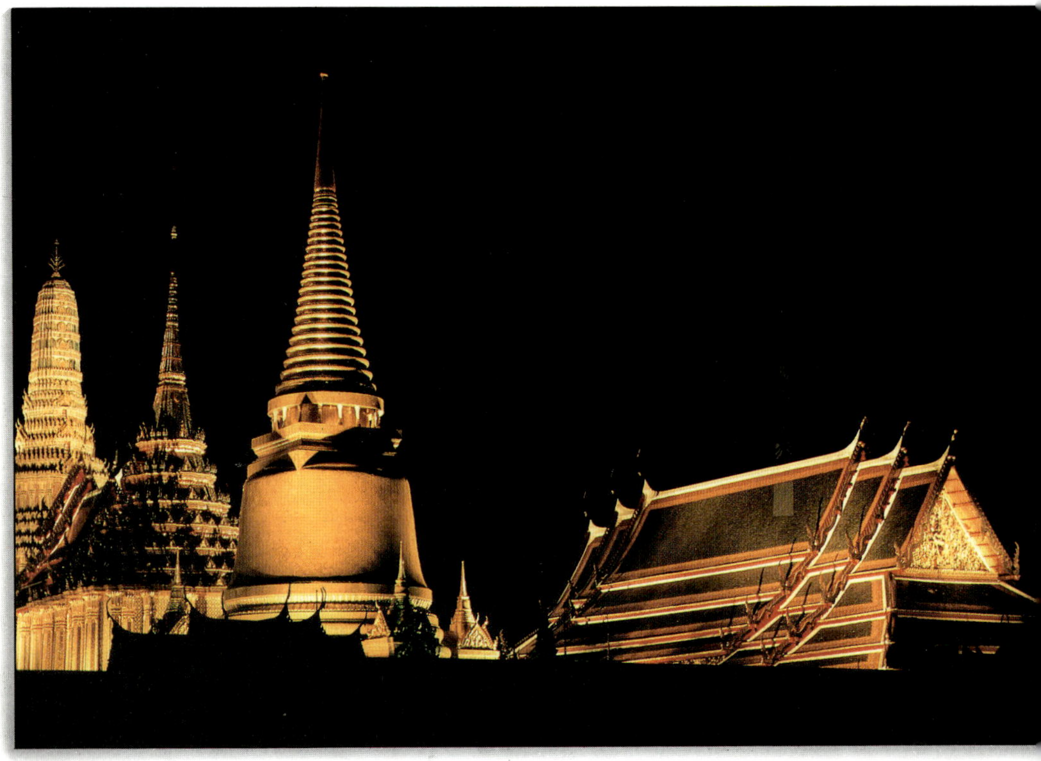

Königlichen Tempel des Großen Palastes in Ayutthaya begonnen. Niemand kennt die genaue Herkunft der am meisten verehrten Statue des Königreichs.

Der nur 75 Zentimeter große Buddha aus Jade sitzt auf einem elf Meter hohen, vergoldeten Altar unter einem neunstufigen Schirm. Kristallkugeln zu beiden Seiten der Figur versinnbildlichen Sonne und Mond. Zu Beginn jeder neuen Jahreszeit kleidet der König den Buddha neu ein: Während der heißen Sommermonate trägt er eine goldene, mit Diamanten besetzte Tunika, während der Regenzeit ein blaues, mit Goldfäden durchwirktes Kleid und in der kühleren Jahreszeit einen Überwurf aus purem Gold.

Über die ganze Anlage verstreut findet man Tempelgebäude, Pavillons, *chedis* (sakrale, glockenförmige Bauwerke, auch Stupa genannt), *prangs* (Tempeltürme) und Statuen von Gottheiten – die meisten sind mit einer Gold-, Porzellan- oder Glasschicht überzogen.

Die wundervollen Wandgemälde des um den Tempelhof verlaufenden Wandelgangs stellen Episoden aus dem *Ramakien*, der Thai-Version des indischen *Ramayana,* dar. Die Fresken entstanden unter König Rama III. (1824-1850) und wurden bereits mehrmals restauriert.

Unterhalb jeder Hauptszene findet man Darstellungen aus dem Alltagsleben, wie etwa Thai beim Glücks- und Liebesspiel oder beim Opiumrauchen. In Gedichtform wird jede Episode auf Marmortafeln erläutert.

Auf einer großen Marmorterrasse stehen das **Königliche Pantheon**, die Bibliothek (Mondop) und ein goldener Stupa, der von Rama IV. errichtet wurde. Die lebensgroßen Statuen der Chakri-Könige können nur einmal im Jahr, am 6. April, dem Chakri-Tag, von der Öffentlichkeit besichtigt werden. Vor dem Pantheon stehen wunderschöne vergoldete mythologische Fabelwesen wie etwa die reizenden *kinaree* und *kinnara* (Wesen, die halb Vogel, halb Mann beziehungsweise Frau sind).

Hinter dem Pantheon liegt die von weißen (und damit heiligen) Elefantenstatuen umgebene Bibliothek. Weiße Elefanten sind seit jeher Symbol königlicher

Links unten: Reich geschmückter Eingang zum Wat Phra Keo. **Rechts unten**: Smaragd-Buddha.

Macht. In der Nähe findet man eine getreue Nachbildung des berühmten Khmer-Tempels von Angkor Wat. Mit dem Replikat wollte Rama IV. seinem Volk zeigen, wie der Tempel während des 16. Jahrhunderts aussah, als er noch zum Hoheitsgebiet Thailands gehörte.

Wat Po oder Wat Phra Jetupon ist der älteste und (mit acht Hektar) auch größte Tempel Bangkoks. Die Wohnräume der Mönche und die religiösen Gebäude sind durch die enge Jetupon Road voneinander getrennt. Auf dieser Straße kehrte König Rama I. am 6. April 1782, dem offiziellen Gründungstag der Chakri-Dynastie, von Kambodscha nach Thonburi zurück.

Von den 16 in die Steinmauern eingelassenen Toren sind nur zwei (auf der Jetupon Road) der Öffentlichkeit zugänglich. Auf dem weitläufigen Tempelgelände finden sich Nebengebäude, Pavillons, Statuen und gepflegte Gärten.

Der erste Tempel wurde im 16. Jahrhundert errichtet. Aber der *wat* erlangte erst wirkliche Bedeutung, als Bangkok Hauptstadt des Königreichs wurde. Wat Po stand in der besonderen Gunst der ersten vier Könige von Bangkok, denen auch die vier großen *chedis* westlich des Haupttempels gewidmet sind. Der grüne entstand unter Rama I., der blaue unter Rama IV. Den Wandelgang zum Haupttempel säumen 91 weitere *chedis*, und zwar 71 kleine und 20 große.

Wat Po ist mehr als eine Kultstätte. Die frühen Könige sahen im *wat* ein Instrument zur Erziehung und Bildung, und so wird er manchmal auch „erste Universität Thailands" genannt. Die Tempelanlage soll Wissen vermitteln, das nicht notwendigerweise mit dem Buddhismus zusammenhängt. An den Wänden finden sich illustrierte Abhandlungen über militärische Verteidigung, Astrologie, Moral, Literatur und Archäologie. Auf 20 kleinen Hügeln, wo man Steinproben aus verschiedenen Teilen Thailands zusammengetragen hat, kann man sich in Geologie weiterbilden.

Wat Po gilt noch immer als Zentrum traditioneller Medizin. Die zwölf in Stein gehauenen Eremiten, die unter Bäumen oder auf Felsen sitzen, dienten den auf

Wat Po, in einer Aufnahme von Robert Lenz (um 1890).

Kräuterheilkunde spezialisierten Ärzten zur Diagnostizierung. Der Patient zeigte auf die Steinfigur, die sein Leiden darstellte, und der Arzt verschrieb das entsprechende Medikament. An den Wänden des kleinen Pavillons, an dem man auf dem Weg zum Ruhenden Buddha vorbeikommt, werden auf Tafeln Behandlungsmethoden für diverse Unpäßlichkeiten empfohlen. Das Gebäude zur Linken ist Sitz der traditionellen Heilpraktiker Bangkoks. Am späten Nachmittag strömen Scharen von Menschen dorthin, um sich von den Heilern der alten Schule mit den verschiedensten Kräutern behandeln zu lassen.

Der **Ruhende Buddha** ist die Hauptattraktion für die meisten Touristen. Der mit 46 Metern Länge und 15 Metern Höhe größte Buddha Thailands ist ganz mit Gold überzogen. Die Perlmutt-Intarsien in den 5,5 Meter langen Fußsohlen zeigen die 108 Zeichen, an denen ein Buddha erkannt werden kann.

Die Perlmuttverzierungen am Ost- und Westeingang des Haupttempels (*bot*) greifen das Ramakien-Thema auf und stehen den Einlegearbeiten an den Fußsohlen des Buddhas in nichts nach. Wundervolle Flachreliefe auf Sandsteintafeln zeigen ähnliche Szenen aus dem Epos. Abdrucke dieser Tafeln werden im Hof vor dem Tempel als Souvenirs verkauft. Wenn Sie vom Herumlaufen müde geworden sind und sich erholen möchten, wäre eine klassische Thai-Massage jetzt genau das richtige. An der Begrenzungsmauer im Osten der Tempelanlage können Sie sich dieses kleine (und zudem preisgünstige) Vergnügen gönnen.

Die riesigen Steinfiguren mit Hüten (wahrscheinlich Darstellungen von Europäern) vor den Toren des Wat Po und die reizenden Tierfiguren und Pagoden, die über das ganze Tempelgelände verstreut sind, kamen auf Handelsschiffen aus China nach Thailand. Ähnliche Statuen findet man im Wat Suthat und in anderen Tempeln Bangkoks.

Eines der schönsten Gebäude ist die Bibliothek in der Nähe der vier großen *chedis*, die mit Porzellanscherben in sanften Farbtönen verziert ist. Unweit davon liegt der Chinesische Garten.

Mönch bereitet traditionelles Heilmittel.

PHRAMANE-FELD

Der nördlich des Wat Phra Keo gelegene ovale Platz heißt **Sanam Luang** (Königliche Wiese) oder **Phramane-Feld** (Königlicher Verbrennungsplatz). Ursprünglich nahm der Palast des Vizekönigs die nördliche Hälfte des Areals ein. Inzwischen wurde das Gebäude zum Nationalmuseum umfunktioniert. Aus schriftlichen Quellen geht hervor, daß König Rama III. auf dem Platz Reis anpflanzen ließ, als die Vietnamesen mit dem Einmarsch nach Bangkok drohten. Da die Thai mit einem solchen Lebensmittelvorrat unbegrenzt Widerstand hätten leisten können, bliesen die Generäle die Invasion ab.

Sanam Luang dient als Kremationsstätte für den Hochadel. Die letzte Beerdigungszeremonie fand 1985 statt, als Königin Rambhai Bharni, die Witwe König Prajadhipoks, verstarb. Eine posthume Ehrung erfuhren die gefallenen Helden der Revolution von 1973, als König Bhumibol auch ihre Leichname hier verbrennen ließ. Jeden Mai wird auf Sanam Luang der offizielle Beginn der Jahreszeit für die Reispflanzung gefeiert.

Die Thai kommen auch zum Sanam Luang, um sich nach der Arbeit am späten Nachmittag zu erholen. Sie gehen spazieren, spielen Fußball und veranstalten Picknicks (*pai-tio*). Kinder tollen unter den schattenspendenden Bäumen. Von Mitte Februar bis Ende April werden farbenprächtige Drachen verkauft. Besonders beliebt ist der „Schlangen-Drachen". Kinder aller Altersgruppen lassen bunte Löwen, Schlangen oder Fledermäuse durch die Lüfte segeln.

Gegen 16 Uhr finden Drachenkämpfe statt. Je nach Drachentypus werden Teams gebildet. So gibt es etwa den zwei Meter großen, sternförmigen *chula* oder den kleinen, wendigen *pakpao*, die das männliche bzw. weibliche Geschlecht symbolisieren. Ziel eines Drachenkampfes ist es, den gegnerischen Drachen über eine Grenzlinie abzudrängen. Oft ist es der „weibliche Drachen", der als Sieger aus dem Wettkampf hervorgeht.

Im Innern der Buddhaisawan-Kapelle herrscht Ruhe.

Neben Drachensteigen ist *takraw* ein beliebter Volkssport. Zwei Drei-Mann-Teams versuchen mit den Füßen, Knie, Schulter, Ellenbogen und Kopf einen Rattan-Ball über ein Netz zu spielen. *Takraw* ist anspruchsvoll und zählt zu den spannendsten Ballspielen in Asien.

Früher fand jedes Wochenende ein bunter Markt auf Sanam Luang statt, der 1982 in den Chatuchak-Park verlegt wurde, um dem Platz die Würde zu verleihen, die er nach Meinung der Stadtväter verdiente. Seit es keine Bücherstände und keinen Blumenmarkt am Klong Lawd mehr gibt, hat das alte Stadtviertel an Lebendigkeit verloren.

Zwischen Sanam Luang und dem Fluß befinden sich Gebäudekomplexe, die das Herzstück der Altstadt bilden. Ganz in der Nähe des Großen Palastes, auf der Na Prathat Road, liegt die **Silpakorn-Universität**, die Akademie der Schönen Künste. Hier werden die Studenten in Malerei, Bildhauerei, Archäologie und Architektur unterrichtet. Trotz einer gewissen Modernisierung sind der Universität ein paar stille, schattige Innenhöfe erhalten geblieben, wo sich die Studenten zwischen den Vorlesungen entspannen können. Oft werden Kunstausstellungen veranstaltet, und es gibt auch ein kleines archäologisches Museum.

Hinter dem erdfarbenen Haus gegenüber von Sanam Luang, in dem früher die Nationalbibliothek untergebracht war, liegt **Wat Mahathat** (Tempel der Großen Reliquie). Die Anlage wurde unter Rama I. erbaut und ist eine bedeutende buddhistische Lehranstalt mit Schwerpunkt Meditation. 27 Jahre lang war Rama IV. Vorsteher der Mönchsgemeinschaft, bevor er König wurde.

Dahinter liegt die **Mahachulalongkorn-Universität**, in der Mönche eine höhere Schulbildung erhalten. Schmale Gassen winden sich durch die Wohnbauten der Mönche. Auf einem Markt werden Amulette verkauft, welche die Thai um ihren Hals tragen. Einen größeren Amulett-Markt gibt es entlang des Flusses westlich von Mahachulangkorn.

Nördlich der Prachan Road, die von der Mitte des Sanam Luang-Platzes bis zum Fluß führt, liegt die **Thammasat-Uni-**

Lichterparade im nächtlichen Bangkok.

versität. Die vor dem Zweiten Weltkrieg gegründete Hochschule gehört heute zu Thailands führenden Ausbildungsstätten, vor allem in den Bereichen Recht und Wirtschaft. Die Studenten der Thammasat-Universität sind weniger konservativ als die der Chulalongkorn-Universität. Viele Anführer der Revolution im Jahre 1973 kamen von Thammasat.

Nördlich der Universität liegt das **Nationalmuseum**. Es besteht aus mehreren Gebäuden, in denen Kunstgegenstände und völkerkundlich interessante Exponate gezeigt werden. Sehenswert ist vor allem die Antiquitätensammlung. Das Museum ist mit Ausnahme von Montag und Freitag täglich von 9 bis 12 Uhr und von 13 bis 16 Uhr geöffnet. Der Eintritt ist an Samstagen und Sonntagen frei und kostet an Werktagen 20 Baht. Dienstags, mittwochs und donnerstags finden zweistündige Führungen in Englisch, Deutsch und Französisch statt. Ausgangspunkt ist jeweils der Eingangspavillon am Haupttor.

Das Museum hat eine interessante Geschichte: Die ältesten Gebäude gehen auf das Jahr 1782 zurück und wurden als Palast des „Zweiten Königs", des Stellvertreters des Herrschers, errichtet. Dieses Amt schaffte man 1870 ab. Zum Palast gehörte ursprünglich eine riesige Parkanlage, die sich von Wat Mahathat bis zur nördlichen Hälfte des heutigen Phramane-Feldes erstreckte.

Das Gebäude links vom Eingang ist die **Sivamokha Biman-Halle**, die ursprünglich als Audienzhalle diente. Heute beherbergt sie eine prähistorische Kunstsammlung, deren Bronzearbeiten und kunstvoll bemalte Tongefäße, die man in Ban Chiang im Nordosten Thailands fand, weltweit größtes Interesse bei den Archäologen hervorrufen.

Direkt hinter dem Eingang liegt der **Buddhaisawan-Tempel**, den sich der Vizekönig für seine Gebete und Meditationen bauen ließ. Die Wandmalereien, die das Leben Buddhas darstellen, zählen zu den schönsten und besterhaltenen Thailands. Hier ist auch der berühmte *Phra Buddha Sihing*, eine Bronzestatue im *Sukhothai*-Stil, zu finden, der von den Thai hoch verehrt und alljährlich einen

NATIONALMUSEUM

Für den eiligen Besucher möge folgender Abriß über die thailändische Kunst eine kleine Orientierungshilfe sein:

Dvaravati (6.-11. Jahrhundert): Kunstrichtung der den Khmer verwandten Mon. Die Statuen haben breite, lächelnde Gesichter und fein gelocktes Haar. Indischer Einfluß zeigt sich in den Gewändern und den leicht geschwungenen Standfiguren. In Raum 32 und 33 finden sich Dvaravati-Figuren aus Terrakotta, Buddhastatuen und sehr lebendig wirkende Tanz- und Musikgruppen.

Srivichaya (8.-13. Jahrhundert): Zeitgleiche Stilrichtung aus Gebieten weiter südlich, die stark von der javanesischen Kunst beeinflußt wurde. Bronzestatuen in Raum 35.

Lop Buri oder *Khmer* (11.-14. Jahrhundert): Vergleichbar und manchmal sogar identisch mit der damaligen Kunstrichtung in Kambodscha. Hindu-Gottheiten in Stein und Bronze. Die Figuren haben etwas Kräftiges und Maskulines. Raum 29 und 31.

Chiang Saen (12.-20. Jahrhundert): Kunstrichtung aus Nordthailand. Statuen mit eher plump wirkenden Chinesen-Gesichtern und gelocktem Haar. Ausstellung in Raum 41.

Sukhothai (13.-15. Jahrhundert): Gilt als reinste und ursprünglichste Ausprägung thailändischer Kunst. Ihr Hauptwerk ist der schwerelos schreitende, verinnerlichte Buddha mit seinem rätselhaften Lächeln. Viele Arbeiten sind Beschreibungen von Göttern und Helden in Sanskrit nachempfunden. Lassen Sie sich die berühmte schwarze Bronzestatue des schreitenden Buddha nicht entgehen. Raum 42 und 43.

Ayutthaya (15.-18. Jahrhundert): Eine Verschmelzung verschiedener Stilrichtungen mit anmutigen, stilisierten Figuren und üppiger Dekoration, die den Reichtum und die Macht des Königreichs widerspiegelt. Raum 44 und 45.

Bangkok oder *Rattanakosin* (spätes 18. Jahrhundert bis heute): Figuren mit runden, putzig wirkenden Gesichtern und feinen Thai-Kostümen. Reicher Dekor. Die Ausstellungsstücke sind leider nicht gut erhalten.

Tag vor *Songkran* in einem Prozessionszug durch Bangkok getragen wird.

Auf dem Museumsgelände steht auch **Tamnak Daeng**, das Rote Haus. Es war die Residenz einer älteren Schwester Ramas I. und gehörte früher zum Großen Palast. Heute ist dort eine faszinierende Sammlung von Möbelstücken der ersten Chakri-Herrscher zu sehen.

Der alte Palast des Vizekönigs, in dem früher die gesamte Museumssammlung untergebracht war, ist heute rein völkerkundlich orientiert. Neben Elefantensitzen, Sänften, Einrichtungsgegenständen und Waffen ist vor allem die buddhistische Kunstsammlung in den beiden neuen Flügeln des Palastes sehenswert. Unter den vielen Skulpturen aus anderen asiatischen Ländern ist die thailändische Kunstsammlung wohl die Hauptattraktion: Sie reicht von Hindu-Statuen aus dem 5. Jahrhundert bis hin zu Skulpturen aus der *Rattanakosin-* oder *Bangkok*-Periode im 19. Jahrhundert. Am Eingang liegen Broschüren bereit, welche die Entwicklung der verschiedenen Kunstrichtungen näher erläutern.

Nördlich des Nationalmuseums liegt das **Nationaltheater**, eine verunglückte Mischung aus thailändischer und europäischer Architektur. Lassen Sie sich die klassischen Thai-Tänze nicht entgehen! Die Presse informiert über Termine.

Dahinter findet man **Nattasin**, eine Tanzschule unter Leitung der Akademie der Schönen Künste. Hier lernen die Studenten die komplizierten Gesten und Schrittfolgen des *khon* und *lakhon*, der Tanzdramen, die früher nur für den König und seinen Hof aufgeführt wurden.

Wat Rajpradit liegt in einer ruhigen Gegend an der Saranrom Road südlich des Verteidigungsministeriums. An diesem von Rama IV. erbauten Tempel läßt sich die Entwicklung der Stilrichtungen in Asien gut nachvollziehen. Hinter dem *bot* aus grauem Marmor befindet sich ein *stupa* aus Sri Lanka. Links davon steht ein *prang* aus der Ayutthaya-Periode und rechts ein 800 Jahre alter *prang* im Bayong-Stil aus Angkor Thom. Im *bot* werden auf zwölf wundervollen Wandmalereien die königlichen Zeremonien für jeden Monat des Jahres dargestellt.

Das Nationalmuseum beherbergt zahlreiche Buddhabildnisse. Links unten: Buddhabüste aus der Dvaravati-Periode. Rechts unten: Buddhabildnis aus der Ayutthaya-Periode.

Andere Tempel und Plätze

Viele bedeutende Sakralbauten und Verwaltungsgebäude im Stadtkern Bangkoks liegen zwischen dem Klong Lawd im Westen und dem Kanal mit den zwei Namen im Osten: der nördliche Teil heißt Banglamphu und der südliche Ong Ang. Letzterer diente als Wallgraben für eine hohe Mauer mit Zinnen, die von einem Flußufer zum anderen verlief. Von den 14 Wachtürmen der Mauer sind nur zwei erhalten geblieben – einer am nördlichen Ende des Kanals, an der Phrasumane Road, der andere an der Kreuzung Rajdamnern und Mahachai Road im Schatten des Goldenen Bergs.

Die Tempel in diesem Teil der Altstadt können es durchaus mit der Schönheit der Sakralbauten auf Rattanakosin aufnehmen. Ein architektonisches Wunderwerk stellt **Wat Rajabopit** in der Nähe des Innenministeriums östlich des Klong Lawd dar, der von relativ wenigen Touristen besucht wird. Leicht erkennbar ist der Bau an seinen Eingangstoren mit den Reliefarbeiten, die schmucke Soldatenfiguren in europäischen Uniformen zeigen. Der 1870 von König Chulalongkorn erbaute Tempel spiegelt das Bestreben des Herrschers wider, europäische Kunst mit traditionellen thailändischen Stilelementen zu verbinden.

Seine Grundstrukturen weichen von der Norm ab und machen ihn zu einem einzigartigen Bauwerk. In der Mitte des Innenhofes steht ein vergoldetes *chedi,* um den ein Kloster angelegt ist (vergleichbar mit dem Bau, der um den Phra Pathom Chedi in Nakhon Pathom läuft). Auf der Nordseite des mit gelben Kacheln verkleideten Klosters liegt die Haupthalle (*bot*), die ebenfalls Kacheln in allen Farbschattierungen zieren.

Fenster und Eingangstüren des *bot* sind echte Kunstwerke. Die in Lack eingearbeiteten Perlmuttmotive symbolisieren die fünf königlichen Orden. In einer Nische neben einem Eingang findet man ein Flachrelief mit dem Gott Khio Kang. Er bewacht das Heiligtum. Vier weitere Tempel sind durch kleine Säulengänge mit dem Hauptgang verbunden.

Links: Vergoldete Stuckarbeiten zieren die Wände Wat Rajabopits.

Das Erstaunlichste an Wat Rajabopit ist die Gestaltung des Inneren, das sich deutlich von den dunkel gehaltenen traditionellen Thai-Tempeln mit buddhistischen Wandmalereien unterscheidet und mehr an eine gotische Kathedrale mit der Pracht des Spiegelsaals von Versailles erinnert. Das Bauwerk verdient umso größere Beachtung, da es noch vor der ersten Europareise König Chulalongkorns geschaffen wurde. Der König ging mit der Verschmelzung einheimischer und europäischer Kunst sogar noch einen Schritt weiter, als er 30 Jahre später Wat Benjamabopit bauen ließ.

Die Bamrungmuang Road läuft am Verteidigungsministerium in östlicher Richtung vorbei, wechselt drei Mal ihren Namen und heißt nach mehreren Kilometern Sukhumvit Road. Ein Bummel lohnt sich allein schon wegen der vielen kleinen Läden, in denen Devotionalien aller Art verkauft werden. Sobald Sie den zweiten Kanal überquert haben, sehen Sie direkt vor sich den Platz mit **Sao Ching Cha,** der **Riesenschaukel**.

Der Platz wird im Norden vom Rathaus und im Süden vom Wat Suthat umrahmt. Zwischen den beiden roten Pfählen in der Mitte des Platzes wird schon lange nicht mehr geschaukelt. Das „Schaukelzeremoniell" – ein brahmanisches Ritual – wurde zu Ehren des Gottes Phra Isuan, der jedes Jahr im Januar zehn Tage lang die Erde besucht, veranstaltet. Mehrere Männer versuchten unter Aufbietung all ihrer Kräfte, so hoch zu schaukeln, daß sie ein kleines, mit Gold gefülltes Säckchen, das an einem hohen Mast vor der Schaukel befestigt war, ergattern konnten. Das schlichte Gebäude des Brahmanen-Tempels – übrigens der einzige in Bangkok – liegt in der Dinsor Road nordwestlich der Riesenschaukel.

Wat Suthat wurde unter Rama I. begonnen und unter Rama III. (1824-1851) vollendet. Der riesige Haupttempel (*bot*) – angeblich der höchste in Bangkok – und der *vihan* (Zeremonienraum) werden von vergoldeten Buddha-Statuen umrahmt. In der Halle thront die Bronzestatue des Phra Buddha Chakyamuni. Fasziniert von der Größe und Schönheit dieses Kunstwerkes aus dem 14. Jahrhundert, ließ Rama I. die Statue von Sukhothai auf dem Fluß nach Bangkok bringen. Die Wandmalereien stammen aus der Zeit Ramas III. und verbinden verschiedene Stilrichtungen. Höchst interessant sind die Darstellungen großer ausländischer Schiffe und Seeungeheuer an den Säulen.

Von vollendeter Thai-Schnitzkunst in der Tradition der Ayutthaya-Periode zeugen die Türen des *bot*. Blumenmotive und kleine Tiere sind bis zu fünf Zentimeter tief in das Holz eingearbeitet. Aus der Quellenforschung geht nicht klar hervor, ob König Rama II. die Motive nur entwarf oder ob er auch selbst Hand anlegte. Fest steht allerdings, daß er den Befehl gab, die Schnitzwerkzeuge in den Fluß zu werfen, so daß niemand das Kunstwerk kopieren konnte. Die Bronzepferde, Steinpagoden und Götterstatuen im Innenhof sind Geschenke aus China.

Geht man vom Wat Suthat in nördlicher Richtung weiter, kommt man am Denkmal der Demokratie vorbei und stößt auf der Phrasumane Road auf den **Wat Bovornivet**. Der Tempel wurde von Rama III. für Rama IV. gebaut, als er noch Mönch war. In diesem Kloster reformierte er auch viele buddhistische Schriften, indem er sie von abergläubischen Inhalten befreite. Seitdem finden in diesem Tempel die Mönchsweihen der Thai-Könige statt. Kurz nach seiner Krönung legte auch König Bhumibol hier das safrangelbe Mönchsgewand an.

Mit Ausnahme der Wandmalereien im *bot* hat die Klosteranlage wenig Interessantes zu bieten. Dafür gehören die Fresken zu den ungewöhnlichsten im ganzen Königreich. Sie wurden von Krua Inkhong geschaffen, der zwar Thailand nie verlassen hat, aber die Technik der perspektivischen Darstellung beherrschte und Bilder von amerikanischen Gebäuden gesehen haben muß. Durch die perspektivische Tiefenwirkung und die gedämpften, dunklen Farbtöne setzt sich der innovative Künstler deutlich von der klassischen Thai-Malerei ab. Höchst interessant sind auch die Themen der Wandmalereien: Herrenhäuser im Südstaaten-Stil, Pferderennbahnen, nach der amerikanischen Mode des 19. Jahrhunderts gekleidete Menschen, und das alles in Verbindung mit der Lehre Buddhas.

Wat Suthat und Riesenschaukel im Dämmerlicht.

Gegenüber vom Wachturm liegen unterhalb des Goldenen Bergs an der Mahachai Road **Wat Rajnadda** und der **Amulettmarkt**. Die Thai glauben fest an die gefahrenabwendenden Kräfte von Amuletten, die sie an einer Gold- oder Silberkette um den Hals tragen.

Als Anhänger nimmt man gerne Buddha-Figuren aus Terrakotta oder Portraits weiser Mönche. Auch anderen Gottheiten werden übersinnliche Kräfte zugesprochen. Eine Gottheit mit zehn Augen schützt den Träger nicht nur von vorne, sondern auch von hinten und von der Seite. Es gibt Amulette, die das andere Geschlecht geneigt machen oder Schutz im Auto oder Flugzeug bieten sollen. Männer tragen Phallus-Symbole um die Taille, um ihre Männlichkeit zu betonen.

Seit das Chalerm Thai-Theater abgerissen wurde, kann man vom Wat Rajnadda den Eisernen Palast, **Lohaprasad**, sehen. Er hat seinen Namen von den Metallspitzen, die aus vielen Türmen hervorragen. Als Modell für den ungewöhnlichen Bau soll der Palast mit den 1000 Zimmern in Polonnaruwa auf Sri Lanka gedient haben. Leider ist der Prachtbau für die Öffentlichkeit nicht zugänglich.

Hauptattraktion ist der **Goldene Berg** (Phu Khao Thong), der viele Jahre lang der höchste Punkt der Stadt war. Ayutthaya hatte einen künstlichen Hügel, und Rama III. beschloß daher, auch in Bangkok einen solchen Hügel aufschütten zu lassen. Wegen des weichen Bodens erreichte der Berg jedoch nie die gewünschte Höhe. Erst unter Rama IV. wurde das Projekt fertiggestellt.

Eine Treppe mit 318 Stufen führt bis zur obersten Plattform in eine Höhe von 78 Meter, die ein vergoldetes *chedi* trägt. Das *chedi* enthält eine Buddha-Reliquie, die Lord Curzon, der damalige Vizekönig von Indien, 1877 Rama V. zum Geschenk machte. Wenn auch der Aufstieg (besonders an heißen Tagen) recht beschwerlich ist, wird man durch den herrlichen Rundblick für alle Strapazen reichlich belohnt.

Am Fuße des Goldenen Bergs liegt der während der Ayutthaya-Periode gebaute **Wat Saket** (ursprünglich Sakae). 1782

Unten links: Alte Aufnahme der Schaukelzeremonie vor Wat Suthat. **Unten rechts:** Goldenes Buddha-Bildnis im Innern des Tempels.

kehrte General Chakri von Laos nach Thonburi zurück. Auf dem Rückweg nahm er ein zeremonielles Bad und wurde zum König Rama I. gekrönt. Später nannte man den Tempel Saket, was so viel bedeutet wie „Haarewaschen".

Der Tempel diente früher als Bestattungsort für das einfache Volk. Als es im 19. Jahrhundert zu mehreren Choleraepidemien kam, war das Krematorium überlastet. Man legte die Leichname vor den Tempel und überließ sie den Geiern.

Jedes Jahr im November sind Wat Saket und der Goldene Berg Schauplatz eines bunten Marktes. Zwischen Lebensmittelständen und provisorischen Theaterbühnen bahnen sich Prozessionen mit flackerndem Kerzenlicht ihren Weg bis zur Spitze des Goldenen Bergs.

Die Prachtstraße Rajdamnern kreuzt den *klong* bei Pan Fah in der Nähe des Wachturms, macht dann eine Rechtskurve und mündet in einen dreispurigen Boulevard. Dieser führt direkt zum Platz vor der alten **Nationalversammlung**. Er wird von einer Reiterstatue König Chulalongkorns beherrscht, der sich maßgeblich für die Entstehung dieses Stadtteils einsetzte. Studenten und Regierungsbeamte legen am 23. Oktober, dem Todestag des populären Monarchen, Kränze und Blumen vor dem Denkmal nieder. Am 3. Dezember hallt der Platz vom Marschschritt der in strahlend weiße Paradeuniformen gekleideten königlichen Soldaten wider. Traditionsgemäß wird die Truppenparade jedes Jahr vom Königspaar abgenommen.

Auf der linken Seite des Platzes liegen die **Amporn-Gärten**, ein weitläufiger Park mit vielen Springbrunnen und Bäumen. Die Amporn-Gärten sind Schauplatz zahlreicher karitativer Veranstaltungen, an denen auch das Königspaar teilnimmt. Jedes Jahr im Januar wird hier der Basar des Roten Kreuzes veranstaltet.

Das frühere Gebäude der Nationalversammlung – im italienischen Stil mit grauem Marmor und einer riesigen Kuppel – wurde 1907 von König Chulalongkorn errichtet. Der Bau war ursprünglich als Thronhalle gedacht und wurde erst in späteren Jahren zum Parlamentsgebäude umfunktioniert.

Das Parlamentsgebäude erstrahlt zu Ehren des Geburtstags des Königs im Lichterglanz.

Die Wandmalereien im Inneren stellen Meilensteine der thailändischen Geschichte dar. Zur Besichtigung benötigt man eine Sondergenehmigung. 1974 zog die Nationalversammlung in ein neues Gebäude weiter nördlich um.

Hinter der alten Nationalversammlung liegt **Vimarn Mek**, das als größtes Teakholz-Bauwerk der Welt gilt. Das vergoldete „Wolkenhaus“ wurde 1900 von König Chulalongkorn als Landsitz für seine Familie gebaut – damals gehörte diese Gegend noch zu einem ländlichen Vorort Bangkoks. Die 100 Zimmer des luftigen Landsitzes sind angefüllt mit Kristallwaren, Fabergé-Schmuck und anderen wertvollen Erinnerungsstücken aus Europa. Wenn Sie schon ein Ticket für den Großen Palast haben, ist der Eintritt frei, ansonsten kostet er 50 Baht.

Östlich der Nationalversammlung liegt der **Dusit-Zoo**, auch bekannt unter dem Namen Khao Din (Berg aus Erde, so benannt wegen des kleinen aufgeschütteten Bergs). Der Eingang liegt an der Rajawiti Road. Der Dusit-Zoo ist der größte Tierpark Bangkoks und ein beliebtes Ausflugsziel für Familien. Auf dem See in der Mitte kann man Boote mieten. Neben dem Vogelhaus, den Schlangenterrarien, den Gibbons und Orang-Utans aus dem Dschungel Sumatras und vielen anderen ostasiatischen Exoten zählen die weißen Elefanten zu den Hauptattraktionen. Sie gehören traditionsgemäß dem König. Für den Laien sieht der weiße Elefant fast genauso aus wie seine grauen Artgenossen. Durch ein aufwendiges Verfahren, bei dem Hautfarbe, Haare und Augen der Dickhäuter genaustens untersucht werden, stellen Hofbeamte fest, ob es sich bei dem Tier tatsächlich um einen Albino handelt oder nicht.

In ganz Südostasien symbolisiert ein weißer Elefant seit jeher königliche Macht. Buddhas Mutter soll von einem weißen Elefanten geträumt haben, der ihre Seite mit seinem Rüssel berührte und sie so ihren Sohn empfangen ließ. Als Buddha in einem seiner früheren Leben den Titel Prinz Vessanthorn führte, wurde er aus seinem Palast vertrieben, weil er einen weißen Elefanten einem rivalisierenden Königreich geschenkt hatte.

Das Arbeitszimmer des Vimarn Mek-Palastes.

Die Zahl der weißen Elefanten, die ein König besaß, spiegelte seine Macht wider. Je mehr Elefanten ein König sein eigen nennen konnte, desto größer war sein Ansehen. So ist es nicht verwunderlich, daß die dickhäutigen Albinos blutige Kämpfe zwischen rivalisierenden Herrschern entfachten. Die Haltung der Tiere war mit großen Kosten verbunden. Die Elefanten wurden in speziellen Gehegen gehalten und mit besonderer Nahrung gefüttert. Wenn ein König den Verdacht hegte, daß ein Prinz zu mächtig werden könnte, schenkte er ihm einen weißen Elefanten – wohl wissend, daß die aufwendige Pflege der Tiere den Rivalen in den Bankrott treiben würde.

Östlich des Zoos liegt der **Chitralada-Palast**, in dem das Königspaar residiert. Südöstlich davon erhebt sich **Wat Benjamabopit**, auch **Marmor-Palast** genannt. Er entstand als letzte bedeutende Tempelanlage in Bangkok. Das von Prinz Naris, einem Halbbruder des Königs, entworfene Bauwerk wurde von König Chulalongkorn 1900 begonnen und zehn Jahre später beendet. Der talentierte Architekt löste sich von den Regeln des traditionellen Thai-Stils und ließ eine Schiffsladung Marmor aus Carrara kommen. Die mit hell schimmerndem Marmor verkleideten Hauptgebäude verleihen den farbigen Elementen der Dächer und Giebel gediegene Eleganz. Innovativ sind auch die bunten Glasfenster der Haupthalle, in der die Statue des *Phra Buddha Chinirat*, eine Kopie des Originals von Phitsanulok, erstrahlt. Den hinteren Tempelhof umrahmt ein Wandelgang, in dem 51 Buddha-Statuen die verschiedenen Stile der Buddha-Darstellung in Asien repräsentieren.

Am Hintereingang des Tempelhofs steht ein etwa 80 Jahre alter Bodhibaum. Er kam als Sämling eines südthailändischen Feigenbaums hierher, der wiederum aus dem indischen Bodh Gaya, wo Buddha erleuchtet wurde, stammte. Wie man bei uns Münzen in einen Brunnen wirft und einen Wunsch frei hat, setzen die Thai Schildkröten in den Wassergraben, der die religiösen Bauten von den Wohnräumen der Mönche trennt. Eine ausgezeichnete Gelegenheit, interessante Fotos zu machen, bieten die frühen Morgenstunden, wenn die Thai auf dem Weg zur Arbeit den Mönchen vor den Toren des Tempels ihr Essen bringen.

Am Nordende der Stadt findet man die thailändische Version eines orientalischen Markts. Da die 5000 Standbesitzer auf der 15 Hektar großen Verkaufsfläche nur samstags und sonntags ihre Waren anbieten, wimmelt es hier vor Menschen. Das Warenangebot ist breitgefächert: Man bekommt Frischprodukte, Fleisch, Fisch, Kleidung, Antiquitäten, Porzellan, Bücher, Haustiere und vieles andere. Wenn Sie etwas kaufen wollen, lassen Sie sich das Vergnügen, hartnäckig um den Preis zu feilschen, nicht nehmen.

Im Süden des Markts liegt ein vegetarisches Restaurant, das vom Bürgermeister der Stadt geleitet wird. Das Lokal öffnet um 11 Uhr und bietet eine ausgezeichnete Auswahl an vegetarischen Gerichten zu unglaublich niedrigen Preisen. Selbst wenn Sie nicht Vegetarier sind, wird Ihnen das Essen hier schmecken. Es empfiehlt sich, den Markt am Vormittag zu besuchen, denn die Nachmittagshitze ist fast unerträglich.

Links: Fenster des Marmor-Palasts mit Glasmalerei. Rechts: Gläubige versammeln sich mit Kerzen und Lotosknospen vor dem Marmor-Palast.

莊嚴

CHINATOWN

Bangkoks **Chinatown** mit seinen vielen kleinen Straßen, in denen hektisches Treiben herrscht, wird von der Chakrawat Road im Westen und dem Klong Krung Kasem im Osten begrenzt und erstreckt sich nördlich der Charoen Krung (New Road) bis zur Song Wat Road in der Nähe des Flusses. Die Wiege der Chinesenstadt ist die Sampeng Road, an der sich gegen Ende des 18. Jahrhunderts chinesische Händler niederließen, nachdem sie das Land, auf dem heute der Große Palast steht, räumen mußten. 1863 ließ König Mongkut mit der Charoen Krung die erste gepflasterte Straße Bangkoks bauen. Das Chinesenviertel begann, sich in Richtung auf diese Straße auszudehnen. Kurz darauf entstand die Yaowaraj Road zwischen der Charoen Krung und der Sampeng. Die Straße entwickelte sich nicht nur zur Hauptverkehrsader, sondern gab dem Chinesenviertel auch ihren Namen: Yaowaraj.

Die von der Mahachai Road abzweigende Sampeng hat eine bewegte Vergangenheit hinter sich. Kurz nach ihrer Entstehung verkam die Geschäftsstraße zum Vergnügungsviertel. Um 1900 führten Seitenstraßen zu Opiumhöhlen und Häusern mit grünen Laternen (*khom khiew*). Die grünen Laternen sind inzwischen verschwunden, aber der Ausdruck *khom khiew* steht noch immer für Bordell. Die Sampeng wurde gezähmt und in eine verschlafene Straße mit kleinen chinesischen Läden umgewandelt.

An beiden Enden der Sampeng bieten indische und arabische Geschäfte ihre Waren feil. Im feinverzweigten Straßennetz Pahurats im Westen rollen Inder und Sikhs ihre Stoffballen aus. Den Kanal säumen indische, nepalesische und birmanische Restaurants. Jenseits des Kanals bietet die Sampeng „Thailand pur".

Für wenig Geld bekommt man im Einkaufsviertel des Durchschnitts-Thai alles, angefangen von Billigschmuck über Kleidung bis hin zu Puppen und Werkzeugen. Wenn Sie die Chakrawat Road überqueren und sich rechts halten, stoßen Sie auf den Eingang zum **Wat Chakrawat** (Der Zugang von der Sampeng ist nicht mehr möglich).

Links: Im Tempel duftet es nach Räucherstäbchen.

Um die lächelnde Mönchsstatue aus der Ayutthaya-Periode in der Grotte des Tempels rankt sich folgende Legende: Der Mönch soll ein besonders attraktiver Mann gewesen sein, bei dem das schwache Geschlecht noch schwächer wurde... Der fromme Buddhist wußte Abhilfe. Er aß sich so dick und fett, daß die Frauen jegliches Interesse an ihm verloren.

Wats übernehmen in Thailand auch karitative Aufgaben. Die Mönche verteilen die Reste ihrer Mahlzeiten an Kinder oder Haustiere armer Thai-Familien. Wat Chakrawat weicht insofern von der Norm ab, als hier Krokodile als Haustiere gehalten werden.

Wir wollen unseren Erkundungsgang auf der Sampeng in östlicher Richtung fortsetzen. Zur Linken werden Sie auf ein hübsches Gebäude treffen, in dem einst die Goldbörse untergebracht war. In Seitenstraßen liegen ruhige chinesiche Tempel. Weiter unten auf der rechten Seite strömt aus kleinen Geschäften der Duft von Zimtstangen und anderen Gewürzen. Hier und da gibt es kleine Märkte am Fluß, auf denen das Leben in der Abenddämmerung pulsiert und die um neun Uhr morgens völlig verlassen wirken.

Am östlichen Ende der Sampeng tragen die Geschäfte arabische Namen. Hier treiben Kaufleute regen Handel mit Edelsteinen. Die Sampeng endet im Osten mit dem aus der Ayutthaya-Periode stammenden **Wat Pathum Khongka**, in dem mißratene Abkömmlinge der Krone wegen Hochverrats exekutiert wurden.

Die Yaowaraj Road mit ihrem Schilderwald würde sich mühelos in das Straßenbild Hongkongs einfügen. Es gibt eine Unmenge von Juweliergeschäften, die wie ein Ei dem anderen gleichen. Die täglichen Goldpreise werden in *baht* – einer alten Gewichtseinheit – auf den Fensterscheiben der rot angestrichenen Läden (Rot, die Farbe des Glücks!) angeschrieben. Spiegel und Neonlampen gehören zur Grundausstattung der vielen Schmuckläden in der Yaowaraj Road.

Yaowaraj ist auch ein altes Vergnügungsviertel. Auf der Nordseite der Hauptverkehrsader findet man in halber Höhe das „Seven Story Mansion", dessen Blütezeit in den fünfziger Jahren lag. Rein kulinarische Gelüste konnte man im ersten Stock stillen. Im Laufe des Abends stieg man dann Stockwerk für Stockwerk höher, um noch anderen (sinnlicheren) Genüssen zu frönen.

Zwischen der Yaowaraj Road und der New Road im Westen von Chinatown liegt **Nakhorn Kasem**, der **Markt der Diebe**. Um gestohlene Gegenstände wiederzufinden, war Nakhorn Kasem vor einigen Jahrzehnten noch *der* Tip. Nach einem Marktbummel hatte man sein Eigentum zu einem sehr günstigen Preis wieder. Später wurden hier Antiquitäten gehandelt. Inzwischen haben prosaischere Gegenstände wie Zementrührer die Antiquitäten verdrängt, aber man findet noch ein paar Läden, die Töpferwaren und Statuen verkaufen.

Am östlichen Ende der New Road liegt der größte buddhistische Tempel Chinatowns. Vom frühen Morgen an herrscht im **Wat Mongkhonkamalawat** – kurz Wat Mongkhon genannt – reges Treiben. Der schwere Weihrauchduft weckt Erinnerungen an das alte China.

Am interessantesten ist Issaranuphap, die südlich der Plaplachai Road verläuft. Die Straße nimmt beim buddhistischen Tempel Wat Hong Kong ihren Anfang und führt am Thai-Tempel Wat Kanikaphon vorbei, besser bekannt als Wat Mae Lao Fang - so benannt nach einer Bordellbesitzerin, die den Sakralbau errichten ließ, um ihre Sünden zu sühnen.

Um den Eingang zur Tempelanlage sind kleine Läden angesiedelt, die Miniatur-Häuser, Mercedes Benz und andere Gegenstände aus Papier verkaufen. In der „Kong-Tek"-Zeremonie werden diese dann im Tempel verbrannt und zu verstorbenen Verwandten geschickt. Andere Geschäfte bieten rot-goldene Schreine feil, welche die Thai als Hausaltäre für ihre Hausgeister aufstellen.

Am unteren Ende der Issaranuphap Road werden Kerzen, Weihrauch und andere Devotionalien verkauft. Zu beiden Seiten der Straße reiht sich Tempel an Tempel. Kleine Stände bieten chinesisches Essen. Östlich der Kreuzung zwischen Yaowaraj und Charoen Krung (nicht weit entfernt vom Hualampong

Hungrige Geister werden mit Opfergaben milde gestimmt.

Bahnhof) erstrahlt der berühmte **Goldene Buddha** im **Wat Traimitr.** Die Statue wurde durch Zufall entdeckt, als man in den fünfziger Jahren die Anlegestelle eines Tempels am Fluß erweiterte und die unter einer Stuckschicht verborgene Statue einem Kran entglitt. Der Block krachte zu Boden, eine Ecke brach ab und man sah Gold durch die Bruchstelle schimmern. Wie viele andere Statuen entstand dieses 5,5 Tonnen schwere Kunstwerk aus massivem Gold in der Ayutthaya-Periode. Die Figur wurde mit Stuck überzogen, damit sie birmanischen Eindringlingen nicht als Beute zufiel.

Die **New Road** erstreckt sich mit einer Länge von sechs Kilometern vom königlichen Palast bis zum Fluß südlich der Krung Thep-Brücke. Ab 1800 ließen sich hier Minderheiten nieder und eröffneten Geschäfte. Auf die Chinesenstadt folgte beim Krung Kasem Kanal ein moslemischer Stadtteil, der wiederum von einem *farang*-Viertel (Farang=Europäer oder Amerikaner) abgelöst wurde.

Viele alte Häuser am Flußufer erinnern an die Zeit der *farang*. Neben der portugiesischen Botschaft liegen flußabwärts das alte Zollhaus, die französische Botschaft, das Oriental Hotel und die Ostasiatische Gesellschaft. Bis in die fünfziger Jahre waren die Hotels und Geschäfte in dieser Gegend fest in ausländischer Hand. Am Ende der New Road lag Bangkolem – ein exklusives Stadtviertel, wo wohlhabende Ausländer lebten. Der Pendelverkehr mit der Trambahn, die bis 1965 von einem Ende der New Road bis zum anderen fuhr, blühte.

Zwischen Sathorn und Siphya Road gibt es noch immer Luxushotels und exklusive Geschäfte, aber der Schwerpunkt des Handels hat sich auf das Gebiet um die Rajprasong verschoben. Der Bangrak-Markt auf der New Road zwischen der Silom und Sathorn wartet mit einfachen, aber sehr guten Restaurants und einem Blumenmarkt auf, wo es herrlich nach *puang malai*-Girlanden duftet.

Zur heißen Jahreszeit gibt es hier zwei Fruchtsorten, die von den Thai besonders geschätzt werden: Mango und Durian. Die blassen Thai-Mangos haben einen viel zarteren Geschmack als die mexikanischen und karibischen Mangosorten, die in der Regel auf unseren heimischen Märkten angeboten werden. Die Thai essen die grünen Früchte als Salat oder tauchen sie in Zucker. Die reifen Mangos verwenden sie als Dessert mit Reis und Kokosnußmilch.

Durians sind stachelige, geschmacksintensive Früchte mit „prähistorischem" Aussehen. Für die einen eine wahre Gaumenfreude, müssen andere sich überwinden, um überhaupt ins Fruchtfleisch zu beißen. Durians kosten um die 50 Baht. Für ganz besondere Sorten, wie etwa *Kanyao*, muß man mehrere hundert Baht hinblättern. Falls dies Ihre erste Begegnung mit dieser exotischen Frucht sein sollte, denken Sie daran, daß eine vollreife Durian bei Raumtemperatur sehr viel intensiver schmeckt als eine noch reifende, eisgekühlte Frucht.

Ein paar Häuserblöcke südlich der Sathorn Road liegt auf der New Road der **Wat Yannawa**. Rama IV. ließ den Tempel den chinesischen Dschunken nachbauen – gleichsam als Museumsstück für die Tage, an denen es diese nützlichen Boote nicht mehr geben würde.

Typisches Schild für einen Wahrsager.

GÄRTEN UND NATIONALPARKS

Für Pflanzenliebhaber, besonders aus Ländern mit gemäßigtem Klima, kann eine Reise in tropische Länder die Erfüllung eines langgehegten Traums bedeuten. **Tropische Gärten** kennen keine Jahreszeiten, und in einem Land wie Thailand blühen sie das ganze Jahr über.

Da die meisten Privatgärten Bangkoks von hohen Steinmauern umgeben sind, lohnt sich eine Fahrt durch die Wohngegenden kaum. Aber der 1987 in der Soi 101 (eine Seitenstraße der Sukhumvit Road) eröffnete botanische Garten wird die Herzen aller Blumenfreunde höher schlagen lassen. Der **Rama IX. Park** war ein Geschenk an König Bhumibol anläßlich seines 60. Geburtstags. Neben tropischen Pflanzen sind auch Musterexemplare zu bewundern, die vom Ausland gestiftet wurden.

Einer der schönsten der Öffentlichkeit zugänglichen Privatgärten gehört zum **Suan Pakkad-Palast** in der Sri Ayutthaya Road 352 (östlich der Kreuzung Sri Ayutthaya und Phya Thai Road). Die prächtige Residenz war im Besitz der letzten Prinzessin Chumbhot von Nagara Svarga, einer führenden Landschaftsgärtnerin und Kunstsammlerin Thailands. Im landschaftlich wundervoll angelegten Garten ließ sie Pflanzen aus dem Dschungel Thailands und aus aller Herren Länder zusammentragen.

Ein Besuch im Suan Pakkad lohnt nicht nur wegen der Gärten, sondern auch wegen der herrlichen Kunstsammlung, die in fünf alten, im traditionellen Thai-Stil gehaltenen Gebäuden untergebracht ist. Zwischen gepflegten Rasenflächen und kleinen Teichen, in denen Pelikane waten, kann man die Juwelen der Prinzessin, Musikinstrumente, antike Vitrinen, Khmer-Standbilder, alte Gemälde, Porzellan, Buddha-Statuen und andere Kunstgegenstände besichtigen.

Hinten im Park steht ein lackierter Pavillon, den Prinz Chumbhot in einem Tempel in der Nähe von Ayutthaya entdeckte. Er ließ ihn zerlegen, nach Bangkok transportieren und dort originalgetreu wiederaufbauen. Der in Schwarzgold getäfelte Pavillon ist ein Meisterwerk thailändischer Kunst.

In Nebengebäuden sind Sammlungen von Muscheln, Kristallen und Töpferwaren sowie Bronzegegenstände der prähistorischen Beerdigungsstätte Ban Chiang im Nordosten Thailands ausgestellt. Der Palast ist täglich von 9 bis 16 Uhr geöffnet, der Eintritt beträgt 50 Baht.

Eine ausgezeichnete Gelegenheit, tropische Pflanzen zu sehen, bietet auch der **Blumenmarkt in Thevet** (Sagen Sie dem Taxifahrer, daß Sie zum *talat dokmai Taywait* wollen). In der hübschen Straße, die parallel zum Klong Krung Kasem von der Samsen Road zum Fluß verläuft, verkaufen etwa 50 Händler unter schattigen Flamboyants exotische Zierpflanzen. Auf der anderen Seite des Klong Krung Kasem liegt Bangkoks größter Kokosnußmarkt. Die Kokosnüsse werden auf Booten von den Plantagen in der Provinz hierher gebracht. Achten Sie auf die hübschen, kegelförmigen Körbe – sie werden zum Ausladen und Messen der Früchte benutzt.

In der Nähe der Memorial Bridge liegt der Blumenmarkt **Phak Klong Talat**. Er ist übrigens der größte Markt am Fluß. Von den frühen Morgenstunden an werden Gemüse und Blumen aus den Gärtnereien entlang der Kanäle an den Docks gelöscht. Auf der Chakraphet Road im Norden des Markts verkaufen Händler frischgeschnittene Blumen.

Der **Chatuchak-Blumenmarkt** südlich der Yan Paholyothin Road bietet eine ähnlich reichhaltige Auswahl an Pflanzen. Es lohnt sich, ein oder zwei Stunden herumzuwandern und die Hobbygärtner beim Kauf von Topfpflanzen oder drei Meter hohen Palmen zu beobachten.

Die **Orchidee** ist fast schon so etwas wie ein Nationalsymbol Thailands geworden. Gut tausend verschiedene Arten wachsen wild in diesem Land, und die Orchideenzucht ist seit langem ein beliebtes Hobby der Thai. Praktisch jedes Haus – sogar in den Slumvierteln – hat zumindest einen Topf mit Orchideen.

Farbenprächtige Orchideen sind um Bäume in Parks und auf den Straßen gepflanzt. Während der letzten 20 Jahre hat sich die Orchideenzucht zu einem lukrativen Geschäft entwickelt.

Links: Bangkoks üppige Gärten sind voller exotischer Pflanzen.

Orchideenliebhaber sollten eine der vielen Farmen besuchen, auf denen diese exotischen Blumen für den Export gezüchtet werden. Die meisten Farmen liegen in Thonburi oder an der supermodernen Autobahn zum Flughafen, wo Luft und Wasser sauberer sind.

Die **Siam-Gesellschaft** in der Soi Asoke 21 (eine Querstraße der Sukhumvit Road) ist eine vom König geförderte Stiftung, die seit ihrer Gründung 1904 mit dem Studium der Geschichte, Botanik, Zoologie, Anthropologie und der Sprache der Thai betraut ist. Die Gesellschaft gibt von Experten verfaßte Fachbeiträge und Fachbücher über Themenkreise wie etwa Orchideen oder Sitten und Gebräuche in Thailand heraus. Die Zeitschriften und Bücher sind direkt in der Siam Society erhältlich. Es gibt auch eine hervorragende Bibliothek für all jene, die sich etwas mehr über Thailand kundig machen wollen.

Jeder Besucher, der sich für die Kultur Nordthailands interessiert, sollte das **Kamthieng-Haus** auf dem Gelände der Siam-Gesellschaft besuchen. Dieses reizende, ungefähr 130 Jahre alte Haus war das Heim der Vorfahren einer prominenten Familie in Chiang Mai, die es der Gesellschaft stiftete. Mit finanzieller Unterstützung durch die Asia Foundation wurde das Haus sorgfältig abgetragen, nach Bangkok transportiert und in einem Garten mit traditionellen Thai-Pflanzen wieder aufgebaut. Die Einrichtung eines ethnologischen Museums für nordthailändische Volkskunst im Kamthieng-Haus ist eine wertvolle Bereicherung Bangkoks, da im Nationalmuseum eine solche Sammlung fehlt.

Unter den Ausstellungsstücken findet man Gebrauchsgegenstände von Bauern und Fischern, Holzschnitzereien aus Tempeln und Häusern, Lackwaren und Trachten der Gebirgsstämme Nordthailands. Achten Sie besonders auf die wundervoll geschnitzten Türstürze, die man im Norden des Königreiches inzwischen immer seltener findet. Die Türstürze waren über dem Eingang zum Wohnraum der traditionellen Häuser in Nordthailand angebracht. Im nordthailändischen Dialekt heißen sie auch *Ham Yon* –

Bonsaipflanzen und Wasserlilien zum Verkauf auf dem Chatuchak Flower Market.

„heilige Hoden“. Man glaubte, daß sich nicht nur die Geister der Vorfahren, sondern auch die Männlichkeit der jetzigen Hausbewohner im Wohnraum befinden. Wird ein altes Haus abgerissen oder neu bezogen, schlagen die Nordthailänder in einem Akt symbolischer Kastration auf die *Ham* ein, um die magischen Kräfte, die sich unter dem vorherigen Eigentümer angesammelt haben, zu zerstören. Ein Führer zum Kamthieng-Haus ist in der Bibliothek der Siam-Gesellschaft erhältlich.

Zum Gelände der Stiftung gehört auch das **Saengaroon House** – ein Musterbeispiel zentralthailändischer Architektur, der „Thai-Stil“, von dem jeder spricht, aber den nur wenige wirklich gesehen haben. Am Klong Maha Nag am Ende der Soi Kasemsan II. steht **Jim Thompson's House**, das täglich außer sonntags von 9 bis 16.30 Uhr geöffnet ist. Es handelt sich in Wirklickeit um sieben miteinander verbundene Häuser im Thai-Stil. Der Amerikaner Jim Thompson kam am Ende des Zweiten Weltkriegs nach Thailand und kurbelte die Seidenindustrie an. 1967 besuchte er die Cameron Highlands in Malaysia, wo er auf mysteriöse Art und Weise verschwand. Die großangelegte Suche nach dem Amerikaner blieb ergebnislos.

Abgesehen von seinem wertvollen Beitrag zum Aufbau der Seidenindustrie ist sein Name wegen der asiatischen Kunstsammlung und wegen des Hauses, in dem er sie untergebracht hat, ein Begriff. Nach Thompsons mysteriösem Verschwinden ließen seine Erben die Anlage unverändert. „Sie haben hier nicht nur schöne Dinge zusammengetragen“, schrieb Somerset Maugham nach einem gemeinsamen Abendessen mit Thompson, „sondern Sie haben ihnen auch – und das ist sehr selten – einen schönen Rahmen gegeben“.

Der um das Haus angelegte Garten gleicht einem kleinen tropischen Dschungel. Ehrenamtliche Führer geleiten die Besucher durch die üppige Pflanzenwelt des Parks. Das Eintrittsgeld von 80 Baht kommt der örtlichen Blindenschule zugute, die von Thompson noch zu seinen Lebzeiten unterstützt wurde.

Tropische Blüten machen den Phak Klong Talat Flower Market zu einer Augenweide.

Nationalparks: Thailand hat 42 Nationalparks, und jedes Jahr kommen neue hinzu. In den meisten gibt es natürliche Trampelpfade, Bungalows und Campingplätze. Proviant muß man in der Regel selbst mitbringen. Hier ein Überblick über die bekanntesten:

Khao Yai gehört – wohl wegen seiner Nähe zur Hauptstadt – zu den meistbesuchten Nationalparks Thailands. Mit seiner landschaftlichen Schönheit und seinem Wildreichtum lockt er viele Besucher auf der Suche nach einem Naturerlebnis an. Innerhalb der Grenzen des Parks liegen einige der üppigsten Regenwaldgebiete Asiens. Khao Yai war der erste Nationalpark Thailands, und 1971 rangierte er bei der Bewertung aller Nationalparks weltweit unter den ersten fünf. Bei den Wanderwegen mit einer Gesamtlänge von 50 Kilometern kann man zwischen leichteren und schwereren Routen wählen. Es gibt auch Bungalows und kleine Campingplätze.

Der **Erawan-Nationalpark** im Gebiet von Kanchanaburi soll den schönsten Wasserfall Thailands besitzen. Während der größte Teil des Parks mit Laubwäldern bestanden ist, sind einige Gebiete von Bambusgewächsen überzogen – eine Folge der Einfälle birmanischer Armeen, die sich durch Rodung ihren Weg ostwärts nach Ayutthaya bahnten.

Phu Kradung zählt mit einem 60 Quadratkilometer großen, von Savannen und Kiefernwäldern überzogenen Plateau zu den landschaftlich schönsten Nationalparks. Der Legende nach soll an jedem buddhistischen Feiertag Glockengeläute über den Hügelketten zu hören sein – daher auch der Name Phu Kradung, Glockenberg.

Der **Khao Chamao-Khao Wong-Nationalpark** in der Provinz Rayong ist für seinen Wildreichtum bekannt. Im Park leben Gibbons, Antilopen, Sambare, Muntjaks, Tiger, Elefanten, Schwarzbären, Gaurs und Affen. Chamao heißt „sich betrinken“. Die Bewohner in der Provinz sagen, daß die Karpfen im Fluß die Früchte eines seltsamen Baumes essen. Während die Früchte keine Auswirkungen auf die Fische haben, sollen sie bei den Menschen, die diese Karpfen essen, einen Rauschzustand hervorrufen.

Thailands größter Nationalpark, **Kang Krachan,** liegt südwestlich von Petchburi. Man findet Tiere in freier Wildbahn und Trekking-Routen. Man kann Boote und Bungalows mieten.

Der **Khao Sam Roi Yot-Nationalpark** liegt südlich von Prachuap Khiri Khan. Trekking-Pfade führen durch den zerklüfteten, waldbestandenen Küstenstreifen. Mit etwas Glück bekommt man seltene Antilopenarten zu Gesicht. Zahlreiche Vogelarten brüten an der Küste des Golfs von Thailand, in dem Irrawaddy-Delphine ihre Bahnen ziehen. In der Phraya Nakhon-Höhle, 500 Meter vom Strand entfernt, liegt ein Pavillon, der für den Besuch König Ramas V. 1896 gebaut wurde.

Der 28 Quadratkilometer große See **Thale Noi** in der Nähe des riesigen Songkhla-Sees (Thale Sap) ist ein Paradies für Vogelbeobachter. Mehr als 200 Wasservogelarten haben ihre Nester hier.

Die Inselgruppe **Tarutao** im Andamanischen Meer bei Satun ist die nördliche Verlängerung der malaiischen Langkawi-Inseln.

Links: Eingang zum Jim Thompson House. **Rechts:** Das Haus des „Seidenkönigs“ nennt gediegene asiatische Kunstwerke sein eigen.

TOYOTA

GRILL
Heineken
fair

Das moderne Bangkok

Der alte Stadtkern mit seinen vielen Tempeln und traditionellen Sehenswürdigkeiten wird wohl die größte Anziehungskraft auf Touristen ausüben. Aber auch die neueren Stadtviertel sollte man sich bei einem Besuch in Bangkok nicht entgehen lassen. Das Gebiet entlang der Rama I. Road von der Phya Thai bis zur Rajprasong lädt zu Erkundungsgängen und Einkaufsbummeln ein.

Die Schnittstelle zwischen der Rama I. und Phya Thai zählt zu den belebtesten Einkaufsvierteln Bangkoks. An der Südwestecke neben dem Nationalstadion macht sich eines der größten Einkaufszentren Bangkoks, das **Mahboonkrong Shopping Center**, breit. Auf vier Stockwerken wird von Computern bis Porzellanwaren alles nur erdenkliche verkauft. In Terrassenrestaurants kann man bei einer Tasse Kaffee neue Kräfte sammeln.

Überquert man die Phya Thai diagonal, so liegt an der Ostecke eine der ältesten Einkaufspassagen Bangkoks. Am **Siam Square** findet man nicht nur das British Council mit seiner ausgezeichneten Bibliothek, sondern auch drei Kinos, Buchläden, China- und Thai-Restaurants sowie die direkt aus den Vereinigten Staaten importierten Fast-Food-Restaurants. Gegenüber des Siam Square liegt auf der Rama I. Road das exklusive **Siam Center**. Hier kauft Bangkoks Jugend die letzten Modehits. Architektonisch interessanter als das Einkaufszentrum ist das Siam Intercontinental. In unmittelbarer Nachbarschaft liegt der **Wat Pathumawanaram**, der „Lotos-Tempel", so benannt nach den unzähligen Lotosblumen und Wasserlilien, die in einem Teich in der Tempelanlage blühen.

Zu der von Rama IV. gebauten Tempelanlage gehörte auch ein riesiger Park mit einem Palast, in den der König vor der Sommerhitze flüchtete. Noch vor einigen Jahren war der Park so groß, daß man das hektische Treiben rundherum völlig vergessen konnte. Heute gibt es keinen Palast mehr, die Bäume wurden gefällt, die Teiche zugeschüttet – man braucht Platz für ein neues Einkaufszentrum.

Vorherige Seiten: Eingang zum Lumpini-Park. Links: Vollklimatisiertes Kaufhaus.

Die Haupthalle des Tempels enthält interessante Wandmalereien, die unter Rama V. (1868-1910) entstanden. Eine hübsche Stein-Stele zeigt ein Flachrelief mit dem Gesicht Buddhas. Wenn Sie bei der Stele den typischen Thai-Stil vermissen, so mag das daran liegen, daß sie von einem italienischen Bildhauer geschaffen wurde, der vor einigen Jahren im Tempel lebte. Im Wat Pathumawanaram lassen Taxifahrer ihre Fahrzeuge segnen, um sie vor Unfällen zu schützen.

Wenn man vom Siam Square aus südlicher Richtung kommt, liegt in der Henri Dunant Road der **Royal Bangkok Sports Club**. In diesem privaten Sportzentrum kann man schwimmen, Golf und Tennis spielen. An jedem zweiten Sonntag (außer während der Regenzeit) finden Pferderennen statt. Die Sporteinrichtungen des Clubs stehen nur Mitgliedern zur Verfügung, aber die Pferderennen können von der Öffentlichkeit besucht werden. Die Veranstaltungen beginnen um 12.15 Uhr, und es werden jeweils zehn Rennen gelaufen. Pferdeliebhaber kommen auch bei den sonntäglichen Rennen im Royal Turf Club gegenüber vom Chitralada-Palast in der Sukhothai Road auf ihre Kosten.

Das tempelähnliche Gebäude gegenüber vom Royal Bangkok Sports Club ist die **Chulalongkorn-Universität** – die älteste und angesehenste Hochschule des Landes. Das Universitätsgelände erstreckt sich von der Henri Dunant Road bis zur Phya Thai und umfaßt 14 Fakultäten. Die Pavillons mit ihren gelben Dächern, die offene Galerie und die Aula zeugen von der Verschmelzung thailändischen und europäischen Baustils. Die Universität wurde von König Rama VI. (1911-1925) errichtet und nach seinem Vater, König Chulalongkorn, benannt.

Südlich der Chulalongkorn-Universität liegt das Pasteur-Institut, auch **Schlangenfarm** genannt. Der Eingang liegt auf der Rama IV. Road direkt gegenüber vom Hotel Montien. Die Hauptaufgabe des vom thailändischen Roten Kreuz geleiteten Instituts besteht in der Produktion von Seren gegen Schlangengift. Man kann sich dort auch gegen Cholera, Pocken, Tollwut und Typhus impfen lassen. Die Schlangenfarm stellt Seren von sechs verschiedenen Schlangenarten her. Die Farm ist täglich von 11 bis 14 Uhr für die Öffentlichkeit zugänglich, der Eintritt ist frei. Nach einem Dia-Vortrag im Rückgebäude kann man die Schlangenterrarien besichtigen. Fachmännisch werden die Charakteristika der einzelnen Schlangen erläutert, und man kann zusehen, wie etwa einer Siamesischen Viper das Gift „abgemolken" wird. In kleinen Dosen wird das Gift beispielsweise einem Pferd gespritzt. Nach einiger Zeit wird dem Pferd in kleinen Mengen Blut abgenommen. Die vom Tier entwickelten Antigene werden vom Blut getrennt und als Serum an die Krankenhäuser des Landes verteilt.

Auf der Schlangenfarm werden auch ungiftige Schlangen wie etwa Pythons gezeigt. Das Hauptinteresse der Besucher gilt jedoch der Königskobra, die bis zu fünf Meter lang werden kann und deren Gift tödlich wirkt. Während die Arbeiter ganz locker und ungezwungen mit den Siamesischen Kobras und den Kraits umgehen, steht ihnen beim „Melken" der Königskobra höchste Konzentration ins Gesicht geschrieben. Vor einigen Jahren wurde ein Betreuer von einer Königskobra gebissen, und obwohl ihm sofort das entsprechende Serum verabreicht wurde, lag er drei Tage lang im Koma. Vom Schlangenbiß behielt er eine große Narbe an der Hand zurück.

An der Kreuzung zwischen Rajprasong und Rama I. Road (die danach als Ploenchit Road weiterläuft) liegt der **Erawan-Schrein** mit der Statue des Hindu-Gottes Brahma, vor der gläubige Thai mit der Bitte um Wohlstand Opfergaben darbringen. Ihren Dank für erhörte Gebete bringen die Bittsteller mit kleinen Elefantenfiguren aus Holz oder mit Blumengirlanden, die sie vor die Statue legen, zum Ausdruck. Manchmal engagieren sie auch eine Tanzgruppe. Der von Jasmin- und Weihrauchduft umgebene Schrein wurde ursprünglich vom Hotel Erawan errichtet, um Unglück abzuwenden. In dieser Enklave des Friedens inmitten einer der hektischsten Straßen Bangkoks bietet sich dem staunenden Besucher Tag und Nacht ein faszinierendes Schauspiel.

Der Lumpini-Park sorgt als einzige Parkanlage für erholsame Abwechslung.

Unweit des Erawan-Schreins liegt die **Peninsula Plaza**. Im Shopping Center in der Rajdamri Road in der Nähe des Regent Hotels verkaufen exklusive Geschäfte wie **Galeries Lafayette** Luxusartikel aus aller Welt. Wen es nach amerikanischer Küche und McDonalds gelüstet, findet seine Wünsche an der Amarin Plaza in der Ploenchit Road östlich des Erawan-Schreins erfüllt. Ecke Ploenchit/Chidlom Road steht das größte Kaufhaus Bangkoks. Der vierte Stock des **Central** mit seiner großen Auswahl an Thai-Waren bietet eine günstige Gelegenheit, noch ein paar Souvenirs zu kaufen. Einen Block weiter östlich kann man in einem Duty Free Shop neben Alkohol, Zigaretten und Parfüm auch thailändische Handwerkswaren günstig erstehen.

Nördlich des Schreins kommt man auf der Gaysorn Street – einer Seitenstraße zur Rajdamri Road – zum Hotel Le Meridien President. Kleine Stände, an denen man modische Kleidung preisgünstig kaufen kann, säumen diese Querstraße.

Nach der Gaysorn Street stößt man in der Rajdamri Road auf den **Narayana Phand**, der eine exzellente Auswahl an thailändischen Handwerkswaren hat. Ein Besuch lohnt, um sich einen Überblick über die verschiedenen Thai-Waren und deren Preise zu verschaffen.

Friedliche Abendstimmung.

Ein günstiges Schnäppchen kann in der **Rajdamri Arcade** und auf dem **Bangkok Bazar** weiter nördlich auf der Rajdamri Road gelingen.

Die Rajdamri Arcade und der Bangkok Bazar stellen eine Art Bindeglied dar zwischen den Luxusgeschäften der **Rajprasong** und der Bazar-Atmosphäre des **Pratunam** – ein beliebtes Einkaufszentrum der Thai einen Block weiter nördlich. *Pratunam* heißt „Wasser-Tor“, abgeleitet von der Schleuse an der Brükke, die verhindern soll, daß der **Klong Saen Sap** vom Kanal, der zum Chao Phraya führt, überflutet wird. Unter der Brücke werden hübsche Korbwaren verkauft. Wenn Bars und Kinos schon geschlossen haben, kommen die Thai gerne hierher zum Nudelessen.

An der Schnittstelle zwischen Rajdamri und Rama IV. liegt der **Lumpini-Park**. Schon in den frühen Morgenstunden sieht man hier Thai beim Joggen, Gewichtheben oder bei *Tai Chi Chuan*-Übungen. Mieten Sie sich an einem der vielen Kioske an den beiden Seen ein Ruder- oder Paddelboot. Damit tun Sie nicht nur etwas für Ihre Gesundheit, sondern Sie können von Ihrem „Logenplatz“ aus auch das Schauspiel, das Ihnen ringsherum geboten wird, verfolgen. An Sonntagen treffen sich hier Chinesen und singen alte Lieder. Am Nachmittag wird *takraw* oder Fußball gespielt. Während der Sommermonate sieht man bunte Drachen am Himmel fliegen. Der Park ist die einzige Oase, in die man für ein paar Stunden vor der Hitze fliehen kann.

Weniger friedlich geht es bei einem typischen Sportereignis zu: Thaiboxen (*Muay Thai*). Im Lumpini-Stadion werden Boxkämpfe dienstags und freitags um 18.30 Uhr sowie samstags um 13 und 18.30 Uhr veranstaltet. Auch im Rajdamnern-Stadion bekommt man *Muay Thai* montags, mittwochs und donnerstags um 18 Uhr sowie sonntags um 16.30 und 20.30 Uhr geboten. Am Wochenende werden einige Boxkämpfe auch im Fernsehen übertragen.

Das Nachtleben

Bangkok bei Nacht hat viele Gesichter – welches Sie sich aussuchen, hängt von Ihrem Geschmack ab. Einige Straßenzüge verwandeln sich in Neonlandschaften mit Bars und Nachtclubs, vor denen Schlepper die Attraktionen ausrufen. Restaurants, Kinos und Massagesalons sind voll, besonders am Wochenende. Die Taxifahrer vor den großen Hotels sind nur allzu gerne bereit, Attraktionen aller Art vorzuschlagen. Auf einer (mehrsprachigen) „Menükarte", deren Unverblümtheit uns prüden Europäern erst einmal die Schamröte ins Gesicht treibt, können Sie sich für dieses oder jenes Vergnügen entscheiden.

Obwohl es kein ausgesprochenes *farang*-Stadtviertel gibt, was bedeuten würde, daß man dort kaum auf Thai träfe, werden dennoch einige Gebiete vorwiegend von Europäern besucht. An erster Stelle steht hier die **Patpong**, eine kleine Privatstraße, die zwischen der Silom und Suriwong Road in der Nähe des Dusit Thani Hotels verläuft. Vor 25 Jahren gab es in der Patpong nur ein oder zwei seriöse Nightclubs und ein paar gute Restaurants. Inzwischen reiht sich dort ein Abendtreff an den anderen. Das gleiche gilt für die Patpong 2 und Patpong 3, wo sich vor allem Homosexuelle ein Stelldichein geben. Auch wenn die Namen, Besitzer und Interieurs der Nightclubs derartig schnell wechseln, daß die Reiseführer schon wieder überholt sind, bevor die Druckerschwärze trocken ist, wird das Spektrum immer von anrüchig-verkommen bis kultiviert-exklusiv reichen. Die meisten Bars versuchen, mit besonderen Attraktionen Kunden zu werben: Seien es barbusige Tänzerinnen, alte Filme, Wettbewerbe im Pfeilwerfen oder „Special Shows", bei denen die Polizei gelegentlich eine Razzia durchführt – aber keine Angst, verhaftet wird dabei niemand.

In der Patpong 2 gibt es einige der besten Massagesalons Bangkoks. Bei den besonders „appetitlich aussehenden" jungen Damen, die man ab und zu die Seitenstraßen zwischen Patpong und Hotel Dusit Thani in der Silom Road entlangschlendern sieht, wird man es selbst im nüchternen Zustand kaum für möglich halten, daß es sich keineswegs um Damen, sondern um Transvestiten, die bei den Thai *kratoeys* heißen, handelt. Die Bars in der Thaniya Road sind fest in den Händen japanischer Pächter, die *farangs* nur ungern als Kunden sehen.

Zu der Zeit, als sich noch amerikanische Vietnamsoldaten in Bangkok die Nächte um die Ohren schlugen, entstand entlang der New Petchburi Road ein ähnliches Vergnügungsviertel. Das Gebiet beginnt nach der Soi Asoke (Soi 21) und wird **The Strip** genannt.

Damals gab es Clubs mit Namen wie San Francisco oder Jack's American Star Bar, in denen Soul- und Countrymusic gespielt wurde. Die Massagesalons waren eine Mischung aus Bowlingbahn und Herrenhaus. Die Bars aus den sechziger und siebziger Jahren sind inzwischen verschwunden, aber die Stundenhotels, bei denen man mit dem Auto direkt vor das gemietete Apartment fahren kann, haben überlebt. Solche Motels gibt es zu Tausenden in Bangkok, und es ist für jeden Geldbeutel etwas dabei. In vielen Etablissements herrscht von Mittag bis spät in die Nacht Hochbetrieb. Es handelt sich allerdings nicht um Bordelle, man muß sich also seine Dame oder seinen Herrn schon selbst mitbringen.

Die Stundenhotels in der Sukhumvit und New Petchburi Road gehören zur Luxusklasse: Spiegel an der Decke und an den Wänden, gleich neben dem Bett Schalter für die richtige Beleuchtung, Musik und Klimaanlage. Drückt man den Knopf mit der Aufschrift *sanuk*, beginnt das Bett sanft zu wogen. Auf Videokassetten kann man Pornofilme ansehen.

Um herauszufinden, wie es in der Patpong oder New Petchburi Road früher ausgesehen hat, muß man in die Soi Cowboy gehen. Hier geht es nicht ganz so anrüchig zu wie in der Patpong, und die Atmosphäre ist lockerer. In dem Gebiet um das Washington Theater in der Nähe der Soi 22 schießen die Bars inzwischen wie Pilze aus dem Boden.

Die Ansammlung von Bars und Diskotheken in der Soi 4 (einer Querstraße der Sukhumvit Road) heißt Nana. Großer

Links: Nachtschwärmer machen die Diskos unsicher.

Beliebtheit erfreuen sich hier die „Barbeers“, wo man sich unter freiem Himmel unterhalten oder Videofilme ansehen kann. Die Soi 3 wird ganz vom Grace Hotel beherrscht, in dessen Coffee-Shop man auf der Suche nach einem kleinen Abenteuer bei den Bargirls sicherlich fündig wird. Dieses Vergnügungsviertel, in dem es hervorragende Restaurants aus dem Nahen Osten gibt, wird hauptsächlich von Arabern besucht.

Massagesalons gibt es seit 25 Jahren. Inzwischen geht ihre Zahl in die Hunderte. Ob sie ihren Ursprung in der thailändischen Hauptstadt haben, wie einige Einheimische behaupten, oder ob sie hier nur ihre Vervollkommnung fanden, ist eine müßige Frage. Das Angebot reicht von eher anrüchig wirkenden Etablissements in dunklen Seitenstraßen bis hin zu Glas- und Marmor-Palästen, um die uns römische Hedonisten beneidet hätten.

Sie haben die Wahl zwischen einer einfachen Massage und dem *B-Course*, bei der die Masseuse mit ihren Händen und ihrem (nackten) Körper für Ihre Entspannung sorgt. In größeren Massagesalons sitzen die Mädchen hinter einer Glasscheibe und jede hat eine Nummer. Wenn Sie sich für eine Nummer, das heißt für eine Masseuse, entschieden haben, werden Sie in einen Raum mit einem Massagetisch und einer Badewanne mit heißem Wasser geführt. Für Ihren Durst können Sie Bier oder Säfte bestellen.

Eine Massage dauert im Durchschnitt eine Stunde und kostet ab 300 Baht, je nach Etablissement. Die Masseuse ist am Preis anteilmäßig beteiligt, aber ein Trinkgeld wird erwartet. Bei einer einfachen Massage genügt ein kleinerer Betrag, bei „special services“ sollte man ruhig etwas tiefer in die Tasche greifen.

Um einem weitverbreiteten Mißverständnis vorzubeugen: Massagesalons sind (offiziell) keine Bordelle. Der Preis, den Sie zahlen, berechtigt Sie nur zu einer Massage und zu sonst nichts. Irgendwelche Arrangements, die Sie mit der Masseuse treffen, bestehen nur zwischen Ihnen und ihr. Allerdings läßt sich die Beliebtheit, der sich die Massagesalons bei den Thai und den *farangs* erfreuen, wohl kaum ausschließlich mit dem Streben

Nach Sonnenuntergang zeigt Bangkok eine andere Seite.

nach Gesundheit erklären. Einige Häuser wie das Cleopatra haben aus Angst vor Aids ihre Tore für *farangs* geschlossen. Sie wollen damit Masseusen und thailändische Kunden schützen. Aids breitet sich auch in Thailand aus. Wenn Sie mehr als eine Massage wollen, sollten Sie entsprechende Vorkehrungen treffen.

Wenn Ihnen Etablissements wie das Cleopatra nicht liegen, sind **Traditional** oder **Ancient Massages** genau das richtige für Sie. Nach allen Regeln einer jahrhundertealten Kunst sorgen diese Einrichtungen für körperliches Wohlbefinden und Entspannung.

In den achtziger Jahren entstanden entlang der Sarasin Road und im Silom Plaza-Komplex Musik-Bars, wo man sich bei angenehmer Musik (manchmal treten auch Live-Bands auf) unterhalten und etwas trinken kann. Diese Bars werden vor allem von jungen Thailändern besucht, aber auch *farangs* sind willkommen. Die bekannteste Musik-Bar ist das Brown Sugar in der Soi Sarasin.

Von den zahlreichen **Diskotheken** Bangkoks seien das **Diana's** im Oriental Plaza, das **Freak In and Freak Out** im Silom Plaza, der **Rome Club** (in dem sich bis 23 Uhr vor allem Homosexuelle treffen) in der Patpong 3, die **Peppermint Lounge** in der Patpong, **Bubbles** im Dusit Thani und das riesige **NASA Spacedome** am Ende der Pechtburi Road erwähnt. Zu heißen Rhythmen werden Video-Clips gezeigt.

Wer etwas gedämpftere Musik mag, sollte in die berühmte **Bamboo Bar** im Oriental Hotel gehen. In den meisten Hotels treten abends Musikgruppen auf, die gepflegte Abendunterhaltung bieten.

Bühnenshows werden in der **Tiara Lounge** im Thani Hotel und im **Galaxy** in der Rama IV. Road zwischen der Suriwong und der Sipha gezeigt. Neben dem Galaxy liegt das **No-hands**, ein Restaurant, in dem Sie nicht selbst zum Besteck greifen müssen, sondern von einer entzückenden Bedienung mit kulinarischen Köstlichkeiten gefüttert werden. Sonntag abends kann man sich im **Bobby's Arms** im zweiten Stock des Patpong Parkhauses in der Patpong 2 von einer Dixieland-Jazzband mitreißen lassen.

Auf der Patpong wird nicht lang gefackelt.

THAIBOXEN

Der Marquis of Queensbury würde sich im Grab umdrehen, wüßte er, wie in Thailand geboxt wird. Aber darum kümmert sich hier niemand, denn *Muay Thai* ist um vieles spannender als alles, was der adlige Begründer des modernen Boxsports je ersann. Das Thaiboxen nahm als tödliche Kriegskunst auf den Schlachtfeldern Ayutthayas seinen Anfang. Mit Ausnahme einiger extrem gefährlicher Techniken, die inzwischen verboten wurden, hat sich an diesem Kampfsport nicht viel geändert. Die kuriose Mischung aus Anmut und Härte, begleitet und verstärkt durch Musik, läßt diesen Sport zu einem atemraubenden Spektakel für die Zuschauer werden.

Ein Thaiboxer darf fast jeden Teil seines Körpers – Füße, Beine, Knie, Ellbogen und Schultern – einsetzen, um den Gegner zu besiegen. Zu den beliebtesten Angriffsmitteln zählen dabei die bloßen Füße. Geht ein Boxer zu Boden, sind Ringer- und Judotechniken sowie Stoßen, Beißen und Spucken nach den offiziellen Boxkampfregeln verboten. Lassen Sie sich von der Größe eines Thaiboxers nicht täuschen, denn auch ein kleinerer Kämpfer kann seinen Gegner mit einem gezielten Schlag (meist in die Seite) in die Knie zwingen.

Noch vor etwa 40 Jahren trugen Thaiboxer keine Handschuhe, sondern umwickelten ihre Fäuste mit Hanfstricken, in die sie manchmal sogar gemahlenes Glas hineinrieben. Der Zweikampf dauerte so lange, bis ein Boxer zu Boden ging. Heute werden fünf Runden von je drei Minuten geboxt, gemahlenes Glas ist verboten und wenn einer der Kontrahenten offensichtlich schwer angeschlagen ist, bricht der Ringrichter den Kampf ab.

Boxhandschuhe und Boxershorts stellen eine weitere Annäherung an den westlichen Kampfstil dar. Erhalten geblieben aus der alten Zeit sind farbige Bänder (meist mit einem Glücksbringer), die die Boxer um ihren Bizeps tragen. Frauen haben zwar traditionell keinen Zutritt zum Ring, aber Kämpfe zwischen

Thaiboxen ist eine alte Kampfsportart aus Ayutthaya.

Frauen werden oft in anderen Arenen ausgetragen.

Dem eigentlichen Boxkampf geht ein stilisierter Tanz voraus, mit dem der Boxer seinen Trainer ehrt und die Geister des Rings beschwört, um seinen Gegner einzuschüchtern. Für einen Outsider sehen die Tänze gleich aus, sie unterscheiden sich aber so klar, daß ein Kenner sagen kann, aus welchem Lager ein Boxer kommt.

Mit einer düster wirkenden Musik begleitet ein Vier-Mann-Orchester, bestehend aus der Java-Flöte, Zimbeln und Trommeln, den Tanz und auch den eigentlichen Kampf. Die Musik soll nicht nur die Boxer, sondern auch das Publikum stimulieren. Während des Kampfes werden hohe Wetten auf den Favoriten abgeschlossen. Das Geschehen außerhalb des Rings kann manchmal genauso interessant sein wie das im Ring.

Wer's in den Füßen hat, kann den Gegner auf die Matte zwingen.

Muay Thai ist inzwischen so populär geworden, daß sogar in Frankreich regelmäßige Kämpfe veranstaltet werden. Auch ausländische Boxer kommen nach Bangkok, um es mit Thaiboxern aufzunehmen. In der Regel machen sie dabei keine allzu gute Figur, aber es gibt ein paar hoffnungsvolle Nachwuchstalente. Boxkämpfe werden samstags und sonntags und manchmal auch abends an Wochentagen vom Fernsehen übertragen. Um aber von der Atmosphäre mitgerissen zu werden, muß man das Spektakel aus nächster Nähe miterleben.

Die Kämpfe werden im Rajadamnern-Stadion in der Rajadamnern Avenue und im Lumpini-Stadion in der Rama IV. Road veranstaltet. Nachdem zwei thailändische Boxer vor einigen Jahren Weltmeister im Fliegengewicht wurden, steht das alte Thaiboxen im Konkurrenzkampf zu seinem westlichen Pendant. In Bangkoks Boxstadien werden in der Regel beide Stile gezeigt.

Thaiboxkämpfe stehen ab 17 Uhr auf dem Programm, der Hauptkampf beginnt nicht vor 19 Uhr. Ein Maschendrahtzaun trennt die billigeren Sitzplätze von denen in der Nähe des Rings, um die besser zahlenden (und wahrscheinlich auch gemäßigteren) Zuschauer vor den häufig disziplinlosen Massen zu schützen.

JENSEITS DES FLUSSES

Der sich majestätisch am Westufer des Chao Phraya in Thonburi erhebende **Wat Arun**, der **Tempel der Abenddämmerung**, gilt als Wahrzeichen Bangkoks. Von der Anlegestelle Tha Tien gleich hinter dem Großen Palast kann man den Tempel mit der Fähre erreichen.

Bevor die Tempelanlage Wat Arun zu Beginn des 19. Jahrhunderts vergrößert wurde, stand sie mit ihrem kleinen *prang* stets im Schatten des danebenliegenden Wat Cheng. Zur Zeit der großen Invasionen benachbarter Völker im Osten, Norden und Westen baute König Taksin hier seine Hauptstadt auf. Er errichtete einen Palast und benutzte den Wat Cheng als Gebetsstätte. Sein Nachfolger König Rama I. verlegte 1782 die Hauptstadt ans östliche Ufer des Chao Phraya.

Um aus Wat Arun einen der höchsten Sakralbauten des Landes zu machen, ließ Rama II. den damals 15 Meter hohen Bau auf seine heutigen 104 Meter vergrößern (der Sockel ist 37 Meter und der Turm selbst 67 Meter hoch). Doch der weiche Boden schlug den Baumeistern ein Schnippchen, und so wurde erst unter Rama III. eine Lösung für das Problem gefunden. Hunderte von Kanalbooten wurden umgestürzt und in das Erdreich eingearbeitet. Seitdem steht der Wat sicher und fest auf seinem schwimmenden Fundament. 1971 wurden kleinere Reparaturarbeiten vorgenommen und das Gewicht des oberen Turms reduziert.

Der große *prang* stellt den Berg Meru mit seinen 33 Himmeln dar. Ihn ziert ein Mosaik aus bunten Porzellanstücken. Als den Bauleuten das Porzellan ausging, forderte Rama III. seine Untertanen auf, alles zerbrochene Porzellan abzuliefern. Auf diese Weise konnten die Künstler an ihren Blütenblättern, kleinen Gottheiten und Fabelwesen, die den Wat vor dem Bösen schützen sollen, weiterarbeiten und die Tempeldekoration vollenden.

Man kann auf vier steilen Treppen bis zur Hälfte des Mittelturms hinaufsteigen. Obwohl man hier einen herrlichen Ausblick über die Tempelanlage und den Fluß hat, sollte man sich die kleine Kletterpartie – vor allem, wenn man nicht ganz schwindelfrei ist – genau überlegen. Die Nischen an den Treppenabsätzen zeigen Buddha in vier wichtigen Lebenssituationen: Geburt, Meditation – dabei wird er von einer *naga* (Schlange) beschützt –, Verkündung seiner Lehren an seine ersten fünf Anhänger und Tod. Die vier äußeren *prangs* zieren Statuen des Windgottes Phra Phai.

Ähnlich wie Wat Phra Keo wird der Tempel der Abenddämmerung von mythischen Riesen, den *yaksas*, bewacht. Die Steinfiguren aus China sind auch über den ganzen Innenhof verstreut. Im Inneren des *bot* kann man ein paar schöne Wandmalereien besichtigen.

Ein kleines Stück flußaufwärts liegt direkt gegenüber vom Großen Palast der **Wat Rakang** (Glockentempel). Jeden Morgen zieht das Glockengeläut des Wat Rakang über den Fluß. Direkt hinter dem *bot* liegt der Schatz des Tempels – die Bibliothek. Wundervolle Wandmalereien (1788) zeigen Szenen aus dem *Ramakien* und *Traiphum* (Drei Welten), der buddhistischen Kosmologie.

Einen Besuch des Wat Arun kann man gut mit einer Besichtigung der **Königlichen Barken** verbinden, die am Nordufer des Klong Bangkok Noi beim Noi Bahnhof liegen. Die Boote mit ihren prächtigen Schnitzereien werden am Ende der Regenzeit für das königliche *kathin* verwendet, bei dem der Monarch Kleider und andere Geschenke zu den Mönchen des Wat Arun bringt.

Bei dieser Zeremonie thront der König in der größten der 51 Barken, in der prächtigen *Sri Supannahong*. Er sitzt in einem goldenen Pavillon, vor und hinter ihm steht ein siebenstufiger Schirm. Das Schiff ist 44 Meter lang, und der vergoldete Vogelkopf, der den Bug bildet, stellt einen *hong*, einen heiligen Schwan, dar. Die Schiffsbesatzung besteht aus 54 prächtig gekleideten Ruderern, zwei Steuermännern, drei Offizieren, einem Mann, der den Rudertakt angibt, und einem Sänger.

Der Kostenaufwand für das Spektakel ist so enorm, daß es bisher erst zweimal stattfand: bei der Zweihundertjahrfeier der Chakri-Dynastie 1982 und 1987 zum 60. Geburtstag des Königs.

Links: Die Makellosigkeit Wat Rakangs, im Bibliotheksfenster eingefangen.

SPS

VENEDIG DES OSTENS

Jahrhundertelang dienten Flüsse und Klongs in Thailand als Hauptverkehrswege. Im Mündungsgebiet des Chao Phraya, der nach den Monsunregen regelmäßig über die Ufer tritt und weite Landflächen unter Wasser setzt, erschien es wenig sinnvoll, Straßen zu bauen. Außerdem bildeten Flüsse natürliche Verteidigungslinien gegen Invasoren.

Ein wahres Meisterwerk vollbrachten die Ingenieure des im Zentralgebiet des Chao Phraya-Beckens gelegenen Ayutthaya. Um die Stadt vor Feinden zu schützen, leiteten sie den Fluß um und verwandelten Ayutthaya in eine Insel. Lange Reisezeiten wurden durch einen Kanal zwischen den beiden Flußarmen verkürzt. Durch Erosion vergrößerte sich der Kanal und wurde zum Hauptarm des Flusses, der zwischen der Thammasart-Universität und dem Wat Arun verläuft. An der Flußschlinge entstanden Bangkok Noi und Bangkok Yai, die beiden Hauptkanäle, die Thonburi durchziehen.

Als König Rama I. die Hauptstadt nach Bangkok verlegte, ahmte er das Beispiel der Kanalbauer von Ayutthaya nach. Drei konzentrische Hauptkanäle wurden durch Seitenkanäle miteinander verbunden. Häuser wurden auf Bambusrohren errichtet, so daß ihnen Hochwasser nichts anhaben konnte. Einziges Fortbewegungsmittel war das Boot. Schätzungen zufolge sollen im 19. Jahrhundert mehr als 100 000 Boote die Kanäle entlanggefahren sein. Kein Wunder, daß man Bangkok das „Venedig des Ostens“ genannt hat.

Die größte Erweiterung des ländlichen Kanalsystems erfolgte unter König Chulalongkorn. Das zentrale Kerngebiet wurde kartographiert, und die Landvergabe erfolgte an Bauern, die bereit waren, einen Kanal durch ihr Stück Land zu graben. Innerhalb weniger Jahre erstreckte sich ein mehrere tausend Kilometer langes Kanalnetz über die Zentralebene. Vom Flugzeug aus sehen die Kanäle wie Silberstreifen aus. Pfeilgerade ziehen sie sich durch grüne Felder, und an ihren Ufern stehen kleine Bauernhäuser.

Um 1950 begann man vom Boot aufs Auto umzusteigen. Kanäle wurden zugeschüttet und in Straßen verwandelt, Häuser auf festem Boden errichtet. Das Ergebnis sind Lärm, Verkehrsstaus und überflutete Straßen in der Regenzeit.

Eine Kanalfahrt (besonders im *rua hang yao* – dem Boot „mit dem langen Schwanz“) gehört zu den Höhepunkten eines Thailandbesuchs. Während der heißen Sommermonate baden Mütter ihre Babies im Kanal, Kinder planschen im Wasser. Kokosnußpalmen werfen ihre Schatten auf den Fluß, den Orchideenfarmen entströmt der Duft prächtiger Blüten. Mönche in orangen Gewändern wandeln durch einen Tempelhof. Auf Pfähle gebaute Geschäfte, Friseurläden und Tankstellen warten auf Kunden.

Das *rua hang yao* ist eine typisch thailändische Erfindung. Wie die *rot e-tan* (die kleinen, von einem Propellermotor oder „eisernen Büffel“ angetriebenen Lastwagen, die man die Landstraßen entlangtuckern sieht) sind die Boote „mit dem langen Schwanz“ aus der Notwendigkeit heraus entstanden, über ein zweckmäßiges Fortbewegungsmittel zu verfügen. Die Konstruktion ist denkbar einfach: Ein Auto- oder Lastwagenmotor wird am Heck des schmalen Bootes so aufgesetzt, daß er drehbar ist. Ein etwa zwei bis drei Meter langer Steuerarm mit Propeller führt vom Heck weg. Hektisch dreht sich der kleine Propeller, wühlt das Wasser auf und sorgt für eine beachtliche Geschwindigkeit. Auch in schmalen Kanälen ist das Boot gut lenkbar.

Diese Boote fahren im Stundentakt von der Memorial Bridge und der Anlegestelle Tha Tien. Zehn Baht kostet eine kleine Rundfahrt durch die Thonburi-Kanäle. Wer selbst eine Kanalfahrt organisieren will, kann beim Hotel Oriental, bei Tha Chang Wang Luang neben dem Großen Palast und bei Tha Maharaj flußaufwärts ein Boot mieten. Die Preise sind unterschiedlich, sollten aber 300 Baht pro Stunde nicht übersteigen.

Die 90minütige Kanalfahrt zum Klong Bangkok Noi vermittelt eindrucksvolle Landschaftserlebnisse. Kurz hinter dem Bahnhof Bangkok Noi liegt das Museum der königlichen Flotte.

Vorherige Seiten: An einem der schönen Ayutthaya-Tempel vorbei. Unten: Warten auf Ausflügler vor dem Hotel Shangri-La.

Wenn Sie den Bootsführer darum bitten, wird er gerne ein paar Minuten halten, damit Sie das Museum besichtigen und ein paar Fotos machen können. Den Kanal weiter aufwärts stößt man links auf den Klong Chak Phra, der bald darauf Bang Kounsri und schließlich Bangkok Yai heißt. Kleine, am Kanalufer gelegene Restaurants laden zu einem eisgekühlten Kaffee ein. Vom Bang Kounsri gelangen Sie in der Nähe des Wat Arun wieder zum Fluß und schließlich zur Anlegestelle.

Eine andere Route führt flußaufwärts zum Großen Palast, wo es links in den Klong Mon geht. Hält man sich links, gelangt man in den Bang Kounsri und schließlich in den Bangkok Yai. Kurz nach der Schnittstelle zwischen den beiden Kanälen mündet der Klong Ban Don von rechts her in den Kanal. Die Einfahrt können Sie gar nicht verpassen, wenn Sie sich an einem Sarggeschäft am linken Ufer und am Wat Pratunam auf der rechten Uferseite orientieren. Der Klong Ban Don wird zum Klong Wat Sai, wo der berühmte „Schwimmende Markt" liegt. Fahren Sie weiter bis zum Dao Khanong, der durch ein Gebiet namens Suan Phak (Gemüsegarten) führt. Schließlich mündet der Kanal unterhalb der Krung Thep-Brücke wieder in den Fluß, von wo Sie gemütlich nach Hause fahren können.

Falls Ihnen die Boote zu unbequem sein sollten, können Sie sich auch ein Boot mit gepolsterten Sitzen und einem kleinen Dach mieten. Zu bestimmten Tages- oder Jahreszeiten kann es recht schwierig werden, die Boote in den Kanälen zu navigieren. Bei Hochwasser hat man Probleme, unter den Brücken durchzufahren, und bei Niedrigwasser läuft man Gefahr, auf Grund zu stoßen.

Der **Klong Saen Sap** im Osten Bangkoks zählt zu den landschaftlich schönsten Kanälen der Hauptstadt. Er wurde ursprünglich gebaut, um Truppen nach Chachoengsao zu schaffen, wo sie einfallende Feinde aus dem Osten abwehren sollten. Der Kanal beginnt bei Pratunam, aber wegen des schlammigen, stinkenden Wassers empfiehlt es sich, einen anderen Ausgangspunkt für die Tour zu wählen. Bestens geeignet ist die Ekamai-Brücke in der Soi 63, einer Seitenstraße

Plauderei von Boot zu Boot auf Bangkoks „Schwimmendem Markt".

der Sukhumvit Road, oder die Phrakanong Klong Tan-Brücke in der Soi 71, die ebenfalls von der Sukhumvit abführt. Die Fahrt auf dem Saen Sap ist weniger aufregend als auf den Kanälen in Thonburi, aber sie führt durch malerische Reisfelder. Nehmen Sie das Boot bis Nong Chok oder Min Buri, die Strecke bis Chachaoengsao ist meistens zu weit.

Bangkoks berühmteste Attraktion zu Wasser ist der **Schwimmende Markt**. Lehnen Sie es ab, wenn Touristenbüros Sie zum Wat Sai-Markt schippern wollen, bestehen Sie vielmehr auf dem **Damnern Saduak-Markt**. Eine Tagestour beginnt morgens mit einer Busfahrt zum Kanal im Westen der Stadt. Von dort geht es dann mit dem Boot zum Markt.

Der Schwimmende Markt hat sich zu einer solchen Attraktion entwickelt, daß es inzwischen mehr Touristen als Verkäufer und mehr Souvenirläden als *sampans* (Paddelboote, die die Marktfrauen souverän durch den Kanal lenken) gibt. Dennoch sollte man sich den Markt auf keinen Fall entgehen lassen. Die Tour schließt in der Regel einen Besuch des **Phra Pathom Chedi**, des höchsten buddhistischen Bauwerks, in Nakhon Pathom ein. Auch ein Mittagessen und eine „Kultur-Show" im **Rosengarten** sind in der Regel im Preis inbegriffen. Neben Thaiboxen, einer Trauungszeremonie und folkloristischen Tänzen wird auch ein Elefantenritt angeboten.

Wer die Damnern Saduak auf eigene Faust besuchen will, muß nach der Memorial Bridge der Schnellstraße 4 nach Nakhon Pathom und dann der Schnellstraße 325 nach Samut Songkram folgen.

Für eine Erkundungsfahrt auf dem Chao Phraya empfiehlt es sich, das billigste und gängigste Transportmittel, die *rua duan*, zu benutzen. Die Expreß-Boote starten im 20-Minuten-Takt von den zahlreichen Haltestellen zwischen der Krung Thep-Brücke im Süden und Nonthaburi im Norden. An der einen oder anderen Haltestelle kann man von Bord gehen, sich einen Tempel anschauen und wieder in ein anderes Boot steigen. Die bekanntesten Anlegestellen sind das Hotel Oriental, Tha Chang Wang Luang und Thewes beim Blumenmarkt. Der

Auf einem *klong*.

Fahrpreis beträgt mindestens fünf Baht und richtet sich nach dem Fahrziel.

Bei einer Flußfahrt kommen Sie an Sehenswürdigkeiten wie Wat Arun, Wat Po und Wat Phra Keo sowie an Hotels und alten Herrenhäusern vorbei. Nach der Stadt ändert sich die Landschaft. Pfahlbauten und Kokosnußplantagen wechseln sich ab. Auch die Boote auf dem Fluß werden Ihr Interesse auf sich ziehen. Es gibt Flachboote, die so schwer mit Reis oder Sand beladen sind, daß sie mit dem Schandeck auf Wasserhöhe dahingleiten, mit Passagieren vollbepackte Fähren, Doppeldeckerboote, Fischerboote und viele mehr zu sehen.

Nonthaburi ist eine Provinzstadt mit einem belebten Markt und ausgezeichneten Restaurants. Das letzte Boot nach Bangkok geht um 18.30 Uhr. Nachzügler nehmen den Bus 32 nach Sanam Luang.

Wie wäre es mit einer romantischen Abendfahrt auf der *Tassaneya Nava*, einer zu einem schwimmenden Restaurant umfunktionierten Reisbarke?

Die komfortable *Oriental Queen* bringt Sie auf dem Fluß zur alten Königsstadt Ayutthaya. Das Schiff startet um acht Uhr morgens vom Pier des Hotels Oriental und führt an den wichtigsten Sehenswürdigkeiten der Stadt vorbei. Nach einem ausgezeichneten Frühstücksbuffet steuert das Schiff Bang Pa-In, die alte Sommerresidenz des Königs, an. Ein Bus bringt Sie dann nach Ayutthaya und fährt um 17 Uhr wieder nach Bangkok zurück. Reservierungen nimmt der World Travel Service entgegen.

Auf der *Mekhala* können Sie eine zweitägige Rundfahrt nach Ayutthaya unternehmen. Das Schiff startet an einem Pier gegenüber vom Oriental Hotel und bringt Sie zum Wat Kai Tia, wo in klimatisierten Kabinen unter Deck die Nacht verbracht wird. Am nächsten Morgen geht es weiter nach Bang Pa-In, von wo aus Sie Ihre Reise wieder mit dem Bus fortsetzen. Wie bei der *Oriental Queen* kann auch hier die Rundfahrt zuerst mit dem Bus begonnen und dann von Ayutthaya mit dem Schiff nach Bangkok zurückgefahren werden. Für Reservierungen auf der *Mekhala* wenden Sie sich bitte an Asian Voyages.

Das fruchtbare Hinterland bedeutet gute Absatzchancen für die schwimmenden Händler.

เจริญลาภ
บางใหญ่ นนทบุรี

Bangkoks Umgebung
32 km/ 20 miles
Golf von Thailand
Bangkok
(Krung Thep)
THONBURI
Dan Chang
Doem Bang
Nang Buat
Bang
Rachan
Sing Buri
Phrom Buri
Tha
Wung
Lop Buri
Phatthana
Nikhon
Phra Putthabat
Pak Chong
Muaklek
Ban Mo
Don Chedi
Ang Thong
Tha Rua
Kaeng Khoi
Khao Chong Insi
621
Nong Pradu
Phak Hai
Chao Phraya
Saraburi
Khao Yai
Suphan
Buri
Sam Lam
Khao Kaeo
1017
Khao Laem
1351
Bo Phloi
U Thong
Bang
Pla Ma
Ayutthaya
Nong Khae
Bang Sai
Mae Nam
Wang Takrai
Ban Na
Nakhon
Nayok
Phanom
Thuan
Song Phi Nong
Wang Noi
Ongkharak
Prachin
Buri
Kanchanaburi
Kamphaeng
Saen
Mae Nam Tha Chin
Bang Len
Pathum
Thani
Thanya Buri
Ban Sang
Prachan-
takham
Mongkrathae
Tha
Muang
Nonthaburi
Don Muang
(Flughafen)
Bang Pakong
Khok Pip
Nakhon
Pathom
Bang Nam
Prieo
Ban Pong
Nong Chok
Min Buri
Mae Nam
Bang
Khla
Phanom
Sarakham
Rose Garden
Chom Bung
Chachoengsao
Ratchaburi
Ban Phaen
Bang Phli
Sanam
Chai Khet
Samut
Sakhon
Samut
Prakan
Krokodilfarm
Wat Phlaeng
Phanat Nikhom
Samut
Songkhram
Chon Buri
Ban
Bung
Tha Yang
Pak Tho
Khao Yoi
Khao Khieo
Nong
Ya Plong
Ban Laem
KO SI CHANG
Siracha
Nong Yai
Khao Samun
Waeng
944
Ban Lat
Phetchaburi
Laem Chabang
Pa Yup
Hat Chao
Samran
Pluak Daeng
Phet Reservoir
Tha Yang
Puk Tian
Na Klua
Kaeng
Krachan
KO PHAI
Suan Nongnut
Khao Sam
Yot
871
Sarahet
Bang Ket
Pattaya
Cha-am
Hat Noi
Ban Khai
Ban Chang
KO KHRAM YAI
Wang
Khaeo
Huai Sai Tai
Sattahip
Rayong
Samae San
Pha Phrae
Pak Ngam
Hua Hin
Khao Laem
Ya-Mu Ko Samet
Hua Don
KO SAMET
Pak Nam Pran
Pran Buri
Pran Buri
Reservoir
Khao Sam
Roi Yot
605
Sam Roi Yot
Don Yai Nu
Kui Buri
Sup Nam

IM SÜDOSTEN BANGKOKS

Bangkok ist der Nabel Thailands: Hier befindet sich der Sitz der Regierung, hier blühen Handel und Tourismus. Obwohl sich immer mehr Urlauber in entlegene Provinzen im Norden vorwagen, bleiben Bangkok und seine Umgebung das Zentrum des Tourismus. Deshalb sind neuere Attraktionen wie der Rosengarten, die Krokodil-Farm oder Ancient City so angesiedelt worden, daß man sie von Bangkok aus bequem und schnell mit dem Auto erreichen kann. Auch traditionelle Sehenswürdigkeiten wie Bang Pa-In und die Ruinen von Ayutthaya befinden sich am Südrand der Zentralebene.

Die beliebtesten Ferienorte an der Ostküste des Golfs von Thailand liegen ein paar Autostunden von der Metropole entfernt und eignen sich für einen Wochenendausflug. Hervorragende Schnellstraßen führen von Bangkok aus in alle Himmelsrichtungen, und für eine Fahrt nach Ayutthaya etwa, die früher drei bis vier Stunden dauerte, braucht man heute nur noch eine Stunde – vorausgesetzt, die Straßen sind frei. Wir stellen einige Sehenswürdigkeiten in der Umgebung Bangkoks vor, die man während eines Tagesausflugs besichtigen kann und beginnen mit dem Südosten.

Die **Krokodil-Farm** in der Nähe der Stadt Paknam in der Provinz Samut Prakarn erreicht man nach einer halbstündigen Fahrt (30 Kilometer) auf dem Sukhumvit Highway (Route 3), der in südöstlicher Richtung aus Bangkok herausführt. In einer Broschüre wird die Farm als „gelungene Mischung aus Wildreservat und kommerziellem Unternehmen" dargestellt. Aber können Sie sich ein Wildreservat vorstellen, in dem Krokodile als Damenhandtaschen enden? Kommerzielles Unternehmen bringt die Sache wohl eher auf den Punkt.

Vor 30 Jahren begann der Eigentümer der Farm mit einem Grundkapital von 10 000 Baht (weniger als 500 Dollar), inzwischen kann er drei Krokodil-Farmen (zwei davon liegen im Nordosten) im Wert von 100 Millionen Baht sein

Vorherige Seiten: Tempelspiegelungen. „Ancient City" gehört zu den jüngsten Attraktionen Bangkoks. Unten: Kriechtier-Getümmel.

eigen nennen. Etwa 30 000 Krokodile, darunter Nilkrokodile und Kaimane aus Südamerika, leben hier. Die Panzerechsen schlüpfen in Brutkammern und werden in Wasserbecken großgezogen. Da Jungtiere durch Moskitostiche in die Augen erblinden können, schützt man sie durch Moskitonetze.

Höhepunkt des Besuchs auf der Krokodil-Farm ist eine Vorführung, bei der Betreuer in ein von Krokodilen wimmelndes Terrarium steigen und die Tiere etwas unsanft herumstoßen. Diese Aktion ist weniger gefährlich, als sie aussieht, denn die lethargischen Panzerechsen lassen sich so einiges gefallen – man darf sie nur nicht bei einer kleinen Siesta in der prallen Sonne stören.

Wegen ihres gefragten Leders werden Krokodile stark bejagt und sind daher in ihrem Bestand gefährdet. Farmen züchten Krokodile, um den Lederbedarf zu decken und tragen damit – wenn auch auf etwas seltsame Art und Weise – zum Artenschutz bei. Nachdem die Tiere gehäutet worden sind, wird ihr Fleisch an Restaurants in der Provinz und nach Bangkok verkauft. Krokodilfleisch soll übrigens ähnlich wie Froschschenkel schmecken. Auch ein kleiner Zoo und ein Vergnügungspark fehlen nicht.

Wenige Kilometer von der Krokodil-Farm entfernt liegt **Ancient City**, die sich selbst gern als „größtes Freilichtmuseum der Welt" bezeichnet. Die „Alte Stadt" wurde von einem Millionär aus Bangkok mit einem Faible für thailändische Kunst und Geschichte geschaffen. Innerhalb von drei Jahren verwandelte man ein 80 Hektar großes Reisfeld in eine Art „Miniatur-Thailand" mit Nachbildungen der verschiedensten Sehenswürdigkeiten des Königreichs.

Mehr als 60 maßstabgetreue Nachbildungen (manche in Originalgröße) von berühmten Denkmälern und Tempeln führen den Besucher durch 1500 Jahre thailändische Geschichte. Einige Exponate sind Bauwerken nachempfunden, die es heute nicht mehr gibt, wie etwa der Große Palast oder der Königliche Tempel von Ayutthaya. Der Khao Phra Vihan an der Grenze zwischen Thailand und Kambodscha, der nach einer Entscheidung des Internationalen Gerichtshofs nach langen Streitigkeiten Kambodscha zugesprochen wurde, blieb Thailand durch die Ancient City wenigstens als Replikat erhalten. Experten des Nationalmuseums wirkten als Berater beim Aufbau der „Alten Stadt" mit.

In einem typisch thailändischen Dorf können Sie sehen, wie Lackwaren, Keramikarbeiten oder Schirme hergestellt werden. Die Ancient City hat ihren eigenen „schwimmenden Markt", Souvenirläden und ein Thai-Restaurant. Der König besuchte die Stadt 1972 mit Königin Elizabeth und Prinz Philipp.

Paknam ist eine belebte Fischerstadt mit interessanten Märkten entlang der Docks. Mit der Fähre gelangt man von Paknam zum berühmten **Wat Phra Chedi Klang Nam**, der früher mitten im Wasser lag, jetzt aber auf festem Grund steht, da sich der Flußlauf geändert hat. Es war Brauch, daß thailändische Könige vor oder nach einem Staatsbesuch außerhalb der Landesgrenzen bei diesem Tempel Station machten, um sich den Segen für die Reise zu holen oder um für eine gelungene Reise zu danken.

Eines der zahlreichen, in „Ancient City" zu bewundernden Replikate.

IM NORDOSTEN BANGKOKS

Die gut 140 Kilometer nordöstlich von Bangkok gelegene Provinz **Nakhon Nayok** mit herrlichen Wasserfällen und ihrem schönen Park bietet sich als ideales Ziel für einen Tagesausflug an. Die landschaftlich reizvollste Route führt über die Straße 305, die 30 Kilometer nördlich von Bangkok kurz nach Rangsit von der Autobahn 1 nach Nordosten abzweigt. Kanäle, kleine Flüsse und Reisfelder prägen das Landschaftsbild.

Auf der Straße 33 fährt man einige Kilometer in nordwestlicher Richtung, um dann rechts zum Wasserfall und dem Wang Takrai-Park abzubiegen. Nach etwa elf Kilometern kommen Sie an eine Kreuzung. Geradeaus weiter liegt der **Salika-Wasserfall**. In der Nähe des Parkplatzes gibt es Restaurants und Stände, die Obst und Getränke verkaufen. Ein besonders eindrucksvolles Naturschauspiel bietet der Wasserfall gegen Ende der Regenzeit (September-November).

Die Elefantenparade ist eine Touristenattraktion ersten Ranges.

Biegt man an der Kreuzung links ab, kommt man auf dem Weg zum **Takrai-Park** am **Chao Pau Khun Dan-Tempel** vorbei. Der Tempel ist nach dem Berater des Königs Naresuan benannt, dessen Geist das Gebiet beschützen soll. Der 80 Hektar große Takrai-Park wurde von Prinz Chumbhot (der frühere Hausherr des Suan Pakkad-Palasts in Bangkok) in den fünfziger Jahren angelegt. Seine Statue steht am Ufer eines kleinen Flusses, der sich durch den Park schlängelt. Prinzessin Chumbhot ließ den Garten mit vielen Blumen und Bäumen bepflanzen. Wer länger in diesem wunderschönen Erholungsgebiet bleiben möchte, kann sich einen Bungalow mieten.

Wenn Sie nach einem Spaziergang durch den Park hungrig geworden sind, ist das Park-Restaurant wärmstens zu empfehlen. Die Straße auf der linken Seite des Parkeingangs führt zum etwa fünf Kilometer entfernten **Nang Rong-Wasserfall**, der ein tiefes Tal durchschneidet. Auch hier können Sie in Restaurants und an Obstständen wieder neue Kräfte sammeln.

Der 2000 Quadratkilometer große **Khao Yai-Nationalpark** liegt 205 Kilometer nördlich von Bangkok. Wanderwege, Straßen, Restaurants, Bungalows, Motels und ein Golfplatz machen das kühle Bergland zu einem beliebten Feriengebiet. Den Khao Yai („Großer Berg") kann man über zwei Routen in drei bis vier Stunden von Bangkok aus erreichen.

Der längere Weg führt über die Route 1. Biegen Sie kurz vor Saraburi (etwa 107 Kilometer nördlich von Bangkok) auf den Friendship Highway (Route 2) ab. Nach 58 Kilometern nehmen Sie die rechts abzweigende Dhanarajata Road, auf der man zum Fuß des „Großen Bergs" gelangt. Die Straße windet sich 16 Kilometer durchs Bergland und führt nach **Nong Khing**, wo man sich im Khao Yai stärken und übernachten kann.

Die zweite Route führt über Nakhon Nayok. Etwa drei Kilometer nach der Stadt geht rechts eine Straße ab, die sich 50 Kilometer bis zum Fremdenverkehrsamt im Nationalpark schlängelt. Unterkünfte können über die TAT in Bangkok gebucht werden. Wenn Sie im Khao Yai zelten wollen, setzen Sie die Verwaltung von Ihrem Standort in Kenntnis und nehmen Sie Moskitonetze, Insektenspray und warme Kleidung mit (im Winter können die Temperaturen nachts unter 15° C fallen). Für nichtmotorisierte Erholungssuchende bietet die thailändische Staatsbahn jeden Samstag einen Tagesausflug zu einem vernünftigen Preis an.

Auf dem Koratplateau ragen der Khao Lam (1328 Meter) und der Khao Khiew (1270 Meter) als höchste Berge des Nationalparks in die Höhe. Laubbäume, Palmen, immergrüne Bäume und Bambusgewächse gehören zur Flora. Affen, Gibbons, Languren, Elefanten, Bären, Tiger, Hirsche und Wildschweine leben im Park. Eine besondere Attraktion sind Nachtfahrten zur Tierbeobachtung.

Wanderwege führen zu den Wasserfällen von Haew Sawat oder zu ausgedehnten Savannen, in denen Elefanten umherstreifen. Auf Lichtungen wurden Hochstände errichtet, von denen man einen herrlichen Rundblick hat und nach Sonnenuntergang nachtaktive Tiere beobachten kann.

Äffchen an der Leine...

IM NORDEN BANGKOKS

Selbst wenn man nichts von der glanzvollen Geschichte der alten Königsstadt **Ayutthaya** wüßte, wäre man von ihrer Schönheit und Pracht beeindruckt. 33 Könige brauchten 400 Jahre, um das alte Zentrum Siams aufzubauen. Der Grundstein wurde 1350 gelegt, und schon 300 Jahre später gehörte Ayutthaya mit einer Million Einwohnern zu den reichsten Städten Asiens. Kaufleute aus Portugal, England, Frankreich, Holland und China kamen hierher, um Handel zu treiben. Japanische und persische Soldaten standen im Dienst der Herrscher Ayutthayas. In den Reiseberichten zeitgenössischer Europäer kann man nachlesen, in welchem Glanz die Stadt mit ihren 2000 vergoldeten Türmen erstrahlte. Ayutthaya gehörte zweifelsohne zu den berühmtesten Städten des Orients.

Um so seltsamer mag es anmuten, daß heute nur noch Ruinen von der einstigen Größe zeugen. Jahrhundertelang sind birmanische Armeen gegen die Tore Ayutthayas angerannt, bis die Stadt im 16. Jahrhundert schließlich eingenommen wurde. Nach zähem Ringen gelang es den siamesischen Königen, die Feinde wieder zu vertreiben. Doch 1767 brach dann endgültig die Katastrophe herein: Ayutthaya fiel der Zerstörungswut birmanischer Truppen, die die meisten Denkmäler und Prachtbauten schleiften, zum Opfer. Auf der Flucht vor dem Tod oder der Versklavung verließen viele Einwohner das alte Zentrum Siams. 1768 glich Ayutthaya mit nur mehr 10 000 Einwohnern einer Geisterstadt. Selbst nach dem Triumph Taksins über die feindlichen Garnisonen mußte der siamesische Feldherr erkennen, daß Ayutthaya nicht mehr aufgebaut werden konnte. Erst 200 Jahre später begann das Fine Arts Department mit der Restaurierung einiger Sehenswürdigkeiten.

Ayutthaya liegt 85 Kilometer nördlich von Bangkok am Chao Phraya zwischen der Einmündung zweier Nebenflüsse. Ein Kanal zwischen den beiden Flußarmen verleiht der Stadt ihren Inselcharak-

Die Ruinen von Wat Phra Ram. Der 1369 erbaute Komplex gehört zu den ältesten Anlagen Ayutthayas.

ter. Die zahlreichen Kanäle dienen als wichtige Verkehrswege.

Von der einstigen Pracht der Paläste und Tempel sind nur noch Ruinen auf der Westseite der Insel übriggeblieben. Sie legen dennoch ein beeindruckendes Zeugnis von der Genialität der Könige ab, die Ayutthaya zu ihrem Ruhm verhalfen. Heute schlägt das Herz der geschäftigen Handelsstadt im Nordosten, in der Nähe der **Pridi Damrong-Brücke**, die den Zugang zum modernen Ayutthaya bildet. Die meisten Touristen besuchen Ayutthaya während eines Tagesausflugs von Bangkok aus.

Wenn Sie sich etwas mehr Zeit nehmen wollen, um auf den Spuren der Vergangenheit zu wandeln, können Sie im modernen U-thong Inn an der Hauptstraße oder in einem der preisgünstigen und sauberen chinesischen Hotels gegenüber vom Chandrakasem-Palast absteigen. Für das leibliche Wohl sorgen zahlreiche Restaurants und Imbißstände in der Nähe des Marktes sowie einige hervorragende „schwimmende Restaurants" im Osten gleich unter der Pridi Damrong-Brücke.

Wenn Sie es den Besuchern Ayutthayas im 17. Jahrhundert gleichtun wollen, sollten Sie von Bangkok aus den Chao Phraya flußaufwärts fahren. Die *Oriental Queen* und die *Mekhala* bieten schöne Tagestouren nach Ayutthaya an. Mit Bus oder Zug erreicht man die alte Königsstadt in eineinhalb Stunden.

Eine Kanalfahrt auf einem Boot bietet die beste Möglichkeit, die alte Ruinenstadt zu erkunden und auch entlegenere historische Stätten zu besichtigen. Wenn es der Wasserstand erlaubt, können Sie sich für 100 bis 150 Baht ein Boot am Landesteg in der Nähe des Chandrakasem-Palasts mieten.

Am Zusammenfluß von Pasak und Chao Phraya erhebt sich **Wat Phanan Choeng**, der bereits 1324 errichtet wurde. Der sitzende Buddha scheint sich mit seinem ganzen Gewicht gegen das Dach des Tempels zu stemmen. Früher kamen vor allem chinesische Händler zum Heiligtum, um vor dem Antritt einer großen Reise zu beten. Auch heute noch spürt man etwas von der chinesischen Atmosphäre, die den Tempel umgibt.

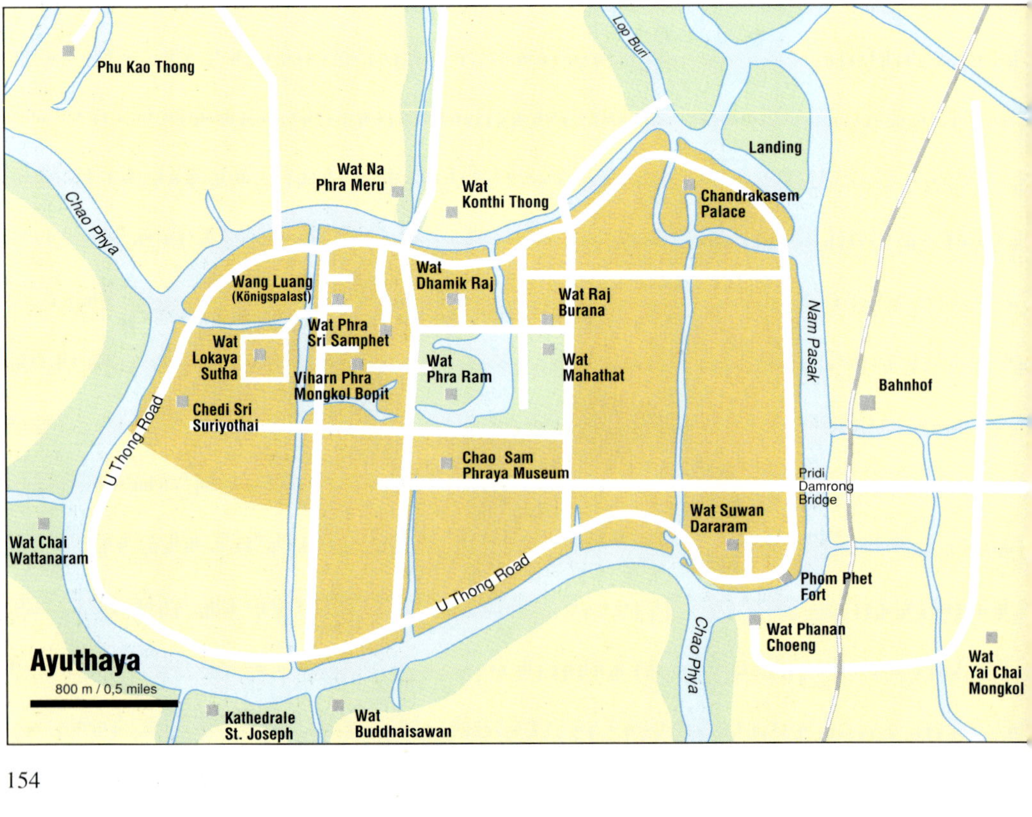

Ayutthaya wurde einst von einer massiven Stadtmauer gesäumt, von der nur noch Reste erhalten sind, wie etwa am Fort **Phom Phet** gegenüber von Wat Phanan Choeng auf der anderen Flußseite. Händler verkaufen Keramikarbeiten, die Seeleute im 17. Jahrhundert hier zurückgelassen haben sollen. Das überaus reiche Warenangebot und der relativ gute Zustand der Keramikarbeiten lassen berechtigte Zweifel an der Echtheit dieser Stücke aufkommen.

Flußaufwärts erhebt sich der vor kurzem restaurierte **Wat Buddhaisawan**. Da der Tempel nur von wenigen Touristen besucht wird, findet man – vor allem bei Sonnenuntergang – an dem still vorbeiziehenden Fluß eine Oase der Ruhe und des Friedens vor. Unweit liegt die **Kathedrale St. Joseph**, die an die europäische Besiedlung erinnert.

An einer Biegung weiter flußaufwärts hält eine Buddha-Statue auf einem hohen Sockel vor den Ruinen des **Wat Chai Wattanaram** Wache. Die Überreste des stattlichen *prang* und der *chedis* sowie die Reihen von kopflosen Buddha-Statuen bilden einen faszinierenden Gegensatz zum restaurierten **Chedi Sri Suriyothai**. Die kämpferische Königin Suriyothai zog als Mann verkleidet an der Seite ihres Gatten in die Schlacht. Als sie sah, wie der Herrscher von einem birmanischen Prinzen angegriffen wurde, ging sie mit ihrem Elefanten dazwischen und wurde von der Lanze getroffen, die für ihren Mann bestimmt war.

Der **Chandrakasem-Palast** lag ursprünglich außerhalb der Stadtmauern. König Naresuen ließ ihn als Bollwerk gegen die aus dem Norden einfallenden Feinde aus Chiang Mai errichten. 1767 zerstörten die Birmanen den Palast, aber König Mongkut ließ ihn wieder aufbauen. Das Gebäude beherbergt heute ein kleines Museum und befindet sich in einem der belebtesten Stadtteile.

Der alte Königspalast **Wang Luang** wurde von den Birmanen in Schutt und Asche gelegt. Aus den übriggebliebenen Ziegelsteinen bauten die Herrscher Bangkoks später die Befestigungswälle der neuen Hauptstadt, so daß heute leider nur noch die Grundfeste des Palastes zu sehen sind.

Ganz in der Nähe befindet sich **Wat Phra Sri Sanphet**. Die Pracht der drei restaurierten *chedis*, die zu Ehren dreier Könige aus dem 15. Jahrhundert errichtet wurden, steht im Gegensatz zum umliegenden Ruinenfeld.

Die riesige Buddha-Statue aus Bronze in der Nähe des Tempelareals wurde durch den Angriff der Birmanen schwer beschädigt und war 200 Jahre lang Wind und Regen ausgesetzt. Vor 30 Jahren hat man eine neue Tempelanlage, **Vihan Phra Mongkol Bopitr**, um den restaurierten Bronzekoloß angelegt. Der Tempel mit seinem riesigen Parkplatz und seinen zahlreichen Souvenirständen ist Ausgangspunkt vieler Touren durch Ayutthaya.

Östlich davon liegt **Wat Phra Ram,** einer der ältesten Tempel Ayutthayas. Die inzwischen zweimal vollständig restaurierte Klosteranlage wurde 1369 vom Sohn des Stadtbegründers errichtet. Elefantentore unterbrechen die alten Steinmauern, die Hauptterrasse wird von einem verfallenen *prang* beherrscht, *nagas* (mehrköpfige Schlangen), *garudas* (mythische Vögel) und Buddha-Statuen reihen sich aneinander. Im fast um die ganze Tempelanlage verlaufenden Teich spiegeln sich die Gebäude.

Gegenüber von Wat Phra Ram liegen zwei der prächtigsten Tempel der alten Königsstadt. **Wat Rajburana** wurde vom siebten Herrscher Ayutthayas als Gedenkstätte für seine Brüder errichtet. Während der Restaurierungsarbeiten entdeckte man 1958 bei Ausgrabungen eine Krypta mit Juwelen, Buddha-Figuren und einer reich verzierten Elefanten-Statue. Die Schätze des Wat sind jetzt im **Chao Sam Phraya-Museum** weiter südlich untergebracht.

Die zwei verfallenen *chedis* der Tempelanlage enthalten die Asche der Prinzen Ai und Yo, die beide die Vorherrschaft des Königreichs übernehmen wollten. Die Brüder töteten sich bei einem auf dem Rücken von Elefanten ausgetragenen Duell gegenseitig.

Auf der anderen Straßenseite liegt **Wat Mahathat,** das wohl schönste Tempelareal Ayutthayas. Der ursprünglich 46 Meter hohe *prang* wurde nach seinem Einsturz wieder aufgebaut und um vier

Meter verlängert. Stumm stehen die einen Meter hohen Buddha-Gesichter aus Stein um den Turm. Zusammen mit den *chedis*, die den Hauptturm umringen, machen die Buddha-Darstellungen den Tempel zu einer der beeindruckendsten Sehenswürdigkeiten Ayutthayas. Im Gebäude nebenan zeigt ein Modellbau des Fine Arts Department, wie die alte Königsstadt früher einmal ausgesehen haben könnte.

Wat Suwan Dararam entstand gegen Ende der Ayutthaya-Periode und wurde inzwischen kunstvoll restauriert. Die Grundfeste des *bot* sind der Form eines Schiffskörpers nachempfunden und liegen damit ganz in der Tradition des Ayutthaya-Stils. Der *bot* wird als Schiff verstanden, das gläubige Buddhisten der Erlösung entgegenträgt. Kunstvolle Schnitzereien zieren die Säulen, die das Dach tragen, und farbenprächtige Fresken schmücken die Innenwände. Wenn in den frühen Abendstunden die Mönche ihre Gebete sprechen, wird sich wohl kaum jemand dem Zauber, der von diesem Tempel ausgeht, entziehen können.

Gegenüber vom alten Palast steht auf der anderen Flußseite **Wat Na Phra Meru**. Sein riesiger thronender Buddha aus Stein unterscheidet sich durch die „europäische Sitzhaltung" von den üblichen Darstellungen, die den Religionsstifter im Yoga-Sitz zeigen. Die Statue wurde in den Ruinen von Wat Mahathat gefunden und gehört vermutlich zu den fünf Figuren der vor kurzem freigelegten Kultstätte aus der Dvaravati-Periode in Nakhon Pathom. Im *bot* thront ein Buddha im Ayutthaya-Stil auf dem Altar. Vom Wat Na Phra Meru gelangt man über eine Brücke zu den Ruinen des **Wat Konthi Thong**.

Vom Chedi Sri Suriyothai schlängelt sich eine Straße weiter zum **Wat Lokaya Sutha**, von dem die Feinde Ayutthayas auch nur ein paar Mauerreste und eine riesige ruhende Buddha-Figur übriggelassen haben.

Östlich des Verkehrskreisels, auf den die Schnellstraße aus Bangkok zuläuft, liegt **Wat Yai Chai Mongkol.** Im Jahre 1592 schlug König Naresuen hier in einem Duell auf Elefantenrücken den

Wat Rajburana, erbaut vom siebten König Ayutthayas, gehört zu den schönsten Anlagen der Stadt.

Kronprinzen von Birma. Um den Sieg des Herrschers gebührend zu feiern, wurde ein riesiges *chedi* errichtet, das heute noch zu bewundern ist. Es bildet einen Gegenpol zum Chedi Phu Khao Thong im Norden Ayutthayas. Zeitgenössische Buddha-Statuen säumen den Innenhof des Tempels.

Inmitten ausgedehnter Reisfelder erhebt sich im Norden Ayutthayas **Chedi Phu Khao Thong**, besser bekannt unter dem Namen **Golden Mount Chedi**. Die obere Terrasse bietet einen herrlichen Ausblick auf die Landschaft. Die Anlage wurde 1549 von den Birmanen errichtet und später von den Siamesen ihrem eigenen Baustil angepaßt. 1957 befestigte man anläßlich der 2500-Jahrfeier des Buddhismus eine 2,5 Kilogramm schwere Goldkugel an der Spitze des Turms.

Wenn man von hier aus in die entgegengesetzte Richtung fährt, kommt man zum einzigen erhaltenen **Elefantenkral** Thailands. Der vor kurzem restaurierte Kral ist ein Überbleibsel aus der Zeit, als Elefanten nicht nur als Arbeitstiere gehalten, sondern auch als „Kriegsmaschinen" eingesetzt wurden. Beim Anblick dieses Denkmals mit seinen mächtigen Pfählen aus Teakholz kann man sich gut vergegenwärtigen, wie die Erde unter dem Getrampel der Elefanten, die Ayutthaya zu seinem Ruhm verhalfen, gebebt haben muß.

Bang Pa-In, die Sommerresidenz der früheren Thaikönige, liegt wenige Kilometer südlich von Ayutthaya. Die reizvolle Ansammlung von Palästen und Pavillons kann man entweder mit der *Oriental Queen* auf dem Wasserweg oder per Auto nach etwa einer Stunde Fahrzeit erreichen. Die Bauwerke stammen aus dem 19. und frühen 20. Jahrhundert, als Rama V. und Rama VI. hier vor der Hitze Bangkoks Zuflucht suchten.

Der hübsche Palast am See, der von Rama V. im italienischen und viktorianischen Baustil errichtet wurde, ist für die Öffentlichkeit nicht zugänglich. Dafür kann man aber einen Palast mit chinesischen Stilelementen besichtigen. Der **Aisawan Tippaya Asna-Pavillon** in der Mitte des Sees gilt als ein Musterbeispiel thailändischer Architektur.

Einer der letzten großen Elefantenkrale Ayutthayas um 1895.

Die 155 Kilometer nördlich von Bangkok gelegene Stadt **Lop Buri** ist in knapp vier Stunden auf einer hübschen Route, die durch das fruchtbare Reisbecken Thailands führt, erreichbar. Zehn Kilometer nördlich von Ayutthaya erhebt sich das Khoratplateau aus der thailändischen Zentralebene.

Die in Lop Buri gefundenen Artefakte zeugen von einer Besiedlung bereits während der Jungsteinzeit und der Bronzezeit. In der Dvaravati-Periode (6. bis 11. Jahrhundert) zog es als bedeutendes religiöses Zentrum die Gelehrten aus der Umgebung an. Während der Glanzzeit der Angkor-Könige war Lop Buri Provinzhauptstadt. Dann kamen die Thai, die den noch heute erhaltenen alten Bauwerken ihren Stempel aufdrückten.

Anfang des 16. Jahrhunderts zog es holländische und portugiesische Forscher nach Lop Buri, und 50 Jahre später war die Stadt eine internationale Drehscheibe für Händler aus Spanien, Italien, England, Indonesien und China. Sogar französische Architekten verschlug es nach Lop Buri, wo König Narai der feuchten Sommerhitze Ayutthayas zu entkommen suchte.

Dem König war kein friedvolles Ende vergönnt. Als er sich sterbenskrank in den **Suttha Sawan-Pavillon** zurückzogen hatte, ergriff im Mai 1688 einer seiner Generäle, Phra Phetracha, die Macht. Nach einer alten Tradition leisten einem sterbenden König während seiner letzten Stunden nur zehn treue Pagen Beistand.

Dem Monarchen war klar, daß die Rebellen seine Gefolgsleute niemals lebend aus dem Palast entkommen lassen würden, also ließ Narai einen buddhistischen Abt kommen, der sie als Mönche verkleiden sollte. Als Gegenleistung bot er der Mönchsgemeinschaft den Suttha Sawan-Pavillon. Die Begebenheit wird durch König Mongkut belegt, der im 19. Jahrhundert den Lop Buri-Palast wiederhaben wollte und dem buddhistischen Kloster Land als Ausgleich für den Pavillon geben mußte.

Der **Lop Buri-Palast** ist von massiven Steinmauern umgeben, die noch immer das Zentrum der modernen Stadt prägen. Hunderte blattförmige Nischen auf der Innenseite der Mauer flankieren die Eingangstore. Während der Glanzzeit des Palastes zündete man bei Banketten oder religiösen Zeremonien kleine, mit Kokosnußöl gefüllte Lampen in den Nischen an.

Zu den wenigen erhaltenen Bauwerken aus der Zeit König Narais gehört die **Dusit Maha Prasat-Halle**, die 1685 für den Empfang des Chevalier de Chaumont, eines Gesandten König Ludwigs XI., errichtet wurde. Nach zeitgenössischer Darstellung war die Vorderseite des Gebäudes mit Spiegeln verkleidet, die der französische König dem thailändischen Herrscher zum Geschenk gemacht hatte.

Der ebenfalls zur Palastanlage gehörende **Chantra Paisan-Pavillon** entstand ebenfalls unter der Herrschaft König Narais. Er wurde später von König Mongkut restauriert und gehört heute zum Museum der Schönen Künste. Die Proportionen der Holzverzierungen auf dem Dach stimmen nicht ganz und wirken sich nachteilig auf den Gesamteindruck aus, doch die klassische Form des Grundrisses aus der Ayutthaya-Periode ist umso bemerkenswerter. Ausgesprochen klassisch und elegant wirkt auch die kunstvoll geschwungene Linie des mehrstöckigen Dachs.

Neben dem Chantra Paisan-Pavillon erhebt sich der dreistöckige **Phiman Mongkut-Pavillon**, der in der Mitte des 19. Jahrhunderts von König Mongkut im Kolonialstil erbaut wurde. Die dicken Wände und hohen Decken boten Schutz vor der Sommerhitze. Die kleine, aber charaktervolle Sommerresidenz gehört ebenfalls zum Museum der Schönen Künste und enthält eine Sammlung von Bronzestatuen, chinesischen und Sukhothai-Porzellanwaren, Münzen, buddhistischen Fächern und Puppen, die für das traditionelle Schattenspiel verwendet wurden. Einige Stücke wie etwa Ayutthaya-Bronzeköpfe oder Bencharong-Porzellan sind besonders fein gearbeitet. Im obersten Stockwerk sind persönliche Gegenstände des Königs Mongkut ausgestellt. Sie geben Aufschluß über den Charakter dieses bemerkenswerten Mannes, der als einer der bedeutendsten Herrscher Siams ein erstaunlich spartanisches Leben führte.

Sehenswert sind auch die acht Häuser hinter dem Museum, in denen zu Zeiten König Mongkuts die Hofdamen mit ihren Kindern und die Bediensteten untergebracht waren. Eines der Bauwerke ist zu einem Landwirtschaftsmuseum umfunktioniert worden, in dem traditionelle Landwirtschaftsgeräte ausgestellt sind.

König Narai hatte einen griechischen Berater, Constantine Phaulkon, den er mit dem Titel *Chao Phya Vijayendra* („Ehrenwerter, siegreicher Herr") ehrte. Obwohl Phaulkon nicht offiziell Außenminister war, kümmerte er sich um die Beziehungen zum Ausland. Der ehrgeizige Grieche mischte sich aber auch in die Innenpolitik ein, was ihm den Unmut der Priesterschaft und der Regierungsbeamten eintrug. Als der König auf dem Sterbebett lag, ergriff Phra Phetracha die Macht und ließ Phaulkon köpfen.

Aus den Ruinen des Palasts, der dem griechischen Berater gehört haben soll, läßt sich schließen, daß seine Residenz es durchaus mit der Schönheit und Pracht des königlichen Palasts in Lop Buri aufnehmen konnte. Die Bauwerke nördlich des Palasts von König Narai zeigen mit ihren geraden Wänden und Giebelfenstern Spuren westlichen Einflusses. Der Gebäudekomplex ist für Besucher leider nicht zugänglich.

Zwei Relikte aus der Khmer-Periode und der Zeit davor verdienen besondere Aufmerksamkeit. Westlich der Eisenbahnschienen und nördlich der Hauptstraße steht ein aus Lateritblöcken errichteter Tempel aus dem 13. Jahrhundert. Seine drei Türme gaben ihm seinen Namen: **Phra Prang Sam Yod**.

Die in die Türme und Säulen eingemeißelten Motive zeugen von großer Liebe zum Detail. Fast wie ein Sakrileg mag es wirken, wenn man heute ganze Affenscharen in der 1926 vom Fine Arts Department restaurierten Tempelanlage sowie im angrenzenden Bodhibaum-Schrein herumtollen sieht. Beim zweiten Monument handelt es sich um **Prang Khaek** im Stadtzentrum. Die Hindu-Kultstätte mit drei Laterit-Türmen entstand wahrscheinlich während des 11. Jahrhunderts und wurde im 17. Jahrhundert von König Narai restauriert.

Der verfallene Palast Constantine Phaulkons in Lop Buri.

Im Westen Bangkoks

Suan Sam Phran nennen die Thai den am Tachin River 32 Kilometer westlich von Bangkok gelegenen **Rosengarten**. Man erreicht ihn nach einer Autostunde auf der Route 4, die ins berühmte Nakhon Pathom führt. Der Garten wurde von einem früheren Bürgermeister Bangkoks angelegt und ist dank seiner wunderschönen Parkanlage, in der Rosen und Orchideen blühen, Bungalows, Restaurants und einem Golfplatz ein beliebtes Ausflugsziel. Hauptattraktion ist die Thai-Kultur-Show, die täglich gezeigt wird.

Schauspieler in prächtigen Kostümen zeigen folkloristische Tänze und eine Trauungszeremonie. Auch Thaiboxen und Hahnenkämpfe stehen auf dem Programm. Nach der Show kann man Elefanten zusehen, wie sie schwere Teakholzstämme ziehen (die Tiere werden vor allem in den Wäldern im Norden eingesetzt). Wie wäre es mit einem Ritt auf dem Rücken eines Dickhäuters?

Auch das bei den Thai beliebte Ballspiel *takraw* wird hier gezeigt. Es gibt zwei Spielvarianten: Bei der einen liegt das Ziel darin, einen Rattan-Ball in einen Korb in fünf Meter Höhe zu befördern. Es gibt zwei Teams, die in der Regel aus jeweils sechs Mann bestehen. Zunächst stellt sich eine Mannschaft kreisförmig um den Korb auf und spielt sich den Ball zu. Innerhalb einer vorgegebenen Zeitspanne muß sie so viele Punkte wie möglich erzielen. Dann kann das gegnerische Team sein Glück versuchen. Der Ball darf bei diesem Sport, der große Geschicklichkeit erfordert, nur mit den Füßen, Knien, Ellbogen und mit dem Kopf gespielt werden. Die Showeinlagen, bei denen sich die Thai zu den erstaunlichsten Posen verrenken, machen *takraw* zu einem interessanten Spektakel.

Bei der anderen Variante wird der Rattanball von zwei Drei-Mann-Teams über ein kopfhoch gespanntes Netz gespielt. Die Mannschaft, die den Ball zu Boden fallen läßt, hat verloren. Man muß gesehen haben, wie die Thai mit einem Salto den Ball in das gegnerische Feld jagen. Wegen ihrer Schnelligkeit und ihrer spannenden Kampfszenen gilt die zweite *takraw*-Variante als die interessantere. Semiprofessionelle *takraw*-Teams veranstalten Wettkämpfe auf Märkten und Feiern. Sollten Sie Bangkok zur Zeit der Drachenkämpfe besuchen, können Sie jeden Nachmittag in der Rajdamnern Avenue den Spielen zuschauen.

Links: Phra Pathom Chedi – imposantes Wahrzeichen Nakhon Pathoms.

54 Kilometer westlich von Bangkok kommen Sie nach dem Rosengarten auf der Route 4 nach **Nakhon Pathom**. Schon von weitem kann man den höchsten buddhistischen Monumentalbau der Welt erkennen, der sich mit seinen 127 Metern Höhe aus der flachen Schwemmlandebene erhebt.

Ursprünglich war das vor mehr als tausend Jahren von den Mon errichtete **Phra Pathom Chedi** kleiner gewesen. Die Monkultur blühte damals in Birma und Thailand. Nakhon Pathom diente den Mon als religiöses Zentrum. 1057 belagerte der burmesische König Anawrahta die Stadt und verwandelte sie für die nächsten 100 Jahre in ein Ruinenfeld.

König Mongkut besuchte das *chedi* und war so beeindruckt, daß er 1853 die Restaurierung in Auftrag gab. Wegen des schlechten Zustands, in dem sich das älteste buddhistische Denkmal Thailands befand, wurde ein neuer Bau errichtet. Leider brach auch dieser Turm während eines Sturms zusammen. Das heute zu besichtigende Bauwerk entstand unter König Chulalongkorn.

Das riesige Gebäude steht auf einer kreisförmigen Terrasse inmitten eines großen Parks. Die Bäume zeigen Stationen aus dem Leben Buddhas. Jedes Jahr im November zieht ein Markt in der Tempelanlage Besucher aus nah und fern an.

Da Nakhon Pathom früher länger als eine Tagesreise von der Hauptstadt entfernt war, ließen sich die Könige von Bangkok dort prächtige Paläste bauen. Der **Sanam Chand-Palast** hat einen schönen Pavillon (*sala*), in dem jetzt Regierungsbüros untergebracht sind. Zur Palastanlage gehört auch ein Bauwerk mit einer sehr ungewöhnlichen thailändischen Interpretation des englischen Tudorstils. Es bildet den angemessenen Rahmen für die Aufführung von Shakespeare-Dramen. Vor dem Gebäude steht eine Statue des Lieblingshundes von

Rama VI. Das Tier wurde von den Hofangestellten vergiftet. Beim Anblick der Statue kann man sich gut vorstellen, wie der bissige Hund den Bediensteten das Leben schwer gemacht haben muß.

Samut Sakhon erreicht man am besten über die Eisenbahnlinie, die Bangkok mit seiner Schwesterstadt Thonburi verbindet. Der Ausflug vermittelt einen guten Eindruck vom Leben am Wasser. Obwohl die Mae Klong-Eisenbahn nur rote Zahlen einfährt, wurde die Strecke wegen ihrer Bedeutung für die Bevölkerung in den drei Provinzen westlich von Bangkok nicht stillgelegt.

Für ein paar Baht können Sie den „Expreßzug" benutzen, der etwa jede Stunde vom Wong Wien Yai-Bahnhof in Thonburi abfährt. Auf der 40minütigen Fahrt im gemächlich dahinrollenden „Expreß" kommen Sie zuerst an den Vororten Bangkoks, dann an üppigen Gemüsegärten, Kokosnußpflanzungen und malerischen Reisfeldern vorbei.

Der geschäftige Fischereihafen **Samut Sakhon** (auch Mahachai genannt) liegt im Mündungsgebiet des Tachin River und Mahachai-Kanals am Golf von Thailand. An der Hauptanlegestelle befinden sich ein Glockenturm und ein ausgezeichnetes Meeresfrüchte-Restaurant. Eine wahre Gaumenfreude sind die gegrillten Krabben mit Gemüse.

Am Pier des **Fischmarkts** ganz in der Nähe können Sie für 80 Baht ein Boot mieten, das Sie zum bedeutendsten Tempel von Samut Sakhon, dem **Wat Chom Long** an der Mündung des Tachin, bringt. Die meisten Gebäude der Tempelanlage mit Ausnahme des *vihan* sind relativ neu. Der *vihan* auf der rechten Seite des Landestegs ist etwa 100 Jahre alt. Das großzügig angelegte Gelände ist mit blühenden Bäumen und Büschen bepflanzt. Eine Bronzestatue König Chulalongkorns erinnert an den Tempelbesuch des Monarchen, dessen würdevolle Erscheinung von seinem Homburg-Hut nicht beeinträchtigt wird.

Der Ausflug nach Samut Sakhon läßt sich gut mit einem Besuch von **Samut Songkhram** an den Ufern des Mae Klong verbinden. 45 Minuten braucht der Zug von Samut Sakhon zur hübschen

Fischerboote im Hafen von Samut Songkhram.

Fischerstadt. Die Route führt durch Salzebenen mit malerischen Windmühlen. Ein Spaziergang am Kai in Samut Songkhram wird Sie um eine olfaktorische und visuelle Erfahrung bereichern. Man kann entweder wieder mit der Eisenbahn nach Bangkok zurückkehren oder die Erkundungsreise auf einem der „Boote mit dem langen Schwanz" auf dem Mae Klong nach Rajburi fortsetzen.

Ein paar Kilometer von der Stadt Kanchanaburi entfernt überquert eine eigenartig aussehende Brücke den Mae Klong. Die Brückenbögen sind an beiden Brükkenenden elliptisch geformt und werden in der Mitte ohne ersichtlichen Grund plötzlich viereckig. Ein ständiger Fußgängerstrom schiebt sich über die Brükke. Gelegentlich quält sich ein Motorrad zwischen den Eisenbahnschienen von einem Ufer zum anderen. Um hinter das Geheimnis der seltsamen Konstruktion zu kommen, muß man den zweiten Namen des Mae Klong kennen: Kwai Yai.

Keine andere als die berühmt-berüchtigte **Brücke am Kwai** spannt sich hier über das Wasser. Gegen Ende des Zweiten Weltkriegs wurden die mittleren Brückenpfeiler schließlich von alliierten Kampfflugzeugen zerstört und später durch eine einfachere, rechteckige Stützkonstruktion ersetzt.

Die in der gleichnamigen Provinz gelegene Stadt **Kanchanaburi** befindet sich 122 Kilometer nordwestlich von Bangkok in der Nähe der Grenze zu Birma. Die Japaner setzten beim Bau der 263 Kilometer langen Eisenbahnstrecke zum Drei-Pagoden-Paß an der birmanischen Grenze alliierte Kriegsgefangene ein.

Schätzungen zufolge sollen während des Eisenbahnbaus 100 000 asiatische und 16 000 alliierte Kriegsgefangene an den Folgen von Mißhandlung, Hunger, Krankheit und Erschöpfung gestorben sein. In Kanchanaburi erinnern die endlosen Grabreihen an die 6982 Opfer unter den Soldaten der Alliierten.

Es gibt zwei Friedhöfe in Kanchanaburi: Der eine liegt an der Hauptstraße fast genau gegenüber vom Bahnhof, der zweite, mit dem Namen Chungkai, liegt jenseits des Flusses an den Ufern des Kwai Noi. Der Friedhof, auf dem hollän-

Die Tragödie am River Kwai als vertonte Light-Show.

dische, dänische, australische, neuseeländische und britische Kriegsgefangene beigesetzt sind, wird von einer Stiftung der Alliierten unterhalten. Die sterblichen Überreste der amerikanischen Soldaten wurden auf den Arlington Cemetery in Washington D.C. überführt.

Das 1977 vom Abt des angrenzenden Wat Chaichumpol errichtete **Jeath-Museum** am Ende der Lak Muang Road dokumentiert den Überlebenskampf der Kriegsgefangenen während des Zweiten Weltkriegs. Das Museum wurde den Bambushütten, in denen die Menschen wie Tiere gehalten wurden, nachgebaut.

Überlebende stifteten dem Museum persönliche Gegenstände, Zeichnungen und Briefe, die dem Besucher nur einen Ausschnitt des immensen Leidens aufzeigen können. Doch das reicht aus, um den Museumsbesuch zu einer ernüchternden Erfahrung werden zu lassen.

Die Brücke am Kwai verdankt ihre Berühmtheit dem Roman von Pierre Boulle und der gleichnamigen Verfilmung, die sie zu einer historischen Gedenkstätte machten. In Kanchanaburi werden Rundfahrten auf dem Fluß zur Brücke organisiert. Man kann aber auch einen Wagen mieten oder den Zug nach Nam Tok nehmen, der an der fünf Kilometer von der Stadt entfernten Brücke hält, um Fahrgäste aussteigen zu lassen.

Aufgrund der unzähligen Souvenirläden, die sich hier angesiedelt haben, hat die Brücke am Kwai etwas an Atmosphäre verloren, aber ein Spaziergang an diesem Schauplatz stiller Tragik wird seine Wirkung dennoch nicht verfehlen. Der Fußgängerweg, der über den Kwai Yai führt, ist nicht so gefährlich, wie er aussieht. Falls ein Zug vorbeikommt, bieten die Nischen zwischen den Brückenbögen genügend Ausweichmöglichkeiten. Neben der kleinen Haltestelle an der Brücke sind eine Dampflokomotive, die nach dem Zweiten Weltkrieg noch Dienst tat, und eines jener genialen japanischen Fuhrwerke, die sich sowohl auf der Straße als auch auf Schienen fortbewegen können, ausgestellt. Auch ohne die düstere Vergangenheit würde diese landschaftlich beeindruckende Gegend mit „schwimmenden Restaurants“ und Ho-

Schwimmende Hütten auf dem River Kwai.

tels an den Ufern des Kwai Yai flußauf- und flußabwärts der Brücke eine große Anziehungskraft auf Touristen ausüben. Wie wäre es mit einer Floßfahrt von Kanchanaburi zur Brücke am Kwai? Für Ihr leibliches Wohl sorgen die Schlepper, die die Flöße zur Brücke ziehen.

Die Alliierten überließen den Thai die Eisenbahnstrecke für 50 Millionen Baht. Die Regierung kaufte damit die Katze im Sack, denn die Briten hatten bereits mehrere Kilometer der Bahnstrecke an der birmanischen Grenze demontiert, und die Gleise waren dringend reparaturbedürftig. Die Kriegsgefangenen hatten ihr Bestes getan, um das Projekt der Bahnverbindung durch ihre mangelhafte Arbeitsleistung zu sabotieren. Häufige Bombardements taten ein übriges.

Kurz vor Kriegsende gelang es britischen Kampfflugzeugen, die mittleren Brückenbögen zu zerstören. Als Reparationsleistung ersetzten die Japaner die Bögen durch rechteckige Stützkonstruktionen mit der Aufschrift „Made in Japan" – welch eine Ironie des Schicksals.

Heute bietet die Eisenbahnverbindung zwischen Kanchanaburi und Nam Tok ein Bild ländlicher Idylle. Der kleine Bummelzug braucht für die 50 Kilometer lange Strecke eineinhalb Stunden. Wenn er langsam über die Brücke am Kwai rollt, ächzt und stöhnt es im Gebälk. Obwohl der Fluß durch die zahlreichen Hausboot-Quartiere etwas von seiner Ursprünglichkeit verloren hat, lohnt sich ein Ausflug in diese landschaftlich reizvolle Gegend allemal.

Kanchanaburi wird durch den Asian Highway mit dem 241 Kilometer entfernten Drei-Pagoden-Paß verbunden. Wegen der sporadischen Zusammenstöße zwischen birmanischen Soldaten und ethnischen Gruppen ist es nicht ganz ungefährlich, das Grenzgebiet zu besuchen, aber auf der Strecke zum Paß gibt es ein paar interessante Dinge zu sehen. 67 Kilometer nördlich von Kanchanaburi bieten die **Erawan-** oder **Elefanten-Wasserfälle** ein atemberaubendes Naturschauspiel.

In der Nähe von Nam Tok befindet sich der **Khao Phang-Wasserfall,** der über Sandsteinstufen fließt. Von hier aus können Sie in einer dreistündigen Bootsfahrt den **Sai Yok-Wasserfall** erreichen, der sich direkt in den Fluß stürzt. Auf dem Weg dorthin kommen Sie an der **Tham Kung-Höhle** mit beeindruckenden Stalagmiten und Stalaktiten vorbei.

Die auf Bambuspfählen errichteten Dörfer bieten einen idealen Ausgangspunkt für Ausflüge zu den Siedlungen der Mon und Karen, zu den Wasserfällen und Bambuswäldern. Falls Sie die Abenteuerlust gepackt haben sollte, können Sie eine Unterkunft bei einem Fremdenverkehrsamt in Bangkok buchen.

Die thailändische Staatsbahn bietet an Samstagen, Sonntagen und Feiertagen einen Tagesausflug für 60 Baht zum *chedi* von Nakhon Pathom, zur Brücke am Kwai, zum POW-Friedhof und zum Khao Phang-Wasserfall an. Wer Lust hat, kann auf der „Todesbahn" bis zur Endstation Nam Tok fahren.

Die Entdeckung einer Siedlung aus der Jungsteinzeit durch einen dänischen Kriegsgefangenen war trotz der tragischen Ereignisse, die den Eisenbahnbau überschatteten, eine erfreuliche Nachricht. 1961 bestätigte ein thailändisch-dänisches Archäologenteam den Fund und schlug damit ein neues Kapitel der thailändischen Frühgeschichte auf. In einem Museum in der Nähe der Ausgrabungsstätte sind einige Fundstücke ausgestellt, einschließlich eines menschlichen Skeletts aus der Jungsteinzeit.

In Kanchanaburi kann man den Bus oder Zug zur 30 Kilometer nördlich gelegenen Stadt Ban Keo nehmen. Von hier geht es dann zu Fuß zum Museum weiter, das nur wenige Kilometer von der staubigen Stadt entfernt liegt. Die hier ausgegrabenen Gegenstände sind der erste Hinweis auf eine prähistorische Besiedlung dieses Teils Südostasiens. Die meisten Fundstücke sind im Nationalmuseum in Bangkok ausgestellt.

Lange bevor Kanchanaburi zu einem strategisch wichtigen Punkt während des Zweiten Weltkriegs wurde, war die Provinz ständig Schauplatz blutiger Kämpfe zwischen Siamesen und Birmanen. Die Ruinen der Khmer-Stadt **Muang Sing** (Stadt des Löwen) nördlich von Ban Keo, kurz vor Wang Po sind ein eindrucksvolles Mahnmal einer jahrhundertealten Tragödie.

Zentralebenen
50 km
nach Chiang Mai
101
Tha Pla
Nam Pat
LAOS
Tha Li
Uttaradit
Mae Nam Nan
Si Satchanalai
Nationalpark
Mae Nam Khwae Noi
Na Haeo
Nationalpark
nach Loei
Mae Phrik
Sawankhalok
Phu Rua
Tin Tok
Thung Saliam
Phichai
Dan Sai
Dong Phaya Yen
Si Samrong
Nakhon Thai
Ramkamhaeng (Ruinen)
Nationalpark
Ban Dan Lan Hoi
Sukhothai
Phrom Phiram
Mae Nam Nan
Wat Bot
Lom Kao
Tak
Khiri Mat
Phitsanulok
Wang Thong
Thung Slang Luang
Lom Sak
Route 1
101
Bang Rakam
Mae Nam Ping
Phran Kratai
Na Bot
Bang Krathum
Phra-Höhle
Chang Talut
Sam Ngam
Kamphaeng Phet
Phichit
Phetchabun
Sri Thep
Pho Prathap Chang
Bu Chanuan
Pong Nam Ron
Taphan Hin
Khlong Khlung
Mae Nam Yom
Chon Daen
Pho Thale
Bang Mun Nak
Khanu Woralaksaburi
Nong Phai
Mae Nam Pa Sak
Wang Tha Di
Banphot Phisai
Nong Bua
Makha
Kao Lieo
Bung Boraphet
Nakhon Sawan
Lat Yua
21
Tha Tako
Wichian Buri
Phaisali
Mae Nam Chao Phraya
Dong Noi
Thap Than
Phayuha Khiri
Si Thep
Tak Fa
Uthai Thani
Ta Khli
Klang
Wat Sing
Chai Nat
Chai Badan
Route 1
Chum
in den Nordosten
Sankhaburi
Ban Rai
Khok Samrong
Ban Mi
Han Kha
Sing Buri
Phatthana Nikhom
Lop Buri
Chao Nen Dam
Doem Bang Nang Buat
Dan Chang
Phrom Buri
Mae Nam Chao Phraya
Tham Than Lod Nationalpark
Phra Putthabat
Muaklek
Tha Rua
Route 2
Si Prachan
Saraburi
Nong Pradu
Khao Yai Nationalpark
Suphan Buri
Phak Hai
Nationalpark
Bo Phloi
U Thong
Ayuttaya
Wang Takrai
Erawan Nationalpark
Bang Sai
nach Bangkok
Ban Na

ZENTRALEBENE: DAS KERNLAND

Die Siedlung mit ihren einfachen, strohgedeckten Bauernhäusern liegt versteckt hinter hohen, anmutigen Bambuswedeln, die sich sacht im Wind wiegen – eine Insel inmitten des weiten, grasgrünen Meeres, das sich scheinbar endlos in alle Richtungen erstreckt, nur unterbrochen von anderen, dunkelgrünen Inseln oder einem orangefarbenen Dach und dem Goldglanz eines buddhistischen Tempels, der wie ein märchenhaftes Juwel aus diesem Meer ragt...

Diese wogende Weite bildet von alters her den Reichtum Thailands. Von den sorgfältig eingedeichten und bewässerten Reisfeldern leben die Menschen nun schon über 700 Jahre. Wir befinden uns in der Zentralebene, dem fruchtbaren Herz des Landes. Stetig und unaufhaltsam kamen die ersten Thai aus den Bergen des Nordens und den Dschungeln des Südens hierher und gründeten ihre größten Städte.

Wer im Mai, gegen Ende der Trockenzeit, die Zentralebene bereist, sieht die Bauern in blauen Hemden und Strohhüten hinter ihren „Eisenbüffeln" herstapfen, dem Ackergerät, das nun anstelle der Wasserbüffel die trockene, rissige Erde umpflügt. Etwa einen Monat später, wenn die Regenzeit einsetzt, schimmert Wasser in den flachen Reisfeldern und das intensive Grün der jungen Reispflanzen schmerzt förmlich in den Augen.

Im November versiegt schließlich der Regen, das Korn wird golden, die Erntezeit ist da. Die Menschen kehren zurück aus ihren Dörfchen, aus den Tempeln, wo sie während der Regenzeit als Mönche lebten, und aus der Stadt, wo sie sich als Saisonarbeiter verdingten. Von der Ernte hängt nicht nur ihre Existenz, sondern die des ganzen Landes ab. Deshalb finden sich alle arbeitsfähigen Mitglieder der Bauernfamilien auf den Feldern ein. Ist die Ernte eingebracht, kommt die Zeit der Feste und Muße. Dann liegt über der Zentralebene Hunderte von Kilometern weit der Rauch vom Abbrennen der Stoppeln. Die Erde wird für den nächsten Anbauzyklus vorbereitet.

Mehrere große Ströme versorgen das fruchtbare Kerngebiet Thailands mit Wasser, vor allem natürlich der mächtige Chao Phraya, der vom Norden des Landes bis in den Golf von Thailand fließt und auf der Strecke über ein unglaublich weit verzweigtes Netz von Wasserläufen und künstlichen Kanälen die Reisfelder bewässert.

Die Geschichte Thailands ist verwoben mit den Feldern und Flüssen, und allenthalben stößt man auf archäologische Fundorte, etwa auf die im Angkor-Stil errichteten Türme von Lop Buri, wo die Khmer einst herrschten und sich den Reichtum der Ebenen erschlossen. Oder die weit verstreuten Ruinen weiter südlich in der Gegend von Bangkok, die von der einstigen Größe Ayutthayas zeugen. Und nicht zu vergessen die bedenklich geneigten Pagoden und die Außenmauern verfallener Paläste, bereits halb verschlungen von der üppigen Vegetation, die überall darauf zu lauern scheint, daß der Mensch wieder das Feld räumt.

<u>Vorherige Seiten</u>: Abenddämmerung am Wat Sra Sri in Sukhothai. Hast du Elefanten, kannst du reisen.

Am Horizont schimmert smogverhangen die Millionenstadt Bangkok, die jüngste Hauptstadt, die aus dem Reichtum der Zentralebene hervorging, halb bedrohlich, halb verlockend, verführerisch nah und doch unendlich weit entfernt vom Leben auf dem Dorf.

Auf breiten Autobahnen wie der Nationalstraße 1 fahren chromblitzende Autos, dröhnende Lastwagen und klimatisierte Reisebusse in alle Landesteile. Die in den Provinzstädten des Landes und den Metropolen der Welt gestarteten Jumbo-Jets donnern über die Ebene zum Don Muang Airport in Bangkok. Auf den Feldern stört das Plärren der Transistorradios die traditionelle Stille.

Unter dem Einfluß dieser Errungenschaften des 20. Jahrhunderts wandelt sich allmählich der zeitlose Charakter Thailands. Mit der Anbindung an die Stromversorgung trat das Fernsehgerät seinen Siegeszug an, mit dem Ausbau der Straßen kamen Lastwagen, „Eisenbüffel" und andere Boten der Außenwelt bis an die Türen der einst so abgelegenen Bauernhäuser. Die Bauern selbst sind nicht mehr ausschließlich an die Scholle gebunden. In fast jedem Dorf gibt es mindestens eine Person, die bereits ein oder zwei Jahre als Bauarbeiter in „Sa-oo" (Saudiarabien) oder einem anderen Land des Nahen Ostens gearbeitet hat. Die Kinder besuchen weit entfernte Schulen in der Stadt oder arbeiten beim Staat oder in Dienstleistungsunternehmen. Frauen benachteiligter Familien erzählen bedrückende Geschichten vom Leben in dunklen Zimmern in den Armenvierteln der Stadt und von der harten Arbeit für den Unterhalt der Familie.

Trotz allem blieb der Lebensrhythmus der Dörfler erhalten. Obwohl sich das Dasein der Bauern durch Kunstdünger, Maschinen und dem Zwang zur Ertragssteigerung in vielerlei Hinsicht geändert hat, haben die Familien ihre gute Laune und ihr Vertrauen in die Traditionen nicht verloren. Mögen die Büffel auch verschwinden, die Kinder in die Städte abwandern, die Wände der Häuser aus Beton statt aus Holz sein und Fernsehantennen die Dächer zieren: die Ruhe und Gemächlichkeit des Landlebens ist weitgehend unverändert geblieben.

In den Dörfchen der Zentralebene sieht man noch häufiger Häuser im klassischen thailändischen Baustil als anderswo; einfache, aber elegante Gegenstücke zu den großartigen Tempelbauten, die ihre Blütezeit in Ayutthaya erlebten. Die getäfelten Wände sind leicht nach innen geneigt und von eigenartiger Grazie, während die steilen Dächer gen Himmel zu streben scheinen.

Auch die Gesichter der Menschen zeigen weniger chinesische, laotische, burmesische oder malaiische Züge als die Thai in den Städten und Grenzgebieten. In den Dörfern der Zentralebene mit ihren Großfamilien, der gemeinsamen Feldarbeit, dem Vertrauen auf den Dorftempel als Quelle gesellschaftlichen wie geistlichen Beistands und dem tief verwurzelten Unabhängigkeitsgefühl spiegeln sich die nachhaltigsten Charaktereigenschaften der Thai deutlicher wider als in anderen Landesteilen.

Rechts: Die Bauern der Zentralebene vertrauen humorvoll den traditionellen Werten ihrer Kultur.

Auf dem Weg in die Zentralebene

Die Zentralebene erreicht man wie alle anderen Reiseziele in Thailand normalerweise schnell und bequem. Die größeren Städte des Kernlands sind durch Straße, Schiene und Flugzeug mit der Hauptstadt verbunden. In jüngster Zeit hat vor allem der Busverkehr zugenommen. Eine ganze Reihe von Unternehmen bietet Fahrten in klimatisierten Reisebussen zu allen stärker frequentierten Zielen an. Der Service ist in der Regel ausgezeichnet. Nette Hostessen servieren Snacks, der Kassettenrekorder sorgt für leise Musik, in manchen Bussen werden Videos gezeigt. Der VIP-Service – Liegesitze mit mehr Fußraum für größeren Komfort auf langen Nachtfahrten – ist eine durchaus begrüßenswerte Neuerung.

Mit der thailändischen Staatsbahn durchquert man östlich der Route 1 auf der Fahrt nach Chiang Mai in gemächlicherem Tempo die Zentralebene, vorbei an Ayutthaya, Nakhon Sawan, Phitsanulok und Utaradit. Für den Nordexpreß kann man in der ersten Klasse klimatisierte Schlafwagen buchen sowie in der ersten und zweiten Klasse herkömmliche Liegewagen. Im Speisewagen wird ausgezeichnete thailändische Küche und europäisches Frühstück serviert. Thai International fliegt regelmäßig die Stadt Phitsanulok in der Zentralebene an.

Nakhon Sawan ist aufgrund seiner Lage an der Kreuzung der Straßen und Flüsse, die Nord- und Zentralthailand verbinden, von jeher bedeutender Umschlagplatz für Waren gewesen. Der Ping River und der Nan River, die durch ihre Nebenflüsse Wang und Yom bereits beachtliche Dimensionen angenommen haben, treffen sich nach Hunderten von Kilometern, aus dem Hochland im Norden kommend, in Nakhon Sawan. Die Highway 1 teilt sich hier und geht nach Tak im Nordwesten, während die Straße 117 nach Sukhothai und Phitsanulok im Norden führt.

Unter ihrem alten Namen Paknampoh spielte die Stadt im Teakhandel eine bedeutende Rolle. Hier wurden die großen Teakholzflöße nach oft zwei- bis dreijähriger Reise aus den Wäldern des Nordens in kleinere Flöße aufgeteilt, die dann den Chao Phraya hinunter weiter nach Bangkok trieben. Man sieht zwar noch Teakholzflöße auf dem Fluß unterhalb von Nakhon Sawan, doch lange nicht mehr so viele wie in der Blütezeit des Handels mit dem edlen Rohstoff.

Es sind nur noch wenige Spuren von Nakhon Sawans Vergangenheit in der modernen Handelsstadt vorhanden, darunter die Tempelanlage **Wat Chomkiri Nagaproth** auf einem kleinen Hügel vor der Stadt, jenseits der Brücke über den Chao Phraya. Das Hauptgebäude stammt aus der Sukhothai-Periode im 14. Jahrhundert, während der Buddha auf dem von Dämonen gehaltenen Thron in der Ayutthaya-Periode geschaffen wurde. Hinter dem Haupttempel findet sich eine rund 100 Jahre alte, massive, reich verzierte Bronzeglocke, die von modernen Ziegelpfeilern getragen wird.

Ein beliebtes Ausflugsziel der Einwohner Nakhon Sawans ist **Bung Boraphet**, ein zwei Kilometer östlich der Stadt gelegener See. In einem Becken sammelt sich hier in der Regenzeit das Wasser. Bevor sie von Jägern ausgerottet wurden, sonnten sich an den Ufern siamesische Krokodile. Wenn der Monsun im September und Oktober seinen Höhepunkt erreicht, bedeckt das Wasser eine Fläche von 120 Quadratkilometern. Am schönsten ist der See in den Mondnächten der kühlen Jahreszeit. Dann kann man auf der Insel in der Mitte picknicken.

Die „neue" Stadt **Kampheng Phet** liegt drei Kilometer abseits der Route 1 am Ostufer des Ping, rund 120 Kilometer nordwestlich von Nakhon Sawan. Von König Li Thai (1347-1368) aus der Sukhothai-Dynastie erbaut, sollte sie das ältere Chakangrao am anderen Flußufer als Garnisonsstadt ablösen.

Rechts von der Zufahrtsstraße nach Kampheng Phet liegen die Ruinen des Lateritforts **Phom Seti**, erbaut zur Verteidigung der früheren Stadt. Folgt man der Straße, gelangt man zum restaurierten **Wat Chedi Klang Tung**, einem weiteren Überbleibsel Chakangraos.

Auf der Brücke über den Ping kommt man in die heutige Stadt. Gleich beim Ortszentrum mit seinen zahllosen Reis-

Links: Die Ruinen von Kampheng Phet, einer im 14. Jahrhundert blühenden Stadt.

und Nudelküchen befindet sich das geschickt angelegte **Provincial Museum**, das eine von Thailands schönsten Bronzeskulpturen des Hindugottes Shiva beherbergt. Die lebensgroße Plastik wurde im ersten Viertel des 16. Jahrhunderts vom Gouverneur von Kampheng Phet in Auftrag gegeben.

Zu Anfang der Regentschaft König Chulalongkorns (1868-1910) entfernte ein deutscher Besucher Kopf und Hände der Figur. Der damalige Gouverneur wagte es nicht, einen *farang* (Fremden) zu verhaften und unterrichtete die Behörden in Bangkok, daß die kostbaren Stükke per Schiff dorthin unterwegs seien. In Bangkok hielt man den Deutschen fest, der angab, die Stücke seien für das Museum in Berlin bestimmt.

König Chulalongkorn, dessen diplomatisches Geschick Thailand vor viel größeren Gefahren durch westliche Länder bewahrte, gelang es, den Deutschen zufriedenzustellen, ohne die Kunstschätze seines Landes preiszugeben. Er versprach, eine genaue Kopie der kompletten Statue nach Deutschland zu schicken, so daß die Fragmente in Thailand bleiben konnten. Er hielt sein Wort. Die Kopie steht heute noch in Berlin, während Kopf und Hände des Originals im Kampheng Phet-Museum wieder angebracht wurden. Außerdem befinden sich dort noch Bronzen aus der Zeit vor der Sukhothai-Periode, Stuckköpfe der Buddhas von Denkmälern der Umgebung und schöne Töpferstücke.

Für die Besichtigung der Festungs- und Tempelanlagen benötigt man Auto oder Bus, da sie ziemlich weit von der modernen Stadt entfernt liegen. Ein Besuch der **Festung König Li Thais** verrät, warum die Stadt Kampheng Phet oder „Diamantenmauer" hieß. Die mächtigen lateritbedeckten Erdwälle erheben sich noch heute sechs Meter über den Graben, auf dem nun Seerosen schwimmen.

Erst vor kurzem entdeckte man, daß der Graben über einen Kanal vom Fluß gespeist wurde. Ein geplantes Bewässerungssystem soll diesen alten Kanal miteinbeziehen, wieder ein Beispiel dafür, daß moderne Technik immer noch von der Vergangenheit lernt.

Volkstänze ziehen das Interesse auf sich.

Die bedeutendsten Denkmäler Kampheng Phets liegen nordwestlich der von Wällen umgebenen Stadt. Ihre Erbauer waren die Mönche einer im Wald heimischen Sekte, die stark von Gelehrten aus Sri Lanka beeinflußt wurden. Ihre Laterit-Tempel weisen singhalesische Charakteristika auf. Die meisten wurden jedoch in der Ayutthaya-Periode renoviert und dabei stark verändert.

Traditionelle Themen buddhistischer Architektur finden sich auch in den Ordinationshallen, Tempelsälen und *chedis* dieser Bauwerke, wobei zwei davon besondere Aufmerksamkeit verdienen und einen Besuch wert sind.

Wat Phra Si Iriyabot erhielt seinen Namen nach Buddha-Standbildern, die in vier verschiedenen Positionen dargestellt wurden (*si* heißt „vier“, *iriyabot* „Haltungen“), und zwar auf dem zentralen, rechteckigen *mondop*, dem Heiligtum. Die stehende Figur ist gut erhalten, der Stuck auf Haupt und Rumpf noch original. Es handelt sich dabei um ein eindrucksvolles und typisches Beispiel für eine Sukhothai-Skulptur.

Die anderen Figuren (sitzend, gehend und schlafend) sind leider in schlechtem Zustand. Die ganze Tempelanlage steht auf einer Plattform, die von den ursprünglichen Lateritumfriedungen und Lateritwällen umgeben ist.

Der andere Tempel, **Wat Chang Rob** oder „Elefantentempel“, besteht in seiner Basis aus einem großen Lateritstupa, der von Trägerfiguren in Form von Elefanten getragen wird, einem auf Sri Lanka üblichen Motiv, wo man glaubt, daß das Universum auf dem Rücken dieser Tiere ruht. Die Elefantenreihe an der Südseite ist so gut wie komplett, während an den anderen Seiten des Stupa Elefanten fehlen. Leider ist auch die Spitze des Tempels verschwunden. Dafür kann man aber die Ruinen einer Krypta im oberen Bereich des Stupa besichtigen. Sie wird gerade restauriert, wodurch ihre ursprüngliche Form zwar rekonstruiert, die Aura des Geheimnisvollen jedoch verloren gehen wird. Der Wald aus Teakholzbäumen bleibt uns hoffentlich erhalten, denn er trägt nicht unwesentlich zum Zauber Kampheng Phets bei.

Wat Phra Si Iriyabot dokumentiert den alten Sukhothai-Baustil.

Das Alte Siam

Der Weg in die alte Stadt **Sukhothai** nordöstlich von Kampheng Phet führt durch das „neue“ Sukhothai, eine geschäftige, moderne Stadt mit Geschäftshäusern aus Beton. Nach weiteren zwölf Kilometern betritt man durch das **Kampheng-hak-Tor** („Zerbrochene Mauer“) die alte Stadt, wobei die Behörden es vorzogen, die Straße direkt durch die Ruinen zu führen, nicht um sie herum.

Die Ruinen lassen erkennen, daß der Stadtkern von nicht weniger als drei Erdwällen und zwei Gräben umgeben war. Die Stadt war von den Khmer gegründet worden, die drei Gebäude und die Anfänge eines Wasserleitungssystems ähnlich dem von Angkor Wat hinterließen. Als das Angkor-Reich zerfiel, verließen die Khmer die Stadt und es kamen die Thai, die sie nach ihren Maßstäben weiterbauten. Sie konnten mit dem komplizierten Wasserleitungssystem der Khmer nichts anfangen und legten ein eigenes, einfacheres an. Wasser, oder vielmehr Wassermangel soll nicht unwesentlich zum Niedergang der Stadt beigetragen haben. Es wird vermutet, daß Sukhothais Wasserversorgung durch den Yom gewährleistet war, bis dieser seinen Lauf änderte.

Nicht weit vom Kampheng-hak-Tor ist das **Ramkamheng-Nationalmuseum**, ein guter Ausgangspunkt für eine Stadtbesichtigung. Es beherbergt eine Sammlung von Sukhothai-Plastiken, Keramik und Kunstgegenständen sowie Exponate aus anderen Epochen. Die Eingangshalle wird beherrscht von der eindrucksvollen Bronzeplastik eines wandelnden Buddhas, deren Stil als eine der schönsten Neuerungen auf dem Gebiet der Skulpturen der Sukhothai-Periode (etwa 1230-1440) gilt. In Reliefs waren schon vorher wandelnde Buddhas dargestellt worden, doch die Sukhothai-Künstler waren die ersten, die Standbilder mit diesem Motiv schufen. Daneben zeigt sie die typischen Elemente einer Sukhothai-Arbeit: fließende Linien, androgyne Figur und deutliche Ausprägung der 32 *raksanas* oder Eigenschaften, an denen man einen Buddha erkennen kann, wie etwa keilförmige Fersen, Arme, die bis zu den Knien reichen, Finger und Zehen von gleicher Länge und vieles mehr.

Zu dieser Zeit nahmen die Thai den Theravada-Buddhismus an und ließen Mönche aus Sri Lanka als Lehrer kommen. Trotzdem waren hinduistische Einflüsse nach wie vor bedeutend, wie die beiden Bronzeskulpturen von Hindugöttern zeigen, die den schreitenden Buddha flankieren. Die rechte, die Züge von Vishnu und Shiva in sich vereint, ist besonders schön. Bemerkenswert auch der Steintorso einer *apsara*, einer Gottheit, im Stil der Khmer. (Werfen Sie einen Blick auf die Rückseite der Statue. Anstelle häßlicher Eisenstreben sieht man, wie ihr prächtiges Kostüm einst ausgesehen haben muß.)

Im Zwischengeschoß wird stolz ein besonderes Stück präsentiert: die Kopie der berühmten Steininschrift König Ramkamhaengs. Das Original ist das Kleinod des Nationalmuseums in Bangkok. Die Inschrift aus dem Jahr 1292 war am **Non Prasat**, dem Palasthügel, entdeckt worden, der heute nur mehr eine leicht erhabene Terrasse aus Erde und Ziegeln ist. Gefunden hat sie 1833 der spätere König Mongkut, der damals als Mönch lebte. König Ramkamheng hatte darauf seine Eroberungen in den umliegenden Königreichen verewigt und eine Leistung, die ihm zu wesentlich mehr Ruhm gereicht: Er hatte 1283 das siamesische Alphabet eingeführt.

Ebenfalls auf dem Non Prasat stand einst der Steinthron Ramkamhengs. Die wenig beeindruckende, erhöhte Terrasse, die heute zu sehen ist, war einst das Zentrum des alten Siam. Alexander Griswold schreibt dazu: „Die politische Bedeutung des Throns ist nicht zu unterschätzen. Hier saß der König, wenn er Staatsgeschäfte regelte und die Ehrfurchtsbezeigungen seiner Vasallen entgegennahm.“ Der *Manangasila* genannte Steinthron befindet sich heute im Tempel des Smaragd-Buddhas in Bangkok.

Innerhalb der Stadtmauern von Sukhothai stehen die Ruinen von etwa 20 *wats* und anderen Monumenten, das größte darunter **Wat Mahathat**. Wer diesen Tempel gründete, der als „magisches und geistiges Zentrum des König-

Links: Das *chedi* von Wat Mahathat in Sukhothai im Kerzenlicht während *Loy Kratong*.

reichs“ gilt, ist nicht eindeutig geklärt. Es spricht jedoch einiges für König Sri Indradit (um 1220-1250), den ersten Sukhothai-König. Seine heutige Form verdankt Wat Mahathat einem Umbau, der unter König Li Thai um das Jahr 1345 vollendet wurde.

Seine ursprüngliche Form, die vor ein paar Jahren bei Reparaturarbeiten vom Department of Fine Arts entdeckt wurde, war eine Lateritplattform mit vier Ecktürmen und einem Mittelturm. Die vier Axialtürme, im Khmer-Stil erbaut und unter König Li Thai mit Stuck verziert, stehen noch. Der Mittelturm liegt jetzt unter den Grundmauern von Li Thais „Lotosblüten“-Turm. Er war durch noch sichtbare Strebebögen aus Laterit mit den Axialtürmen verbunden. Das wichtigste Buddhastandbild, das König Li Thai (1347-1368) in Bronze gießen ließ, steht heute im Wat Suthat in Bangkok. Ungewöhnlich ist das Stuckfries mit wandelnden Mönchen an den Grundmauern des Hauptturmes.

In vielen der 20 übrigen Tempel innerhalb der Stadtmauern und den rund 70 in der Umgebung wiederholen sich die gleichen architektonischen Themen. Im folgenden haben wir mit Hilfe von Prof. Fürst Subhadradis Diskul, einer Kapazität für Sukhothai-Kunst und -Geschichte, eine Liste besonders interessanter Baudenkmäler zusammengestellt. (Mehr verrät der Sukhothai-Führer, der vom Fine Arts Department in englischer Sprache herausgegeben wird und im Museum erhältlich ist.)

Wat Sri Sawai, südwestlich von Wat Mahathat, war ursprünglich ein Hindu-Tempel mit einem Bildnis Shivas. Übrig davon sind dreistöckige Türme in abgewandeltem Khmer-Stil. Die im 15. Jahrhundert angefügten Stuckverzierungen zeigen mythische Vögel und Götter und sind ausgesprochen schön.

Wat Sra Sri in Richtung Südtor hat eine Turmspitze (*chedi*), die denen Sri Lankas gleicht. Die Ordinationshalle (*bot*) befindet sich auf einer Insel östlich des Turms. Vom Haupttempel stehen noch sechs Säulenreihen, die zu einem restaurierten sitzenden Buddha führen. Dazu Achille Clarac: „Die Details, die

Für *Loy Kratong* festlich geschmücktes Ochsengespann.

Ausgewogenheit und Harmonie Wat Sra Sris und die Schönheit seiner Umgebung zeugen vom ungewöhnlichen und hochentwickelten ästhetischen Empfinden der Sukhothai-Baumeister."

Nur wenig nördlich von Wat Mahathat liegen **Wat Chana Songkhram** und **Wat Trakuan** mit ihren schönen ceylonesischen *chedis*, von denen aber nur der untere Abschnitt erhalten ist. In Wat Trakuan entdeckte man zahlreiche Bronzeplastiken der Chiang Saen-Periode.

Verläßt man die Stadt durch das nördliche San Luang- oder „Königstempel"-Tor, kommt man nach ungefähr einem Kilometer zu dem bedeutenden Tempel **Wat Phra Phai Luang**. Er besaß ursprünglich drei Laterittürme mit Stuckverzierung, die vermutlich aus dem 12. Jahrhundert stammen, als Sukhothai noch Teil des Khmer-Reiches war. Der Tempel ist älter als Wat Mahathat und war möglicherweise vor ihm Zentrum Sukhothais. Hier wurde ein fragmentarisches Bildnis eines sitzenden Buddhas gefunden, das 1191 unter der Herrschaft des Khmer-Königs Jayavarman VII. entstand und heute im Ramkamhaeng-Museum steht. Bei der Restaurierung durch das Fine Arts Department Mitte der sechziger Jahre stürzte ein großer Stuck-Buddha im Hauptturm zusammen, wobei zahlreiche kleinere Buddhas zum Vorschein kamen. Diese Bildnisse werden bis ins 13. Jahrhundert zurückdatiert.

Östlich des Haupttempels liegt ein pyramidenförmiger Ziegel-*stupa*, der ursprünglich in jedem Stockwerk sitzende Stuck-Buddhas aus dem späten 13. Jahrhundert enthielt. Die Nischen wurden später mit Ziegelsteinen zugemauert, die bei den 1953 beginnenden Renovierungsarbeiten entfernt wurden. Als die Stuck-Köpfe auf Bangkoks Antiquitätenmarkt auftauchten, merkten die Behörden, daß der Stupa geplündert wurde. Ein Team des Fine Arts Department wurde hingeschickt, doch da war der größte Schaden schon angerichtet. Die Köpfe (mit Gesichtern im Chiang-Saen-Stil) befinden sich heute, soweit sie nicht ins Ausland gebracht wurden, in Privatsammlungen und im Nationalmuseum in Bangkok.

Sonnenuntergang bei Wat Mahathat.

Jenseits des Wat Phra Phai Luang liegt **Wat Si Chum** mit einem der größten sitzenden Buddhas ganz Thailands. Der *mondop* – der Tempel, in dem sich die Statue befindet – stammt aus der zweiten Hälfte des 14. Jahrhunderts, und der Buddha selbst, Phra Achana oder der „Verehrungswürdige“, soll der in der Inschrift König Ramkamhengs erwähnte sein. In den Mauern des *mondop* befindet sich eine Treppe, die aufs Dach führt. Für größere Personen ist sie allerdings nicht geeignet. Die Decke des Treppenraumes besteht aus 50 geschnitzten Schieferplatten, die buddhistische Motive zeigen. Das Ritual des Treppensteigens wurde so zu einem symbolischen Aufstieg zur Buddhaschaft.

Angeblich hat ein Trupp Soldaten, der sich hier vor der Schlacht versammelte, den Buddha einst sprechen hören. Es wird vermutet, daß es sich dabei um den brillanten Schachzug eines Generals handelte, der einen seiner Männer auf der Treppe postierte und durch eines der von dem Standbild verdeckten Fenster sprechen ließ. Die Wirkung war jedenfalls phänomenal: der Feind wurde vernichtend geschlagen.

Südlich der Stadtmauern liegt noch eine Gruppe von Tempeln und Klöstern. Eines der sehenswertesten ist **Wat Chetupon**, wo die Schutzmauer des *vihan* aus Schieferplatten gefertigt wurde, die fast wie Holz wirken. Auch die Tore bestehen aus Schiefer, der aus dem benachbarten Hügelland stammt. Sie erinnern an die Megalithen von Stonehenge, nur sind sie kleiner. Die Brücken über den Graben, der den Tempel umgibt, bestehen ebenfalls aus Steinplatten. Den Hauptturm Wat Chetupons zieren stehende, ruhende, wandelnde und sitzende Buddhas. Der wandelnde Buddha gilt als einer der schönsten überhaupt.

„Im Westen der Stadt Sukhothai“, so König Ramkamhengs Inschrift, „liegt ein Wald, in dem der König geopfert hat. Dort ist ein großer, schöner *vihan* mit einem 18 Ellen hohen Bildnis des stehenden Buddhas.“ Der Ort, von dem Ramkamheng sprach, ist **Wat Saphan Hin**, das „Kloster der Steinernen Brücke“, so genannt, weil es nur über eine Treppe aus

Die Ruinen von Wat Chetupon ähneln der Anlage von Stonehenge bei Salisbury.

mächtigen Steinplatten zu betreten ist. Das Standbild steht auf dem Kamm eines flachen Hügels und ist schon aus weiter Entfernung zu erkennen. Es ist 12,5 Meter hoch und hat eine Hand schutzspendend erhoben. Mit großer Sicherheit ist dies die von König Ramkamheng erwähnte Statue.

Dieses westliche Gebiet beherbergt noch viele Monumente. Sie wurden vermutlich von ceylonesischen Mönchen errichtet, die ihre Klöster gern im Wald bauten. Einen Besuch wert ist auch **Wa Pa Mamuang**, der „Tempel des Mangohains", nicht weit vom Westtor Sukhothais an der Straße. Hier setzte König Li Thai 1361 einen berühmten Mönch der Theravada-Sekte ein. Heute stehen noch die Grundmauern des Tempels und die Ruinen des Haupt-*chedi*.

Rund 55 Kilometer nördlich des heutigen Sukhothai liegt an einer neuen Asphaltstraße die alte Stadt **Si Satchanalai** am Ufer des Yom. Wie Sukhothai Mitte des 13. Jahrhunderts gegründet, war sie Sitz der Vizekönige Sukhothais und wurde immer als Schwesterstadt der Hauptstadt erwähnt. Während Sukhothais Pracht durch Restaurierung, Abholzung und Rasenanlagen etwas gemindert wurde, hat das urtümliche Si Satchanalai eine Atmosphäre, wie sie nur wenige antike Stätten besitzen. Es ist ein Erlebnis, das bewaldete Gelände zu durchstreifen und hinter jeder Ecke von einem neuen *wat* oder Monument überrascht zu werden.

Das erste und bedeutendste Bauwerk Si Satchanalais ist **Wat Chang Lom**. Es gilt als sicher, daß es sich hierbei um den „von Elefanten umgebenen Tempel" der Inschrift Ramkamhengs handelt. Der große König hat niedergeschrieben, daß er ihn 1285 erbauen ließ, um einige besonders heilige Reliquien des Buddhas zu beherbergen, und daß er sechs Jahre später vollendet wurde. Es ist der einzige erhaltene Stupa, der mit Sicherheit König Ramkamheng zugeschrieben werden kann. Die große, glockenartig geformte Turmspitze, nach singhalesischer Manier aus Laterit und Stuck, steht auf einem zweistöckigen, rechteckigen Unterbau. Im oberen Stock sind heute zumeist leere Nischen für Buddha-Statuen, der untere

Unten links: Wat Saphan Hin in Sukhothai mit dem stehenden Buddha. Unten rechts: Wat Chang Lom in Si Satchanalai aus dem Jahr 1285.

enthält 39 Elefanten-Trägerfiguren aus Lateritblöcken.

Südlich des Elefantentempels stößt man auf die Ruinen von **Wat Chedi Chet Theo** einschließlich sieben Reihen von Stupas, in denen die Asche der Vizekönige von Si Satchanalai aufbewahrt worden sein soll. In einem davon findet sich ein gut erhaltenes Bildnis aus Stuck, das einen Buddha unter dem Schutz der heiligen Schlange (*naga*) zeigt.

Noch weiter südlich, nahe bei der mächtigen Stadtmauer, liegen die Überreste von **Wat Nang Phya**, dem „Tempel der Königin". Er hat feine Stuckarbeiten an den Außenmauern, die vermutlich aus dem 16. Jahrhundert stammen und an europäischen Barock erinnern.

Andere sehenswerte Tempelanlagen sind **Wat Khao Phanom Pleung** und **Wat Khao Suwan Kiri**, landschaftlich schön auf zwei durch einen Gehweg verbundenen Hügeln gelegen. **Wat Phra Si Ratana Mahathat** in Chalieng, einer der schönsten Tempel, liegt herrlich über dem Yom, zwei Kilometer südöstlich der alten Stadt.

Si Satchanalai wird auch in Verbindung gebracht mit der berühmten Sawankhalok-Keramik, einem der ersten Exportschlager Thailands. Die braunen Schalen mit dem typischen Fisch-Design wurden auf Dschunken nach China verschifft. Scherben und Wracks hat man vor Pattaya im Meer gefunden. Neben Reproduktionen bekommt man auch noch echte Keramiken in dieser Gegend.

In **Phitsanulok** erinnert nicht mehr viel an die Vergangenheit. 1960 verwüstete ein Feuer große Teile der alten Stadt. Die neue Stadt ist eine recht trostlose Ansammlung von Betonbauten. Ihrer herrlichen Lage am Nan mit den von blühenden Bäumen beschatteten Kais und den an den steilen Ufern dümpelnden Hausbooten tut dies jedoch keinen Abbruch. Das große Feuer hat **Wat Mahathat,** den Haupttempel Phitsanuloks, zum Glück verschont. Er ist heute wie seit Jahrhunderten Glaubenszentrum. *Phra Buddha Chinaraj*, das Bildnis im zentralen *bot*, wird in ganz Thailand verehrt. Leider hat dies einen florierenden Handel mit religiösem Tand und Souvenirs angekurbelt. Eine Kopie des sitzenden Buddhas im Sukhothai-Stil ist in Wat Benjamabophit in Bangkok.

Der *bot*, der Schrein des *Phra Buddha Chinaraj*, hat ein dreistufiges Dach, das steil zu den nur mannshohen Seitenwänden abfällt und so den Blick auf die strahlende Figur am Ende des Raumes lenkt. Das Bildnis wird flankiert von zwei herrlich gearbeiteten Holzkanzeln aus der späten Ayutthaya-Epoche. Die größere rechts ist für die Mönche, die alte buddhistische Texte in Pali rezitieren, in der anderen sitzt ein einzelner Mönch und überträgt ihre Worte ins Thai (Pali würde von den wenigsten der Anwesenden verstanden). Beachten Sie die Perlmutt-Einlegearbeiten aus dem späten 18. Jahrhundert an den Türen.

Die Turmspitze (*prang*) im Zentrum des Tempels war von König Boroma Trailokanath im Khmer-Stil neu gebaut worden. Die Zellen um den *prang* enthalten Buddhabildnisse aus verschiedenen Epochen, einige davon von hohem künstlerischen Wert. Ein Raum für Kunstgegenstände enthält unter anderem Thai- und China-Keramik.

Links: Der vergoldete Phra Buddha Chinaraj wird in ganz Thailand verehrt. Rechts: Die Äste eines alten Baums spenden Schatten für Wat Chedi Chet Theo.

Nordthailand
50 km
MYANMAR
Mae Sai
Chiang Saen
Chiang Khong
MYANMAR
Mae Chan
Tha Ton
Fang
Chiang Rai
Mènam Khong (Mekong)
1019
1020
107
Thoeng
Mae Suai
Nam Mae Taeng
Muang Ngai
Chiang Kam
Wiang Pa Pao
Pa Daed
Thung Chang
Wiang Ko Sai Nationalpark
Pai
Chiang Dao
Phrao
Chun
Mae Hong Son
Nam Tok Mae Surin Nationalpark
Phayao
Pua
Mae Taeng
1007
Wang Nua
Pong
Tha Wang Pha
Doi Pui Nationalpark
Mae Rim
Nam Mae Wang
Route 1
Mae Nam Yom
Khun Yuam
Nam Mae Chaem
Doi Saket
Chiang Muan
Doi Suthep
San Kamphaeng
Chiang Mai
Ngao
Nan
108
Chae Hom
Mae Nam Wang
Phatai-Höhle
Mae Klang
Pa Sang
Lamphun
1080
Doi Khun Tan Nationalpark
103
Sa
Mae La Noi
Mae Chaem
Chom Thong
Mae Tha
Song
105
Ban Hong
Hang Chat
Lampang
Rong Kwang
Mae Sariang
Na Noi
Mae Sanam
Hot
Mae Nam Ping
Mae Ping Mae Hat-Mae Kor Nationalpark
Ko Kha
Long
Phrae
Fah Tha
Sirikit Dam
Sop Prap
Wang Chin
Den Chai
106
Om Koi
Li
La Po Khi
Tha Pla
101
Nam Pat
Uttaradit
Mae Nam Nan
Thoen
Si Satchanalai
Phumiphon Yanhi Dam
Nationalpark
Si Satchanalai (Ruinen)
Mae Phrik
Sawankhalok
Thanen Taunggyi
Sam Ngao
Thung Saliam
Phichai
Tha Seng Yang
Si Samrong
Nakhon Thai
Ban Tak
Ramkamhaeng (Ruinen)
Nationalpark
Mae Nam Nan
Yakhi -kan
Mae Ramat
Ban Dan Lan Hoi
Sukhothai
Wat Bot
Hlaingbwe Chaung
105
Lang Sang Nationalpark
Tak
12
Khiri Mat
Phitsanulok
Thung Slang Luang Nationalpark
Mae Sot
Mae Nam Ping
Kawkanik
Kamphaeng Phet
Sam Ngam
Phichit
MYANMAR
Pong Nam Ron
Khlong Khlung
Taphan Hin
Route 1
Pho Thale
Umphang
Bang Mun Nak

Norden: Region mit Charakter

Wieder haben wir einfache Häuser vor uns, die jedoch architektonisch und atmosphärisch im Gegensatz zu jenen der Zentralebene stehen. Auch die Umgebung ist anders: Die Siedlung ist noch abgelegener als die Dörfchen in der Zentralebene und nicht von Reisfeldern umgeben, sondern von felsigem Hügelland und wolkenverhangenen Bergen. Es ist ein wildes, nahezu unerschlossenes Land, wo Entfernungen noch in Wegstunden, nicht in Kilometern angegeben werden.

In diesen dschungelbedeckten Bergen leben ungewöhnliche Menschen: Meo mit riesigen Turbanen und klimperndem Silberschmuck, Yao mit herrlich bestickten Kleidern und einige sagenumwobene kleinere Nomadenstämme wie die Phi Thong Luang, die „Geister der gelben Blätter", die man tatsächlich für Legende hielt, bis sie von einer Expedition entdeckt wurden.

Hier gedeiht auf den Feldern verbotenerweise Schlafmohn, hier beginnen die verschlungenen Pfade der Illegalität, die bis in die Straßen der westlichen Großstädte führen. Schlafmohnanbau und sein Nebenprodukt, das Opium, wurden in Thailand vor über 30 Jahren verboten, doch so einfach war dem Übel nicht beizukommen. Es ist schwer für die Behörden, dieses unzugängliche Gebiet zu kontrollieren, aber ein Kinderspiel für Schmuggler, im Grenzgebiet zu Birma und Laos ins berüchtigte „Goldene Dreieck" zu gelangen, das im Zusammenhang mit Drogen zu zweifelhaftem Ruhm gelangte.

Die Regierung hat inzwischen einen anderen Kurs eingeschlagen. Vor 20 Jahren rief König Bhumibol ein ehrgeiziges Projekt ins Leben, um die Bergbauern dazu zu bewegen, sich von Mohn auf andere Feldfrüchte umzustellen. Des weiteren fördert die Regierung den Handel und schafft Absatzmärkte für die neuen Produkte. Heute werden große Mengen Kaffee, Honigmelonen, Rosenkohl, Äpfel, Erdbeeren und andere „Fremd"-Produkte angebaut.

Missionare und Organisationen wie die vom König unterstützte Hill Tribe Foundation bemühen sich, die exquisiten Handarbeiten der Bergstämme zu vermarkten. Die Grenzpolizei fliegt mit ihren Hubschraubern nicht nur in abgelegene Bergdörfer, um über die Einhaltung der Gesetze zu wachen, sondern auch, um Schulen zu gründen und die Bewohner zum erstenmal mit moderner Medizin und Zahnmedizin in Berührung zu bringen.

Die Bergstämme bilden immer noch eine exotische Randgruppe im thailändischen Volk, doch finden sie allmählich ihren Platz in der Nation und wagen sich bereits in die größeren Städte des Nordens vor – manche allerdings nicht freiwillig, sondern getrieben von der Zerstörung des Dschungels und dem Verlust ihrer Heimat. Verloren im ungewohnten Verkehr und Lärm bieten sie in den Straßen Bangkoks ihre Waren feil.

Doch der Norden bietet weit mehr als fremdartige Bergstämme und Dschungelwildnis. Er ist von einer großen Vergangenheit, Königrei-

Vorherige Seiten: Für die Lisu bedeutet Neujahr eine Zeit des Feierns. Am Kok River in Chiang Rai steht die Zeit still.

chen, legendären Herrschern und künstlerischen Leistungen geprägt, die älter sind als die erste Thai-Hauptstadt Sukhothai aus dem 13. Jahrhundert. Der berühmte Smaragd-Buddha, das am meisten verehrte Standbild in ganz Thailand, stammt aus dem Norden (wo es nach Ansicht vieler Fachleute auch entstand) und wurde lange Zeit in verschiedenen Tempeln der Region aufbewahrt.

Die Sage berichtet von König Mengrai aus Chiang Saen, der im 13. Jahrhundert den Norden regierte und so mächtig gewesen sein soll, daß er, als er eine neue Hauptstadt gründen wollte – das spätere Chiang Mai –, königliche Freunde aus allen Teilen des Landes, auch aus Sukhothai, zu Rate zog, die ihm bei der Wahl eines geeigneten Standorts behilflich waren. Die Landvermesser wußten, daß sie einen vielversprechenden Platz gefunden hatten, als sie von einem Ort hörten, wo sich seltene Tiere zusammengefunden hatten: zwei weiße Sambarhirsche (inzwischen ausgestorben), zwei weiße Bellhirsche und eine weiße Maus mit fünf Jungen. König Mengrai soll angeordnet haben, unverzüglich mit dem Bau Chiang Mais zu beginnen.

Der Norden war Schauplatz historischer Schlachten, burmesischer Invasionen und des Aufstiegs und Niedergangs unabhängiger Königreiche, die nur weitläufig mit den wichtigen Städten des zentralen Teils des heutigen Thailand verbunden waren. Noch zu Anfang dieses Jahrhunderts konnte man den Norden von Bangkok aus nur nach einer beschwerlichen Flußfahrt oder mehrwöchigen Reise auf dem Elefantenrücken erreichen. Die älteren Einwohner Bangkoks erinnern sich noch an den großen Tag, als nach über 10jährigen Bauarbeiten Ende der zwanziger Jahre die Bahnlinie nach Norden eröffnet wurde.

Es überrascht daher kaum, daß diese Gegend ihren unverwechselbaren Charakter bewahrt hat. Touristen, die aus anderen Teilen des Landes hierherkommen, empfinden den Norden wie ein anderes Land. Sie staunen über die vielen schönen Tempel mit ihren herrlichen Teakschnitzereien und üppigen Verzierungen im burmesischen Stil (allein in Chiang Mai, einer mittleren Großstadt, findet man über hundert davon), die Pracht der wilden Orchideen, die auf den Hügeln in Hülle und Fülle gedeihen, die angenehme Wesensart der Menschen (zu deren liebenswürdigen Bräuchen es gehört, für durstige Wanderer immer eine Schale mit kühlem Wasser vors Tor zu stellen), die legendäre Schönheit ihrer Mädchen und den ungewohnten Umstand, daß man in der kühlen Jahreszeit hier einen warmen Pullover braucht.

Uralte Handwerkskunst, die anderswo der Maschine gewichen ist oder so gar nicht existiert hat, ist hier noch lebendig: feine Lackarbeiten, dünne Silberschalen, die über Holzformen in komplizierte Formen gehämmert werden, zarte, handgewebte Baumwollstoffe und schimmernde Seide, kunstvolle Teakschnitzereien, bemalte Papierschirme und zerbrechliche Celadon-Keramik.

Neben ihren Sitten und Gebräuchen, dem Kunsthandwerk und einer gewissen Gelassenheit haben sich die Menschen des Nordens auch ihre Vorliebe für Feste bewahrt, die hier öfter und begeisterter gefeiert werden als in anderen Landesteilen. Wer im Winter, zwischen Oktober und Ende Januar, kommt, wird unweigerlich irgendeine Feierlich-

Rechts: Mit der Wieng Lakon-Parade in Lampang erinnert man an die Geschichte des Lanna-Reiches.

keit miterleben, seien es das berühmte Loy Krathong-Wasserfest oder hiesige Ereignisse wie die Knoblauchernte in Lamphun, wenn unter den Schönheiten die „Miss Knoblauch" gekürt wird.

Der Norden ist reich an Bodenschätzen und landschaftlicher Schönheit. Weite Landstriche sind von riesigen Hartholzwäldern bedeckt, in denen nach wie vor abgerichtete Elefanten die gefällten Stämme zu den Flußufern ziehen. Von dort treiben sie auf dem Wasser bis zu den Sägewerken. In die Berge trieb man Minen, wo beispielsweise Wolfram abgebaut wird, die den neuen Industrien zu einem Boom verhalfen. Ein anderer neuer Industriezweig ist die Schnittblumenproduktion. Im Winter füllen seltene Gladiolen, Löwenmaul, Nelken und andere Blüten die Blumenläden Bangkoks.

Heute gelangt man viel schneller und bequemer in den Norden als zur Zeit der Flußboote und Elefanten. Thai International fliegt siebenmal täglich nach Chiang Mai, sechsmal täglich nach Chiang Rai – direkt oder über Chiang Mai – sowie nach Tak, Loei, Nan, Lampang, Phrae, Phitsanulok, Mae Sot und Mae Hong Son.

Städte wie Mae Hong Son hoch in den diesigen Bergen, die Thailand von Birma trennen, sind wie das chinesische Mae Salong und Loei über breite, befestigte Straßen erreichbar.

Drei Züge und zahllose Busse verlassen täglich Bangkok in Richtung Norden. Wer mit Stil reisen möchte, nimmt am besten den „Nakorn Ping"-Spezialexpreß. Er bietet Erste- und Zweiteklasseabteile mit Klimaanlage oder Ventilator. Der mit Ventilator ausgestattete Schlafwagen der zweiten Klasse entspricht den Bedürfnissen der meisten Reisenden. Platz- und Schlafwagenkarten sollte man während der Schulferien, zu Songkran Mitte April, in den Neujahrsferien, zum Chinesischen Neujahrsfest, zum Loy Krathong-Fest und zum Songkran-Fest möglichst früh vorbestellen, und auch die Hotels in Chiang Mai sind dann voll.

Autoreisende nehmen die Route 1, verlassen bei Kampheng Phet die Zentralebene und durchqueren das Tor zum Norden, die Provinz Tak. Dann geht es in nordöstlicher Richtung am Wang River entlang nach Lampang. Von hier aus führt eine bei jeder Witterung befahrbare Straße nach Chiang Mai, während die Route 1 weiter nach Chiang Rai geht. Planen Sie unbedingt hier und da einen Abstecher ein, und nehmen Sie einfach mal eine der interessanten Nebenstraßen.

Den Norden sollte man möglichst in der kalten Jahreszeit besuchen (Ende November bis Februar), wenn die Tage heiter und sonnig, doch nicht zu heiß sind, und die Nächte kühl genug für Jacke und Pullover. Blauer Himmel und klare Luft sind ideal zum Fotografieren, und in der Abendkühle lernt man Chiang Mais Spezialität *kow tom* schätzen, heißen Reisbrei mit Eiern und Fleisch.

Ausflüge nach Myanmar (Birma) sind offiziell nicht möglich, da die birmanische Regierung keine Visa für aus Thailand einreisende Touristen ausstellt. Jahrelang konnte man von Chiang Khong aus über den Mekong nach Ban Houei in Laos reisen, doch obwohl sich die Beziehungen zwischen den Ländern beträchtlich verbessert haben, gestattet Laos die Einreise nur bei Vientiane.

Links: Mädchen vom Stamm der Akha mit prächtigem Kopfschmuck.

DAS TOR IN DEN NORDEN

Tak ist das Tor zum landschaftlich schönsten Gebiet Thailands, dem Norden. Der verschlafene Ort am Ping River ist nur mehr ein Schatten seiner selbst. Als er noch Raheng hieß, war es eine betriebsame Holzfällersiedlung gewesen. Nördlich der Stadt treffen sich Wang und Ping, zwei der vier Hauptzuflüsse des Chao Phraya. Die Stämme trieben die Stromschnellen des Ping und den Wang hinunter, wurden zu Flößen gebunden und nach Nakhon Sawan gebracht. Die Stromschnellen verschwanden leider im Bhumibol-Stausee, und mit ihnen ging Taks abenteuerlicher Ruf verloren.

Im 19. Jahrhundert war Tak auch Station für Reisende nach Birma und Chiang Mai. Bis in den zwanziger Jahren die Bahnlinie fertiggestellt war, konnte man den Norden nur mit Flußbooten erreichen, die mit Staken im Flußbett gegen die starke Strömung vorangetrieben wurden. Die schwierigste Etappe waren die Stromschnellen, und so wurden in Tak noch einmal die Vorräte ergänzt, Bootsleute angeheuert und die Boote auf die Gefahren der Fahrt durch enge Schluchten vorbereitet.

Heute ist Tak ein wohlhabendes, friedliches Städtchen abseits der Route 1. Man erreicht es auf der Hauptstraße oder über die alte Straße, die sich durch gepflegte Gärten und um den Teich bei der Provinzverwaltung herumschlängelt. Eine breite, baumlose Esplanade trennt den Markt vom Ping. Die Uferbefestigungen sollen verhindern, daß der Fluß in der Regenzeit die Stadt überflutet.

Viel Sehenswertes gibt es nicht in Tak, abgesehen vom Sonnenuntergang am Fluß und der orangen Hängebrücke, die an San Franciscos Golden Gate Bridge erinnert. Nördlich des quirligen Marktes liegen **Wat Phrae** und **Wat Sibunruang**, der eine goldene *chedi*-Spitze und den *Phra Buddhamon*, ein frühes Sukhothai-Bildnis, aufweist.

Tak wird viermal wöchentlich von der THAI angeflogen. Mit den beiden modernen, klimatisierten Hotels Wiang Tak und Wiang Tak 2 ist es geeigneter Ausgangspunkt für Ausflüge nach Mae Sot und zum Bhumibol-Stausee.

Die Straße 105 führt durch zerklüftete Hügel nach **Mae Sot** an der Grenze zu Birma. Rund zwölf Kilometer sind es von Tak zum Luang Larn National Park mit den hinter Bambushainen verborgenen Wasserfällen. Lohnenswert ist ein Abstecher nach *nikhorn*, der „Siedlung", wo man die Bergstämme der Lisu, Lahu und Meo erleben kann.

Am Berg Phawoh wird die Straße steil und die Lastwagenfahrer opfern im Geisterhaus und bitten um sicheres Geleit. Jenseits des Passes geht es durch den Wald in ein friedliches Tal hinab mit Bauernhäuschen, weißen *chedis* und im burmesischen Stil verzierten Tempeln.

Mitte der siebziger Jahre brannten die zahllosen Holzhäuser der Innenstadt nieder, und die Flüchtlingslager am Stadtrand trugen auch zum veränderten Charakter Mae Sots bei. Doch mit seinem Gassengewirr, den Straßenhändlern, Fahrrädern und bummelnden Passanten wirkt es immer noch wie eine burmesische Stadt. Mae Sot hat sogar ein Flugfeld, und in den Läden hört man Thai, Chinesisch, Burmesisch und Englisch.

Nur fünf Kilometer sind es von Mae Sot bis zur burmesischen Grenze. Zu besichtigen ist ein reichverzierter burmesischer Tempel mit rotgedecktem Ziegeldach, das silberverbrämt in vielen Stufen himmelwärts strebt. Im Tempel befinden sich vier Buddhas, einer mit Goldschmuck am Ohrläppchen. Nach dem Tempelbesuch sollten Sie zum Moei fahren, dem Grenzfluß zu Birma. An dieser Stelle könnte der Asian Highway eines Tages Thailand erreichen und den alten Traum einer direkten Verbindung von Ho Chi Minh-Stadt nach London der Wirklichkeit ein Stück näher bringen.

Wenn Sie nun nach Tak zurückkehren und von dort die Route 1 nach Norden und dann die 106 nehmen, die sich S-förmig um Route 1 windet, liegt linkerhand das Dorf **Ban Tak** am Ufer des Ping. Als der Fluß noch die einzige Verbindung nach Norden war, lebten hier Bootsbauer. Heute ist es ruhig, doch malerisch, mit Häusern, die auf Stelzen über dem Fluß schwanken und einer wackeligen Fußgängerbrücke aus Bambus, unter

Links: Rituelle Tänze begleiten traditionelle Opfergaben im Wat Lampang Luang.

der die Kinder planschen und schwimmen. Bei Sonnenuntergang färbt sich der Fluß silbern, und Boote treiben wie Scherenschnitte im reflektierenden Licht.

Der **Bhumibol-Stausee** (auch Yanhee-Stausee genannt) liegt 29 Kilometer nördlich von Ban Tak. Der Staudamm ist einer der größten Thailands und dient der Stromversorgung vieler der 73 Provinzen und sogar der Hauptstadt. Mit Genehmigung kann man über den 154 Meter hohen Betonbogen fahren und auf den See hinabsehen, der sich 120 Kilometer nach Nordwesten bis in den Distrikt Hot bei Chiang Mai erstreckt. Vier Kilometer flußabwärts entsteht eine Siedlung für die 10 000 am Staudammbau Beschäftigten und ihre Familien. Am Flußufer liegt das klimatisierte Bhumibol Hotel, wo Reisende übernachten können.

Rund 63 Kilometer nördlich der Abzweigung zum See führt die Route 1 nach **Thoen**. Der an sich uninteressante Ort ist Heimat der glücksbringenden *pohng kham*-Steine. Jeder *pohng kham* zeichnet sich durch verschiedene Farben und kleine „Bilder" aus. Die durchsichtigeren enthalten kristalline Gebilde, die an blaue Haarsträhnen, Dschungelmoos oder die Skyline einer Großstadt erinnern.

Von Thoeng nach Lampang windet sich die Route 1 über Hügel mit Teakholzwäldern und einen Gebirgspaß mit vereinzelten Geisterhäuschen, bevor sie in das weite Weideland des Yom-Tals führt, das vom früheren Königreich Lampang geprägt ist. Etwa 18 Kilometer südlich von Lampang kreuzt sie die Straße nach **Ko Kha**. Hinter der Stadt links, über dem Fluß, ungefähr einen Kilometer zur Linken, liegt einer der Schätze des Nordens, der erhabene alte Tempel **Wat Lampang Luang**. Der von Fachleuten seines Alters und der kunstvollen Verzierungen wegen geschätzte Tempel ist alles, was von der Festungsstadt noch übrig ist, die vor über 1000 Jahren ihre Blütezeit hatte. Sie soll im 7. Jahrhundert von einer Lop Buri-Prinzessin namens Chama Dewi gegründet worden sein, der Mutter der Könige von Lampang und Lamphun. Der im 16. Jahrhundert völlig neu aufgebaute Tempel spielte im goldenen Zeitalter der nördlichen König-

Vihan Namtan im Wat Lampang Luang ist das älteste Teakholzgebäude Thailands (16. Jahrhundert).

reiche eine Schlüsselrolle. Vor 200 Jahren wurde er von den Burmesen besetzt. Durch ein Abflußrohr sollen sich Thai eingeschlichen, den Feind überrascht und überwältigt haben. Die Mönche weisen gern auf ein Loch in der Balustrade hin, durch das eine Kanonenkugel einen burmesischen General getötet haben soll.

Das Museum des Tempels beherbergt lackierte Bücherschränke, juwelengeschmückte Buddhas und hölzerne *tong*-Banner, die wie steife Flaggen an Masten angebracht sind. Am meisten verehrt wird ein kleiner Smaragd-Buddha, der aus dem gleichen Jaspis gemacht worden sein soll wie sein berühmtes Gegenstück in Bangkok. Er wird immer im November beim Tempelfest gezeigt. Baulich interessant sind das kupferbedeckte *chedi* und der riesige *vihan* mit seinen niedrigen Dächern.

Ungefähr 18 Kilometer hinter Ko Kha erreicht Route 1 die Provinzhauptstadt **Lampang**, die zwar nur halb so groß wie Chiang Mai ist, doch fast einen ebensolchen Lebensstandard aufweist. Während die dörfliche Idylle weitgehend dem Fortschritt gewichen ist, haben sich die Pferdegespanne hier bis heute gehalten. Sie können für eine bestimmte Strecke oder stundenweise gemietet werden. Kaum ein Erlebnis ist romantischer als eine Kutschfahrt im Mondenschein durch stille Seitenstraßen.

Besuchen Sie auch die beiden burmesisch beeinflußten Tempel der Stadt. **Wat Pha Sang** am linken Flußufer hat sieben Kapellen, für jeden Tag der Woche eine. **Wat Phra Keo Don Tau** am rechten Ufer ist vom Baustil her eine gelungene Mischung burmesischer und (nördlicher) Lanna-Elemente. Im Pavillon streben Säulen zur Decke, auf denen kaleidoskopartig aus Email, Perlmutt und Glas mythische Tiere und Blumen dargestellt sind. Nördlich der Stadt ragen die 20 kreideweißen Türme des **Wat Chedi Sao Phra** über die Reisfelder.

Lampang ist per Bahn zu erreichen und wird täglich von der THAI angeflogen. Es liegt rund 100 Kilometer südlich von Chiang Mai und verfügt mit dem Thip Chang und Asia Lampang über zwei moderne Hotels.

Unten links: Bildnis des Phze Choo Thong Tip im Wat Phra Keo Don Tau. **Unten rechts:** Wat Phra Keo Don Tau ist eine Mischung aus birmanischer und Lanna-Architektur.

Chiang Mai

Zeit und Fortschritt haben die einstige „Rose des Nordens“ in mehrfacher Hinsicht verändert. Bäume wurden durch Betonlaternen ersetzt, Teakhäuser durch Betonbauten und die lautlosen, flinken *samlors* (Fahrradtaxis) durch lärmende, knatternde *tuk-tuks* (Motorradtaxis). Mit sich brachten sie den Fluch der Moderne, Verkehrsstaus, die heute die einst stillen Straßen heimsuchen. Doch nicht einmal Betonblocks und Großstadtlärm konnten **Chiang Mais** Charme zerstören.

Seit Jahrzehnten gilt Chiang Mai als angenehmes Trockenzeit-Domizil und Zuflucht vor der stickigen Schwüle Bangkoks. Die 305 Meter über dem Meeresspiegel malerisch in einem Tal des Ping gelegene Stadt war 700 Jahre lang Hauptstadt des Lanna-Königreichs, des Reichs der tausend Reisfelder, und so weit ab vom Schuß, daß der Norden erst im 20. Jahrhundert de facto unter die Herrschaft Bangkoks kam.

In dieser Abgeschiedenheit entwickelte sich eine Kultur mit wunderschönen Holztempeln und Kunsthandwerk – Lackarbeiten, Silberwaren, Holzschnitzereien, Keramik und Regenschirmherstellung –, die sich deutlich von jener der Zentralebene unterschied. Die hier ansässigen Bergstämme verstärken noch den Eindruck von Entlegenheit und Exotik. Was den fast märchenhaften Zauber dieser Region ausmacht, spiegelt sich in der Liebenswürdigkeit ihrer Bewohner. Obwohl ihre Gastfreundschaft von wahren Touristenhorden strapaziert wird, sprechen sie milder, lächeln öfter und weisen Fremden bereitwilliger den Weg als in vielen Städten des Südens.

Und doch verändert sich die 710 Kilometer von Bangkok entfernt gelegene Hauptstadt des Nordens. Als zweitgrößte Stadt im Lande (wobei manche behaupten, Khon Kaen habe mehr Einwohner) zieht sie Touristen wie Geschäftsleute an, die dem teuren, lauten und schmutzigen Bangkok zu entfliehen trachten. Brachland wird zur Anbaufläche von Getreidesorten, die vor zwanzig Jahren noch

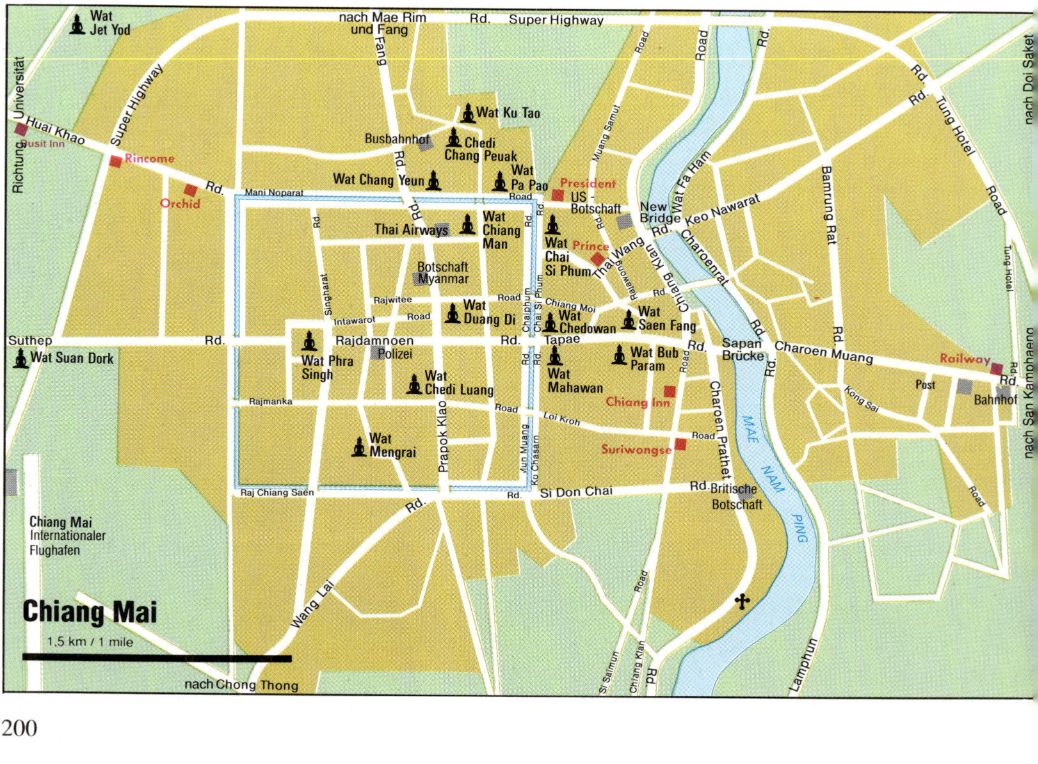

völlig unbekannt waren, auf Reisfeldern entstehen Fabriken und Wohnblöcke und in der Innenstadt Hotels für die Besucherscharen, die per Flugzeug, Bahn oder Auto in die Stadt fluten.

Chiang Mai ist so alt wie das Volk der Thai. Begonnen hat seine Geschichte weiter nördlich, in Chiang Rai. Sein Gründer und König, Mengrai, regierte über ein Reich, das bis nach Chiangsaen am Mekong reichte. Chiang Rai hatte er 1281 gegründet, doch als der mongolische Kriegsherr Kublai Khan 1287 das burmesische Pagan-Reich in Schutt und Asche legte, erkannte Mengrai die Gefahr, in der sein Land schwebte, und verbündete sich mit den Herrschern von Sukhothai, der damaligen Hauptstadt Thailands. Nachdem die Grenze nach Süden gesichert war, fiel 1292 das alte Mon-Königreich durch die Eroberung Haripunchais (Lamphun). Um seine Macht zu zentralisieren, gründete er 1296 im Tal des Ping River Chiang Mai – die „neue Stadt“.

Wegen der Überschwemmungsgefahr ließ er die Stadt nicht direkt am Ping bauen, sondern etwas weiter westlich und umgab sie mit einer Ziegelmauer.

Noch nicht einmal 100 Jahre waren vergangen, als die Hauptstadt Sukhothai bereits wieder von Ayutthaya abgelöst wurde. Dieses neue siamesische Königreich hegte Expansionspläne, die auch seinen nördlichen Nachbarn nicht ausparten. Die Beziehungen zwischen den beiden Städten waren gespannt, und in den folgenden 400 Jahren kam es immer wieder zu kriegerischen Auseinandersetzungen. Im 16. Jahrhundert etwa wehrte Ayutthaya einen Angriff Chiang Mais erfolgreich ab, und von 1550 bis 1650 schwand Chiang Mais Macht allmählich. Besiegelt wurde das Schicksal des Lanna-Reiches Anfang des 18. Jahrhunderts durch den Einmarsch der Burmesen, die auch Ayutthaya belagerten.

Zwar dauerten die Kämpfe noch bis 1775 an, als die Burmesen schließlich aufgeben mußten, doch die Bewohner Chiang Mais waren so ausgeblutet und der ständigen Konflikte so müde, daß sie die Stadt aufgaben. Sie blieb bis 1796 verlassen, als die burmesische Armee

Wohlstand hat seinen Preis: Moderne Gebäude verändern das traditionelle Stadtbild.

endgültig geschlagen war und junge Adlige Lannas der Stadt zu ihrer einstigen Größe verhalfen. Der jetzige Graben um Chiang Mai stammt ungefähr aus dieser Zeit. Die Stadt blieb autonom, bis die Bahnlinie neue Ideen und eine neue Verwaltung brachte. Erst im Jahre 1938 wurde sie offiziell Thailand angegliedert.

Die meisten Touristen bleiben nur ein, zwei Tage in der Stadt, die viel zu bieten hat, und wollen dann die kühle Bergluft schnuppern und Bergstämme, Elefantencamps und andere Attraktionen des Nordens sehen.

Die Stadt überragt das grüne Massiv Doi Sutheps, gekrönt vom Tempel Wat Prathat, der in der Kühle des Dezembermorgens kristallklar zu sehen ist. Während er schon von der Sonne gewärmt wird, liegt die Stadt noch im Schatten. Am Wassergraben brechen durchtrainierte Wanderer in einem Minibus ins 150 Kilometer nördlich gelegene Fang auf, um dort einen Dreitagesmarsch durch den Dschungel zu beginnen. Am Rande des lotosbewachsenen Grabens angeln zwei Jungen. Im Wasser spiegeln sich die safrangelben Kutten der buddhistischen Mönche auf dem morgendlichen Bettelgang. Sie gehen leise auf nackten Sohlen, bleiben vor Häusern oder Läden stehen, wo ihnen Reis und Curries in ihre Schüsseln gehäuft wird. Ein neuer Tag bricht an in Chiang Mai.

Der Besucher bemerkt rasch, daß Chiang Mai groß, aber übersichtlich ist. Die Routen der gelben und roten Busse führen im Kreis herum, so daß man für einen Baht Fahrgeld eine ganze Stadtrundfahrt machen kann. *Tuk-tuks* für fünf Baht befördern Passagiere zu jedem beliebigen Punkt der Stadt. Fahrrad-*samlors* sind eine gemächliche Alternative.

Viele Touristen mieten sich Mofas oder Fahrräder. Die Agenturen an der Chang Klan Road und am Tapae-Tor leben nicht schlecht von der Mofa-Vermietung. Die meisten Pensionen verleihen Fahrräder für nur zehn Baht am Tag.

Wat Chiang Man („Die Macht der Stadt"), der erste von Mengrai erbaute Tempel, ist der Ort, an dem die Geschichte Chiang Mais ihren Anfang nahm. Hier lebte der König 1296, bis die Stadt errichtet war. In den Zimmern des Abtes stehen zwei uralte Buddhabildnisse, die man auf Anfrage besichtigen kann. Der kleine Kristallbuddha *Phra Sae Tang Tamani* wurde von Mengrai aus Lamphun hierher gebracht, wo er 600 Jahre lang gestanden haben soll. Abgesehen von einer Stippvisite in Ayutthaya hat sich die Figur seither immer in Chiang Mai befunden. Zu Songkran am 13. April wird sie feierlich durch die Straßen getragen, damit die Einwohner der Stadt ihren Segen erflehen können.

Der zweite Buddha, *Phra Sila*, ist ein Basrelief in Stein und soll im 8. Jahrhundert in Indien entstanden sein. Beide sollen Regen bringen und die Stadt vor Feuer bewahren können. Ansonsten ist nur der quadratische Turm aus dem 15. Jahrhundert interessant, der durch bullige Stuckelefanten gestützt wird.

Erhaben am Ende einer der Hauptstraßen der Stadt liegt Chiang Mais zweitwichtigster Tempel nach Doi Suthep, **Wat Phra Singh**. An den dicken Mauern des 1345 erbauten Tempelkomplexes scheint das Verkehrsgetöse förmlich abzuprallen.

An Wat Phra Singh sind drei Gebäude bemerkenswert: Bibliothek, *chedi* und Vihan Laikam. Das rechter Hand befindliche Holzgebäude der Bibliothek im Lanna-Stil thront auf einem älteren, mit Stuckengeln verzierten Fundament.

Hinter dem zentralen *vihan* ist ein schöner, hölzerner *bot* zu finden, und dahinter wiederum das von König Pha Yu 1345 für die Asche seines Vater Kam Fu gebaute *chedi*.

Der schönste Teil Wat Phra Singhs ist der kleine Phra Vihan Laikam links vom *bot*. Von allen Tempeln Chiang Mais kommt hier der typische Lanna-Baustil am besten zum Ausdruck. Das gegen Ende der Lanna-Periode 1811 errichtete Holzgebäude ist an der vorderen Wand mit Goldblumen auf rotem Lackgrund verziert. Die Fensterrahmen sind ebenso kunstvoll geschnitzt wie die Türen.

Die Wandgemälde im Inneren zeigen das Leben Saenthongs, einer der letzten Inkarnationen Buddhas, bevor er auf die Erde kam und erleuchtet wurde. Der Bau beherbergt ein Bildnis, das vor 1500 Jahren auf Sri Lanka geschaffen worden sein soll, aber die typischen Züge einer Sukhothai-Skulptur trägt. Der 1922 entwendete Kopf wurde durch eine Reproduktion ersetzt.

Wat Chedi Luang, 1401 erbaut, fiel einer Katastrophe zum Opfer. 1545 brachte ein Erdbeben die 86 Meter hohe Pagode ins Wanken. Die 42 Meter hohe Ruine wurde nie wiederaufgebaut, ist aber auch so ein eindrucksvoller Anblick. Hier wurde 84 Jahre lang der Smaragd-Buddha aufbewahrt, der später nach Vientiane in Laos kam. König Mengrai soll ganz in der Nähe vom Blitz getötet worden sein. Beim Eingang steht ein alter, großer Gummibaum. Es heißt, so lange dieser Baum existiert, gibt es auch die Stadt. Als sollte er als Stütze fungieren, steht der „lak muang“ oder Grenzstein der Stadt nicht weit von seinen Wurzeln. In ihm soll der „Geist der Stadt“ ruhen.

Der *vihan* **Wat Pan Taos**, gleich neben Chedi Luang, ist ein Meisterstück der Holzbaukunst. Seinen von der Straße sichtbaren Eingang krönt ein herrlicher, von *nagas*, den mythischen Schlangen, umgebener Lanna-Pfau.

Wat Chiang Man ist der erste Tempel Mengrais, des Gründers von Chiang Mai.

Der vor der Stadt gelegene **Wat Chedi Jet Yod** wurde unter König Trailokaraja im Jahre 1455 fertiggestellt. Wie der Name („Sieben Türme") verrät, handelt es sich um eine Nachbildung des Mahabodhi-Tempels im indischen Bodh Gaya, wo Buddha erleuchtet wurde. Die schönen Stuckengel an den Wänden zeigen angeblich die Gesichter der Königsfamilie. Die Tatsache, daß er einem Tempel in Pagan, der damaligen Hauptstadt Burmas, glich, hielt die Burmesen nicht davon ab, ihn bei ihrem Einmarsch 1566 stark zu beschädigen.

Doch in Chiang Mai kann man noch mehr Tempel besichtigen. Der von der Busstation verdeckte **Wat Koo Tao** hat einen seltsamen Turm, der aussieht wie fünf aufeinandergesetzte Kürbisse von abnehmender Größe und mit Blumen aus Geschirrscherben verziert ist.

Eine der beeindruckendsten Tempelanlagen der Stadt ist **Wat Suan Dok**. Die weißgekalkten *chedis* im Nordwesten enthalten die Asche der Königsfamilie Chiang Mais. Im großen Hauptturm sollen immerhin acht Buddha-Reliquien aufbewahrt sein. **Wat Chedovan** am Osttor verfügt über drei ziegelgedeckte *chedis* und eine ganze Schar von Fabelwesen, denen die schrägen Strahlen der Morgensonne echtes Leben zu verleihen scheinen.

Wat Umong, der von König Mengrai als Meditationszentrum im Wald errichtete Komplex, ist etwas schwieriger zu finden. Der erst vor kurzem restaurierte Bau mit seinen wabenartig angelegten unterirdischen Zellen liegt idyllisch im Platanen- und Teakwald. Er ist einer der wenigen Orte der Ruhe, die es in Chiang Mai noch gibt.

Steile Serpentinen führen zwölf Kilometer den Doi Suthep hinauf zu Chiang Mais berühmtestem Tempel. Den Standort bestimmte ein Elefant, dem man eine Buddha-Reliquie auf den Rücken geschnallt hatte und den man dann laufen ließ: An der Stelle, an der er stehenbleiben würde, sollte der Tempel gebaut werden. Das Tier erklomm die Hänge Doi Sutheps, trompetete und ließ sich nieder. Damit war der Platz für **Wat Prathat Doi Suthep** gefunden.

In den weißen *chedis* von Wat Suan Dok wird die Asche der Königsfamilie von Chiang Mai aufbewahrt.

Die Straße, die zu dem Bergtempel führt, verläßt die Altstadt an ihrer nordwestlichen Ecke und führt vorbei an der bedeutendsten Bildungsanstalt des Nordens, der **Universität** von **Chiang Mai**, deren 200 Hektar großer Campus 1965 offiziell eröffnet wurde. Hier findet sich auch das **Tribal Research Center**, ein kleines Völkerkundemuseum, in dem man die Trachten und Werkzeuge einiger Bergstämme der Region miteinander vergleichen kann.

Etwas weiter gedeihen in einer Baumschule viele der in Nordthailand heimischen Baumarten. Gleich daneben befindet sich der **Chiang Mai-Zoo**, einst Privatzoo von Harold Young und seinem Sohn, der ihn dann der Stadt vermachte. Aufgrund des in den letzten Jahren um sich greifenden Wildererunwesens gibt es hier vermutlich mehr Wildtiere als in den Bergen.

Ab hier führt die Straße steil bergauf, vorbei am Zugang zu den Huay Kaew-Wasserfällen, von wo aus ein Bus nach oben fährt. An dieser Stelle steht auch die Statue des Mönchs Krupan Srivichai, der 1934 den Bau der Straße initiierte, um den Tempel für Pilger leichter erreichbar zu machen. Man fährt durch herrliche Landschaft bis zu einem Parkplatz und einer „Siedlung" aus Andenkenläden.

Siebenköpfige *nagas* winden sich entlang der Balustrade über 290 Stufen vom Parkplatz zum Gipfel in 1000 Meter Höhe. Wem der Aufstieg zu anstrengend ist, der kann für ein paar Baht die Seilbahn nehmen. Wat Prathat Doi Suthep blickt auf Chiang Mai hinab.

Ganz oben angelangt, führen ein paar Stufen in den Hof des Tempels. Es gibt kaum einen beeindruckenderen Anblick als den, der sich einem in der Nachmittagssonne von der letzten Stufe aus bietet. Die mit eher primitiven Wandbildern aus dem Leben Buddhas bemalten Klostergebäude überragt ein 24 Meter hoher, vergoldeter *chedi*, teilweise beschattet von vergoldeten Bronzeschirmen und umgeben von einem Eisenzaun, dessen Palisaden betende *devas* oder Engel krönen. Die meditierenden und betenden Thai halten Lotosblüten, Räucherstäbchen und Kerzen in den Händen.

:inäsche-
ungszeremo-
ie im Wat
Suan Dok.

Im Osten und Westen der Anlage befindet sich jeweils ein *vihan*. In der Morgendämmerung murmeln weißgekleidete Nonnen im östlichen, bei Sonnenuntergang Mönche in orangen Kutten im westlichen *vihan* ihre Gebete. Nur wenige Orte strahlen soviel religiöse Hingabe aus wie dieser.

Vom Parkplatz Wat Prathats aus geht es noch fünf Kilometer weiter bergauf zum **Phuping Palace**, dem königlichen Sommersitz in 1300 Metern Höhe, mit Audienz- und Speisesälen, Küchen, Unterkünften und Suiten, die es dem König ermöglichen, auch in dem entlegenen Bergpalast die Staatsgeschäfte weiterzuführen. Außerdem bildet er das Zentrum für landwirtschaftliche Programme und medizinische Versorgung, die den Bergstämmen und umliegenden Dörfern zugute kommen. Ist die Königsfamilie abwesend, dürfen Besucher an Wochenenden und Feiertagen durch den gepflegten Park spazieren, vorbei an Rosen, Orchideen, Hibiskus und Bougainvilleen.

Vom Palast aus führt die Straße durch Pinienwälder weiter in das Meo-Dorf **Doi Pui**, das schon seit längerer Zeit Touristenziel ist, doch erst seit kurzem davon profitiert. Die gepflasterte Straße ist gesäumt von Souvenirständen, die an die Wände der Meo-Häuser gebaut wurden. Mit etwas Ausdauer gelingt einem ein Blick ins Innere der Häuser auf die Wohnverhältnisse des Bergstammes.

Die Meo lebten einst vom Ackerbau, haben aber schnell gemerkt, daß Besucher nicht mit leeren Händen kommen und man sich jedes Klicken der Kamera honorieren lassen kann. Die Menschen, besonders die Kinder, in ihrer hellrot-schwarzen Tracht sind ein Motiv, das die paar Baht durchaus wert ist.

Die Meo sind Nomaden, die hier, aber auch in Birma und Laos leben. Früher verdienten sie ihren Lebensunterhalt mit dem Anbau von Opium, und trotz aller staatlichen Bemühungen, sie zum Anbau weniger umstrittener Feldfrüchte zu bewegen, bestellen viele immer noch ihre Mohnfelder in den Bergen. Doi Puis Opiummuseum gibt Einblick in den Opiumanbau und zeigt die verwendeten Gerätschaften. Ein Stammesmuseum beher-

Unten links: Die Kinder sind ganz Ohr
Unten rechts: Das Blumenfest ist eine Augenweide.

bergt Kunsthandwerk und Kleidung. Wem die Zeit für einen längeren Aufenthalt fehlt, kann sich hier einen Eindruck verschaffen vom Leben der Bergvölker. Außerdem verfügt Doi Pui noch über einen schönen Blumengarten.

Feste und Feierlichkeiten: Chiang Mai besucht man am besten im Winter (Ende November bis Anfang Februar). Dann blüht nämlich die „Rose des Nordens" üppig und bunt. Blumenteppiche bedekken die Hügel im nahen Mae Sa-Tal, und zum **Blumenfest** in **Chiang Mai** im Februar ziehen blumengeschmückte Paraden durch die Straßen und auf freien Flächen werden Blüten ausgestellt.

Am 13. April und den darauffolgenden Tagen muß man in den Straßen Chiang Mais auch bei strahlendblauem Himmel auf plötzliche Wassergüsse gefaßt sein. Zu **Songkran**, dem thailändischen Neujahrsfest, bespritzt man seine Freunde mit Wasser, um sie zu segnen. Daraus werden unversehens wilde Wasserschlachten, doch da sie zur heißesten Jahreszeit stattfinden, beklagt sich niemand darüber. Wer sich auf die Straße wagt, wird nicht selten ein dutzendmal bis auf die Haut durchnäßt.

Passen Sie auf, daß es Ihnen nicht so geht wie Thomas Samuel, einem der ersten westlichen Besucher Chiang Mais Anfang des 17. Jahrhunderts. Er sollte auf Geheiß seines Arbeitgebers, der East India Company, die Stadt wieder verlassen, doch hatte er sich so in sie verliebt, daß er trotz wiederholter Aufforderungen zur Abreise blieb, 1615 bei einem burmesischen Angriff in Gefangenschaft geriet und in Burma starb.

Das Mae Sa-Tal: Das einstige Ackerbaugebiet im Mae Sa-Tal lebt heute vom Tourismus. Zu seinen Attraktionen zählen Wasserfälle, Camps, wo man Arbeitselefanten beobachten und Elefantenritte in die Berge unternehmen kann, Schmetterlingsfarmen, Orchideenzüchtereien, ein hübsches Museum, die Mae Sa House-Collection und verträumte Orte am Fluß. Es liegt 16 Kilometer nördlich von Chiang Mai jenseits des Lanna-Golfplatzes. Wenn Sie sich hier nach links wenden, tauchen schon die ersten Sehenswürdigkeiten auf.

Das Songkran-Fest in Chiang Mai – ein feuchter Spaß.

Kunsthandwerk

Wer in aller Welt kauft sich, bitte, halb lebensgroße Holzelefanten? Anscheinend viele, denn sie fehlen in keinem der Kunstgewerbeläden Chiang Mais, deren breite Angebotspalette von der streichholzgroßen Puppe bis zu besagtem Elefantenmonstrum reicht.

Chiang Mai ließ sich früher in Gewerbegebiete aufteilen, doch heute wird Handwerkskunst mit wenigen Ausnahmen nur entlang der Borsang-Sankamphaeng Road verkauft. In großen Studios sieht man Handwerker bei der Arbeit und kann sich dann im Verkaufsraum ein schönes Stück auswählen. Beibringen müssen sich die Leute das Handwerk zu Hause, da die Unternehmen kein Interesse an Anfängern haben. Die Handwerker stellen auf Wunsch auch Spezialanfertigungen her.

Die in den Holzschnitzereien an der Borsang Road hergestellten Möbel und Kunstgegenstände sind exquisit. Echte Antiquitäten gibt es jedoch immer weniger. Sie wurden durch Nachbildungen und phantasievolle Ziergegenstände ersetzt. Reproduktionen sind als solche gekennzeichnet. Schnitzereien und Bemalung sind von unterschiedlicher Qualität, doch generell sind Entwürfe und Verarbeitung ausgezeichnet und alle Artikel ideale Mitbringsel.

An der Borsang Road und in Borsang gibt es solche Läden. Einer der bekanntesten ist Banyen in der Wua Lai Road in Chiang Mai. Hier werden auch Originale ausgestellt. Wer es ursprünglicher mag, muß die Hot Road nach Süden Richtung Hang Dong nehmen. Linker Hand liegt Ban Tawai, wo Holzarbeiten gefertigt und verkauft werden.

Die Wu Lai Road hallte einst wider vom Hämmern der Silberschmiede, die Schmuck und Gebrauchsgegenstände fertigten. Wenige konnten sich halten. In der Borsang Road hämmern muskulöse Männer mit nacktem Oberkörper auf über Eisenpflöcke gestülpte Silberschalen ein. Blumenmuster, Szenen aus dem *Ramakien* oder dem Leben des Buddha sind die beliebtesten Motive.

Links: Frisch bemalte Schirme werden in Borsang zum Trocknen in die Sonne gelegt.

Nebenan findet man Seidengeschäfte und -werkstätten. An traditionellen Webstühlen wird gezeigt, wie die Seidenstränge zu schimmernden Stoffen verarbeitet werden. Es weben zumeist junge Mädchen, die pro Tag bis zu sechs Meter Stoff herstellen. Es gibt Seide vom Meter und auch fertig, als Kleid, Stola, Kissenbezug usw. Die Seidenläden bieten aber auch uni und bedruckte Baumwollgewebe an.

Lackarbeiten – goldene Blätter auf schwarzem Lack oder roter Lack mit grünen und schwarzen Mustern – sind ebenfalls ein typisches Handwerk des Nordens. Gebrauchsgegenstände wie Tabletts oder Kästchen werden mit Mustern aus Eierschalen verziert. In den Hinterzimmern der Läden kann man die Handwerker bei der Arbeit beobachten.

Die **Schirmmacher** Chiang Mais sind im Dorf **Borsang** ansässig, das neun Kilometer weiter an der Straße nach San Kamphaeng liegt. Hier trocknen frisch bemalte Papier- und Seidenschirme und -fächer vor jedem Laden, mit Durchmessern von wenigen Zentimetern bis zu drei Metern.

Für die Schirmherstellung schneiden geschickte junge Männer mit ihren Beilen Rohrstöcke zu. Junge Mädchen basteln Bambusrahmen, über die durchsichtiges Papier aus der geklopften Rinde des *sa*-Baumes gezogen und sorgfältig eingestrichen wird. Auf diesen Grund werden liebevoll kleine Szenen, Bambushaine, Vögel und andere Motive aus der Natur gemalt.

San Kamphaeng ist von jeher Töpferzentrum. Moderne Handwerker stellen unter anderem das berühmte **Thai-Celadon** mit der jadegrünen, rissigen Oberfläche her. Diese und andere Keramiken werden hier und bei Hang Dong am Highway nach Hot hergestellt.

Die Bergstämme fertigen kunstvoll bestickte Taschen und Jacken, Silberwaren und Silberschmuck, Armbrüste und Messer. Für den Einkaufsbummel sind die Läden und abends geöffneten Marktstände an der Chang Klan Road zu empfehlen. Celadon kauft man am besten bei den Mengrai-Brennöfen (Ausstellung in Chiang Mai, gegenüber dem Gimkane Club).

Lamphun

Von Chiang Mai aus bieten sich interessante Ausflüge nach Lamphun, Mae Hong Son und zum Doi Inthanon, Fang, Chiang Rai, an die Nordgrenze und ins Goldene Dreieck an.

Das 26 Kilometer südlich von Chiang Mai gelegene **Lamphun** erreicht man über die Nawarat-Brücke und dann rechts den Ping River entlang. Vier Kilometer hinter der Brücke, nach dem Ausländerfriedhof auf der linken Seite, führt nach einem Kilometer eine Abzweigung nach rechts zur außergewöhnlichen Tempelanlage **Wat Chedi Liem**. Pyramidenförmige Türme mit Buddha-Standbildern in Nischen wie hier gibt es mehrere im Lande, dazu gehört auch der berühmte Wat Kukut in Lamphun.

An derselben Straße liegt das **McKean Leprosarium**, ein von amerikanischen Missionaren gestartetes Pionierprojekt zur Unterstützung der von ihren Familien verstoßenen Leprakranken. Die Erfolge der modernen Medizin und geduldige Aufklärungsarbeit haben der Lepra viele ihrer Schrecken genommen, so daß man sich hier inzwischen auch um Patienten kümmert, die an anderen langwierigen Krankheiten leiden.

Die Straße nach Lamphun ist eine der schönsten des ganzen Nordens. Die Dipterocarpus-Bäume, die sie zu beiden Seiten säumen, sind ein Geschenk zweier Prinzessinnen (wobei eine aus Chiang Mai, die andere aus Lamphun stammte), die jeweils 13 Kilometer mit den mächtigen Bäumen bepflanzen ließen. Auf der Strecke liegt Saraphi, dessen Läden mit Binsen- und Weidenkörben und anderen Artikeln überquellen. An der Straße stößt man auf zahlreiche Werkstätten, in denen die bunten Beerdigungswagen gefertigt werden, mit denen die Urnen transportiert werden.

Lamphun selbst ist bekannt für seine beiden alten *wats*, seine schönen Frauen und seine jungen, üppigen *lamyai*-Bäume. Es liegt am rechten Ufer des Kuang, eines Seitenkanals des Ping River, wo früher die Hauptstraße nach Chiang Mai vorbeiführte. Der neue Highway umgeht Lamphun, was nicht unbedingt ein Nachteil ist, denn so konnte die Stadt ihre ursprüngliche Atmosphäre bewahren, die der historischen Bedeutung angemessen ist. In Lamphun residierten die Herrscher Haripunchais. An der Stelle des ursprünglichen Palastes, links von der Hauptstraße, steht heute die Anlage von Wat Prathat Haripunchai.

Buddha-Bildnis in einer Nische des Wat Kukut in Lamphun.

Am schönsten präsentiert sich **Wat Prathat Haripunchai** von der Flußseite her, wo sein Portal von mythischen Löwenfiguren bewacht wird. Im Inneren des Komplexes besuchen Mönche die große buddhistische Schule, die zwischen Monumenten und Bauten liegt, die bis ins späte 9. Jahrhundert zurückreichen. Damit handelt es sich um eine der ältesten Tempelanlagen Nordthailands. Die ältesten Gemäuer sind die Grundmauern des 50 Meter hohen, goldgedeckten Turms im Hof.

Die goldgedeckte Bibliothek links vom *sala*, der einen der größten Bronze-Gongs der Welt beherbergt, ist 1000 Jahre jünger, doch immer noch von respektablem Alter. Der Pavillon wurde nach einem Feuer 1915 restauriert. Das etwas chaotische Tempelmuseum bietet einen repräsentativen Querschnitt durch die buddhistischen Kunststile. Zu den Exponaten gehört ein seltener silberner Buddhakopf. Ein kleines Gebäude in der Nähe ist verschwenderisch mit Fresken ausgestattet, die zeigen, wie Gutes belohnt, Böses bestraft wird.

Einen Kilometer westlich von Lamphuns altem Wassergraben steht **Wat Kukut**, auch Wat Chama Devi genannt. Der an sich nicht so interessante Tempel verfügt über zwei bemerkenswerte Türme. Der größere ist fünfstöckig und hat pro Stock drei Nischen, die je eine Buddha-Statue enthalten – das macht 15 Buddhas auf jeder Seite und 60 insgesamt, die auf den Hof hinabblicken. Erbaut wurde er angeblich von Chama Devi, der legendären Lop Buri-Prinzessin und Königin von Lamphun.

Die Fahrt nach Lamphun läßt sich mit einem Besuch **Pa Sangs** verbinden, das rund zwölf Kilometer südwestlich von Lamphun an der 106 liegt. Die Baumwollstadt ist berühmt für ihre Frauen, die zu den schönsten Nordthailands gehören.

Mae Hong Son

Dreimal täglich bietet THAI einen ungemütlichen 40minütigen Flug ab Chiang Mai über umwölkte Berge nach **Mae Hong Son**. Ein Bus fährt jeden Tag um 7 Uhr beim Tor Chiang Mais ab und braucht 11 Stunden für die 368 Kilometer durch Hot und Mae Sarieng und dann nach Norden durch Dschungel und Felder, vorbei an der Shan-Siedlung Khun Yuam bis nach Mae Hong Son. Angenehmer reist man mit einem in Chiang Mai gemieteten Auto oder Geländewagen über Hot nach Mae Hong Son und wieder zurück auf der neuen Nordroute über die Ortschaft Pai.

Mit dem Auto erreicht man Mae Hong Son, indem man auf der 108 nach Süden fährt und bei Kilometer 57 nach rechts abbiegt. Nach zehn Kilometern kommt der Eingang zum **Doi Inthanon National Park**, so genannt nach dem mit 2596 Metern höchsten Berg des Landes. Hier verkaufen Mädchen Halsketten, und an kleinen Buden am Fluß unterhalb des **Mae Klang-Wasserfalls** wird kaltes Bier angeboten.

Geht man 20 Meter bergauf, erlebt man den mächtigen Katarakt mit tosendem, schlammigbraunem Wasser hautnah. Gekennzeichnete Wege führen ins felsige Gelände, einer davon um ein paar Felsblöcke herum zu den **Pakauna-Fällen**, die 120 Meter tief über zerklüftete Felswände stürzen. Die Straße führt weitere 25 Kilometer bergauf bis zum Gipfel des Doi Inthanon mit der abgesperrten Radarstation. Die Aussicht von der Straße über die Täler ist phantastisch.

Die Kalksteinkuppe des **Doi Inthanon** gehört zu den Vorbergen der südlichen Ausläufer des Himalaya, der sich von Yunnan in Südchina aus nach Südosten erstreckt und im Süden bis nach Irian Jaya reicht. Der relativ kleine Berg wirkt dennoch irgendwie erhaben, ein Eindruck, der durch das Trompeten der Arbeitselefanten auf seinen Hängen noch verstärkt wird. In einsamen Dörfern leben hier Karen und Meo, die gegenwärtig umgesiedelt werden, da die Gegend zum Naturschutzgebiet erklärt wurde.

Bei den Parkbehörden in Chiang Mai kann man Drei- bis Fünftagestouren zu Fuß oder mit dem Pony beantragen. Die Wildlife Association unterhält mehrere primitive Campingplätze für Tourengänger. Während des Aufstieges kann man seltene Vögel beobachten und unter einem dichten Blätterbaldachin die Natur genießen. Der Gipfel ist nicht kahl und öde, sondern man findet hier Baumbewuchs, Picknicktische und einen buddhistischen Tempel.

Bei Kilometer 58 auf der 108, etwa einen Kilometer südlich der Abzweigung zum Park, liegt **Chom Thong**. Der Stolz des Ortes ist der majestätische **Wat Phra That Si Chom Thong**, wo in gedämpftem Licht eine wunderschöne Sammlung von Buddha-Bronzen zu besichtigen ist. Das Kloster ächzt unter der Last seines Alters wie die Bäume im Hof. Der goldglänzende Turm stammt von 1451, der Tempel ist nur 50 Jahre jünger.

Den großen, kreuzförmigen *vihan* von 1516, der die Anlage beherrscht, zieren geschnitzte Blumen, Vögel und *nagas*. Vier Buddha-Standbilder, gekleidet wie himmlische Könige, flankieren den *vihan*. Während viel an den Verzierungen des Tempels auf den burmesischen Hang zur Feinheit hindeutet, ist der Buddha mit der ihn beschützenden *naga* eindeutig im Thaistil gehalten und ähnelt dem berühmten Bildnis im Wat Phra Singh Luang in Chiang Mai. Beiderseits des *vihan* stehen Schreine mit Buddha-Miniaturen aus Gold und Silber im Chiang Saen-Stil sowie juwelengeschmückte, metallisch glänzende oder kristallene Buddha-Bildnisse.

An der Straße 108 in Richtung Süden sieht man die für den Norden typischen Bilder: stilisierte umherstreifende Elefanten, auf Ochsenkarren eingeschnitzt, *lamyai*-Bäume und Bohnenfelder, riesige, geflochtene Körbe, in denen die Bauern Reis dreschen, und an schattigen Stellen in den Reisfeldern vereinzelte strohgedeckte *salas*.

Hot, 88 Kilometer südwestlich von Chiang Mai an der Straße 108, lag einst noch 15 Kilometer südlicher an der Mündung des Ping, bis es vom steigenden Stausee hinter dem Bhumibol-Damm

Vorherige Seiten: Terrassierte Reisfelder und Gemüsebeete an den Hängen des Doi Inthanon. Unten: Steinbildnisse bewachen Wat Phra That Si Chom Tong.

verschlungen wurde. Die blühende Stadt wirkt heute, als wäre sie schon immer hier gewesen.

Weiter südlich, an der Straße 1012, liegt das alte Hot. Baufällige, vom Regen verblichene *chedis* zeugen von der Zeit, als Hot Teil der frühen Reiche des Nordens war. Bei Ausgrabungen stieß man auf Goldschmuck, Amulette und lebensechte Stuckbilder, die jetzt im Museum in Chiang Mai zu sehen sind.

Die 1012 führt weiter nach **Wang Lung**. Das kleine Dorf lebt vom Verkauf getrockneten Fisches, der aus dem vom Bhumibol-Damm aufgestauten Reservoir stammt. In diesem Gebiet leben viele Stammesangehörige der Karen. Ihre Frauen, mit einer Fülle schwarzer Perlen im Nacken, in dicken, bunten Patchwork-Kleidern, kommen in den Ort, um Lebensmittel einzukaufen.

In Wang Lung kann man Boote mieten für eine Fahrt zwischen den bambus- und schilfbestandenen Inseln in der Mündung des Mae Ping und hinaus auf die endlose Wasserfläche des Stausees. Verfallene *chedis* und bizarre Klippen beleben die einsame Bergwelt. Wer nicht Thai spricht, sollte allerdings unbedingt mit Führer reisen.

Von Hot führt die Straße 108 nach Westen über den Chaem River an seinem rechten Ufer entlang Richtung Mae Sarieng. Knapp 17 Kilometer hinter Hot liegt die **Ob Luang-Schlucht**, auch Gran Canyon von Thailand genannt, wobei es sich bestenfalls um eine Miniaturausgabe handelt. Über die Jahrtausende hat der Fluß tiefe Furchen in den Felsen geschnitten, die vom Pavillon aus gut zu beobachten sind.

Hinter der Schlucht windet sich die Straße durchs Hügelland. Bunte Schmetterlinge flattern umher. Wer vier Kilometer hinter der Schlucht links abbiegt, gelangt nach weiteren fünf Kilometern zu einer einsamen heißen Schwefelquelle mit einem kleinen Campingplatz.

Die Fahrt nach Mae Sarieng ist lohnender als die Stadt an sich. Wie eine Berg- und Talbahn führt die Straße über die Berge, in denen Blätter- und Bambushütten liegen, die selbst mit dem Motorrad nicht zu erreichen sind.

Spektakuläre Felsformation am Mae Klang-Wasserfall im Doi Inthanon National Park.

Hier lebt der größte der thailändischen Bergstämme, die Skaw Karen, die sich entlang der Grenze zu Burma bis nach Chumphon weit im Süden angesiedelt haben. Sie pflanzen Reis auf steilen Terrassen in den feuchten Tälern. Die nomadisierenden Skaw Karen brennen den Wald ab, um Land urbar zu machen. Mit dieser Methode zerstören sie die Berglandschaft und leisten der Erosion Vorschub. Auf den Hängen ragen schwarze Baumstümpfe wie Bartstoppeln aus dem grünen Reis.

Manchmal säumen hohe rote Erdwälle die Straße. Frische Lehmklumpen auf dem Asphalt zeigen, daß Erdrutsche hier keine Seltenheit sind. Die Erdwälle können jedoch nicht alles abhalten. Die Lösung für dieses Problem ist die Bepflanzung mit Pinien, die man nicht unbedingt mit den Tropen in Verbindung bringen würde, die sich hier aber hervorragend eignen, da ihr verzweigtes Wurzelwerk die Erde festhält und ihre Samen nicht brennen. Das thailändisch-dänische Aufforstungscamp kurz vor dem höchsten Punkt der Strecke (rund 1130 Meter) wirkt wie eine tropische Pflanzung für Weihnachtsbäume.

In einem Bergkessel 103 Kilometer westlich von Hot, wo die Straße 108 nach Norden abbiegt, liegt **Mae Sarieng,** Sitz der Distriktverwaltung, Grenzhandelszentrum und bis auf einen Tempel und Läden mit Karen-Handarbeiten uninteressant. Es soll bald eine THAI-Flugverbindung erhalten.

Auf der 108 weiter nach Norden wird die Straße schlechter. Dafür kommt man durch einen der schönsten Landstriche Thailands, bis man nach 171 Kilometern schließlich **Mae Hong Son** erreicht. Die von Dschungelbergen und der burmesischen Grenze im Norden und Westen abgegrenzte Gegend hat von ihrer Abgeschiedenheit profitiert.

Was lange Jahre Zufluchtsort vor Streß und Hektik der Moderne war, wird nun rasch erschlossen. Größere Hotels sind im Bau. Hier leben mehr Karen, Meo, Lawa, Shan, Lisu, Lahu und Burmesen als Thai, was dem offenen Geheimnis, Mae Hong Son liege an den Schmugglerpfaden, noch zusätzliche Pikanterie ver-

Wat Chong Klang und Wat Chong Kum in Mae Hong Son.

leiht. Die Aura des Verbotenen mag mit ein Grund gewesen sein, weshalb die Stadt als Schauplatz für den Film „Air America" ausgewählt wurde, der von einer vom US-Geheimdienst illegal betriebenen Luftlinie in Laos während des Vietnamkriegs handelt.

Mae Hong Son liegt in einem Tal, umrahmt von tiefgrünen Bergen. Die häufigen Morgennebel haben ihm den Spitznamen „Tal des Dunstes" eingetragen. Bei besonders schlechtem Wetter liegen die Berge hinter dicken Wolken oder grauen Regenschleiern.

Einen schönen Blick auf die Stadt und ihre Umgebung hat man vom Doi Kongmou, der 250 Meter über der Siedlung thront. Abends leuchten die beiden hohen *chedis* des **Wat Phra That Doi Kongmou** auf der Kuppe wie zaghafte Vorposten der Zivilisation in diesem abgelegenen Winkel Thailands.

Der Teich und der Park im Zentrum sind ein Hort der Schönheit und des Friedens, wie ihn nur wenige thailändische Städte besitzen. Am Rande des Teiches liegen ineinander verschlungen die Tempelanlagen von **Wat Chong Klang** und **Wat Chong Kum**. Die burmesisch geprägten *wats* mit ihren milchweißen *chedis* sind in der Dämmerung besonders imposant, wenn sie sich im dunstverschleierten Wasser spiegeln. Im Wat Chong Klang sind eine interessante Sammlung geschnitzter Holzstatuen mit Figuren der Jataka-Dichtung *Phra Vessantorn* und erlesene burmesische Glasmalereien mit Motiven aus dem Leben Buddhas zu bewundern.

Zurück nach Chiang Mai geht es wieder über die Straße 108 an Mae Sarieng und Hot vorbei oder nach Norden. Die Schotterstraße soll 1991 asphaltiert werden, ist aber außerhalb der Regenzeit noch befahrbar. Sie führt nach Pai, einer Ortschaft am Pai River, die von weitem wie ein Schweizer Dorf aussieht.

Pai genießt noch die Abgeschiedenheit, die Mae Hong Son einst kennzeichnete. Da es nur nach beschwerlicher Fahrt zu erreichen ist, wird das wohl noch ein paar Jahre so bleiben. Von Pai aus führt eine gewundene Straße durch malerische Landschaften nach Chiang Mai zurück.

Unten links: Shan-Kind in farbenfroher Tracht. Unten rechts: Aus Schlafmohn gewinnt man Opium.

FANG

Nimmt man vom Elefantentor Chiang Mais aus die Straße 107 in Richtung Norden nach Chang Dao, ist man auf dem Weg nach Fang. Die Straße führt durch Reisfelder und Dörfer und erreicht hinter Mae Taeng und Mae Faek die Mae Ping-Schlucht am Südende des Chiang Dao-Tals. Folgt man dem rechten Flußufer durch eine herrliche Landschaft, sieht man die Umrisse des Chiang Dao-Berges vor sich liegen.

Bei Kilometer 56 erreicht man das Chiang Dao-Elefantencamp am Ufer des Ping River. Zweimal täglich, um 9 und 10.30 Uhr, werden die Elefanten von ihren Mahouts im Fluß gebadet, ein Touristenspektakel, bei dem die Elefantenbabys mit Bananen belohnt werden. Danach begeben sich die Tiere in eine staubige Arena und führen vor, wie sie riesige Stämme über die von Teakholzbäumen beschattete Fläche schwenken können, als wären es Zahnstocher. Nach der Show kann man an einem kurzen Elefantenritt teilnehmen oder ein kleines Bambusfloß für eine Fahrt auf dem Ping River mieten.

Rund 60 Kilometer hinter Chiang Mai zweigt ein Feldweg von der Straße 107 nach links ab, der zum **Doi Chiang Dao** führt, dem mit 2186 Metern dritthöchsten Berg Thailands. Für die neun Kilometer, die man von einem Aussichtspunkt in 1000 Metern Höhe vor sich liegen sieht, benötigt man einen Jeep oder ein geländegängiges Motorrad.

Hier sind Regierungsbeamte stationiert, die sich um die Bergstämme auf den Hängen des Doi Chiang Dao und der umliegenden Berge kümmern. In der benachbarten Baumschule experimentieren Botaniker mit neuen Teesorten, die man vielleicht eines Tages hier anbauen könnte. Die landwirtschaftlichen Projekte der Regierung zielen darauf ab, den Opiumanbau überflüssig zu machen.

Weiter nördlich, 72 Kilometer von Chiang Mai entfernt, erreicht die Straße 107 Chiang Dao. Chiang Dao ist hauptsächlich Einkaufsort für die Bewohner der umliegenden Dörfer, doch mit seinen aus Holz gebauten Cafés und Läden einen Bummel wert. Am Ende der Stadt führt eine Staubstraße fünf Kilometer nach links zu den **Chiang Dao-Höhlen**. Kleine Jungs mit Laternen führen Sie durch hohe Grotten mit Buddha-Standbildern tief in die Erde.

Nach dem Besuch der Höhle sollten Sie die schöne, gewundene Straße durch Teakwälder bis Kilometer 118 nehmen. Drei Kilometer links davon liegen die **Tab Tao-Höhlen**. Steigen Sie die Treppe zur sogenannten „hellen" Höhle links hinab, die einen kompletten *vihan* enthält, der über ein Loch in der Höhlendecke beleuchtet wird.

Rechts davon liegt die „dunkle" Höhle, in die ein Mönch mit Laterne 500 Meter tief hineinführt. Diese Höhle ist aber nur für schlanke, sportliche Typen geeignet, da man sich durch enge Spalten zwängen muß. Wer an Klaustrophobie leidet, sollte besser draußen bleiben.

Fang, 152 Kilometer von Chiang Mai entfernt, ist eine weitere Stadt, deren Erschließung ihren abenteuerlichen Ruf ruiniert hat. In den fünfziger Jahren erlebte dieser Distrikt einen sogenannten „schwarzen Goldrausch", da ein kleines Ölvorkommen entdeckt wurde, dessen Fördermenge aber hinter den Erwartungen zurückblieb.

Heute gilt die Stadt als natürliches Schlupfloch für Schmuggler, obwohl nichts in dem unauffälligen Erscheinungsbild des Orts darauf hindeutet. Die Stadt liegt zu beiden Seiten der Straße in einer Talsohle. Hier leben unter anderem die von der Kuomintang-Armee Tschiang Kai-scheks übriggebliebenen yunnanesisch sprechenden Soldaten, die 1949 nach der Machtübernahme der Kommunisten aus China geflohen waren und als Grenzposten Dienst getan hatten.

Das Bergland um Fang bewohnen die an ihrer charakteristisch bestickten Kleidung erkennbaren Yao. Die Frauen tragen schwarze Hüte mit roten oder fuchsienfarbenen Wollpompoms, die Kleinkinder, die auf dem Rücken transportiert werden, bestickte Käppchen. Die jungen Mädchen sticken oft ein ganzes Jahr an Stoffbahnen für ihr Hochzeitsornat. Um den kulturellen Hintergrund dieser Handarbeiten zu verstehen, sollte man das

Vorherige Seiten: Eine Reise durch die Höhlen von Chiang Dao fördert zahllose Buddha-Statuen zutage.

Buch *Yao Embroidery* von Jacqueline Butler gelesen haben.

Die Regierung hat sich sehr bemüht, den Yao Ersatz für den Anbau des lukrativeren Schlafmohns zu bieten. Ein Vorsteher eines 15-Hütten-Dorfes zählt stolz alle Neuheiten auf – Kartoffeln, Mais, Knoblauch, Hühner und Schweine – und beschreibt die Größe des trächtigen Schweines, das der König dem Dorf schenkte. Linker Hand, acht Kilometer nordöstlich von Fang, liegt bei den heißen Quellen von Baw Nam Rawn eine landwirtschaftliche Versuchsstation.

Von Fang aus führt eine holprige Straße 24 Kilometer nach Norden nach **Tha Thon** am Ufer des Mae Kok. Hier kann man Boote mieten für eine aufregende dreistündige Flußfahrt nach Chiang Rai. Inzwischen kann man auch nach Norden weiterfahren bis nach **Mae Salong**.

Die Straße ist staubig, aber breit und soll 1991 asphaltiert werden. Sie führt auf einen Bergrücken an der burmesischen Grenze bis in eine kleine Stadt am Hang. Hier könnte man glauben, irrtümlich in China gelandet zu sein, denn die Wände der chinesischen Häuser sind mit roten Fahnen voller yunnanesischer Schriftzeichen geschmückt und es wird nur Yunnanesisch gesprochen.

Doch bald erkennt man, daß auch hier ehemalige Kuomintang-Soldaten leben, die in Thailand Zuflucht suchten. Leider stiegen viele von ihnen bald schon ins Opiumgeschäft ein. Erst vor kurzem wurde die Stadt von der thailändischen Armee befriedet und in „Santakiri“ – „Stadt des Friedens“ – umgetauft. Die Einwohner leben vom Teeanbau und keltern starken Wein.

Neueren Datums ist das wenige Kilometer östlich gelegene Baan Hin Taek. Erst 1988 wurde der Opiumbaron Khun Sa aus seiner Bergfestung vertrieben. Bald wird eine 13 Kilometer lange befestigte Straße in das Dorf führen und es zugänglicher machen. Inzwischen sitzen schwerbewaffnete Soldaten in Bunkern mit wenig vertrauenerweckenden Schildern „Sicherheitsposten für Touristen“.

Die Straße nach Osten führt abwärts und erreicht kurz vor Mae Chan das Chiang Rai-Tal.

ukolische mpressionen m Norden: inks: Areitselefanen. Rechts: kha-Frau mit „Flaschenind“.

Chiang Rai

Die Stadt Chiang Rai liegt nur knapp 65 Kilometer Luftlinie östlich von Fang. Doch leider befindet sich die ungeteerte Straße 1001, die über Mae Suai nach Chiang Rai führt, in erbärmlichem Zustand. Ausgangspunkt für eine Reise nach Chiang Rai ist damit Chiang Mai.

Chiang Rai ist per Flugzeug erreichbar, und zwar dreimal täglich direkt von Bangkok aus oder über Chiang Mai. Ansonsten gelangt man auf der Straße 1 in nördlicher Richtung über Lampang oder in nordöstlicher Richtung über Doi Sak in die Stadt, wobei letztere Route nur etwa die Hälfte der Zeit beansprucht.

Route 1 schlängelt sich auf dem Weg von Lampang nach **Ngao** gut 80 Kilometer durch die Berge. Am höchsten Punkt, unterhalb eines Doppelgipfels, halten die Fahrer kurz an oder hupen wenigstens, um den hier lebenden Geistern ihre Reverenz zu erweisen. An der Strecke stößt man auf zahllose einfache, aber auch recht aufwendig ausgestattete Geisterhäuschen.

Teakholzsetzlinge säumen die Route 1 dank der Bemühungen der Forestry Industry Organization (FIO), die 54 Kilometer nördlich von Lampang und 1,5 Kilometer westlich von der Straße in der Nähe von Pang-la auch eine Elefantenschule betreibt. Man kann den Mahouts dabei zuschauen, wie sie ihre Schützlinge durchs Gelände führen und Bäume schleppen lassen, zumindest bis Mittag. Dann signalisieren die Tiere nämlich durch kräftiges Stampfen, daß es erst nach einem ausgiebigen Pausensnack (Zuckerrohr) weitergehen kann.

Etwa 20 Kilometer vor Ngao führt eine Abzweigung linker Hand nach knapp einem Kilometer zu einem kleinen Teakholzhain mit Erfrischungskiosk. Hier ist der Eingang zu **Tham Pha Thai**, dem wohl interessantesten Höhlenkomplex Thailands. Man klettert über 283 Betonstufen bergauf und erreicht das Becken, das mehrere Höhlen enthält. Oberhalb der Grotte mit ihrem riesigen bogenförmigen Eingang steht ein leuchtend weißes *chedi*.

Im Innern der Haupthöhle stößt man auf eine hochverehrte, bronzene Buddha-Statue, wie die zahllosen Girlanden und Kerzen beweisen. Noch eindrucksvoller ist der gewaltige Stalagmit, der sich wie eine weiße Fontäne aus einem Kalksteinmeer erhebt. Ein junger Mönch begleitet den Besucher in die Höhle hinab, zeigt bizarre Kalkformationen, die mit ein wenig Phantasie einem Thron, einem Kaninchen oder einer Schildkröte ähneln. Grüne Schlangen, die nicht getötet werden dürfen und noch nie jemanden gebissen haben, winden sich um die elektrischen Leitungen oder rollen sich in Nischen zusammen. Nach 400 Metern endet der Weg an einem kleinen Hügel aus Fledermausguano. Von oben dringt durch eine Öffnung Licht in die Höhle und wirft Schattenbilder der Fledermäuse an die Wände.

Knapp zwölf Kilometer vor Ngao bezaubert links an der Straße der burmesisch beeinflußte **Wat Chong Kram** trotz Baufälligkeit. Da die Stützpfeiler zusehends im Schlamm versinken, wölbt sich die Decke mehr und mehr. Also nichts wie hin, ehe das Gebäude ganz verschwunden ist!

Route 1 erreicht anschließend Ngao und führt 49 Kilometer weiter nach **Phayao**, einer unscheinbar wirkenden Stadt, die für den Archäologen aber viel zu bieten hat, da sie im 11. Jahrhundert auf einer früher bereits bewohnten Stelle neu errichtet worden war. Aus den auf einer Fläche von zwei Quadratkilometern gefundenen Überresten eines Wassergrabens und von acht Stadttoren folgern die Wissenschaftler, daß der Ort bereits vor der Bronzezeit besiedelt war. Wat Li zur Linken beherbergt schöne Terrakotta-Buddhaköpfe aus der Dvaravati-Periode, die in der Umgebung ausgegraben wurden.

Verläßt man Phayao, liegt zwischen Straße und See **Wat Si Khom Kham**, der in der Fachwelt aufgrund seines 400 Jahre alten, 16 Meter hohen Buddha-Bildnisses im *vihan* als bedeutendster Tempel der Region gilt. In einem neuen Gebäude am Seeufer hat der Künstler Angkarn Kalayanapongsa in den letzten Jahren wundervolle Wandbilder geschaffen.

Vorherige Seiten: Weiler im Bergland. Unten links: Die Höhle von Tham Pha Thai. Unten rechts: Meister Kalayanapongsa bei einer Kunstpause.

94 Kilometer nach Phayao erreicht Route 1 die in der nördlichsten Provinz Thailands 580 Meter über dem Meer gelegene Provinzhauptstadt **Chiang Rai**. König Mengrai, der auch Chiang Rai als befestigte Stadt anlegen ließ, gründete den Ort im Jahr 1281. Der Legende zufolge entschloß sich der damalige Herrscher von Chiang Saen, seinen Machtbereich auf den Süden auszudehnen, da sein Lieblingselefant in eben diese Richtung davongelaufen war. Die Suche nach dem Tier führte ans Ufer des Kok River, und hier entstand schließlich Chiang Rai. An der Straße nach Mae Chan steht eine Statue des Königs.

Chiang Rai ist wie andere Städte des Nordens auch einem raschen Wandel unterworfen, und zwar nicht nur im Stadtgebiet selbst, sondern auch in den Bergen, wo sich die Reichen aus Bangkok ihre Sommerhäuschen bauen. In der Nähe geschäftiger Straßen stößt man auf die beiden wichtigsten Tempelanlagen der Stadt: Wat Phra Singh und Wat Phra Keo. Beide rühmen sich, früher einmal berühmte Statuen beherbergt zu haben.

Chedi und *vihan* des **Wat Phra Singh**, wo sich der Sage nach ein bedeutendes Theravada-Bildnis befunden haben soll, wurden zu oft renoviert, so daß eine genaue Datierung unmöglich ist. Man nimmt aber an, daß es sich um einen Bau aus dem 15. Jahrhundert handelt.

Wat Phra Keo soll die erste Residenz des Smaragd-Buddhas gewesen sein, der sich mittlerweile im Bangkoker Tempel gleichen Namens befindet. Westlich davon erhebt sich der Ngam Muang-Hügel. Der Komplex auf dem Gipfel soll die Gebeine König Mengrais enthalten, die angeblich einer seiner Söhne hier beigesetzt hat.

Die Straße 110 erreicht nach 29 Kilometern **Mae Chan**. Das frühere Zentrum der Silberschmiede ist heute eine Handelsstadt für Akha und Yao, die hier ihre Erzeugnisse absetzen und selbst einkaufen. In den Läden von Lao Tzan, einem Yao-Kaufmann, und Lao Taa (halb Lisu, halb Chinese, wie die Kuomintang-Soldaten) kann man nach wie vor Silberschmiedearbeiten und andere Handwerkserzeugnisse bewundern.

Grenzsteine der Stadt Chiang Rai.

Knapp zwei Kilometer hinter Mae Chan führt eine Seitenstraße links von der Straße 110 durch ein wegen seines Duftreises berühmtes Tal und erklimmt dann Doi Thong („Flaggenberg"). Als höchster Punkt verfügt der *wat* über zwei identische *chedis* und bietet einen unvergleichlichen Ausblick.

Der Stützpunkt zur Entwicklung Mae Chans und die Princess Mother Foundation dienen den thailändischen Regierungsbeauftragten dazu, den Bergstämmen bei landwirtschaftlichen Projekten behilflich zu sein.

Der Pfad führt vom Mae Chan Center nach Ko Saen Chai, einem **Akha**-Dorf. Die Akha fertigen hölzerne Schaukeln und halten um Neujahr Schaukelzeremonien ab, wovon sie sich Glück und eine gute Ernte erhoffen. Die Frauen der Akha statten ihre schwarzen Blusen und Hüte mit leuchtenden Stoffkugeln und Silberschmuck aus.

Abgesehen von den Akha leben in der Provinz Chiang Rai auch Yao, Blaue und Weiße Meo, Lisu, Lahu, Lahu Shi sowie Skaw und P'wo Karen. Jede Hauptgruppe hat eine eigene Sprache, praktiziert (auf der Basis des Geisterglaubens) animistische Riten und hat auch andere Religionen übernommen. Die meisten Stämme wanderten in den letzten hundert Jahren über Birma und Laos aus China ein. Am bekanntesten dürften die Meo sein, und zwar einerseits weil mehrere von ihren Dörfern bei Chiang Mai liegen und weil es in den sechziger Jahren zu den sogenannten Meo-Kriegen gekommen war.

Die im Grunde scheuen und stammesbewußten Bergvölker leben in bestimmten Höhenregionen, und manche bauen ihre Dörfer nur in über 1000 Meter Höhe. Die Angehörigen einiger Stämme haben sich zwar je nach missionarischem „Erfolg" zum Islam, Buddhismus oder Christentum bekehren lassen, doch zumeist halten sie unerschütterlich an ihren animistischen Vorstellungen fest. Zum Schutz der

Unten links: Akha-Älteste mit stammestypischem Kopfschmuck. **Unten rechts:** Mädchen der Weißen Meo.

Häuser und Dörfer dienen Altäre, Fruchtbarkeitssymbole, Totems und magische Objekte (wenn es sein muß, auch Flugzeugmodelle).

Auf Mae Hong Son, Chinag Mai, Chiang Rai und Lamphun verteilen sich etwa 70 000 **Karen**, ein Volk tibetoburmanischen Urprungs. Viele sind Christen, und ihr Glaube ähnelt dem Frühchristentum, wobei sie der Endogamie und einer matrilinealen Sozialordnung anhängen.

Fast 20 000 **Lisu** desselben ethnologischen Hintergrunds bevölkern den Norden bis hinunter nach Tak, wo eine Gruppe in der Nähe eines Lahu-Stammes lebt. Friedliche Koexistenz ist nichts Ungewöhnliches unter Bergvölkern. Die Lisu haben eine patrilineale Sozialordnung und kennen im Zuge animistischer Anschauungen Heiler und Exorzisten (*tongpa*). Lisu und Meo haben seit jeher Opiumanbau betrieben.

Die **Lahu** sind wegen ihres Jagdgeschicks berühmt. Manche Gruppen verehren angeblich einen „Mann-Gott", der bestimmte körperliche und magische Fähigkeiten besitzen muß. In den **Yao**-Dörfern schlachtet man zur Feier der chinesischen Neujahrsfestes ein Schwein, spricht kräftig dem Reiswein zu und läßt es sich gut gehen. Die **Meo** kennen ein Ritual, bei dem sich die jungen Frauen und Männer in Reihen gegenüberstehen und einander Bälle zuwerfen, um Kontakte zu knüpfen.

Durch Handelsbeziehungen und Erziehung in *nikhorn*-Schulen übernehmen die Bergstämme allmählich die Kultur der Thai. Der Verkauf von Kunsthandwerk stärkt ihre Wirtschaftskraft. Die Thai Hillcrafts Foundation und die Border Patrol Police konnten neue einheimische und ausländische Märkte erschließen, auf denen sich die Erzeugnisse der Stämme absetzen lassen. Auch in Bangkok kann man Kunsthandwerk der Bergvölker kaufen.

Von Mae Chan sind es 34 Kilometer bis **Mae Sai**, dem nördlichsten Ort Thailands, wo man auf dem Markt Schmuggelware inspizieren kann. Der als Goldenes Dreieck bekannte Grenzbezirk treibt Handel mit Myanmar.

Selbstbewußte Lisu-Frauen.

Spitze des Goldenen Dreiecks

Es gibt zwei Möglichkeiten, in die alte Hauptstadt **Chiang Saen** zu gelangen: Entweder man fährt zurück nach Mae Chan und von dort auf der Straße 1010 nach Nordosten oder vom Sin Wattana Hotel in Mae Sai aus nach Osten durch phantastische Landschaft zum offiziellen Dreiländereck Thailand/Myanmar/Laos. Das Goldene Dreieck wird durch ein Tor und ein neues großes Hotel, das Golden Triangle Resort, markiert. Nach weiteren neun Kilometern erreicht man schließlich Chiang Saen.

Die Historiker sind der Ansicht, daß die Stadt Ende des 13. Jahrhunderts gegründet und 100 Jahre später befestigt wurde. Im 16. Jahrhundert wurde sie von den Burmesen erobert und Ende des 19. Jahrhunderts unter Rama I. zurückgewonnen. Angesichts der Gefahr einer erneuten Invasion ließ er sie zerstören. Sie blieb bis in die Regierungszeit Ramas V. unbewohnt und wurde im Jahre 1957 Sitz der Distriktverwaltung.

Die herrliche Lage Chiang Saens am Mekong verleiht ihren alten Tempeln zusätzlichen Charme. Außerdem zählt sie zu den wenigen Städten, die über schönen alten Baumbestand verfügen, was ihr eine gewisse Gemächlichkeit verleiht. Die Überreste ihrer mächtigen Wälle und Gräben sind noch deutlich zu erkennen, und wo man es am wenigsten erwartet, entdeckt man die verstreut liegenden antiken Bauwerke.

Im Westen der Stadt steht **Wat Pa Sak**, benannt nach den 300 Teakholz-Stämmen (*sak*), die für den Bau seiner ursprünglichen Einfriedung verwendet wurden. Die Grundmauern des Tempels stammen aus dem Jahr 1295, aus der Zeit König Ramkamhengs. Das Reliquiar (*that*), die Kleidung der Gottheiten und die Stuck-Buddhas lassen neben dem alles beherrschenden Sukhothai-Stil auch frühe Srivichaiya- und Dvaravati-Einflüsse erkennen.

Einen Kilometer westlich des Stadttors liegt **Wat Prathat Chom Kitti** auf einem Hügel mit Blick auf die Stadt. Chronikberichten zufolge wurde das alte *that* mit dem schiefen Oberbau im 10. Jahrhundert errichtet und danach mindestens zweimal renoviert. Unterhalb liegt ein verfallener Turm bei **Wat Chom Chang**. Von hier führt eine Treppe wieder in die Stadt hinab.

Links: Wat Prathat Chom Kitti in Chiang Saen soll aus dem 10. Jahrhundert stammen.

Bei der Hauptstraße liegen **Wat Chedi Luang** und ein Teil des Nationalmuseums. Stil und Größe des 60 Meter hohen Turmes aus dem 13. Jahrhundert sind gleichermaßen ungewöhnlich. Über einem achteckigen Grundriß erheben sich die Ziegelmauern in Glockenform. Das Museum bietet eine Sammlung von Buddha-Bronzen und andere Beispiele der Chiang Saen-Kunst.

Die landschaftlich schönste Strecke von Chiang Saen zurück nach Chiang Rai führt auf langen Booten den Mekong hinab bis **Chiang Khong**, eine dreistündige Fahrt, wenn der Fluß in der Regenzeit Hochwasser hat. Überprüfen Sie die Sicherheitsvorkehrungen, bevor Sie an Bord gehen. Der Fluß beschreibt eine S-Kurve, erst südöstlich zur Mündung des Kok, dann nach Norden durch schönes Hügel- und Bergland und schließlich in Richtung Süden, wobei es 20 aufregende Kilometer lang durch tiefe, enge Klammen, über Stromschnellen und Strudel geht und links und rechts steile, dschungelbewachsene Abhänge aufragen.

Bei Chiang Khong wird das Flußbett breiter. Gegenüber der Bezirksstadt liegt auf einem Hügel am linken Ufer die laotische Stadt **Ban Houei San**. Laotische Beamte arbeiten noch in den von den Franzosen errichteten Festungsmauern. Bis vor kurzem waren die Beziehungen der Thai zu Laos herzlich, und eine Fähre brachte Besucher nach Ban Houei San.

In Chiang Khong selbst kann man höchstens Angehörige der Bergstämme auf dem Weg zum Markt oder ins Hospital beobachten. Dennoch war es lange Zeit beliebtes Touristenziel, vor allem wegen der täglichen Flüge von Ban Houei San in die schöne Königsstadt Luang Praban mit der Möglichkeit zu einem Abstecher nach Vientiane und zurück nach Nordostthailand.

Von Chiang Khong aus führt die Straße 1021 nach Thoeng, der Stadt der glücksbringenden Steine, die 1020 zurück nach Chiang Rai.

DAS NAN-TAL

Um von Chiang Rai aus nach **Nan** zu gelangen, muß man kreisförmig der Straße 1 nach Süden durch Phayao und Ngao folgen und anschließend die Straße 103 in die Bezirke Song und Rong Kwang der Provinz Phrae in südöstlicher Richtung nehmen. Das früher wegen seiner bezahlten Killer berüchtigte Phrae hat sich mittlerweile einen Namen durch die hiesigen Tabakpflanzungen gemacht. Bei Rong Kwang biegt die Straße 101 nach Nordosten ab und erreicht nach 96 Kilometern Nan. Mit Taxis und Bussen gelangt man von der Bahnstation in Den Chai aus nach Phrae und Nan. Außerdem fliegt THAI täglich einmal von Nan nach Bangkok, und zwar über Phitsanulok, Phrae und Chiang Mai. Bis Chiang Mai kann man auch direkt fliegen.

Die 101 schlängelt sich durch dünn besiedeltes Bergland und Teakholzwälder. An der Straße begegnen einem ab und zu Arbeitselefanten, die Baumstämme transportieren. Mit Wiederaufforstungsmaßnahmen versucht die Regierung, dem übermäßigen Abholzen zu begegnen, doch die Bäume wachsen nur langsam nach. Jenseits des Sa-Distrikts, 24 Kilometer vor Nan, folgt die Straße dem Lauf des Nan River, der etwas weiter östlich nach Süden fließt. In dem fruchtbaren Tal gedeihen Reis und Mais. Die Provinzhauptstadt, die bis in dieses Jahrhundert einen eigenen König hatte, liegt am rechten Ufer.

Die Stadtmauern wurden 1857 wiederaufgebaut, nachdem sie 40 Jahre vorher durch eine Überschwemmung zerstört worden waren. Die wie bei den Mon-Städten kreisförmigen Mauern deuten darauf hin, daß sich hier bereits vor dem offiziellen Gründungsdatum der Stadt im 14. Jahrhundert eine Siedlung befand.

Die erste Siedlung in der Provinz Nan entstand 1282, als Khun Fong, der Bruder des Gründers von Vientiane, seinen Hof nach Wora Nakhon verlegte, 70 Kilometer nördlich der heutigen Provinzhauptstadt. Da Nan so schwer zugänglich war, blieb es relativ unabhängig, obwohl es

Drachenbootrennen in Nan.

zeitweise an Chiang Mai, Burma (200 Jahre lang) und andere Fremdmächte fiel. Erst 1931 kam die Provinz de facto in den Herrschaftsbereich Bangkoks.

Die in Nan stationierten Soldaten verdeutlichen, daß es in den entlegenen Provinzen Sicherheitsprobleme gibt. Die Stadt selbst ist aber sicher. Das Hotel Thevarat verfügt trotz der eher niedrigen Temperaturen über klimatisierte Zimmer. Gegen 5 Uhr beginnt das Markttreiben. Interessant sind Rattanprodukte, die berühmten Nan-Mandarinen und die von Yao-Frauen angebotenen Handarbeiten.

Südlich der Regierungsgebäude (*sala klang*) befindet sich der interessanteste Tempel der Stadt, **Wat Phumin**, der 1596 errichtet und im 19. Jahrhundert aufwendig restauriert wurde. Die geschnitzten Türen sind fast vergleichbar mit den berühmten Türen des *vihan* von Wat Suthat in Bangkok (im Nationalmuseum). Die leider nur stümperhaft erneuerten Wandmalereien erzählen die spannende Geschichte des Königreiches, man sieht Darstellungen der Ankunft von Fremden und auch einige derb-deftige Portraits, die ins Komische gehen. In der kreuzförmigen Halle befinden sich vier vergoldete Stuckbildnisse, die in die vier Himmelsrichtungen weisen.

Einzigartig sind die beiden *nagas*, deren Körper sich das Geländer der Treppe im Osten hinabwinden, dann durch das ganze Gebäude verlaufen und sich schließlich das Geländer der Westtreppe hinunterschlängeln. Kein anderer Tempel Thailands weist vergleichbare Verzierungen auf. Ungewöhnlich sind auch die großen Flammen-Ornamente der Südtreppe.

Der „von Elefanten getragene" Tempel, **Wat Chang Kham**, liegt im ehemaligen Stadtzentrum gegenüber der Provinzverwaltung. Er besteht aus einem alten *chedi*, das auf jeder Seite von sieben Stützen in Elefantenform unter der zweiten Stufe des Unterbaus getragen wird. Es handelt sich um ein den Tempeln Sri Lankas entlehntes Sukhothai-Motiv. Ein Nan-Fürst ließ 1547 den *vihan* errichten. Zwei schreitende und ein stehender Buddha vor dem Hauptaltar repräsentieren den Sukhothai-Stil. In einer Inschrift von

Die vergoldeten Stuckbildnisse Wat Phumins blikken in die vier Himmelsrichtungen.

1547 wurde das Datum der Errichtung des Hauptbildnisses im *vihan* verewigt. Auf der Rückseite findet sich eine Prophezeiung über den fünften (zukünftigen) Buddha namens Sri Ariyametteya Bodhisattva.

Die beiden lebensgroßen Sukhothai-Buddhas im **Wat Phya Phu** stammen aus dem Jahr 1427. Einer trägt eine Inschrift, die besagt, daß er im vierten Lunarmonat jenes Jahres gefertigt wurde. Die fünf Bildnisse der beiden *wats* sollten versinnbildlichen, daß der damalige Fürst zur Zeit des fünften Buddha als Mensch wiedergeboren und der Buddhismus 5000 Jahre überdauern würde.

Wat Suan Tan, einziger Tempel des Nordens mit einem *prang* (runder Zierturm), beherbergt ebenfalls einen interessanten, 500 Jahre alten Bronze-Buddha im *vihan*. 1450 gab König Tiloka von Chiang Mai den Leuten von Nan nach der Besetzung sieben Tage Zeit, das nötige Metall zu sammeln und setzte geflüchteten Sukhothai-Künstlern eine Frist von 100 Tagen für die Fertigstellung des Bildnisses, des *Phra Khao Thong Thip*.

Auf der anderen Seite des Flusses, drei Kilometer südöstlich der Stadt, liegt auf einem kleinen Hügel **Wat Chae Haeng**. Im vierten Lunarmonat feiern die Einwohner Nans hier ein großes Fest mit Feuerwerk. Der Name des Tempels, „Die Dürstenden zu laben", spielt auf ein Erlebnis Buddhas an, das nach Auslegung frommer Buddhisten auf hier vorhandene Reliquien hindeutet.

Südwestlich der Stadt, an einer staubigen Abzweigung der Straße 101, bietet **Wat Khao Noi** auf einem kleinen Berg einen herrlichen Blick auf Nan. Ein goldener Schirm ziert den alten Chiang Saen-Turm. Hier findet im sechsten Lunarmonat ein buntes Fest statt.

Wen der Anblick patroullierender Soldaten mit ostentativ präsentierten Waffen nicht schreckt, kann sich in den **Phua**-Distrikt 60 Kilometer nördlich der Stadt Nan wagen. Hier kümmern sich Missionare und Beamte um mehrere tausend Angehörige von Bergstämmen und anderen ethnischen Minderheiten, die in Umsiedlungslagern leben. Die Regierung verlegte diese Menschen hierher, um sie von Aufständischen fernzuhalten, doch das Phua-Tal ist kein idealer Lebensraum für die Bergvölker.

Landschaftlich schöner und friedlicher ist die Strecke von Nan über die Straße 101 nach Sa und ins südlich gelegene Na Noi. Wenige Kilometer hinter Na Noi stößt man auf den **Sao Din-Canyon**, ein Tal, dessen bizarre Felsformationen vielen thailändischen Filmen als Kulisse dienen. Am besten fährt man auf der 101 zurück, kreuzt die 103 bei Rong Kwang und legt noch 31 Kilometer bis nach **Phrae** zurück. In den Seitenstraßen stehen malerische alte Holzhäuser auf gedrungenen Säulen. Besichtigen Sie auch **Wat Phra That Cho Mae**, der auf einem von Obstgärten umgebenen Hügel an der 1022 liegt, knapp acht Kilometer östlich der Stadt. Der hohe *vihan* und Teile des Hofes wurden vor kurzem restauriert.

Von Phrae aus geht es auf der 101 den Yom River entlang. Bei Sung Men kann man Hunderte von Menschen nach Edelsteinen schürfen sehen, die in der Hoffnung auf schnellen Reichtum jedem Gerücht über neue Funde folgen. Rund zehn Kilometer hinter Sung Men liegt Den Chai. Per Zug oder Auto erreicht man von hier aus Uttaradit.

Daß **Uttaradit** so neu wirkt, liegt an einem Unheil, das die ehemalige Altstadt – wie schon so viele von Thailands Städten – heimsuchte: Feuer. Ein Brand machte die Stadt 1967 dem Erdboden gleich. Die neu errichteten Betonbauten sind leider wenig einnehmend.

55 Kilometer östlich von Uttaradit, das zwischen Bahnlinie und Nan River liegt, befindet sich der nach der Königin benannte **Sirikit-Stausee**. Der 1973 fertiggestellte Staudamm dient der Stromversorgung und ist Wasserreservoir für die Bewässerung der Felder rund um Uttaradit während der Trockenzeit. Unterhalb des Damms, bei Pak Pat, steht der größte Teakholzbaum Thailands.

Die Route von Uttaradit aus in den Nordosten Thailands führt zunächst ins südlich gelegene Phitsanulok, dann auf der Straße 12 nach Lom Sak im Osten und auf der Straße 203 Richtung Norden nach Loei. Zurück nach Bangkok geht es über Phitsanulok und die 117 nach Nakhon Sawan und dann auf der Route 1 bis in die Hauptstadt.

Rechts: Sao Din-Canyon – das Tal der bizarren Felsformationen.

Nordost - Thailand
50 km
VIETNAM
LAOS
LAOS
LAOS
KAMBODSCHA
Mènam Khong (Mekong)
Vianchan (Vientiane)
Nong Khai
Phon Phisai
Pak Kad
Bung Kan
Tha Rae
Ban Phaeng
Wanon Niwat
Tha Uthen
Nakhon Phanom
Muang Khammouan
Ban Renu
That Phanom
Na Kae
Nong Han
Sakhon Nakhon
Phu Pan Nationalpark
Phang Khon
Ban Dung
Chiang
Udon Thani
Ban Phu
Erawan-Höhle
Lam Phu
Kut Bak
Si That
Lam Pao Dam
Somdet
Khao Wong
Kalasin
Lampao
Kranuan
Mukdahan
Savannakhét
Chanuman
Loeng Nok Tha
Phon Tong
Roi Et
Selaphum
Yasothon
Amnat Charoen
Bok
Trakan Phut Phon
Ubon Ratchatham
Warin Chamrap
Pakxé
Kaeng Tana Nationalpark
Buntharik
Det Udom
Kantharalak
Si Sa Ket
Khun Han
Khukhan
Sikhoraphum
Mae Nam Chi
Maha Chana Chai
Suwannaphum
Tha Tum
Surin
Prasa
Phluang
Buri Ram
Prakhon Chai
Nang Rong
Lahan Sai
Chakkarat
Phimai
Prasat Phranomwan
Wapi Pathum
Maha Sarakham
Khon Kaen
Friendship
Route 2
Muang Phon
San Phai
Prathai
Bua Yai
Non Thai
Nakhon Ratchasima
Chok Chai
Khon Buri
Pak Thong Chai
Chatturat
Chaiyaphum
Ta Ton Nationalpark
Dan Khun Thot
Sikhiu
Pak Chong
Khao Yai Nationalpark
Nakhon Navok
Saraburi
Muaklek
Chai Badan
Lop Buri
Phra Putthabat
Ayuttaya
nach Bangkok
Phaisali
Bang Mun Nak
Phetchabun
Phra-Höhle
Lom Kao
Thung Slang Luang Nationalpark
nach Pitsanulok und Nord-Thailand
Nakhon Thai
Na Haeo
Nam Pat
Fah Tha
Na Noi
Phu Rua Nationalpark
Loei
Chiang Khan
Pak Chom
Nam Som
Wang Saphung
Phu Kradung
Nam Nao Nationalpark
Si Bun Ruang
Ubon Ratana Dam
Nong Rua
Nam Phrom Dam
Kaset Sombun
Dong Phaya Yen
Nakhon Ratchasima
Phanom Dong Rak
2
12
21
22
24
203
210
212
214
219
304
1
2
3
4
5
6
7
8
9
10
11
12
13
14
15
16
17
18
19
20
21
22
23
24
25
27
28

NORDOSTEN: REGION IM UMBRUCH

Ein kleines, nicht besonders reizvolles Thai-Dorf. Ein verschlafener, staubiger Ort, ein paar dürre Hühner, die im Schatten der schäbigen Hütten herumpicken – nicht gerade eine Postkartenansicht. Doch so sieht es im Nordosten häufig aus.

Die laotischen Vorfahren vieler Nordostthailänder kamen über den Mekong, der die natürliche Grenze zu Laos bildet. Bis heute haben sich hier trotz aller Widrigkeiten die typisch laotische Duldsamkeit und Sanftmut gehalten. Oft genug wurden diese Tugenden auf die Probe gestellt, denn der Nordosten war nie eine Gegend gewesen, in der es sich gut leben ließ. Der Boden ist dünn und unfruchtbar, es regnet entweder zuwenig oder zuviel, und der Mekong wird zur tödlichen Bedrohung, wenn er über die Ufer tritt. Aufgrund fehlender Infrastrukturen siedelt sich kaum Industrie an, obwohl der Nordosten mit preiswertem Grund und billigen Arbeitskräften entsprechende Anreize zu schaffen versucht. Viele Bewohner verlassen ihre Dörfer, um sich in Bangkok am unteren Ende der gesellschaftlichen Leiter als Dienstbote, Tagelöhner, *Tuk-tuk-* und Taxifahrer durchzuschlagen.

Der Nordosten ist eine Hochebene, auf der rund ein Drittel der Gesamtbevölkerung lebt. Hauptanbauprodukte sind anspruchslose Pflanzen wie Baumwolle und Jute. Außerdem wachsen hier Maulbeerbäume. Von ihnen ernähren sich die Seidenraupen, deren Kokons man zu den Stoffen verarbeitet, die in Paris oder New York getragen werden. Es erstaunt daher auch nicht, daß der Nordosten schon immer besonders viele regimekritische Politiker hervorgebracht hat, die sich deutlicher zu Wort melden, wenn es um die Verwirklichung von Reformen geht, als das in anderen Teilen des Landes der Fall ist.

Ende der fünfziger Jahre wurde der moderne „Friendship Highway" gebaut, ein thailändisch-amerikanisches Gemeinschaftsprojekt, das den Nordosten verkehrstechnisch erschloß. 1955 besuchte das Königspaar zum allerersten Mal die Region. In den sechziger Jahren, während des Vietnamkriegs, richteten die Amerikaner mehrere große Militärstützpunkte ein, die trotz ihrer moralischen und politischen Fragwürdigkeit wenigstens Geld ins Land brachten, so daß aus öden Nestern wie Nakhon Ratchasima (Khorat), Ubon, Udon und Nakhon Phanom aufstrebende Städte wurden.

Gegenwärtig wird ein neuer Vorstoß zur Entwicklung dieser Region unternommen. Königshaus und Regierung nahmen zahlreiche Projekte in Angriff wie neue Bewässerungskanäle, Dorfteiche und Straßen, damit landwirtschaftliche Produkte auch zu entfernter liegenden Märkten befördert werden können.

In der Stadt Khon Khaen hat man eine Universität gegründet, in der die Studenten der Region ihre Ausbildung absolvieren können und mit innovativen Ideen vertraut gemacht werden sollen. Krasae Channawong, ein aus dem Nordosten stammender Arzt, gehört dieser neuen Generation an. Ihm wurde für seine Pionierarbeit in seinem

Vorherige Seiten: In der Thai Silk Company wird gesponnene Rohseide sortiert. Die Ruinen von Prasat Muang Tham, aus der Zeit der einstigen Khmer-Hochkultur.

verarmten Heimatdorf Muang Phon auf dem Gebiet der medizinischen Versorgung der Landbevölkerung und Geburtenkontrolle der Magsaysay-Preis (das asiatische Gegenstück zum Nobelpreis) verliehen. Auch in Issan nimmt das Bewußtsein für die eigene Leistungsfähigkeit zu, und der Tag ist nicht mehr fern, an dem dieser Name kein Äquivalent mehr für Armut und Not sein wird.

Aus naheliegenden Gründen rangiert der Nordosten weit unten auf der Wunschliste des Thailand-Urlaubers. Doch auch das dürfte sich dank der aufsehenerregenden Funde bei Ban Chiang ändern, die Einblick geben in die weit zurückliegende Vergangenheit der Region und aufgrund der Bemühungen, einige der wunderbaren alten Monumente zu erhalten und zu restaurieren. Der Nordosten ist nämlich eine archäologische Schatztruhe. In bestimmten Landstrichen herrschten die Khmer in ihrer großen Zeit, als sie auch Angkor Wat bauten. Sie kolonialisierten weite Gebiete des Nordostens und errichteten an wichtigen Punkten Tempel und Stupas, darunter Phimai bei Nakhon Ratchasima (Khorat, die größte Stadt im Nordosten), das vom Department of Fine Arts sorgfältig restauriert wurde. Die „Angkor Wat von Thailand" genannte Anlage ist bereits heute eine Touristenattraktion. Solange Angkor selbst für Ausländer verschlossen bleibt, ist der Nordosten Thailands die Region, in der die meisten Überreste dieser großartigen Kultur zu finden sind.

Darüber hinaus wartet auch der Nordosten mit überaus reizvollen Landschaften auf. Eine unter Aktivtouristen in der heißen Jahreszeit beliebte Tour führt in die Provinz Loei auf den 1500 Meter hohen Phu Kradung. Der Aufstieg ist zwar recht mühevoll, rentiert sich aber, denn ist man einmal oben angekommen, bietet sich eine herrliche Aussicht auf parkähnliche Landschaften mit Pinienwäldern, wobei es noch dazu angenehm kühl ist. In der kalten Jahreszeit werden in Loei und auf dem Phu Kradung die niedrigsten Temperaturen in ganz Thailand gemessen.

Der Nordosten ist im Wandel begriffen. Wer sich auf die Suche nach Idylle und Romantik gemacht hat, ist hier eigentlich fehl am Platze. Wen jedoch die Probleme der Gegenwart nicht kalt lassen und wer sich deshalb einen umfassenden Eindruck vom Land verschaffen will, für den ist der Nordosten ein absolutes Muß.

Das Reisen ist im Nordosten in der Regel eine problemlose und schnelle Sache. Das Gelände fällt fast durchgehend sanft von 250 Meter über dem Meeresspiegel an der nordwestlichen Ecke bis auf unter 100 Meter im Südosten ab.

Thai International fliegt von Bangkok aus Nakhon Phanom, Udon, Ubon, Khon Kaen und Loei an. Außerdem verlassen ganze Buskolonnen täglich Bangkoks Nordterminal an der Phaholyothin Road auf direktem Wege in die meisten Provinzhauptstädte des Nordostens mit vielen Haltestellen auf der Strecke. Von dort aus gibt es Verbindungen in praktisch alle Orte. Sogar abgelegenere Dörfer werden von kleinen, umgebauten Lieferwagen angefahren, den sogenannten „Bahtbussen". Komfortabler reist man in klimatisierten Luxusbussen mit Ziel Nakhon Phanom und Surin.

Rechts: Die Khmer-Ruinen von Phimai stammen aus der gleichen Periode wie Angkor Wat.

DAS KHORATPLATEAU

Mit seinen gut ausgebauten Straßen ist der Nordosten ideal für Autoreisen, ohnehin die beste Methode, auch abgelegenere Orte zu besuchen. Zwei Hauptrouten stehen zur Verfügung. Route 2 beginnt bei Saraburi nordöstlich von Bangkok und führt ins Kernland des Nordostens. Der Mitraparb oder auch „Friendship" genannte Highway streift die meisten großen Provinzhauptstädte und endet bei Nong Khai am Mekong. Eine gemächlichere Fahrt durch das ländliche Issan bietet die „Elefantenohr"-Route über Surin und Ubon, auf der man in rund vier Tagen alle landschaftlich und ethnologisch interessanten Randgebiete des Nordostens streift.

Der Friendship Highway (Route 2) bildet die Hauptverkehrsader durch den Nordosten und beginnt 105 Kilometer hinter Bangkok kurz vor Saraburi. Rund 20 Kilometer hinter Saraburi zweigt rechts eine Staubstraße zur Forschungsfarm der Kesetsart Agricultural University of Bangkok ab und führt weiter zur **Phra Ngam-Höhle** („Höhle des schönen Buddhas"), wo ein Dvaravati-Bildnis zu besichtigen ist. In der Umgebung stößt man auf zahlreiche andere, zum großen Teil noch unerforschte Höhlen.

Nach weiteren 15 Kilometern folgt das **Muak Lek-Tal**. Das einst berüchtigte Malariagebiet hat sich von ungesundem Dschungel zu Weideland mit einem kleinen botanischen Garten gewandelt, wo entlang eines Flusses viele verschiedene Rosenarten blühen und die Thai Danish Dairy an einem Stand an der Straße diverse Milchprodukte, unter anderem Joghurt, verkauft.

Etwa 48 Kilometer östlich von Saraburi zeigt ein Wegweiser **Wat Teppitakpunnaram** an, wo ein riesiger weißer Buddha auf einem grünen Hügel thront. Dieses Gebiet gehört bereits zum Gelände des Khao Yai National Parks („Der große Berg"), der 40 Kilometer weiter südlich beginnt.

Route 2 führt in nordöstlicher Richtung am **Lam Ta Kong-Stausee** vorbei auf das Khoratplateau.

Links: Frau aus dem Nordosten mit charakteristisch gemustertem Kopftuch.

Sobald der blaue See verschwunden ist, beherrscht dichtes Unterholz das Bild, die typische Vegetation des trockenen Nordostens. Am Distriktverwaltungssitz Pak Chong, 62 Kilometer hinter Saraburi, geht es vorbei bis in die weitere 86 Kilometer entfernt gelegene Provinzhauptstadt Khorat, die offiziell Nakhon Ratchasima heißt.

Als reichste und größte Stadt in Nordostthailand ist **Nakhon Ratchasima** Handels-, Kommunikations- und Militärzentrum der gesamten Region und gleichzeitig Hauptstadt der Hinterlandprovinz mit der größten Bevölkerungsdichte. Hier leben 1,5 Millionen Menschen. Mit der Errichtung der Royal Thai Air Force Base für amerikanische Kampfbomber in den sechziger Jahren während des Vietnamkrieges begann der rasante Aufschwung Khorats.

Doch die geschäftige Handelsstadt hat ihre Traditionen nicht vergessen. Eine Statue der Nationalheldin Khunying Mo (Tao Suranari) thront über dem Hauptplatz und den weißgekalkten Wällen der alten Stadtmauer. Khunying Mo war die Frau eines stellvertretenden Provinzgouverneurs im frühen 19. Jahrhundert, als Fürst Anu von Vientiane Khorat eroberte und den Einwohnern der Stadt mit Versklavung drohte. Khunying Mo rief die Frauen Khorats zusammen, und gemeinsam machten sie viele der laotischen Soldaten betrunken und brachten sie um. Anu, der inzwischen Saraburi angriff, mußte sich mit seiner dezimierten Truppe nach Vientiane zurückziehen.

Komfortable, klimatisierte Hotels wie Chomsurang, Khorat, Sri Pattana, Great Inn, Sakol, Chompon und Thai Pokaphan, ein großer Markt, der die ganze Nacht geöffnet hat, und mindestens fünf Kinos mit aktuellen Filmen aus Bangkok machen Khorat zum geeigneten Ausgangspunkt für Ausflüge zu interessanten Zielen in der Umgebung.

Ein großes Seidenzentrum erreicht man über die Straße 304 in Richtung Süden nach Kabin Buri. Nach 27 Kilometern kommt man nach **Pak Thongchai**, wo die Jim Thompson Co. eine Weberei unterhält, in der die Thaiseide entsteht. Auf der 304 kann man auch wieder nach Bangkok zurückfahren.

Ruinen der Khmer-Kultur

Die beiden Hauptattraktionen in der Nähe von Khorat sind die 900 Jahre alten Khmer-Bauten Prasat Phanom Wan und Phimai an der Route 2 nördlich der Stadt. Nach 14 Kilometern zweigt eine Staubstraße nach rechts ab, an der das einsame, friedliche Kloster **Prasat Phanom Wan** liegt. Massive Steingalerien demonstrieren die Vorliebe der Khmer für Fensterattrappen mit Steinstreben, die den weichen Stein stabilisieren sollten.

Verspielte Zickzackmuster zieren die gemeißelten Steine. Ungewöhnliche Stille umgibt den Komplex, nur unterbrochen von den Schritten der Mönche. Er ist eine der wenigen Khmer-Ruinen mit regem Tempelbetrieb. Hinter dem gut erhaltenen Eingangsgewölbe liegt das Allerheiligste mit zahlreichen Buddhafiguren aus jüngerer Zeit in verschiedenen Stilrichtungen, wobei die meisten mit Goldblättern verziert sind. Hohe Bäume wachsen aus den ältesten Ruinen, und man bittet den Besucher um Spenden für den Erhalt der Anlage.

34 Kilometer weiter nördlich geht es von der Route 2 rechts ab zu den zehn Kilometer östlich gelegenen Ruinen von **Phimai**. Abgesehen von der Elefantenparade von Surin und dem kühlen Plateau des Phu Kradung National Parks handelt es sich um die größte Attraktion des Nordostens und um die einzige Ruine mit festgelegten Öffnungszeiten: Um Plünderungen zu verhindern, wird um 16.30 Uhr geschlossen.

Jayavarman VII., der letzte große Angkor-König, der sein Konterfei dutzendfach in die düsteren Winkel des Angkor Thom meißeln ließ, konnte von seinem Palast aus auf einer 240 Kilometer langen Straße recht bequem nach Phimai am Westrand seines Reiches reisen. Insgesamt 112 Herbergen standen den Gläubigen auf der langen Wallfahrt nach Phimai für die Rast zur Verfügung.

Unter der Herrschaft Jayavarman VII. (1181-1201) blühte Phimai in einem 56 Hektar großen, von Mauern umgebenen, rechteckigen Areal auf einer künstlichen Insel, die durch die Verbindung des Moun River mit einem seiner Nebenflüsse geschaffen worden war. Wie die Heiligtümer in Angkor waren auch die Steinbauten Phimais nie bewohnt. Läden, Unterkünfte, Bibliotheken und Häuser baute man aus Holz. Sie sind schon längst zerfallen.

Das alte Stadttor war vermutlich der Haupteingang zum Tempel und ist am Ende der heutigen Hauptstraße Phimais noch zu besichtigen. An der Straße bei der Moun River Bridge unterhält das Fine Arts Department ein Freiluftmuseum mit den schönsten Stürzen und Skulpturen der Gegend.

An einem Bewässerungsreservoir einen Kilometer östlich des Tempels steht *Sai Ngam*, der „schöne Banyan-Baum". In seinem dichten Blätterdach und Wurzelwerk hausen besondere Geister, wie die Einheimischen glauben.

Von Phimai aus führt die Route 2 in nördlicher Richtung nach Khon Kaen und von da direkt nach Nong Khai am Mekong. Mehr vom ländlichen Nordosten, den Khmer-Tempeln und dem volkstümlichen Issan sieht man allerdings auf der parallel zur kambodschanischen und laotischen Grenze verlaufenden Straße.

Die längere Route führt von Khorat aus auf der Straße 224 nach Süden bis Chok Chai und von dort als Nummer 24 nach Osten. Nach weiteren 80 Kilometern zweigt die Straße 218 links nach Buri Ram ab. Wenn Sie noch 18 Kilometer auf der 24 bleiben und bei Ban Ta Ko nach Prasat Phanom Rung abbiegen, der Straße nach Ban Wan folgen und sich dann links halten, tauchen auf einem Hügel Khmer-Ruinen auf.

Drei Teiche, wichtige Elemente der Khmer-Architektur, und fruchtbares Akkerland umgeben **Prasat Phanom Rung**. Nach Ansicht von Historikern war das Heiligtum im 11. und 12. Jahrhundert eine wichtige Station zwischen Angkor und Phimai. Es muß über lange Zeit hinweg gebaut worden sein, da einige der Steinstürze im frühen Baphuon-Stil gehalten sind, während die *nagas* aus der späteren Angkor Wat-Periode stammen. In einer Sanskrit-Inschrift wird König Suryavarman II., der Erbauer von Angkor Wat, erwähnt.

Links: Prasat Phanom Rung wurde kürzlich renoviert.

Zum Tempel gehört ein Sturz, der von Kunstdieben außer Landes geschmuggelt worden war und erst vor kurzem vom Kunstmuseum Chicago zurückgegeben wurde. Der zentrale *prang* mit seinen Galerien und Kapellen verdeutlicht die geometrische Präzision der Angkor-Baumeister. Symmetrische Türen, Fenster und Vorkapellen weisen in die vier Himmelsrichtungen. Die gewaltigen Treppen reflektieren den für die Khmer-Architektur typischen Sinn für wuchtige Dimensionen. Beachten Sie die Sandstein-Basreliefs mit Elefanten und Hindugottheiten.

Die Mönche der Dhammayuttika-Sekte bevölkern den Tempel. Zu Songkran im April steigen die Menschen in langen Prozessionen die große Treppe hinauf.

Weiter östlich an der Straße 24 in Richtung Prakhon Chai liegt eine weitere Sehenswürdigkeit. Sie erreichen sie über die Straße 2075 nach Süden, von der bei einem neuen Tempel eine kleine Straße nach rechts abzweigt. Sie führt nach zwölf Kilometern ins „Dorf der Krokodile" Ban Chorake. Einen Kilometer weiter befinden sich die Khmer-Tempelruinen von Muang Tham.

Muang Tham oder der „Untere Tempel" erhebt sich über moosigem Grün wie der Wunschtraum jedes Kunsthistorikers. Er ist älter als Prasat Phanom Rung, denn seine Ecksteine wurden im 10. Jahrhundert gelegt und der Tempel 100 Jahre später fertiggestellt. Bis vor kurzem umgab undurchdringlicher Dschungel die Anlage, als einige Sippen aus Ubon hierherzogen, das Land rodeten und ein Dorf gründeten. Das Fine Arts Department bereitet unterdessen mit Grabungen an den Grundmauern die Restaurierung der Anlage vor.

Muang Tham besteht aus fünf von Galerien und schützenden Mauern umgebenen *prangs* im Schatten hoher Bäume. Auf einem Sturz ist Krishna abgebildet, wie er, auf Kirtimukhas Haupt stehend, den Berg Govardhana hochhält. Das Allerheiligste ist zwar verfallen, doch es gibt noch genügend eindrucksvolle Details zu sehen. Die riesigen rechteckigen Steinblöcke der Außenwände weisen runde Bohrlöcher auf, an denen vermutlich steinerne Lotosknospen befestigt waren. Die vielen Köpfe der die Teichränder zierenden *nagas* erheben sich an den Ecken und markieren die äußere Grenze der Anlage.

Straße Nummer 24 führt ins 38 Kilometer entfernte Prasat. Mehr von der Khmer-Kultur sieht man, wenn man der 214 vier Kilometer nach Süden bis ins Mon-Khmer-Dorf Ban Pluang folgt. Zwischen Kilometer 30 und 31 (von Surin aus) führt ein Weg 500 Meter weit zum **Prasat Ban Pluang**, einem kleinen Tempel mit schöner Ornamentierung. Dann geht es über Prasat 29 Kilometer auf der 214 nach Norden bis Surin.

Die alte Mon-Khmer-Stadt **Surin** war vor allem für die Seidenherstellung bekannt, bis die TAT jedes Jahr im November eine Elefantenparade organisierte. Surin ist bekannt für seine Elefantentrainer. Bei der berühmten Schau lassen die Mahouts ihre Schützlinge Kunststückchen vorführen. Von Bangkok aus fahren Sonderbusse und Sonderzüge zu dieser Veranstaltung.

Von Surin in die nächste Provinz des Nordostens, das an Kambodscha grenzende **Si Sa Ket**, gibt es eine direkte Bahnverbindung. Mit dem Auto geht es auf Umwegen über Prasa auf die 24 links nach Khukhan und wieder links auf die 220 bis in die Stadt Si Sa Ket. Ein Abstecher über **Sik Oraphum**, 31 Kilometer nordöstlich von Surin, über die 2077 und 2079 zum **Wat Ru Ngeng**, einem herrlich gelegenen Khmer-Tempel aus dem 11. Jahrhundert, ist lohnenswert. Vier *prangs* zieren die Ecken eines Quadrats, das schön verzierte Säulen und einen Sturz am Eingang aufweist.

Das bedeutendste Kulturdenkmal der Provinz Si Sa Ket gehört nicht mehr zu Thailand. Der prächtige Felsentempel **Khao Phra Viharn** wurde 1963 vom Internationalen Gerichtshof Kambodscha zugesprochen. Sollten sich die Beziehungen zwischen den beiden Ländern entspannen, wird man ihn eines Tages von Si Sa Ket aus nach einer Fahrt von 63 Kilometern bis Kantharalak und von dort nach weiteren 37 Kilometern bis zur Grenze wieder besuchen können.

Khao Phra Viharn erstreckt sich fast über eine Länge von einem Kilometer. Die Stufen sind teils aus dem Felsen gehauen, teils aus noch vor dem Bau Angkor Wats importierten Steinen. Alle Absätze markieren Tore von zunehmender Größe (*gopuras*). Die Treppe endet am obersten Heiligtum, das dem Gott Shiva geweiht ist.

Östlich der ersten *gopura* führt ein Dschungelpfad in die Ebenen Kambodschas. Vor der zweiten *gopura* fand man in einem heiligen Teich einen 45 Kilo schweren Fisch, der heute im National Museum in Phnom Penh ausgestellt ist.

Die zweite, wie ein griechisches Kreuz geformte *gopura* ist im Khmer-Stil des 11. Jahrhunderts verziert. Die Stürze zeigen Vishnu in Ausschnitten aus dem Schöpfungsmythos der Hindus. Die Treppen führen weiter symbolisch gen Himmel, an einem Reinigungsbecken vorbei in den ersten Vorhof mit zwei Palais und einer *gopura* und über den zweiten und dritten Vorhof ins Allerheiligste. Am Ende des Bergrückens steht man vor einem atemberaubenden Abgrund, der 600 Meter tief abfällt. Meisterhaft wurden hier natürliche Gegebenheiten in ein Kunstwerk verwandelt.

Ubon Ratchathani, die „königliche Stadt der Lotosblüte“, liegt 680 Kilometer östlich von Bangkok. Ubons Größe und Reichtum kontrastiert deutlich zum Umland. Bürogebäude, Baustellen und einige der bestausgestatteten *wats* des Nordostens erheben sich unerwartet am Ufer des Moun, der noch 100 Kilometer nach Osten bis zum Mekong fließt.

Die Entwicklung der Stadt hing eng zusammen mit der Einrichtung der Royal Thai Air Force Base in den sechziger Jahren, als amerikanische Bomber von hier Einsätze in Indochina flogen. Die Hotels Pathumrat, Bordin, Siam Wattana und Ubon verfügen über klimatisierte Zimmer, die besonders in der heißen Jahreszeit gefragt sind, wenn es noch heißer ist als in Bangkok. Festlicher Höhepunkt des Jahres ist die Wachskerzenprozession im Juli, wenn riesige Fabelwesen und Märchenfiguren aus Bienenwachs durch die Straßen getragen werden.

Ubon war größte Provinz, bis Yasothon abgetrennt wurde. Mit einer Million Einwohnern steht sie nach Bangkok und Khorat immer noch an dritter Stelle.

Das Kloster Prasat Phanom Wan beherbergt die verschiedensten Buddha-Bildnisse.

AM MEKONG ENTLANG

Die Fahrt von Ubon nach Nakhon Phanom dauert etwa einen Tag. Zunächst fährt man auf der Straße 217 ins 76 Kilometer entfernte Amnat Charoen. Das trockene Land wirkt unfruchtbar, dennoch gedeiht hier Reis, der Ende Oktober seine goldbraune Farbe annimmt, und *kenaf* (Eibisch).

Zwei Kilometer hinter Amnat Charoen erglänzen auf der linken Seite die goldenen Ziegel von **Wat Phra Mongkol**. Hinter einem Laubengang, 300 Meter neben der Straße, steht der Tempel mit einem etwa 4,5 Meter hohen Buddhabildnis.

Nach 88 Kilometern auf der Straße 212 erreichen wir das am rechten Mekong-Ufer gegenüber der laotischen Stadt Savannakhet gelegene **Mukdahan**. Nehmen Sie die Straße zum Fluß, biegen Sie rechts ab und besuchen Sie **Wat Sri Nongkran**, einen 1956 von vietnamesischen Flüchtlingen erbauten Tempel. Die Tore zeigen thailändische Formen, vietnamesische Inschriften und chinesische Drachen. Weiter flußabwärts steht der farbenprächtige Wat Jok Keo, dessen *prang* mit schlichten Wandmalereien verziert ist.

55 Kilometer nördlich von Mukdahan liegt **That Phanom**. Die Straße dorthin am Mekong entlang ist in gutem Zustand. Man fährt weitgehend durch unbestelltes Land und kommt an Reisfeldern vorbei.

Tausende von Pilgern aus Nordost-Thailand und Laos machten früher jährliche Pilgerfahrten zum **Wat That Phanom**, um zu beten und um ihre Opfergaben am Fuße des Turmes darzubringen, der aus dem 9. Jahrhundert stammt, jedoch mehrmals restauriert wurde. Mitte 1975 stürzte der Turm nach viertägigen wolkenbruchartigen Regenfällen ein. 1979 hat man ihn erneut saniert. Er ist einen Besuch wert, besonders, wenn man an Geschichte interessiert ist oder ein idyllisches Plätzchen am Fluß sucht.

Fährt man sieben Kilometer nördlich von That Phanom acht Kilometer ins Landesinnere, kann man einen schönen Abstecher nach **Ban Renu** machen. Wie manches andere kleine Weberdorf im Norden ist auch Ban Renu berühmt für seine hübschen Mädchen und Stoffe. Bestickte Hemden, *ikat*-Sarongs, deren Muster bereits in den Stoff eingefärbt sind, Kopfbedeckungen und lange Gewänder hängen vor den Läden auf der Hauptstraße. Die Menschen sind freundlich und handeln gerne. Der Tempel **Wat Prathat Renu** besticht durch einen ausgesprochen schönen Turm, dessen zarte Reliefs in leuchtendem Blau, Rot, Gelb und Pastelltönen bemalt sind. Typisch für die zeitgenössische Tempelbaukunst des Nordostens sind realistische Porträts von Menschen, die auf Elefanten reiten, Engeln, Wächtern und Fußsoldaten.

Etwa 45 Kilometer nördlich, an der Straße 212, liegt **Nakhon Phanom**, von wo aus man an einem klaren Morgen eine stahlgraue Gebirgskette hinter dem kleinen laotischen Ort Thakhek am anderen Ufer des Mekong erblickt. In den fünfziger und sechziger Jahren über-

Wächter am Wat That Phanom.

querten mehr als 25 000 vietnamesische Flüchtlinge den Fluß und ließen sich in dieser Provinz nieder.

Im Vietnamkrieg starteten amerikanische Aufklärungs- und Bergungstrupps von einem Stützpunkt der Königlich Thailändischen Luftwaffe, der sich zwölf Kilometer westlich der Stadt hinter bewachsenen Hügeln verbirgt. Die „NKP“, wie die Amerikaner die Basis nannten, war mit hochempfindlichen Funk- und elektronischen Abhörgeräten ausgestattet. Damals konnte man auf dem Markt skurrile Dinge kaufen, etwa gebratene Bananen, die in Computerausdrucke eingewickelt waren, auf denen die Feindbewegungen auf dem Ho-Chi-Minh-Pfad verzeichnet waren. Das Srithep, First, Chai Pattana, Windsor und Nakhon Phanom bieten vollklimatisierte Zimmer an.

Fährt man von Nakhon Phanom aus auf der Straße 22 gut 90 Kilometer in Richtung Westen, kommt man nach Sakhon Nakhon. Auf dem Weg dorthin fährt man durch das Dorf **Tha Rae**, wo die überwiegend katholische Bevölkerung, darunter auch viele Vietnamesen, eine Diözese und ein Priesterseminar unterhält.

Sakhon Nakhon liegt in einer Tiefebene an den Ufern des Nong Han, dem größten See Thailands. Die Stadt gehört zur einzigen Provinz im Nordosten , die keine Wasserprobleme hat. Die Hotels Araya, Somkiat und Charoensuk bieten vollklimatisierte Zimmer an.

Die Baudenkmäler der alten Khmer sind so unbedeutend, daß sie nur den Liebhaber der Archäologie interessieren dürften. **Wat Choeng Chum** im Zentrum der Stadt verfügt über einen einfachen *prang* aus dem 10. Jahrhundert, der in einen weißen *prang* integriert und nur durch einen Türspalt zu sehen ist. Fährt man auf der Straße 22 westwärts, weist drei Kilometer nach der Reis-Versuchsstation ein Schild auf **Wat Narai Cheng Weng** hin, das auf eine Prinzessin aus dem 11. Jahrhundert zurückgeht. Dort findet man einen *prang* aus bröckeligem Sandstein, dessen prachtvolle Stürze beispielhaft für den Baphuon-Stil der Khmer sind.

Hier entsteht feinste Thai-Seide.

ARCHÄOLOGISCHE FUNDE

Von Sakhon Nakhon führt die Straße 22 westlich nach Udon. Etwa 110 Kilometer außerhalb weist im staubigen Hochland ein kleines Schild in Thai ins fünf Kilometer nördlich gelegene **Ban Chiang**. Die Gemeinde aus Thai und Laoten und das benachbarte Dorf Pulu sind die bedeutendsten archäologischen Fundstätten, die in den letzten Jahren in Südostasien entdeckt wurden.

Die Bewohner von Ban Chiang, die daran gewöhnt waren, bei der Arbeit auf Geschirr, Perlen und Menschenknochen zu stoßen, maßen ihren Funden keinerlei Bedeutung bei. 1966 zeigte der junge Amerikaner Stephen Young einige Funde beim Kulturreferat vor, woraufhin man mit umfangreichen Ausgrabungen begann. Dabei kamen Tongeschirr und andere Kunstgegenstände zum Vorschein, die laut Thermolumineszenz zwischen 4500 und 5700 Jahre alt sind.

Zunächst zögerten viele Archäologen, diese Funde einzuordnen. Weitere Untersuchungen, die hauptsächlich von einem Forscherteam der Universität von Pennsylvania durchgeführt wurden, überzeugten selbst Skeptiker, daß die ersten Kulturen der Bronzezeit nicht in Mesopotamien und China, sondern in Südostasien angesiedelt waren.

Auch bei nicht ganz so alten Funden zeigt das Kulturerbe von Ban Chiang eine derart hohe Kunstfertigkeit bei der Herstellung von Tongeschirr, Bronzeschmuck und anderen Geräten, daß ihm eine bedeutende Stellung innerhalb der frühen Völker der Erde zukommt.

Die Regierung hat zwar unerlaubte Ausgrabungen und den Verkauf von Artefakten verboten, aber es kommt immer wieder vor, daß geschäftstüchtige Dorfbewohner sich ein Taschengeld verdienen wollen und grüne oder dunkelblaue Perlen und Armreifen, Keramikgegenstände und Menschenknochen anbieten. Vorsicht, Sie laufen Gefahr, wegen illegalen Besitzes von Antiquitäten verhaftet zu werden!

Steingut und andere Artefakte aus der Bronzezeit.

Fährt man von Ban Chiang aus 47 Kilometer auf der Straße 22 in Richtung Westen, so kommt man nach **Udon Thani**. Heute rasen keine Militärkonvoys mehr über die asphaltierten Straßen wie in den sechziger Jahren, sondern zahlreiche Motorräder und Autos.

Von Udon fährt man 53 Kilometer auf der Straße 2 nach Norden und gelangt nach **Nong Khai** am Südufer des Mekong. Viele Busse und Mietautos fahren in dieses ruhige Städtchen, das abgesehen vom Mekong und einem unbedeutenden Denkmal, das den Endpunkt der „Straße der Freundschaft" markiert, kaum Attraktionen zu bieten hat. Im September und Oktober schwillt der Fluß durch die Monsunregen beträchtlich an, tritt über die Ufer und richtet große Ernteschäden an. Wenn der Wasserspiegel in der Trockenzeit wieder sinkt, kommen in der Mitte des Flusses Inseln zum Vorschein. Die Menschen bringen dann an den Wochenenden Speisen, Getränke und Radios mit und veranstalten *pai-tios* auf den Sandbänken.

Die Straße 210 führt von Udon 143 Kilometer nach Westen in die wunderschöne Provinz **Loei**. Was heute eine reizvolle Reise darstellt, war früher für die Beamten ein Alptraum, denn nach Loei versetzt zu werden kam einer Verbannung nach Sibirien gleich. Loei war damals eine Dschungelstation, und das bedeutete Fieber, Kälte, kein Komfort und Gefahr.

Die **Elefantenhöhle** (*Tham Erawan*), die etwa 54 Kilometer vor Loei zwei Kilometer rechts von der Straße liegt, ist einen Besuch wert. Das dortige Kloster ist gut auf Besucher eingestellt. Schilder in Englisch bitten den Besucher, sich an die Gebote des Buddhismus zu halten. Eine lebensgroße Statue Erawans, des dreiköpfigen Elefanten der Thai-Mythologie, zeigt den steinigen Pfad zum Eingang der Höhle.

Die Straße 210 führt in den Ort Loei. Ein gewisser landwirtschaftlicher Aufschwung hat Loei nichts von seiner Einfachheit genommen. Im Thai Udom und Phulaung können Sie günstige Zimmer bekommen.

Dorfbewohner des Nordostens vollziehen ein Ritual.

Taucht man 50 Kilometer westwärts in die Wildnis von Loei ein, kommt man auf der Straße 203 nach **Phu Rua** („Bootsberg"). Die Straße schneidet tief in den roten Lateritboden ein, führt an einer Sägemühle vorbei und durch Hanf- und Baumwollfelder – die Haupteinnahmequelle der Provinz.

Etwa 30 Kilometer westlich sieht man auf dem Weg nach Phu Rua von einem Rastplatz aus bläulich schimmerndes Hügelland. Im Dezember verschwinden die Berge hinter dicken Rauchschwaden, wenn die Bauern die Wälder mit Hilfe des Feuers zurückdrängen. Phu Rua selbst liegt auf einer Höhe von etwa 1370 Metern. Eine Straße führt zur höchsten Stelle, von wo man einen guten Blick auf das umliegende Naturschutzgebiet hat. Wer abgehärtet ist, kann eine halsbrecherische Busfahrt auf der Straße 203 nach Lom Sak und in die Provinzhauptstädte Phitsanulok oder Phetchabun machen.

Bei **Chiang Khan**, 53 Kilometer nördlich von Loei, bildet der Mekong die natürliche Grenze zu Laos. Man kann ein Boot mieten und vier Kilometer flußabwärts zu den Wasserfällen von Kuang Kud Ku fahren. In den letzten zehn Jahren haben sich aus Laos geflüchtete Bergbewohner hier angesiedelt.

Noch beeindruckender ist die wilde Schönheit des auf einer Hochebene (1200-1500 Meter) gelegenen **Phu Kradung National Park**, des bedeutendsten Naturschutzgebiets im Nordosten. Unter der Woche wird der Park zwar kaum besucht, aber am Wochenende kommen die Studenten in einer mühsamen zwölfstündigen Busfahrt aus Bangkok, um die erfrischende Kühle und die trockene Luft zu genießen.

Es heißt, der Name des Bergs komme vom geheimnisvollen Klang einer Glocke (*kradung*), der an Feiertagen angeblich lauter zu hören ist. Eine andere Theorie besagt, daß sich der Name von *krating* ableitet, den wilden Stieren, die auf dem entlegenen Plateau grasten, bis Jäger sie ausrotteten.

Auf der Straße 210 von Loei nach Chum Phae gelangt man nach 50 Kilo-

Phu Kradung National Park – ein beliebtes Ausflugsziel.

metern zum Eingang des Parks. Drei Kilometer weiter erreicht man die Parkverwaltung, wo man sich Träger besorgen, überflüssiges Gepäck aufbewahren und das Auto abstellen kann. Es ist empfehlenswert, Turnschuhe, Anorak oder Pullover, Lebensmittel (es gibt nur ein Nudelgeschäft, das an Wochenenden geöffnet ist), Toilettenartikel, Kamera und eventuell einen Spazierstock mitzunehmen, denn der Park fordert dem naturbegeisterten Bergwanderer einiges ab. Im Park stehen mit Betten und Decken ausgestattete Hütten zur Verfügung, die für bis zu elf Wanderer Platz haben. Für den Aufstieg können bis zu vier Träger und eine Sänfte gemietet werden.

Nach vier Kilometern kommt man zu einer Hütte mit kaltem Wasser. Eine Pause ist angesagt, denn der letzte Kilometer ist am kraftraubendsten. Die steilsten Abhänge werden mit Leitern überwunden, der Ausblick auf das Tal entschädigt für die Mühe.

Die Hochebene von Phu Kradung, ein Areal von 60 Quadratkilometern, wird von einem Netz von Pfaden durchzogen. Hier leben Hornvögel, Spechte, Fasane, wilde Elefanten und Panther.

Hütten zum Übernachten und Verwaltungsbüros liegen drei Kilometer von einer Radarstation und einem Hubschrauberlandeplatz entfernt. Mit einer Karte kann man von hier aus Wanderungen unternehmen, etwa vor Tagesanbruch zu den Klippen von **Liem Pha Nok Hain** gehen und dort den Sonnenaufgang genießen. Ein langer Weg führt in den Dschungel voller Gibbons. Nördlich der Hütten finden sich sechs Wasserfälle, aber zwei Stunden vor Sonnenuntergang sollte man sich auf den Weg nach **Liem Pha Makdouk** machen, einem Fleckchen zwei Kilometer westlich der Radarstation.

Von Phu Kradung aus fährt man auf der Straße 210 nach Khon Kaen und gelangt wieder auf die „Straße der Freundschaft“, die nach Bangkok zurückführt. Falls Sie weiter nach Norden wollen, können Sie auch wieder zurück nach Loei fahren und von dort aus auf einer Landstraße nach Phitsanulok.

Leicht haben es die Mekong-Fischer nicht.

Saraburi
Phachi
Khao Yai Nationalpark
Nationalpark
Ayuttaya
Hin Dat
Saeng Sang
Nong Khae
Mae Nam Chao Phraya
Wang Takrai
Wang Noi
Bang Pa-In
Nakhon Nayok
33
Ongkharak
Thung Faek
305
Prachin Buri
Thanya Buri
Bang Sang
Mae Nam Bang Pakong
Kabin Buri
Nonthaburi
Don Muang
Bang Nam Prien
Si Mahaphot
Song Phi Nong
304
Min Buri
Lam Prachin Buri
Sa Kaeo
Lat Krabang
Phanom Sarakham
Watthana Nakhon
Pak Nam
BANGKOK
(Krung Thep)
Chachoengsao
Aranyaprathet
Samut Prakan
Route 3
Bang Bo
Bang Pakong
Sanam Chai Khet
Krokodilfarm Ancient City
Wang Nam Yen
Phanat Nikhom
Trok Sakae
Chon Buri
Ang Sila
Ban Bung
317
Bang Saen
Khao Khieo
KAMBODSCHA
Ko Si Chang
Bang Phra Brutstation
Nong Yai
Siracha
Rakam
Red Cliff Beach
Bang Lamung
Pa Yup
Pluak Daeng
Ko Phai
Na Klua
Khao Wongse
Na Yai Am
Ko Larn
Pattaya
Suan Nongnuf
Pong Nam Ron
Pailin
Khao Chamao Khao Wong Nationalpark
Ban Khai
Khao Khitchakut Nationalpark
Klaeng
Nam Tok Krating
Ko Khram Yai
Mahapat
Rayong
Wang Khaeo
Laem Mae Phim
Makham
Sattahip
Gold Beach
Tha Mai
Samae San
U-Tapao
Pae
Chanthaburi
Pha Phrae
Khao Laem Ya - Mu Ko Samet Nationalpark
Khao Ploi Waen
Khao Sa Bap Nationalpark
Bo Rai
Ko Samet
Nam Tok Praew
Laem Sing
Khlung
Khao Nong Kon
Khao Saming
Trat
Laem Ngop
Laem Sok
Ko Chang
Mai Rut
Golf von Thailand
(Ao Thai)
Ko Mak
Ko Kut
Hat Lek
50 km
Östliche Golfküste

Die Ostküste des Golfs: Badeparadies Thailands

Schon geraume Zeit gilt das „Elefantenkinn" als Badeparadies Thailands. Kulturell ist zwar wenig geboten, aber wundervolle Strände und eine gute Infrastruktur machen diese Gegend zu einem Eldorado für Sonnenanbeter. Begehrtestes Reiseziel ist das etwa 120 Kilometer südöstlich von Bangkok gelegene Pattaya.

Nur wenige Gebiete Asiens wurden so rasch erschlossen und über Nacht so berühmt wie Pattaya. Vor knapp 20 Jahren war dieser zauberhafte Strand ein ziemlich unbekanntes Reiseziel für eine Handvoll ausländischer Abenteurer und Einheimische aus der Hauptstadt, die eine mühevolle Fahrt über schlechte Straßen in Kauf nehmen mußten. Es gab noch keine Hotels, nur ein paar Bungalows und ein Klubhaus für Segler, einige gute Fischrestaurants sowie ein kleines Fischerdorf, aus dem sich der Name herleitet. Aber Pattaya hatte die besten Voraussetzungen für ein Freizeitparadies: einen vier Kilometer langen, wunderschönen goldenen Sandstrand, sanfte Wellen, warmes Tropenwasser, wohltuende Brisen und nicht zuletzt Ruhe.

Erst in den siebziger Jahren entdeckten immer mehr Urlauber Pattayas Reiz. Durch den Bau einer neuen Straße verkürzte sich die Fahrzeit auf zwei Stunden. Am Strand entstanden große Hotels und alles, was das Urlauberherz begehrt. Ab 1980 kamen Touristen aus aller Herren Länder. Die Europäer belegten in Scharen die Strände, und in den Hauptstädten Asiens galt Pattaya als das Reiseziel schlechthin. Das Wort von der „Asiatischen Riviera" machte die Runde, und die Synthese aus Meer, Sand und Sonne sorgte für einen nie gekannten Boom in der Geschichte des asiatischen Tourismus. Ende der achtziger Jahre entstanden Dutzende von Hotelhochhäusern, und zwar auch in Chomtien, einem vier Kilometer südlich gelegenen Nachbarort, der bislang vom Tourismus verschont geblieben war, sich aber rasch zu einer Alternative entwickelte.

Der Glanz Pattayas beginnt mittlerweile etwas nachzulassen. Die Touristen kommen zwar nach wie vor, aber allmählich wird deutlich, daß hinter der Fassade Probleme von einer derartigen Brisanz schlummern, daß die ursprüngliche Attraktivität des Orts schwer in Mitleidenschaft gezogen wurde: Wasserknappheit, Verschmutzung der Strände und des Meers, ein zweifelhaftes Nachtleben und die steigende Kriminalität wirken auf viele Urlauber abschreckend. Auch Chomtien ist davon nicht verschont geblieben. Viele Reisebüros sind deshalb bereits dazu übergegangen, ihre Kunden anderweitig unterzubringen.

An der Ostküste findet man außer Pattaya natürlich auch viele andere schöne Orte. Die Ostküste von Chon Buri bis Trat besteht fast durchgehend aus Sandstränden. Durch den Bau von Straßen wurde das Gebiet von Ban Phe, das Pattaya, Sattahip und Rayong umfaßt, zu einer neuen Touristenattraktion. Sauberes Wasser, wei-

Vorherige Seiten: Abendstimmung in Pattaya.

ße Sandstrände und die Inseln bei Trat machen diese Region zu einem beliebten Urlaubsziel.

Nach anderthalb Stunden Fahrt von Bangkok erreicht man Bang Saen – lange Zeit der beliebteste Badeort für Thai-Familien. Inzwischen fährt man auch nach Pattaya und in das Gebiet von Bang Saray. Am „Elefantenkinn" ist das Wasser bei Sattahip und Samae San noch kristallklar. Zwischen Sattahip und Ban Phe südöstlich von Rayong sind bisher nur wenige Strände erschlossen worden. Hier hat sich ein neues Industriegebiet entwickelt, vor allem um die Stadt Map Tha Phut, dem Endpunkt der unterirdischen Erdgasleitung von den Bohrinseln im Golf. Momentan liegen sich die Befürworter von mehr Tourismus und die Vertreter der Industrie in den Haaren, vor allem, da die Exportgüterindustrie stark im Aufschwung begriffen ist.

Östlich von Ban Phe ist in Richtung Laem Mae Pim und auf der Insel Ko Samet ein Badeort nach dem anderen entstanden. Bis nach Chanthaburi, einem Badeort mit sechs Stränden, zieht sich ein langer, unberührter Sandstreifen.

Obwohl der Tourismus der Küste neuen Wohlstand beschert hat, ist er mitnichten die einzige Einnahmequelle. Ältere Industriezweige spielen schon immer eine wichtige Rolle für die Wirtschaft dieser Region. Ein Großteil der Meeresfrüchte für den Eigenbedarf oder den Export kommt aus den Häfen der Golfküste, und einige der größten Obstplantagen liegen zwischen Rayong und Chanthaburi.

Städte wie Si Racha und Chon Buri bei Bangkok sind zwar nicht besonders malerisch, aber dennoch wichtige Handelszentren mit zahlreichen Fabriken, in denen die landwirtschaftlichen Produkte der Gegend verarbeitet werden. So ist Si Racha besonders bekannt als Herkunftsort der gleichnamigen scharfen Chilisauce, die an keinem Tisch fehlen darf.

Besonders wichtig für die Entwicklung der Ostküste ist der Bau eines neuen Hafens in Laem Chabang, der für Schiffe ausgelegt ist, die aufgrund ihres Tiefgangs den Chao Phraya nicht passieren und nicht nach Klong Toey, den Hafen Bangkoks, weiterfahren können. Dieser Hafen sowie die Anlegestellen der Marine bei Sattahip gelten als Angelpunkte bei der Erschließung der Ostküste. Von Bangkok nach Chachoengsao und weiter nach Laem Chabang und Sattahip besteht bereits eine Eisenbahnverbindung zum Gütertransport in die Hauptstadt und die regionalen Zentren des Landes.

Ungeachtet aller Industrie locken den Thailandbesucher vor allem die Sonne und die Sandstrände an die Ostküste. Trotz kritischer Stimmen ist der Ansturm auf Pattaya und benachbarte Orte ungebrochen. Für den durchschnittlichen Touristen hat diese Gegend nichts von ihrem Charme eingebüßt, wie aus begeisterten Berichten an die Zuhausegebliebenen unschwer zu erkennen ist.

Rechts: Rege Bautätigkeit auf Ko Samet verändert rasch das Gesicht der unberührten Insel.

DIE KÜSTE ENTLANG

In **Chon Buri**, einer Großstadt mit etwa 250 000 Einwohnern, machen Touristen meist nur kurz Mittagspause auf der Fahrt nach Pattaya. An der Küste vor der Stadt und weiter südlich am Golf finden sich die größten Austernzuchten Thailands.

Die Küstenstadt ist jedoch eher für die Viehfutterherstellung aus Tapioca, einer Pflanze, die im Umland angebaut wird, bekannt. In den siebziger und frühen achtziger Jahren erlebte man hier einen mäßigen Tapiocaboom, was zeigte, daß die thailändische Landwirtschaft durchaus anpassungsfähig war. Als sich in den siebziger Jahren auf den niederländischen und westdeutschen Viehfuttermärkten ein größerer Bedarf abzeichnete, reagierte die Regierung prompt und förderte den Anbau der Wurzel, die auf dem unfruchtbaren, trockenen Boden der Region gut gedieh.

Es entstanden Fabrikanlagen an der Küste, wo man die Wurzel zu Kugeln verarbeitet, die dann auf dem längsten Überwasserförderband der Welt zu Spezialschiffen drei Kilometer vor der Küste transportiert werden. Innerhalb weniger Jahre mauserte sich das ursprünglich nur für den Eigenbedarf angebaute Produkt zum Devisenbringer Nummer eins. Inzwischen ist Thailand der Haupterzeuger dieser Pflanze und deckt 95 Prozent des Weltbedarfs.

Dennoch ist Chon Buri mehr als einen Zwischenstopp wert, denn es hat durchaus seine Sehenswürdigkeiten. Drei Kilometer vor der Stadt befindet sich linker Hand ein Kloster, **Wat Buddhabat Sam Yot**, was „Buddhas Fußstapfenberg mit den drei Gipfeln" bedeutet. Es wurde von einem Ayutthaya-König erbaut und später unter König Chulalongkorn renoviert. Hier zelebrierte man früher jedes Jahr den königlichen „Wassereid der Treue", bei dem die Herrscher ihre unerschütterliche Loyalität zum Thron versicherten.

In Zentrumsnähe steht eine 40 Meter hohe Kolossalstatue Buddhas mit Goldmosaiken, die zu **Wat Dhamma Nimitr** gehört. Das Bildnis ist das größte der östlichen Golfregion und zudem das einzige im ganzen Land, das Buddha in einem Boot zeigt. Es erinnert an seine Reise in die choleraverseuchte Stadt Pai Salee, wo er durch Inspiration und Mitleid viele Kranke heilte. Gleich daneben findet sich die chinesische Buddhistengemeinde mit Grabmälern ihrer bedeutendsten Mitglieder.

Links: Die Bucht von Si Racha mit Kokosnußpalmen.

Wer sich für frühe Kunst interessiert, sollte in der Nähe des alten Marktes an einem alten Tempeltor anhalten, bei dem die Obstverkäufer stehen. Der älteste und wichtigste *wat* der Provinz, **Wat Intharam**, weist verschiedene architektonische Stilrichtungen auf und ist eines der besten Beispiele für die Ayutthaya-Periode im Südosten. Im 18. Jahrhundert versammelte König Taksin hier seine Soldaten, um die Burmesen aus Ayutthaya zu vertreiben.

Im Inneren des *bot* stellen die Wandgemälde *devas* („Götter") und die Vessantara-Legende vom Leben Buddhas dar. Die lebendigen, streng chronologisch geordneten Fresken sind charakteristisch für das 18. Jahrhundert. Um 1900 besuchte Prinz Naris, einer der renommiertesten Künstler Thailands, den *bot* und gab dem Abt die Anweisung, das perfekte Kunstwerk niemals renovieren zu lassen. Sein Wunsch wurde erfüllt.

Sieben Kilometer südlich von Chon Buri liegt die Stadt **Ang Sila,** vormals bevorzugter Ferienort der königlichen Familie (die beiden Betonhäuser an der Küste dienten König Chulalongkorn zur Erholung). Den Namen „Steinbecken" verdankt Ang Sila einer Felsenkette, die eine ovale Halbinsel im Meer bildet. Man hört dort die Hammerschläge der Handwerker, die auf Granitblöcken Mörser und Stößel zum Zerkleinern von Chili, Gewürzen und Kokosnüssen herstellen. Am Strand werden in Holzbuden handgearbeitete Strandkleidung, Hüte und Körbe verkauft.

Weiter südlich auf der Ang Sila-Straße stößt man auf das unauffällige Kloster **Rua Sam Pao**, das aufs Meer blickt. Die Mauern gleichen dem Rumpf einer riesigen chinesischen Dschunke. Manche sagen, es erinnere an ein Wrack, in dem chinesische Einwanderer ertranken. Das symbolische Schiff soll buddhistische Gläubige ins Nirwana tragen.

Auch die mehr als 300 Meditationszellen rund um das Hauptschiff haben die Form kleiner Boote. Viele ältere Klosterbewohner denken, daß es Glück bringt, in Rua Sam Pao zu sterben. Die alten Frauen chinesischer Abstammung glauben, daß ihre Seelen nach dem Tod über das Meer wieder nach China gelangen.

Das Kloster beherbergt zwei Miniaturen des riesigen Nakhon Pathom *chedi*. Ein thailändischer Mönch steht der Abtei vor, in der man gewöhnlich den chinesischen Teochew-Dialekt spricht. Die Bewohner des Klosters praktizieren *kin jeh*, das heißt, sie ernähren sich nur von Gemüse und Obst.

Südlich von Chon Buri,18 Kilometer hinter Ang Sila, liegt der Strand von **Bang Saen**, an den jedes Wochenende zahllose Thailänder strömen.

Die TAT leitet das Bang Saen Beach-Hotel, das ein Schwimmbad und bequeme, wenngleich auch nicht luxuriöse Zimmer bietet. In Strandnähe gibt es auch Bungalows. Überquert man die Hauptstraße landeinwärts, kommt man gleich hinter dem Markt von Bang Saen zum **Bang Phra Golf Course**, der kürzlich von einer japanischen Firma instandgesetzt wurde.

Daneben liegt das Vogelschutzgebiet von Bang Saen, wo man mit Genehmigung von einem getarnten Posten aus die Wasservögel beobachten kann. Hügelaufwärts befindet sich hinter dem Reservat der **Khao Khiew Open Zoo**. Er untersteht dem Dusit-Zoo in Bangkok und zeigt Tiere in ihrem natürlichen Lebensraum. In einem Bereich haben die Besucher Zutritt zu den Gehegen der Elefanten, der Esel und anderer wilder Tiere. Über den Dusit-Zoo kann man hier einfache, aber bequeme Bungalows mieten.

24 Kilometer südlich von Chon Buri liegt die Stadt **Si Racha**, die sich über Hügel auf fingerähnlichen Piers bis ins Meer erstreckt. In den Restaurants, die einen herrlichen Blick aufs Meer bieten, kann man die berühmte scharfe Sauce probieren. Die dicke, würzig rote Flüssigkeit ist besonders köstlich zu frischen Krabben, Krebsen, Austern, Muscheln und Abalonen. Auf einem Felsen vor der Küste liegt ein malerischer *wat*, der sowohl thailändische als auch chinesisch-buddhistische Elemente enthält. Schreine ehren einen Mönch, der viele Jahre an diesem Ort lebte, und natürlich findet man hier auch den obligatorischen, in Bronze gegossenen Fußabdruck Buddhas sowie Bildnisse der Gnadengöttin Kuan Yin und des Affengottes.

Vom *wat* aus erblickt man bogenförmige Fischreusen aus Palmblättern, eine Konstruktion, die sich in Südostasien über Jahrhunderte bewährt hat.

Vom längsten Pier Si Rachas kann man in einem Fischerboot zur der nahegelegenen Insel **Ko Si Chang** übersetzen. Schneller geht es mit einem Dieselkahn, der etwa 500 Bath für die Hin- und Rückfahrt kostet und die Insel in weniger als einer Stunde erreicht.

Die Gewässer von Ko Si Chang sind von November bis Januar glasklar und bieten Tauchern und Schnorchlern einen überwältigenden Anblick. Auf der Südseite findet man verlassene Strände sowie ein Haus von König Chulalongkorn, in das er sich immer wieder zurückzog, um der Hitze Bangkoks zu entfliehen.

Östliche Golfküste: Von Bangkok aus ist dieser Küstenabschnitt gut zu erreichen. Vollklimatisierte Busse fahren regelmäßig von der östlichen Busstation gegenüber Soi 63 in der Sukhumvit Road nach Chon Buri, Si Racha, Sattahip, Rayong, Chanthaburi und Trat. Halbstündlich gehen Busse nach Pattaya. Die Bahnfahrt dorthin dauert zwar lange, ist dafür aber abwechslungsreich. Der ehemalige Militärflughafen bei U-tápao wird gerade zu einem Zivilflughafen umgebaut, auf dem bereits Chartermaschinen aus Hongkong und Singapur landen.

Die Hauptroute der östlichen Golfküste ist die Sukhumvit Highway, die später Route 3 heißt. Offiziell beginnt sie in Bangkok an der belebten Rajprasong-kreuzung beim Hotel Erawan in der Plo-enchit Road. Hinter den Eisenbahngleisen und der Schnellstraße wird daraus dann die Sukhumvit Road.

Abseits der belebten Geschäfte und Seitenstraßen der Sukhumvit Road wird der Verkehr ruhiger. Nach der Brücke über den Phra Kanong-Kanal kommt man in den Vorort Bangna. Von dort aus kann man in Richtung Süden eine Abkürzung nach Bang Pakong machen, wodurch man sich 25 Kilometer spart und die Stadt Paknam (auch Samut Prakarn) an der breiten Mündung des Chao Phraya umfährt. Die Abkürzung nach links in Richtung Südosten ist jedoch nicht besonders attraktiv. Hier stehen Fabriken, die Atmosphäre ist nicht mehr so ländlich. Man kann auch die langsamere, dafür aber interessantere Strecke in Richtung Süden nach Paknam wählen; hier fährt man 75 Kilometer an einem landschaftlich reizvollen *klong* entlang und kommt an der „Alten Stadt", der Krokodilfarm und an Klong Dan vorbei.

Die Ruhe der *klongs* wird nur hier und da vom Lärm eines Motorboots oder eines Fernsehapparats gestört. Umrahmt von Kokosnußbäumen, Nipapalmen und Drillingsblumen hängen rechteckige Fischernetze an langen, beschwerten Bambusstöcken über dem Kanal.

An den Treppen der Strohhütten findet man riesige Wasserbehälter. Buben in hochgekrempelten Sarongs spielen *takraw*, Mädchen waschen sich im *klong* die Haare, alte Frauen verkaufen Früchte und die kastanienähnlichen *luk jak*. In den Mangrovenwäldern rechts von der Straße sammeln Dorfbewohner Holz, während ihre Kinder Krebse fangen.

Auf der alten Sukhumvit Road kommt man zwölf Kilometer hinter Pak Nam und knapp vier Kilometer nach der Abzweigung zur Krokodilfarm zu einem Fischrestaurant, das am sumpfigen Ufer liegt. Vor einigen Jahren, als die einzige gute Straße außerhalb Bangkoks nur bis hierher ging, war es aufgrund der erfrischenden Brisen, dem köstlichen Essen und der Abgeschiedenheit ein Anziehungspunkt für die High Society der Hauptstadt. Heute kann man noch den früheren Flair des Lokals erleben, wenn man erlesene Gerichte wie beispielsweise Krabben (*gung*), Krebse (*poo*) und Austern (*hoy*) bestellt.

Auf der Route 3 erreicht man bei Kilometer 56 den Fischerhafen von Klong Dan. Die alte Fernverkehrsstraße biegt dort in Richtung Osten ab und trifft dann bei Bang Pakong auf die Hauptautobahn. Von hier aus führt die vierspurige Straße wieder nach Süden in Richtung der Berge von Chon Buri.

Fröhlicher Handgalopp am Strand von Pattaya.

073

PATTAYA – THAILANDS RIVIERA

Pattaya war schon immer Thailands beliebtester Badeort. Erst in letzter Zeit wurden Phuket und die Inseln im Süden eine ernst zu nehmende Konkurrenz, denn Pattaya verfügt eigentlich nur über relativ wenig Strandfläche, was aber durch eine ausgezeichnete Infrastruktur wettgemacht wird.

Die Stadt besteht aus zwei parallel zur vier Kilometer langen Bucht verlaufenden Hauptstraßen. Die meisten Hotels konzentrieren sich in der Beach Road, während in der dahinter liegenden Straße hauptsächlich Restaurants, Sportplätze und sonstige Vergnügungseinrichtungen zu finden sind. Im nördlichen Teil der Beach Road liegen in erster Linie die Luxushotels sowie eine große Anzahl von Restaurants und Freiluftbars. In den Querstraßen zwischen der Beach Road und der Second Road sind die kleineren Hotels, diverse Restaurants und sehr viele Bars zu finden.

Links: Pattaya hat alles, was der Sonnenanbeter sucht, und (unten) auch einen der schönsten Golfplätze des Landes.

In Süd-Pattaya, dem Gebiet zwischen der South Pattaya Road und dem Fuß eines riesigen Hügels, findet man Unterhaltung, Speiselokale und Einkaufsmöglichkeiten. Hier ist das Nachtleben teilweise etwas zwielichtig: Man trifft auf Barmädchen, die die Straßen bevölkern, in den Bars sitzen und dabei eine eher zweifelhafte Form des Thaiboxens oder Videos anschauen oder mit Freunden und potentiellen Kunden plaudern. In dieser Gegend gibt es auch Schwulenlokale, Transvestitenshows und Diskos sowie die meisten Speiselokale und Geschäfte.

Die Straßen sind voll von Eßbuden und fliegenden Händlern, die Buddhas, Ledergürtel, Amulette und Armbänder verkaufen. Obst- und Blumenstände machen das Bild noch bunter. Juweliere bieten Saphire und Rubine feil, und die Schneider überreden den Passanten, sich in 24 Stunden ein Kleid oder einen Safarianzug anfertigen zu lassen. Aus den Lautsprechern der Bars und Music-Shops dröhnt der Sound – das Geschäft mit Raubkopien blüht.

Vom Hügel aus, auf dem ein riesiger Buddha und eine Radiostation stehen, hat man einen ausgezeichneten Blick auf den ganzen Ort. Am Abend ist die Bucht voll von Trawlern, die entweder auf Fisch- oder auf Touristenfang sind, und letztere zur Insel Ko Larn bringen.

Ko Larn, in Reisebroschüren oft als „Koralleninsel" bezeichnet, heißt übersetzt eigentlich „kahle Insel". Sie war früher für ihre Korallenriffe bekannt, die inzwischen schon längst vom Dynamit der Fischer zerstört wurden. Obwohl nichts Lebendiges mehr zu entdecken ist, benützt man noch immer Boote mit durchsichtigem Boden, um die Besucher von den Trawlern zur Küste zu bringen.

Ko Larn hat genau die breiten, weichen Sandstrände, die Pattaya fehlen, und ist der ideale Ort für einen geruhsamen Tag. An der Küste gibt es viele gute Fischrestaurants sowie einige Wassersporteinrichtungen und einen Golfplatz für die aktiveren Besucher.

Der Hügel trennt den Hauptteil Pattayas von einem Viertel mit Luxushotels und Privatstränden, in dem auch die Hotels Royal Cliff und Asia liegen. Weiter südlich ist der neue Badeort Jomtien, wo die Strände aber nur wenig besser als in Pattaya sind. Hier findet man Bungalowkomplexe, Hotels und unzählige Fischrestaurants.

Pattaya ist ein Paradies für Wassersportler. Hier kann man Windsurfbretter, Segelboote, Schnorchelausrüstung und Tauchgeräte, Jetski, Wasserscooter und Wasserski mieten. Die Mutigeren können auch das Parasailing ausprobieren, bei dem man einen Fallschirm umgeschnallt bekommt und anschließend von einem Schnellboot in die Lüfte befördert wird. Aus der Vogelperspektive kann man dann auf Pattaya herunterblicken. Mit Wasserscootern oder Motorrädern ist allerdings äußerste Vorsicht geboten, denn es kommt leicht zu Unfällen, in die immer wieder Urlauber verwickelt sind.

Auch Angelfreunde können hier beim Fischen von Zackenbarsch, Schnapper, Makrele, Bonito, Segelfisch und Barrakuda ihre Geschicklichkeit testen. In den Läden und in Bang Saray weiter unten an der Küste kann man sich für Angelexpeditionen anmelden.

Doch auch für sportlich aktive Landratten ist gesorgt. Fast alle größeren Hotels verfügen über gepflegte Tennisplätze und Swimmingpools.

Zehn Kilometer östlich von Pattaya liegt der Siam Country Club mit einem der exklusivsten Golfplätze des ganzen Königreiches. An der gleichen Straße kommt man zur Reo Ranch, wo man Appaloosa-Pferde für einen Ausritt mieten kann. Es gibt natürlich auch Möglichkeiten zum Bowling, Sportschießen und Billardspielen sowie organisierte Ausflüge zu den Saphirminen, Orchideenfeldern und Elefantenkralen in der Umgebung. Für weniger Unternehmungslustige bieten die Hotels abends hausinterne Fernsehprogramme an.

Pattaya verfügt über zahlreiche Speiselokale. In einigen davon kann man frischen Fisch wählen, den der Koch nach den Wünschen des Kunden zubereitet. Viele Restaurants im Freien bieten ausgezeichnete thailändische Gerichte. Die meisten europäischen und asiatischen Küchen sind ebenso vertreten wie amerikanische Schnellimbißlokale und Eisbuden. An Getränken werden Bier, Whisky und vorzügliche Weine angeboten.

INSELSPRINGEN

Eine besondere Attraktion Pattayas liegt unter Wasser verborgen, jedoch in Tiefen, die der Wassersportler gut erkunden kann. Die entsprechende Ausrüstung dafür findet man in Spezialgeschäften wie etwa Seafari und Steven's Dive Shop. Ausgebildete Tauchlehrer bieten Kurse an, in denen man das international anerkannte NAUI- oder PADI-Zertifikat und sogar den Grad des Tauchlehrers erwerben kann. Es werden auch Spezialkurse für Unterwasserfotografie angeboten, wobei alle Preise sich im Rahmen halten.

Obwohl die Gewässer vor Pattaya etwas trübe sind, bieten die nahegelegenen Inseln dennoch einige gute Stellen für Tauchfreunde. Zu den bevorzugten Inseln gehören **Ko Larn** und **Ko Sak**.

In den tropischen Gewässern Pattayas leben Röhrenwürmer, Clown-, Soldaten- und Papageifische, getupfte Knurrfische, Fliegende Fische und große, freundliche Zackenbarsche. Hüten Sie sich vor Teufelsfisch oder Seeigel und besonders während der Monsunzeit vor Quallen! Tauchen in Pattaya hat den Vorteil, daß das Wasser warm ist und man deshalb keinen Taucheranzug benötigt.

Im Südwesten, etwa eine Bootsstunde von Ko Larn entfernt, liegt **Ko Lin**. Die Insel ist zwar klein, bietet aber gute Tauchmöglichkeiten, wobei man auf ein vor kurzem gesunkenes Schiff, schöne Korallenformationen und ein faszinierendes Unterwasserleben stößt. Westlich von Ko Larn, etwa in gleicher Entfernung wie Ko Lin, liegt **Ko Phai**. Hier kann man besonders schöne Fische, Korallen und Muscheln entdecken. Die Gegend ist voller Sportfischer, die sich freuen, wenn sie riesige Segelfische, Marline, Zackenbarsche und eventuell auch mal einen Taucher aus dem Wasser ziehen.

Pattaya selber bietet zwar kaum Möglichkeiten zum Schnorcheln, aber man kann weiter nach Süden zur Insel Samae San fahren, wo das Wasser glasklar ist. Beim Schnorcheln sollte man ein T-Shirt tragen, da die Sonne hier besonders stark auf empfindliche Haut wirkt.

Eine exotische Unterwasserwelt erwartet den Taucher und Schnorchler.

Im Süden Pattayas

Jahr für Jahr werden neue Touristengebiete südlich von Pattaya erschlossen. Ein beliebter Ferienort ist **Nong Nooch Village**, eine Bungalowsiedlung am See inmitten einer Parklandschaft, die zahlreiche Unterhaltungsmöglichkeiten wie etwa eine Elefantenshow, eine Orchideenzucht und einen Kakteengarten bietet.

Gleich nach Nong Nooch kommt auf der rechten Seite ein neu erschlossenes Gebiet, auf dem der Sea Sand Club mit Privatstrand liegt. Der nächste Ort südlich ist Bang Saray, ein Eldorado für Angler, die hier mit gemieteten Booten Hochseefische jagen. Das Gebiet gehört zu den fischreichsten der Welt, was Marlin und Segelfisch anbelangt.

Nach einer malerischen Bucht mit kleineren Inseln kommt man etwa 20 Kilometer südlich von Pattaya ins Fischerdorf **Sattahip**, das über Nacht zu einem wichtigen Seehafen wurde. Im Herzen der Stadt steht ein großer, moderner Tempel auf Türkissockeln. Der Markt bietet reichlich Fisch, Obst und Gemüse.

In Sattahip kann man wenig unternehmen, außer durch die Läden bummeln, vor einem Kaffeegeschäft *o liang* (die köstliche, lokale Variante des süßen, aus Französisch-Kambodscha importierten Eiskaffees) oder ein würziges Curry in der Nähe des Marktes kosten oder in den Souvenirläden herumstöbern.

Sechs Kilometer außerhalb führt eine breite, moderne Straße zu einem großen Militärstützpunkt, vormals die einzige amerikanische Start- und Landebahn für B-52 Bomber auf asiatischem Festland. Biegen Sie hier rechts ab und fahren Sie dann nach einem Kilometer links am Zaun des Geländes entlang. Die Straße führt dann wieder nach rechts und endet acht Kilometer weiter in Samae San.

Das von Hügeln gesäumte Fischerdorf **Samae San** ragt mit den Hafenmolen in die türkisschimmernde Bucht mit fünf Inseln hinein. Tintenfische trocknen an den langen Holzpiers, die schwimmende Tankstationen für die Schiffe haben.

Von Sattahip läuft die Straße weiter an der Küste entlang, bietet aber nur gelegentlich einen Blick aufs Meer. Hier ist das Land flach und trocken und bis Rayong landschaftlich nicht sehr reizvoll.

Rayong, das 221 Kilometer von Bangkok entfernt ist, wird von einem Meeresarm durchschnitten, der mitten durch das Geschäftsviertel und einen Wald von Fernsehantennen führt. Biegt man an der Ampel gleich hinter dem Hotel O-Tani rechts ab, führt eine morsche Brücke zu einem alten Fischerdorf auf der Landzunge zwischen Strand und Meeresarm.

Rayong ist berühmt für *nam plaa*, eine Fischsauce, die in der thailändischen Küche anstelle von Salz verwendet wird und zumeist in Heimarbeit erzeugt wird. Im Golf leben große Schwärme eines Silberfisches, den man nach dem Fang etwa sieben Monate verwesen läßt. Daraus wird eine rötliche Flüssigkeit hergestellt, die man anschließend filtert und vor Ort in Flaschen abfüllt.

Auf der Landzunge südöstlich von Rayong finden sich weitere Badeorte. Biegt man 20 Kilometer östlich von Rayong rechts ab, gelangt man nach **Ban Pae**. An stürmischen Tagen bedeckt Seetang die Küsten, und die in verblichene schwarze Blusen und Sarongs gekleideten Frauen breiten orangerote Krabben zum Trocknen aus. Das sieht zwar recht hübsch aus, riecht aber streng, da die Überreste, die als Futter für Hühner, Enten und Krokodile dienen, in der Sonne schnell zu faulen beginnen.

Der malerische Fischerhafen liegt geschützt zwischen einer Felsenkette im Westen und der Insel **Ko Samet** im Süden. Die Insel ist Studenten thailändischer Literatur als der Ort bekannt, an dem der Dichter Sunthorn Phu seine wunderschönen romantischen Kurzgedichte schrieb. Der aus Klaeng stammende Poet nannte diese Insel „Ko Kaew Phisadan" oder „Insel mit Sand wie zerriebener Kristall". Seine romantisch klingende Behauptung entspricht der Realität, denn auf der Insel und den Stränden des Festlandes findet man den feinsten Sand der Welt, der besonders begehrt für die Glasherstellung ist.

Das einstmals bukolische Refugium ist inzwischen ein begehrtes Badeparadies. Man ist gerade dabei, die billigen Bungalowsiedlungen abzureißen und kleine

Hotels zu bauen, wodurch die Schönheit der Insel selbst angesichts der Gefahr von Umsatzeinbußen bewahrt werden soll.

Die Küstenstraße verläuft von Ban Pae nach Osten, vorbei an Fischhändlern und Friseuren, und führt dann durch den kilometerlangen Pinienwald und Nationalpark von **Ban Pha Phrae**, der einen willkommenen Kontrast zur bisherigen, spärlicher bewachsenen Landschaft bildet. Im Süden hat man einen Blick auf die kleinen Felsinseln östlich von Ko Samet.

Sieben Kilometer weiter liegt **Wang Kaew**, ein wunderschöner Badeort mit kleinen Bungalows und Gärten am Meer.

Die zehn Kilometer zwischen Wang Kaew bis zur Halbinsel von **Laem Mae Phim** sind von Urlaubsorten gesäumt. Vor den Fischerhütten verkaufen Frauen allerlei Süßigkeiten und gerösteten Tintenfisch. Gleich vor der Küste liegen die zwei zerklüfteten Inseln **Khi Plaem**, was übersetzt „Fischabfall" bedeutet. Hier laden Fischer die kleinen Silberfische zur Herstellung von *nam plaa* aus. Zur Linken eines kleinen Vorgebirges liegen drei weitere Inseln, von denen die größte und nahegelegenste, **Ko Man Nai**, Privatbesitz ist. Sie hat einen geschützten Strand mit Bungalows und Fischrestaurants.

Fischer mit dem Tagesfang.

Um ins Landesinnere auf die Route 3 zurückzukommen, biegen Sie hinter Laem Mae Phim nach links ab. Die Straße führt durch dichte Kautschukpflanzungen und Bambushaine. Drei Kilometer weiter liegt um einen großen alten Baum das Dörfchen Ban Kram. Neben diesem mit Tüchern umwickelten Baum steht ein animistisches Heiligtum und ein Geisterhaus. Fährt man die Route 3 weiter, kommt man nach **Klaeng**, der Geburtsstätte des Dichters Sunthorn Phu, der unter Rama II. und Rama III. lebte. Drei Kilometer vor der Stadt befindet sich eine Gedenkstätte mit einer Reihe von Versen zu Ehren des Dichters. Die Figuren im Teich stellen Charaktere aus seinem wichtigsten Werk „Phra Apaimani und Sri Sisuwan" dar. Die Dame im Wasser ist die menschenfressende Riesin Pi Sua Samut, die, verzaubert von den Flötenklängen des Phra Apaimani, dabei ist, ihn zu entführen.

Biegt man hinter Klaeng auf der Route 3 bei Kilometer 288 links ab, kommt man nach etwa 13 Kilometern zu den Höhlen von **Khao Wong** im Nationalpark von Khao Chamao.

Dieser von Höhlen durchsetzte Berg birgt ein Geheimnis. Die Dorfbewohner behaupten, daß auf Fotografien von den mythisch gezackten Gipfeln nach dem Entwickeln nichts zu sehen wäre. Die graugestreiften Schichten des ausstreichenden Gesteins, die sich gegen den roten Lateritstaub und das armselige Akkerland der Umgebung abheben, wirken jedoch alles andere als magisch.

Khao Wong ist voller Höhlen. Eine alte Frau mit weiß gepudertem Gesicht behauptet, ihr ganzes Leben hier verbracht zu haben, ohne alle zu kennen. In Tam Plak, einer Höhle neben dem *wat*, fallen stete Wassertropfen auf die Stirn eines Stalagmit-Buddhas.

Gläubige kommen hierher, um zu beten, gelbe Kerzen zu stiften und mit Hilfe von Weissagestäbchen ihre Zukunft zu erfahren. Man sagt, daß hier Krokodile in unterirdischen Flüssen leben und daß an den Wänden einiger Höhlen Diamanten funkeln sollen.

Chanthaburi und Umgebung

Weiter südlich an der Ostküste, etwa 330 Kilometer von Bangkok entfernt, liegt **Chanthaburi**, eine Stadt, deren Vergangenheit genauso aufregend wie ihre Gegenwart ist. Edelsteine, erlesene Früchte, Kunsthandwerk, Strände, ein Hauch von Nostalgie und Zeugnisse der Vergangenheit machen Chanthaburi trotz der Entfernung von Bangkok zu einem Hauptausflugsziel der Thai.

Die Stadt kann auf eine 6000 Jahre alte Geschichte zurückblicken. Skelettfunde lassen darauf schließen, daß hier ein Volk mit hochentwickelter Kultur gelebt haben muß. Schriftliche Aufzeichnungen existieren allerdings erst seit dem 17. Jahrhundert, als König Narai von Ayutthaya Menschen aus Chiang Mai und von Laoten bewohnte Dörfer hierher umsiedelte, um sich besser gegen die Khmer und Vietnamesen verteidigen zu können.

Etwa fünf Kilometer südlich liegt Khai Nern Wong, das „Lager auf einem kleinen runden Hügel", das die neuere Geschichte der Stadt erzählt. 1767 zog sich König Taksin nach dem Fall Ayutthayas hierher zurück, um seine Truppen aufzufrischen, neue Soldaten anzuwerben und eine Kriegsflotte zu bauen. Danach kehrte er nach Norden zurück und besiegte die burmesischen Eindringlinge.

Auf dem gleichen Hügel findet man Überreste einer Befestigung aus der Zeit König Ramas III. Über den Hügel verstreut weisen noch einige Kanonen auf den nunmehr schweigenden Dschungel. Heute halten nur noch Geister in der Ruine Wache. Um diesen Ort zu besichtigen, fahren Sie vier Kilometer auf der Straße 3346 und biegen dann auf die Straße 3147. Nach 250 Meter gelangt man zum Eingang der Festung.

Ganz in der Nähe liegt Laem Singh, ein Ort, an dem es zu Zusammenstößen mit den Kolonialmächten kam. Um die Jahrhundertwende wurden die Thai in Territorialstreitigkeiten mit den französischen Besatzern Kambodschas verwickelt. Die Franzosen fielen in Laem Singh ein und stationierten elf Jahre lang Truppen. Das Tuk Daeng Zollhaus (Rotes Gebäude) und Kook Khi Kai („Hühnermistgefängnis") sind Relikte aus dieser Zeit. Verläßt man bei Kilometer 348 Route 3, gelangt man nach 16 Kilometern an diesen Ort.

Links: Die Edelsteinsuche ist ein hartes Brot – wer weiß, ob etwas dabei herauskommt.

Das Klima zwischen Chanthaburi und der Grenze unterscheidet sich vom übrigen Thailand. Das Gebiet ist aufgrund des Südwestmonsuns regenreicher, was den Anbau von Kautschuk und die beste Rambutanernte des Landes ermöglicht.

Die Stadt liegt eingebettet in eine wellige Hügellandschaft am gleichnamigen Fluß. Motorräder, ein Zeichen des Wohlstands, donnern durch die Straßen. Viele Läden sind nach vorne offen. Ein Blick ins Innere zeigt Unmengen von Werkzeugen, mit denen die Handwerker die aus den nahegelegenen Minen gewonnenen Edelsteine schleifen.

Auf der anderen Seite des Flusses liegt die 1880 im französischen Stil erbaute Kirche der Unbefleckten Empfängnis, die größte katholische Kirche Thailands. Dort werden für die thailändisch-vietnamesische Gemeinde, deren Mitglieder in den letzten 200 Jahren nach Thailand kamen, Gottesdienste abgehalten. Ihre Nachkommen üben meist in Heimarbeit eine Reihe von Beschäftigungen aus, hauptsächlich das Weben von Matten, Taschen und anderen Gegenständen aus Schilfrohr in attraktiven Formen und Mustern. Besondere Souvenirs kann man bei den Nonnen der Kirche bestellen.

Chanthaburi, das sich auf immer mehr Besucher einstellen muß, verfügt über mehrere Hotels mit Klimaanlage, wie das Eastern, das Chanthaburi, das Kasemsarn und das Travel Lodge.

Haupteinnahmequelle sind jedoch Saphire und andere Edelsteine. Der rote Boden der Kautschukplantagen ist mit tiefen Löchern übersät, die von Edelsteinsuchern stammen. Diese Beschäftigung geht jedoch ziemlich auf den Rükken und führt nur selten zum Erfolg.

Das nächstgelegene Edelsteingebiet ist **Khao Ploi Waen** („Hügel des Saphirrings"). Der Weg dorthin führt zunächst wieder zurück nach Khai Nern Wong. Zwei Kilometer weiter kommt man zur Precious Stone Purchasing Junction, wo Edelsteine gehandelt werden. Nach einem Kilometer erreicht man Khao Ploi Waen. Mehrere Reisebüros bieten organisierte Ausflüge in dieses Gebiet inklusive einer Edelsteinsuchtour an, wobei man seinen Fund behalten darf.

Bei Chanthaburi gibt es mehrere Wasserfälle. Auf der Route 3 führt bei Kilometer 324, direkt gegenüber der Abzweigung nach Chanthaburi, eine einfache Straße 22 Kilometer durch Rambutanhaine, vorbei an Durianbäumen, Orangen- und Litschiplantagen landeinwärts. Dann biegt man rechts ab und fährt noch drei Kilometer nach **Nam Tok Krating** („Stierfälle"), einer Reihe kleinerer Kaskaden, die 400 Meter über Granitfelsen in die Tiefe stürzen.

Weiter auf der Route 3 in Richtung Süden erreicht man bei Kilometer 347 einen anderen beliebten Wasserfall. Hinter Bretterbuden, in denen Frauen Klebereis und Durianmarmelade verkaufen, steht ein auffälliges pyramidenförmiges *chedi* mit Blick auf die Wasserfälle.

Es erinnert an eine Gemahlin des Königs Chulalongkorn, die auf dem Weg nach Bang Pa-In im Chao Phraya ertrank. Ihr Tod war besonders tragisch, da sie von ihren Begleitern hätte gerettet werden können, wäre es ihnen nicht verboten gewesen, ein Mitglied der königlichen Familie anzufassen.

Tagsüber herrscht reger Betrieb an den Wasserfällen und im Flußbecken. Während die Buben in Shorts und Sarongs mutige Kopfsprünge wagen, sitzen die Mädchen bescheiden und voll angekleidet unter dem kühlen Schauer. Zur Zeit der Durianernte kommen die Leute sogar aus Bangkok, um die Wasserfälle zu besuchen und die Früchte zu kaufen.

Die Straße nach Trat führt durch Kautschukplantagen, Reisfelder und Sumpf. **Trat** liegt 400 Kilometer von Bangkok entfernt und ist die letzte größere Stadt vor der kambodschanischen Grenze.

Sie ist zwar nicht besonders reizvoll, dient aber oft als Ausgangspunkt zu den wunderschönen Inseln vor der Küste und bietet die Gelegenheit, Reiseproviant nachzukaufen. Vom Kirchturm aus sieht man in 19 Kilometer Entfernung den Hafen von **Laem Ngop**.

Hier kann man ein Boot nach **Ko Chang**, der drittgrößten Insel Thailands, mieten, die für ihre Wildschweine und

Der Nam Tok-Wasserfall stürzt in einen beliebten Badepool.

den **Mai Yom-Wasserfall** berühmt ist. Vor der Nordspitze Ko Changs leben einige der größten Haie des Golfs. Der Weg führt weiter nach **Ko Mark** und **Ko Kut**, wo man in klaren Lagunen tauchen kann. Es besteht hier die Möglichkeit, in einfachen Bungalows zu übernachten.

Von Trat aus fährt man die schmale Landzunge hinunter bis zur Stadt **Klong Yai**, die auf dem Wasser gebaut ist. Von der Hauptstraße aus ragen ganze Häuserreihen ins Meer hinein; dazwischen liegen wie geparkte Autos die Fischtrawler, mit denen sich die Bewohner der Stadt ihren Lebensunterhalt verdienen.

Wer nicht auf dem direkten Weg zurück nach Bangkok will, kann auf einer landschaftlich sehr schönen Strecke zurück nach Chanthaburi und von dort aus auf der Straße 317 Richtung Norden fahren. Die Straße verläuft entlang der kambodschanischen Grenze bis nach Sa Kaeo und zum kambodschanischen Flüchtlingslager Khao-I-Dang. Etwa 66 Kilometer hinter Chanthaburi kommt man zu den malerischen Wasserfällen von Khao Soi Dao, dem „Berg der Sternernte". Während des Monsuns flimmert es an Lichtungen und Flußufern von den Flügeln unzähliger Schmetterlinge. Die Route führt weiter zum Wat Tham Lek Khaw Chaka, einem Höhlenkloster etwa 140 Kilometer nördlich Chanthaburis.

Man kann auch bei Sa Kaeo rechts abbiegen und 57 Kilometer auf der Straße 33 bis **Aranyaprathet** fahren. Die Stadt ist aufgrund ihrer Grenzlage zu Kambodscha ein Verwaltungszentrum mit Hilfseinrichtungen für kambodschanische Flüchtlinge. Etwa ein Dutzend internationale Freiwilligenorganisationen sowie die UNO haben hier ihre Büros. Bis vor kurzem war das Gebiet noch voller Flüchtlingslager, mittlerweile sind die meisten Flüchtlinge jedoch nach Khao-I-Dang verlegt worden, um sie vor den blutigen Übergriffen im Grenzgebiet zu schützen. In der Stadt ist davon im allgemeinen zwar nichts zu merken, aber man sollte sich nicht zu weit aufs offene Land hinaus wagen.

Von Aranyaprathet kann man mit dem Zug oder mit einem klimatisierten Bus zurück nach Bangkok fahren.

ie Bewohner on Klong Yai estreiten mit iesen Trawern ihren Leensunteralt.

Südthailand

SÜDEN: SCHÖNHEIT UND STRÄNDE

Leuchtend weißen Sandstrand finden wir diesmal auf einer Insel im Süden an der thailändischen Westküste. Kreideklippen, die auf einer Seite der Insel wie prähistorische Monster aus dem indigoblauen Wasser des Andamanischen Meers ragen, wechseln sich ab mit einfachen Fischerdörfern, die beinahe wie die kitschige Postkartenidylle eines Tropenparadieses wirken.

Die Faszination dieser Insel liegt weniger in ihrer Schönheit als vielmehr in der üppigen Vegetation. Junge Männer, die offensichtlich kein Schwindelgefühl kennen, klettern auf wackeligen Bambusleitern bis an die Decken riesiger Höhlen, um die klebrigen Schwalbennester, die wichtigste Zutat der exquisiten chinesischen Suppe gleichen Namens, zu ernten. Feinschmecker behaupten, daß diese Köstlichkeit in Südthailand am vortrefflichsten zubereitet wird.

Während die Bauern Kokosnüsse ernten, fahren die Fischer mit ihren Booten aufs Meer hinaus, um sich ihr Abendessen zu sichern. Hier, genau wie in der 1500 Kilometer entfernten Zentralebene, lebt man noch extrem friedlich und im Einklang mit der Natur.

Entlang dem immer enger werdenden Streifen Thailands, der nach Malaysia führt, gibt es unzählige Inseln dieser Art. Die Ostküste der Landzunge blickt auf den Golf von Thailand, während die andere Seite vom Andamanischen Meer und dem Indischen Ozean umspült wird. Mit Ausnahme einiger größerer Inseln wie Ko Samui (*ko* bedeutet „Insel“) und Ko Phuket, die wichtige Touristenzentren geworden sind, werden nur wenige von Fremden betreten. Ihre tropische Schönheit ist nur den Menschen, die dort leben und arbeiten, bekannt.

Der Süden Thailands, die langgestreckte Landzunge, auch „Elefantenrüssel“ genannt, besteht aus 14 Provinzen und ist landschaftlich sehr reizvoll. Man findet hier wilde Dschungelgebiete, schroffe Berge und breite Sandstrände. Da die Gegend ausgezeichnete Erholungseinrichtungen, Tauchmöglichkeiten und eindrucksvolle Naturschönheiten bietet,ist sie als Touristenparadies erschlossen worden.

In vieler Hinsicht unterscheidet sich der Süden grundlegend vom Rest des Landes. Die Kontraste werden umso größer, je weiter man nach Süden kommt. Dieses Gebiet zeichnet sich durch klimatische, religiöse und landwirtschaftliche Eigenheiten aus. Schattige Kautschukplantagen findet man hier viel häufiger als Reisfelder. In den südlichsten Provinzen Betong, Pattani, Narathiwat und Yala etwa gibt es wesentlich mehr islamische Moscheen als buddhistische Tempel.

In den Grenzgebieten spricht man sowohl Malaiisch als auch Thai, und im ganzen südlichen Bereich stößt man auf einen ausgeprägten Dialekt. Auch die Küche weist starke Einflüsse Malaysias auf. Nur hier gibt es *yan lipao*, Zinngeschirr, Batikartikel und Schattenspielpuppen. Die Regenzeit im Süden – eigentlich sind es zwei – ist länger und intensiver als im übrigen Land, wobei Januar und Dezember die feuchtesten Monate sind.

Vorherige Seiten: Nirgends geht die Sonne so spektakulär unter wie im Süden.

Ebenso wie der Norden genoß auch der Süden lange Zeit eine Art Autonomiestatus und wurde von seinen eigenen Prinzen fernab von der Kultur und dem Machteinfluß Bangkoks regiert. So ist der Süden denn auch erst im 20. Jahrhundert ins Thailändische Königreich integriert worden.

Dieses Gebiet hat aber auch seine eigenen Probleme. Viele Menschen fühlten sich vom thailändischen Kulturleben ausgeschlossen und völlig unverstanden von der Regierung im entfernten Bangkok. Eine der Folgen war die Formierung einer kleinen, aber dennoch einflußreichen Separatistenbewegung aus radikalen Moslems, die für den Anschluß der südlichen Provinzen an Malaysia kämpft.

Die Regierung, die dieses Problem lange Zeit ignorierte, unternimmt nun entscheidende Schritte, um das Gefühl der Entfremdung abzumildern: Wenn Beamte in den Süden versetzt werden, müssen sie den lokalen Dialekt lernen und sich mit den hiesigen Sitten vertraut machen; man gründete eine eigene Universität und richtete überall Lehrerbildungsinstitute und Berufsschulen ein. Unweit der Grenze ließ die königliche Familie bei Narathiwat einen Palast bauen, von dem aus sie die Südprovinzen bereist, um zu überprüfen, wie die königlichen Wasserversorgungs- und alternativen Anbauprojekte voranschreiten, von denen vor allem die Bauern profitieren sollen.

Aufgrund der reichen Bodenschätze ist der Süden nach Bangkok die wohlhabendste Region des Landes. Kautschuk, nach Reis das zweitwichtigste Exportgut des Landes, gedeiht hier so vortrefflich, daß Thailand zum drittgrößten Exporteur der Welt avancierte. Im oberen Abschnitt der Halbinsel werden so große Mengen Ananas angebaut und in Dosen abgefüllt, daß Thailand zu einem der wichtigsten Produzenten dieser Frucht wurde. Außerdem trifft man auf riesige Kokosplantagen. Im Süden gibt es so reiche Zinnvorkommen, die dann in den Hochöfen von Phuket weiterverarbeitet werden, daß auch hier Thailand zum drittgrößten Exporteur der Welt wurde.

Hat Yai, die Eisenbahnendstation im Süden, zählt zu den am schnellsten wachsenden Städten Thailands. Die florierende Stadt ist nicht nur Anziehungspunkt für Geschäftsleute, die mit der örtlichen Industrie Geschäfte machen wollen, sondern auch für Touristen aus Malaysia, die hier das freizügige Nachtleben genießen und die zahlreichen Vergnügungsmöglichkeiten nutzen. Sie bilden die größte Gruppe von Einzelreisenden, die nach Thailand kommen.

Im Süden steckt die Tourismusindustrie zwar noch in den Kinderschuhen, bildet aber dennoch schon eine wichtige Devisenquelle. Viele Jahre lang war die Eisenbahn das einzige Verkehrsmittel, um dieses Gebiet zu erreichen, die zudem nur zu wenigen Punkten führte. Die einzige Möglichkeit, um zu den schönen Inseln des Golfes zu gelangen, bestand darin, einen der regulären Frachter des Thai Navigation Department zu benutzen. Der Weg nach Phuket über das Andamanische Meer war sogar noch beschwerlicher: Man mußte schlechte Straßen in Kauf nehmen und dann das offene Meer mit der Fähre überqueren. Aus diesem Grund wagten nur einige besonders Mutige diese Reise, selbst nach dem Bau der Sarasin-Brücke.

Rechts: Auf Ko Phi Phi kann man unberührte Strände, kristallklares Wasser und einen bezaubernden Blick aufs Meer genießen.

Diese Situation änderte sich durch neue Schnellstraßen und Luftverbindungen. Phuket wird nun täglich siebenmal von der inländischen Fluggesellschaft angeflogen, wodurch die Schönheit der Insel in greifbare Nähe gerückt ist. Dies blieb natürlich nicht ohne Folgen. Das Magazin *Time* bezeichnete Phuket einmal als eines der wenigen vom Pauschaltourismus noch völlig unberührten Reiseziele. Trotz der 10 000 Hotelbetten, die natürlich die Idylle stören, ist Phuket nach wie vor einer der schönsten Orte Asiens.

Die Thailändische Fluggesellschaft bietet tägliche Linienflüge von Bangkok aus nach Phuket, Trang, Hat Yai, Nakhon Si Thammarat, Surat Thani, Pattani und Narathiwat.

Von Hualampong, dem Hauptbahnhof Bangkoks, fahren jeden Nachmittag Schnellzüge nach Süden. Diejenigen, die nur auf der Durchreise nach Malaysia sind, erreichen nach 17 Stunden Butterworth, den Ausgangspunkt zur malaysischen Insel Penang. Von dort bestehen auch Zugverbindungen nach Kuala Lumpur und Singapur. Obwohl diese Züge die Bezeichnung „Expreß“ führen, sind sie keine eigentlichen Schnellzüge. Ihr Tempo erlaubt dem Reisenden noch eine gute Aussicht auf grüne Reisfelder, Dörfer an *klongs*, steil aufragende Berge und belebte Städte. An jeder Station werden lokale Spezialitäten angeboten; fliegende Händler eilen an den Zugfenstern entlang und bieten in Plastiktüten frische Früchte, in Bananenblätter eingewickelte *khanoms* („Süßigkeiten“), gebratenes Fleisch, getrockneten Tintenfisch, eisgekühlte Getränke und Kaffee an.

Reisende, die es nicht besonders eilig haben, sollten mehrere Zwischenstopps machen, um die Attraktionen anzuschauen, die man sonst normalerweise in der Nacht passiert. Beachten Sie bitte, daß auf einer Strecke von weniger als 200 Kilometern nur eine Unterbrechung gestattet ist, die nicht länger als 48 Stunden dauern darf. Von den Eisenbahnstationen aus können Sie die umliegenden Städte mit Bus, Taxi oder per Boot erreichen. Bedenken Sie bei der Platzreservierung, daß die Zweite Klasse in vielen Zügen den gleichen Komfort wie die Erste Klasse bietet. Für nächtliche Reisen kann man auch sehr bequeme Liegewagenplätze reservieren lassen.

Die anspruchslosere Jugend zieht für die Reise in den Süden vielleicht einen vollklimatisierten Bus vor, wobei man für die Strecke Bangkok-Phuket 14, für Bangkok-Hat Yai 20 Stunden braucht.

Auch von Malaysia gibt es gute Verbindungen nach Südthailand. THAI fliegt täglich von Singapur nach Phuket, zweimal wöchentlich von Kuala Lumpur und dreimal von Penang. Von Singapur und Kuala Lumpur gibt es jeweils vier Flüge pro Woche nach Hat Yai. Dragonair bietet Direktflüge von Hongkong nach Phuket.

Von Butterworth fahren täglich Züge nach Hat Yai. Der 13.40 Uhr Zug nach Bangkok kommt nach vier Stunden in Hat Yai an. Schneller geht es natürlich mit dem Bus oder einem relativ günstigen „Gemeinschaftstaxi“, das allerdings nur mit fünf Personen fährt.

Wenn man von Malaysias Ostküste (Kota Baharu) aus nach Südthailand fährt, passiert man die Grenze bei Sungai Kolok; von dort erreicht man in zwei Stunden die Stadt Yala .

Rechts: Wer die Landschaft genießen will, nimmt am besten den Zug.

AUF DEM WEG IN DEN SÜDEN

Route 4, die wichtigste Fernverkehrsstraße im Westen von Bangkok, führt am Rosengarten und an Nakhon Pathom vorbei zu den ersten Anziehungspunkten des Südens: dem Palast von Phetchaburi und den Stränden von Hua Hin. Der direkteste Weg nach Süden ist die Schnellstraße Thonburi-Pak Tho, die durch ländliches Gebiet führt und südlich von Ratchaburi auf die Route 4 stößt.

Ratchaburi hat keine besonderen Attraktionen zu bieten, entwickelte sich aber in den letzten Jahren zu einem wichtigen Keramikzentrum. Man kann einen ganzen Tag damit verbringen, durch die Geschäfte zu bummeln, die Keramikartikel in allen erdenklichen Stilen, Formen und Ausführungen präsentieren.

Phetchaburi, 165 Kilometer südlich von Bangkok, ist wesentlich attraktiver. Wenn Sie von der Route 4 kommen, sollten Sie kurz vor der Stadt links abbiegen, an einem felsigen Hügel zur Rechten vorbeifahren, die Eisenbahnschienen überqueren und dann unter den schattenspendenden Bäumen halten, um die riesigen Stalaktiten und Buddha-Statuen der **Khao Luang-Höhle** zu besichtigen.

Dort, wo die Route 4 Phetchaburi erreicht, umrahmen *naga*-geschmückte Wälle den Aufstieg zum **Khao Wang-Palast**, der um 1860 unter König Mongkut errichtet wurde. Der zerklüftete Weg führt an den königlichen Stallungen vorbei zum kürzlich restaurierten, strahlend weißen Palast. Besonders auffällig ist das Observatorium, das der König einrichten ließ, um seiner Lieblingsbeschäftigung, der Astronomie, nachzugehen. Hier bietet sich ein schöner Blick auf die ganze Stadt, den Fluß, die Reisfelder und das hügelige Grenzgebiet zu Myanmar.

Zwei besonders sehenswerte Tempel sind Wat Yai Suwannaram auf der Ostseite des Flusses mit einigen der ältesten Wandgemälden des Landes, und Wat Kampheng Laeng gleich südöstlich davon. Im Wat Ko Keo Sutharam sind verblaßte, aber nichtsdestoweniger wunderschöne Wandgemälde aus dem Jahr 1734 zu sehen. Der im Zentrum gelegene Wat Mahathat mit seinem riesigen *prang* ist ein wichtiges spirituelles Zentrum für die Buddhisten der Stadt. Wat Kamphaeng Laeng, ein Tempel aus der Khmerzeit, war als Bollwerk für den westlichsten Punkt des Angkor-Reichs gedacht. 16 Kilometer östlich der Stadt liegt der Strand von Haad Chao Samran.

Etwa 17 Kilometer südlich von Phetchaburi kann man von der Route 4 rechts zum **Kaeng Krachan-Damm**, auch Ubol Ratana-Damm genannt, abzweigen. Die Straße läuft zunächst am Kanal entlang, überquert einen älteren Damm und führt schließlich zu den Erdwällen von Kaeng Krachan, wo man mit Erlaubnis des Irrigation Departments in Bungalows übernachten und die Reise mit dem Boot fortsetzen kann.

35 Kilometer südlich von Phetchaburi liegt **Cha-am**, ein bei den Thai sehr beliebter Badeort, der erst vor kurzem für den Fremdenverkehr entdeckt wurde.

Etwa 30 Kilometer weiter südlich kommt man nach **Hua Hin**, dem ältesten Seebad Thailands. Hua Hin wurde eigentlich erst im Jahre 1910 richtig be-

Links: Im Wat Mahathat in Petchaburi herrscht würdevolle Ruhe. Rechts: Khao Luang-Höhle mit Buddhabildnissen, die in sanftes Licht getaucht sind.

kannt, als Prinz Chakrabongse, der Bruder Ramas VI., eine Gruppe europäischer und thailändischer Adliger zur Jagd einlud. Hier ließ König Prajadhipok, der von 1925 bis 1935 regierte, den Klai Klangwan-Palast bauen, was soviel wie „weitab von allen Sorgen" bedeutet. Er war gerade zur Erholung an diesem Ort, als am 24. Juni 1932 die 700 Jahre alte absolute Monarchie durch einen unblutigen Putsch in eine konstitutionelle Monarchie umgewandelt wurde.

Ein *Guide to Bangkok* aus dem Jahre 1932 preist Hua Hin als „beliebtesten Ort der Reisenden, besonders jener, die gerne Golf spielen". Hier befindet sich noch heute ein 18-Loch-Golfplatz.

Im kürzlich renovierten Hotel Sofitel Central Railway spürt man noch die noble Atmosphäre der dreißiger Jahre, was auch durch die Ventilatoren an der Decke und die Gartenanlagen zum Ausdruck kommt. Das Hotel Royal Garden etwas südlich davon bietet moderneren Komfort. Der Strand ist zwar breit, aber nicht besonders schön.

Der Stadt Hua Hin fehlt der Reiz des Railway Hotels. Man verkauft aufblasbare Plastikfische, kunstvoll mit Muscheln verzierte Vasen und Aschenbecher sowie Strandartikel und Sonnenhüte. Um ein authentischeres Bild von Hua Hin zu bekommen, sollten Sie morgens oder abends den Pier entlanglaufen, wo die Fischer ihre Boote entladen und die Frauen um frischen Fisch feilschen.

Fahren Sie von Hua Hin aus wieder auf der Route 4 in Richtung Süden. Nach gut 22 Kilometern überquert die Schnellstraße den Pranburi River und erreicht die gleichnamige Stadt. Eine Straße zur linken führt nach Pak Nam Pranburi, acht Kilometer von der Flußmündung entfernt. Die Kinder spielen in Pfahlhäusern, während Fischer ihre Netze zum Trocknen an Holzgerüste hängen.

Auf der Route 4 südlich von Pranburi sieht man in der Ferne die zerklüfteten Konturen des Nationalparks **Khao Sam Roi Yot** („Berg der 300 Gipfel"). Biegen Sie links ab und fahren Sie weitere 14 Kilometer bis zu den Kalkfelsen. Früher waren die Höhlen ein Unterschlupf für Straßenräuber. Inzwischen streifen nur noch Wild und Affen durch den Park.

Der Himmel über Khao Sam Roi Yot wird sogar in den Annalen der Chakri-Dynastie erwähnt. Am 18. August 1868 lud König Mongkut, ein ausgezeichneter Mathematiker und Astronom, den Gouverneur von Singapur und Mitglieder des Hofes von Bangkok ein, um eine totale Sonnenfinsternis zu erleben, die er vorausgesagt hatte. Die Prognose des Königs trat zum Erstaunen der örtlichen Astronomen mit nur wenigen Minuten Verspätung ein und brachte den Aberglauben ins Wanken, daß eine Sonnenfinsternis sich ereignet, wenn ein Riese die Sonne verschluckt und sie erst wieder ausspuckt, wenn er durch Gongs oder Lärm erschreckt wird. Unglücklicherweise holte sich der König die Malaria, an der er kurz darauf starb.

Etwa 90 Kilometer südlich von Hua Hin, auf einer Straße, die bei Kilometer 323 nach links abzweigt, liegt **Prachuap Khiri Khan** an einem malerischen, von Hügeln gesäumten Hafen. Am Stadtrand erhebt sich linker Hand ein Hügel, der bei bestimmten Lichtverhältnissen ein Stück des Himmels zu reflektieren scheint. Tatsächlich kann man durch den natürlichen Felsbogen des **Khao Chong Krachok** („Spiegelberg") den Himmel auf der anderen Seite des Hügels sehen. 395 Stufen führen zu einem kleinen Kloster inmitten von Jasminbäumen. Das *chedi* beherbergt Buddha-Reliquien, die von Rama I. und Rama IV. zu Staatseigentum erklärt und für die Krönungszeremonien der Chakri-Könige verwendet wurden.

Fahren Sie die Straße weiter in Richtung Stadt. Wenn Sie die Verwaltungsgebäude passiert haben, biegen Sie links in die Straße ein, die zum Nordende des Strandes führt. Hier laden im Schatten gelegene Bungalows zu einer Pause ein. Probieren Sie auf alle Fälle die Fischgerichte in einem der Strandrestaurants!

Von Prachuap aus fahren Sie auf der Route 4 etwa 27 Kilometer in Richtung Süden und biegen bei Kilometer 350 rechts ab. Nach sieben Kilometern kommen Sie zum **Huay Yang-Wasserfall**, der unweit der burmesischen Grenze 120 Meter tief in den Dschungel stürzt. Er liegt in einem Gebiet namens Thap Sakae, das für seinen florierenden Grenzhandel berühmt ist.

Siedlung an den Hügeln von Hua Hin.

Jenseits des Isthmus von Kra

Etwa 35 Kilometer außerhalb des Thap Sakae-Distrikts stößt man auf die Stadt **Bang Saphan**. Biegen Sie gleich am Stadtrand links ab. Nach zwölf Kilometern erreichen Sie eine große Bucht mit einem wunderschönen, sechs Kilometer langen Strand. Nördlich erhebt sich der grüne Hügel Khao Mae Pamphung, die Insel Ko Thalu liegt im Süden. Direkt am Strand serviert man Fischgerichte und Getränke auf hölzernen Tabletts.

Auf der Route 4 wird die Vegetation südlich von Bang Saphan recht üppig, die Landschaft gebirgig. Kautschukplantagen liegen an Kalksteinklippen, die sich auf dem Isthmus von Kra und der Malaienhalbinsel erheben.

Etwa 490 Kilometer südlich von Bangkok erreicht man auf der Route 4 einen wichtigen Verkehrsknotenpunkt. Die rechte Abzweigung führt zur Westküste an den Indischen Ozean, die linke nach Chumphon, Lang Suan und an die Ostküste zur Hafenstadt Surat Thani, nach Nakhon Si Thammarat und Songkhla.

Nach acht Kilometern erreicht man **Chumphon**, eine für ihre exzellente Schwalbennestersuppe bekannte Stadt. Östlich davon liegt an der Mündung des Chumphon River **Pak Nam Chumphon**. Hier kann man Boote mieten, um die Inseln zu erkunden, auf denen die Schwalben ihre Nester bauen. In der Paarungszeit von März bis August klettern autorisierte Sammler auf die hohen Klippen, um die Delikatesse zu holen.

Besonders berühmt ist die Insel Lanka Chio. Händler ersteigern Konzessionen zum Nestersammeln und sichern ihr Revier sogar mit bewaffneten Wächtern. Das Ganze ist sehr eindrucksvoll, aber man sollte unbedingt klarstellen, daß man nur Zuschauer ist. Die von unzähligen Inseln durchsetzten Küstengewässer eignen sich hervorragend zum Segeln.

Die Straße 41 führt nach Surat Thani. Die landschaftlich reizvollere Route 4 verläuft weiter westlich über die engste Stelle des Isthmus, biegt dann nach Süden ab und führt, dem Pak Chan River folgend, über Kra Buri nach Rayong.

Etwa zwölf Kilometer südlich von Kra Buri kann man kurz vor Kilometer 504 links zum Höhlentempel **Tham Prakayang** abbiegen. Mönche leihen Ihnen notfalls eine Taschenlampe für die dunkle, mit Statuen gefüllte Höhle. Ein pechschwarzer Buddha blickt mit seinen Perlmuttaugen auf Sie herab. Eine Treppe aus Kalkstein und Holz führt heraus zu den Meditationsstätten der Mönche.

Südlich von Tham Prakayang windet sich die Straße durch hügeliges Dschungelgebiet und überquert einen breiten Fluß. Gleich nach Kilometer 597 liegt unmittelbar an der Straße der **Punyaban-Wasserfall**, ein beliebter Ausflugsort für thailändische Touristen, an dem Lastwagenfahrer gerne ein Bad im kühlen Wasser nehmen. Links führt ein Pfad zu einem Aussichtspunkt auf die Mündung des Pak Chan, die vorgelagerten Inseln und die Berge der Südspitze Burmas. Biegen Sie bei Kilometer 612 in der Nähe des Hotels Thara in Richtung **Ranong** ab. Als Hauptattraktion hat das Hotel heißes Mineralwasser aus den nahegelegenen Thermalquellen zu bieten.

Links: Wat Mahathat in Chaiya gehört zu den meistverehrten Tempeln Thailands. **Rechts**: Ein Mönch nimmt Notiz.

Um zu den Quellen zu gelangen, folgt man hinter dem Hotel der Straße links vom Fluß. Nach einem Kilometer kommt man zu einem kleinen Schrein, der den Geistern der Quellen gewidmet ist. Ein Brunnen umschließt die Hauptquelle, aus der pro Minute 500 Liter 70 Grad heißes Wasser sprudeln. Über eine Hängebrücke gelangt man in einen kleinen Park, hügelaufwärts zu einem winzigen *wat*.

Dieselbe Straße führt weiter nach **Hat Supin**, einem Dorf inmitten eines Zinngebiets. Die Landschaft ist geprägt von weißem Treibsand, Bambus, tiefen Gruben und Klippen.

Das mineralhaltige Wasser wird durch ein Sieb gefiltert, wodurch man das Zinnerz von Schlamm und Sand trennt. In den Morgenstunden kann man kräftige Frauen beobachten, die mit hölzernen Schalen das Erz im Fluß auswaschen, während ihre Männer in den Kalksteinbrüchen außerhalb des Dorfes arbeiten. Zinn, einer der Hauptexportartikel Thailands, wird überall an der Küste des Indischen Ozeans und am Isthmus abgebaut, wobei viele Minen in privaten Händen sind. Ein Schild mit einem Fisch weist nach **Wat Hat Supin**, wo Kinder süßes Popcorn verkaufen, das die Touristen dann meist an Karpfen verfüttern.

Um nach **Pak Nam Ranong** am Meer zu kommen, müssen Sie zunächst zurück nach Ranong und von dort aus noch drei Kilometer zurücklegen.

Die Hafenstadt hat einen modernen Kai, an dem die Fischerboote entladen werden und Lastwagen tonnenweise Eis auf die Decks kippen. Von hier aus segeln die Fischer sogar bis Bangladesh.

Direkt gegenüber liegt die Insel Ranong mit Pfahlhäusern und Fischerbooten, die mit einem gemieteten Boot erreichbar ist. Fahren Sie wieder auf die Route 4 und weiter in Richtung Süden an Kapoe und Khuraburi vorbei. Etwa vier Kilometer nördlich von Takua Pa stößt man auf die Straße 401, die in Richtung Osten nach Surat Thani und Chaiya führt.

Die Straße verläuft bergauf, bergab in scharfen Kurven über und um die in Wolken gehüllten Kalksteingipfel des Isthmus. Zunächst durchquert man auf 37 Kilometern das breite Tal des Takua

Eklektische Bilder schmücken die Wände von Suan Mok, einem modernen buddhistischen Refugium in Chaiya.

Pa und kommt an Zinnminen vorbei. Dann wird die Gegend hügeliger, man taucht in eine Landschaft der Kalksteinklippen und zerklüfteten Felsen.

Für eine Mittagspause eignet sich **Wat Thamwaran**, das 59 Kilometer nach Beginn der Straße 401 am linken Ufer eines kleinen Flusses liegt. Es hat nur einen einfachen Unterschlupf für die dort meditierenden Mönche zu bieten.

Bei Surat verläßt die Straße 401 das Gebirge und verläuft durch dichte Kautschukplantagen. Etwa 120 Kilometer hinter der Abzweigung von der Route 4 biegt die Straße 401 rechts ab und erreicht nach weiteren zwölf Kilometern **Surat Thani**, eine Industriestadt am rechten Ufer des Tapi. Surat Thani selbst ist nicht besonders sehenswert, aber dennoch ein wichtiger Ausgangspunkt für andere, lohnenswertere Ausflugsziele wie etwa Chaiya, einem geschichtsträchtigen Ort, den man auf der Straße 41 nach 20 Kilometern in Richtung Norden erreicht.

Die kleine, verschlafene Stadt mit ihren ungestrichenen Holzhäusern, in der der Bangkok-Expreß nur 60 Sekunden hält, könnte eine beliebige Stadt Südthailands sein. Dennoch rückte sie in den Mittelpunkt des Interesses, da eine Gruppe von Historikern behauptet, daß die Hauptstadt des alten Srivichaya-Reichs, die von dem chinesischen Wandermönch I Ching im Jahre 671 vor Christus beschrieben wurde, nicht Palembang in Sumatra, sondern Chaiya war. Man nimmt an, daß das vormals unumstrittene Datum der Reichsgründung von Palembang eigentlich den Zeitpunkt bezeichnet, zu dem es von Chaiya erobert wurde, und daß der Name Chaiya eine verkürzte Form von Srivichaya ist.

Von diesem mächtigen Reich, das sich von Java über Malaysia bis nach Thailand erstreckte, gibt es nur noch wenige Spuren. Etwa zwei Kilometer außerhalb der Stadt steht **Wat Mahathat**, einer der meistverehrten Tempel Thailands. Sein zentrales *chedi* soll über 1300 Jahre alt sein. Es stellt architektonisch eine direkte Verbindung zwischen der Chaiya- und der Srivichaya-Periode dar.

Noch näher an der Stadt steht **Wat Wieng**, dessen Inschrift aus dem Jahre

Die Straße windet sich beim Isthmus von Kra durch nebelverhangene Kalksteingipfel.

755 vor Christus König Vishnu zugeschrieben wird. Vor 50 Jahren ordnete man fälschlicherweise diese Inschrift einem anderen Standort zu und nahm deshalb an, Palembang sei die Hauptstadt von Srivichaya gewesen.

Zwei andere *wats*, **Wat Long** und **Wat Kaeo**, die gleich weit vom Wat Wieng entfernt sind, kennzeichnen die Lage der Srivichaya-Gebäude. Heute vermitteln nur noch die zerbröckelten Mauerreste des einst mächtigen Wat Kaeo eine schwache Erinnerung an die große Vergangenheit. Man weiß nur noch, daß dieses Gebäude anläßlich eines Sieges errichtet wurde. Vielleicht kennt die zerbrochene Buddhafigur, die durch Spinnennetze aus einer verlassenen Nische blickt, die wahre Geschichte.

Einige Kilometer westlich dieser historischen Überreste erhebt sich ein kleiner Hügel über der flachen Landschaft. Hier stößt man auf den buddhistischen Zufluchtsort **Suan Mok**, der so alt wie Chaiya selber ist. Die Mauern und Säulen im Hauptgebäude sind von Bildern unterschiedlichsten Inhalts bedeckt, die von der Geschichte Buddhas bis zu den Fabeln Äsops reichen.

Die surrealistische Atmosphäre der Anlage geht auf den wandernden Zen-Buddhisten Emanuel Sherman zurück, der auf der Suche nach Erleuchtung aus den Vereinigten Staaten nach Japan und Thailand kam und schließlich auf die Insel Phangan vor der thailändischen Küste verschlagen wurde. Nach seinem Tod bemalten ortsansässige Künstler eine Mauer mit Illustrationen zu seinen Sinnsprüchen.

Die Basreliefs an den Außenwänden, die Originalen aus Indien nachempfunden sind, erzählen die Geschichte Buddhas. Suan Moks künstlerischer Einfluß ist auch in den angrenzenden Gebäuden zu sehen. So wirkt auch der *bot* wie ein großes Schiff, das ruhig auf dem Weg des Leidens zum fernen Nirwana segelt.

Suan Moks Abt, Phuttathat, ist ein hochgeachteter Mann, der von Anhängern aus Thailand und der ganzen Welt besucht wird. Sein Laienbruder ist einer der Hauptvertreter der Theorie von der Hauptstadt Chaiya.

Unten links: Meditation. **Unten rechts:** Das Haupt-*chedi* von Wat Mahathat soll etwa 1300 Jahre alt sein. **Rechts:** Die besten Kokosnußpflücker im Dorf!

PHUKET UND ANDERE URLAUBSORTE

50 Kilometer südlich von Takua Pa liegt Khok Kloi. Links führt die Straße nach Phang-nga, rechter Hand nach Süden, wo sie nach 30 Kilometern die Sarasin-Brükke überquert und **Phuket** erreicht, eine der schönsten Inseln Asiens.

Im Gegensatz zu anderen Inseln beschränkt sich die Schönheit Phukets nicht nur auf die Küste. Die Insel ist in etwa so groß wie Singapur und bietet zauberhafte Strände am Fuß einer mit tropischem Urwald bewachsenen Hügellandschaft, Kokos- und Kautschukplantagen und idyllische Dörfer. Auf den Riffs vor der Küste findet man eine überwältigende Meeresfauna. Hier kann man die Welt der Tropen in ihrer einzigartigen Schönheit erkunden.

Noch vor einigen Jahrzehnten war Phuket nahezu unbekannt. Der Weg von Bangkok war weit, es gab noch keine Brücke über den Damm, die Insel selbst verfügte nur über schlechte Straßen und es bestand kein Interesse, Phuket für den Fremdenverkehr zu erschließen, da die Insel mit ihren Zinnvorkommen, Kautschuk- und Kokosplantagen ohnehin die zweitreichste Provinz Thailands war.

In den siebziger Jahren kamen die ersten Rucksacktouristen, die damals noch in Fischerhütten übernachteten oder an der Westküste bei Patong campierten. Damit wurden die Weichen für die Zukunft gestellt. Zunächst baute man den Flughafen aus und pflasterte die staubigen Straßen. Mit der Zeit entstand die typische Infrastruktur eines Badeortes. Heute wird die Insel direkt von Wien, Singapur, Hongkong und Sydney aus angeflogen sowie täglich siebenmal von Bangkok aus. Die 150 Hotels halten dem Touristenansturm kaum noch stand.

Vorherige Seiten: Sonne, Meer, Sand und Surf am Kata-Strand von Phuket. Die zerklüftete Nordwestküste Ko Phukets. Links: Darsteller der China-Oper.

Vom Festland aus führt die Straße zunächst über die Sarasin-Brücke und anschließend 30 Kilometer in Richtung Süden in die Stadt Phuket. Hinter dem Flughafen kommt man zu einer Kreuzung, an der sich die Straßen nach Surin Beach und Phak Chit gabeln. Hier stehen zwei bronzene Kriegerinnen mit gezücktem Schwert. Die Statuen stellen die Schwestern Chan und Muk dar, die 1785 ein Heer gegen die burmesischen Invasoren anführten und so Phukets Unabhängigkeit retteten.

Phukets Wohlstand gründet auf vier Hauptquellen: Zinnhaltige Gewässer im Landesinneren, die zu Thailands Stellung als drittgrößter Zinnlieferant der Welt beitragen, Kautschuk, Kokosnüsse und Reis.

Der Zinnabbau führte zur Entstehung von **Phuket City**, die heute 60 000 Einwohner zählt. Im Gegensatz zu anderen Provinzstädten hat sich Phuket einen eigenständigen Charakter bewahrt. Das Bild ist geprägt von wunderschönen Häusern im Kolonialstil, die Ende des 19. Jahrhunderts von den Zinn- und Kautschukbaronen errichtet wurden. Auch die neueren Häuser werden in diesem Stil gebaut, wodurch man versuchte, in diesem einzigartigen Gebiet architektonische Einheit zu wahren.

An den Straßen der Innenstadt liegen Geschäftshäuser im chinesisch-portugiesischen Stil. Chinesen aus den mittleren Einkommensklassen bauten die dreistöckigen Reihenhäuser für ihre Großfamilien. Im Parterre befinden sich meist ein Laden und eine Empfangshalle, in den oberen Stockwerken die Wohnräume. Der Name der Familie oder des Klans steht jeweils in großen, goldenen Lettern über der Eingangstür.

Die Geschichte Phukets ist bedeutungsvoll und ereignisreich, denn beinahe wäre es ein britischer Kolonialstützpunkt geworden. Im Jahre 1786 versuchte der mit einer Frau aus Phuket verheiratete Captain Light von der East India Company. die britischen Interessen zu wahren. Sowohl die Forderung nach Oberhoheit seitens der thailändischen Regierung als auch die britische Entscheidung, eine strategisch günstigere Insel an der Straße von Malacca zu suchen, brachten Light von seinem Vorhaben ab. Er gründete später Penang, das bald darauf zur wichtigsten britischen Kolonie auf der Malaienhalbinsel bis zur Gründung Singapurs im Jahre 1819 wurde. Dadurch geriet Phuket etwas in den Hintergrund.

1876 wurde die Insel von einem Bergarbeiteraufstand erschüttert. Randale der aus China eingewanderten Arbeiter gefährdeten die Stabilität der Insel, wobei nicht klar ist, ob die Aufständischen für bessere Arbeitsbedingungen kämpften oder ob es sich um eine Auseinandersetzung zwischen rivalisierenden Splittergruppen handelte. Zwei Mönche des Wat Chalong waren an der Schlichtung des Konflikts beteiligt; ihre Bildnisse sind mit Gold überzogen.

Sowohl die Kolonialherren als auch die Chinesen haben ihre Spuren in der Architektur hinterlassen. Die Gebäude der Chartered Bank und der Thai Airways ähneln mit ihren Loggien den Bauten des kolonialen Singapur und Penang. Einen zusätzlichen Reiz stellen die chinesischen Schreine dar, die das Gesamtbild der Stadt bunter machen. Besonders erwähnenswert sind die farbenfrohen Tempel **Put Jaw** und **Jui Tui** neben dem Markt in der Ranong Road. Wie bei vielen chinesischen Schreinen dieser Art ist der Hauptaltar der Gnadengöttin Kuan Yin geweiht.

Das einzige bedeutende Gebäude außerhalb der Stadt ist **Wat Chalong**, das sechs Kilometer südlich am Phuket Bypass, einer Art Ringstraße westlich von Phuket, steht. Der reich geschmückte Tempel ist berühmt für die mit Blattgold überzogene Statue von Luang Pho Chaem, dem Abt der Anlage. Er war berühmt dafür, Knochenbrüche wieder einzurichten, eine Fertigkeit, die sich besonders beim Bergarbeiteraufstand von 1876 als ausgesprochen nützlich erwies.

Phuket verdankt jedoch seinen eigentlichen Ruhm hauptsächlich den Stränden, mit denen es reich bestückt ist. Sie liegen alle auf der Westseite der Insel, da die Ostküste eher felsig ist.

Am besten erschlossen ist **Patong** östlich der Stadt Phuket, das in den frühen siebziger Jahren nur ein kleines Fischerdorf an einer breiten Sandbucht war. Zwischenzeitlich scheint es die Versäumnisse jedoch nachgeholt zu haben: die Fischerhütten mußten einer Stadt mit Hotels, Supermärkten, Einkaufszentren, Unterhaltungseinrichtungen und allem erdenklichen Komfort weichen.

Der Strand ist übersät mit bunten Sonnenschirmen, in den Buchten liegen unzählige Yachten. Hier findet man ein

besonders reiches Angebot an Wassersportmöglichkeiten wie Windsurfen, Wasserski, Parasailing, Jetski, Segeln und Wellenreiten. Man kann hier auch Tauchausrüstungen mieten und sogar das Taucherzertifikat (PADI) erwerben. Es werden Tauchgänge in der Bucht oder auf den westlich gelegenen Similan-Inseln angeboten, die mit ihrem kristallklaren, blauen Wasser und der vielfältigen Meeresfauna zu den besten Tauchgründen Asiens gehören. Zum Schnorcheln eignen sich allerdings eher das Gebiet bei Kata Noi, die Strände am Südende der Bucht oder die Insel Phi Phi vier Stunden östlich von Phuket.

Patong bietet aber auch zahlreiche andere Sportmöglichkeiten. Die meisten größeren Hotels haben Swimmingpools und Tennisplätze. Im welligen Hügelland auf der Straße zwischen Phuket und Ranong entstand ein 18-Loch-Golfplatz inklusive Drivingrange.

In Patong sind viele Lokale auf thailändische Fischgerichte spezialisiert. Eine Besonderheit der Speisekarte ist der riesige Phuket-Hummer, der bis zu drei Kilogramm wiegen kann und meist für zwei Personen ausreicht. Man findet hier europäische und asiatische Restaurants.

Entlang der Seitenstraße Soi Bangla im Zentrum der Stadt gibt es viele offene Bars, in denen sich häufig Animiermädchen aufhalten. Diese „barbeers" sind meist überdachte, quadratische Gebäude, vor denen die Geschäftsinhaber auf Stühlen sitzen. Man kann hier mit den Bardamen in Kontakt kommen und Videos anschauen, aber die Enge der Räume und der Lärm wirken meist nicht sehr einladend. Das Nachtleben hat hier allerdings noch nicht die Ausmaße Bangkoks und Pattayas angenommen, was wohl daran liegt, daß der Ort in erster Linie von Paaren besucht wird. In Patong gibt es auch drei Diskotheken, einen Billardsalon und einen Nachtbasar.

Mit einem gültigen Führerschein kann man Autos, Jeeps und Motorräder mieten. Der Mietpreis umfaßt in der Regel auch Versicherungsschutz und unbegrenzte Kilometer.

Eine Küstenstraße verbindet Nai Yang in der Nähe des Flughafens mit Rawai an

Der Kata Noi-Strand ist weniger überlaufen als andere Strände auf Phuket.

der Südspitze der Insel. Nördlich von Patong liegen die Strände von Kamala, Surin, Laem und Singh.

Kamala ist ein kleines Fischerdorf inmitten einer Kokosplantage. Es gibt hier nur wenige Bungalows, denn der Ort eignet sich aufgrund der starken Strömung nicht als Badeparadies. Ähnlich verhält es sich auch mit **Surin**, wo man stattdessen einen 9-Loch-Golfplatz einrichtete. Eine Herde Wasserbüffel, die dort das Gras kurz hält und quasi ein bewegliches Hindernis darstellt, verhindert jedoch ein ernsthaftes Spiel. **Haad Singh** ist eine wunderschöne Bucht mit den Badeorten Pansea und Amanpuri.

Die Strände von **Bang Thao** und **Nai Yang** südlich des Flughafens liegen im Herzen des Nai Yang-Nationalparks. Abgesehen von einem größeren Hotel gibt es an diesem Strand im Schatten von Casuarina-Bäumen nur ein paar Bungalows, die zur Parkverwaltung gehören.

An Nai-Yang schließt sich Phukets längster Strand, **Mai Khao**, an. Der neun Kilometer lange Strand ist noch kaum erschlossen, und das wird wohl auch so bleiben, falls die Umweltschützer ihren Kampf gegen einen ausländischen Bauspekulanten gewinnen. Von Dezember bis Februar graben hier riesige Meeresschildkröten Löcher in den Sand, um dann ihre Eier hineinzulegen.

Südlich von Patong liegt die **Relax Bay**, an der es nur ein einziges Hotel, Le Meridien Phuket, gibt. Weiter südlich schließen sich die Strände von **Karon** und **Kata** hinter einer fingerartigen Landzunge an. In Karon gibt es verschiedene Hotels, aber auch kleine Bungalowsiedlungen. Verglichen mit Patong sind die Strände von Karon und Kata noch sehr sauber. Karon eignet sich besonders zum Surfen und Segeln. Beide Strände sind ideal für Urlauber, die Entspannung, Sonne, Schwimmöglichkeiten und gute Fischrestaurants suchen. Auch für Lokale und Nachtleben ist gesorgt.

In **Kata** stößt man neben Bungalowsiedlungen und guten Restaurants auf die zweite Club-Med-Anlage Asiens. Die Wassersportmöglichkeiten beschränken sich auf Surfen und Segeln, aber man kann auch Pferde mieten, am Strand ent-

langreiten oder Ausflüge zu den Hügeln unternehmen, die einen herrlichen Blick auf die Inseln bieten.

Hinter dem Hügel liegt der weiße Sandstrand von **Kata Noi** (Klein-Kata) mit einem großen Hotel und hervorragenden Stellen zum Schnorcheln.

Auf der neuen Straße nach **Nai Harn** gibt es herrliche Aussichtspunkte. Nai Harn ist einer der schönsten Strände ganz Phukets. Die Idylle ist perfekt: ein Sandstrand zwischen zwei großen Hügeln, umspült von sanften Wellen und einer Lagune. Hier findet man gleichzeitig das teuerste Hotel und die billigsten Bungalows. Der Strand, an dem man phantastische Sonnenuntergänge erleben kann, ist so schön, daß man fehlende Wassersportmöglichkeiten gar nicht vermißt.

Noch in Sichtweite von Nai Harn liegt eine der besten Stellen für Liebhaber der Sonnenuntergänge: Der große, von Dattelpalmen und leuchtend gelbem Gras bedeckte Hügel von **Promthep Cape**, der steil zum Meer abfällt. Nicht weit davon entfernt liegt am Ende der Fernstraße der Ort Rawai, wo bei Ebbe, der richtigen Zeit für die Muschelsammler, ein Felsenstrand zum Vorschein kommt.

Le Meridien Phuket, eines der zahllosen Hotels für die ständig wachsenden Besuchermassen.

Rawai ist eines von zwei *Chao Lay*, wie die Dörfer der Seezigeuner heißen. Einst waren ihre Bewohner nomadische Fischerfamilien, die von Insel zu Insel zogen. Die Männer sind geschickte Fischer, die schon in jungen Jahren auf der Suche nach Hummer in große Tiefen tauchen und bis zu drei Minuten unter Wasser bleiben können.

Rawai und das Dorf der Seezigeuner auf **Ko Siray** östlich von Phuket wirken etwas verwahrlost. Viele Familien leben mit ihren Tieren in wellblechgedeckten Pfahlhütten. Beide Orte bieten kaum Sehenswürdigkeiten. Östlich der Stadt Phuket zeigt das Phuket-Aquarium eine große Auswahl an Fischen und Korallen des Andamanischen Meeres. In der Nähe liegt der einzige größere Strand der Westküste, **Cape Phanwa**, mit einem großen Hotel, dem Cape Phanwa Sheraton.

Besondere Vorsicht ist in Phuket während der Monsunzeit (Mai bis Oktober) geboten, denn dann entstehen gefährliche Unterströmungen.

Hauptverkehrsmittel sind die blauweißen Holzbusse, die vom Markt in Phuket aus zu allen Orten fahren. Kleine, vierrädrige Fahrzeuge, genannt *tuk-tuks*, sind ein besonders bequemes Transportmittel, allerdings nur für vier Personen. Beides ist ausgesprochen billig.

Am beliebtesten ist das Motorrad. Von Phuket aus führen zahlreiche Straßen zu malerischen kleinen Dörfern. (Phuket selbst hatte übrigens die erste gepflasterte Straße im ganzen Königreich).

In den Gewässern vor der Ostküste gibt es mehrere Perlenfarmen. Die meisten züchten sogenannte „half pearls"; nur in einer Farm auf Ko Naka Noi produziert man die richtigen Südseeperlen, die Tausende von Dollars wert sind. Aus dieser Zucht stammt angeblich auch die größte Perle der Welt. Besucher sind auf der Insel willkommen, jedoch nur in organisierten Gruppen. Man kann sich in Phuket City oder auf dem Festland bei Ao Po zur Besichtigung anmelden.

Phuket ist auch Ausgangspunkt zur wunderschönen, einige Bootsstunden entfernten Insel Phi Phi und zur Bucht Phang-nga nördlich von Phuket.

IDYLLISCHE INSELWELT

Täglich fahren mehrmals Busse vom Bahnhof Surat Thani zum Bandon-Pier. (Fahrzeit: eine Stunde). Für die dreistündige Überfahrt von Bandon nach Ko Samui stehen täglich drei Schnellbootverbindungen zur Verfügung: um 9, 11 und 12.30 Uhr, wobei man mit der letztgenannten Verbindung weiter nach Phangan fahren kann (45 Minuten).

Von Ban Don nach Samui kann man auch das Nachtboot um 23 Uhr nehmen, das um 6 Uhr morgens ankommt. Das Expreßboot um 8.30 und 10.30 Uhr braucht nur zwei Stunden für die Fahrt.

Man hat auch die Möglichkeit, die 70 Kilometer von Surat Thani zum Lame Kula Pier bei Don Sak in knapp einer Stunde mit dem Bus zurückzulegen. Um 9 Uhr und um 14 Uhr gehen Fähren nach Nathon, der größten Stadt der Insel Ko Samui. Am schnellsten erreicht man die Insel allerdings von Bangkok aus mit Bangkok Airways.

Samui hat mit 250 Quadratkilometern in etwa die Größe von Penang und ist eine der schönsten Inseln im Golf. Hier findet man paradiesische Strände, Hügellandschaften, Dschungel und Wasserfälle, eine Vielfalt, die nur wenige Inseln zu bieten haben. Über zehn Jahre lang kamen in erster Linie Rucksacktouristen, aber neuerdings zieht die Schönheit der Insel auch anderes Publikum an, was zum Bau von komfortableren, natürlich auch teureren Unterkünften geführt hat.

Trotz der Veränderungen lebt man auf Samui noch ruhig. Haupteinnahmequelle der wirtschaftlich gut gestellten Insel sind Kokosnüsse, die häufig von speziell abgerichteten Affen geerntet werden. Über der ganzen Insel liegt der köstliche Duft von geröstetem Kokosfleisch.

Außer einigen Hotels an den Buchten von Yai Noi, Nathon und Chawaeng findet man hier überall an den Stränden Bungalows, für die man höchstens etwa sechs DM pro Übernachtung bezahlt.

Auf Ko Samui kann man gut und preiswert essen. Für ein paar Bath bekommt man auf dem Morgenmarkt in Nathon

Vorherige Seiten: Fischerboote im Schimmer des Sonnenuntergangs. Unten: Goldener Buddha beherrscht die Küste von Ko Samui.

Nudeln und mildes Kokoscurry zum Frühstück. Fliegende Händler verkaufen Reis- und Kokossüßigkeiten in allen erdenklichen Varianten. Versuchen Sie die Kokos- oder Dattelbällchen, die meist in gebratenem Hefeteig angeboten werden. Einheimische Früchte wie Kokosnüsse, das Hauptexportprodukt, Papayas, Bananen, Mangos, Ananas und Jackfruit sind besonders billig.

Die Besucher der Insel kommen hauptsächlich zum Baden. Die langen, weißen Sandstrände sind übersät mit Kaurinmuscheln und winzigen Krebsen. Hier ist das Wasser warm und klar, das Wetter, abgesehen vom Regenmonat Dezember, immer schön.

Auf Ko Samui gibt es unzählige *song taos*, zu Taxis umgebaute, offene Lastwagen mit zwei Rückbänken. Sie sind günstig und schnell, immer einsatzbereit und haben ein unglaubliches Fassungsvermögen. So kann man die Insel auf eigene Faust erkunden. Die 52 Kilometer lange Fahrt rund um die Insel kostet etwa 50 Bath pro Person. Wenn man unabhängiger sein will, kann man sich auch ein Motorrad mieten. Die Rundreise mit dem Boot kostet in etwa das gleiche.

Besonders sehenswert sind hier die **Na Muang-Wasserfälle**, der **Hin Ngu-Tempel** mit seinem riesigen Buddha und der winzige Strand bei Lamai, dessen Felsen die Thailänder „Großmutter" und „Großvater" nennen.

Es lohnt sich auch, die kleinen Dörfer der Insel zu besuchen, auf der immerhin über 32 000 Menschen leben. In der Nähe der Berge gibt es Kokosplantagen und Wälder, wo man auf versteckten Pfaden zu einfachen Holzhütten gelangt.

Auf Ko Samui lebt man bemerkenswert ruhig. Die Insel produziert ausreichend Nahrung, Bambus und Holz, das Leben scheint problemlos. Es gibt mehrere Schulen, aber die reicheren Familien schicken ihre Kinder meist in die Universitäten auf dem Festland.

Nördlich von Samui liegt die Insel **Ko Phangan**, wo man in der Regel in Bungalows übernachtet.

Wenn Sie sich mit Freunden zusammentun, können Sie für 400 bis 500 Bath ein Fischerboot mieten, um die umlie-

ersteckte nsel bei rabi.

genden Inseln zu besuchen. Besonders empfehlenswert ist der Nationalpark von Ang Thong etwa eine Bootsstunde nordwestlich von Samui. Vom Dock führt eine steile Treppe zu einer felsigen Mulde, in der ein riesiger See mit gletscherartigem, hellgrünem Wasser liegt.

Wieder auf dem Festland kann man entweder nach Nakhon Sri Thammarat fahren oder die Halbinsel von Surat Thani nach **Takua Pa** überqueren. Die Hafenstadt war vor mehr als tausend Jahren ein wichtiges Zentrum für indische Geschäftsleute, die sich an der malaiischen Küste niederließen, als dieses Gebiet noch Suvannabhumi, „Land des Goldes", hieß. Man nimmt an, daß die Inder damals eine Abkürzung ins Südchinesische Meer suchten.

Bei Ausgrabungen stieß man auf Statuen, die offensichtlich die Karawanenroute über den Isthmus nach Surat Thani markierten. Zwei Dvaravati-Statuen aus dem 7. Jahrhundert, die man auf einer Insel an der Mündung des Takua Pa fand, bestätigten diese Annahme. Außer Zinnvorkommen hat Takua Pa wenig zu bieten. Deshalb machen die Reisenden hier allenfalls eine kleine Pause auf dem Weg nach Phuket.

Dreizehn Kilometer südlich von Takua Pa zweigt die Route 4 rechts in Richtung Bucht von **Bang Sak Beach** ab. Bei einem Erfrischungsstand hat man die Gelegenheit, hinter einer Palmenwand ein erfrischendes Bad zu nehmen und sich umzuziehen. Der Strand mit seinem türkisfarbenen Wasser und dem weißen Sand könnte genausogut in Polynesien sein. Kurz hinter Bank Sak steigt die Straße an und führt in Serpentinen über dschungelbewachsene Klippen. Ab und zu hat man durch die Lichtungen einen Blick auf die breiten, weißen Strände und die Fischerboote.

36 Kilometer hinter Takua Pa, wo die Straße wieder steil zum Meer abfällt, kommt man rechter Hand zum **Khao Lak Beach**, einer geschützten Bucht, in der etwa 30 Familien den Großteil des Jahres verbringen. Hier lebt man jedoch nicht vom Fischfang, sondern vom Zinnwaschen, wobei die Männer manchmal bis zu zwei Stunden im Wasser aushar-

Einsamer *sampan* in der Bucht von Phang-nga.

ren, um den zinnhaltigen Sand in Eimer zu füllen. Die Eimer werden mit Bambusflößen an Land gezogen, der Inhalt anschließend gesiebt.

Im Juni muß die Arbeit an der Küste von Khao Lak aufgrund der heftigen Monsunregen jedoch eingestellt werden. Die Familien verlassen dann vorübergehend das Gebiet.

Wieder auf der Route 4 führt nach etwa 70 Kilometern südlich von Takua Pa eine Staubstraße gleich hinter einer kleinen Schule links zum **Lam Pi-Wasserfall**. Fahren Sie zwei Kilometer durch Kautschukplantagen bis zu den Kaskaden. Das Wasser sammelt sich in Becken, die sich hervorragend für ein Bad eignen.

Intermezzo auf der Insel: Türkisfarbenes Wasser umspült sanft den Strand, dessen weißer Sand schon fast blendet. Das hellblaue Wasser ist so kristallklar, daß die bunten Fischerboote in der Luft zu schweben scheinen. Palmenstrände liegen vor hohen Kalksteinbergen. Das ist **Ko Phi Phi,** eine der schönsten Inseln Asiens, die man durchaus mit Phuket vergleichen kann.

Surrealistisch anmutende Phang-nga-Bucht.

Sie liegt drei Stunden östlich der Ao Makham-Bucht Phukets und drei Stunden vom Festlandshafen Krabi entfernt. Phi Phi besteht eigentlich aus zwei Inseln: Die kleinere, Phi Phi Le, ist ein zerklüfteter Kalksteinmonolith, der an die Gipfel der Phang-nga-Bucht erinnert, wohingegen Phi Phi Don voller Buchten und Strände ist.

Phi Phi Don hat mit seinen zwei Kalksteinkarsten, die nur durch ein schmales Stück Land verbunden sind, die Form einer Hantel. Die Bevölkerung lebt in weit verstreuten Fischerdörfern, die durch die zunehmende Erschließung der Insel immer mehr in den Dschungel zurückgedrängt werden. An der Ton Sai-Bucht, der Anlegestelle, gibt es zwei große Touristenkomplexe. Hier findet man dicht gedrängt Restaurants und Reisebüros, die Bootsfahrten und Tauchausflüge vor der Küste von Phi Phi anbieten.

Nach Südosten hin schließen sich sechs weitere Strände an, die durch felsige Landspitzen voneinander getrennt sind. Der berühmteste und längste Strand ist Haad Yao oder „Langer Strand". Die Übernachtungsmöglichkeiten beschränken sich hier auf strohgedeckte Bungalows. Die Küste vor Haad Yao eignet sich ausgezeichnet zum Schnorcheln, wenngleich die Sportmöglichkeiten ansonsten nicht überwältigend sind. Man kann auch zum höchsten Punkt der Insel hinaufsteigen, der einen herrlichen Ausblick auf die Buchten bietet.

Phi Phi Le ist berühmt für seine Schwalben, die ganz oben in den Felsenhöhlen ihre Nester bauen. Ein Flechtwerk aus Bambusgerüsten führt hinauf in die düsteren Nischen. Auf diesen halsbrecherischen Leitern klettern die Männer hinauf, um dort die Delikatesse für chinesische Feinschmecker zu sammeln.

Die anderen Höhlenbewohner erzeugen Guano, der den Boden bedeckt und die Höhle mit seinem strengen Geruch erfüllt. An den Mauern der Höhle gleich beim Eingang findet man geheimnisvolle Gemälde, die verschiedene Segelschiffe darstellen. Man hat gewisse Ähnlichkeiten mit Wikingerschiffen festgestellt.

Von Phi Phi hat man direkte Verbindung nach Krabi, so daß man nicht zurück nach Phuket und Phang-gna muß.

Etwa 30 Kilometer nordöstlich von Khok Kloi auf dem Festland nördlich von Phuket biegt eine Straße links nach **Suan Ku** ab. In einer Kalksteinhöhle, die durch einen permanenten Luftzug noch mystischer wirkt, sind unzählige Buddha-Statuen zu sehen.

Auf der Route 4 gelangt man kurz darauf in die kleine Stadt Phang-nga, wo es einfache Übernachtungsmöglichkeiten in Hotels gibt. Von hier aus kann man eine aufregende Bootsfahrt zu einem der Weltwunder, nämlich zur Phang-nga-Bucht, machen. Hier findet man eine Ansammlung riesiger Kalksteinberge, die kerzengerade aus dem Meer ragen und teilweise an die norwegischen Fjorde erinnern. Mit etwas Phantasie kann man in den Formen dieser Felsen wilde Tiere und mythologische Ungeheuer erkennen. Dies ist auch der Grund, warum die Thai eine der Inseln Ko Ma Chu oder „Hundeinsel“ nannten.

Kurz vor der Mündung des Phang-nga fährt man mit dem Boot am Berg **Khao Kien** vorbei, wo man in einer Höhle primitive Gemälde von Menschen und Tieren sehen kann, die eine Ähnlichkeit mit den Höhlenmalereien von Lascaux haben. Auf der rechten Seite liegt die große Felsinsel **Ko Pannyi**, auf der ein von Moslems bewohntes Fischerdorf auf Pfählen im Wasser steht.

Das Boot passiert unzählige Inseln, von denen eine überraschender als die andere ist. Höhepunkte dieser „verlorenen Welt“ sind folgende Höhlen:

Tham Lawd: Beinahe hat man das Gefühl, mit einem Felsvorsprung aus Kalkstein zusammenzustoßen, doch dann gleitet das Boot in den kaum wahrnehmbaren, überwachsenen Eingang einer Höhle. Hier fährt man 50 Meter unter riesigen Stalaktiten durch. Die aus dem Wasser ragenden Felsen sehen aus, als ob sie ein Gott mit dem Schwert in Scheiben geschnitten hätte.

Tham Nak: Die Höhle ist benannt nach einem gewundenen Stalagmiten am Eingang, der einer *naga*-Schlange gleicht. Die grünen Stalaktiten an der Decke wirken wie ein gefrorener Wasserfall. Von weitem erweckt die gebirgige Insel den Eindruck, als ob gestreifter Kalkstein

Tham Kaew, eine der zahlreichen Höhlen in der Phang-nga-Bucht.

herunterströme. Hier wurden viele Szenen thailändischer Filme gedreht.

Ko Thalu: *Thalu* heißt soviel wie „durchqueren“, wobei in diesem Fall nicht der Weg über die Berge, sondern der unterirdische gemeint ist. Das Boot muß sich hier durch eine Höhle voller Stalaktiten zwängen.

Ko Khao Ping Gun ist wohl die spektakulärste Insel Phang-ngas. Der Berg hinter dem Fluß scheint sich in zwei Hälften gespalten zu haben, die einander zugeneigt sind. Einheimische sagen, die Felsen seien ein Liebespaar. Über eine kleine Treppe gelangt man zu einer Höhle über dem Wasser, wo die Kalksteinformationen wie hart gewordener Kleister aussehen. Eine kleine Bucht liegt einer weiteren Insel, **Ko Tapoo** („Nagelinsel“) zugewandt, die aussieht, als hätte man einen spitzen Pflock ins Meer getrieben.

Der Rückweg führt durch Mangrovensümpfe, in denen kleine Lungenfische leben. Diese Tiere tauchen zum Luftschnappen aus dem Schlamm, springen aber sofort wieder ins Wasser, sobald sich Eindringlinge nähern.

In Phang-nga lohnt sich der Besuch mehrerer Höhlen an Land. Wenn man von der Stadt her kommt, liegt zwei Kilometer vor der Abzweigung zum Zollamt auf der linken Seite **Tham Russi** oder die „Eremitenhöhle“. Ein Stalagmit, dessen Form an einen Einsiedler erinnert, wurde mit einem langen weißen Bart, einem safrangelben Schultertuch und einem Spazierstock verschönert. Viele glauben, daß der *russi* die Gabe besitzt, Kranke zu heilen und Lottozahlen vorauszusagen.

Die Höhle von Tham Russi ist von labyrinthförmigen Grotten durchsetzt. Man fühlt sich hier fast wie in einem Park, in dem Verliebte über die Brücken flanieren, die über die Teiche innerhalb der Höhle gespannt wurden. Die Höhle ist mit Neonlampen ausgeleuchtet und hat sogar Toiletten.

Fährt man 500 Meter weiter am Büro des Gouverneurs vorbei, weist ein blaues Zeichen auf **Wat Tham Pong Chang**, („Tempelhöhle im Elefantenmagen“). Links vom Teich gelangt man durch einen Tunnel zu einem mit drei heiligen Elefanten geschmückten Schrein.

25 Millionen Jahre alte Felsblöcke aus versteinerten Muschelschalen ragen von Ko Phi Phi ins Meer.

DIE SÜDWESTKÜSTE

Auf der Route 4 erreicht man zwei Kilometer hinter Phang-nga eine Gabelung, an der ein Schild den Weg zur 85 Kilometer entfernten Stadt Krabi weist. Anschließend führt die kurvige Straße durch riesige Kalksteinhügel und fruchtbare Täler steil bergan auf einen Paß. Am Fuß des Passes grüßt bei **Wat Kirirong** eine bescheidene Buddha-Statue am Eingang einer Schlucht.

Südlich von Wat Kirirong zeichnet sich die Silhouette der gezackten, aus dem Dschungel ragenden Gipfel ab, die fast einer Seismographenskala gleicht. 45 Kilometer vor Phang-nga zwängt sich die Straße zwischen zwei gigantischen Felsen hindurch und mündet 40 Kilometer von Krabi entfernt in die Stadt **Ao Luk**. Wenn Sie an der Hauptkreuzung der Stadt rechts abbiegen, erreichen Sie nach zwei Kilometern **Than Bokkoroni**, einen der schönsten Nationalparks Thailands, dessen hohe Klippen wie eine Szene aus *Lost Horizon* wirken. Aus einem Berg tritt inmitten von üppiger Vegetation ein unterirdischer Fluß zutage. Kieswege schlängeln sich am Fuß dicht bewachsener Klippen dahin.

Wieder zurück auf Route 4, kann man einen Zwischenstopp bei der **Ban Thong Agricultural Station** machen, wo Botaniker neue Kautschuk-, Kaffee- und Teesorten züchten. Die Straße verläuft weiter durch dichte Kautschukbestände. Vor vielen Häusern sieht man weiße Latexstreifen, die an Bambusstöcken zum Trocknen aufgehängt sind.

Etwa 25 Kilometer südlich von Ao Luk, immer an den „vulkanartigen" Kalksteinformationen entlang, kommt man zur **Naichong Rubber Experimental Station**, wo man an der Züchtung einer besonders ergiebigen Kautschukpflanze arbeitet. Fährt man direkt auf der Route 4 bis nach Krabi (eigentlich verläuft die Straße fünf Kilometer nördlich der Stadt), versäumt man einen wunderschönen Abstecher. Wenn Sie ein paar Stunden Zeit haben, biegen Sie knapp sieben Kilometer hinter der Naichong

Winzige Krebse weben feine Netzmuster an einem leeren Strand bei Krabi.

Station rechts ab. Nach sieben Kilometern führt die Straße linker Hand dann zwölf Kilometer durch kleine Bauerndörfer in der Nähe des Meeres. Ein weißes Schild weist zum Hat Noparat Thara-Strand, den man auf einer unbefestigten Straße erreicht.

Hat Noparat Thara blickt auf knapp 500 Meter entfernte Felseninseln, die bei Ebbe zu Fuß erreichbar sind. Der Strand wird von Casuarina-Bäumen gesäumt, die den Essenverkäufern und Erholungsuchenden Schatten spenden. An der Küste der **Poda** und **Chicken** Islands läßt sich's hervorragend schnorcheln.

Weiter die Küste entlang stößt man auf **Ao Phra Nang**, ein neues Urlaubszentrum mit einigen wenigen Hotels am Strand und einem Bungalowkomplex. Es heißt, dies sei das Strandparadies der Zukunft. Eine direkte Flugverbindung von Bangkok hierher ist geplant.

Die Straße führt weiter zum **Susarn Hoi Beach** („Muschelfriedhof"). Bizarre Felsformationen aus 25 Millionen Jahre alten, versteinerten Muscheln ziehen sich die Küste entlang.

Wir erreichen schließlich **Krabi**, ein unscheinbares Städtchen am Krabi River. Zahllose Sandbänke versperren die Sicht aufs offene Meer. Alte schwarze Dschunken mit Yin-Yang-Symbolen auf dem Bug legen häufig im Hafen an. Von hier kann man sich auf die Phi Phi-Inseln übersetzen lassen.

Fährt man von Krabi aus auf der Straße 4 in südöstlicher Richtung, wird es allmählich flacher. Eingedeichte Reisfelder tauchen zu beiden Seiten der Straße auf. Was wie herrenlose Kisten und Koffer am Straßenrand steht, markiert Bushaltestellen. Die Fahrgäste warten geduldig im Schatten von Bananenbäumen.

Nur ein leidenschaftlicher Höhlenforscher würde von der Route 4 etwa 92 Kilomter nach Krabi Junction links abbiegen, um die kleinen Höhlen von **Khao Pina** zu erreichen. Nach etwa eineinhalb Kilometer taucht ein kleiner Tempel am Fuß einer großen Treppe auf, die zu den Höhlen führt. Die Taschenlampe nicht vergessen! Unvermittelt stößt man auf das Standbild eines Beamten, der in ordengeschmückter Jacke und blauen Hosen Wache hält.

Auf Route 4 zurückgekehrt, fährt man nach Huai Yot und erreicht nach weiteren 28 Kilometern die Industriestadt **Trang**, in der vorwiegend Teochu sprechende chinesische Immigranten leben, die zunächst in den Zinnminen arbeiteten, sich dann aber dem Gummihandel widmeten.

Das chinesische Erbe der Stadt spiegelt sich in den Monumenten im Norden Trangs. In **Ban Bangrok**, drei Kilometer nördlich an der Route 4, steht ein Teochu-Schrein zu Ehren Kwan Tee Huns, einem bärtigen, rotgesichtigen Gott, in dessen Macht es angeblich steht, Kriege anzuzetteln oder zu beenden. Weiter südlich bewacht ein Drachentor die Stadt.

Von Trang aus kann man interessante Abstecher machen. **Pak Meng Beach** liegt am Indischen Ozean, wenn man der Straße nach Sikao folgt (Nr. 4046), gleich nach Kilometer 28. Die Strecke ist zwar holprig, lohnt aber wegen der Landschaft die Mühe. In **Surin**, unweit westlich von Trang, kann man eine hübsche Teichanlage besuchen. Über Huai Yot erreicht man nach einer Fahrt durch ein schönes Tal Nakhon Si Thammarat.

Das Hinterland von Krabi mit üppiger tropischer Vegetation.

Durch die alte Stadt **Nakhon Si Thammarat** zieht sich eine lange Hauptstraße, an der Kleinstadthäuser, ein Museum, ein Geschäft mit Schattenspielpuppen und Tempel liegen. Die Hotels Thai, Thaksin, Neramit, Montien und Bualuang bieten Zimmer mit Klimaanlage.

Zur Zeit der Dvaravati- und Srivichaya-Reiche war Nakhon eine bedeutende Stadt. Im **Wat Mahathat**, einem der ältesten Tempel Thailands am Südrand der Stadt, findet man noch einige Dvaravati-Skulpturen. Hauptattraktion ist jedoch ein 77 Meter hohes *chedi*, dessen Spitze mit 270 Kilogramm Gold bedeckt ist. Rechter Hand zeigt ein Tempelmuseum eine Sammlung feiner Gold- und Silbergaben. Gleich daneben steht Vihan Luang aus der Ayutthaya-Periode.

In dieser Stadt nahm vor 60 Jahren die thailändische Niellowarenindustrie ihren Anfang. Noch heute kann man in der Chakrapetch Road im Originalladen Kunsthandwerkern bei der Arbeit zusehen. Niello ist wesentlich haltbarer als Email. Zunächst legt man eine aus Silber- oder Golddraht gebogene Schablone auf einen metallenen Untergrund und füllt anschließend die Zwischenräume mit einer schwarzen Legierung aus. Durch dieses Verfahren wirkt das Metall wie glänzendes Ebenholz. Das Angebot der verzierten Gegenstände reicht vom Aschenbecher bis zu Schmuck, der vom Königshaus in Auftrag gegeben wurde.

Die Straße in Richtung Norden führt nach **Sichon**, einer Küstenstadt, die ein schönes Umland sowie Srivichaya-Kunstgegenstände zu bieten hat. Hier ist auch die Höhle, in der sich König Taksin auf der Flucht vor den Burmesen versteckt haben soll. Man fährt zunächst über Eisenbahnschienen, biegt an der ersten Gabelung rechts ab und erreicht nach neun Kilometern diesen Ort.

An der Allwetterstraße zwischen Nakhon und Songkhla liegen Limonengärten und Stierkampfarenen. Man kann jedoch auch die ältere Route 4 über Trang nach Phatthalung nehmen.

Unten links: **Im Innern von Wat Mahathat in Nakhon Si Thammarat.** **Unten rechts:** **Das *chedi* des Tempels ist 77 Meter hoch.**

Auf dieser Strecke liegt etwa 20 Kilometer östlich von Trang das Naturschutzgebiet **Khao Chong**, in dem sich auch ein Militärcamp befindet.

Khao Chong ist ein Meilenstein der noch relativ neuen thailändischen Umweltschutzbewegung. Studenten des Naturkundezentrums können hier exotische Tiere in ihrer natürlichen Umgebung beobachten. Der kleine Zoo beherbergt Binturong-Zibet, Prevost-Eichhörnchen, Bramani-Gabelweihen, Schweinedachse und gefährdete Arten wie den Weißhand-Gibbon, der meist gefangen wird, indem man das Muttertier tötet.

Es besteht eine interessante Verbindung zwischen dem Schweinedachs und dem im Süden so populären Stierkampf. Man glaubt, daß das Fett auf der Nase des Schweinedachses einen Stier nahezu unbesiegbar macht, wenn man seine Hörner damit einreibt. Allerdings ist dieses Ritual nicht unbedingt ernst zu nehmen.

Von Khao Chong fährt man 34 Kilometer nach **Phatthalung**. Auf dieser Strecke wurden Autofahrer früher oft von Banditen ausgeraubt, was inzwischen jedoch kaum noch vorkommt. Möglicherweise stoßen Sie hier auf Soldaten, die zwischen Kautschukpflanzungen campieren.

Die Route Nummer 4 nach Phatthalung verläuft im Zickzack unter himmelhohen Dschungelbäumen, an rosaroten Felsen vorbei und über die bergige Wasserscheide am Grat des Isthmus entlang. Drei Kilometer vor Phatthalung biegt die Straße in Richtung Süden nach Hat Yai ab. Fahren Sie geradeaus, vorbei an den Verwaltungsgebäuden und dann nach links auf die Straße nach Khuan Khanun („Jackfruithügel“) und **Wat Ku Ha Sawan**, einem renovierten Tempel. Hinter dem gelben Gebäude führt eine Treppe zu einer großen Grotte, die durch einen natürlichen Bogen erhellt wird. Am Eingang sitzt ein feister, lachender Buddha. Um den mit kupferfarbenen Blättern übersäten Bodhibaum herum stehen Dutzende von Buddha-Figuren. Das durch den Bogen einfallende Licht läßt das Gold auf den Statuen glänzen.

Rechts liegt eine weitere Höhle, die früher von einem Eremiten bewohnt war.

***Chok Phra*-Festival in Songkhla.**

Hier kann man noch die persönliche Statuensammlung des Mönches sehen.

Um einen weiteren Tempel und das nördliche Ende des Thale Sap-Binnensees zu besuchen, nimmt man die Straße nach Osten. **Wat Wang** („Palast-Tempel“) liegt acht Kilometer von der Stadt entfernt auf der linken Straßenseite. Ein attraktives *chedi* ziert den Tempelhof. Im Tempel selber sind 200 Jahre alte, echte Fresken zu sehen.

Fährt man die Straße noch sieben Kilometer weiter, erreicht man Ban Lampam, wo der Binnensee, 70 Kilometer von seiner Mündung in den Thailändischen Golf entfernt, noch Süßwasser hat.

Eine kurze Bootsfahrt von Phatthalung führt nach **Tham Malai**, einer Höhle, die zwischen den berühmtesten Gipfeln der Provinz, nämlich dem „Berg des gebrochenen Herzens“ und dem „Berg des gebrochenen Kopfes“ liegt. Eine Legende sagt, daß die Berge zwei Frauen darstellen, die zur Strafe für ihre Eifersucht in Stein verwandelt wurden. Das Boot für die viertelstündige Fahrt nach Tham Malai fährt hinter der Eisenbahnstation los. Die Höhle wird von einem Mönch beaufsichtigt, der die Stalaktiten mit Hilfe eines Generators beleuchtet.

In Phatthalung kann man entweder im Hotel Ho Fah oder im Thai übernachten. Falls Sie hier keinen Zwischenstopp einlegen wollen, fahren Sie wieder auf die Route 4 zurück und dann in Richtung Süden nach Hat Yai.

Hat Yai ist die wirtschaftliche Hauptstadt Südthailands. Ursprünglich lebte man hier primär von Kautschuk und Zinn, aber in letzter Zeit wurde die Stadt zu einem bedeutenden Zentrum des Nachtlebens und der Geschäftswelt. Durch die grenznahe Lage wurde sie vor allem ein Anziehungspunkt für zahllose Sybariten aus Malaysia, die jeden Monat hierherkommen, um den im eigenen Land illegalen Vergnügungen nachzugehen. Nachtclubs, Massagesalons und Bordelle haben eine geradezu magnetische Wirkung auf die Männer, denen ihr Land und ihre Religion solche Ausschweifungen verbieten. Sie verbringen hier ein paar unbeschwerte Tage, bevor sie wieder in ihren Alltag zurückkehren.

Mädchen aus Songkhla.

Hat Yai hat jedoch auch einige kulturelle Sehenswürdigkeiten zu bieten. Im **Wat Hat Yai Nai** im Zentrum befindet sich die größte Statue eines ruhenden Buddhas der Welt auf einem drei Meter hohen Sockel. Steigen Sie hinauf und betreten Sie das Innere der Statue.

Am Stadtrand, an der Strecke nach Songkhla, kommt man zum **Rubber Research Center**, wo neue Methoden zur Steigerung des Kautschukertrags erforscht werden. Kleinbauern kommen hierher, um zu lernen. Es gibt auch eine Forschungsabteilung für Gummiverarbeitung, die man nach telefonischer Vereinbarung besichtigen kann.

Unmittelbar daneben liegt die **Songkhla Nakharin-Universität**, ein eigenwilliges Bauwerk auf einem 120 Hektar großen Gelände. Ein kürbisförmiges, von einem Graben umgebenes Gebäude beherbergt das Auditorium und die Laboratorien. Bogenfenster führen frische Luft durch das Gebäude, was den Effekt einer natürlichen Klimaanlage hat. Eine zentrale Absaugpumpe befördert die warme Luft nach draußen.

Sonntag ist der Tag der Stierkämpfe. Erwarten Sie jedoch keine *corrida* mit *matadores* und *picadores*, denn bei der thailändischen Variante dieses Spektakels kämpfen nur Höckerrinder-Bullen gegeneinander. Zwei Tiere treten sich gegenüber. Sie senken den Kopf, stampfen auf den Boden und rennen mit den Hörnern aufeinander los. Der Kampf, der nur wenige Minuten, aber auch einige Stunden dauern kann, gleicht dem zweier Ringer. Sobald ein Stier an den Rand des Ringes gedrückt wird oder sich abwendet und die Flucht ergreift, ist die Runde auch schon beendet.

Manche Leute legen sogar den weiten Weg von Bangkok nach Hat Yai zurück, um hier Haifischflossensuppe zu essen. Weitere regionale Spezialitäten sind gedünstete Ente und gebratene Tauben. Einige große Restaurants im Freien bieten ausgezeichnete Fischgerichte und ein Unterhaltungsprogramm mit uriger Live-Musik und Go-go-Girls.

Innerhalb der Stadt sind *tuk-tuks* das Verkehrsmittel schlechthin. Nach Songkhla fährt man am besten mit dem Taxi.

Moslems beim Gebet.

SONGKHLA UND MALAYSIA

Verglichen mit Hat Yais Freizügigkeit ist **Songkhla** weitaus weniger spektakulär. Die Stadt ist noch immer ein Geheimtip, und es verhält sich hier ähnlich wie mit dem gleichnamigen (mittlerweile nicht mehr) preiswerten Restaurant in Paris, von dem die Insider nur ihren besten Freunden unter dem Siegel striktester Verschwiegenheit erzählen. Für weniger genießerisch orientiertes Publikum ist Songkhla eigentlich der Hauptgrund, um Hat Yai zu besuchen. Man kann die 25 Kilometer zwischen den beiden Städten mit dem Zug, dem Bus oder dem Taxi in einer halben Stunde zurücklegen.

Die alte chinesische Stadt liegt auf einer Halbinsel und ist auf drei Seiten vom Meer umgeben. Allerdings eignet sich nur die Ostseite zum Sonnen und Baden. Am nördlichen Teil des Strands wachsen riesige Kasaurina-Bäume. Gelb gekleidete Mönche eilen an den Stieren vorbei, die für den Kampf ausgebildet werden.

Blickfang des Strands ist eine bronzene Nixe mit Blick aufs Meer. Sie sitzt auf einem Felsen genau gegenüber vom Samila, dem einzigen erwähnenswerten Hotel Songkhlas.

Nordwestlich der Nixe findet man am Sandstrand viele Fischrestaurants. Die Fische werden hier mit Eis frischgehalten, und man kann selber wählen, welcher zubereitet werden soll. In der Zwischenzeit entspannt man sich vor dem Lokal auf bunten Stühlen.

Gegenüber vom Hotel Samila liegt **Khao Noi**, ein Garten mit kunstvoll zugeschnittenen Sträuchern, die sehr realistisch Kampfstiere, fliegende Vögel und einen Elefanten darstellen. Gleich um die Ecke in der Sukhum Road versammelt sich am späten Nachmittag eine Gruppe von Affen, deren Verhalten fast an eine Diskussionsrunde erinnert.

Songkhla hat zwei Museen: Das vollgestopfte Museum im **Wat Majimawat** (auch **Wat Klant**) bildet einen starken Kontrast zum kürzlich renovierten, fast sterilen **Gouverneurspalast**, einem wohlproportionierten chinesischen Gebäude aus dem Jahr 1878. Letzteres enthält eine ausgezeichnete Keramiksammlung sowie Relikte eines alten Wracks, das Taucher im Thailändischen Golf entdeckten. Die Kollektion des Majimawat-Museums reicht von frühen fünffarbigen Tonwaren (Thai Bencharong) und 200 Jahre alten Muschelkästen bis zu einem mit Gas betriebenen Ventilator. Sie sind hier ganz auf sich selber angewiesen, da es keine Schilder gibt und der Aufseher nur Thai spricht.

Dem 200 Jahre alten Marmorbuddha auf dem Tempelaltar fehlt die Lotuskrone, die man jetzt aus Sicherheitsgründen in einem Safe verwahrt. Steinlöwen, das Geschenk eines reichen Chinesen des 19. Jahrhunderts, bewachen den Eingang eines mit Fresken geschmückten Raumes. Sie stellen Szenen aus der Geschichte Songkhlas, aber auch europäische Seefahrer und sogar ein Dampfschiff dar. In der Nakhon Nawk Road und der Nakhon Nai Street kann man Geschäftshäuser im sino-portugiesischen Stil bewundern. Hier leben alteingesessene chinesische Familien, die angeblich sehr reich, aber auch sehr konservativ sind.

Links: Prächtig bemalter Schiffsbug eines Fischerboots. Rechts: Songkhla ist nach wie vor ein Geheimtip.

Gehen Sie weiter in Richtung See zur Vichienchom Road. Nach etwa 20 Minuten führt ein steiler Pfad zum Gipfel des **Mount Tangkuan** und zu den Ruinen eines alten *chedi*. Der Blick ist überwältigend. Betrachtet man das geschäftige Treiben am See, kann man sich gut vorstellen, daß man auf den betriebsamsten Fischereihafen Asiens hinunterschaut.

Lohnenswert sind die Ausflüge nach **Ko Yor** im **Thale Sap** beziehungsweise **Songkhla-See**, einem der größten Seen Südostasiens, der eigentlich mehr eine Bucht ist. Durch die Verbindung mit dem Meer ist sein Wasser ziemlich brackig. Auf dem Weg zur Insel Yor sollte man bei der Fischzucht einen Stopp einlegen, wo riesige *plaa kapong* (weiße Schnapper) gezüchtet werden. Ko Yor ist berühmt für gesponnene Baumwolle, alte buddhistische Monumente und wegen der hier herrschenden Ruhe.

Am See leben Zehntausende von Wasservögeln, die sich hier zwischen den Binsen niederlassen. Man kann mit Genehmigung hinausfahren und die Vögel beobachten. Der See hat die maximale Tiefe von einem Meter, so daß man selbst in der Mitte noch gut auf den Grund mit seinem Fischreichtum sehen kann.

Mit dem Boot läßt sich auch ein Ausflug zu den Küsteninseln **Maew** und **Nu** (Katze und Ratte) machen. Nu, die größere, verfügt über einige schöne Plätze zum Picknicken und Baden.

Drei Kilometer südlich des Samila-Hotels liegt ein kleines, ausgesprochen geschäftiges Fischerdorf, in dem hauptsächlich Moslems wohnen. Besonders auffällig sind die bunten Fischerboote, *gorlae*, deren einfallsreiche Bemalung kaum zu übertreffen ist. Hinter dem Fischerdorf kommt man zum Felsenstrand **Khao Seng**. Er ist bekannt wegen eines riesigen, ungewöhnlich geformten Felsbrockens, dem man den Namen **Nai Bang's Head** gegeben hat. Laut einer Legende ist darunter ein Millionenschatz begraben, zu dem man nur kommt, wenn man den Felsen umstürzt.

Landeinwärts befindet sich die **Banloa-Kokosnußplantage**, wo man abgerichteten Affen beim Pflücken der Früchte zuschauen kann.

Affenscharfe Motorradtour.

Wat Koh Tham ist zwischen riesigen Felsen auf einem Hügel erbaut. Im Tempel befindet sich der Fußabdruck Buddhas sowie die Figur eines ruhenden Buddhas, die unter einem Felsvorsprung aufgestellt ist. Ganz in der Nähe liegt an einem hübschen, sandigen Platz das von Nonnen bewohnte **Wat Mae Che**. Die kahlgeschorenen, oft sehr jungen Nonnen tragen weiße Kleidung, züchten Blumen und stehen um vier Uhr morgens auf, um zu meditieren und philosophische Werke zu lesen, bevor sie sich zum Almosensammeln begeben.

Von Hat Yai aus führen zwei Eisenbahnlinien und drei Straßen zur malayischen Grenze. Die am meisten befahrene Eisenbahnstrecke verläuft in Richtung Südwesten nach Alor Setar und Butterworth gegenüber von Penang. Die andere Route führt nach Südosten über Yala zur Grenzstadt Sungai Ko-lok. Von hier aus kommt man schnell zu Fuß oder mit dem Taxi nach Kota Bharu, einer Stadt an der Ostküste Malaysias.

Unternehmungslustigere können einen Ausflug zum wunderschönen Inselpark von **Tarutao** im Andamanischen Meer machen. Man fährt auf der Route 4 von Hat Yai 40 Kilometer nördlich bis Rattaphum und biegt dann in Richtung Süden ab. Nach 65 Kilometern auf der 406 erreicht man Satun, von wo man mit dem Boot zum Tarutao-Park gelangt.

Die Insel mit dem Nationalpark gehört zur Gruppe der malayischen Langkawiinseln. Auf Tarutao selbst kann man auch übernachten.

Fährt man von Songkhla aus die Ostküste entlang, kommt man nach Pattani, Yala und Narathiwat. Viele Einwohner sind Chinesen, die Mehrheit der Bevölkerung ist jedoch malayischer Abstammung. Die Städte haben keine besonderen Attraktionen zu bieten und sind allenfalls wegen ihrer ethnischen Vielfalt interessant. Man kann Moscheen besichtigen. Umgangssprache ist Malaiisch.

Sehenswert sind die Silpa-Höhlen bei Yala. In der Höhle von **Tham Koo Hu Pimuk** befindet sich ein 25 Meter hoher Buddha, zu dem die Thai Wallfahrten machen. Dies wäre ein angemessener Schlußpunkt für Ihr Thailandabenteuer.

Die Silpa-Höhlen bei Yala sind vielen eine Pilgerfahrt wert.

Kurzführer

Anreise

MIT DEM FLUGZEUG

Bangkok ist sowohl Tor zwischen Ost und West als auch Verkehrsdrehscheibe für Südostasien. Mehr als 40 Fluglinien starten und landen auf den vier internationalen Flughäfen des Landes: Bangkok, Chiang Mai, Phuket und Hat Yai; dazu kommen 22 Binnenflughäfen. Man kann zum Beispiel mit der THAI von Phuket oder Hat Yai aus direkt nach Kuala Lumpur, Penang, Singapur sowie Bandar Sri Begawan fliegen. Dragonair bedient Hongkong im Direktflug, Air Lanka verbindet Wien und Sydney mit Thailand. Darüber hinaus starten Charterflüge vom Flughafen U-tapao (30 Minuten von Pattaya entfernt) nach Singapur.

Thai Airways International (THAI) bedient weltweit 44 Flughäfen und genießt einen ausgezeichneten Ruf, was den Service anbelangt. Die dazugehörige Binnenfluggesellschaft (ebenfalls THAI) fliegt mit ihren Boeing 737 und Airbussen täglich 22 der wichtigsten Städte im Land an.

BÜROS DER FLUGGESELLSCHAFTEN

BANGKOK

Die mit einem Sternchen (*) gekennzeichneten Fluggesellschaften steuern Bangkok direkt an. Alle anderen führen auch Ticketbüros für Flüge in andere Länder.

***Aeroflot Soviet Airlines,** Mezzaningeschoß, Regent House, 183 Rajdamri Rd., Tel.: 251-0617/8. Flughafen: 523-6921, 535-1111.

Air Canada, World Travel Service, 1053 New Rd., Tel.: 233-5900/1, App. Air Canada.

***Air France,** Erdgeschoß, 942/51 Rama 4 Rd. (Chan Issara Bldg.), Tel.: 233-9477, 234-1333. Flughafen: 523-7302, 523-7303.

***Air India,** 15. Stock, Amarin Tower, 500 Ploenchit Rd., Tel.: 256-9614/5. Flughafen: 535-2122.

***Air Lanka,** 942/34-35 Rama 4 Rd. (Chan Issara Bldg.), Tel.: 236-0159, 236-0292. Flughafen: 535-2330/1.

Air New Zealand, World Travel Service, 1053 New Rd., Tel.: 233-5900 App. Air New Zealand.

***Alia Royal Jordanian Airlines,** Yada Bldg., 56 Silom Rd., Tel.: 236-8609, 236-8610. Flughafen: 535-2346, 535-2152.

***Alitalia,** 138 Silom Rd., Tel.: 233-4000/1.

***All Nippon Airways,** 2. Stock, C.P. Tower, 313 Silom Rd., Tel.: 238-5121. Flughafen: 531-8899.

America West Airlines, Zimmer 501, Dusit Thani Bldg., 946 Rama 4 Rd., Tel.: 234-7876/7.

American Airlines, Maneeya Bldg., 518/2 Ploenchit Rd., Tel.: 251-1393, 251-4521.

Bangkok Airways, 144 Sukhumvit Rd., Tel.: 253-4014/5. Flughafen: 523-7116.

Bangladesh Biman, Erdgeschoß u. 6. Stock, Chongkolnee Bldg., 56 Suriwongse Rd., Tel.: 233-7643/4. Flughafen: 531-0022 App. 2151.

***British Airways,** 942/81 Rama 4 Rd. (Chan Issara Bldg.), Tel.: 236-8655/6. Flughafen: 535-1111.

Burma Airways, *vgl.* Myanmar Airways.

***CAAC,** 134/1-2 Silom Rd., Tel.: 235-1880/1. Flughafen: 535-2355/6.

***Canadian Airlines,** 6. Stock, Maneeya Bldg., 518/2 Ploenchit Rd., Tel.: 251-4521. Flughafen: 535-2227/8.

***Cathay Pacific Airways,** 5. Stock, Chan Issara Bldg., 942/136 Rama 4 Rd., Tel.: 235-4330, 233-6105. Flughafen: 535-2155/6.

*China Airlines, 4. Stock, Peninsula Plaza, 153 Rajdamri Rd., Tel.: 253-5733, 253-4241. Flughafen: 535-2160, 535-2366.

*Delta Airlines, Zimmer 501, Dusit Thani Bldg., 946 Rama 4 Rd., Tel.: 233-8530/1.

*Dragonair, 2. Stock, Piyatanee Building, Soi 18, Sukhumvit Rd., Tel.: 258-1413, 248-1414.

Eastern Airlines, 20/10-11 Rajdamri Rd. (Bangkok Bazaar), Tel.: 253-9097, 233-9098.

*Egyptair, 120 Silom Rd., Tel.: 233-7601/3. Flughafen: 523-7334.

*Finnair, Maneeya Bldg., 518/2 Ploenchit Rd., Tel.: 251-5012. Flughafen: 535-2104, 535-2105.

*Garuda Indonesia, 944/19 Rama 4 Rd., Tel.: 233-3873. Flughafen: 523-8865.

*Gulf Air, 15. Stock, Maneeya Center Bldg., 518/5 PloenchitRd., Tel.: 254-7931, 254-7932. Flughafen: 535-2313/4.

*Hang Khong Vietnam, 3. Stock, 564-572 PloenchitRd., Tel.: 252-0080. Auch c/o Büro der THAI, 485 Silom Rd., Tel.: 233-3810.

Hawaiian Airlines, Maneeya Bldg., 518/1 Ploenchit Rd., Tel.: 251-1393, 251-4521.

Indian Airlines, 2/1-2 Decho Rd., Tel.: 233-3890/1.

*Iraqi Airways, Erdgeschoß, ASC Bldg., 325-329 Silom Rd., Tel.: 235-5950/1. Flughafen: 535-2310/1.

*Japan Air Lines, 14. Stock, Wall Street Tower, 33/33-34 Suriwong Rd., Tel.: 233-2440, 234-9113. Flughafen: 523-6922, 523-6201.

*KLM Royal Dutch Airlines, 2 Patpong Rd., Tel.: 235-5150/5. Flughafen: 523-7275/7.

*Korean Airlines, Zimmer 306, Dusit Thani Bldg., 946 Rama 4 Rd., Tel.: 234-9283/9. Flughafen: 535-2254, 535-2235.

*Kuwait Airways, 159 Rajdamri Rd., Tel.: 251-5855/6. Flughafen: 523-6993.

*Lao Aviation, c/o Thai Airways International, 485 Silom Rd., Tel.: 234-3100/1.

*Lauda Air, Zimmer 1403-04, Wall Street Tower, 33/67-8 Suriwong Rd., Tel.: 233-2544, 233-2565. Flughafen: 535-2635/6.

*Lot Polish Airlines, 485/11-12 Silom Rd., Tel.: 235-2223/7. Flughafen: 523-8850.

*Lufthansa German Airlines, 5. Stock, Pilot Pen Bldg., 331/1-3 Silom Rd., Tel.: 234-1350/9. Flughafen: 531-0022 App. Lufthansa Airlines, od. 535-2211.

*Malaysian Airlines System, 98-102 Suriwong Rd., Tel.: 236-4705, 236-5871. Flughafen: 535-2288.

*Myanmar Airways, 208 Suriwongse Rd., Tel.: 234-9692, 233-3052. Flughafen: 523-7420.

*Northwest Airlines, 4. Stock, Peninsula Plaza, 153 Rajdamri Rd., Tel.: 253-4822. Flughafen: 535-2413/4.

*Olympic Airways, Zimmer 411, Vanit Bldg., 1126/1 New Petchburi Rd., Tel.: 255-2440/1. Flughafen: 535-2058/9.

*Pakistan International Airlines, Tai Lai Thong Bldg., 52 Suriwongse Rd., Tel.: 234-2961/2. Flughafen: 523-1982.

Pan American, Maneeya Bldg., 518/2 Ploenchit Rd., Tel.: 251-4521.

*Philippine Airlines, Chongkolnee Bldg., 56 Suriwong Rd., Tel.: 233-2350/1. Flughafen: 523-9086, 523-6928.

*Qantas Airways, 11. Stock, Chan Issara Bldg., 942/51 Rama 4 Rd., Tel.: 236-0102, 236-9193. Flughafen: 531-0716, 535-2149.

*Royal Brunei Airlines, 2. Stock, Chan Issara Bldg., 942/52 Rama 4 Rd., Tel.: 234-0007/9.

Royal Jordanian, *siehe* Alia.

***Royal Nepal Airlines,** 1/4 Convent Rd., Tel.: 233-3921/4. Flughafen: 535-2150.

***SAS Scandinavian Airlines System,** 412 Rama 1 Rd., Tel.: 253-8333. Flughafen: 523-8853.

***Sabena Belgian Airlines,** 11. Stock, CCT Bldg., 109 Suriwong Rd., Tel.: 233-2020/1. Flughafen: 523-7274, 535-2369.

***Saudi Arabian Airlines,** Erdgeschoß, CCT Bldg., 109 Suriwong Rd., Tel.: 236-9395. Flughafen: 523-9047, 523-9058.

***Singapore Airlines,** 12. Stock, Silom Center Bldg., 2 Silom Rd., Tel.: 236-0404, 236-0303. Flughafen: 523-7299.

***Swissair,** 1 Silom Rd., Tel.: 233-3935/6. Flughafen: 531-6271, 535-2371.

*** Thai Airways International,** Hauptbüro: 89 Vibhavadi Rangsit Rd., Tel.: 513-0212, 513-0211; Filiale Silom: 485 Silom Rd., Tel.: 234-3100, 233-3810; Filiale Rajawong: 45 Anuwong Rd., Tel.: 224-9602/3; Filiale Asia Hotel: Asia Hotel, 296 Phya Thai Rd., Tel.: 215-0787/8. Flughafen: 523-6121.

Trans World Airlines, 12. Stock, Chan Issara Bldg., 942/147 Rama 4 Rd., Tel.: 233-7290/1.

***Turkish Airlines,** 3. Stock, CP Tower, 313 Silom Rd., Tel.: 231-0300/1.

***United Airlines,** 9. Stock, Regent House, 183 Rajdamri Rd., Tel.: 253-0558. Flughafen: 535-2232.

Vietnam Airlines, siehe Hang Khong Vietnam.

Western Airlines, Dusit Thani Bldg., 946 Rama 4 Rd., Tel.: 234-7876/7.

***Yugoslav Airlines,** 14. Stock, Chan Issara Bldg., 942/150 Rama 4 Rd., Tel.: 235-0500/1. Flughafen: 535-2528/9.

CHIANG MAI

Thai Airways International, 240 Prakpoklao Rd., Tel.: (053) 211-541, 210-043.

PHUKET

Bangkok Airways, 158/2-3 Yaowaraj Rd., Tel.: 212-341.

Dragonair, 158/29 Yaowaraj Rd. (geg. Phuket Merlin Hotel), Tel.: 215-300.

Malaysian Airline System, 1/8-9 Choomporn Rd., Tel.: 216-675, 213-749.

Thai International (In- und Auslandsflüge), 41/33 Montri Rd., Phuket, Tel.: (076) 212-400, 212-644, 212-880, 212-855; 78 Ranong Rd., Phuket, Tel.: (076) 212-195, 212-499, 212-946. Öffnungszeiten: 8-12 und 13-17 Uhr. Flughafen: 311-194.

MIT DEM SCHIFF

Die Zeiten, als man den Chao Phraya hinaufschipperte, bis man die goldenen Turmspitzen Bangkoks zu Gesicht bekam, sind längst vorbei. Hin und wieder gehen Luxusdampfer in Pattaya oder Phuket vor Anker, Bangkok wird dagegen nicht mehr angelaufen. Fragen Sie im Reisebüro oder bei den Schiffahrtslinien nach möglichen Verbindungen.

MIT DER EISENBAHN

Die Züge der staatlichen Eisenbahngesellschaft sind zwar etwas langsam, dafür aber sauber, preiswert und zuverlässig. Für die Eisenbahn gibt es nur zwei Grenzübergänge nach Thailand, beide führen von Malaysia aus in den Süden des Landes. Die Bahnfahrt nach Bangkok ist der malerischste Beginn einer Thailandreise.

Die Malay Mail-Linie verläßt Kuala Lumpur täglich um 7.30 Uhr, 8.15 Uhr, 15 Uhr, 20.30 und 22 Uhr. Sieben bis neun Stunden später hält der Zug in Butterworth, der Hafenstadt gegenüber Penang Island (Malaysia): 13.35 Uhr, 17.50 Uhr, 21.10 Uhr, 5.30 und 6.40 Uhr. Täglich um 13.40 Uhr verläßt ein Zug Butterworth, überquert die thailändische Grenze und erreicht Bangkok am folgenden Morgen um 8.35 Uhr. In der 2. Klasse fährt man in Liegewagen, die klimatisierten 1. Klasse-Wagen verfügen über Schlafwagen. Im Speisewagen serviert man einheimische Küche.

Ein 1. Klasse-Ticket für die Strecke Butterworth-Bangkok kostet 1227 Baht, für klimatisierte Liegewagen der 2. Klasse zahlt man 681 und 731 (die untere Liege) Baht. 2. Klasse-Abteile mit Ventilatorlüftung kosten pro Person 581 (oben) und 631 (unten) Baht. Die Züge für die Rückfahrt von Bangkok nach Malaysia verlassen den Hualampong-Bahnhof täglich um 17.15 Uhr.

Eine weniger bequeme, aber dafür unterhaltsamere Alternative ist die Zugfahrt von Kuala Lumpur die Ostküste Malaysias hinauf, bis zur im Nordosten gelegenen Stadt Kota Bharu. Man überquert die Grenze am besten per Taxi und reist von Sungai Kolok (im Süden Thailands) aus mit einem SRT-Zug (State Railways of Thailand) weiter. Die Züge verlassen Sungai Kolok um 10.05 und 10.55 Uhr und kommen um 6.35 bzw. 7.05 Uhr des darauffolgenden Tags in Bangkok an. Preise: Ein Bett in der 1. Klasse kostet 618 (oben) und 678 Baht (unten); in der 2. Klasse 518 (oben) und 578 Baht (unten).

MIT DEM AUTO

Obwohl Thailand an vier Länder grenzt, dürfen Autofahrer nur die Grenze nach Malaysia benutzen. Thailands Straßen sind – verglichen mit jenen der Nachbarländer – in hervorragendem Zustand. Da der Grenzübergang Malaysia-Thailand um 18 Uhr schließt, muß man seine Reise entsprechend planen.

REISEINFORMATIONEN

VISA & PÄSSE

Angehörige der im folgenden aufgeführten Länder erhalten – sofern sie in Besitz eines gültigen Reisepasses sind – bei der Einreise ein kostenloses, 15 Tage gültiges Transitvisum: Ägypten, Algerien, Bahrain, Belgien, Brasilien, Brunei, Birma, Dänemark, Deutschland, Fiji, Finnland, Frankreich, Griechenland, Großbritannien, Island, Indonesien, Irland, Israel, Italien, Japan, Jemen, Jordanien, Jugoslawien, Kanada, Kenia, Kuwait, Luxemburg, Malaysia, Mexiko, Niederlande, Neuseeland, Nigeria, Norwegen, Oman, Österreich, Papua-Neuguinea, Philippinen, Portugal, Qatar, Saudi Arabien, Schweden, Schweiz, Senegal, Singapur, Spanien, Südkorea, Sudan, Tunesien, Türkei, Vereinigte Arabische Emirate, USA, Vanuatu, West-Samoa.

Botschaften und Konsulate des Königreichs Thailand stellen darüber hinaus 60 Tage lang gültige Touristenvisa (300 Baht) oder 30 Tage gültige Transitvisa aus (200 Baht). Kinder benötigen einen eigenen Paß, Kinderausweise werden nicht akzeptiert!

VISA-VERLÄNGERUNG

Wer sein Visum verlängern möchte, muß sich vor Ablauf des alten Visums an die *Immigration Division* wenden: In Bangkok in der Soi Suan Plu, in Phuket in der Phuket Road und in Chiang Mai in der Airport Road (Montag bis Freitag 8.30-16 Uhr).

Für die Verlängerung des 15-Tage-Transitvisums um sieben Tage wird eine Gebühr von 500 Baht erhoben, ein 30-Tage-Transitvisum kann man gegen 200 Baht um weitere 30 Tage verlängern lassen. 60-Tage-Transitvisa kann man für 300 Baht auf 90 Tage ausdehnen. Voraussetzung ist jeweils persönliches Erscheinen sowie die Vorlage dreier Paßfotos.

Wer länger als 90 Tage in Thailand bleiben möchte, muß nach Penang, Rangoon, Kuala Lumpur, Singapur oder Hongkong fahren und sich bei der Wiedereinreise ein neues Visum ausstellen lassen. Rechnen Sie dabei mit zwei Tagen Wartezeit.

WIEDEREINTRITTSVISA

Wer Thailand verlassen und vor Ablauf seines Visums wieder betreten will, muß sich vor der Abreise eine Wiedereintrittserlaubnis besorgen. Man erhält sie gegen eine Gebühr von 500 Baht bei den Büros der Einwanderungsbehörde in Bangkok, Chiang Mai, Pattaya, Phuket und Hat Yai.

GELDFRAGEN

WÄHRUNG

Die Landeswährung ist der Baht. 100 Satang ergeben 1 Baht. Im Umlauf sind Banknoten zu 500 (lila), 100 (rot), 50 (blau), 20 (grün) und 10 (braun) Baht.

Die Vielzahl der Münzen ist verwirrend, da es für jeden Nennwert unterschiedliche Größen und Prägungen gibt: 10-Baht-Stücke (Silbermünze mit Messingherz), 5-Baht-Stücke (Silbermünzen mit Kupferrand; zwei Größen), drei Varianten des 1-Baht-Stücks (Silber; nur die kleinen eignen sich für die Münzfernsprecher), 2-Baht-Stücke (selten, Silber, in der Größe dem kleinen 1-Baht und 5-Baht-Stück ähnlich), schließlich zwei Varianten der 50 und 25-Satang-Stücke (beide messingfarben).

WECHSELKURSE

Die stabile thailändische Währung ist einem internationalen Währungskorb angegliedert, der sich stark am US-Dollar orientiert. Gegenwärtig (Stand: Mai 1991) erhält man für 1 DM rund 15 Baht. Den Tageskurs entnimmt man am besten der *Bangkok Post* oder *The Nation Review*. Es gibt nur den offiziellen Wechselkurs. Es dürfen bis zu 2000 Baht ein- und maximal 500 Baht ausgeführt werden.

Für den Umtausch von Bargeld und Reiseschecks stehen landesweit unzählige Banken zur Verfügung. Im allgemeinen ist es günstiger, DM- oder Dollar-Reiseschecks mitzuführen. Öffnungszeiten der Banken: Montag bis Freitag 8.30-15.30. Außerhalb der Schalterstunden stehen in größeren Orten (Bangkok, Chiang Mai, Phuket, Pattaya) Wechselstuben der Banken zur Verfügung (8.30-20 Uhr). Die meisten Hotels bieten einen viel schlechteren Umtauschkurs als die Banken an, die sich nach den Vorgaben der Bank of Thailand richten.

BANKEN

Thailand verfügt über ein hochentwickeltes Bankwesen. Die wichtigsten Banken einiger ausländischer Staaten sind ebenfalls vertreten (in Bangkok). Die in bar oder Reiseschecks mitgeführten Devisen (Einfuhr frei, Deklaration erforderlich) werden in Baht gewechselt. Darüber hinaus kann man telegrafische Geldanweisungen von seiner Heimatbank aus anfordern. Es gibt keine Mindestumtauschsätze. An den Bankschaltern der Flughäfen von Bangkok, Chiang Mai, Phuket und Hat Yai tauscht man Baht wieder in fremde Währungen zurück.

BANGKOK

In Bangkok findet man neben den thailändischen Banken auch Niederlassungen ausländischer Banken. Normalerweise sind alle mit dem Instrumentarium für telegrafische Geldanweisungen ausgerüstet. Schalterstunden sind zwischen 8.30 und 15.30 Uhr. In anderen Landesteilen muß man mit eingeschränktem Service rechnen. Wer auf Geschäftsreise ist, sollte alle monetären Angelegenheiten in Bangkok regeln.

Thai-Banken

Bank of Asia, 191 S. Sathorn Rd., Tel.: 287-2211/2.

Bank of Ayutthaya, 550 Ploenchit Rd., Tel.: 253-8601, 253-8632.

Bangkok Bank, 333 Silom Rd., Tel.: 234-3333, 235-5997.

Krung Thai Bank, 35 Sukhumvit Rd., Tel.: 251-2111, 251-9586.

Siam Commercial Bank, 1060 New Petchburi Rd., Tel.: 251-3114, 252-7418.

Thai Farmers Bank, 400 Paholyothin Rd., Tel.: 270-1122, 270-1133.

Thai Military Bank, 34 Phya Thai Rd., Tel.: 246-0020, 245-7503.

Ausländische Banken

Bank of America NT & SA, 2/2 N. Wireless Rd., Tel.: 251-6333.

Bank of Tokyo, Thaniya Bldg., 62 Silom Rd., Tel.: 236-0119, 236-9103.

Banque Indosuez, 142 Wireless Rd., Tel.: 253-3616/7.

Banque Nationale de Paris, 5. Stock, Dusit Thani Bldg., 946 Rama 4 Rd., Tel.: 233-4310, 233-1655.

Bharat Overseas Bank, 221 Rajawong Rd., Tel.: 221-8181/2.

Chase Manhattan Bank N.A., Siam Center Bldg., 965 Rama 1 Rd., Tel.: 252-1141, 252-1150.

Citibank N.A., 127 S. Sathorn Rd., Tel.: 286-3992/3.

Deutsche Bank (Asien), 21 S. Sathorn Rd., Tel.: 240-9401/2.

Hongkong & Shanghai Bank, Hongkong Bank Bldg., 64 Silom Rd., Tel.: 233-1904/5.

Mitsui Bank, 138 Boonmitr Bldg., Silom Rd., Tel.: 234-3841/2.

Standard Chartered Bank, 946 Rama 4 Rd., Tel.: 234-0829/3.

United Malayan Bank, 149 Suapa Rd., Tel.: 221-9191/2.

CHIANG MAI

Bangkok Bank, Zentrale: 53-59 Ta Pae Rd., Tel.: 233-452. Filialen: 164-12-5 Chang Klang Rd., Tel.: 233-528, 252-881; 125 Chotana Rd., Tel.: 222-383, 221-306. (Wechselstube von 8.30 bis 20.30 Uhr geöffnet.)

Bank of Asia, 149/1-3 Chang Klang Rd., Tel.: 234-535, 234-755. (Wechselstube 8.30-20 Uhr geöffnet.)

Bank of Ayutthaya, Zentrale: 222-6 Ta Pae Rd., Tel.: 236-509, 252-446. Filiale: 70 Chotana Rd., Tel.: 211-700/1. (Wechselstube 8.30-20 Uhr.)

Krung Thai Bank, 298/1 Ta Pae Rd., Tel.: 235-038, 235-380. (Wechselstube 8.30-16.30 Uhr.)

Siam Commercial Bank, 17 Ta Pae Rd., Tel.: 235-667, 234-519. (Wechselstube 8.30-19 Uhr.)

Thai Farmers Bank, Zentrale: 136/9 Moo 3, Chotana Rd., Tel.: 211-672, 212-013. Filiale: 169/71 Ta Pae Rd., Tel.: 236-025, 233-778. (Wechselstube 8.30-18 Uhr.)

Thai Military Bank, 207 Chang Moi Rd., Tel.: 234-867/8. (Wechselstube 8.30-18 Uhr.)

PHUKET

Bangkok Bank, 22 Pang-nga Rd., Tel.: 211-292. (Wechselstube 8.30-20.30 Uhr.)

Bank of Asia, 206 Phuket Rd., Tel.: 211-566. (Wechselstube 8.30-20 Uhr.)

Bank of Ayutthaya, 64 Rasda Rd., Tel.: 211-577. (Wechselstube 8.30-20 Uhr.)

Krung Thai Bank, 61 Rasda Rd., Tel.: 211-586. (Wechselstube 8.30-16.30 Uhr.)

Siam Commercial Bank, 66 Rasda Rd., Tel.: 212-254. (Wechselstube 8.30-19 Uhr.)

Thai Farmers Bank, 14 Pang-nga Rd., Tel.: 212-061. (Wechselstube 8.30-18 Uhr.)

Thai Military Bank, 76/3 Ranong Rd., Tel.: 212-123. (Wechselstube 8.30-18 Uhr.)

KREDITKARTEN

Kreditkarten von American Express, Diners Club, Mastercard und Visa werden überall in Bangkok entgegengenommen. Allerdings verlangt man dafür in vielen Geschäften einen Zuschlag (bei American Express ist er mit 3-5 Prozent am höchsten). Bei den meisten Banken erhält man in Notfällen Geld gegen Vorlage der Kreditkarte – die Kreditinstitute richteten dafür örtliche Geschäftsstellen ein (siehe unten).

Warnung: Kreditkartendiebstahl und -betrug sind ein großes Problem in Thailand. Deponieren Sie Kreditkarten aus Sicherheitsgründen nicht im Hotelsafe. Lassen Sie sich nach einem Kauf den Durchschlag aushändigen und vernichten Sie ihn.

BANGKOK

American Express (Thailand), Zentrale: 11. Stock, Bangkok Bank Bldg., 333 Silom Rd., Tel.: 236-0276, 235-0990. Montag bis Freitag 8.30-17.30 Uhr.

American Express Services, Seatours, Erdgeschoß, Siam Center Bldg., 965 Rama 1 Rd.

Diners Club (Thailand), 11. Stock, Dusit Thani Bldg., 946 Rama 4 Rd., Tel.: 233-0113, 233-5775. Montag bis Freitag 8.30-13 Uhr.

Visa & Mastercard, Zentrale: Thai Farmers Bank, 400 Paholyothin Rd., Tel.: 270-1259, 270-1122, App. 3751. Montag bis Freitag 8.30-13 Uhr.

CHIANG MAI

American Express, Zentrale: Bangkok Bank, 53-59 Ta Pae Rd., Tel.: 233-452. Filiale: 164-12-5 Chang Klang Rd., Tel.: 233-528, 252-881.

Visa & Mastercard, Thai Farmers Bank, 136/9 Moo 3, Chotana Rd., Tel.: 211-672, 212-013.

PHUKET

American Express, Seatours, 95/4 Phuket Rd., Tel.: 216-979.

Visa & Mastercard, Thai Farmers Bank, 14 Pang-nga Rd., Tel.: 211-558.

GESUNDHEITSBESTIMMUNGEN

Eine Bescheinigung über Pocken- oder Choleraschutzimpfung muß bei der Einreise nach Thailand nicht mehr erbracht werden. Wer aus Afrika kommend einreist, muß eine Impfung gegen Gelbfieber nachweisen.

Da man wegen der Ausbreitung von AIDS beunruhigt ist, erließ die Regierung 1987 einen Beschluß, wonach aidsinfizierte Personen nicht mehr nach Thailand dürfen. Wie dieser Beschluß im einzelnen durchgesetzt werden soll, bleibt indes unklar.

HYGIENE

Die Thai legen großen Wert auf Hygiene und sind sich der Gefahr von Bakterien und Infektionen wohl bewußt. Leider läßt das Bewußtsein für die Reinhaltung der Umwelt zu wünschen übrig. Hotels und Restaurants, die hauptsächlich vom Fremdenverkehr leben, gehen bei der Zubereitung von Speisen und Getränken im allgemeinen sehr sorgfältig vor.

Bangkoks **Trinkwasser** verläßt die modernen Klärwerke zwar in einwandfreiem Zustand, dafür sind die Rohrleitungen der Stadt reichlich veraltet. Trinken Sie deshalb nur Mineralwasser oder Limonaden, die – ebenso wie das Eis in den Hotels – unter strenger Kontrolle hergestellt und abgefüllt werden. Die meisten Lokale sind sauber.

VORSORGE

Mit seinem pulsierenden Nachtleben und den ständig wechselnden Besuchern ist Bangkok eine Brutstätte für **Geschlechtskrankheiten**. Wer nicht vorsorgt, begibt sich in große Gefahr. Die weltweite Ausbreitung von AIDS gibt erst recht Anlaß zu äußerster Vorsicht.

In ländlichen Gebieten treten nach wie vor **Malaria** und **Denguefieber** auf. In den Bergen sollte man vor allem während des Monsuns mit ausreichend Mückenschutz versorgt sein (reiben Sie bei Sonnenuntergang jedes freie Hautfleckchen damit ein).

KLEIDUNG

Ihre Kleidung sollte leicht und bequem sein. Naturfasern sind wegen ihrer besseren Luftdurchlässigkeit grundsätzlich vorzuziehen. Offene Schuhe (vor allem während der Regenzeit, wenn Bangkoks Straßen überschwemmt sind) und ärmellose bzw. kurzärmlige Kleider und Hemden sind angebracht. Wer geschäftlich unterwegs ist oder in einem teuren Hotel logiert, sollte etwas Repräsentativeres dabei haben – grundsätzlich geht es in Thailand jedoch wesentlich legerer zu als etwa in Hongkong oder Tokio. Eine lässige, ordentliche Garderobe genügt stets vollauf.

Während der kühleren Jahreszeit kann es im Norden recht frisch werden. Denken Sie daran, auch wärmere Kleidung mitzunehmen.

In Tempeln und Moscheen gelten besondere Bestimmungen. Hier sind Shorts für Männer wie Frauen gleichermaßen tabu. Frauen in freizügiger Kleidung müssen ebenfalls damit rechnen, daß man ihnen den Zutritt verwehrt (gilt auch für manche Luxushotels). Ungepflegte und schlampig gekleidete Menschen dürfen bedeutende Tempelanlagen wie jene des Smaragd-Buddhas nicht betreten. Wählen Sie Ihre Garderobe mit Rücksicht auf die religiösen und sozialen Gepflogenheiten der Thai.

WAS MAN BRAUCHT

Bangkok, Chiang Mai und Phuket sind wie die modernen Großstädte Europas oder Nordamerikas mit allen Annehmlichkeiten ausgestattet. Im Norden sollte man während der kühlen Jahreszeit Lippenbalsam und Feuchtigkeitscreme mit sich führen.

Um die Augen und empfindliche Haut vor der tropischen Sonne zu schützen, ist es zweckmäßig, Sonnenbrille und Hut zu tragen.

ANKUNFT

Thailands wichtigster Flughafen, Don Muang, liegt 22 Kilometer nördlich von Bangkok. Im Sommer 1987 stellte man das moderne neue Terminal fertig, so daß die Kapazität verdoppelt werden konnte. Die Zoll- und Gepäckabfertigung verläuft jetzt schnell und reibungslos.

Nachdem Sie das Flugzeug verlassen haben, bringt Sie ein klimatisierter Flughafenbus zum Terminal. Zu den Schaltern für die Einreiseformalitäten, wo man Visa ausstellt oder prüft, ist es ein langer Weg. Sind alle Formalitäten erledigt, fährt man mit dem Aufzug zur Gepäckausgabe hinunter. An den Stirnseiten der Halle befinden sich Telefone für Anrufe in die Stadt.

Die Kofferkulis hier sind gebührenfrei. Gehen Sie mit Ihrem Gepäck durch die grüne (nichts zu verzollen) oder rote (etwas zu verzollen) Absperrung. Undurchsichtige Glastüren führen schließlich in die Hauptankunftshalle. Reisegruppen wenden sich hier nach rechts, Individualreisende nach links. Draußen warten die Chauffeure der Hotels mit Schildern, auf denen Ihr Name oder der Name der Reisegruppe steht.

An den Wechselschaltern in der Ankunftshalle können Sie Geld zum offiziellen Kurs tauschen. Andere Schalter bieten Fahrten in die Stadt an, und am Schalter der Thai Hotels Association können Sie ein Zimmer buchen.

500 Meter südlich des Flughafens steht das Terminal für Binnenflüge. Ein kostenloser Pendelbus fährt alle 10-15 Minuten vom Nordende des Flughafens dorthin.

GEPÄCKAUFBEWAHRUNG

Der Don-Muang-Airport verfügt über zwei Hallen zur Gepäckaufbewahrung, einmal im ersten Stock am Nordende der Ankunftshalle (hinter der Zollabfertigung) und im dritten Stock in der Abflughalle (nahe der Wechselstube). Die Gebühr beträgt 20 Baht pro Tag und Gepäckstück.

ZOLLBESTIMMUNGEN

Die Einfuhr von Drogen, pornographischen Artikeln, Schußwaffen, Munition und gefährlichen Chemikalien ist verboten. Ausländer dürfen Geldwerte in Höhe von bis zu 10 000 US-Dollar pro Person einführen. Größere Geldbeträge müssen deklariert werden.

Zollfrei dürfen eingeführt werden: 200 Zigaretten, eine Kamera mit fünf Rollen Film sowie eine Flasche Spirituosen.

GEPÄCKTRÄGER

Eigentliche Gepäckträger gibt es nicht. Dafür stehen für ankommende und abreisende Fluggäste kostenlose Kofferkulis zur Verfügung. Auf Anfrage stellt man Rollstühle und weitere Serviceleistungen für Behinderte zur Verfügung.

RESERVIERUNGEN

In der Ankunftshalle kann man sich nach Erledigung der Zollformalitäten auch Hotelzimmer reservieren lassen. Durch den starken Zuwachs an Touristen ist es allerdings ratsam, im voraus zu buchen – vor allem in der Hauptsaison (November-April) und ganz besonders um die Weihnachtszeit, zur Jahreswende und während der chinesischen Neujahrsfeiern (Ende Januar bis Anfang Februar).

ABREISE

Steuer: Bei der Abreise von Bangkoks internationalem Flughafen muß man beim Einchecken eine Flughafensteuer in Höhe von 200 Baht entrichten. In Phuket beträgt sie für Auslandsflüge 150 Baht. Für Binnenflüge bezahlt man 20 Baht.

Kleine Landeskunde

REGIERUNG

Thailand ist eine konstitutionelle Monarchie, der derzeitige König heißt Bhumibol Adulyadej. Die Macht des Königs wurde im Zuge der Revolution von 1932 stark beschnitten; dennoch hat seine Stimme bis heute starkes Gewicht bei allen wichtigen Entscheidungen.

Obwohl längst kein absolutistischer Herrscher mehr, stellt der König eine der drei Säulen der thailändischen Gesellschaft dar – Monarchie, Religion und Nationalbewußtsein. Die Landesfahne symbolisiert dieses Staatssystem: Die äußeren roten Streifen repräsentieren das Volk, die inneren weißen die Reinheit der buddhistischen Lehre, der blaue Streifen im Zentrum steht für die Monarchie.

König Bhumibol verbrachte Jahrzehnte damit, der Landbevölkerung wirtschaftlichere Landbaumethoden beizubringen – sein Beispiel brachte auch andere dazu, sich dem Dienst am Volk zu widmen. Seine Mutter, Königin Sirikit und andere Mitglieder des Königshauses unterstützen ebenfalls die Bemühungen, der einfachen Landbevölkerung zu besseren Lebensbedingungen zu verhelfen. So kann man sagen, daß die Fotografien der Königsfamilie in praktisch allen thailändischen Haushalten nicht aus blinder Verehrung, sondern aus tief empfundenem Respekt aufgehängt werden.

Die Regierung setzt sich nach den Regeln der 1932 festgesetzten Verfassung sowie den zehn darauffolgenden Verordnungen (die letzte stammt von 1978) zusammen. Trotz vieler Revisionen blieb der Grundtenor der Verfassung erhalten, wonach die Macht in den Händen des Volks liegt. Dennoch zeigte sich, daß bestimmte Gesellschaftsschichten mehr Einfluß haben als andere.

Das politische System orientiert sich lose am britischen Vorbild und gliedert sich in Legislative, Exekutive und Judikative, die zwar unabhängig voneinander funktionieren, sich aber gegenseitig kontrollieren. Die Legislative setzt sich aus Senat und Repräsentantenhaus zusammen. Im Senat sitzen 267 führende Gesellschaftsmitglieder, darunter Geschäftsleute, Lehrer und vor allem hochrangige Armeeangehörige. Ein Mitglied muß über 35 Jahre alt sein und darf keiner Partei angehören. Die Mitgliedschaft erfolgt auf Lebenszeit, neue Senatsangehörige wählt der Ministerpräsident in Absprache mit dem König aus. Die 375 Mitglieder des Repräsentantenhauses werden in den 73 Provinzen in allgemeinen Wahlen gewählt.

An der Spitze der Exekutive steht der Ministerpräsident, der nicht Mitglied der Kammer sein muß. Er wird entweder von einer einzigen Partei oder einer Koalition gewählt und regiert mit einem Ministerkabinett. Die Zahl der Minister richtet sich nach dem jeweiligen Bedarf. Die Programme der Regierung werden durch den äußerst einflußreichen öffentlichen Dienst in die Tat umgesetzt. Nachdem im Februar 1991 vorübergehend das Militär die Macht übernommen hatte, steht nun Ministerpräsident Anand Panyarachun an der Spitze der Übergangsregierung.

Die Judikative setzt sich aus einem Obersten Gerichtshof, einem Berufungsgericht und einer pyramidal geordneten Anzahl von Provinzgerichten und untergeordneten Gerichten zusammen. Sie ist unabhängig in der Auslegung von juristischen Problemen und berät Legislative und Exekutive bezüglich der Angemessenheit ihrer Entscheidungen.

WIRTSCHAFT

Fast 70 Prozent der 55 Millionen zählenden Bevölkerung sind Bauern. Sie bestellen den Alluvialboden so erfolgreich, daß Thailand heute führend im Export von Tapioka (Nr. 1), Reis (Nr. 2), Kautschuk (Nr. 2), Ananaskonserven (Nr. 3), Zucker und Mais ist. Auch beim Export von Zinn spielt Thailand eine führende Rolle.

GEOGRAPHIE & BEVÖLKERUNG

Thailand liegt zwischen dem 6. und 20. Grad nördlicher Breite und bedeckt eine Fläche von über 513 000 Quadratkilometern (etwa die Größe Frankreichs). Auf der Landkarte ähnelt es einem Elefantenkopf, dessen Rüssel die südliche Halbinsel bildet. Die Hauptstadt Bangkok liegt in der geographischen Mitte, etwa am Maul des Elefanten. Thailand grenzt im Süden an Malaysia, im Westen an Laos, im Osten an Kambodscha und im Nordosten, mit dem Mekong als Grenzlinie, an Myanmar (Birma).

Der Norden des Landes ist bergig, der höchste Gipfel (Doi Inthanon) ragt 2596 Meter hoch auf. Eine Hügelkette trennt Thailand von Myanmar und bildet zugleich die Westgrenze zur ausgedehnten Alluviallandschaft der Zentralebene, dem wichtigsten Reisanbaugebiet des Landes. Im Osten steigt die Ebene zum Koratplateau an, das den Großteil des Nordostens ausmacht. Derselbe Gebirgszug bildet das Rückgrat der südlichen Halbinsel, ehe er im Westen zum Andamanischen Meer und im Osten zum Golf von Thailand abfällt. Das Land verfügt insgesamt über eine 2600 Kilometer lange Küste.

Bangkok liegt auf dem 14. Grad nördlicher Breite. Wie beispielsweise Budapest ist die Stadt durch einen Fluß (den Menam oder Chao Phraya) in zwei Hälften getrennt: Bangkok und Thonburi. Die im Flußdelta liegende Metropole bedeckt eine Gesamtfläche von 1565 Quadratkilometern und liegt maximal zwei Meter über dem Meeresspiegel. Die offizielle Einwohnerzahl wird mit 5 832 843 beziffert, durch die ständige Zuwanderung rechnet man inoffiziell allerdings mit 8 Millionen. Bangkok ist politisches, ökonomisches sowie religiöses Zentrum und 35 mal größer als die zweit- und drittgrößte Stadt im Land (Chiang Mai bzw. Khon Kaen).

ZEITZONEN

Thailands Normalzeit ist unserer Zeit um 6 (Winterzeit) beziehungsweise 5 Stunden (Sommerzeit) voraus. Wenn es in Bangkok 12 Uhr mittags ist, ist es in Bonn erst 7 Uhr morgens (MEZ), in New York dagegen erst 22 Uhr des Vortags.

KLIMA

Man schreibt Thailand grundsätzlich drei Jahreszeiten zu: eine heiße, eine regnerische und eine kühle. Wer allerdings von irgendwo nördlich oder südlich des 30. Breitengrads herkommt, für den gibt es in Thailand nur ein Klima: heißes. Auch nachts fällt das Thermometer nur um wenige Grad. Dazu kommt die permanent mindestens 70 Prozent betragende Luftfeuchtigkeit. Während der heißen Jahreszeit läßt es sich nur in klimatisierten Räumen aushalten. Im Hinterland ist es normalerweise etwas kühler, doch im März und April steigen die Temperaturen oft noch höher als in Bangkok.

So haben die Meteorologen der World Meteorological Organization nach Vergleichen der Durchschnittstemperaturen aller Hauptstädte Bangkok zur heißesten Stadt der Welt gekürt. Fallen dann noch die Monsunregen, ist das ganze Land ein einziges Treibhaus.

Folgende Angaben geben in etwa eine Vorstellung davon, welche Wärmegrade zu erwarten sind:

- Heiße Jahreszeit (März bis Junimitte): 27-35° C
- Regenzeit (Juni bis Oktober): 24-32° C
- Kühle Jahreszeit (November bis Februar): 18-32° C, wobei dann die Luftfeuchtigkeit am geringsten ist.

SITTEN & GEBRÄUCHE

Die Thai sind außerordentlich tolerant und nachsichtig hinsichtlich der Eigenheiten von Ausländern. Es gibt aber einige Dinge, die ihren Unwillen erregen.

PATRIOTISMUS & BUDDHISMUS

Die Königsfamilie genießt ein bemerkenswertes Ansehen im Volk. Darum reagieren Thai sehr empfindlich, wenn sie den Eindruck haben, ein Mitglied des Königshauses sei beleidigt worden. Unbedachte Bemerkungen oder die Weigerung, während der Nationalhymne vor Beginn eines Kinofilms aufzustehen, werden mit bösen Blicken oder Schlimmerem quittiert.

Den gleichen Respekt zollen Thai dem Buddhismus, der zweiten Säule ihrer Gesellschaft. Die Mißachtung von Buddhafiguren, Tempeln oder Mönchen gilt als schweres Vergehen. Mönche unterliegen einem Keuschheitsgelübde, das ihnen jeden Körperkontakt mit Frauen, sogar mit der eigenen Mutter, verwehrt. Wenn Sie sich als Frau in der Nähe eines Mönchs aufhalten, sollten Sie jede noch so zufällige Berührung vermeiden. Beim Tempelbesuch ist es Männern wie Frauen zwar gestattet, lange Hosen zu tragen, jedoch keine Shorts. Ungepflegten Personen beiderlei Geschlechts wird der Zutritt zu wichtigen Heiligtümern häufig untersagt.

Aus dem Hinduismus stammt die Ansicht, der Kopf sei Sitz der Weisheit und die Füße seien unrein. Deshalb ist es beleidigend, den Kopf einer anderen Person zu berühren, mit dem Fuß auf jemanden zu deuten oder über einen Liegenden hinwegzusteigen. Jemanden im Zorn zu treten ist schlimmer als ihn anzuspucken.

Müssen Sie an einem auf dem Boden sitzenden Menschen vorbei, verbeugen Sie sich leicht und deuten Sie mit dem Arm in die Richtung, die Sie beschreiten wollen. In Thailand glaubt man, daß Geister die Türschwellen der Tempel und traditionellen Häuser bewohnen – tritt man auf solch einen Geist, wird er das Haus wütend verfluchen.

BEGRÜSSUNG

Die thailändische Begrüßung und Verabschiedung heißt *sawasdee*, wobei man die Hände vor der Brust faltet und mit den Fingerspitzen die Nase berührt. Man verbeugt sich leicht. Es ist ein schnell zu lernender Gruß, der Ihnen überall ein Lächeln einbringen wird.

KLEIDUNG & HYGIENE

Die Thai achten auf persönliche Sauberkeit. Auch der ärmste Einwohner badet täglich und kleidet sich sorgfältig. Wer eine legerere Vorstellung von Hygiene hat, wird verachtet.

KONVENTIONEN

Vor zwanzig Jahren hätte es kein thailändisches Paar gewagt, in der Öffentlichkeit Zärtlichkeiten auszutauschen. Durch den Einfluß des Westens hat sich das bei den Jungen geändert, doch bis heute sieht man sie höchstens Händchen halten. Wie in den meisten traditionsgebundenen Gesellschaften gilt das öffentliche Austauschen von Zärtlichkeiten als schlechtes Benehmen.

ANREDE

Einen Thai redet man im allgemeinen mit dem Vornamen an. Man stellt dem Namen das Wort *khun* als Höflichkeitsfloskel voran. Silpachai Krishnamra würde man folglich als *khun* Silpachai ansprechen.

In den Zeitungen stößt man immer wieder auf ein M.C., M.R. oder M.L. vor dem Namen. Es sind königliche Titel, die man mit „Prinz" oder „Prinzessin" übersetzt. In einem System aus fünf Rängen sind die zwei hochrangigsten Titel den engsten Mitgliedern der Königsfamilie vorbehalten. Danach kommen die Adligen, Nachkommen der alten Fürstengeschlechter. Hier lautet der höchste Titel *mom chao* (M.C.), ihm untergeordnet sind *mom rachawong* (M.R.) und *mom luang* (M.L.).

Dank eines einmaligen Systems, das eine zu große Anzahl von Prinzen und Prinzessinnen verhindert, ist ein Titel in Thailand nicht erblich. Jede nachfolgende Generation erhält den nächstniederen Rang: Das Kind des *mom chao* ist also nur noch ein *mom rachawong*. Bald wird Thailand eine Nation der *nai* (Herr) und *nang* (Frau/Fräulein) sein – eine echte „Volksmonarchie".

WERTVORSTELLUNGEN

Einige thailändische Wertvorstellungen werden Ihnen nicht nur Einblick in die Denkweise der Thai verschaffen, sondern auch den Umgang mit ihnen erleichtern. Jeder Thai ist bemüht, Ruhe zu bewahren, daher zeigt er große Langmut, um Konfrontationen zu vermeiden. Man nennt dieses Konzept *kriangjai*, es beinhaltet den Unwillen, Ranghöhere zu belästigen. Oft bedeutet das aber, daß eine schlechte Nachricht nicht rechtzeitig weitergegeben wird, weil man Aufregungen vermeiden will.

Jai yen (kaltes Herz), das heißt, Haltung und Ruhe zu bewahren, ist ein Charakterzug, den die Thai bewundern. Ärgerlich zu werden oder ein *jai ron* (heißes Herz) zu zeigen, gilt als Zeichen von Unreife oder mangelnder Selbstbeherrschung. Reagieren Sie bei Widrigkeiten oder Enttäuschungen mit einem Schulterzucken und dem Satz „mai pen rai" (macht nichts) – es ist das für die meisten Situationen richtige Verhalten.

Sanuk heißt „Spaß" oder „Vergnügen" und ist das Maß für alle Vorhaben im Leben. Was nicht *sanuk* ist, ist der Mühe ohnehin nicht wert.

Jeder Thai wird sich mit Freuden mit Ihnen unterhalten, sofern Sie nur etwas guten Willen zeigen. Vielleicht wirken die Einheimischen anfangs wegen ihrer mangelnden Sprachkenntnisse etwas scheu, doch sie bemühen sich. Lernen Sie ein paar Sätze Thai und Sie werden mit offenen Armen empfangen. Seien Sie aber auf Fragen vorbereitet, die für westliche Gepflogenheiten unverschämt erscheinen mögen: Wie alt sind Sie? Was verdienen Sie? Was kostet diese Uhr (Kamera)? Für Thai sind solche Fragen völlig selbstverständlich, sie werden eine zurückhaltende Reaktion Ihrerseits nicht verstehen. Wollen Sie partout nicht direkt antworten, machen Sie wenigstens eine witzige Bemerkung und lächeln dazu. Antworten Sie auf die Frage nach Ihrem Alter zum Beispiel: „Wie alt schätzen Sie mich denn?“ (Als höflicher Mensch wird ein Thai Sie viel jünger schätzen und Sie brauchen nur zuzustimmen.)

MASSE & GEWICHTE

Die Maßeinheiten sind Meter, Gramm und Liter.

ELEKTRIZITÄT

Die Stromspannung beträgt 220 Volt. Man kann Stecker mit flachen oder runden Stiften benutzen.

ÖFFNUNGSZEITEN

Behörden haben von Montag bis Freitag 8.30-16.30 Uhr geöffnet. Sonstige Bürozeiten: Montag bis Freitag 8 oder 8.30-17.30 Uhr. Manche Büros haben auch samstags zwischen 8.30 und 12 Uhr offen. (Öffnungszeiten der Banken siehe Rubrik „Banken“ im Abschnitt „Geldfragen“).

Kaufhäuser sind an allen Wochentagen von 10-21 Uhr geöffnet, kleinere Läden von 8.30 oder 9 Uhr bis 18 oder 20 Uhr, je nach Lage und Geschäftstyp. Einige Apotheken haben auch nachts geöffnet.

Kleine Open-air-Cafés oder Restaurants arbeiten normalerweise zwischen 7 und 22 Uhr, manche auch die ganze Nacht. Große Restaurants schließen im allgemeinen um 22 Uhr. Die meisten Coffeeshops haben bis Mitternacht Betrieb, manche auch rund um die Uhr. Die Märkte von Bangrak und die Straßenhändler an der Soi 38, Sukhumvit Road, sind bis in die frühen Morgenstunden offen und bieten ihre Mahlzeiten an.

STAATLICHE FEIERTAGE

Folgende Termine gelten als staatliche Feiertage:

Neujahr	1. Januar
Makha Puja	Vollmond im Februar
Chakri-Tag	6. April
Songkran	13. April
Tag der Arbeit	1. Mai
Krönungstag	5. Mai
Visakha Puja	Vollmond im Mai
Asalaha Puja	Vollmond im Juni
Geburtstag der Königin	12. August
Chulalongkorn-Tag	23. Oktober
Geburtstag des Königs	5. Dezember
Tag der Verfassung	10. Dezember
Silvester	31. Dezember

Der chinesische Neujahrstag im Februar ist kein staatlicher Feiertag, trotzdem bleiben viele Geschäfte um diese Zeit geschlossen.

FESTE & FEIERTAGE

Zu den vielen traditionellen Festlichkeiten kommen verschiedene lokale Feiern, die durch die Werbung der TAT einen höheren Stellenwert erhielten oder ausschließlich für Touristen inszeniert werden. Bei den Festen nach erfolgreicher Obst- oder Gemüseernte veranstaltet man spezielle Mißwahlen: Man kürt Schönheiten zur Miss Banana, Miss Garlic, Miss Rambutan, Miss Grape und so weiter. Hier die Termine:

Ende März
Chachoengsao's Pae Riew Mango Festival
7./8. April
Sweet Grape Fair in Damnoen Saduak
19.-21. Mai
Lychee Fair in Chiang Rai
Ende Mai-Anfang Juni
Rayong Fruit Fair
Anfang Juni
Rakam Fair in Trat
7.-11. Juni
Chanthaburi Fruit Fair
Anfang August
Rambutan Fair in Surat Thani
3.-5. August
Longan Fair in Lamphun
1.-7. September
Food and Fruit Fair in Nakhon Pathom

19.-23. September
Kluai Khai Banana Festival in Kamphaengphet

22./23. September
Langsat Fair in Uttaradit

Tempelfeste: Es macht großen Spaß, bei den Jahrmärkten im Landesinnern dabei zu sein. Im allgemeinen finden sie an Abenden in der trockenen Jahreszeit statt und sollen helfen, Gelder für Reparaturarbeiten an den Tempeln aufzubringen. Es gibt Karussels, Freak-Shows, Geisterbahnen, Ramwong-Tänze mit Taxigirls, Verkaufsstände und jede Menge Lärm. Wer unterwegs auf einen Jahrmarkt trifft, sollte sich das Vergnügen nicht entgehen lassen.

Die im folgenden aufgeführten Termine sind nur Richtlinien, da sie sich jedes Jahr ändern. Genaue Daten erhält man in Bangkoks TAT-Büro, Tel.: 282-1143.

JANUAR

1. Januar: Am Neujahrstag ruht man sich von den Feierlichkeiten der vergangenen Nacht aus.

Chaiyaphum Elephant Round-up. Wie beim bekannteren Round-up in Surin führt man auch hier auf spielerische Weise die Fähigkeiten der Elefanten vor, die in den Wäldern arbeiten müssen.

Bo Sang Umbrella Fair (nur im Norden). Bei diesem farbenfrohen Fest zeigen Chiang Mais Handwerker ihre Geschicklichkeit in der alten Kunst der Schirmherstellung. Die Wahl der Miss Bo Sang bildet den Höhepunkt der Wettkämpfe und Ausstellungen.

Dragon & Lion Parade. Ein lebhaftes Fest in Nakhon Sawan, das mit der chinesischen Neujahrsfeier zusammenfällt. Löwentänze und Vorführungen der Chinesischen Oper, ausgeführt von den einheimischen Chinesen.

Don Chedi Memorial Fair in Suphanburi. 1592 besiegte König Naresuan – einer der bedeutendsten Ayutthaya-Könige – einen burmesischen Prinzen in einem auf Elefanten ausgetragenen Duell. Zum Fest gehören Aufführungen in historischen Kostümen sowie ein Handwerksmarkt.

Straw Bird Festival in Chainat. Ein unvergeßliches Erlebnis. Die Einwohner stellen Dutzende riesiger Nachbildungen einheimischer Vögel aus Stroh her. Am Schluß gibt es eine Preisverleihung. Viele der Vögel können mit den Flügeln schlagen oder singen.

Elephant Round-up & Handicraft Fair. Der Elephant Kraal, eine von Ayutthayas historischen Stätten, diente vor Jahrhunderten dazu, wilde Elefanten zusammenzutreiben, die man später zähmte. Während des Festivals wird vorgeführt, wie man Elefanten bändigt, dazu stellt man das Handwerk dieser Region vor.

Phra Nakhon Khiri Fair. Am von König Rama IV. auf dem Hügel bei Petchburi erbauten Palast präsentiert man neben einem riesigen Jahrmarkt eine Sound & Light Show.

Ende Januar-Anfang Februar: Das chinesische Neujahrsfest wird in Thailand nicht so turbulent gefeiert, wie in anderen asiatischen Ländern. Die Chinesen versammeln sich in den Tempeln, um Glück für das kommende Jahr zu erbitten – irgendwelche Besonderheiten sind dabei nicht zu vermerken. Allerdings schließen in dieser Zeit viele Geschäfte, und hinter den heruntergelassenen Rolladen wird mehrere Tage lang in privater Atmosphäre gefeiert. Das Datum des Festes ändert sich jedes Jahr, weil sich die Chinesen nach dem Mondkalender richten.

FEBRUAR

Luang Wiang Lakhon. Man trägt Lampangs fünf bedeutendste Buddha-Figuren in einer großen Prozession durch die Straßen. Am Abend findet eine Licht- und Tonschau am historischen Wat Phra That Lampang Luang statt.

Flower Festival. Wenn Chiang Mais Blumen in voller Blüte stehen. Man veranstaltet Blumenausstellungen und eine Prozession durch die City: ein von Musikkapellen und schönen Frauen akzentuiertes Blütenmeer.

Phra That Phanom Fair. Die Einheimischen versammeln sich in Nakhon Phanom am Ufer des Mekong, um einem der meistverehrten Chedis im Nordosten zu huldigen.

Chao Mae Lim Ko Niew Fair. Die im Süden liegende Stadt Pattani ehrt hierbei eine Gottheit, der man magische Kräfte nachsagt. Ähnlich wie beim Vegetarian Festival in Phuket gehört dazu, daß man über glühende Kohlen läuft und (in Trance) andere Mutproben besteht.

Hae Pha Khun That. Ebenfalls ein Fest des Südens. In Nakhon Si Thammarat bemüht man sich, ein verehrtes Buddha-Bildnis günstig zu stimmen. Prozessionen und ein Jahrmarkt bilden den Höhepunkt.

Makha Puja ist ein Feiertag zum Gedenken an eine spontane Versammlung von 1200 Jüngern, die einer Predigt Buddhas lauschten. Abends, wenn der Vollmond aufgeht, treffen sich die Buddhisten im *wat*, um der Predigt des Abts beizuwohnen. Anschließend ergreifen sie Kerzen, Räucherstäbchen und Blumen und folgen den Mönchen bei der Umschreitung der Tempelmauern. Nach dreimaliger Umrundung plazieren sie Kerzen, Räucherstäbchen und Blumen in sandgefüllte Gefäße, heben die Hände in Gebetshaltung vor die Stirn (eine *wai* genannte Geste) und gehen wieder.

Phra Buddha Chinarat Fair. Im Mittelpunkt dieser Zeremonie steht die Figur des Phra Buddha Chinarat, des bekanntesten Buddha-Bildnisses von Phitsanulok. Zu den Höhepunkten des Fests gehören das Volkstheater, *ramwong*-Tänze und Handwerkermärkte. Hauptschauplatz ist Wat Phra Si Rattana Mahathat, der Tempel, in dem man das Bildnis aufbewahrt.

MÄRZ

Zu Beginn der warmen Jahreszeit, wenn die ersten heißen Winde einsetzen, fängt die Drachensaison an. In Bangkok versammeln sich die Anhänger dieses Vergnügens nachmittags am Sanam Luang, wo sie ihre Drachen gen Himmel steigen lassen. Jedes Jahr im April gibt es Drachenkämpfe und internationale Wettbewerbe im Drachensteigen (Pattaya).

Barred Ground Dove Festival. Für die Sangeskünste dieser Taubenart scheut man weder Mühen noch Kosten. Die im Süden gelegene Stadt Yala ist Austragungsort für die Wettbewerbe im Taubengesang. An den Start gehen auch Vögel aus Malaysia, Singapur und Indonesien.

Phra Buddha Baht Fair. Von allen Fußabdrücken Buddhas ist derjenige in Phra Buddha Baht (nahe Saraburi) am berühmtsten. Zur jährlichen Zeremonie kommen unzählige Buddhisten, um ihrem Lehrmeister zu huldigen.

APRIL

Poy Sang Long heißt das jährlich abgehaltene Fest von Mae Hong Son, wo junge Angehörige der Shan ihre Initiation als buddhistische Mönche erleben.

Am **Chakri-Tag** gedenkt man der 1782 gegründeten Dynastie, die Thailand noch immer regiert. Die Feier findet ausschließlich im Kreis der Königsfamilie statt; keine öffentlichen Zeremonien.

Phanom Rung Fair. An diesem Tag hallt der auf einem Berggipfel gelegene Khmer-Tempel von Phanom Rung (nahe Buriram) von Musik- und Volkstanzklängen wider.

13. April: Songkran war das traditionelle thailändische Neujahrsfest, bis ein königlicher Erlaß es auf den 1. Januar verlegte, um es mit dem Großteil der übrigen Welt in Einklang zu bringen. Das Songkran-Fest ähnelt dem indischen „Holi“, das zur gleichen Zeit stattfindet. An diesem Tag lassen auch die ansonsten so ruhigen Thai einmal ordentlich Dampf ab. Eigentlich soll man nur seine Freunde mit Wasser bespritzen, um sie zu segnen, doch binnen kurzer Zeit artet das Ganze in eine gewaltige „Wasserschlacht“ aus.

In Chiang Mai feiert man Songkran noch wesentlich ausgelassener als in Bangkok, weshalb viele Touristen zum Mitfeiern eher hierher kommen. Ziehen Sie sich so an, daß es nichts ausmacht, wenn Sie patschnaß werden. Am fröhlichsten geht es am Ufer des Ping River zu.

Turtle Release Festival. Am Nai Yang Beach von Phuket werden junge Schildkröten für ihre Wanderung ins Meer freigelassen. Das Fest beginnt morgens mit den Almosen für die Mönche und wird von Musik und Tanz, Sportveranstaltungen und Essen begleitet.

Thailand International Kite Festival. Teilnehmer aus der ganzen Welt versammeln sich in Pattaya, um ihre Geschicklichkeit im Drachensteigen vorzuführen und bei den Drachenkämpfen zwischen den großen *chula-* und grazilen *pakpao*-Drachen mitzumachen. Zur gleichen Zeit findet ein noch größeres Festival statt, das bis zum 19. April dauert.

MAI

5. Mai: Der Krönungstag ist ein privater Festtag der königlichen Familie und zugleich gesetzlicher Feiertag.

Anfang Mai: Visakha Puja. Mit dem Fest der ersten Vollmondnacht im Mai gedenkt man der Geburt, Erleuchtung und dem Tode Buddhas, denn man glaubt, das alles habe sich am gleichen Tag zugetragen. Wie beim

Makha Puja-Fest wird der Tempel bei Mondaufgang dreimal umrundet.

Die **Plowing Ceremony** ist ein uraltes Fest, das man nur in Bangkok begeht. Im Beisein des Königs wird auf dem Sanam Luang offiziell die Saison für den Reisanbau eröffnet. Schabrackengeschmückte Ochsen ziehen altmodische Pflüge, dahinter kommt der Zeremonienmeister – für gewöhnlich der Landwirtschaftsminister – und sät Reis in die Bodenfurchen. Die Zeremonie wird von Muschelhorn- und Trommelklängen begleitet.

Rocket Festival. Dabei dürfte es sich um eines der aufregendsten Feste Thailands handeln. Schauplatz ist die im Nordosten gelegene Stadt Yasothon. Nach einem durchfeierten Tag, an dem man die Politiker ausgiebig verhöhnte, werden Bambusraketen in die Luft geschossen, um die Regengottheit günstig zu stimmen, damit die Reisernte gut wird.

Loy Rua ist ein Chao-Lay- oder Zigeunerfest, das man an den Vollmondtagen des sechsten und elften Mondmonats abhält (Mai und November – die exakten Daten erfahren Sie beim TAT-Büro an der Phuket Road), um Beginn und Ende der Monsunzeit zu markieren. Die Fischer lassen dann kleine Boote, gefüllt mit Gegenständen, die als Sitz des Unglücks gelten (Nachbildungen gefährlicher Waffen, Haar, abgeschnittene Fingernägel usw.), zu Wasser.

Intakin Festival an Chiang Mais Wat Chedi Luang. Sieben Tage und Nächte lang feiert man, um Glück und Segen für die Stadt und ihre Bewohner zu erbitten.

JUNI

Anfang Juni: Phi-Ta-Khon-Festival. In Loei begeht man jedes Jahr eines der merkwürdigsten und interessantesten Feste. Als Buddha in seiner letzten Inkarnation als Prinz Vessandon, ehe er der Buddha wurde, aus dem Exil in seine Stadt zurückkehrte, waren die Geister so angetan, daß sie hervorkamen, um für ihn zu tanzen. Die jungen Männer von Loei legen zum Fest Masken an, um dieses Geschehen zu veranschaulichen. Astrologen setzen das exakte Datum jedes Jahr kurz vorher fest.

JULI

Asalaha Puja ist der drittwichtigste buddhistische Feiertag und findet im Gedenken an die erste Predigt Buddhas vor seinen ersten fünf Schülern statt. Ähnlich wie Makha Puja und Visakha Puja wird das Fest in der Vollmondnacht begangen. Darüber hinaus leitet es die dreimonatige Fastenzeit ein, in der die Mönche die Tempel nicht verlassen.

Anfang Juli: Candle Festival. Bei diesem Fest führen die Handwerker von Ubon ihre Kunstfertigkeit im Wachsformen vor. Die herrlichen, bis zu fünf Meter hohen Bienenwachsskulpturen stellen mythische und klassische Charaktere dar.

AUGUST

10.-13. August: Thailand Tourism Festival. Tänzer, Musiker und Künstler versammeln sich in Bangkok zu einem großen Festzug, Handwerker aus allen Landesteilen führen eine Woche lang ihre Waren vor.

12. August: An diesem Tag begeht Königin Sirikit ihren Geburtstag mit religiösen und privaten Feierlichkeiten. Gesetzlicher Feiertag.

SEPTEMBER

Phichit Boat Races. Langbootrennen finden an verschiedenen Orten in Thailand statt, doch die Rennen auf dem Nan River bei Phichit sind die berühmtesten. Ausgelassenes Fest mit Musik und Attraktionen.

Thailand International Swan Boat Races. Die Langbootrennen gelten als Auftakt für dieses gewaltige Spektakel. Austragungsort ist der Chao Phraya in Bangkok, die Teilnehmer kommen aus unterschiedlichen Regionen.

Wax Castle Festival. Vergleichbar dem Ubon Wax Candle Festival. In Sakhon Nakhon (Nordosten) feiert man damit das Ende der Fastenzeit (Ok Pansa) und baut zu diesem Zweck buddhistische Tempel und Schreine aus Wachs, die in Prozessionen durch die Straßen getragen werden.

Illuminated Boat Procession. Die Einwohner Nakhon Phanoms begehen das Ende der Fastenzeit mit einer nächtlichen Fahrt in beleuchteten Booten auf dem Mekong.

OKTOBER

Ok Pansa markiert das Ende der dreimonatigen Fastenzeit und den Beginn der Kathin-Zeit. Buddhisten pilgern in dieser Zeit zu den Tempeln, um die Mönche mit neuen Gedern zu beschenken. Die Royal Barge Ceremony ist eine vom König vollzogene Kathin-Zeremonie: Der König fährt an der Spitze einer 51 Barken zählenden Flotte zum Wat Arun, um den Mönchen dort neue Gewänder zu überreichen. Es ist eines der atemberaubendsten Schauspiele in ganz Asien. Leider sind die Kosten dafür so hoch, daß die Zeremonie nur zu besonderen Anlässen begangen wird. Man hofft, in Zukunft ein jährlich wiederkehrendes Ereignis daraus machen zu können.

Chak Phra Festival. Chak Phra heißt „ein heiliges Bildnis ziehen". Gemeint sind Buddha-Figuren der Stadt Surat Thani (Süden), die man zu dieser Gelegenheit auf den Straßen und auf dem Wasser öffentlich präsentiert.

Am ersten Tag des achten Mondmonats feiern die Chinesen das **Moon Festival**. Sie stellen vor ihren Häusern kleine Holzschreine, gefüllt mit Früchten, Räucherstäbchen und Kerzen auf, um der Mondgöttin zu huldigen. Zum Höhepunkt dieses bezaubernden Ereignisses serviert man köstliche vollmondförmige Kuchen – man läßt eigens dafür Meisterkonditoren von Hongkong nach Bangkok einfliegen.

Chon Buri Buffalo Races. Man kommt sich vor wie in einem Western, wenn die „Jockeys" auf ihren Wasserbüffeln durch Chon Buris Straßen galoppieren.

Tak Bat Devo. Mönche steigen von ihrem Bergtempel in Uthai Thani herab, um Almosen von den Gläubigen entgegenzunehmen. Der Name dieses Festes bedeutet „die Schalen der Götter füllen".

Lanna Boat Races. Falls Sie die Bootsrennen in Phichit versäumt haben, jene von Nan sind ebenso reizvoll.

Phra Chedi Klang Nam Fair. Eines der großen Tempelfeste in der kühlen Jahreszeit. Es wird im Wat von Prapadaeng, etwa 15 Kilometer südlich von Bangkok, auf der Thonburi-Flußseite gefeiert.

Phuket Vegetarian Festival. Ein chinesisches Fest, das zwischen dem ersten und neunten Tag des neunten Mondmonats gefeiert wird. In dieser Zeit sieht die Stadt täglich Prozessionen. Gläubige, „Soldaten der Götter" genannt, fallen in Trance und vollführen Mutproben wie über glühende Kohlen zu laufen oder Leitern hochzusteigen, deren Sprossen aus Messern bestehen.

Wie beim Thai Pussam in Penang sieht man dabei auch Groteskes, denn manch einer spießt sich in Trance allerlei Gegenstände durch Wangen und Zunge (sogar Schirmspitzen).

23. Oktober: Am Chulalongkorn-Tag gedenkt man König Ramas V. (1868-1910), der Thailand ins 20. Jahrhundert führte. Studenten legen an seinem Denkmal auf dem Platz vor dem alten Parlamentsgebäude in einer feierlichen Zeremonie Kränze nieder.

Chinese Vegetarian Festival in Bangkok. Im Vergleich zu Phuket verläuft dieses Fest hier eher beschaulich. In den verschiedenen chinesischen Tempelanlagen präsentiert man riesige Mengen vegetarischer Speisen, Vorführungen der chinesischen Oper und wundervoll gearbeitete Opfergaben. Wer sich in der Nähe des Altars aufhalten möchte, muß vollkommen weiß gekleidet sein.

Phra Pathom Chedi Fair. Schauplatz ist der Welt größter Stupa, in Nakhon Pathom, 56 Kilometer westlich von Bangkok. Eines der großartigsten Tempelfeste Thailands.

Loy Krathong feiert man im ganzen Land, doch die Licht- und Tonschau in den antiken Ruinen Sukhotais bleibt unübertroffen. Beim TAT-Büro in Bangkok kann man Karten reservieren lassen.

Loy Krathong, das Fest des November-Vollmonds, gehört zu den schönsten Feierlichkeiten Asiens. Man sagt, die Zeremonie sei im 13. Jahrhundert in Sukhotai entstanden, als Königin Nang Nopamat ein kleines, mit Kerzen und Räucherstäbchen gefülltes Boot zu Wasser ließ und damit an jenem Pavillon vorbeifuhr, wo ihr Mann mit Freunden plauderte. Inzwischen ist es eines der bezauberndsten Feste im Land: Die Thai setzen in der Nacht kleine, mit brennenden Kerzen bestückte Boote ins Wasser, um Glück und Segen zu erbitten.

NOVEMBER

Loy Krathong in Sukhotai. In den Ruinen der antiken Stadt organisiert die TAT ein spektakuläres Licht- und Tonfestival mit Feuerwerken und großer Prachtentfaltung.

Yi Peng Loy Krathong. So heißt dasselbe Fest in Chiang Mai. Man begeht es hier mit einer Blumenparade und natürlich auch mit *krathongs*, die dem Ping River übergeben werden.

Patong Carnival. Ein riesiges Spektakel an Phukets Patong Beach. Wahl der Miss Patong, Festzug, Bier-Wettrinken, Eisschnitz-Wettbewerb, Wettrennen und vieles mehr.

Littel Royal Barge Ceremony am Wat Nang Chee in Phasi Charoen. Schlichtere, doch ausgelassenere Version der großen Zeremonie in Bangkok.

Phimai Boat Races. Wie alle anderen Bootsrennen ein nasses Vergnügen (Mun River).

Surin Elephant Round-up. Die älteste und schönste dieser Geschicklichkeitsdemonstrationen.

Sunflower Fair. In der zweiten Novemberhälfte stehen die mexikanischen Sonnenblumen in den Hügeln von Doi Mae U-Khor in voller Blüte. Mae Hong Son veranstaltet dann ein dreitägiges Fest, dessen Hauptattraktion blumengeschmückte Ochsenkarren bilden. Ferner finden Ausstellungen statt, ein Schönheitswettbewerb, Filmvorführungen, Musikveranstaltungen und ein Thai Yai Folk Drama.

River Kwai Bridge Week. Mit einer Licht- und Tonschau vergegenwärtigt man den Zuschauern jenes düstere Kapitel des Zweiten Weltkriegs, als Asiaten und Europäer gezwungen wurden, die sogenannte Death Railway nach Birma zu bauen.

Khon Kaen Silk Fair. In der nordöstlichen Stadt Khon Kaen kann man bei dieser Gelegenheit Seidenwebern bei der Arbeit zusehen und aus einer großen Auswahl an Stoffqualitäten und -mustern wählen.

November-Februar: In der kühlen Jahreszeit finden verschiedene buddhistische Tempelfeste statt, deren Erlös dem Erhalt der Gebäude zufließt. An den Abenden versammeln sich die Einheimischen, um Theatergruppen zuzusehen, Karussell zu fahren, von den Bauern angebotene Waren zu kaufen und Spaß zu haben.

DEZEMBER

Trooping of the Colors. Mit einer Parade auf dem Platz vor dem alten Parlamentsgebäude präsentiert sich die königliche Garde dem Monarchen in der Pracht ihrer Uniformen.

5. Dezember: Der Geburtstag König Bhumibols wird im kleinen Kreis mit Angehörigen der königlichen Familie und Würdenträgern der Regierung gefeiert.

Phuket King's Cup Regatta. In der Nai Harn Bay startendes Yacht-Rennen mit Teilnehmern aus der ganzen Welt.

25. Dezember: Wenn es nach den Händlern geht, ist Weihnachten bald offizieller Feiertag in Thailand. Um diese Zeit ist Bangkok ein einziges Lichtermeer.

Chiang Mai Winter Fair. Beim jährlichen Winterfestival finden im Municipal Stadium kulturelle Veranstaltungen, die Wahl der Miss Chiang Mai sowie ein Verkaufsmarkt statt.

GOTTESDIENSTE

(Alle angegebenen Adressen befinden sich in Bangkok.)

Anglikanische Kirche:

Christ Church, 11 Convent Rd., Tel.: 234-3634. Gottesdienste um 8, 10, 11 und 17 Uhr.

Assembly of God, 196 Soi Yasoop 1, Ekamai Rd., Telefon 391-4387. Gottesdienst: 18 Uhr.

Bahai:

Bahai Faith, 77 Soi Lang Suan, Ploenchit Rd., Tel.: 252-5355. Gottesdienste um 8 und 17 Uhr.

Baptisten:

Calvary Baptist Church, 88 Soi 2, Sukhumvit Rd., Tel.: 251-8278. Gottesdienste um 10.15 und 18 Uhr.

Katholisch/Evangelisch:

Assumption Cathedral, 23 Oriental Lane, New Road, Tel.: 234-8556, 234-4592. Messe um 7.30, 8.30 und 10 Uhr.

Holy Redeemer Church, 123/19 Soi Ruam Rudi, Wireless Rd., Tel.: 253-0305, 253-8411. Messe um 8.30, 9.45, 11 und 17.30 Uhr.

St. Louis Church, 215/2 S. Sathorn Rd., Tel.: 211-0220. Messe um 6, 8, 10 und 17.30 Uhr.

Evangelical Church, 42 Soi 10, Sukhumvit Rd., Tel.: 251-9539. Gottesdienste um 10.30 und 18 Uhr.

Hindu:

Thamsapha Association, 50 Soi Wat Prok, New Rd., Tel.: 211-3840. Gottesdienste um 7 und 22 Uhr.

International Church:

73 Soi 19, Sukhumvit Rd., Tel.: 253-3353. Gottesdienste um 8 und 9.15 Uhr.

Jewish Association of Thailand:
121 Soi 22, Sukhumvit Rd., Tel.: 258-2191. Gottesdienste freitags um 18.30 Uhr.

Mormonen:
72 Chulintr Lane, Soi 21, Sukhumvit Rd., Tel.: 258-3585/6. Gottesdienste um 9 und 12 Uhr.

Moslems:
Sha-Roh-Tal Islam Mosque, 133 Soi 1, Sukhapiban Rd., Tel.: 328-5950. Gottesdienste um 12.30 und 14 Uhr.

Seventh Day Adventist:
Bangkok Sanitarium Church, 430 Phitsanulok Rd., Tel.: 282-1100. Gottesdienste um 10.30 und 12 Uhr.
Seventh Day Adventist Chinese Church, 1325 Rama 4 Rd., Tel.: 215-4529. Gottesdienste um 10.30 und 12 Uhr.

Sikh:
Wat Sirikurusingh Saha, 565 Chakrapetch Rd., Tel.: 221-1011. Gottesdienste um 6 und 17 Uhr.

NACHRICHTENWESEN

MEDIEN

PRESSE

The Bangkok Post und *Nation Review* zählen zu den besten und umfassendsten Tageszeitungen Asiens. *Asien Wall Street Journal* und *International Herald Tribune* sind ab 16 Uhr in den meisten Buchhandlungen vorrätig. Die Zeitschriftenstände in größeren Hotels führen deutsche und andere ausländische Zeitungen, die per Luftpost eingeflogen werden und daher teuer sind (mindestens 50 Baht pro Ausgabe). An der Soi 3, Sukhumvit Road, verkauft man auch arabische Zeitungen. *Time*, *Newsweek* und weitere Nachrichtenmagazine sind im allgemeinen ohne weiteres erhältlich.

RADIO

Auf Mittelwelle erreicht man ausschließlich Radioprogramme in thailändischer Sprache. UKW sendet auch englischsprachige Programme mit den neusten Pophits. Radio Thailand strahlt auf 97 MHz täglich eine viereinhalbstündige Sendung in englischer Sprache aus. Für Touristen bieten sich die täglich um 6.40 gesendeten Reisetips sowie die Nachrichten um 7 Uhr, 8 Uhr, 12.10, 12.30, 18.35 und 19 Uhr an. Jeden Tag zwischen 11.30 und 12 Uhr gibt es weiterhin ein Programm in französischer Sprache mit Nachrichten und Themen von allgemeinem Interesse.

FERNSEHEN

Thailands fünf Fernsehprogramme gehen täglich von 17-18.30 Uhr und von 20-24 Uhr auf Sendung. Ausgestrahlt werden hauptsächlich Nachrichten, Schauspiele, ausländische Situationskomödien in thailändischer Synchronisation, Ratespiele und Talkshows. Als Fremder sieht man sich meist nur Sportsendungen mit Berichten vom Thaiboxen an, die wochentags um 22.30 Uhr sowie Samstag- und Sonntagnachmittag laufen.

BANGKOK

Die Hauptstadt hat fünf Fernsehkanäle. Drei davon bringen auch amerikanische, japanische und europäische Sendungen in thailändischer Synchronisation. Um 20 Uhr strahlen sämtliche Kanäle Nachrichten aus, die via Satellit direkt aus Europa kommen. Der englische Kommentar sollte eigentlich gleichzeitig auch im Radio übertragen werden (UKW), unerklärlicherweise wird er jedoch oft nicht gesendet. Die UKW-Frequenzen kann man den Tageszeitungen entnehmen.

Große Hotels in Bangkok verfügen darüber hinaus über hauseigene Kanäle, die zum Beispiel Cable Network News (CNN) via Satellit direkt aus den USA empfangen.

POST

Thailands Postdienste sind umfassend und zuverlässig. In den wichtigsten Städten bietet man eine regelmäßige Postbeförderung auf dem Luftweg sowie einen Expresskurier an, der Paketsendungen in alle Teile der Welt bringt.

Zusätzlich gibt es in Bangkok Niederlassungen internationaler Kurierfirmen, etwa Federal Express, Purolater, DHL und Skypak.

In den Hauptpostämtern von Bangkok, Chiang Mai und Phuket richtete man auch Abteilungen mit großer Auswahl an wundervollen thailändischen Briefmarken für Philatelisten ein.

Das Central Post Office in Bangkok, New Road (zwischen Suriwongse und Siphya Road), hat Montag bis Freitag 7.30-16.30, Samstag, Sonn- und Feiertag von 9-12 Uhr. Auf der rechten Seite der Halle befindet sich der Schalter mit dem Packservice (vorbereitete Schachteln verschiedener Größe). Ein Schalter am rechten Gebäudeende verkauft rund um die Uhr Briefmarken und versendet Telegramme.

Kleine Postämter gibt es überall im Land. Die Öffnungszeiten unterliegen keiner einheitlichen Regelung, im allgemeinen schließen sie jedoch um 16 Uhr (manche auch 18 Uhr). In belebteren Orten verkauft man an Postständen entlang der Hauptstraße Briefmarken und Aerogramme (8,50 Baht pro Stück) und nimmt auch kleine Pakete entgegen. Ohne Aufschlag verschicken auch die Hotelrezeptionen Ihre Briefe.

TELEFON

Bangkok besitzt ein ausgeklügeltes Fernsprechsystem. Auslandsgespräche nimmt zumeist die Vermittlung (operator) entgegen. Viele Hotels verfügen über Telefon-, Telegramm-, Post-, Telex- und Faxeinrichtungen. Die Hotelvermittlung stellt Ferngespräche in Minutenschnelle her – Bangkoks Luxushotels haben außerdem IDD-Telefone. Sollte Ihr Hotel nicht so gut ausgerüstet sein, wenden Sie sich an die Zweigstelle des General Post Office im Erdgeschoß des Nava Buildings (Soi Braisanee, nördlich des GPO). Es ist rund um die Uhr geöffnet.

TELEGRAMME & FAX

Die Hauptpostämter beinahe aller Städte bieten einen weltweiten Telegramm- und Telexservice an.

Auch Faxgeräte gibt es mittlerweilen im ganzen Land. Im allgemeinen finden Sie Faxgeräte in kleinen Geschäften, die auch Ferngespräche herstellen. Machen Sie sich auf einen Zuschlag zu den üblichen Fernsprechgebühren gefaßt. Sie finden die deutlich beschilderten Läden an den Hauptstraßen der Provinzstädte.

FÜR DEN NOTFALL

SICHERHEIT UND KRIMINALITÄT

Wovor man auf der Hut sein sollte:

• Als Boy Scouts verkleidete Jungen, die auf Bangkoks Bürgersteigen um Spenden bitten. Die echten Pfadfinder finanzieren ihre Organisation aus anderen Quellen.

• Kundenwerber, die Sie „nach oben" in eine Live-Sex-Show locken wollen. Wenn Sie mitgehen, müssen Sie damit rechnen, daß man Ihnen eine aberwitzige Rechnung präsentiert und Sie mit bulligen Rausschmeißern bedroht, falls Sie Widerstand leisten. Zahlen Sie im Notfall die Rechnung und wenden Sie sich anschließend sofort an die Tourist Police, die solche Delikte verfolgt.

• Personen, die Bootsfahrten zu Dumpingpreisen oder ganz umsonst anbieten. Sind Sie erst einmal tief im Gewirr der Klongs, wird man Ihnen eine hohe Geldsumme abfordern oder Sie Ihrem Schicksal überlassen.

• Angebote, Sie zu einem Edelsteinschleifer zu bringen, der Ihnen einen „special deal" vorschlägt. Es handelt sich dabei um fehlerhafte Steine – Ihr Geld werden Sie nie wiedersehen.

• Personen, die in Bussen oder Zügen Süßigkeiten, Früchte und Getränke anbieten. Oft sind darin Drogen enthalten, und während Sie im Rausch liegen, wird man Sie ausrauben. Dies ist eine bedauerliche Unsitte, da die Thai insgesamt gastfreundliche Menschen sind, für die es normal ist, Fremden etwas Eßbares anzubieten. Entscheiden Sie nach dem Eindruck, den die Person auf Sie macht.

Sollten Sie in Schwierigkeiten geraten, ist der Polizei-Notruf in Bangkok über die Nummer 191 erreichbar. Die Tourist Police wurde eigens dafür eingerichtet, Fremden zu helfen. Man findet Sie im Tourist Assistence Center, an der Hauptniederlassung der TAT, 4 Rajdamnern Nok Avenue, Tel.: 195 (Notruf) oder 282-8129. Die Tourist Police ist auch an der Ecke Rama 4 Road (am Lumpini Park), wo sich Rama 4 und Silom Road kreuzen, präsent. Fast alle Polizisten sprechen englisch.

Die Tourist Police hat auch in Chiang Mai und Phuket Niederlassungen. In Chiang Mai unter dem TAT-Büro, 105/1 Chiang Mai-Lampun Rd., Tel.: 232-508, 222-977. In Phuket ist sie der TAT angegliedert, 73-75 Phuket Rd., Tel.: 212-213, 211-036.

MEDIZINISCHE VERSORGUNG

KRANKENHÄUSER

In den First-class-Hotels in Bangkok, Chiang Mai und Phuket sind Ärzte für den Notfall sofort verfügbar. Die Standards in den Krankenhäusern dieser drei Städte sind jenen einer westlichen Großstadt absolut ebenbürtig. Unfallstationen und Ambulanzen sind hervorragend ausgerüstet, Notfälle werden von den Ärzten schnell und sorgfältig behandelt. Die Pflege in den Krankenhäusern läßt keine Wünsche offen, da es keinen Personalnotstand gibt. Viele Ärzte wurden in westlichen Kliniken ausgebildet, und auch wenn das nicht der Fall war, sprechen sie hervorragend englisch.

Die meisten kleineren Städte verfügen über Kliniken, wo man leichtere Verletzungen und Notfälle behandeln kann. Sollten Sie, was höchst unwahrscheinlich ist, in Bangkok Opfer eines Gewaltverbrechens werden, wird man Sie in ein Police Hospital einliefern (meist das an der Rajprasong-Kreuzung). Auch im Landesinnern behandelt man Sie ohne Umstände in den Krankenhäusern.

BANGKOK

Samitivej Hospital, 133 Soi 49, Sukhumvit Rd., Tel.: 392-0011, 392-0061.

Bangkok Adventist Hospital, 430 Phitsanulok Rd., Tel.: 281-1422, 282-1100.

Bangkok Christian Hospital, 124 Silom Rd., Tel.: 233-6981, 233-6907.

CHIANG MAI

Lanna Hospital, im Nordosten der Stadt (Ausfahrt vom Highway), Tel.: 211-037.

McCormick Hospital, Kaew Nawarat Rd. (ebenfalls am nordöstlichen Stadtrand), Tel.: 241-311/2.

Suan Dok Hospital, Ecke Boonruangrit und Suthep Road (geg. Wat Suan Dok), Tel.: 221-122.

Chiang Mais größtes Krankenhaus ist die Universitätsklinik (Suthep Road).

PHUKET

Phuket Town: **Mission Hospital,** Thepkrasatri Rd. (Nordende der Stadt, am Highway 402, der zum Flughafen führt), Tel.: 212-396.

Patong: **Andaman Hospital,** einen halben Kilometer südlich von Patong, auf der Straße nach Karon. Tel.: 723-0108. Krankenwagen vorhanden.

SPEZIALKLINIKEN

In Thailand gibt es mehrere Polikliniken mit Spezialabteilungen. Das **British Dispensary** in Bangkok, 109 Sukhumvit Rd. (zwischen Soi 5 und 7), Tel.: 252-8056, beschäftigt zwei englische Ärzte. In Chiang Mai behandelt die **Chang Puak Polyclinic**, 52/2 Chang Puak Rd., Tel.: 210-213, schwierigere Fälle. Alle großen Städte verfügen über ähnliche Einrichtungen.

GESCHLECHTSKRANKHEITEN

In den VD-Clinics, die auf die Heilung von Geschlechtskrankheiten spezialisiert sind, erhält man eine professionelle und gründliche Behandlung. Eine der vielen hervorragenden Kliniken dieser Art in Bangkok ist **VD International**, 588 Ploenchit Rd., Tel.: 250-1969. Jede auf Tourismus ausgerichtete Ortschaft besitzt solche Einrichtungen.

ZAHNKLINIKEN

Bangkok: **Dental Polyclinic**, 211-3 New Petchburi Rd., Tel.: 314-5070.

Chiang Mai: **Dr. Thavorn's Clinic**, 156 Chiang Moi Rd., Tel.: 236-443.

Phuket: **Dental Care Clinic**, 62/5 Rasda Center, Rasda Rd. (Phuket Town), Telefon 215-025.

CHIROPRAKTIKER

Die einzige Spezialklinik befindet sich in Bangkok, und man arbeitet dort nach der japanischen Methode (es handelt sich nicht um die im Westen praktizierte „Knocheneinrenkerei“, sondern um gezielte Massage, die eingeklemmte Nerven wieder in die richtige Position bringt). Montag bis Samstag 9-18 Uhr, Sonntag 9-12 Uhr geöffnet. Gegenüber dem Victory Hotel, 51 Soi Vichan (geht von der Silom Road ab). Lassen Sie sich über Tel.: 234-2649 einen Termin geben.

SCHLANGENBISSE

Die Wahrscheinlichkeit, in Bangkok oder Umgebung von einer Giftschlange gebissen zu werden, ist gering. Sollte es dennoch passieren, haben die meisten Kliniken das Gegengift vorrätig. Fahren Sie im Notfall zum **Saowapha Institute** (Schlangenfarm) an der Rama 4 Road, dort verfügt man über Seren gegen das Gift sechs verschiedener Kobra- und Vipernarten. Außerhalb Bangkoks liegende Kliniken werden von der Schlangenfarm mit Seren beliefert.

REPARATUREN

Sofortreparaturen an Schuhen und Schlüsseln besorgen die Mister-Minit-Stände im Erdgeschoß des Robinson Department Store (Kreuzung Rama 4 und Silom Road), im Untergeschoß der Chidlom-Filiale des Central Department Store an der Ploenchit Road (Kreuzung Soi Chidlom) und in den Kaufhäusern in Phuket und Chiang Mai.

UNTERWEGS

LANDKARTEN

BANGKOK

In den Buchhandlungen bietet man viele verschiedene Landkarten von Thailand an. Zu den besten gehören die von APA und von mehreren einheimischen Verlagen veröffentlichten. Den genauesten Stadtplan von Bangkok gibt Siam Book Store heraus, er ist mit *Especially for Tourists* betitelt. Für 60 Baht haben Sie dann auch gleich die Verbindungen der normalen und klimatisierten Buslinien.

Außerdem liegen einige Spezialkarten auf. Die *Association of Siamese Architecture* gibt eine Serie mit vier farbigen, handgemalten *Cultural Maps* heraus, die Details und genauere Informationen zum Grand Palace (Bangkok), den Klongs von Thonburi (Bangkok) und zu Ayutthaya beinhalten.

D.K. Books vertreibt ein englischsprachiges Buch mit Karten der Klongs: *50 Trips into the Canals of Thailand* von Geo.-Ch. Veran. Anhand detailreicher Karten werden Reisen mit Expreß- und Linienbooten auf Bangkoks Kanälen und Flüssen beschrieben. Es gibt eine französische Übersetzung.

Nancy Chandlers *Market Maps* beschreiben die wichtigsten Märkte in Bangkok anhand farbiger Zeichnungen. Die reiseerfahrene Autorin füllte die Kartenränder mit ebenso nützlichen wie vergnüglichen Informationen. Historisch interessierte Menschen können sich an den alten Karten von Siam delektieren, die man im Jim Thompson House verkauft – dekorativ gerahmt, schmücken sie zu Hause jede Wand.

CHIANG MAI

Die besten Karten sind dem kostenlosen Monatsheft *Welcome to Chiang Mai* beigelegt. P&P 89 Promotions gibt die *Tourist Map of Chiang Mai, Rose of the North* heraus, eine gute Karte für Nordthailand, für Chiang Mai selbst eher mangelhaft. Für 40 Baht fehlen zu viele Sehenswürdigkeiten, das Bussystem ist zu kompliziert dargestellt.

Nancy Chandler gab auch für Chiang Mai eine Karte mit nützlichen Tips und genauen Angaben, wo man günstig einkaufen kann, heraus.

PHUKET

Die beste Karte, *Phuket Planner*, wird von Compass Publishing Co. herausgegeben und kostet 35 Baht. Detaillierte Karten der Insel, Phuket Towns sowie der Phi Phi Islands.

DER WEG IN DIE STADT

VOM FLUGHAFEN BANGKOK

Die Fahrt nach Bangkok dauert auf der Schnellstraße je nach Verkehrsdichte 30 bis 45 Minuten. Viele Hotels holen ihre Gäste mit hauseigenen Limousinen ab. Ist dies nicht der Fall, muß man andere Transportmittel wählen. Die im folgenden genannten Verkehrsmittel – sie stehen jeweils direkt vor der Abflugshalle – wurden nach Preisen gestaffelt:

Limousinen: Thai International bietet einen 24-Stunden-Service zu Hotels in der Stadt und zu privaten Wohnsitzen. Die klimatisierten Wägen stellen die angenehmste Transportart dar und kosten erschwingliche 300 Baht (Luxuslimousinen wie Volvos kosten 400 Baht). Der Preis für eine Fahrt lohnt sich vor allem, wenn man während des Berufsverkehrs ankommt (morgens und abends). Der Schalter zum Mieten eines Wagens ist in der Mitte der Halle, gleich hinter der Tür.

Bhairah: Ebenfalls ein Transportservice mit Limousinen (zu Hotels und Privathäusern). Im Preis praktisch identisch.

Klimatisierte Minibusse der THAI: Eine Fahrt kostet pro Person 100 Baht. Die Busse fahren alle 30 Minuten vom Flughafen in die Stadt. Da sie sich oft durch den dichten Verkehr zu den verschiedenen Hotels kämpfen müssen, um ihre Fahrgäste abzuliefern, dauert die Fahrt zum eigenen Hotel mitunter sehr lang.

Die THAI unterhält auch eine Buslinie vom Flughafen nach Pattaya. Die Busse verlassen den Don Muang Airport um 9, 12 und 19 Uhr. Von den wichtigsten Hotels in Pattaya fahren sie jeweils um 6.30 Uhr, 13 und 18.30 Uhr ab. Arrangieren Sie den Abholservice in Pattaya über Tel.: 423-140 oder 423-141. Die dreistündige Fahrt kostet 180 Baht.

Taxis: Normale, klimatisierte Taxis sind ein preiswertes Fortbewegungsmittel. Man kauft sich ein Ticket am Schalter des Flughafens und bezahlt dem Fahrer die darauf vermerkte Summe, sobald man am Ziel ist. Eine Fahrt kostet etwa 200 Baht.

Die Angebote der privaten oder „black taxis“ sollte man lieber meiden. Sie verlangen nicht nur überhöhte Preise, sondern rauben auch hin und wieder ihre Fahrgäste aus. Wer weniger Geld für den Transport ausgeben will, kann eine der fünf Buslinien benutzen (3, 4, 10, 13 und 29 – alle klimatisiert), die vor dem Flughafen halten. Eine Fahrt in die Stadt kostet 15 Baht. Der letzte Bus fährt um 20 Uhr ab, Linie 4 stellt den Betrieb schon um 19 Uhr ein.

Ein Tip für die ganz Sparsamen: Auf der gegenüberliegenden Seite des Highway fahren stündlich bis 20.13 Uhr Züge zum Hualampong-Bahnhof im Zentrum Bangkoks. Die 40minütige Fahrt kostet 5 Baht.

Pendelverkehr zwischen dem internationalen und nationalen Flughafen von Bangkok: Im Abstand von zehn bis 15 Minuten fahren Pendelbusse zum 500 Meter entfernten Terminal für Inlandsflüge.

Pendelverkehr vom Hotel zum Don Muang Airport: Für den Weg aus der Stadt bietet Thai International einen Limousinenservice von drei Stadtbüros aus an: 584 Silom Rd. (Tel.: 235-4365/6), Montien Hotel (Tel.: 233-7060) und Asia Hotel (Tel.: 215-0780). Die meisten Hotels halten einen Fahrservice mit klimatisierten Wagen für ihre Gäste bereit. Eine Taxifahrt zurück zum Flughafen kostet zwischen 150 bis 200 Baht.

VON CHIANG MAI FLUGHAFEN

Chiang Mais Flughafen liegt zehn Fahrminuten vom Stadtzentrum entfernt. Es gibt zwar eine regelmäßige Busverbindung, doch weil der Bus einen Umweg fährt, ziehen Reisende mit großem Gepäck meist folgende Transportmittel vor:

Limousinen: Alle wichtigen Hotels haben einen hauseigenen Fahrdienst für ihre Gäste, sofern diese ein Zimmer reserviert haben (das kann man am Flughafen erledigen). Die Fahrt kostet pro Person etwa 50 Baht.

Kleintransporter: Thai International läßt einen Kleintransporter zwischen dem Flughafen und dem Stadtbüro in der Prapoklao Road pendeln. Eine Fahrt kostet pro Person 20 Baht. Vom Büro der THAI müssen Sie den Weg zum Hotel dann selbst finden.

VON PHUKET FLUGHAFEN

Limousinen: Der Bodenservice der THAI unterhält klimatisierte Limousinen, die Sie zu den verschiedenen Stränden bringen. Der Fahrpreis gilt pro Auto, das heißt für vier Personen inklusive Gepäck: 250 bis 450 Baht.

Kleintransporter: Die wichtigsten Hotels halten einen Fahrdienst für Gäste bereit, die ein Zimmer reserviert haben (das kann man noch am Flughafen erledigen). Eine Fahrt kostet 500 Baht pro Auto.

Kleintransporter der Thai International pendeln stündlich zwischen dem Flughafen und dem Stadtbüro in der Ranong Road. Eine Fahrt kostet 50 Baht pro Person. Vom Büro der THAI müssen Sie den Weg zu Ihrem Hotel selbst finden.

REISEN IM LAND

MIT DEM FLUGZEUG

Der Inlandszweig der Thai International Airways (THAI) bedient 22 Städte. Die wichtigsten, vor allem Chiang Mai und Phuket, werden täglich angesteuert.

MIT DEM ZUG

Die State Railway of Thailand unterhält drei Hauptstrecken, die jeweils am Bahnhof Hua lampong beginnen. Die nördliche Route führt durch Ayutthaya, Phitsanulok und Lampang und endet in Chiang Mai. Im Nordosten geht es durch Ayutthaya, Saraburi, Nakhon Ratchasima, Khon Kaen und Ubon Thani, die Endstation ist Nong Khai. Die Südstrecke führt über die Rama-6-Brücke und nach Nakhon Pathom, Petchburi, Hua Hin und Chumphon. In Hat Yai gabelt sich die Strecke: Eine Abzweigung führt in südwestlicher Richtung nach Betong und dann zur Westküste zwischen Malaysia und Singapur. Die andere wendet sich nach Südosten und führt durch Pattani und Yala zur Grenze zwischen Thailand und Malaysia (Kota Bharu).

Weitere Eisenbahnlinien: Von Makkasan nach Aranyaprathet an der kambodschanischen Grenze. Von der Bangkok Noi Railway Station nach Kanchanaburi und zu weiteren Orten an der alten Death Railway. Eine Kurzstrecke verläuft zwischen der Wongwian Yai Station in Thonburi, Samut Sakhon und Samut Songkram.

Die Schnellzüge auf den Hauptstrecken sind in der 1. Klasse klimatisiert, in der 2. Klasse mit Ventilatoren bestückt und haben Schlaf-, Liege- und Speisewagen. Verschiedene klimatisierte Sonderschnellzüge pendeln zusätzlich auf der Hauptstrecke zwischen den wichtigsten Städten.

Bahnhöfe in Bangkok

Hualampong: Rama 4 Rd., Tel.: 233-0341.

Bangkok Noi: Tel.: 411-3102.

AUF VIER RÄDERN

Zwischen den meisten Orten in Thailand bestehen Busverbindungen mit klimatisierten Fahrzeugen. Für lange Strecken, etwa nach Chiang Mai oder Phuket, empfiehlt es sich, sogenannte VIP-Coaches zu benutzen – sie haben viel Beinfreiheit. In Bangkok fahren klimatisierte Busse halbstündlich vom östlichen Busbahnhof an der Sukhumvit Road unter anderem Richtung Pattaya los (gegenüber Soi 63). Will man in den gewöhnlichen (billigen), ventilatorbelüfteten Bussen mitfahren, sollte man auf mancherlei gefaßt sein: sie sind vollgestopft mit reisenden Thai, Hühnern und Gepäckmassen.

Um von einer kleinen in eine große Stadt zu gelangen, muß man auf Kleinbusse oder Baht-Busse ausweichen. Letztere sind Lastwagen, deren Laderampe für den Passagiertransport umgebaut wurde.

ÖFFENTLICHE VERKEHRSMITTEL

BANGKOK

Taxis: Bangkoks Taxis sind klimatisiert, die Fahrer im allgemeinen zuverlässig. Da die englischen Sprachkenntnisse der Chauffeure oft nicht ausreichen, sollte man sich auf Schwierigkeiten gefaßt machen. Der Fahrer macht Ihnen auch einen Preis, ohne zu wissen, wo Sie hinwollen.

Steigen Sie erst in das Taxi, nachdem der Fahrpreis festgelegt wurde. Der Fahrpreis richtet sich nach der Tageszeit, Verkehrsdichte, dem Wetter und der Strecke. Eine Fahrt zwischen dem Hotel Dusit Thani und dem Großen Palast oder zwischen dem Hotel Oriental und Jim Thompson House kostet etwa 80 Baht. Der Grundtarif für jede Fahrt beläuft sich auf 30 Baht. Zuschläge für Gepäck oder weitere Mitfahrer gibt es ebensowenig wie Trinkgeld.

Tuk-Tuks: Wenn die englischen Sprachkenntnisse der Taxifahrer gering sind, so sieht es bei den Tuk-Tuk-Fahrern noch schlechter aus. Bei den Tuk-Tuks (auch *samlor* genannt) handelt es sich um blaue oder gelbe Dreiräder, deren Name sich vom Geräusch ihres Zweitaktmotors ableitet. Als Kurzstreckentaxi ist ein Tuk-Tuk durchaus zu empfehlen, längere Wege sollte man darin nicht zurücklegen: Abgase, Lärm, Hitze und die bei den Fahrern beliebten Wettrennen können eine längere Fahrt zum Alptraum machen. Die Grundgebühr für eine Fahrt beträgt 10 Baht.

Busse: In Bangkok benutzt man drei Sorten von Bussen: klimatisierte, gewöhnliche und Kleinbusse. Sie fahren alle zwei bis drei Minuten auf über 100 Strecken. Obwohl meist überfüllt, sind sie ein ausgezeichnetes Fortbewegungsmittel – vor allem, wo sie auf speziell gekennzeichneten Fahrspuren Einbahnstraßen in der Gegenrichtung befahren dürfen.

· Klimatisiert: In der City werden rund 12 Linien von klimatisierten Bussen bedient. Eine Kurzstrecke in einem der großen blauweißen Busse kostet 5 Baht.

· Gewöhnlich: Blauweiße (2 Baht) und rotweiße (3 Baht) Busse. Sie bedienen die gleichen Strecken und unterscheiden sich nur im Fahrpreis.

· Kleinbusse: Sie befahren die gleichen Strecken wie die großen Busse, bieten jedoch weniger Platz und sind niedriger. Eine Fahrt kostet 2 Baht, ab 22 Uhr 3,50 Baht. Busschaffner kassieren das Fahrgeld und geben die Fahrkarten aus. Weil die Haltestellen in den Bussen nur in Thai verzeichnet sind, sollte man unbedingt einen Busplan dabei haben. Um die Verwirrung komplett zu machen, tragen manche Busse rote oder blaue Zeichen mit der Nummer auf der Windschutzscheibe – der eingeweihte Fahrgast weiß dann, welche Linie er vor sich hat. Bis auf die Linien 2 und 4 stellen alle Busse den Betrieb um 24 Uhr ein.

Busbahnhöfe für Fahrten ins Landesinnere:

Osten: Gegenüber Soi 63, Sukhumvit Rd., Tel.: 391-2504, 392-2520.

Norden und Nordosten: Moh Chit, Phaholyothin Rd., Tel.: 271-0101/2.

Süden: Nakhon Chaisri Highway, Tel.: 411-0511, 411-0112.

Boote: Weiße Expreßboote befahren den Chao Phraya alle 20 bis 30 Minuten in beiden Richtungen. Das entfernteste Ziel ist das zehn Kilometer nördlich der City liegende Nonthaburi. Expreßboote fahren zwischen 6 Uhr und 18.30 Uhr, der Fahrpreis beträgt für Kurzstrecken 5 Baht.

An zahlreichen Stellen wird der Fluß von Fähren überquert. Eine Überfahrt kostet 50 Satang. Der Fährdienst arbeitet zwischen 6 Uhr und Mitternacht.

CHIANG MAI

Busse: In Chiang Mai befährt man fünf verschiedene Strecken mit gelben und roten Kleinbussen. Der Fahrpreis beträgt jeweils 2 Baht. Die Strecken sind in jedem guten Stadtplan eingetragen.

***Tuk-Tuks*:** Der Fahrpreis wird nach der Entfernung berechnet, die Mindestgebühr beträgt 10 Baht. Machen Sie den Preis aus, ehe Sie einsteigen.

Samlors: Dreirädrige Fahrradrikschas. Eine Kurzstreckenfahrt kostet 5 Baht. Auch hier gilt: Erst den Preis aushandeln, dann einsteigen.

PHUKET

Busse: Malerische, holzverkleidete Busse verkehren regelmäßig (zwischen 8 und 18 Uhr alle 30 Minuten) zwischen dem Markt von Phuket Town und den verschiedenen Stränden. Nur nach Rawai und Nai Harn starten die Busse im Kreisverkehr an der Bangkok Road. Fahrgäste können auch unterwegs zusteigen: Man winkt dem Busfahrer einfach zu. Der Fahrpreis beträgt 10 bis 20 Baht.

***Tuk-Tuks*:** Nur in Phuket Town und Patong sowie auf den Strecken zwischen Patong und Karon/Kata und Kata und Nai Harn. Eine Fahrt kostet – je nach Entfernung – maximal

40 Baht. Innerhalb von Phuket Town oder Patong zahlt man pro Fahrt pauschal 10 Baht.

Motorrad-Taxis: Am Markt von Phuket Town (Ranong Road) warten die Fahrer mit den braunen Westen auf Kunden, die sie für 5 Baht zu jedem Ziel innerhalb der City bringen. Eine praktische Einrichtung.

INDIVIDUALVERKEHR

LIMOUSINEN

Die meisten großen Hotels bieten einen Fahrservice mit klimatisierten Limousinen an. Eine Fahrt kostet zwar etwa doppelt soviel wie mit einem normalen Taxi, dafür sprechen die Chauffeure englisch und bringen Sie bis vor die Haustür.

MIETWAGEN

Thailand verfügt über ein 50 000 Kilometer langes Fernstraßennetz, das ständig erweitert wird. Mit einer guten Straßenkarte ausgerüstet, kann man sich problemlos zurechtfinden, da alle Straßen in Thai und Englisch ausgeschildert sind. Als Selbstfahrer müssen Sie Inhaber eines internationalen Führerscheins sein.

Das Befahren enger, belebter Straßen kann sich in Thailand zum Alptraum gestalten, denn es gilt die Devise: Wer das größte Auto hat, hat Vorfahrt. Immer wieder überholen Busse Lastwagen trotz stark befahrener Gegenfahrbahn. Kein Wunder also, daß es bei Zusammenstößen meist mehrere Tote gibt. Bedenken Sie weiterhin, daß viele Langstrekkenfahrer massenweise Aufputschmittel zu sich nehmen und das Gaspedal ständig durchgedrückt halten, weil sie mehr Geld bekommen, wenn sie ihren Zeitplan unterschreiten. Fahren Sie deshalb nicht nachts. Bricht die Dämmerung herein, sollten Sie ein Hotel aufsuchen und am nächsten Morgen früh weiterfahren.

Avis, Hertz und zahlreiche lokale Firmen vermieten neue Autotypen mit und ohne Fahrer. Sie sind in Bangkok und im Landesinnern ausreichend versichert. Ein Mercedes mit Fahrer (nur Bangkok) kostet durchschnittlich 4000 Baht pro Tag, ohne Fahrer 2500 Baht. Ein Toyota kostet mit Chauffeur 2200 Baht pro Tag, für Selbstfahrer 1800 Baht plus Benzinkosten. Als Kaution muß man mindestens 2000 Baht hinterlegen.

Außerhalb Bangkoks gibt es Leihwagen nur in größeren Städten wie Chiang Mai oder Phuket. Dort vermietet man auch Jeeps (Allradantrieb) und Kleintransporter. Lesen Sie das Kleingedruckte sorgfältig, ehe Sie einen Geländewagen mieten, denn Sie werden für alle auftretenden Schäden verantwortlich gemacht. Schließen Sie eine Versicherung ab, die im Ernstfall beide in den Unfall verwickelten Fahrzeuge abdeckt.

BANGKOK

Leider gibt es am Flughafen keine Schalter für Leihwagen. Rufen Sie die jeweilige Stadtniederlassung an; man wird Ihnen das Auto zum Hotel bringen und die Formalitäten dort erledigen.

Avis, 2/12 Wireless Rd., Tel.: 255-5300/1. Täglich 8-21 Uhr. Der Schalter im Dusit Thani Hotel ist 24 Stunden geöffnet.

Hertz, 987 Ploenchit Rd., Tel.: 253-6251. 8-17 Uhr geöffnet.

Grand Car Rent, 144/3-4 Silom Rd., Tel.: 234-9956. 8-21 Uhr geöffnet.

CHIANG MAI

Avis, Hauptbüro: 14/14 Huay Kaew Rd., Tel.: 222-013, 221-316; 8-18 Uhr geöffnet. Filialen: Dusit Inn, Tel.: 251-033/4; Chiang Inn, Tel.: 235-655; 8-17 Uhr geöffnet.

Hertz, 12/3 Loi Kroa Rd., Tel.: 235-496, 249-473; Novotel Suriwongse, Tel.: 236-789, 236-673.

Aod Car Rent, 49 Chang Klang Rd. (geg. dem Nachtmarkt), Tel.: 249-197.

PHUKET

Avis, Airport, Tel.: 311-358; Le Meridien Phuket, Relax Bay, Tel.: 321-480; Holiday Inn Phuket, Patong, Tel.: 321-020; Phuket Cabana Hotel, Patong, Tel.: 321-138; Dusit Laguna Phuket, Bang Thao, Tel.: 311-174; Phuket Arcadia Hotel, Karon, Tel.: 381-038; Phuket Island Resort, Rawai, Tel.: 215-950; Club Med, Kata, Tel.: 214-830.

Hertz, Airport, Tel.: 311-162; Pearl Hotel, Montri Rd. (Phuket Town), Tel.: 211-044;

Pearl Village Resort, Nai Yang, Tel.: 311-378; Patong Merlin Hotel, Patong, Tel.: 321-070; Thara Patong Hotel, Patong, Tel.: 321-520.

MOTORRÄDER

In Pattaya, Chiang Mai und Phuket kann man Motorräder preiswert mieten – für die Zeit, in der Sie das Motorrad benutzen, müssen Sie Ihren Paß hinterlegen.

Zur Auswahl stehen Modelle der Kategorien 90 Kubikzentimeter (zum Beispiel Honda Dream) bis 750 Kubikzentimeter. Man vermietet hauptsächlich kleine Enduros mit 125 ccm. Verleihstände findet man entlang der Strandpromenaden und in den Hauptstraßen der Ortschaften. Pro Tag bezahlt man 180-250 Baht.

WANDERN UND TRAMPEN

Abgesehen von Nationalparks wie Khao Yai oder Phu Kradung gibt es in Thailand kaum Wandermöglichkeiten. Man kann per Anhalter auf einem Lastwagen mitfahren, allerdings muß man sich darüber im klaren sein, daß der Fahrstil der Truckfahrer nervenaufreibend ist (als Frau sollte man diese Art der Fortbewegung meiden). Fahren Sie niemals nachts auf einem Lastwagen mit – die Fahrer sind häufig mit Aufputschmitteln vollgepumpt und provozieren oft schwere Unfälle.

UNTERKUNFT

HOTELS

Sah man sich früher häufig mit billigen Holzhütten konfrontiert, die vorzugsweise als Stundenhotels dienten, so haben es Thailands Hotels seither zu Weltniveau gebracht, was Komfort und Service anbelangt. Auf der Liste der weltweit besten Hotels findet man einige in Bangkok stehende Häuser, das Oriental nimmt dabei einen führenden Platz ein.

Preise: Die in der Folge angegebenen Preise beziehen sich jeweils auf das günstigste Einzelzimmer sowie die teuerste Suite eines Hotels. Im allgemeinen gilt der Preis pro Zimmer, unabhängig von der Anzahl der Personen, das heißt, ein Einzelzimmer kostet genausoviel wie ein Doppelzimmer. Fast alle Hotels, die mehr als 400 Baht pro Nacht kosten, haben klimatisierte Räume, Einkaufsmöglichkeiten, Tour-Counter und Coffeeshops. Praktisch alle für Pattaya und Phuket aufgelisteten Hotels verfügen über Swimmingpools und Billardzimmer. Bei den mit einem Stern (*) markierten Hotels in Bangkok sind Steuer und Serviceleistungen im Preis inbegriffen. Für alle anderen, die über 300 Baht pro Nacht kosten, wird ein elfprozentiger Steuer- und Servicezuschlag berechnet.

BANGKOK

***Airport,** 333 Chert Wudthakas Rd., Don Muang, Tel.: 566-1020/1. 300 um einen Garten mit Swimmingpool gruppierte Zimmer, 24 Stunden geöffneter Coffeeshop, 3 Restaurants, Videozimmer. Flughafennähe. Bus-Pendelverbindung mit dem Flughafen. 3388-8470 Baht.

***Ambassador,** Soi 11, Sukhumvit Rd., Tel.: 254-0444, 255-0444. 980 Zimmer, Swimmingpool, Fitneßclub, exotischer Vogelpark, Restaurants mit europäischer, japanischer, chinesischer und thailändischer Küche, großer „Food Market" mit Speisen aus verschiedenen Teilen Asiens, 3 Bars, 2 Coffeeshops, Zimmerservice rund um die Uhr. In einem belebten Einkaufsviertel. 2178-8470 Baht.

***Ariston,** 19 Soi 20, Sukhumvit Rd. Tel: 259-0960. 152 Zimmer, Coffeeshop 24 Stunden geöffnet, Swimmingpool. Ruhige Lage. 1573-6050 Baht.

***Asia,** 296 Phya Thai Rd., Tel: 215-0780/7. 650 Zimmer, Restaurants mit europäischer, chinesischer, japanischer und thailändischer Küche, 2 Schwimmbecken, Fitneßclub, Limousinen der Thai International verfügbar. Nahe den wichtigsten Einkaufsstraßen. 3146-6050 Baht.

Baiyoke Tower, 130 Rajaprarop Rd., Tel: 253-0362, 255-0150. 244 Zimmer, Restaurant, Fitneßclub, Swimmingpool, Friseur, Geschäftszentrum. Im Herzen des Pratunam-Markts. 2662-3146 Baht.

***Bangkok Center,** 382 Rama 4 Rd., Tel: 238-4848. 225 Zimmer, Restaurants. Nähe Chinatown und Hualampong-Bahnhof. 1443-3552 Baht.

Bangkok Inn, 155/12-13 Soi 11, Sukhumvit Rd., Tel: 254-4834/5. 18 Zimmer. 850 Baht.

***Bangkok Palace,** 1091/1336 New Petchburi Rd., Tel: 253-0510. 670 Zimmer, Swimmingpool, thailändisches, europäisches und japanisches Restaurant, Videothek, Nachtclub, Diskothek, Sauna. Nahe dem belebten Pratunam-Markt. 1200-1400 Baht.

***Boulevard,** 17 Soi 7, Sukhumvit Rd., Tel: 255-2930/40. 125 Zimmer, Restaurant, Coffeeshop, Fitneßraum. 3146-6050 Baht.

***Central Plaza,** 1695 Phaholyothin Rd., Tel: 541-1234. 607 Zimmer, Swimmingpool, Restaurants, Diskothek. Zwischen Flughafen und Stadt, gegenüber Chatuchak Park. 4356-18 400 Baht.

Century, 9 Rajaprarop Rd., Tel: 245-1755, 245-3271. 96 Zimmer, europäisches, chinesisches und japanisches Restaurant. Nahe Pratunam-Markt. 540-1800 Baht.

Continental, 971/16 Phaholyothin Rd., Tel: 278-1598. 120 Zimmer, Restaurant mit europäischer, asiatischer und thailändischer Küche, Swimmingpool. Am Nordende der Stadt, nahe Weekend Market. 450-1550 Baht.

***Dorchester,** 21 Soi Kotoey, Pradipat Rd., Tel: 270-0904. 80 Zimmer, thailändisches und europäisches Restaurant, Swimmingpool. Nahe Weekend Market. 612-956 Baht.

***Dusit Thani,** 946 Rama 4 Rd., Tel: 233-1130. 525 Zimmer, Restaurants mit thailändischer, chinesischer und europäischer Küche, Tea-Room, Swimmingpool, Fitneßclub, Dachrestaurant mit Panoramablick. Im Stadtzentrum (Geschäfts- und Vergnügungszone); gegenüber Lumpini Park. 4992-11 495 Baht.

Federal, 27 Soi 11, Sukhumvit Rd., Tel: 253-0176. 93 Zimmer, Restaurants, Swimmingpool. In ruhiger Seitenstraße. 400-480 Baht.

***First**, 2 Petchburi Rd., Tel: 252-5011, 251-7040. 218 Zimmer, europäisches, chinesisches und thailändisches Restaurant, Coffeeshop 24 Stunden geöffnet, Swimmingpool. An belebter Straße nahe dem Pratunam-Markt. 700-1540 Baht.

Florida, 43 Phya Thai Rd., Tel: 245-4552, 254-2190. 107 Zimmer, Restaurant mit thailändischer und europäischer Küche, Swimmingpool, Abholservice vom Flughafen. Einkaufsstraßen in der Nähe. 400-500 Baht.

Fortuna, 19 Soi 5, Sukhumvit Rd., Tel: 251-5127. 110 Zimmer, japanisches, europäisches, chinesisches und thailändisches Restaurant, japanischer Nachtclub. In ruhiger Seitenstraße gelegen. 500-1000 Baht.

***Golden Dragon,** 20/21 Ngarmwongwan Rd., Tel: 589-5141/8. 112 Zimmer, Restaurant, Swimmingpool. 15 Minuten zum Flughafen. 600-1800 Baht.

Golden Horse, 5/1-2 Damrongrak Rd., Tel: 280-1920/1. 130 Zimmer, Restaurant, Swimmingpool, Einkaufspassage. Nahe der alten Königsstadt. 650-2200 Baht.

***Grace,** 12 Soi 3, Sukhumvit Rd., Tel: 253-0671, 243-0680. 550 Zimmer, Fisch- und andere Restaurants, Swimmingpool, Coffeeshop 24 Stunden geöffnet und bekannt für seine exotische Kundschaft. Von arabischen Gästen bevorzugt. 600-1540 Baht.

Grand Hyatt Erawan, an der Rajprasong-Kreuzung.

***Hilton International,** N. Wireless Rd. Tel: 253-0123, 253-0671. 389 Zimmer, 4 Restaurants, Swimmingpool mit Bar, Park, Fitneßclub, Schönheitssalon. Luxushotel mit herrlichem Garten in zentraler Lage. 3663-6960 Baht.

***Holiday Inn Crowne Plaza,** 981 Silom Rd., Tel: 238-4300. 385 Zimmer, Restaurant, Coffeeshop, Fitneßclub, Bar. Zwischen Geschäftsviertel und Fluß. 3630-9196 Baht.

Holiday Mansion, 53 Wireless Rd., Tel: 253-8000. 95 Zimmer, Restaurant, Coffeeshop. Gute Lage in der Nähe der wichtigsten Botschaften. 2100-5900 Baht.

Honey, 31 Soi 19, Sukhumvit Rd., Tel: 253-0646/7. 75 Zimmer, Restaurant, 24-Stunden-Coffeeshop, Swimmingpool. Sparsamer Komfort. 340-990 Baht.

***Impala,** 9 Soi 24, Sukhumvit Rd., Tel: 259-0053. 200 Zimmer, Swimmingpool, Sauna, Fitneßclub, Restaurants. Ruhige Nebenstraße der belebten Sukhumvit Road. 1385-1667 Baht.

***Imperial,** 6 Wireless Rd., Tel: 254-0111, 252-1555. 400 Zimmer, 5 Restaurants, Swimmingpool, 2 Saunas, Tennis- und Squashplätze, Nachtclubs, Garten. In der Nähe verschiedener Einkaufsviertel. 4329-18 426 Baht.

Indra Regent, 1201/126 Rajaprarop Rd., Tel: 251-1111. 500 Zimmer, Swimmingpool, Nachtclub, Restaurants mit chinesischer, thailändischer und europäischer Küche. Im Herzen des Marktviertels. 3025-7000 Baht.

Jasmin, 2082 New Petchburi Rd., Tel: 319-2421/2. 72 Zimmer, Restaurant, Bar. 950-1600 Baht.

***Landmark, The,** 138 Sukhumvit Rd., Tel: 254-0404, 254-0424. 415 Zimmer, Swimmingpool, Squashplätze, Sauna, Restaurants, Diskothek, Nachtclub. Im Stadtzentrum. 4598-6050 Baht.

***Le Meridian President,** 135/26 Gaysorn Rd., Tel: 253-6550, 253-0444. 420 Zimmer, Swimmingpool, Restaurants, Pianobar. Ruhiges, elegantes Hotel im Zentrum. 3872-14 520 Baht.

***Liberty,** 215 Sapan Kwai, Pradipat Rd., Tel: 271-0150, 271-0876. 209 Zimmer, Swimmingpool, Restaurant, Bar. Am Stadtrand, an der Straße zum Flughafen. 290-360 Baht.

Majestic Palace, The, 97 Rajdamnern Ave., Tel: 281-5000. Swimmingpool, Garten, Nachtclub, Restaurants. Nahe den Büros der UNO, Royal Palace und den Gebäuden der Ministerien.

Malaysia, 54 Soi Ngam du Plii, Rama 4 Rd., Tel: 286-3582, 286-7263.120 Zimmer, Swimmingpool, Restaurant, Bar. Paradies für Billigurlauber. 312-450 Baht.

Mandarin, 662 Rama 4 Rd., Tel: 234-1390/1. 350 Zimmer, Swimmingpool, Restaurants, Nachtclub, 24-Stunden-Coffeeshop. In Zentrumsnähe. 1200-6000 Baht.

Manhattan, Soi 15, Sukhumvit Rd., Tel: 252-7141/9. 205 Zimmer, Swimmingpool, Biergarten, thailändische, chinesische, europäische, japanische und koreanische Küche, 24-Stunden-Coffeeshop, Diskothek, Cocktailbar. 700-4000 Baht.

***Manohra,** 412 Suriwong Rd., Tel: 234-5086/7. 250 Zimmer, Swimmingpool, Restaurants, Diskothek, 24-Stunden-Coffeeshop. Unweit des GPO sowie des Flusses. 1331-1876 Baht.

Menam, The, 2074 New Rd., Tel: 289-0352/3. 727 Zimmer, Swimmingpool, Tennis- und Squashplätze, Sauna, Fitneßclub, Schönheitssalon; europäisches, japanisches, chinesisches and thailändisches Restaurant, Cocktailbar. Luxuriöses Hotel am Fluß, etwas außerhalb des Zentrums. 3875-6050 Baht.

Metro, 1902 New Petchburi Rd., Tel: 314-4741. 88 Zimmer, Swimmingpool, Restaurant, 24-Stunden-Coffeeshop, Bar. Am östlichen Stadtrand. 300-400 Baht.

***Miami,** 2 Soi 13, Sukhumvit Rd., Tel: 253-0369, 252-7379. 123 Zimmer, Swimmingpool, Restaurants, Bar. Preiswerte Unterkunft abseits der belebten Sukhumvit Road. 550-800 Baht.

Mido, 222 Pradipat Rd., Tel: 279-4560/1. 220 Zimmer. 888-2400 Baht.

Miramar, 777 Mahachai Rd., Tel: 222-1720. 150 Zimmer, Restaurant, Bar. Am Rand von Chinatown. 863-1446 Baht.

Montien, 54 Suriwong Rd., Tel: 233-7060, 234-8060. 500 Zimmer, Swimmingpool, chinesisches und europäisches Restaurant, Nachtclubs, Diskothek. First-class-Hotel im Herzen der Stadt und am Rand des Vergnügungsviertels. 2904-7986 Baht.

Morakot, 2802 New Petchburi Rd., Tel: 314-0761. 120 Zimmer, Swimmingpool, Restaurant, Bar, Diskothek. Am östlichen Stadtrand. 250-650 Baht.

***Nana,** 4 Soi Nana (Soi 4), Sukhumvit Rd., Tel: 252-0121. 344 Zimmer, Swimmingpool, Restaurants, 24-Stunden-Coffeeshop, Bar. Im Zentrum des Bar-Viertels. 611-655 Baht.

***Narai,** 222 Silom Rd., Tel: 233-3350/1. 500 Zimmer, Swimmingpool, Restaurant mit europäischer Küche, italienischer Coffeeshop, Drehrestaurant auf dem Dach mit europäischer und asiatischer Küche. Im Zentrum des Geschäftsviertels. 2662-5445 Baht.

New Empire, 572 Yaowarat Rd., Tel: 234-6990. 140 Zimmer, Chinarestaurant, das auch europäische und thailändische Spezialitäten anbietet, kostenloser Fahrdienst zum/vom Flughafen. Im Herzen Chinatowns. 190-370 Baht.

New Fuji, 299-301 Suriwong Rd., Tel: 234-5364. Restaurant, kein Swimmingpool. Vor allem von japanischen Mittelklasse-Geschäftsleuten frequentiert. 600-750 Baht.

New Nana, 4 Soi 4, Sukhumvit Rd., Tel: 252-0121, 252-0271. 334 Zimmer, nahe dem Vergnügungsviertel. 888-1554 Baht.

***New Peninsula,** 295/3 Suriwong Rd., Tel: 234-3910. 114 Zimmer, Restaurants, Cocktailbar. Preiswert, 10 Minuten vom Fluß entfernt. 1166-3552 Baht.

***New Trocadero,** 343 Suriwong Rd., Tel: 234-8920/1. 138 Zimmer, Swimmingpool, Bar. Bei Gästen aus Asien und Nahost besonders beliebt. 611-3333 Baht.

Novotel, Siam Square, Soi 6, Rama 1 Rd. Tel: 255-6888, 255-3561. 430 Zimmer, Restaurant, Bar, Fitneßclub, Swimmingpool, Gymnastikraum, Einkaufspassage. Im Zentrum einer Einkaufsgegend. 3872-10 890 Baht.

***Oriental, The,** 48 Oriental Ave., New Rd., Tel: 236-0400, 236-0420. 398 Zimmer, 2 Swimmingpools, Restaurants mit französischen und italienischen Spezialitäten, Thai- und Fischrestaurant, Tee-Salon, Terrassenrestaurant. Schon mehrmals zum besten Hotel der Welt gekürt. Am Ufer des Chao Phraya, Joseph Conrad und Somerset Maugham logierten hier. 5324-16 335 Baht.

Park, 6 Soi 7, Sukhumvit Rd., Tel: 252-5111/2. 128 Zimmer, Swimmingpool, Biergarten, europäisches und chinesisches Restaurant, Bar. Ruhig und preiswert. 500-850 Baht.

Parliament, 402 Visutkasat Rd., Tel: 281-7273, 281-7411. 92 Zimmer, Restaurant. Nahe der alten Königsstadt. 480-800 Baht.

Plaza, The, 178 Suriwong Rd., Tel: 235-1760/1. 160 Zimmer, Swimmingpool, Billardclub, Einkaufspassage. Nahe dem Geschäfts- und Vergnügungsviertel. 1331-2420 Baht.

Prince, 1537/1 New Petchburi Rd., Tel: 251-3318. 210 Zimmer, Swimmingpool, Restaurants, Cocktailbar. In unmittelbarer Nähe des Vergnügungsviertels an der Soi 3. 396-600 Baht.

***Princess** (früher R.S. Hotel), 269 Larn Luang Rd., Tel: 281-3088. 167 Zimmer, Restaurant, Coffeeshop, Fitneßclub, Geschäftszentrum. 3146-10 500 Baht.

***Rajah,** Soi 4, Sukhumvit Rd., Tel: 251-8563/4. 450 Zimmer, Swimmingpool, Restaurants mit thailändischer, chinesischer und europäischer Küche. Groß und komfortabel. 968-1889 Baht.

***Rama Gardens,** 9/9 Vibhavadi Rangsit Highway, Tel: 579-5400. 364 Zimmer, 2 Swimmingpools, 4 Restaurants, Nachtclub, weitläufiger Garten mit langem Joggingpfad, Fitneßclub. Ruhige Waldlage, 8 Minuten vom Flughafen entfernt. 3388-7200 Baht.

***Ramada,** 1169 New Rd., Tel: 234-8971. 48 Zimmer, Restaurant Cocktailbar, Tea-Room. Bescheidenes Haus in Flußnähe. 968-1936 Baht.

Rich, 136/14 Soi 6, Sukhumvit Rd., Tel: 252-9174. Swimmingpool, Restaurants.

***Regent of Bangkok, The** (früher „Bangkok Peninsula“), 155 Rajdamri Rd., Tel:

251-6127. 400 Zimmer, französisches und thailändisches Restaurant, Nachtclub, Tee wird in der Halle serviert, Swimmingpool, Fitneßclub. Luxuriöses Haus im Herzen Bangkoks. 4356-13 310 Baht.

Reno, 40 Soi Kasemsan 1, Rama 1 Rd., Tel: 215-0026/7. 67 Zimmer, Swimmingpool. Gegenüber National Stadium. 250-350 Baht.

Rex, 762/1 Sukhumvit Rd., Tel: 259-0106/7. 131 Zimmer, Swimmingpool, Restaurant. Am entfernten Ende der Sukhumvit Road. 450-1800 Baht.

Rose, 118 Suriwong Rd., Tel: 233-7695. 105 Zimmer, Restaurant, 24-Stunden-Coffeeshop. Nahe dem Vergnügungsviertel. 460-680 Baht.

***Royal,** 2 Rajdamnnern Ave., Tel: 222-9112/3. 297 Zimmer, Swimmingpool, Restaurant. Altehrwürdiges Hotel in unmittelbarer Nähe zum Grand Palace. 654-847 Baht.

***Royal Orchid Sheraton,** Captain Bush Lane, Siphya Rd., Tel: 234-5599. 780 Zimmer, Swimmingpool, Sauna, Restaurants mit italienischer und englischer Küche, Coffeeshop am Fluß. Erstklassiger Komfort in erstklassiger Flußlage. 4114-6050 Baht.

Royal Plaza, 30 Nares Rd., Tel: 234-3789, 234-7560. 245 Zimmer, Restaurant, Bar. 650-800 Baht.

***Royal River,** 670/805 Charoensanitwong Rd., Tel: 433-0300/1. 404 Zimmer, Swimmingpool, Tennisplatz, Sauna, Restaurants mit thailändischer, chinesischer, japanischer und französischer Küche. Bangkoks erstes Hotel am Westufer des Chao Phraya. 2420-5445 Baht.

***Shangri-la,** 89 Soi Wat Suan Plu, New Rd., Tel: 236-7777. 697 Zimmer, Swimmingpool, europäisches, chinesisches, japanisches, französisches und thailändisches Restaurant, Cocktailbar. Elegantes Haus am Fluß. 4477- 50 820 Baht.

***Siam,** 1777 New Petchburi Rd., Tel: 252-4967/8. 120 Zimmer, Swimmingpool, Restaurant, Cocktailbar. Preiswerte Mittelklasse. 666-1066 Baht.

***Siam Inter-Continental,** Rama 1 Rd., Tel: 253-0355/6. Swimmingpool mit Bar, Fitneßclub, Restaurants, Tennisplätze, Drivingranges, kleiner Golfplatz, Pétanque, Fitneßpark, langer Joggingpfad. Kühle Oase in einem 10 Morgen großen Park. 4598-31 460 Baht.

***Silom Plaza,** 320 Silom Rd., Tel: 236-0333. 209 Zimmer, Swimmingpool, japanisches, chinesisches, französisches und thailändisches Restaurant, Diskothek, Fitneßclub, Cocktailbar. Am unteren Ende der Silom Road, Flußnähe. 1331-2299 Baht.

Suriwongse, 31/1 Suriwong Rd., Tel: 234-8680. 100 Zimmer, Restaurant. Einfache Unterkunft für Stammgäste der nahegelegenen Patpong Road. 300-400 Baht.

Swan, 31 New Rd., Tel: 233-8444. 64 Zimmer, Swimmingpool. Bei Journalisten beliebt. 180-450 Baht.

Tara, Sukhumvit Soi 26, Tel: 259-2900/1. 200 Zimmer, Restaurant, Swimmingpool, Fitneßclub. 3663-5500 Baht.

Tawana Ramada (früher „Sheraton"), 80 Suriwong Rd., Tel: 233-5160/1. 265 Zimmer, Swimmingpool, Restaurants, Cocktailbar, Diskothek, Fitneßclubclub. Unweit der Geschäfts- und Vergnügungsviertel. 3630-14 000 Baht.

Thai, 78 Prachatipat Rd., Tel: 282-2831/2. 100 Zimmer, Swimmingpool, europäisches und chinesisches Restaurant. Eines der ältesten Hotels am Platz, nahe den Büros der UNO. 520-620 Baht.

***Victory,** 322 Silom Rd., Tel: 233-9060. 125 Zimmer, Swimmingpool, Restaurant. In Flußnähe, am unteren Ende der Silom. 644-1332 Baht.

Viengtai, 42 Tani Rd., Tel: 281-5788, 282-8672. 200 Zimmer, Swimmingpool, Restaurant. Noch ein Veteran in UNO-Nähe. 520-620 Baht.

Windsor, Soi 20, Sukhumvit Rd., Tel: 258-1527, 258-0160. 250 Zimmer, Swimmingpool, Tennisplatz, Restaurants, Cocktailbar, Schönheitssalon. Komfortable Unterkunft in einer Seitenstraße der Sukhumvit. 2420-7260 Baht.

World, 1996 New Petchburi Rd., Tel: 314-4340. 101 Zimmer, Swimmingpool, Restaurant, Bar. Unauffällig, aber sehr annehmbar. 280-320 Baht.

ZENTRAL-THAILAND

ANG THONG (Vorwahl: 035)

Ang Thong Hotel & Bungalows, 60 Angthong-Suphanburi Rd., Tel: 611-767/8. 56 Zimmer, 14 Bungalows. 90-500 Baht.

Bua Luang, 1/15 Mu 8, Angthong-Suphanburi Rd., Tel: 611-116. 36 Zimmer. 80-200 Baht.

Siam Inn, 41/2 Tambon Ban-It, Tel: 612-017. 25 Zimmer. 120-370 Baht.

Suvaphan, 6 Soi 1, Subsin Rd., Tel: 611-588. 35 Zimmer. 90-160 Baht.

AYUTTHAYA (Vorwahl: 035)

Cathay, 36/5-6 U-Thong Rd., Tel: 251-562. 26 Zimmer. 120-220 Baht.

Si Samai, 12 Talad Chao Phrom. Tel: 251-228, 251-104. 30 Zimmer. 120-250 Baht.

Thai Sena, 286 Senanawin 2 Rd., Tel: 201-032. 17 Zimmer. 100-140 Baht.

Thai Thai, 13/1 Talad Chao Phrom, Tel: 251-505. 27 Zimmer. 120-200 Baht.

U-Thong Inn, 210 Mu 5, Rotchana Rd., Tel: 242-618, 242-236. 100 Zimmer. 180-480 Baht.

Vieng Fah, 1/8 Rotchana Rd., Tel: 241-353. 22 Zimmer. 100-200 Baht.

BANG PA-IN (Vorwahl: 035)

Phra Intharacha, Tambon Chiangraknoi. 53 Zimmer. 150-300 Baht.

CHA-AM (Vorwahl: 032)

Beach Garden Hotel Cha-am, 949/21 Cha-am Beach, Tel: 471-334. Büro in Bangkok: 175-177 Suriwong Rd., Tel: 233-6886, 234-7287. 230 Zimmer, 48 Hütten, 4 Schwimmbecken, Einrichtungen für Angler, Golfplatz. Zimmer and Hütten: 1331 Baht.

Cha-am Cabana, 186 Hat Klong-Thian, Tel: 471-614. Büro in Bangkok: 251-7438. 36 Zimmer. 500-2000 Baht.

Cha-am Garden, 256 Ruamchit Rd., Tel: 471-046/7. 21 Zimmer. 1000-1300 Baht.

Cha-am Holiday Lodge, 240/7 Ruamchit Rd., Tel: 471-595/6. 34 Zimmer. 300-1200 Baht.

Cha-am Inn, Ruamchit Rd., Tel: 471154/5. 35 Zimmer. 250 Baht.

Cha-am Methavalai, The, 220 Ruamchit Rd., Tel: 471-028/9. 115 Zimmer. 420-2400 Baht.

Cha-am Villa, 241/1 Ruamchit Rd., Tel: 471-241, 471-010. 11 Zimmer. 200-800 Baht.

Chit Rawi Resort, 241/20 Ruamchit Rd., Tel: 471-382. 21 Zimmer. 200-700 Baht.

Kan Chan, 664 Ruamchit Rd., Tel: 471-314/6. 58 Zimmer. 300-800 Baht.

Narumon, 263/38 Ruamchit Rd., Tel: 471-440, 471-220. 50 Zimmer. 500-1000 Baht.

Niradon, 247/7 Ruamchit Rd., Tel: 471-038. 10 Zimmer. 500 Baht.

Phoem Suk, 204/6 Ruamchit Rd., Tel: 471-347. 18 Zimmer. 800 Baht.

Regent Cha-am, The, 849/21 Cha-am Beach, Tel: 471-482. Büro in Bangkok: 183 Rajdamri Rd., Tel: 252-6768, 252-1497. 504 Zimmer, Restaurant, Swimmingpool, Golfplatz. Luxuriöses Strandhotel. 1210 Baht.

Rua Makham Villa, 236 Ruamchit Rd., Tel: 471-073/6. Büro in Bangkok: 585-0009. 40 Zimmer. 350-1500 Baht.

Saeng Thong Resort, 263/25 Ruamchit Rd., Tel: 471-462/6. 20 Zimmer. 250-700 Baht.

Santikam, 241/15 Ruamchit Rd., Tel: 471-512. Büro in Bangkok: 523-6944. 22 Zimmer. 300-600 Baht.

Santisuk, 263/3 Ruamchit Rd., Tel: 471-211/2. Büro in Bangkok: 251-1847, 252-4640. 41 Zimmer. 500-1000 Baht.

Suan Buk Hat, 949/21 Phetkasem Rd., Tel: 471-334/6. Büro in Bangkok: 234-0115, 234-5536. 230 Zimmer. 800-2500 Baht.

White, 263/32 Ruamchit Rd., Tel: 471-118/9. 34 Zimmer. 600-2000 Baht.

CHAINAT (Vorwahl: 056)

Arunothai, 185/8 Soi Phasisung, Chai Narong Rd., Tel: 411-296. 15 Zimmer. 100-150 Baht.

Chai Chana, 60/43 Khong Tham Rd., Tel: 411-752. 35 Zimmer. 100-180 Baht.

Montri, 309/30 Phaholyothin Rd., Tel: 411-523/4. 58 Zimmer. 150-250 Baht.

Nam Chai, 63/22 Khong Tham Rd., Tel: 411-724/5. 61 Zimmer. 140-280 Baht.

Suk Chit, 309/4 Wong-To Rd., Tel: 411-009, 411-080. 35 Zimmer. 120-240 Baht.

HUA HIN (Vorwahl: 032)

Le Sofitel Central Hua Hin, 1 Damnernkasem Rd., Tel: 511-012/5. Büro in Bangkok: 21. Stock, Chan Issara Tower, Rama 4 Rd., Tel: 233-0256. Restaurant, Swimmingpool.

Namsin, 2-16 Kraiphet. Tel: 337-551, 337-634. 75 Zimmer. 100-260 Baht.

Royal Garden Resort, 107/1 Phetkasem Beach Rd., Tel: 511-881/2. Büro in Bangkok: 17 Soi 11, Sukhumvit Rd., Tel: 251-8659, 252-4638. 150 Zimmer (1815 Baht), 45 Ferienhäuser (1815 Baht) und 20 Pensionen (600 Baht). Swimmingpool, Tennisplatz, Drivingrange.

Royal Garden Village, 45 Phetkasem Rd., Tel: 512-412, 512-213. Büro in Bangkok: 252-8252, 255-8822.167 Zimmer, Restaurant, Swimmingpool. 3146-8470 Baht.

Silom, 29 Phetkasem Rd., Tel: 511-890/1. Büro in Bangkok: 258-0652/3. 66 Zimmer. Restaurant, Tennisplatz, Swimmingpool, Friseur, Einkaufspassage. 750-2662 Baht.

Thanan Chai, 11 Damrongrat Rd., Tel: 511-755. Büro in Bangkok: 321-6191 App. 6173. 61 Zimmer. 250-950 Baht.

KANCHANABURI (Vorwahl: 034)

Bamrungrak Bungalow, 73 Pattana Rd. 20 Zimmer. 100-200 Baht.

Bunyong Bungalow, 139/9 Saeng Chuto Rd., Tel: 512-598. 20 Zimmer. 90-150 Baht.

Kasem Island Resort, 27 Chaichumphon Rd., Tel: 511-603. Büro in Bangkok: 251-7393, 253-2134. 25 Zimmer. 90-150 Baht.

Kit Charoen Bungalow, 284/13-14 Soi 54, Saeng Chuto Rd., Tel: 511-802. 19 Zimmer. 100-200 Baht.

Kwai Noi Resort, 144/4 Mu 4, Tel: 542-047. Büro in Bangkok: 513-5399. Restaurant. 1500 Baht.

Kwai Yai Garden, 123 Mu 2, Tel: 513-611/2. Büro in Bangkok: 237-6080/1. 25 Zimmer, Restaurant, Einkaufspassage. 600-3500 Baht.

Luxury, 284/1 Saeng Chuto Rd., Tel: 511-168.17 Zimmer. 70-200 Baht.

Maitrichit, U-Thong Rd. 20 Zimmer. 100-250 Baht.

M.K. Kwai Riverside, Tambon Gaeng Seant, Tel: 513-167. Büro in Bangkok: 391-8844, 392-2622. Einkaufspassage. 600-2800 Baht.

Prasobsuk Bungalow, 277 Saeng Chuto Rd., Tel: 511-411, 511-777. 53 Zimmer. 90-200 Baht.

Rama River Kwai, 284/3-16 Saeng Chuto Rd., Tel: 511-184, 511-565. Büro in Bangkok: 579-5400.127 Zimmer. 545-944 Baht.

River Kwai, 284/3-16 Saeng Chuto Rd., Tel: 511-184, 511-565. 127 Zimmer. Bar,

Swimmingpool, Videothek, Friseur, Diskothek, Einkaufspassage. 540-2420 Baht.

Si Charoensuk Bungalow, Saeng Chuto Rd. 30 Zimmer. 100-200 Baht.

Si Muangkan, 313/1-3 Saeng Chuto Rd., Tel: 511-609, 512-401. 56 Zimmer. 90-220 Baht.

Si Rungruang Bungalow, 1/2 Thesaban Bamrung 2 Rd., Tel: 511-087. 29 Zimmer. 90-150 Baht.

Sinsomboon, Kanchanaburi-Thong Phaphum Rd., Tel: 513-218, 513-328. 48 Zimmer. 200-400 Baht.

Thai Seri, 142/1-5 Saeng Chuto Rd. Tel: 511-128, 511-425. 28 Zimmer. 100-180 Baht.

Wang Thong, 60/3 Saeng Chuto Rd., Tel: 511-046. 24 Zimmer. 100-200 Baht.

RIVER KWAI (Raft-Häuser)

Chiangcome Erawan Hotel, auf einer Flußbank des Kwai Yai River nahe dem Erawan Waterfall. 15 Zimmer und Raft-Häuser. 200-1200 Baht.

Coral Raft Resort, Amphoe Si Sawat, Si Nakarin Dam, 20 Minuten vom Mong Ka Thae-Pier entfernt. Büro in Bangkok: 215-4096. 6 Bungalows, 2 Raft-Häuser. 500-700 Baht.

Fuang Fa Rafts, Amphoe Si Sawat, 15 Kilometer vom Si Nakarin-Damm entfernt, Tel: 511-210. Büro in Bangkok: 510-0476. 8 Zimmer. 500-700 Baht.

Jungle Raft Resort, Pak Huai Lam Khao Ngu. Büro in Bangkok: 253-4504, 253-5989. 38 Zimmer. 500-700 Baht.

Khao Laem Jungle Raft, mit dem Schnellboot 15 Minuten bis Tha Phae, Khao Laem-Damm. Büro in Bangkok: 513-4106/7. 23 Zimmer. 1150 Baht.

Kwai Yai Island Resort, mit der Fähre 15 Minuten bis zum Tha Kradan-Pier. Büro in Bangkok: 521-3807. 8 Bungalows, 4 Raft-Häuser. 450-500 Baht.

Kwai Yai River Huts, 2 Bootsstunden vom Tha Kradan-Pier entfernt. Büro in Bangkok: 392-3286, 251-0900. 26 Zimmer. 1100-1200 Baht.

Lake Valley Resort, Pha Phung Island, Khao Laem-Damm, 50 Minuten bis zum Kammaliang-Pier. Büro in Bangkok: 412-4869, 412-4509. 32 Zimmer. 1280 Baht.

Mae Lamun Resort, 20 Minuten vom Mae Lamun-Pier entfernt, am Si Nakarin-Damm. Büro in Bangkok: 514-1423. 4 Bungalows, 6 Raft-Häuser. 350-550 Baht.

Nam-Jone River Huts, 1 Stunde 45 Minuten bis zum Tha Kradan-Pier, Si Nakarin-Damm. Büro in Bangkok: 314-3981, 314-4574. 7 Raft-Häuser. 75-1200 Baht.

North Star Resort, 1 Stunde 45 Minuten bis zum Mong Ka Thae-Pier, Si Nakarin-Damm, Tel: 512-990. Büro in Bangkok: 424-5066/7. 11 Bungalows, 5 Raft-Häuser. 600 Baht.

Rafthouses by Sai Yok Falls, 280/1 Pak Phraek Rd., Tel: 511-964. 5 Raft-Häuser. 500 Baht.

River Kwai Cabin, 45 Minuten von der Stadt entfernt, Amphoe Sai Yok. Büro in Bangkok: 412-4869, 412-4509. 9 Raft-Häuser, 5 Hütten. 380 Baht.

River Kwai Farm, 35 Kilometer außerhalb der Stadt, 30 Kilometer bis zur Ban-Kao Railway Station. Büro in Bangkok: 235-6433, 234-7435. 22 Bungalows, 10 Raft-Häuser. 450 Baht.

River Kwai Jungle Houses, Amphoe Sai Yok, Tel: 561-052, 561-429. 40 Kilometer außerhalb der Stadt. Büro in Bangkok: 279-2040. 3 Bungalows, 12 Raft-Häuser. 450 Baht.

River Kwai Jungle Rafts, 45 Minuten bis zum Pak Saeng-Pier, etwa 60 Kilometer von der Stadt entfernt. Büro in Bangkok: 392-3641. 11 Raft-Häuser. 500-600 Baht.

River Kwai Moon Lake Resort, KM 211, Tambon Huai Kamin. Büro in Bangkok: 391-8124. 6 Raft-Häuser. 550 Baht.

River Kwai Rafts, Amphoe Sai Yok, 1 Stunde 30 Minuten von der Stadt entfernt. Büro in Bangkok: 215-2279, 280-3365. 10 Bungalows, 9 Raft-Häuser. 600 Baht.

River Kwai Village Hotel, auf einer Flußbank des Kwai Noi River, Amphoe Sai Yok, 70 Kilometer von der Stadt entfernt. Büro in Bangkok: 251-7552, 251-7828. 60 Zimmer, 7 Raft-Häuser. 650-800 Baht.

S. Bunyong Bungalow, 61 Mu 1, Tambon Tha Khanun. 15 Bungalows. 100-170 Baht.

Sai Yok Noi Bungalow, 132 Mu 3, Amphoe Sai Yok. 20 Bungalows. 120-600 Baht.

Saovakorn Camping, am Ufer des River Kwai, Amphoe Sai Yok, 40 Kilometer von Kanchanaburi entfernt. Büro in Bangkok: 413-1981, 413-0158. 10 Bungalows, 10 Raft-Häuser. 350-500 Baht.

Si Thong Pha Phum Bungalow, 28/1 Mu 1, Tambon Tha Khanun. 28 Zimmer. 80-160 Baht.

Soi Dao-Sao Duang Raft, Mu 3 Tambon Tha Kradan. 1200-2000 Baht.

Som Chai Nuk Bungalow, 11 Mu 1, Tambon Tha Khanun. 14 Zimmer. 80-160 Baht.

Suan Ingkwai, 18 Kilometer auf dem Kanchanaburi-Ban Kao Highway. Büro in Bangkok: 374-9771. 7 Bungalows, 4 Raft-Häuser. 450 Baht.

Ta-Wan Rafts, 92 Ban Tai, Tel: 511-436. Büro in Bangkok: 391-5975. 2 Raft-Häuser. 500-1500 Baht.

Yang Thong River Kwai, 43 Kilometer bis Kanchanaburi, Amphoe Sai Yok Noi. Büro in Bangkok: 513-0772, 512-1657. 12 Bungalows, 3 Raft-Häuser. 400-1200 Baht.

KHAO YAI NATIONAL PARK

Khao Yai National Park, Thanarat Rd., Tel: 235-2178/9 App. 3017. Büro in Bangkok: 281-3041, 282-5209. 57 Zimmer. 380-950 Baht.

LOPBURI (Vorwahl: 036)

Amonsuk, 80/15 Mu 3, Na Phrak, Tel: 411-065.19 Zimmer. 80-100 Baht.

Asia Lopburi, 1/17-18 Surasak Rd., Tel: 411-892. 111 Zimmer.

Holiday Hotel, 3 Soi Suriyothai 2, Narai Maharat Rd., Tel: 411-343, 413-379. 99 Zimmer, 5 Bungalows. 180 Baht.

Mandarin, 44 Mu 4, Phaholyothin Rd., Tel: 412-949, 412-969. 36 Zimmer. 150-250 Baht.

Muang Thong, 1/5-7 Prang Sam Yod Rd., Tel: 411-036. 37 Zimmer. 80-140 Baht.

Nett, 17/1-2 Ratchadamnoen Rd., Soi 2, Tel: 411-738. 40 Zimmer. 90-200 Baht.

Piman, 51/40 Soi Ek-Kathod, Horathibadi Rd., Tel: 412-507, 412-153. 45 Zimmer. 150-250 Baht.

Si Inthra, 3-5 Na Phrakan Rd., Tel: 411-261, 412-055. 24 Zimmer. 80-140 Baht.

Taipei, 24/6-7 Surasongkram Rd., Tel: 411-514. 105 Zimmer.

Viboonsi, 388 Narai Maharat Rd., Tel: 411-009. 38 Zimmer, 18 Bungalows. 80-160 Baht.

NAKHON NAYOK (Vorwahl: 037)

Kobkua Palace, 420 Thongchai Simuang Rd., Tel: 311-644/5. 64 Zimmer. 100-250 Baht.

Panjai, 341/1 Suwannason Rd., Tel: 231-291. 60 Zimmer. 80-500 Baht.

Thansamai, 140/1 Suwannason Rd., Tel: 311-322. 35 Zimmer. 70-180 Baht.

NAKHON PATHOM (Vorwahl: 034)

Mit Phaisarn, 120/30 Phaya-Phan Rd., Tel: 242-422. 59 Zimmer. 100-200 Baht.

Nakhon-In, 55 Ratwithi Rd., Tel: 251-152/3. 70 Zimmer. 140-500 Baht.

Nakhon Pathom, 11 Mu 1, Phetkasem Tadmai Rd., Tel: 243-530, 241-743. 60 Zimmer. 120-240 Baht.

Rose Garden, 21 Mu 2, Phetkasem Rd., Tel: 321-684/5. Büro in Bangkok: 253-0295/6. 114 Zimmer, 7 Bungalows. 500-2500 Baht.

Sayam, 2/1-5 Ratchadamnoen, Tel: 241-754, 252-230. 60 Zimmer. 140-300 Baht.

Sirichai, 37-41 Sai-Phra Rd., Tel: 241-800, 251-639. 22 Zimmer. 100-200 Baht.

Sunya, 101 Mu 1, Phetkasem Rd., Tel: 242-938, 241-282. 70 Zimmer. 160-350 Baht.

Whale, 151/79 Ratwithi Rd., Tel: 251-020/1. 160 Zimmer. 160-500 Baht.

NAKHON SAWAN (Vorwahl: 056)

Anodad, 479-483 Kosi Rd., Tel: 221-844/5. 120 Zimmer. 100-250 Baht.

Him Palace, 55/55 Daowadung Rd., Tel: 222-221. 120 Zimmer. 220-1800 Baht.

New Palace, 42/50 Sukheemok, Tel: 222-961. 40 Zimmer. 90-240 Baht.

Piman, 605-244 Soonkankhanakornsawan Rd., Tel: 222-473, 222-097. 124 Zimmer. 350-1500 Baht.

Tuk Khao (White House), 44 Rimkuen Rd. 45 Zimmer. 120-250 Baht.

Vachara, 1016/9-12 Phaholyothin Rd., Tel: 222-263. 58 Zimmer. 100-180 Baht.

Visanu, 25 Aunthakavee Rd., Tel: 212-972. 118 Zimmer. 120-290 Baht.

NONTHABURI
(Vorwahl: 02 - von Bangkok aus nicht mitwählen)

Golden Dragon, 20/21 Ngamwongwan Rd., Tel: 589-5141/8. 114 Zimmer. 500-1700 Baht.

Kao Loon 73, 118/4 Ngamwongwan Rd., Tel: 589-5507/8. 75 Zimmer. 250-700 Baht.

Nonthaburi Sisuk, 75/13-4 Mu 6, Krungthep-Non Rd., Tel: 525-0647. 30 Zimmer. 100-200 Baht.

PATHUMTHANI (Vorwahl: 02)

AIT Center, Phaholyothin Rd., Tel: 529-0100/1. 50 Zimmer. 450-550 Baht.

Mit Phaisarn, 246/12 Prachathipat Rd., Tel: 531-3069. 20 Zimmer. 100-120 Baht.

Pattanarom, 260/53-4 Phaholyothin Rd., Tel: 531-3163, 531-2283. 25 Zimmer. 150 Baht.

Rangsit Borikan, 247/14 Prachathipat Rd. 12 Zimmer. 100-120 Baht.

PHRA BUDDHA BHAT
(Vorwahl: 036)

Suk Sant, 64/1 Phaholyothin Rd., Tel: 266-527. 10 Zimmer. 60-120 Baht.

Thanin, 45 Phaholyothin Rd., Tel: 266-088. 45 Zimmer. 100-200 Baht.

Thawi Chai, 257-9 Mankha Prasit Rd., Tel: 266-108. 10 Zimmer. 60-120 Baht.

PHRAPADAENG
(Vorwahl: 02 - von Bangkok aus nicht mitwählen)

Kwanchai, 100-4 Tambon Bangpuang. 30 Zimmer. 60-100 Baht.

New Sisawat, 125/14 Suksawat Rd., Tel: 462-7717. 47 Zimmer. 100-120 Baht.

PETCHBURI (Vorwahl: 032)

Chom Klao, 1/3 Phongsuriya Rd., Tel.: 425-398. 36 Zimmer. 100-160 Baht.

Khao Wang, 174/1-3 Ratwithi Rd., Tel.: 425-167. 58 Zimmer. 100-180 Baht.

Nom Chai, 49 Phongsuriya Rd., Tel.: 425-550. 22 Zimmer. 80-140 Baht.

Petchkasem, 86/1 Petchkasem Rd., Tel.: 425-581. 50 Zimmer. 120-180 Baht.

Phetburi, 39 Phongsuriya Rd., Tel.: 425-315. 12 Zimmer. 80-120 Baht.

Sa-nguan Chai, 27 Damnoen Kasem Rd., Tel.: 425-051. 20 Zimmer. 100-120 Baht.

Tek Heng Long, 74-6 Mattayawong Rd., Tel.: 425-023. 32 Zimmer. 100-160 Baht.

RATCHABURI (Vorwahl: 032)

Araya, 187/1-2 Kraiphet Rd., Tel.: 337-782. 80 Zimmer. 120-280 Baht.

Friend, 59 Mu 4, Tambon Khok-Mo, Tel.: 321-221. 24 Zimmer. 80-160 Baht.

Hong Fa, 89/13 Ratsadon Yindi Rd., Tel.: 337-484. 30 Zimmer. 100-140 Baht.

House 78,138 Phetkasem Rd., Tel.: 338-095, 321-078. 30 Zimmer. 100-180 Baht.

Kritsana, 118 Khathathon Rd., Tel.: 337-262. 18 Zimmer. 60-120 Baht.

Namsin, Kraiphet Rd., Tel.: 337-551. 75 Zimmer. 100-300 Baht.

Ratchaburi D 1, 43/1 Udom Siri Rd., Tel.: 338-542, 338-302. 38 Zimmer. 100-200 Baht.

Sai Fon, 124/6 Montri-Suriyawong Rd., Tel.: 337-079. 7 Zimmer. 80-120 Baht.

Sala Thai, 56/8 Khathathon Rd., Tel.: 337-172. 44 Zimmer. 100-220 Baht.

Siroj, 139-47 Amarin Rd., Tel.: 337-021. 24 Zimmer. 80-140 Baht.

SAMUT PRAKAN (Paknam)
(Vorwahl: 02 - in Bangkok weglassen)

Bunthomtip, 401 Tambon Samrong-Nua, Tel.: 394-2708. 53 Zimmer. 60-160 Baht.

Charoen Suk, 1036/5 Tambon Paknam. 24 Zimmer. 80-150 Baht.

Hom Huan, 565 Tambon Samrong-Nua, Tel.: 393-2276. 30 Zimmer. 130-200 Baht.

Pak Nam, 101/1-2 Tambon Paknam, Tel.: 387-1691. 21 Zimmer. 120-180 Baht.

Sukhumvit, 216/7 Tambon Paknam, Tel.: 395-1747. 36 Zimmer. 100-200 Baht.

SAMUT SAKHON (Vorwahl: 034)

Kasem, 927/28 Setthakit 1 Rd., Tel.: 411-078. 46 Zimmer. 100-200 Baht.

Viengtai, 821/6 Sukhon Thawit Rd., Tel.: 411-151. 19 Zimmer. 100-180 Baht.

SAMUT SONGKRAM
(Vorwahl: 034)

Alongkorn, 541/15 Kasem Sukhum Rd., Tel.: 711-017, 711-709. 38 Zimmer. 150-250 Baht.

Mae Klong, 56/1-3 Phet Samut Rd., Tel.: 711-150. 18 Zimmer. 80-120 Baht.

Rainbow Inn, 50/2 Thonburi-Paktho Rd., Tel.: 711-286. 40 Zimmer. 150-300 Baht.

SARABURI (Vorwahl: 036)

I-Nguan, 497 Phichai Ronnarongsongkham Rd., Tel.: 211-061. 22 Zimmer. 100-180 Baht.

Keo An, 273 Phaholyothin Rd., Tel.: 211-656, 211-713. 250 Zimmer. 100-400 Baht.

Saen Suk, 194 Phaholyothin Rd., Tel.: 211-104, 221-638. 117 Zimmer. 100-280 Baht.

Saengthai Villa, 518 Sut Banthat Rd., Tel.: 211-078, 212-115. 26 Zimmer. 100-200 Baht.

Sap Sin, 471-3 Phaholyothin Rd., Tel.: 211-047, 211-487. 108 Zimmer. 100-300 Baht.

Saraburi, 65 Sut Banthat Rd., Tel.: 211-646, 211-861. 81 Zimmer. 100-280 Baht.

SINGBURI (Vorwahl: 036)

Chao Phya Garden, 184/13-17 Bang Man, Khunsan Rd., Tel.: 511-348, 511-957. 30 Zimmer. 120-240 Baht.

Hotel 72, 9/15-24 Wirachon Rd., Tel.: 511-759, 511-938. 20 Zimmer. 60-120 Baht.

Hotel 99, 151/30 Singburi-Lopburi Rd., Tel.: 512-254. 25 Zimmer. 100-240 Baht.

Singburi, 882/18 Khunsan Rd., Tel.: 511-752, 511-653. 83 Zimmer. 100-250 Baht.

V.S.T., 249/4 Pho Kao Ton Rd., Tel.: 511-732. 42 Zimmer. 100-300 Baht.

SUPHANBURI (Vorwahl: 035)

Di Rak, 571/1 Kho. Nen Keo Rd., Tel.: 521-513. 35 Zimmer. 100-200 Baht.

K.A.T., 533 Phra-Phanwasa Rd., Tel.: 521-639, 521-619. 51 Zimmer. 100-200 Baht.

Kalaket, Tambon U-Thong. 32 Zimmer. 80-160 Baht.

King Pho Sai, 678 Kho. Nen-Keo Rd., Tel.: 522-412, 521-259. 80 Zimmer. 100-220 Baht.

Patchara, 10 Ngo. Nang Soi Fa Rd., Tel.: 521-637. 50 Zimmer. 100-200 Baht.

Suksan, 1145 Kho. Nang Phim Rd., Tel.: 521-668, 521-748. 60 Zimmer. 100-200 Baht.

Sulak, 577-8 Phlai-Phet Rd., Tel.: 511-576. 20 Zimmer. 80-120 Baht.

UTHAI THANI (Vorwahl: 056)

Hua Thai, 37 Sakae Krung Rd., Tel.: 511-561. 13 Zimmer. 60-100 Baht.

Phiboon Sook, 336 Si Uthai Rd., Tel.: 511-048, 511-647. 74 Zimmer. 100-280 Baht.

U-THONG (Vorwahl: 035)

Karaket, Tambon U-Thong. 32 Zimmer. 80-160 Baht.

Ngo Jip Seng, Tambon U-Thong. 14 Zimmer. 60-120 Baht.

Sayam, 1603 Mu 6, Amphoe U-Thong, Tel.: 551-570. 36 Zimmer. 80-180 Baht.

U-Thong, Malaiman Rd., Tel.: 551-925. 23 Zimmer. 100-240 Baht.

DER NORDEN

CHIANG DAO (Vorwahl: 053)

Chiang Dao Hills Resort, bei Km 100 des Chiang Mai-Fang Highway. Büro in Chiang Mai: 236-995, 232-434. Büro in Bangkok: 225-0551. 700-8000 Baht. Zweimannzelte: 150 Baht pro Person.

Piangdao, Soi 1, Main Highway. 10 Zimmer. 80-150 Baht.

CHIANG MAI (Vorwahl: 053)

(siehe auch Mae Rim, Saraphi)

Anodad, 57 Rajamanka Rd., Tel.: 211-055. 150 Zimmer, Coffeeshop, Tour Counter, Restaurant. 170-350 Baht.

Changpuak, 133 Chotana, Tel.: 221-755. 58 Zimmer, Coffeeshop, Tour Counter. 190-400 Baht.

Chiangcome, 7/35 Suthep Rd., Tel.: 222-237. 150 Zimmer, Restaurant, Coffeeshop. 333-422 Baht.

Chiang Inn, 100 Chang Klang, Tel.: 235-655. Büro in Bangkok: 251-6883, 251-7729. 170 Zimmer, Coffeeshop, Restaurant, Schwimmbecken, Disco. Nähe Nachtmarkt. 920-4235 Baht.

Chiang Mai, 502 Huay Kaew Rd., Tel.: 221-418, 222-499. 155 Zimmer, Restaurant, Bar, Coffeeshop, Disco, Friseur. 420-1200 Baht.

Chiang Mai Hills, 18 Huay Kaew Rd., Tel.: 221-254. Büro in Bangkok: 235-024/1. 116 Zimmer, Restaurant, Fitneßclub, Friseur, Schwimmbecken, Einkaufspassage, Tourenveranstalter. 726- 3630 Baht.

Chiang Mai Orchid, 100 Huay Kaew Rd., Tel.: 221-625, 222-091. Büro in Bangkok: 2. Stock, Metropolis Bldg., 395/5 Silom Rd., Tel.: 233-8261. 274 Zimmer, Schwimmbekken, Disco, Sauna, Restaurants. Moderne Anlage im Herzen Chiang Mais. 1089-9680 Baht.

Chiang Mai Phucome, 21 Huay Kaew Rd., Tel.: 211-026. 259 Zimmer, Restaurant. 500-1800 Baht.

Chiang Mai Plaza, 92 Sridonchai Rd., Tel.: 252-050. Büro in Bangkok: 253-1276. 242 Zimmer, Restaurant, Bar, Billard, Friseur, Disco, Tour Counter. 950-12 000 Baht.

Chiang Mai President, 266 Vichayanon Rd., Tel.: 251-025. 242 Zimmer, Restaurant, Bar, Disco, Schwimmbecken. 700-1100 Baht.

Chom Doi House, 33/33 Huay Kaew Rd., Tel.: 222-249. 65 Zimmer, Restaurant. 250-300 Baht.

City Resort, 66/4 Mu 4, Chiang Mai-Lampang Rd., Tel.: 247-790/1. Restaurant. 400-600 Baht.

Diamond, 33/10 Charoenprathet Rd., Tel.: 234-155. 145 Zimmer, Restaurant, Coffeeshop. 280-932 Baht.

Dusit Inn, 112 Changklang Rd., Tel.: 236-835. Büro in Bangkok: Dusit Thani Hotel, 946 Rama 4 Rd., Tel.: 233-1130, App. 2874. 206 Zimmer, Schwimmbecken, Disco, Restaurants. In der Nähe des Nachtmarkts. 980-1400 Baht.

Highway, 1/85 Chiang Mai-Lampang Rd., Tel.: 242-515. 74 Zimmer, Restaurant, Videothek. 450-850 Baht.

Holiday Lodge, 16/16 Huay Kaew Rd., Tel.: 210-901/2. Büro in Bangkok: Tel.: 254-2799. 66 Zi., Restaurant, Schwimmbecken, Videothek, Tour Counter. 430-630 Baht.

Intanin, 824 Soi 4, Chotana Rd., Tel.: 222-155. 80 Zimmer, Restaurant, Videothek. 160-300 Baht.

Iyara, 126 Chotana Rd., Tel.: 222-723. 100 Zimmer, Coffeeshop, Disco. 490-1050 Baht.

Lake View, P.O. Box 1103, Mae Ping, Tel.: 214-711. Restaurant. 400-1400 Baht.

Little Duck Chiang Mai, 99/9 Huay Kaew Rd., Tel.: 222-122, 210-014. 130 Zimmer, Coffeeshop, Bar. 300-1500 Baht.

Mae Hong Son Resort, 50-52 Tha Pae Rd., Tel.: 249-066, 236-269. 34 Zimmer, Restaurant, Bar, Coffeeshop, Videothek, Einkaufspassage, Tour Counter. 945-1053 Baht.

Mae Ping, 153 Sridonchai Rd., Tel.: 251-060/1. 374 Zimmer, Restaurant, Bar, Coffeeshop, Schwimmbecken, Videothek, Einkaufspassage, Tour Counter. 1200-10 000 Baht.

Mitraphap, 94098, Ratchawong Rd., Tel.: 235-205, 235-436. 113 Zimmer, Restaurant. 100-200 Baht.

Montri, 2-6 Ratchadamnoen Rd., Tel.: 211-069, 211-070. 80 Zimmer, Coffeeshop, Tour Counter. 300 Baht.

Muang Mai, 502 Huay Kaew Rd., Tel.: 222-499. 155 Zimmer, Restaurant, Bar, Coffeeshop, Disco, Friseur. 420-1200 Baht.

New Asia, 55 Ratchawong Tadmai Rd., Tel.: 235-288. 204 Zimmer, Restaurant. 420-1200 Baht.

New Suttakit, 46 Rotfai Rd., Tel.: 242-765, 242-589. 80 Zimmer, Restaurant. 120-220 Baht.

Northern Inn, 234/12 Maneenopparat Rd., Tel.: 210-002/3. 90 Zimmer, Restaurant, Coffeeshop. 680-1800 Baht.

Novotel Suriwongse, 110 Chang Klan Rd., Tel.: 236-789. Büro in Bangkok: 251-9883. I68 Zimmer, Restaurant, Schwimmbecken, Bar, Einkaufspassage, Tour Counter. 847-3025 Baht.

Petchara, 404/8 Santitham Rd., Tel.: 221-335. 60 Zimmer, Coffeeshop. 150-450 Baht.

Poy Luang, 146 Superhighway, Tel.: 242-633. Büro in Bangkok: 271-0924. 227 Zimmer, Restaurant, Bar, Coffeeshop, Friseur, Schwimmbecken, Einkaufspassage. 886-3036 Baht.

Prince, 3 Taiwang Rd., Tel.: 236-744, 236-396. 112 Zimmer, Restaurant, Coffeeshop, Schwimmbecken, Einkaufspassage, Tour Counter. 540-1500 Baht.

Rincome, 301 Huay Kaew Rd., Tel.: 211-044. Büro in Bangkok: 15. Stock, Amarin Tower, 500 Ploenchit Rd., Tel.: 252-6045. 162 Zimmer, Schwimmbecken, Tennisplatz, Joggingpfad, Restaurants. Angenehme, ruhige Gartenlage. 1089-3025 Baht.

Rintr, 99/9 Huay Kaew Rd., Tel.: 211-750. 500-1800 Baht.

River View Lodge, 25 Charoenprathet Rd., Tel.: 251-109, 251-110. 36 Zimmer. 500- 800 Baht.

Royal Park, 47 Charoenmuang Rd., Tel.: 247-549. 72 Zimmer, Restaurant, Bar, Schwimmbecken. 350-700 Baht.

Rung Arun, 1/5 Mu 7, Tel.: 251-191 App. 2020. 36 Zimmer, Coffeeshop, Einkaufspassage. 1200 Baht.

Sangthawee, 7/2 Huay Kaew Rd., Tel.: 221-566, 215-384. 50 Zimmer, Coffeeshop. 170-320 Baht.

Sri Tokyo, 6 Boonruangrit Rd., Tel.: 211-100/1. 111 Zimmer, Restaurant, Bar, Coffeeshop, Schwimmbecken. 220-4800 Baht.

Sumit, 198 Ratchaphakhinai Rd., Tel.: 248-434. 80 Zimmer, Coffeeshop. 140-290 Baht.

CHIANG RAI (Vorwahl: 053)

Chiang Rai, 519 Suksathit Rd., Tel.: 711-266, 712-118. 68 Zimmer, Restaurant. 100-140 Baht.

Golden Triangle, 590 Phaholyothin Rd., Tel.: 711-339, 713-918. Übernachtung mit Frühstück 550 Baht.

Krung Thong, 412 Sanambin Rd., Tel.: 711-033, 711-212. 110 Zimmer. 140-260 Baht.

Mae Kok Villa, 445 Singhakhlai Rd., Tel.: 711-786. 44 Zimmer. 120-160 Baht.

Rama, 331/4 Trairat Rd., Tel.: 711-344, 711-739. 43 Zimmer, Restaurant, Coffeeshop, Tour Counter. 180-395 Baht.

Ruang Nakhon, 25 Ruang Nakhon Rd., Tel.: 711-566/7. 61 Zimmer, Restaurant, Coffeeshop, Videothek, Tour Counter. 160- 650 Baht.

Siam, 531/6-8 Banphaprakarn Rd., Tel.: 711-077. 52 Zimmer. 120-180 Baht.

Suknirun, 424/1 Banphaprakarn Rd., Tel.: 711-055, 711-801. 105 Zimmer, Restaurant. 200-360 Baht.

Wang Come, 869/90 Pemawiphak Rd., Tel.: 711-800. Büro in Bangkok: 252-7760. 221 Zimmer, Restaurant, Bar/Cocktailbar, Coffeeshop, Schwimmbecken, Disco/Nightclub. 700-1300 Baht.

Wiang Inn, 893 Phaholyothin Rd., Tel.: 711-533. Büro in Bangkok: 235-4030/1 App. 241-3. 260 Zimmer, Restaurant, Bar/Cocktailbar, Coffeeshop, Schwimmbecken, Videothek, Einkaufspassage. 846-7260 Baht.

CHIENGSAEN (Vorwahl: 053)

Chiengsaen Guest House, 45 Tambon Wiang. 18 Zimmer. 100-150 Baht.

Golden Triangle, The, 222 Golden Triangle, Tel.: 714-031. Büro in Bangkok: 538-0966. 73 Zimmer, Restaurant, Bar/Cocktailbar, Coffeeshop, Schwimmbecken, Fitneßclub, Tour Counter. 1500-8000 Baht.

Poonsuk, 95 Tambon Wiang. 10 Zimmer. 60-80 Baht.

Yonok Lake View, Km 59 Chiang Rai-Chiengsaen Rd., Tel.: 713-103, 236-548. 14 Zimmer, 11 Bungalows. 200-700 Baht.

DOI SAKET (Vorwahl: 053)

Wangtarn Resort, 35/1 Tambon Ruang Nua, Tel.: 235-099, 235-405, 221-185 App. 2534. Restaurant, Schwimmbecken, Tennisplatz. 500-2000 Baht.

FANG (Vorwahl: 053)

Metta Wattana, 75 Chotana Rd., Tel.: 223-244. 11 Zimmer. 40-60 Baht.

HANG DONG (Vorwahl: 053)

Krisadadoi Resort, Km 14 Hang Dong-Samerng Rd., Tel.: 248-419. Restaurant. 750-6000 Baht.

Utthayan Lanna Resort, 1 Mu 4, Tel.: 248-434. 23 Zimmer, Restaurant. 600 Baht.

Yod Doi Resort, Km 15 Hang Dong-Samerng Rd., Tel.: 236-548, 232-032. Restaurant. 700-2000 Baht.

HOT (Vorwahl: 053)

Hot Resort, Chiang Mai-Mae Sarieng Rd.. Tel.: 236-548. 450-1500 Baht.

KAMPAENGPHET (Vorwahl: 055)

Chakungrao, 123/1 Thesa Rd., Tel.: 711-315. Büro in Bangkok: 279-5322. 116 Zimmer, Restaurant, Coffeeshop, Fitneßclub, Tennisplatz, Billard, Videothek, Friseur, Einkaufspassage. 220-2000 Baht.

Naowarat, 2 Soi Prapan Thesa Rd., Tel.: 711-106, 711-211. 78 Zimmer, Restaurant, Bar/Cocktailbar, Videothek. 300- 1500 Baht.

Phet, 99 Soi 3 Wichit Rd., Tel.: 712-927. Restaurant, Coffeeshop, Billardclub, Schwimmbecken, Disco, Friseur. 250-1600 Baht.

LAMPANG (Vorwahl: 054)

Arunsak, 90/9 Boonyawat Rd., Tel.: 217-344, 217-532. 50 Zimmer. 80-200 Baht.

Asia Lampang, 229 Boonyawat Rd., Tel.: 217-844, 217-761. 72 Zimmer, Restaurant, Bar/Cocktailbar. 230-380 Baht.

Lampang, 696 Suandok Rd., Tel.: 217-311/2. 52 Zimmer, Restaurant, 90-220 Baht.

Sakol, 139/9 Phaholyothin Rd., Tel.: 217-573. 67 Zimmer, Restaurant, Coffeeshop. 100-200 Baht.

Siam, 260/26-28 Chatchat Rd., Tel.: 217-472, 217-277. 84 Zimmer, Restaurant. 110-250 Baht.

Tip Chang, 54/22 Thakraw Noi Rd., Tel.: 218-078, 218-337. 120 Zimmer. Restaurant, Bar/Cocktailbar, Schwimmbecken. 280-1500 Baht.

LAMPHUN (Vorwahl: 053)

Srilamphun, 51/2 Intarayot Rd., Tel.: 511-176. 15 Zimmer. 60-120 Baht.

Suankaew Bungalow, Km 6 Lamphun-Lampang Highway. 8 Zimmer. 80-100 Baht.

MAE HONG SON (Vorwahl: 053)

Bai Yok Chalet, 90 Khunlumpraphat Rd., Tel.: 611-486. 40 Zimmer, Restaurant, Coffeeshop. 650-1000 Baht.

Mae Hong Son Resort, 24 Ban Huay Dua, Tel.: 611-406. Büro in Chiang Mai: 50-52 Tapae Rd., Tel.: 236-269, 249-066. 40 Zimmer. 970-1300 Baht.

Meitee, Khunlumpraphat Rd., Tel.: 611-141, 611-121. 39 Zimmer. 100-250 Baht.

Piya Complex, 1 Soi 3, Khunlumpraphat Rd., Tel.: 611-260. 250-350 Baht.

Rim Nam Klang Doi Resort, 70/5 Khunlumpraphat, Tel.: 611-142, 611-086. 400-750 Baht.

Siam, 23 Khunlumpraphat Rd., Tel.: 611-148. 26 Zimmer. 120-280 Baht.

Sommok Villa, 28/1 A. Muang, Tel.: 611-478. 24 Zimmer, Schwimmbecken, Tour Counter. 300-500 Baht.

Wiang Pai, 26/4 A. Pai, Tel.: 611-077. 19 Zimmer. Restaurant. 50-100 Baht.

MAE CHAN (Vorwahl: 053)

Mae Salong Resort, Chiang Rai-Mae Chan Rd., Tel.: 714-047. 12 Zimmer, 8 Bungalows. 500-700 Baht.

Mae Salong Villa, A. Mae Chan, Tel.: 713-444. 10 Zimmer, 10 Bungalows. 500-700 Baht.

MAE SARIENG (Vorwahl: 053)

Mae Sarieng Resort, 41 Lang Panich Rd., Tel.: 681-055, 681-099. 10 Zimmer. 200 Baht.

Mit Aree, 158 Mu 2, Mae Sarieng Rd., Tel.: 681-022, 681-033. 50 Zimmer. 80-300 Baht.

MAE RIM (Vorwahl: 053)

Chiang Mai Resort, Km 19, Mae Rim-Samerng Rd., Tel.: 236-548. Restaurant, 400-600 Baht.

Erawan Resort, 30 Mu 2, Tel.: 251-191/2. 59 Zimmer, Restaurant, Billard, Friseur/ Schönheitssalon, Einkaufspassage. 690-5000 Baht.

Kangsadarn Resort, Km 18.5, Mae Rim-Samerng Rd., Tel.: 212-209, 232-551. Restaurant. 650-2000 Baht.

Maesa Resort, Km 3, Mae Rim-Samerng Rd. Restaurant. 400-500 Baht.

Maesa Valley, P.O. Box Mae Rim, Tel.: 248-423. Restaurant. 650-1050 Baht.

Suan Rintr, Km 9, Mae Rim-Samerng Rd. 21 Zimmer, Restaurant. 450-1800 Baht.

Ton Thong Country, Km 85, Mae Rim-Samerng Rd., Tel.: 222-235. Restaurant. 400-4000 Baht.

MAE SAI (Vorwahl: 053)

Mae Sai, 125/5 Phaholyothin Rd. 50 Zimmer. 80-120 Baht.

Mae Sai Guest House, 688 Tambon Wiangpangkam, Tel.: 732-021. 14 Zimmer. 80-120 Baht.

Northern Guest House, 402 Tamphachom Rd., Tel.: 731-537. 25 Zimmer. 80 Baht.

Rai Nang Nuan, Doi Loulee, Tel.: 234-765, 223-220. 400-2500 Baht.

Top North, 306 Mu 1, Phaholyothin Rd., Tel.: 713-427. 11 Zimmer. 80 Baht.

MAE SOT

First, 444 Inthanakiri Rd., Tel.: 531-397. 38 Zimmer. 140-240 Baht.

Mae Sot Hill, 100 Asia Rd., Tel.: 532-601/ 2. 120 Zimmer, Restaurant, Bar/Cocktailbar, Coffeeshop, Fitneßclub, Tennisplatz, Schwimmbecken, Videothek, Disco/Nightclub, Friseur/Schönheitssalon, Einkaufspassage, Tour Counter. 400-1400 Baht.

Pornthep, 25/4 Soi Srivieng, Tel.: 532-590. 80 Zimmer. 250-280 Baht.

Siam, Prasertwiteethong Rd., Tel.: 531-196. 69 Zimmer. 70-260 Baht.

NAN (Vorwahl: 054)

Dhevaraj, 466 Sumonthevaraj Rd., Tel.: 710-094, 710-212. 154 Zimmer, Restaurant, Bar, Coffeeshop, Einkaufspassage, Tour Counter. 400-1400 Baht.

Nan Fah, 438-440 Sumontherarat Rd., Tel.: 710-284. 24 Zimmer. 100-200 Baht.

Suk Kasem, 29-31 Ananthavoraritdet Rd., Tel.: 710-141. 40 Zimmer. 100-120 Baht.

Thevaraj, 466 Sumonthawarat Rd., Tel.: 711-094, 710-212. 165 Zimmer. 400-1400 Baht.

PETCHABUN

Burapa, 304 Saraburi-Lomsak Rd., Tel.: 711-155/6. 106 Zimmer. 120-350 Baht.

Petchaboon, 143 Sankumuang Rd., Tel.: 711-119, 711-348. 26 Zimmer. 150-200 Baht.

Siam, 21 Sankumuang Rd., Tel.: 711-301. 29 Zimmer. 100-150 Baht.

PHAYAO (Vorwahl: 054)

Chalermsuk, 915 Phaholyothin Rd., Tel.: 431-063, 431-772. 40 Zimmer. 70-100 Baht.

Tharn Thong, 55-57 Donsanam Rd., Tel.: 431-302, 431-342. 96 Zimmer, Restaurant, Coffeeshop. 130-240 Baht.

Wattana, 69 Donsanam Rd., Tel.: 431-203. 34 Zimmer. 80-200 Baht.

PHRAE (Vorwahl: 054)

Nakhon Phrae, 69 Ratchadamnoen Rd., Tel.: 511-122, 511-024. 250 Zimmer, Restaurant, Coffeeshop, Billard, Friseur/Schönheitssalon, Einkaufspassage. 150-1000 Baht.

Paradorn, 177 Yantarakit Koson Rd., Tel.: 511-177, 511-969. 50 Zi., Bar/ Cocktailbar, Coffeeshop, Tour Counter. 120-250 Baht.

Thepwimarn, 226-8 Charoenmuang Rd., Tel.: 511-003, 522-336. 52 Zimmer. 70-100 Baht.

Tung Sri Paiboon, 84 Yantrakitkosol Rd., Tel.: 511-011. 63 Zimmer. 70-150 Baht.

PHITSANULOK (Vorwahl: 055)

Amarin Nakhon, 3/1 Chao Phraya Rd., Tel.: 258-588, 258-945. 130 Zimmer, Restaurant, Bar, Coffeeshop, Disco. 375-2200 Baht.

Chang Phuak, Pra-ong Dam Rd., Tel.: 252-822, 252-899. 52 Zimmer, Restaurant, Coffeeshop, Billard. 180-200 Baht.

Indra, 103/8 Srithumtridok Rd., Tel.: 259-188, 259-638. 88 Zimmer, Restaurant, Coffeeshop. 220-600 Baht.

Nanchao, 242 Baromtrai Lokkanat Rd., Tel.: 252-510/1. 155 Zimmer, Restaurant, Videothek, Disco. 520-1200 Baht.

Phailin, 38 Baromtrai Lokkanat Rd., Tel.: 252-411/2. 200 Zimmer, Bar, Coffeeshop, Fitneßclub, Disco, Friseur/Schönheitssalon, Einkaufspassage. 600-1200 Baht.

Rajapruk, 99/9 Pra-ong Dam Rd., Tel.: 258-788/9. 101 Zi., Restaurant, Coffeeshop, Schwimmbecken, Disco. 500-1500 Baht.

Rajawong, 714 Mitraphap Rd., Tel.: 259-569. 80 Zimmer, Restaurant, Coffeeshop. 180- 240 Baht.

Thep Nakhon, 43/1 Sri Thamtraipidok Rd., Tel.: 251-817, 251-837. 150 Zimmer, Restaurant, Bar, Coffeeshop. 450-1800 Baht.

Wang Nam Yen Resort, Km 46, Phitsanulok-Lomsak Rd., Tel.: 252-753. 41 Zimmer, Restaurant, Coffeeshop, Fitneßclub, Billard, Golfplatz, Schwimmbecken, Videothek, Disco, Einkaufspassage. 480-2200 Baht.

PICHIT (Vorwahl: 056)

Okhanakhon, 2/91 Srimala Rd., Tel.: 611-206, 611-321. 90 Zimmer, Restaurant, Coffeeshop. 170-500 Baht.

Rose Inn Taphan Hin, 57-59 Chomthirawet Rd., Tel.: 621-044, 621-237. 100 Zimmer, Restaurant, Coffeeshop, Disco. 270-1200 Baht.

SARAPHI (Vorwahl: 053)

Garden Palm Resort, 133/2 Mu 7, Tel.: 248-441. 17 Zimmer, Restaurant, Billardclub, Fitneßclub. 800-1500 Baht.

Saraphi Resort, 223 Super Highway, Chiang Mai-Lampang Rd. Restaurant. 600 Baht.

SUKHOTHAI (Vorwahl: 055)

Kitmonkol, 39 Singhawat Rd., Tel.: 611-193. 100-160 Baht.

Rajathanee, 229 Charodvithetong Rd., Tel.: 611-031, 611-308. 81 Zimmer, Restaurant, Bar/Cocktailbar, Coffeeshop, Einkaufspassage. 350-1200 Baht.

Riverview, 92/1 Nikorn Kasem Rd., Tel.: 611-656, 611-516. 40 Zimmer. 100-210 Baht.

TAK (Vorwahl: 055)

Mae Ping, Mahadthai Bamruang Rd., Tel.: 511-807, 511-819. 45 Zimmer. 80-200 Baht.

Sanguan Thai, 619 Taksin Rd., Tel.: 511-265. 39 Zimmer. 90-170 Baht.

Wiang Tak, 25/3 Mahadthai Bamruang Rd., Tel.: 511-910, 511-950. Büro in Bangkok: 233-2690, 234-4885. 182 Zimmer, Restaurant, Bar/Cocktailbar, Coffeeshop, Disco/Nightclub, Friseur/Schönheitssalon, Einkaufspassage. 300-600 Baht.

Wiang Tak 2, Chumphon Rd., Tel.: 511-910, 511-950. Büro in Bangkok: 233-2690. 50 Zimmer, Restaurant, Coffeeshop. 410-490 Baht.

THA TON

Thip's Travelers House, an der Brücke über den Kok River, Tel.: 245-538. DZ: 80 Baht (mit Bad: 100 Baht); EZ: 60 Baht.

UTTARADIT (Vorwahl: 055)

Seeharaj, 163 Barom-Asana Rd., Tel.: 411-106, 412-172. 124 Zimmer, Restaurant, Coffeeshop, Schwimmbecken, Einkaufspassage, Tour Counter. 480-1200 Baht.

DER NORDOSTEN

ARANYAPRATHET
(Vorwahl: 037)
(siehe auch Prachinburi)

Amnuaysuk 1, 59/1 Tambon Aranyaprathet. Tel.: 231-105. 30 Zi. 100-200 Baht.

Amnuaysuk 2, 110 Ratuthit Rd., Tel.: 231-070. 31 Zimmer. 100-150 Baht.

Chaisuk Bungalow, 23/1 Suwannason Rd., Tel.: 231-175. 19 Zimmer. 150-250 Baht.

Inter, 108/7 Mu-Ban Aran, Tel.: 231-291. 21 Zimmer. 200-300 Baht.

BURIARAM (Vorwahl: 044)

Buriram, Tambon Nai Muang. 20 Zimmer. 60-100 Baht.

Chai Charoen, 114-6 Niwat Rd., Tel.: 611-559. 39 Zimmer. 80-150 Baht.

Grand, 137 Niwat Rd., Tel.: 611-176, 611-089. 85 Zimmer. 100-250 Baht.

Krung Rome, 78/2 Niwat Rd., Tel.: 611-740, 611-545. 81 Zimmer. 150-300 Baht.

Niwat, 89/10-2 Niwat Rd., Tel.: 611-640. 20 Zimmer. 100-150 Baht.

Phloen, Tambon Nai Muang. 21 Zimmer. 80-200 Baht.

Thai, 38/1 Romburi Rd., Tel.: 611-112, 611-132. 90 Zimmer. 100-500 Baht.

CHAIYAPHUM (Vorwahl: 044)

Charoen, 196/7 Soi 1, Yutitham Rd., Tel.: 811-194/5. 36 Zimmer. 80-200 Baht.

Lert Nimit, 447 Niwetrat Rd., Tel.: 811-522/3. 96 Zimmer. 100-400 Baht.

Sirichai, Nonmuang Rd., Tel.: 811-461, 811-416. 102 Zimmer. 100-350 Baht.

CHIANG KHAN (Vorwahl: 042)

Amnat Siri, 282 Chai Khong Rd. 15 Zimmer. 60-100 Baht.

Suk Sombun, 243/3 Chai Khong Rd., Tel.: 821-064. 17 Zimmer. 80-120 Baht.

KALASIN (Vorwahl: 043)

Mit Wattana, Amphoe Muang Rd. 25 Zimmer. 100-200 Baht.

Phaibun, 125/1-2 Somphamit Rd., Tel.: 811-661. 46 Zimmer. 150-200 Baht.

Sai Thong, Phirom Rd., Tel.: 811-661. 28 Zimmer. 100-150 Baht.

Suphak, 81/7 Saneha Rd., Tel.: 811-315, 811-051. 52 Zimmer. 150-500 Baht.

KHON KAEN (Vorwahl: 043)

Grand, 39 Soi Samakkhi Uthit, Lang Muang Rd., Tel.: 222-433, 236-690. 99 Zimmer. 150-500 Baht.

Kaen Inn, 56 Klang Muang Rd., Tel.: 237-744, 237-672. 162 Zimmer. 300-1000 Baht.

Khon Kaen, 43/2 Phimphasut Rd., Tel.: 237-711, 237-745. 140 Zimmer. 300-1200 Baht.

King's, 26-34 Sathit Yutitham Rd., Tel.: 236-330, 236-220. 99 Zimmer. 150-300 Baht.

Kosa Khon Kaen, 250-252 Si Chan Rd., Tel.: 225-012/4. 123 Zimmer. 360-750 Baht.

New Wansiri, 285/1 Ha-Phusajika Rd., Tel.: 236-816. 45 Zimmer. 100-250 Baht.

Queen's, 209 Maliwan Rd. 50 Zimmer. 100-200 Baht.

Roma, 50/2 Klang Muang Rd., Tel.: 236-276, 237-206. 142 Zimmer. 200-500 Baht.

Rot Sukon, 1/10-1 Klang Muang Rd., Tel.: 238-576/8. 73 Zimmer. 300-500 Baht.

Sawasdi, 177-9 Na-Muang Rd., Tel.: 221-600, 224-033. 146 Zimmer. 100-200 Baht.

Sri Mongkhon, 61-67 Klang Muang Rd., Tel.: 237-939. 31 Zimmer. 100-150 Baht.

Suriyon, Tambon Nai Muang. 38 Zimmer. 100-200 Baht.

Thani Bungalow, 222 Ruen Rom Rd., Tel.: 224-833, 221-470. 113 Zi. 100-250 Baht.

Viengsawan, 264/25 Thepharak Rd., Tel.: 236-010. 22 Zimmer. 100-200 Baht.

Villa, 79/1 Klang Muang Rd., Tel.: 236-640, 238-863. 154 Zimmer. 210-300 Baht.

LOEI (Vorwahl: 042)

King, 11/9-12 Chumsai Rd., Tel.: 811-701, 811-783. 48 Zimmer. 150-500 Baht.

Phu Luang, 55 Charoen Rat Rd., Tel.: 811-532, 811-520. 86 Zimmer. 120-300 Baht.

Sarai-thong, 26/5 Ruamchit Rd., Tel.: 811-582. 56 Zimmer. 60-120 Baht.

Sisawad, 524 Ruamchit Rd., Tel.: 811-574. 28 Zimmer. 120 Baht.

Sripratum, 12 Sathonchiangkan Rd., Tel.: 801-556. 80 Zimmer. 80-120 Baht.

Thai Udom, 122 Charoen Rat Rd., Tel.: 811-763. 56 Zimmer. 180-220 Baht.

MAHASARAKHAM
(Vorwahl: 043)

Chimphlee Bungalow, 296 Thinanon Rd., Tel.: 711-101. 40 Zimmer. 60-120 Baht.

Maha Sarakham, 720 Mahachai-Damri Rd. 22 Zimmer. 60-120 Baht.

Pattana, 1227/4-8 Somthawin Rd., Tel.: 711-473. 72 Zimmer. 80-120 Baht.

Sunthon, 1157/1 Worabut Rd., Tel.: 711-201. 30 Zimmer. 80-120 Baht.

Wasu, 1096/3 Damnoen-Nat Rd., Tel.: 711-046, 711-202. 104 Zimmer. 350-500 Baht.

MUKDAHAN (Vorwahl: 042)

Hong Kong, 161/1-2 Phithak-Santirat Rd., Tel.: 611-123, 611-143. 23 Zimmer. 70-120 Baht.

Hua Nam, 20 Samut Sakdarak Rd., Tel.: 611-137. 28 Zimmer. 50-200 Baht.

Mukdahan, 8/8 Samut Sakdarak Rd., Tel.: 611-619, 611-629. 55 Zimmer. 120-240 Baht.

NAKHON PHANOM (Vorwahl: 042)

Chak-Kawan, 676/12-13 Aphiban-Bancha Rd., Tel.: 511-298. 24 Zimmer. 80-120 Baht.

Charoensuk, 250 Bamrungmuang Rd., Tel.: 511-130. 38 Zimmer. 80-200 Baht.

First, 370 Si-Thep Rd., Tel.: 511-253. 63 Zimmer. 100-200 Baht.

Grand, 210 Si-Thep Rd., Tel.: 511-526. 46 Zimmer. 100-300 Baht.

Nakhon Phanom, 403 Aphiban-Bancha Rd., Tel.: 511-074, 511-455. 58 Zimmer. 200-250 Baht.

River Inn, 137 Sunthon Wichit Rd., Tel.: 511-305. 16 Zimmer. 80-150 Baht.

Sithep, 708/11 Si-Thep Rd., Tel.: 512-395. 61 Zimmer. 120-200 Baht.

Windsor, 692/19 Bamrungmuang Rd., Tel.: 511-573, 511-946. 60 Zimmer. 70-200 Baht.

NAKHON RATCHASIMA (Korat) (Vorwahl: 044)

Anachak, 62/1 Chomsurangyat Rd., Tel.: 243-825. 99 Zimmer. 150-300 Baht.

At-sadang, 315 At-Sadang Rd., Tel.: 242-514. 40 Zimmer. 150-200 Baht.

Cathay, 3692/5-6 Ratchadamnoen Rd., Tel.: 242-889. 48 Zimmer. 90-150 Baht.

Chao Phraya, 203/1-3 Chomsurangyat Rd. 62 Zimmer. 150-350 Baht.

Chomsurang, 2701/2 Mahadthai Rd., Tel.: 257-087/8. 123 Zimmer. 350-1500 Baht.

Chumphol, 701-2 Pho-Klang Rd., Tel.: 242-453, 251-591. 69 Zimmer. 100-180 Baht.

Fah Sang, 68-70 Mukkhamontri Rd., Tel.: 242-143, 243-342. 77 Zimmer. 100-240 Baht.

Fah Thai, 35-39 Pho-Klang Rd., Tel.: 242-533, 252-797. 90 Zimmer. 70-240 Baht.

First Guest House, 132-36 Burin Rd., Tel.: 244-201, 255-203. 100 Zimmer, Restaurant. 150-240 Baht.

Great Inn, 92 Mu 3 Mitraphap Rd., Tel.: 256-088, 252-426. 88 Zimmer, Coffeeshop. 250-700 Baht.

Juldis Khao Yai Resort, Thanarat Rd. Büro in Bangkok: 255-2480, 255-4960. 56 Zimmer, Restaurant, Bar/Cocktailbar, Coffeeshop, Tennisplatz, Schwimmbecken. 1500-3700 Baht.

Khao Yai Motor Lodge, Amphoe Pak Chong. Büro in Bangkok: 281-3041, 282-5209. Restaurant. 380-1300 Baht.

King's, 85 Mitraphap Rd., Tel.: 253-360. 62 Zimmer. 160-330 Baht.

Korat, 191 At-Sadang Rd., Tel.: 242-260, 242-444. 115 Zimmer, Coffeeshop, Disco/ Nightclub, Einkaufspassage. 160-650 Baht.

Muang Mai Korat, 191 At-Sadang Rd., Tel.: 245-365. 115 Zimmer. 150-650 Baht.

Muang Thong, 1302 Chomphon Rd., Tel.: 242-090. 52 Zimmer. 80-150 Baht.

Sakol, 46-48 At-Sadang Rd., Tel.: 241-260. 77 Zimmer. 100-240 Baht.

Si Chomphon, 133-135 Chomphon Rd., Tel.: 242-460, 242-988. 68 Zimmer. 100-200 Baht.

Si Phatthana, 346 Suranari Rd., Tel.: 246-323. 183 Zimmer. 250-500 Baht.

Sirat, 7 Suranari Rd., Tel.: 243-116. 39 Zimmer. 80-120 Baht.

Siri, 167-168 Pho-Klang Rd., Tel.: 242-831. 59 Zimmer. 80-180 Baht.

Thai, 646-50 Mitraphap Rd., Tel.: 241-613/4. 110 Zimmer. 220-330 Baht.

Tokyo, 256-8 Suranari Rd., Tel.: 242-788, 242-873. 41 Zimmer. 80-180 Baht.

NONG KHAI (Vorwahl: 042)

Banternchitr, 621 Banthernchitr Rd., Tel.: 411-101. 24 Zimmer. 60-80 Baht.

Kusomsuk, 14 Mu 3 Rimkhong Rd., Tel.: 451-152. 8 Zimmer. 50-80 Baht.

Phanthawi, 1241 Haisok Rd., Tel.: 411-568/9. 67 Zimmer. 100-400 Baht.

Phongwichit, 1244/1-2 Banthoengchit Rd., Tel.: 411-583. 39 Zimmer. 70-200 Baht.

Phoonsap, 843 Michai Rd., Tel.: 411-031. 18 Zimmer. 70-100 Baht.

Prachak Bungalow, 1178 Prachak Rd., Tel.: 411-116. 27 Zimmer. 80-170 Baht.

Suksan, 1164 Prachak Rd., Tel.: 411-585. 30 Zimmer. 100-200 Baht.

PHIMAI (Vorwahl: 044)

Phimai, 305/1-2 Haruthairom Rd., Tel.: 471-689, 471-306. 50 Zimmer. 60-260 Baht.

ROI ET (Vorwahl: 043)

Banchong, 99-101 Suriyadet-Bamrung Rd., Tel.: 511-235. 30 Zimmer. 80-140 Baht.

Bungalow 99, 102 Pracha-Thammarak Rd., Tel.: 511-035, 511-041. 34 Zimmer. 80-180 Baht.

Mai Thai, 99 Haisok Rd., Tel.: 511-136, 511-038. 112 Zimmer. 250-950 Baht.

Niyom, 315-7 Phadung-Phanit Rd., Tel.: 511-710. 50 Zimmer. 60-120 Baht.

Phrae Thong, 29 Ploenchit Rd., Tel.: 511-127. 66 Zimmer. 120-160 Baht.

Sai Thip, 133 Suriyadet-Bamrung Rd., Tel.: 511-365, 511-742. 66 Zimmer. 150-170 Baht.

Sri Chumphon, Haisok Rd., Tel.: 511-741. 106 Zimmer. 130-400 Baht.

Suriya, 156/1-3 Ploenchit Rd., Tel.: 511-250. 41 Zimmer. 80-160 Baht.

Thiendi, 52-62 Ratthakit-Khlaikhla Rd., Tel.: 511-508. 40 Zimmer. 50-100 Baht.

Tokyo, Tambon Nai Muang Rd., Tel.: 511-127. 44 Zimmer. 60-120 Baht.

SAKHON NAKHON (Vorwahl: 042)

Araya, 1432 Kamchadphai Rd., Tel.: 711-224. 55 Zimmer. 100-200 Baht.

Charoen, Prempríða Rd., Tel.: 712-386. 50 Zimmer. 100-180 Baht.

Dusit, 1782-4 Yuwa-Pattana Rd., Tel.: 711-198, 712-200. 121 Zi. 140-200 Baht.

Imperial, 1892 Suk-Kasem Rd., Tel.: 711-119, 711-887. 106 Zimmer. 180-350 Baht.

Krong Thong, 645/2 Charoen-Muang Rd., Tel.: 711-235. 36 Zimmer. 60-180 Baht.

SISAKET (Vorwahl: 045)

Nittrakarn, Tambon Muang Tai. 38 Zimmer. 60-100 Baht.

Phothong, 1055/2-5 Ratchakan-Rotfai Rd., Tel.: 611-542. 20 Zimmer. 60-100 Baht.

Prom Piman, 849/1 Lak Muang Rd., Tel.: 611-141, 611-161. 88 Zimmer. 100-350 Baht.

Santisuk, 0573 Soi Wat Phra To, Tel.: 611-496. 68 Zimmer. 60-120 Baht.

Sisaket, 0384-5 Si Sa Ket Rd., Tel.: 611-846. 68 Zimmer. 70-120 Baht.

Thai Serm Thai, Si Sa Ket Rd., Tel.: 611-458. 30 Zimmer. 60-120 Baht.

SURIN (Vorwahl: 045)

Amarin, 37/7-10 Thesaban 1 Rd., Tel.: 511-407. 86 Zimmer. 95-150 Baht.

Erawan, 37 Krungsi-Nai Rd., Tel.: 511-328. 22 Zimmer. 80-100 Baht.

Krung Sri, 185 Krungsi-Nai Rd., Tel.: 511-037. 65 Zimmer. 80-100 Baht.

Memorial, 186 Lak-Muang Rd., Tel.: 511-288, 511-637. 56 Zimmer. 140-280 Baht.

New Hotel, 22 Thanasan Rd., Tel.: 511-341, 511-322. 96 Zimmer. 100-200 Baht.

Phetkasem, 104 Chitbamrung Rd., Tel.: 511-274, 511-576. 162 Zi. 300-1000 Baht.

Saeng Thong, 155-61 Thanasan Rd., Tel.: 512-099, 512-009. 119 Zimmer. 125- 220 Baht.

Thanachai, 14 Thesaban 1 Rd., Tel.: 511-002. 30 Zimmer. 80-120 Baht.

UBON RATCHATHANI (Vorwahl: 045)

Badin, 14 Phalochai Rd., Tel.: 254-209, 255-777. 110 Zimmer. 220-280 Baht.

Decha, Khuan-Thani Rd., Tel.: 254-270. 40 Zimmer. 80-160 Baht.

Krung Thong, 24 Si Narong Rd., Tel.: 241-609, 254-200. 143 Zimmer. 220-280 Baht.

Pathumrat, 173 Chayangkun Rd., Tel.: 241-501/2. 137 Zimmer. 250-350 Baht.

Rajthani, 229 Khuan-Thani Rd., Tel.: 254-599, 254-497. 100 Zimmer. 220-280 Baht.

Suriyat, 47/1-4 Suriyat Rd., Tel.: 241-144. 40 Zimmer. 80-160 Baht.

Tokyo, 178 Upparad Rd., Tel.: 241-739. 48 Zimmer. 80-180 Baht.

Ubon, 333 Khuan Thani Rd., Tel.: 254-952/3. 120 Zimmer. 150-280 Baht.

UDON THANI (Vorwahl: 042)

Chaiyaporn, 209-11 Mak-Khang Rd., Tel.: 221-913, 222-144. 77 Zimmer. 100-350 Baht.

Charoen, 549 Phosi Rd., Tel.: 221-331/2. 120 Zimmer. 380-800 Baht.

Charoensri Palace, 60 Phosi Rd., Tel.: 222-601, 242-614. 110 Zimmer. 250-500 Baht.

King, 57 Phosi Rd., Tel.: 221-634, 222-919. 132 Zimmer. 100-200 Baht.

Krung Thong, 195-9 Phosi Rd., Tel.: 221-161, 223-556. 64 Zimmer. 100-200 Baht.

Mapakdi, 931 Pra chak Rd., Tel.: 221-212. 33 Zimmer. 80-180 Baht.

Mit Pracha, 271/2-3 Prachak Rd., Tel.: 222-640. 60 Zimmer. 100-200 Baht.

Paradise, 44/29 Phosi Rd., Tel.: 221-956, 221-506. 90 Zimmer. 100-250 Baht.

Pracha Pakdi, 156/8 Prachak Rd., Tel.: 221-804, 223-341. 38 Zimmer. 100-250 Baht.

Si San-nga, 12/1 Adunyadet Rd., Tel.: 221-024. 52 Zimmer. 100-250 Baht.

Siri Udon, 79-91 Amphoe Rd., Tel.: 221-658, 222-331. 98 Zimmer. 120-250 Baht.

Subhamitr, 12 Surakan Rd., Tel.: 222-292, 221-520. 40 Zimmer. 100-200 Baht.

Thailand, 411-6 Surakan Rd., Tel.: 221-951. 52 Zimmer. 100-250 Baht.

Udon, 81-89 Mak-Khang Rd., Tel.: 222-166/7. 90 Zimmer. 110-280 Baht.

YASOTHON (Vorwahl: 045)

Serm Seri, Chang-Sanit Rd. 22 Zimmer. 70-100 Baht.

Surawet Wattana, 128/1-3 Chang-Sanit Rd. 30 Zimmer. 80-100 Baht.

Udom Phon, 82/3 Uthai-Ramrit Rd., Tel.: 711-564. 23 Zimmer. 70-80 Baht.

Yot Nakhon, 141-143 Uthai-Ramrit Rd., Tel.: 711-122. 48 Zimmer. 100-200 Baht.

DER SÜDOSTEN

BAN PAE (Vorwahl: 038)

Amornphan Villa, Ban Pae, Tel.: 612-918. Büro in Bangkok: 579-3451, 579-0325. 40 Zimmer, Restaurant. 350-3150 Baht.

Ban Pae Cabana, 205/7 Mu 3. Büro in Bangkok: 280-1820. 33 Zimmer, Restaurant, Bar/ Cocktailbar, Einkaufspassage. 1400-1600 Baht.

Coral Reef Resort, Ban Pae. Büro in Bangkok: 311-0471. 35 Zimmer, Restaurant. 500-2500 Baht.

Phe Villa, Ban Pae. Büro in Bangkok: 215-6600. 30 Zimmer, Restaurant. 400-2500 Baht.

Rayong Resort, Ban Pae. Büro in Bangkok: 258-4466. 45 Zimmer, Restaurant. 2178-5082 Baht.

Rungnapha Lodge, Ban Pae. Büro in Bangkok: 277-0288, 314-3360. 29 Zimmer, Restaurant, Tennisplatz. 700-4000 Baht.

Sinsamut Village, Ban Pae. Büro in Bangkok: 252-9467. 13 Zimmer, Restaurant. 600-3500 Baht.

Suan Wang Kaew, Ban Pae. Büro in Bangkok: 252-5053, 251-0836. 65 Zimmer, Restaurant. 2500 Baht.

Suanthip Wari, Ban Pae. Büro in Bangkok: 215-6600. 18 Zimmer, Restaurant. 400-2500 Baht.

BANG SAEN (Vorwahl: 038)

Bang Saen Beach Resort, 55-150 Bangsaen Beach Rd., Tel.: 376-675/6. Büro in Bangkok: 253-3956. 29 Zimmer, 100 Bungalows. 360-1500 Baht.

Bang Saen Villa, 190 Mu 13, Bangsaen Beach Rd., Tel.: 377-088, 377-118. Büro in Bangkok: 253-4380/1. 70 Zimmer. 450-1,200 Baht.

Picnic, 85/1-17 Sukhumvit Rd., Tel.: 377-013/4. 46 Zimmer. 200-300 Baht.

Seaside Palace, 97/3 Mu 7, Tel.: 376-117, 376-738. 80 Zimmer. 350-500 Baht.

BANG SARAY (Vorwahl: 038)

Bang Saray Bay Resort, Tel.: 436-095/ 8. Büro in Bangkok: 286-7180/1. 16 Zimmer. 550 Baht.

Bang Saray Fishing Lodge, Tel.: 436-757, 436-802. Büro in Bangkok: 233-7719, 234-3094. 18 Zimmer. 550-1500 Baht.

Bang Saray Villa, Tel.: 436-444, 436-070. 19 Zimmer. 300 Baht.

Sea Sand Club, Tel.: 435-163. Büro in Bangkok: 253-0681/2. 20 Bungalows. 650 Baht.

CHACHOENGSAO (Vorwahl: 038)

Burapa, 150-8 Phanit Rd., Tel.: 511-106. 16 Zimmer. 60-100 Baht.

Chachoengsao 1, 1-5 Kuakun Rd., Tel.: 511-116. 44 Zimmer. 100-120 Baht.

Mitsampan, 76-92 Kuakun Rd., Tel.: 511-079. 37 Zimmer. 60-150 Baht.

Phanom Garden, 333 Mu 4, Chachoengsao-Kabin Buri Rd., Tel.: 551-515. 44 Zimmer, Bar/Cocktailbar, Coffeeshop, Disco/Nightclub. 160-600 Baht.

River Inn, 122 Maruphong Rd., Tel.: 511-921. 30 Zimmer. 160-200 Baht.

Yenchit, 203 Maha Chakkaphat Rd., Tel.: 511-200. 29 Zimmer. 80-120 Baht.

CHANTHABURI (Vorwahl: 039)

Chai Li, 106 Kwang Rd., Tel.: 311-075. 66 Zimmer. 120-160 Baht.

Chantanimit, 116-118 Rimnam Rd., Tel.: 312-388, 313-136. 53 Zimmer. 120-200 Baht.

Chanthaburi, 42 Thesaban 2, Tel.: 311-300. 62 Zimmer. 130-250 Baht.

Chanthaburi Hilton, 41/210 Raksak-Chamun Rd., Tel.: 311-064. 68 Zimmer. 160-300 Baht.

Eastern, 899 Tha-Chalab Rd., Tel.: 312-218/9. 142 Zimmer. 320-400 Baht.

Kasemsan 2, 23 Sri Rongmuang Rd., Tel.: 311-173. 119 Zimmer. 120-200 Baht.

Kiatkajohn, 27/28 Tha-Luang Rd., Tel.: 311-212, 313-139. 63 Zimmer. 120-250 Baht.

Muangchan, 257-259 Si Chan Rd., Tel.: 312-909, 321-254. 99 Zimmer. 120-160 Baht.

Travel Lodge, 14 Raksak-Chamun Rd., Tel.: 311-531, 311-647. 212 Zimmer. 250-400 Baht.

CHONBURI (Vorwahl: 038)

Eastern, 888 Sukhumvit Rd., Tel.: 283-713, 283-231. 126 Zimmer. 160-260 Baht.

Kasem, 170/75 Sukhumvit Rd., Tel.: 282-292, 283-576. 50 Zimmer. 100-200 Baht.

Likhit, 781 Ko, Chetchamnong Rd., Tel.: 284-995, 284-400. 109 Zi. 100-240 Baht.

Noppharat, 17/6 Soi Noppharat Wachira-Prakan Rd., Tel.: 282-524. 46 Zimmer. 100-160 Baht.

Rattana Chonburi, 678/17-18 Sukhumvit Rd., Tel.: 284-I63, 285-208. 115 Zimmer. 100-180 Baht.

JOMTIEN (Vorwahl: 038)

Ambassador Resort Jomtien, The, 21/10 Sukhumvit, Km 155, Tel.: 231-501/2. Büro in Bangkok: 254-0444, 255-0444. 2500 Zimmer, Restaurant, Bar/Cocktailbar, Fitneßclub, Tennisplatz, Gymnastikraum, Videothek, Disco, Friseur/Schönheitssalon, Einkaufspassage. 1000-11 000 Baht.

Ban Suan, Jomtien Beach, Tel.: 231-072. 22 Zimmer, Schwimmbecken. 800 Baht.

Coral Inn, 411 Jomtien Beach Rd., Tel.: 231-283/4. Büro in Bangkok: 271-3775. 36 Zimmer, Restaurant, Coffeeshop. 800-1200 Baht.

Four J. Beach Resort, 69 Mu 12, Tel.: 231-401/2. 85 Zimmer, Restaurant. 400 Baht.

Fuangfah Beach Resort, Na Jomtien Beach Rd., Tel.: 428-205. Büro in Bangkok: 258-8452/8. 26 Zimmer, Restaurant, Bar/Cocktailbar. 550 Baht.

Jomtien Bayview, 192 Mu 10, Pattaya-Jomtien Rd., Tel.: 425-889, 425-890. 55 Zimmer, Bar/Cocktailbar, Coffeeshop, Einkaufspassage. 350-500 Baht.

Jomtien Chalet, Jomtien Beach Rd., Tel.: 231-205/6. Büro in Bangkok: 246-5578. 24 Zimmer, Restaurant, Bar/Cocktailbar. 900 Baht.

Jomtien Garden, Jomtien Beach, Tel.: 231-001/2. 30 Zimmer, Restaurant. 1200 Baht.

Jomtien Hill Resort, 384/36 Mu 12, Tel.: 422-378. Büro in Bangkok: 235-7694, 237-1609. 64 Zimmer, Restaurant, Bar/Cocktailbar, Videothek, Einkaufspassage. 1600 Baht.

Jomtien Palace, 401 Mu 12, Tel.: 429-149. Restaurant. 1600 Baht.

Marine Beach Resort, 131/62 Mu 12, Tel.: 231-129. 65 Zimmer, Restaurant, Coffeeshop. 500 Baht.

Natural Park Beach Resort, 412 Mu 12, Tel.: 231-561/2. Büro in Bangkok: 247-1676, 245-8234. 116 Zimmer, Restaurant, Bar/Cocktailbar, Fitneßclub, Tennisplatz, Videothek. 1500 Baht.

Pattaya Park Beach, 345 Jomtien Beach, Tel.: 423-000/1. Büro in Bangkok: 511-0717, 511-4778. 240 Zimmer, Coffeeshop, Disco, Friseur/Schönheitssalon, Einkaufspassage. 1694 Baht.

Sala Jomtien, Jomtien Beach, Tel.: 231-074/5. 30 Zimmer. 1300 Baht.

Sea Breeze, 347 Jomtien Beach, Tel.: 231-056/7. 80 Zimmer, Restaurant, Friseur/Schönheitssalon, Einkaufspassage.

Silver Sand, Jomtien Beach, Tel.: 231-030. 107 Zimmer, Restaurant. 550 Baht.

Sugar Hut, 45/4 Mu 12, Tel.: 231-039, 231-047. 32 Zimmer, Restaurant. 650-1500 Baht.

Surf House International, 44/75 Mu 12, Tel.: 231-025/9. 55 Zimmer, Restaurant, Bar/Cocktailbar, Videothek. 500 Baht.

Thanaporn, 366 Mu 12, Tel.: 428-609, 429-609. 55 Zimmer, Restaurant. 600 Baht.

Villa Navin, 350 Mu 12, Tel.: 231-065/6. Büro in Bangkok: 251-7636/7. 45 Zimmer. 2000 Baht.

KO SAMET

Samet Ville, Ao Wai. Büro in Bangkok: 246-3196. 27 Bungalows. 450 Baht.

Wongduan Resort, Ao Wongduan. Büro in Bangkok: 250-0423/4. 12 Bungalows. 300-500 Baht.

Wongduan Villa, Ao Wongduan. Büro in Bangkok: 377-5272, 378-0736. 15 Zimmer. 300-1500 Baht.

PATTAYA (Vorwahl: 038)

(siehe auch Jomtien, Sattahip, Samaesarn)

A.A. Villa, 288 Mu 5, Soi 12, Naklua Rd., Tel.: 231-122. 51 Zimmer, Restaurant. 1200 Baht.

A-One Royal Cruise, 499 North Pattaya, Tel.: 424-874/5. Büro in Bangkok: 233-5970, 233-6381. 200 Zimmer, Restaurant, Bar/Cocktailbar, Coffeeshop, Fitneßclub, Videothek, Friseur/Schönheitssalon, Einkaufspassage. 1600-4800 Baht.

Asia Pattaya, 352 Cliff Rd., Tel.: 428-602/3. Büro in Bangkok: 215-0808, 215-9005. 314 Zi., Restaurant, Bar/Cocktailbar, Fitneßclub, Tennisplatz, Disco, Friseur/Schönheitssalon, Einkaufspassage. 1694 Baht.

Beach View, 389 Soi 2, Beach Rd., Tel.: 422-660/1. Büro in Bangkok: 258-1845, 258-5735. 135 Zimmer, Restaurant, Bar/Cocktailbar, Coffeeshop. 850 Baht.

Best Inn, 420/42 Mu 9, Soi Buakaow. Tel.: 422-248. 48 Zimmer, Coffeeshop. 300- 350 Baht.

Bungalow 55555, 555/5 Mu 5, Soi 12, Naklua Rd., Tel.: 429-055. 32 Zimmer, Restaurant. 600 Baht.

C.K., Pattaya Second Rd., Tel.: 422-487. 78 Zimmer, Restaurant. 400 Baht.

Cabana, The, Pattaya Second Rd., Tel.: 421-223/4. 50 Zimmer, Restaurant. 250 Baht.

Caesar Palace, 176 Mu 10, Pattaya Second Rd., Tel.: 428-607, 425-724. 80 Zimmer, Restaurant, Coffeeshop, Einkaufspassage. 650 Baht.

Carlton Pattaya, 172 Soi 5, Pattaya Second Rd., Tel.: 421-556/7. 70 Zimmer, Restaurant, Bar/Cocktailbar, Coffeeshop, Friseur/Schönheitssalon. Einkaufspassage. 350 Baht.

Champ, The, 561 Mu 10, Cliff Rd., Tel.: 428-431, 422-451. Büro in Bangkok: 223-2405. 105 Zimmer, Bar/Cocktailbar, Coffeeshop, Friseur/Schönheitssalon. 450 Baht.

Charming Inn, 119/1 Soi 3, Beach Rd., Tel.: 428-895. 65 Zimmer, Coffeeshop. 400 Baht.

Cherry Inn, 359 Mu 10, Soi White Rose, Tel.: 428-395. 70 Zimmer, Restaurant. 450 Baht.

Cosy Beach, 400 Mu 12, Cliff Rd., Tel.: 429-344, 429-334. Büro in Bangkok: 258-1845. 62 Zimmer, Coffeeshop, Einkaufspassage. 726 Baht.

Cottage, The, Pattaya Second Rd., Tel.: 425-660. 30 Zimmer, Restaurant. 200 Baht.

Country Lodge, The, 78/12 Mu 9, Pattaya Second Rd., Tel.: 428-484, 429-455. 147 Zimmer, Restaurant. 350 Baht.

Diamond Beach, 373/8 South Pattaya Beach Rd., Tel.: 429-885/6. Büro in Bangkok: 314-4133. 138 Zimmer, Restaurant, Bar/Cocktailbar, Coffeeshop, Fitneßclub, Videothek, Friseur/Schönheitssalon, Einkaufspassage. 500-1600 Baht.

Diana Inn, 216/6-9 Pattaya Second Rd., Tel.: 429-675, 429-870. 87 Zimmer, Bar/Cocktailbar, Coffeeshop, Videothek, Einkaufspassage. 275-800 Baht.

Downtown Inn, 59/15 Mu 10, Pattaya Second Rd., Tel.: 428-271. 88 Zimmer, Restaurant. 350 Baht.

Dream Villa, The, 59/35 Mu 10, South Pattaya, Tel.: 421-278/9. 115 Zimmer. 250 Baht.

Dusit Resort, Naklua Rd., Tel.: 428-294, 428-541. Büro in Bangkok: 233-9376. 500 Zimmer. Am Nordende des Pattaya Beach, lohnender Ausblick. 650-6000 Baht.

East Sea Resort, Naklua Rd., Tel.: 426-524/5. 40 Zimmer, Restaurant. 550 Baht.

Flipper Lodge, 520/1 Soi 8, Beach Rd., Tel.: 426-401/2. 72 Zi., Coffeeshop, Friseur/Schönheitssalon, Einkaufspassage. 550 Baht.

Fruit Resort, North Pattaya Rd. 11 Zimmer. 1300 Baht.

Garden Lodge, 170 Mu 5, Pattaya-Naklua Rd., Tel.: 429-109, 421-220. 80 Zimmer, Restaurant, Bar, Coffeeshop, Videothek. 350-900 Baht.

Golden Beach, Pattaya Second Rd., Tel.: 429-969, 428-891. 240 Zimmer, Bar, Coffeeshop, Friseur, Einkaufspassage. 800 Baht.

Green, The, 217/10 Mu 10, Soi 9 Beach Rd., Tel.: 429-644, 423-555. 50 Zimmer, Coffeeshop, Einkaufspassage. 350-800 Baht.

Gulf, 526/1-2 Cliff Rd., Tel.: 422-856. 79 Zimmer, Restaurant. 395 Baht.

Holiday Corner, 175/51 Soi Diamond 15, Tel.: 426-072. 39 Zimmer, Bar, Coffeeshop, Videothek, Friseur. 500 Baht.

Honey Inn Pattaya, 529/2 Soi 10, Pattaya Second Rd., Tel.: 421-543/4. Büro in Bangkok: 258-3350, 258-2374. 68 Zimmer, Coffeeshop, Videothek, Einkaufspassage. 700-1400 Baht.

Island View, Pattaya Beach Resort, Tel.: 428-818, 419-818. Büro in Bangkok: 252-0723, 251-5610. 209 Zimmer, Restaurant, Bar, Coffeeshop, Disco, Einkaufspassage. 900 Baht.

Jasmine, 547/34 Mu 10, South Pattaya, Tel.: 424-591/2. 53 Zimmer, Restaurant. 250 Baht.

Ko Larn Island Resort, Ko Larn, Nuan Beach, Tel.: 428-422. Büro in Bangkok: 245-5606, 245-7773. 60 Zimmer, Restaurant, Coffeeshop, Golfplatz, Einkaufspassage. 700-2500 Baht.

Lex, 284/5 Soi 13, Pattaya Second Rd., Tel.: 426-629. 76 Zimmer, Coffeeshop, Videothek, Einkaufspassage. 420-640 Baht.

Lido Beach, 236/7-15 Beach Rd., Tel.: 429-383, 429-737. Büro in Bangkok: 235-7498, 235-7981. 57 Zimmer, Bar, Coffeeshop, Disco. 450-1000 Baht.

Little Duck Pattaya Resort, 336/22 Pattaya Klang Rd., Tel.: 428-104/5. Büro in Bangkok: 252-6460, 252-4726. 180 Zimmer, Bar, Coffeeshop, Videothek, Disco, Einkaufspassage. 592-1820 Baht.

M.S., 135/6 Soi Diamond, Tel.: 429-190, 429-881. 60 Zimmer, Coffeeshop, Friseur. 300 Baht.

Mabelle, Soi 17, South Pattaya, Tel.: 424-456/7. 94 Zimmer, Restaurant. 300 Baht.

Merlin Pattaya, Pattaya Beach Resort, Tel.: 428-755/6. Büro in Bangkok: 233-0802, 234-7190. 360 Zimmer, Restaurant, Bar, Coffeeshop, Tennisplatz, Golfplatz, Videothek, Friseur, Einkaufspassage. 1200- 6000 Baht.

Midtown Inn, 373/1 Mu 10, South Pattaya, Tel.: 428-674. 60 Zimmer, Restaurant, Bar. 250 Baht.

Mike, 339 Mu 10, South Pattaya, Tel.: 422-222/3. 60 Zimmer. 600 Baht.

Montien Pattaya, Beach Rd., Tel.: 428-155/6. Büro in Bangkok: 233-7060. 305 Zimmer, Restaurants, Bar/Cocktailbar. 1339-10 890 Baht.

Moonlight on Sea, 207-214 Mu 15, Naklua Rd., Tel.: 428-128, 428-150. 40 Zimmer, Restaurant. 800 Baht.

Nice, 115/11 Mu 10, South Pattaya, Tel.: 423-409, 429-633. 63 Zimmer, Restaurant, Bar, Coffeeshop. 300 Baht.

Nipa Lodge, North Pattaya Beach Rd., Tel.: 428-195, 428-321. Büro in Bangkok: 252-6118, 252-6045. 150 Zimmer. 968- 2420 Baht.

Novotel Tropicana, 45 Beach Rd., Tel.: 428-645/6. Büro in Bangkok: 234-2465, 234-1964. 186 Zimmer, Restaurant, Bar, Coffeeshop, Tennisplatz, Golfplatz, Disco, Friseur, Einkaufspassage. 1300-2150 Baht.

O.D. Bowl, 562 Mu 10, Pattaya Second Rd., Tel.: 423-612/3. 74 Zimmer, Restaurant, Bar, Coffeeshop. 300 Baht.

Oasis, 373/17 Mu 10, Pattaya Beach, Tel.: 429-933, 428-754. 143 Zimmer, Coffeeshop, Friseur. 350-560 Baht.

Ocean View, 382 Mu 10, Pattaya Beach, Tel.: 428-084, 428-434. Büro in Bangkok: 321-0409. 112 Zimmer, Restaurant, Bar, Coffeeshop, Friseur, Einkaufspassage. 1261 Baht.

Orchid Lodge, Naklua Rd., Tel.: 428-161, 428-323. Büro in Bangkok: 252-6118. 234 Zimmer, Restaurants, Bar/Cocktailbar. 1100-2200 Baht.

P.K. Villa, 595 Mu 10, Beach Rd., Tel.: 429-107, 428-462. 75 Zimmer, Restaurant, Bar, Coffeeshop, Friseur, Einkaufspassage. 500-800 Baht.

Palm Garden, 240/1 Mu 5, Tel.: 429-188, 429-386. 115 Zimmer, Coffeeshop. 350-800 Baht.

Palm Lodge, 426 Mu 9, Pattaya Second Rd., Tel.: 428-779, 428-780. 75 Zimmer, Restaurant, Bar. 350 Baht.

Palm Villa, 485 Mu 10, Tel.: 428-153, 429-099. 67 Zimmer, Coffeeshop. 350 Baht.

Panarak, Siam Country Rd. Büro in Bangkok: 321-0331. 17 Zimmer, Restaurant. 490 Baht.

Paradise Inn, 12 Mu 7, Soi 17, South Pattaya, Tel.: 426-410/1. 99 Zimmer, Restaurant, Bar, Coffeeshop, Friseur. 250 Baht.

Pattaya 11, 216 Soi 11, Mu 10, Beach Rd., Tel.: 429-239, 428-425. 70 Zimmer, Restaurant, Bar, Friseur. 200-350 Baht.

Pattaya City, 557 Mu 10, Cliff Rd., Tel.: 423-300/1. 136 Zimmer, Restaurant, Bar, Coffeeshop, Videothek, Disco, Friseur. 710 Baht.

Pattaya Inn, 380 Soi 2, North Pattaya, Tel.: 428-718/9. Büro in Bangkok: 277-4657. 120 Zimmer, Restaurant, Bar, Coffeeshop, Tennisclub, Videothek, Disco, Friseur, Einkaufspassage. 600 Baht.

Pattaya Lodge, 43 Mu 5, Naklua Rd., Tel.: 428-014. 103 Zimmer, Restaurant. 450 Baht.

Pattaya Palace, Beach Rd., Tel.: 428-542, 428-487. Büro in Bangkok: 233-9376. 260 Zimmer, Restaurants, Bar/Cocktailbar. 1300-6000 Baht.

Peach Resort, 179/40 Mu 5, Pattaya-Naklua Rd., Tel.: 425-706, 426-605. 80 Zimmer, Coffeeshop. 847 Baht.

Prima Villa, 157/22-23 Pattaya-Naklua Rd., Tel.: 425-706, 426-605. 88 Zimmer, Bar, Coffeeshop, Videothek, Einkaufspassage. 726 Baht.

Queen Pattaya, 365/4 Mu 9, Central Pattaya Rd., Tel.: 428-234, 429-915. 118 Zimmer, Restaurant, Bar. 350 Baht.

Rattanasuk Inn, 115/1 Mu 5, Naklua Rd., Tel.: 428-485, 428-391. 54 Zimmer. 250 Baht.

Regent Marina Hotel, Beach Rd, North Pattaya, Tel.: 428-015, 429-277. Büro in Bangkok: 390-2511/2. 221 Zimmer, Restaurant, Bar, Coffeeshop, Videothek, Disco, Friseur, Einkaufspassage. 1210-2400 Baht.

Riviera, 157/1 Mu 5, Naklua Rd., Tel.: 429-230, 421-231. Büro in Bangkok: 252-4001, 251-1478. 52 Zimmer, Restaurant, Bar, Coffeeshop. 250 Baht.

Romeo Palace, 300/21-22 Mu 5, Naklua Rd., Tel.: 429-022, 421-865. 79 Zimmer, Restaurant, Bar, Coffeeshop. 200 Baht.

Royal Cliff, 378 Pratamnak Rd., Tel.: 421-421/2. Büro in Bangkok: 280-1737/8. 757 Zimmer, Restaurant, Bar, Coffeeshop, Tennisplatz, Golfplatz, Videothek, Friseur, Einkaufspassage. 2662-6050 Baht.

Royal Garden Resort, Beach Rd., Tel.: 428-122, 429-926. Büro in Bangkok: 252-4638. 142 Zimmer. Zentrale Lage. 900-4300 Baht.

Royal Night, 362 Mu 9, Soi 5, Beach Rd., Tel.: 428-038, 428-735. 35 Zimmer. 250 Baht.

Royal Palace, 215/2 Pattaya Second Rd., Tel.: 425-656/7. Büro in Bangkok: 393-8563, 393-0968. 350 Zimmer, Restaurant, Bar, Coffeeshop, Fitneßclub, Videothek, Einkaufspassage. 968 Baht.

S.S. Pattaya, 194/22-35 Mu 9, Pattaya Klang Rd., Tel.: 429-938. 54 Zimmer, Restaurant, Coffeeshop. 500-700 Baht.

S.T. Villa, Soi 8, Beach Rd. 12 Zimmer. 600 Baht.

Sawasdee Place, 272/75 Mu 5, Pattaya-Naklua Rd., Tel.: 425-651, 425-728. 43 Zimmer, Restaurant, Coffeeshop, Videothek. 350 Baht.

Sea Lodge, Naklua Rd., Tel.: 425-128/9. 60 Zimmer, Coffeeshop. 400 Baht.

Seaside Villa, 292 Mu 5, Soi 12, Naklua Rd., Tel.: 428-575. 16 Zimmer, Schwimmbecken. 350 Baht.

Seaview Resorts, 500 Soi 18, Pattaya-Naklua Rd., Telefon 429-317, 429-189. 242 Zimmer, Restaurant, Bar, Coffeeshop, Disco, Friseur, Einkaufspassage. 847-2420 Baht.

Siam Bayshore, 559 Mu 10, South Pattaya. Tel.: 428-678/9. Büro in Bangkok: 221-1004/5. 270 Zimmer, Bar, Coffeeshop, Tennisplatz, Disco, Einkaufspassage. 1547 Baht.

Siam Bayview, Pattaya Beach. Tel.: 428-678/9. 260 Zimmer, Restaurant, Bar, Coffeeshop, Tennisplatz, Friseur, Einkaufspassage. 2057-8470 Baht.

Sports Garden Resort, 179/138 Mu 5, Pattaya-Naklua Rd., Tel.: 426-009, 424-616. 183 Zimmer, Restaurant, Bar, Coffeeshop, Fitneßclub. 750 Baht.

Summer Resort, Naklua Rd., Tel.: 426-775, 426-782. 97 Zimmer, Restaurant, Coffeeshop. 968 Baht.

Sunshine, 217/1 Mu 10, Soi 8, South Pattaya, Tel.: 429-247, 429-910. 79 Zimmer, Restaurant, Coffeeshop. 450 Baht.

Sunshine Garden, 240/3 Mu 5, Naklua Rd., Tel.: 421-300/1. 78 Zimmer, Restaurant, Coffeeshop. 450 Baht.

Supalurk Villa, 60/1 Mu 10, South Pattaya, Tel.: 428-806. 50 Zimmer, Restaurant, Coffeeshop. 600 Baht.

V.C. Pattaya, 492 Mu 10, Cliff Rd., Tel.: 424-504/5. Büro in Bangkok: 374-6407. 100 Zimmer, Restaurant, Bar, Coffeeshop, Videothek, Einkaufspassage. 790 Baht.

Verlanda Inn, 175/18 Mu 10, South Pattaya. Tel.: 429-841, 421-136. 50 Zimmer, Restaurant, 250 Baht.

Weekender, 78/20 Pattaya Second Rd., Tel.: 428-720, 429-461. Büro in Bangkok: 234-4357, 234-5404. 202 Zimmer, Restaurant, Bar, Einkaufspassage. 600 Baht.

Welcome Plaza, 213 Mu 10, Pattaya Second Rd., Tel.: 424-765/6. Büro in Bangkok: 252-4726, 252-6460. 268 Zimmer, Coffeeshop, Einkaufspassage. 968 Baht.

Windmill, 665 Mu 5, Pattaya-Naklua Rd., Tel.: 425-930. 101 Zimmer, Restaurant, Coffeeshop, Einkaufspassage. 650 Baht.

Wonderland, 378/311 Cliff Rd. 51 Zimmer, Coffeeshop. 600 Baht.

Wong Amat, Pattaya-Naklua Rd., Tel.: 428-118, 420-119. Büro in Bangkok: 541-1234 App. 2285/6. 207 Zimmer, Restaurant, Bar, Coffeeshop, Fitneßclub, Tennisplatz, Videothek, Friseur, Einkaufspassage. 1200-6000 Baht.

Woodland Resort, 164/1 Pattaya-Naklua Rd., Tel.: 421-707. Büro in Bangkok: 392-2159. 392-0860. 88 Zimmer. 1400 Baht.

PRACHINBURI (Vorwahl: 037)

Bang Prakong, 41-43 Sunthorn-Pattana Rd., Tel.: 211-363. 62 Zimmer. 100-200 Baht.

King's, 65/7-8 Ratdamri Rd., Tel.: 211-188/9. 61 Zimmer. 100-200 Baht.

Suksomchai, 27-28 Ratdamri Rd., Tel.: 211-012. 29 Zimmer. 100-200 Baht.

RAYONG (Vorwahl: 038)

(*siehe auch* Ban Phe)

Asia, Sukhumvit Rd., Tel.: 611-025, 611-918. 15 Zimmer. 100-300 Baht.

Burapha Inn, 2/1 Sukhumvit Rd., Tel.: 612-482/3. 80 Zimmer, Restaurant. 450-2450 Baht.

Jo Ku, 60/1 Sukhumvit Road, Tel.: 601-012/3. 140 Zimmer, Restaurant, Tennisplatz, Golfplatz, Videothek 400-1500 Baht.

Mabtaphut, 1 Mu 1. 49 Zimmer. 120-250 Baht.

One Way, 048/1 Ratbamruang Rd., Tel.: 611-904, 613-497. 29 Zimmer. 150-350 Baht.

Rayong, 065/3 Sukhumvit Rd., Tel.: 613-497, 611-904. 30 Zimmer. 100-200 Baht.

Rayong Otani, Sukhumvit Rd., Tel.: 611-112, 611-161. 116 Zimmer. 100-300 Baht.

Sahayon, 154 Sukhumvit Rd., Tel.: 612-727, 611-102. 36 Zimmer. 100-300 Baht.

Si Fa, 102 Sukhumvit Rd., Tel.: 611-237. 56 Zimmer. 100-200 Baht.

Sirirot, Yomchinda Rd., Tel.: 611-122. 45 Zimmer. 100-150 Baht.

Tawan Ok, 052/3 Sukhumvit Rd., Tel.: 611-167. 34 Zimmer. I50-300 Baht.

Wang Kaew, Ban Phe. Büro in Bangkok: 252-5053, 251-0836. 65 Zimmer, Restaurant. 2500 Baht.

SAMAESARN (Vorwahl: 038)

Sakol Bungalow, Samaesarn, Sattahip. 16 Zimmer. 600 Baht.

Samaesarn Villa, 3/14-16 Samaesarn, Tel.: 436-166, 436-276. Büro in Bangkok: 533-9436. 16 Zimmer. 150 Baht.

SATTAHIP (Vorwahl: 038)

Aqua Marina Cabana, 62/2 Najomtien Beach, Tel.: 231-290/1. Büro in Bangkok: 513-3758. 29 Zimmer, Bar. 600 Baht.

Nongnooch Village, Najomtien Rd., Tel.: 429-342, 429-321. Büro in Bangkok: 252-1786, 225-9975. 62 Zimmer, Restaurant, Coffeeshop, Einkaufspassage. 300-3500 Baht.

Ocean Marina, 167/4 Mu 4, Najomtien. Tel.: 423-686, 428-342. Büro in Bangkok: 233-4543, 234-8000. 40 Zimmer, Restaurant, Bar, Coffeeshop, Disco. 800 Baht.

Sattahip, 469/1-2 Ban-Na Rd., Tel.: 436-131. 34 Zimmer. 100-300 Baht.

Swan Lake, 39/1 Tambon Phluthalung, Tel.: 436-114. 92 Zimmer. 110-250 Baht.

TRAT (Vorwahl: 039)

Muang Trat, 4 Sukhumvit Rd., Tel.: 511-091. 123 Zimmer. 100-500 Baht.

Tang Nguan Seng 2, 66-77 Sukhumvit Rd., Tel.: 511-384. 45 Zimmer. 70 Baht.

Thai Roong Rot, 296 Sukhumvit Rd., Tel.: 511-141. 76 Zimmer. 100-300 Baht.

DER SÜDEN

CHUMPHON (Vorwahl: 077)

99 Bay Resort, Paknam Langsuan, Tel.: 541-481, 541-861. 10 Zimmer, Restaurant. 250 Baht.

Chumphon Cabana, Thung Wua Laen Beach, Tel.: 501-990. Büro in Bangkok: 224-1884. 40 Zimmer, Restaurant, Videothek, Friseur, Einkaufspassage. 300-500 Baht.

Pharadorn, 180/12 Pharadorn Rd., Tel.: 511-500, 511-598. 116 Zimmer, Restaurant, Disco. 350-740 Baht.

Pornsawan Home, 110 Mu 4, Paknam, Tel.: 521-521/2. 90 Zimmer, Restaurant, Bar, Coffeeshop, Tennisplatz, Videothek, Disco, Einkaufspassage. 400-2000 Baht.

Suriwong Chumphon, 125/27-29 Saladaeng Rd., Tel.: 511-203, 511-397. 73 Zimmer. 100-240 Baht.

Tatapoa, 66/1 Tatapoa Rd., Tel.: 511-479, 511-748. 85 Zimmer, Restaurant, Coffeeshop, Friseur. 300-450 Baht.

HAT YAI (Vorwahl: 074)

Amarin, 285 Niphat-Uthit Rd., Tel.: 244-012, 244-272. 140 Zimmer. 140-200 Baht.

Ambassador, 23 Sriphadung-Phakdi Rd., Tel.: 234-410. 170 Zimmer, Coffeeshop, Videothek. 370-780 Baht.

Asian Hat Yai, 55 Niphat-Uthit 3 Rd., Tel.: 245-455. Büro in Bangkok: 512-1690. 104 Zimmer, Restaurant, Bar, Coffeeshop, Videothek, Friseur. 420-1000 Baht.

City, Saiburi Rd., Tel.: 312-628. 67 Zimmer, Restaurant, Videothek. 160-350 Baht.

Emperor, 1 Tanrattanakon Rd., Tel.: 245-166, 245-709. 108 Zimmer, Restaurant, Bar, Coffeeshop, Disco. 350-425 Baht.

Florida Hat Yai, 8 Sripoovanart Rd., Tel.: 234-555, 233-590. 119 Zimmer, Coffeeshop. 490-2299 Baht.

Grand Plaza, 24/1 Sanehanusorn Rd., Tel.: 234-340/1. 145 Zimmer, Restaurant, Videothek. 835 Baht.

Hat Keow, Hat Keow. Tel.: 331-059, 331-060. 140 Zimmer, Restaurant, Videothek. 500 Baht.

Hat Yai Inter, 42-44 Niphat-Uthit 3 Rd., Tel.: 244-744, 231-022. 210 Zimmer, Restaurant, 637 Baht.

Holiday Hat Yai, 1-3 Cheevanusorn Rd., Tel.: 234-881, 234-923. 106 Zimmer, Restaurant. 620 Baht.

Indra, 94 Thamnoonvithi Rd., Tel.: 243-277, 243-918. 118 Zi., Restaurant. 450 Baht.

J.B. Hat Yai, 99 Jootee-Anusorn Rd., Tel.: 234-300/1. Büro in Bangkok: 258-2667. 208 Zimmer, Restaurant, Bar, Coffeeshop, Fitneßclub, Disco, Friseur, Einkaufspassage. 1089-3025 Baht.

King's, 126 Niphat-Uthit Rd., Tel.: 234-966. 88 Zimmer, Restaurant, Coffeeshop. 240-400 Baht.

Kosit, 199 Niphat-Uthit 2 Rd., Tel.: 235-710/1. 182 Zimmer, Restaurant, Bar, Coffeeshop, Disco, Friseur. 417-1065 Baht.

Laem Thong, 46 Thamnnoonvithi Rd. 133 Zimmer, Coffeeshop, Einkaufspassage. 160-360 Baht.

Lee Gardens, 1 Lee Phattana Rd., Tel.: 234-420/5. 122 Zimmer, Restaurant, Videothek. 835 Baht.

Merlin, 2 Chaiyakul-Uthit Soi 1, Tel.: 232-030, 238-586. 110 Zimmer, Restaurant. 605-690 Baht.

Metro, 86 Niphat-Uthit 2 Rd., Tel.: 244-422. 155 Zimmer, Coffeeshop. 160-290 Baht.

Mitrama, 102/369 Jan Nivate 2 Rd., Tel.: 245-593, 246-780. 102 Zimmer, Restaurant. 160-290 Baht.

Montien, 120-124 Niphat-Uthit Rd., Tel.: 245-399, 244-648. 180 Zimmer, Restaurant. 532 Baht.

My House, 600 Phetkasem Rd., Tel.: 244-579, 232-445. 102 Zimmer, Restaurant, Bar, Coffeeshop, Disco. 320-426 Baht.

New World, 144-150 Niphat-Uthit 2 Rd., Tel.: 246-993, 232-004. 133 Zimmer, Restaurant, Videothek. 605-726 Baht.

Nora, 216 Thamnnoonvithi Rd., Tel.: 244-944, 244-982. 170 Zimmer, Restaurant, Videothek. 515 Baht.

Oriental, 135 Niphat-Uthit 3 Rd., Tel.: 245-674, 245-977. 124 Zimmer, Restaurant. 150-280 Baht.

Palm Inn, 880 Phetkasem Rd., Tel.: 233-198, 234-690. 51 Zimmer. 350 Baht.

President, 420 Phetkasem Rd., Tel.: 244-477, 244-273. 110 Zimmer, Restaurant, Bar, Coffeeshop, Disco, Friseur. 380-1000 Baht.

Rado, 59 Sanehanusorn Rd., Tel: 243-858. 88 Zimmer, Restaurant. 140-240 Baht.

Rajathanee, 1 Thamnnoonvithi Rd., Tel.: 232-188, 232-288. 79 Zimmer, Restaurant. 320-1500 Baht.

Regency, The, 23 Prachathipat Rd., Tel.: 234-400/1. 169 Zimmer, Restaurant, Videothek. 660 Baht.

River Inn, 65 Chothana Rd., Tel.: 231-101/2. 90 Zimmer, Restaurant. 180-320 Baht.

Royal, The, 106 Prachathipat Rd., Tel.: 232-115, 243-639. 136 Zimmer, Restaurant. 665 Baht.

Sakol, 47-48 Sanehanusorn Rd., Tel.: 245-256, 245-356. 104 Zimmer, Friseur. 120-200 Baht.

Sakura, 185/1 Niphat-Uthit 3 Rd., Tel.: 246-688, 233-160. 60 Zimmer, Coffeeshop. 625-1800 Baht.

Scala, 43/42-43 Tanrattanakorn Rd., Tel.: 234-800/1. 80 Zimmer, Restaurant, Bar, Coffeeshop, Videothek, Friseur, Einkaufspassage. 450-710 Baht.

Sincere, 33/1 Phasawang 5 Rd., Tel.: 244-227, 232-954. 90 Zimmer, Restaurant. 339-1500 Baht.

Sukhontha, 26 Sanehanusorn Rd., Tel.: 243-999, 243-775. 205 Zimmer, Restaurant. 545 Baht.

Thai, 9 Raj Uthit Rd., Tel.: 244-371. 75 Zimmer, Restaurant. 110-220 Baht.

Thep Nakhon, 37 Pracharak Rd., Tel.: 236-667. 120 Zimmer, Restaurant, Videothek. 390 Baht.

Wang Noi, 114/1 Sang Chan Rd., Tel.: 245-729. 68 Zimmer. 140-240 Baht.

Wieng Sawan, 156 Saiburi Rd., Tel.: 311-607, 312-092. 60 Zimmer. 140 Baht.

Yong Dee, 99 Niphat-Uthit 3 Rd., Tel.: 234-350/1. 104 Zimmer, Videothek, Einkaufspassage. 280-300 Baht.

KO SAMUI (Vorwahl: 077)

• Town

Palace, 152 Nathon, Ko-Samui, Tel.: 421-079, 421-080. 30 Zimmer, Restaurant, Coffeeshop, Videothek. 200-600 Baht.

• Bo Phut

Chaweng Garden Bungalow, 163/1 Mu 2, Tel.: 421-403. 18 Zimmer, Restaurant. 150-300 Baht.

Chaweng Palace Bungalow, 1/1 Mu 1, 30 Zimmer, Restaurant. 80-200 Baht.

Coral Bay Resort, 9 Mu 2, Tel.: 272-222 App. 201. Büro in Bangkok: 279-7573, 279-3505. 36 Zi., Restaurant, Videothek, Tennisplatz, Einkaufszentrum. 700-900 Baht.

Family Village Bungalows, 51/2 Big-Buddha Beach. 12 Zimmer, Restaurant, Coffeeshop, Videothek, Einkaufspassage. 100-300 Baht.

Fan Bay Resort, Big-Buddha Beach, Tel.: 273-920, 282-040. 30 Zimmer, Restaurant, Bar, Coffeeshop, Videothek. 660-1500 Baht.

Imperial Tong Sai Bay, Ban Plai Laem, Tel.: 421-451/2. Büro in Bangkok: 254-0111. 72 Zimmer, Restaurant, Bar, Tennisplatz, Einkaufspassage. 2100-3400 Baht.

Joy Resort, Chawaeng Yai Bay, Tel.: 421-376. Büro in Bangkok: 521-1242, 511-0335. 30 Zimmer, Restaurant, Bar, Disco, Videothek. 500-1000 Baht.

Mat Lang Resort, 154/1 Mu 2, Hat Chawaeng, Tel.: 272-222 App. 89215. 29 Zimmer, Restaurant, Bar, Videothek. 200-500 Baht.

Nara Lodge, 80-81 Mu 4, Big-Buddha Beach, Tel.: 421-364. Büro in Bangkok: 235-1597. 45 Zimmer, Restaurant, Bar, Coffeeshop, Tennisplatz, Videothek, Einkaufspassage. 600-1200 Baht.

Palm Garden, Mu 1, Tambon Bo-Phut. 11 Zimmer, Restaurant. 60-90 Baht.

Peace Bungalow, Hat Bo-Phut, Tel.: 421-357. 40 Zimmer, Restaurant, Videothek. 50-200 Baht.

Sandy Resort, 177/1 Hat Bo-Phut, Tel.: 421-353/4. Büro in Bangkok: 314-6690, 314-7420. 52 Zimmer, Restaurant, Bar, Einkaufspassage. 400-1000 Baht.

• Chawaeng

Chaba Samui Resort, 19 Hat Chawaeng Rd., Tel.: 421-380. 16 Zimmer, Restaurant, Bar, Coffeeshop. 1200-2400 Baht.

Chawaeng Cabana, Chawaeng Beach, Tel.: 421-377. 25 Zimmer, Restaurant. 1000-1200 Baht.

First Bungalow, 8 Mu 3, Chawaeng Beach, Tel.: 421-444. 50 Zimmer, Restaurant, Bar, Einkaufspassage. 150-700 Baht.

J.R. Bungalow, Chawaeng Beach, Tel.: 421-402. 40 Zimmer, Restaurant, Bar. 250-700 Baht.

Village, The, 101 Mu 3, Chawaeng Beach, Tel.: 421-382. 19 Zimmer, Restaurant, Bar. 900-1200 Baht.

• Lamai

Golden Sand Bungalow, 124/2 Lamai Beach, Tel.: 421-430. Büro in Bangkok: 252-4101/4. 44 Zimmer, Restaurant, Bar, Coffeeshop, Tennisplatz, Videothek, Einkaufspassage. 150-400 Baht.

Lamai Inn 99 Bungalow, Lamai Beach, Tel.: 421-427. 46 Zimmer, Restaurant, Videothek, Einkaufspassage. 80-200 Baht.

Magic Resort, 130 Mu 3, Lamai Beach. 20 Zimmer, Restaurant, Einkaufspassage. 250-500 Baht.

Sand Sea Resort, Hat Lamai, Tel.: 421-415. 20 Zimmer, Restaurant, Bar, Videothek. 500 Baht.

Warinda Resort, Lamai Beach. 10 Zimmer, Restaurant, 100 Baht.

• Andere

Chalet Resort, Bang Ma Kham Bay, Tel.: 421-307. Büro in Bangkok: 514-2710. 10 Zimmer, Restaurant. 200-1200 Baht.

Chao Ko Bungalow, 29/4 Mu 3, Ko Samui, Tel.: 421-214, 421-157. Büro in Bangkok: 398-3933. 20 Zi., Restaurant. 200-550 Baht.

Emerald Cove Bungalows, 62 Mu 4, Ko-Samui. 20 Zi., Restaurant, 100-150 Baht.

Golden Cliff Resort, Mu 4, Thong Ta Kien Bay, Tel.: 421-409. 15 Zimmer, Restaurant, Coffeeshop. 300-700 Baht.

International Bungalows, 94/5 Hat Thong Yang, Tel.: 421-366. 22 Zimmer, Restaurant, Bar. 300-450 Baht.

Jariya Bungalow, 41 Mu 6, Ko-Samui, Tel.: 421-164. 15 Zimmer, Restaurant. 200-350 Baht.

Pavilion Resort, The, Mu 3, Ko-Samui, Tel.: 421-420. 16 Zimmer, Restaurant, Einkaufspassage. 550-900 Baht.

Phlarn Inn, 28/2 Mu 4, Ko-Samui, Tel.: 421-120. 21 Zimmer, Restaurant, Videothek. 100-300 Baht.

Rainbow Bungalow, Hat Mae Nam. 18 Zimmer. 30-150 Baht.

Sunday Beam Bungalow, Hat Bantai, Tel.: 421-061, 421-290. 25 Zimmer, Restaurant. 150-350 Baht.

Sunrise Bungalow, 126/2 Mu 3, Tambon Mared, Tel.: 421-433. 30 Zimmer, Restaurant, Videothek, Einkaufspassage. 100-200 Baht.

• Ko Pang-ngan

Island View Cabana, 106 Mu 7, Mae Hat Beach. 25 Zi., Restaurant. 100-150 Baht.

Pan Viman Resort, Hat Thong Nai Pan, Tel.: 272-570, 281-646. 50 Zimmer, Restaurant. 150 Baht.

KRABI (Vorwahl: 075)

Krabi Resort, 53-57 Pattana Rd., Tel.: 611-389. Büro in Bangkok: 251-8094. 1100-1320 Baht.

Naowarat, 403 Uttarakit Rd., Tel.: 611-581/2. 58 Zimmer, Restaurant, Videothek, Friseur, Einkaufspassage. 260 Baht.

Thai, 7 Issara Rd., Tel.: 611-122, 611-474. 100 Zimmer, Restaurant. 200-400 Baht.

Wiang Thong Hotel, 155-7 Uttarakit Rd., Tel.: 611-188, 611-593. 160-600 Baht.

• Ao Phra Nang

Ao Nang Villa, Beach Rd. (südlich des Phra Nang Inn), Tel.: 723-0482. Büro in Krabi: 699-129. 150-600 Baht.

Phra Nang Inn, an der T-Kreuzung zum Strand, Tel.: 612-173. Büro in Bangkok: 468-0676. 666-999 Baht pro Zimmer; Bungalows: 150-250 Baht.

NAKHON SI THAMMARAT
(Vorwahl: 075)

Bua Luang, 1487/19 Chamroen Withi Rd., Tel.: 341-518, 341-570. 84 Zimmer, Coffeeshop, Videothek. 100-240 Baht.

Khanom Beach Resort, Khanom Beach. 10 Zimmer. 200-300 Baht.

Nai Plao Bay Resort, 51/3 Mu 8, Tel.: 342-140, 342-237. 24 Bungalows, Restaurant, Videothek. 350-700 Baht.

Nakorn Garden, 1/4 Phra Nakhon Rd., Tel.: 344-831/2. 50 Zimmer. 400-500 Baht.

Neramit, 1629-1631 Neramit Rd., Tel.: 356-514. 60 Zimmer. 120-200 Baht.

Sakol, 1414 Buranaram Rd., Tel.: 356-080. 23 Zimmer. 100-180 Baht.

Siam, 1403/17 Chamroen Withi Rd., Tel.: 356-090. 68 Zimmer. 100-150 Baht.

Supa Villa, Nai Ploaw Beach, Tel.: 342-010. 15 Zimmer, Restaurant. 350 Baht.

Taksin, 1584/23 Si Prad Rd., Tel.: 356-788/9. 155 Zimmer. 200-1250 Baht.

Thai, 1373-1375 Ratchadamnoen Rd., Tel.: 356-505, 356-410. 210 Zimmer, Restaurant, Bar, Coffeeshop. 250-1000 Baht.

Udom, 1461/78 Yommarat Rd., Tel.: 356-310. 54 Zimmer. 80-120 Baht.

Yaowaraj, 1475 Yommarat Rd., Tel.: 346-089. 53 Zimmer. 80-160 Baht.

NARATHIWAT (Vorwahl: 073)

Family, 18/1 Charoenmakkha Rd., Tel.: 611-200, 611-397. 132 Zimmer. 320-420 Baht.

Grand Garden, 104 Arif-Makkha Rd., Tel.: 611-219, 611-389. 129 Zimmer, Restaurant, Disco, Friseur. 500-700 Baht.

Lilla, 28-32 Saritwong Rd., Tel.: 611-188, 611-039. 72 Zimmer. 190-350 Baht.

Merlin, 40 Charoenkhet Rd., Tel.: 611-030, 611-566. 72 Zimmer. 210-370 Baht.

Tanyong, 16/1 Sopha Phisai Rd., Tel.: 511-477/8. 84 Zimmer, Coffeeshop, Disco, Friseur, Einkaufspassage. 460-700 Baht.

Thani, 4/1 Charoenmakkha Rd., Tel.: 611-046, 611-241. 72 Zimmer. 120-200 Baht.

Thara Regent, 45 Soi Phuthon, Charoenkhet Rd., Tel.: 611-584, 611-401. 72 Zimmer. 200-350 Baht.

PATTANI (Vorwahl: 073)

My Garden, 8/28 Charoenpradit Rd., Tel.: 349-600, 348-933. 135 Zimmer, Restaurant. Bar, Friseur. 280-500 Baht.

PANG-NGA (Vorwahl: 076)

Lak Muang 1, 1/2 Phetkasem Rd., Tel.: 411-125, 411-288. 20 Zimmer, Restaurant. 100-150 Baht.

Lak Muang 2, 540 Tambon Taichang, Tel.: 411-500. 24 Zimmer, Coffeeshop. 270-480 Baht.

Pang-nga Bay Resort, 20 Tha Dan Rd., Tel.: 411-067.

Sunday Splendor Lodge, 40 Mu 7, Bangsak, Tel.: 421-580. 22 Zimmer, Restaurant. 1000-2000 Baht.

PHI PHI (Vorwahl: 075)

An den kleinen Buchten im Osten der Ton Sai Bay stehen Holz- und Strohhütten, deren Ausstattung äußerst spartanisch ist, was jedoch in Anbetracht der günstigen Preise gern akzeptiert wird. Man zahlt ab 80 Baht pro Hütte.

Phi Phi Island Cabana, südlich des Ton Sai Village (gleicher Inhaber), Tel.: 611-496, 612-514 (Krabi), oder 255-7600, 252-4945 (Bangkok). Bungalows in Dschungellage. 750-1100 Baht.

Ton Sai Village, am Nordende der Ton Sai Bay, Tel.: 611-496, 612-514 (Krabi), oder 255-7600, 252-4945 (Bangkok). Bungalows im Dschungel. 750-1100 Baht.

PHATTALUNG (Vorwahl: 074)

Hoh Fah, 28-30 Khuha-Sawan Rd., Tel.: 611-045, 611-920. 94 Zimmer, Coffeeshop. 130-260 Baht.

Phattalung 2, 34/1 Ramate Rd., Tel.: 611-045. 15 Zimmer. 100-180 Baht.

Thai, 14-14/1-5 Pisara-Sakrin Rd., Tel.: 611-036, 611-636. 50 Zimmer. 120-250 Baht.

PHUKET (Vorwahl: 076)

Downtown Inn, 56/16-19 Ranong Rd., Tel.: 216-884/5. 24 Zimmer, Coffeeshop, Friseur. 220-450 Baht.

Imperial, Phuket Rd., Tel.: 212-311. 39 Zimmer, Coffeeshop. 235-400 Baht.

Montri, 12/6 Montri Rd., Tel.: 212-936. 72 Zimmer, Coffeeshop. 160-480 Baht.

On On, Phang-nga Rd., Tel.: 211-154. 53 Zimmer, Coffeeshop. 80-300 Baht.

P.S. Inn, Ong Sim Pai Rd., Tel.: 212-216. 86 Zimmer. 180-350 Baht.

Pearl, Montri Rd. Tel.: 211-044. Ältestes Haus am Platz; zentrale Lage. 751-3630 Baht.

Phuket Garden, 40/2 Bangkok Rd., Tel.: 216-900/1. 127 Zimmer, Coffeeshop. 900-9000 Baht.

Phuket Merlin, 158/1 Yaowarat Rd., Tel.: 212-866/7. Büro in Bangkok: 253-2641/2. 180 Zimmer, Restaurant, Bar, Coffeeshop, Fitneßclub, Disco, Friseur, Einkaufspassage. 740-3000 Baht.

Phuket Town City, Thepkrasatri Rd., Tel.: 216-910/I. Neues Haus im Stadtzentrum. 726- 2000 Baht.

Sintawee, 81 Phang-nga Rd., Tel.: 212-153. 137 Zimmer. 120-230 Baht.

Siri Phuket, 231 Yaowarat Rd., Tel.: 211-307, 215-816. 42 Zimmer. 320-380 Baht.

Suksabai, 82/9 Thepkrasatri Rd., Tel.: 212-289, 216-089. 53 Zimmer. 90-140 Baht.

Thavorn, Rasda Rd. Tel.: 211-333/4. 200 Zimmer. 480-950 Baht.

Stadtzentrum

• Bang Tao

Dusit Laguna, 390 Sri Soonthorn Rd., Tel.: 311-320/1. 240 Zimmer, Restaurant, Coffeeshop, Disco. 2350-10 300 Baht.

• Kamala

Phuket Kamala, 74/8 Mu 3, Tel.: 212-775, 216-167. 29 Zimmer, Restaurant. 1400- 2000 Baht.

• Karon

Karon Beach Resort, 29 Rasda Rd., Tel.: 214-828. 80 Zimmer, Coffeeshop. 2000-2200 Baht.

Karon Inn, 27 Rasda Rd., Tel.: 214-828/9. 100 Zimmer, Restaurant, Bar, Coffeeshop, Videothek, Einkaufspassage. 750-1550 Baht.

Karon Villa, 36/4 Karon Beach, Tel.: 214-820/1. Büro in Bangkok: 251-6228, 250-1555. 325 Zimmer, Restaurant, Bar, Coffeeshop, Fitneßclub, Tennisplatz, Videothek, Friseur, Einkaufspassage. 2178- 21 780 Baht.

Marina Cottage Phuket, auf dem Hügelkamm zwischen Kata und Karon Beach, Tel.: 212-901/2, App. Marina. 540-1400 Baht.

Phuket Arcadia, Karon Beach, Tel.: 211-044. Büro in Bangkok: 260-1022/3. 250 Zimmer, Restaurant, Bar, Coffeeshop, Videothek, Friseur, Einkaufspassage. 620-4000 Baht.

Phuket Island View, Karon Beach, P.O. Box 175, Tel.: 212-696. 51 Zimmer, Restaurant, Bar, Coffeeshop, Einkaufspassage. 1000-1500 Baht.

Thavorn Palm Beach, 128/10 Mu 3, Tel.: 214-835/6. Büro in Bangkok: 245-0189. 210 Zimmer, Restaurant, Bar, Coffeeshop, Fitneßclub, Tennisplatz, Videothek, Einkaufspassage. 2360-11 495 Baht.

• Karon Noi

Le Meridien Phuket, Tel.: 321-480/1. Privatstrand; Meer- und Süßwasser-Schwimmbecken. 2723-12 100 Baht.

• Kata

Boathouse Inn, Kata Beach, Tel.: 381-557/8. Büro in Bangkok: 254-5365. Bezaubernde Ausstattung, Tropengarten direkt am Strand.

Club Med, 7/3 Mu 2, Tel.: 214-830/1. Büro in Bangkok: 253-9780/1. 300 Zimmer, Restaurant, Bar, Tennisplatz, Videothek, Einkaufspassage. 2400-13 790 Baht.

Kata Delight, 3/1 P.O Box 73, Tel.: 212-901/2. 6 Zimmer, Coffeeshop, Friseur, Einkaufspassage. 1400-1600 Baht.

Kata Inn, 27 Rasda Rd., Tel.: 214-828/9. 86 Zimmer, Bar, Coffeeshop, Videothek, Einkaufspassage. 1250-1750 Baht.

Kata Villa, 2 Krabi Rd., Tel.: 211-014. 45 Zimmer, Restaurant. 500 Baht.

• Kata Noi

Katathani Hotel, Kata Noi Beach, Tel.: 214-824/5. Eigene kleine Bucht mit Sandstrand. 2599-13 300 Baht.

• Nai Harn

Jungle Beach Resort, 11/3 Viset Rd., Tel.: 214-291. Bungalows in dschungelbewachsener Hügellage. 400-3875 Baht.

Phuket Yacht Club, 23/3 Viset Rd., Tel.: 214-020/1. In einer herrlichen Lagune. 3300-11 877 Baht.

• Nai Yang

Pearl Village, P.O. Box 93, Tel.: 311-376/7. 177 Zimmer, Coffeeshop, Snackbar. 2057-11 495 Baht.

• Pansea

Amanpuri, 118 Srisoonthorn Rd., Tel.: 311-394/5. 40 Zimmer, Coffeeshop, Restaurant. 6300-8800 Baht.

Pansea, 118 Mu 3, Pan Sea Beach, Tel.: 311-249. 76 Zimmer, Restaurant, Bar, Coffeeshop, Videothek, Einkaufspassage. 1700- 5000 Baht.

• Patong

Baan Kosol, 81/3 Thaviwong Rd., Tel.: 321135, 321-520. 15 Zimmer. 300-450 Baht.

Baan Sukhothai, 95 Rath-Uthit Rd., Tel.: 321-195/6. Büro in Bangkok: 246-4515, 246-0367. 92 Zimmer, Restaurant, Bar, Coffeeshop, Einkaufspassage. 990-1290 Baht.

Baan Thai Beach, 89/71 Patong Beach, Tel.: 321-328, 321-388. 125 Zimmer, Restaurant. 1210-3630 Baht.

Beau Rivage, Rath-Uthit Rd., Tel.: 211-239. 40 Zimmer, Coffeeshop. 500-900 Baht.

Club Andaman Beach Resort, 77/1 Patong Thaviwong Rd. (= Beach Road), Tel.: 321-102, 321-361. Bungalows in tropischem Ambiente; unmittelbare Strandnähe. 908-1392 Baht.

Coral Beach, 104 Mu 4, Tel.: 321-106/7. Büro in Bangkok: 252-6087, 252-6228. 200 Zimmer, Restaurant, Bar, Coffeeshop, Fitneßclub, Tennisplatz, Gymnastikraum, Friseur, Einkaufspassage. 1400-3600 Baht.

Diamond Cliff Resort, 61/9 Kalim Beach, Tel.: 321-501/2. 220 Zimmer, Restaurant, Coffeeshop. 2100-10 000 Baht.

Expat, Rath-Uthit Rd. 25 Zimmer. 500 Baht.

Holiday Inn, 86/11 Thaviwong Rd., Tel.: 321-020. Büro in Bangkok: 234-0847, 236-7245. Restaurant, Bar, Coffeeshop, Fitneßclub, Tennisplatz, Einkaufspassage, Friseur. 1500-6000 Baht.

Holiday Resort, Patong Beach, Tel.: 321-101, 321-119. 105 Zimmer, Restaurant, Bar, Coffeeshop, Fitneßclub, Videothek. 860-1440 Baht.

Neptuna, 82/49-50 Raj-Uthit Rd., Tel.: 321-188. 36 Zimmer, Restaurant, Bar. 700-900 Baht.

Paradise, 93 Patong Beach, Tel.: 321-172. 20 Zimmer, Restaurant. 400-500 Baht.

Patong Bay Garden Resort, Thaviwong Rd., Tel.: 321-297/8. 49 Zimmer, Coffeeshop. 1200-1460 Baht.

Patong Beach, 94 Thaviwong Rd., Tel.: 321-301/2. 122 Zimmer, Restaurant, Bar, Coffeeshop, Einkaufspassage, Disco, Friseur, Videothek. 980-1700 Baht.

Patong Beach Bungalow, 96/1 Thaviwong Rd., Tel.: 321-117, 321-213. 34 Zimmer, Restaurant, Bar, Coffeeshop, Einkaufspassage. 500-1500 Baht.

Patong Lodge, 61/7 Mu 5, Kalim Rd., Tel.: 321-286/7. 46 Zimmer, Bar, Coffeeshop. 1320-1560 Baht.

Patong Merlin, 99/2 Mu 4, Patong Beach, Tel.: 321-070/1. Büro in Bangkok: 253-2641/2. Gartenlage; nahe der Beach Road. 1690-7260 Baht.

Patong Resort, 94/2 Raj-Uthit Rd., Tel.: 321-333/4. 210 Zimmer, Restaurant, Bar, Coffeeshop, Tennisplatz, Videothek. 600-2000 Baht.

Patong Villa, 85/3 Thaviwong Rd., Tel.: 321-132/3. 24 Zimmer, Coffeeshop. 500-1400 Baht.

Phuket Cabana, 94 Thaweewongse Rd., Tel.: 321-138/9. 75 Zimmer, Bar, Coffeeshop, Einkaufspassage. 1200-4950 Baht.

Royal Palm Bungalow, 86/4 Patong Beach, Tel.: 321-141. 20 Zimmer, Bar. 250 Baht.

Seagull Cottage, 103 Thaviwong Rd., Tel.: 321-238/9. 56 Zimmer, Restaurant. 557-750 Baht.

Seaview, 102 Thaviwong Rd., Tel.: 321-103. 63 Zimmer, Coffeeshop. 500-1100 Baht.

Thara Patong, 81 Thaviwong Rd., Tel.: 321-135, 321-520. Büro in Bangkok: 321-6870. 102 Zimmer, Restaurant, Bar, Coffeeshop, Fitneßclub, Tennisplatz, Golfplatz, Friseur, Einkaufspassage. 300-800 Baht.

Vises, 95/21 Vises Rd., Tel.: 211-258, 321-473. 47 Zimmer, Restaurant, Bar, Coffeeshop, Fitneßclub, Tennisplatz, Turnsaal, Friseur, Einkaufspassage. 800-2000 Baht.

• Phanwa

Cape Phanwa Sheraton, 27 Mu 8, Sukdidej, Cape Phanwa, Tel.: 391-123. 142 Zimmer, Restaurant, Bar, Coffeeshop, Tennisplatz, Turnsaal, Friseur, Einkaufspassage. 1900-5000 Baht.

• Rawai

Atlas Resort, 14 Viset Rd., Tel.: 212-569, 214-374. 43 Zimmer, Restaurant, Videothek. 500-800 Baht.

Phuket Island Resort, 73/1 Rasda Rd Tel.: 215-950/1. Büro in Bangkok: 252-5320/1. 300 Zimmer, Restaurant, Bar, Coffeeshop, Fitneßclub, Tennisplatz, Gymnastikraum, Videothek, Friseur, Einkaufspassage. 900-15 000 Baht.

Rawai Resort, Rawai Beach. Tel.: 212-943. 90 Zimmer, Coffeeshop. 350-500 Baht.

• Sirey

Sirey Resort, 46 Mu 1, Tambon Rasda, Tel.: 216-973. 32 Zimmer, Bar, Videothek. 450-600 Baht.

PRACHUAP KHIRI KHAN
(Vorwahl: 032)

Casa Sally, Hat Wa-Ko, Tambon Klong-Wan, Tel.: 601-296. Büro in Bangkok: 215-8994. 26 Bungalows. 250-350 Baht.

Kings, 800/3 Phithakchat Rd., Tel.: 611-170. 36 Zimmer. 80-200 Baht.

Prachuap Suk, 63-5 Su-Suk Rd., Tel.: 611-019, 601-460. 10 Zimmer. 80-140 Baht.

Suksun, 131 Su-Suk Rd., Tel.: 611-145. 82 Zimmer. 100-250 Baht.

Tessaban Bungalow, Su-Suk Rd., Tel.: 611-150. 26 Zimmer. 200 Baht.

Wibun Santi, 46 Kong-Kiat Rd., Tel.: 611-059. 12 Zimmer. 61-150 Baht.

Yutichai, 35 Kong-Kiat Rd., Tel.: 611-055. 17 Zimmer. 80-160 Baht.

RANONG (Vorwahl: 077)

Asia, Ruang Rat Rd., Tel.: 811-113. 67 Zimmer. 80-200 Baht.

Jansom Thara, 2/10 Phetkasem Rd., Tel.: 811-510/1. Büro in Bangkok: 424-2050. 220 Zimmer, Bar, Coffeeshop, Fitneßclub, Disco, Friseur, Einkaufspassage. 500-3000 Baht.

Jansom Thara Resort, Paknam Ranong, Tel.: 811-611. Büro in Bangkok: 424-2050, 433-6588. 60 Zimmer, Restaurant. 1210 Baht.

Sin Ranong, 26/23-4 Ruang Rat Rd., Tel.: 811-454. 104 Zimmer. 150-300 Baht.

SATUN (Vorwahl: 074)

Satun Thani, 90 Satun Thani Rd., Tel.: 711-010. 50 Zimmer. 100-220 Baht.

Slinda, 11 Wiset-Mayura Rd., Tel.: 711-115, 711-212. 60 Zimmer. 120-300 Baht.

Wang Mai, 43 Satun Thani Rd., Tel.: 711-607/8. 108 Zimmer, Restaurant, Coffeeshop, Disco, Friseur. 270-1065 Baht.

SONGKHLA (Vorwahl: 074)

Royal Crown, 38 Saingam Rd., Tel.: 312-174, 311-918. 52 Zimmer, Coffeeshop, Einkaufspassage. 450-700 Baht.

Samila, 1/11 Ratchadamnoen Rd., Tel.: 311-310/1. 70 Zimmer, 5 Bungalows, Restaurant, Coffeeshop, Golfplatz, Einkaufspassage. 600-1500 Baht.

SURATTHANI (Vorwahl: 077)

Muang Tai, 390-392 Talad Mai Rd., Tel.: 272-559, 272-367. 44 Zimmer, Coffeeshop. 150-300 Baht.

Muang Thong, Na Muang Rd., Tel.: 272-960, 272-560. 180 Zimmer, Restaurant. 120-380 Baht.

Rat Thani, Talad Mai Rd., Tel.: 272-972, 272-143. 106 Zimmer. 120-230 Baht.

Siam Tara, 1/144 Donnok Rd., Tel.: 273-740/1. 172 Zimmer, Coffeeshop. 252-600 Baht.

Siam Thani, 180 Surat-Phumphin Rd., Tel.: 273-081, 282-167. Büro in Bangkok: 271-0924/5. 170 Zimmer, Bar, Coffeeshop, Tennisplatz, Disco, Einkaufspassage. 360-812 Baht.

Tapee, 100 Chon Kasem Rd., Tel.: 272-575, 282-432. 120 Zimmer, Restaurant, Coffeeshop. 180-340 Baht.

Thai Thani, 442/367-369 Talad Mai Rd., Tel.: 272-972, 273-620. 123 Zimmer. 110-250 Baht.

Thanawat, Chon Kasem Rd., Tel.: 272-473, 272-560. 50 Zimmer, Restaurant, Disco. 150-250 Baht.

Wang Tai, 1 Talad Mai Rd., Tel.: 273-410/1. Büro in Bangkok: 253-7947, 253-0175. 238 Zimmer, Restaurant, Bar, Coffeeshop, Golfplatz, Disco, Friseur, Einkaufspassage. 450-1500 Baht.

TRANG (Vorwahl: 075)

Queen, Visetkul Rd., Tel.: 218-229, 218-422. 148 Zimmer. 150-400 Baht.

Thumrin, 99 Thumrin Square, Tel.: 211-011/2. Büro in Bangkok: 437-0136. 117 Zimmer, Restaurant, Coffeeshop, Friseur. 45-5600 Baht.

Trang, Visetkul Rd., Tel.: 218-703, 218-944. 55 Zimmer. 200-400 Baht.

Wattana, 127/3-4 Rama 4 Rd., Tel.: 218-184. 39 Zimmer. 150-300 Baht.

YALA (Vorwahl: 073)

Cathay, 17-20 Chantharothai Rd., Tel.: 230-344. 99 Zimmer. 130-300 Baht.

Fortuna, Phakdi Damrong Rd., Tel.: 230-165. 72 Zimmer. 250 Baht.

Khong Kha, 1 Thammawithi Rd., Tel.: 230-441. 140 Zimmer. 140-230 Baht.

King's, 130/5 Ratanakit Rd., Tel.: 230-299. 51 Zimmer. 100-150 Baht.

My House, 27 Ratanakit Rd., Tel.: 230-525. 64 Zimmer. 100-150 Baht.

Si Betong, Chaya-Chaowalit Rd., Tel.: 230-355. 52 Zimmer. 80-150 Baht.

Sri Yala, 16-22 Chaicharat Rd., Tel.: 212-170, 212-299. 99 Zimmer. 100-240 Baht.

Thai, 25 Ratanakit Rd., Tel.: 230-074. 81 Zimmer. 120-150 Baht.

Yala Rama, 21 Sibamruang Rd., Tel.: 212-841, 212-563. 133 Zimmer. 160-900 Baht.

GASTHÄUSER

Bis vor etwa zehn Jahren unterschied man drei Hotelkategorien: First-class-Hotels, Gasthäuser für Rucksacktouristen sowie billige chinesische und etwas baufällige Absteigen, meist im Landesinnern. Zwischen den Kategorien herrschten fließende Übergänge. Seit wenigen Jahren macht sich jedoch ein neues Konzept breit, das der Gasthäuser und Pensionen. Auf Gasthäuser trifft man in erster Linie in Bangkok. Sie sind klein und haben kaum mehr als das Allernotwendigste zu bieten. Pro Nacht zahlt man im Schnitt 400 bis 800 Baht, dabei ist die Tendenz wegen der wachsenden Raumnachfrage in einigen Vierteln Bangkoks steigend.

BANGKOK

***City Inn,** hinter dem Mahatun Bldg., Ploenchit Rd., Tel.: 252-1552, 252-4070. 30 Zimmer, Coffeeshop 24 Stunden geöffnet. 550-660 Baht.

***Krit Thai Mansion,** 931 Rama 1 Rd., Tel.: 215-3042, 215-2582. 53 Zimmer, Coffeeshop. 800 Baht (EZ) and 1000 Baht (DZ), Preis inklusive American Breakfast.

***Quality Inn,** zwei Adressen: 8/7 Soi 19, Sukhumvit Rd., Tel.: 254-4783; Ecke Sukhumvit und Soi 11, Tel.: 252-7838. Günstig. 600-700 Baht.

***Sathorn Inn,** 37 Soi Suksa-Vithaya, Silom Rd., Tel.: 234-4110, 234-4124. 96 Zimmer. 850-950 Baht.

PENSIONEN

Die meisten Pensionen bieten saubere Zimmer an. Früher wurden sie wegen ihrer kargen Ausstattung hauptsächlich von Rucksacktouristen frequentiert. Seit Bad und Ventilator jedoch zur Standardausstattung gehören, übernachten auch zahlungskräftigere Besucher dort immer häufiger. Die Preise liegen zwischen 80 und 250 Baht.

Da die Pensionen selten über mehr als zwölf Zimmer verfügen, locken sie vor allem Gäste an, die eine Unterbringung in einem persönlicheren Ambiente schätzen, wo der Service familiär und die Atmosphäre locker ist.

Da es landesweit unzählige Pensionen gibt, beschränkten wir uns hier auf Bangkok, Chiang Mai und jene Städte, die keine anderen Übernachtungsmöglichkeiten haben. Bangkoks Pensionen befinden sich vor allem an der Khaosarn Road und Soi Ngam du Plii Road, die von der Rama 4 Road abgeht. In Chiang Mai liegen sie am Fluß und um die Chaiyaphum Road. In Pattaya und Phuket gibt es praktisch keine Pensionen.

In anderen Orten, wo es sich hauptsächlich um Familienbetriebe handelt, liegen die Pensionen um die Stadt verstreut – schauen Sie sich in der Nähe von Bushaltestellen oder an den Hauptstraßen um. Je kleiner ein Ort ist, desto wahrscheinlicher findet man eine Unterkunft an der Hauptstraße.

BANGKOK

Entlang der Khao Sarn und Phra Athit Road in Banglampoo trifft man auf unzählige Pensionen. Eine Übernachtung kostet zwischen 70 und 300 Baht. Für Reisende mit niedrigerem Budget bieten sich die kleinen, preiswerten Pensionen in der Nähe des Malaysia Hotels an.

Amarin Guest House, 593-595 Chakraphet Rd., Tel.: 222-0532, 223-4554. 16 Zimmer. 250-300 Baht.

Apple Guest House, 49/5 Chao Fah Rd., Tel.: 281-6838. 20 Zimmer, Restaurant. 120 Baht.

Asia, 488 Chakraphet Rd., Tel.: 221-4661. 19 Zimmer. 120-220 Baht.

Bangkok Christian Guest House, 123 Soi Saladaeng 2, Silom Rd., Tel.: 233-2206. 30 Zimmer, Speisesaal. Zentrale Lage. 380 Baht.

Bangkok Youth Hostel, 25/2 Phitsanulok Rd., Tel.: 282-0950, 281-0361. 20 Zimmer. 120-200 Baht.

Boston Inn, 4 Soi Si Bamphen, Rama 4 Rd., Tel.: 286-1680, 286-0726. 70 Zimmer. 170-220 Baht.

Chart Guest House, 61 Khao-San Rd., Tel.: 281-0803, 280-3816. 55 Zimmer. 60-100 Baht.

K.T. Guest House, 14 Suthisarn Rd., Tel.: 277-4035. 20 Zimmer. 200-250 Baht.

Lee Guest House, 21/38-39 Soi Ngam du Plii, Rama 4 Rd., Tel.: 286-2069. 24 Zimmer. 80-100 Baht.

Mermaid's Rest, 6/1 Soi 8, Sukhumvit Rd., Tel.: 253-5122, 253-3410. 25 Zimmer. 125-450 Baht.

My Place Guest House, 34/28 Soi Si Bamphen, Rama 4 Rd., Tel.: 287-1658. 15 Zimmer. 60 Baht.

Narai Guest House, 5/7 Soi 53, Sukhumvit Rd., Tel.: 258-7173, 258-0601. 80 Zimmer. 250-450 Baht.

New Siam Guest House, 21 Soi Chanasongkhram, Phra Athit Rd., Tel.: 282-4554. 20 Zimmer. 60-100 Baht.

P. Guest House, 151-157 Trok Sa-Ke, Tanao Rd., Tel.: 224-1967. 18 Zimmer. 100 Baht.

Peachy Guest House, 10 Phra Athit Rd., Tel.: 281-6471, 281-6659. 50 Zimmer. 60-250 Baht.

Prasuri Guest House, 85/1 Soi Prasuri, Dinsor Rd., Tel.: 280-1428. 21 Zimmer. 120-140 Baht.

Ruamchit Mansion, 1-15 Soi 15, Sukhumvit Rd., Tel.: 251-6441/2. 50 Zimmer. 250-500 Baht.

S.V. Guest House, 19/35-36 Soi 19, Sukhumvit Rd., Tel.: 253-1747, 253-0606. 20 Zimmer. 200-300 Baht.

Safety Guest House, 1036/6 Rama 4 Rd., Tel.: 286-8904, 287-1542. 17 Zimmer. 60-80 Baht.

Santi Lodge, 37 Si Ayutthaya Rd., Tel.: 281-2497. 15 Zimmer. 100 Baht.

Sri Guest House, 1 Soi 38, Sukhumvit Rd., Tel.: 381-1309, 391-9057. 33 Zimmer. 250-550 Baht.

Suda Palace, 24 Suthisarn Rd., Tel.: 270-0585/6. 130 Zimmer. 200-900 Baht.

Sunisa Guest House, 7/10 Soi 4, Sukhumvit Rd., Tel.: 252-5565. 24 Zimmer. 350 Baht.

T.T. Guest House, 138 Soi Wat Mahaphutharam. Tel.: 236-3053/4. 30 Zimmer. 50-120 Baht.

Thawi Guest House, 83 Si Ayutthaya Rd., Tel.: 280-1447. 15 Zimmer. 100 Baht.

YMCA, 27 S. Sathorn Rd., Tel.: 286-5134. 50 Zimmer, mehrere Hütten, diverse Sportmöglichkeiten, europäisches, chinesisches und thailändisches Essen. Ruhige Lage. 250-550 Baht.

CHIANG MAI

A-1 Guest House, 211/14-15 Chang Klang Rd., Tel.: 232-032, 236-548. 11 Zimmer. 70-200 Baht.

Ben Guest House, 4/4 Chiang Mai-Lamphun Soi 2 Rd., Tel.: 244-103. 17 Zimmer. 80-100 Baht.

Chanchai House, 127 Wangsingkham Road, Tel.: 233-706. 20 Zimmer. 80-100 Baht.

Chatree Guest House, 11/10 Suriyawongse Rd., Tel.: 249-085. 63 Zimmer. 280-400 Baht.

Chawala, 129 Chotana Rd., Tel.: 214-939. 30 Zimmer. 120-220 Baht.

Chiang Mai Garden, 82-86 Ratchamanka Rd., Tel.: 210-881. 16 Zimmer. 100-120 Baht.

Chiang Mai Guest House, 91 Charoenprathet Rd., Tel.: 236-501. 29 Zimmer. 100-300 Baht.

Chumpol Guest House, 89 Charoenprathet Rd., Tel.: 234-526. 20 Zimmer. 120-180 Baht.

Daret's House, 4/5 Chaiyaphum Rd., Tel.: 235-440. 28 Zimmer. 70-100 Baht.

Duke's Guest House, 4/5 Chaiyaphum Rd., Tel.: 235-440. 28 Zimmer. 70-100 Baht.

Galare, 7/1 Charoenprathet Rd., Tel.: 249-088. 30 Zimmer. 300-400 Baht.

Gemini Guest House, 22 Ratchadamnoen Rd., Tel.: 210-578. 21 Zimmer. 50-80 Baht.

Green Guest House, 6 Rakeang Soi 1 Rd., Tel.: 236-590. 19 Zimmer. 60-80 Baht.

Happy House, 11/1 Chang Moi Kao Rd., Tel.: 234-0969. 25 Zimmer. 100-250 Baht.

Hollanda Montri, 365 Charoenrat Rd., Tel.: 242-450. 15 Zimmer. 80-120 Baht.

Je t'Aime Guest House, 247-9 Charoenrat Rd., Tel.: 241-912. 24 Zimmer. 50-60 Baht.

Lai Thai, 111/4 Kotchasarn Rd., Tel.: 251-689, 251-725. 68 Zimmer. 250-350 Baht.

Mee, 193/1 Charoenrat Rd., Tel.: 243-534. 18 Zimmer. 60 Baht.

Moonmuang, 30 Viangkaew Rd., Tel.: 216-783. 22 Zimmer. 50-80 Baht.

N.T.C., 16/4 Kampaengdin Rd., Tel.: 232-431. 21 Zimmer. 60-80 Baht.

Nat, 7 Phrapokklao Soi 6 Rd., Tel.: 212-878. 24 Zimmer. 80-120 Baht.

Phaithai, 46/3 Rachaphakinai Rd., Tel.: 213-013. 13 Zimmer. 180-200 Baht.

Pong Pon, 37 Chang Moi Kao Rd., Tel.: 233-435. 19 Zimmer. 60-80 Baht.

Rattana, 3/5 Charoenprathet Rd., Tel.: 252-716. 40 Zimmer. 140-240 Baht.

Rim Koo 2, 556 Mu 5, Chotana Rd., Tel.: 217-487. 60 Zimmer. 80 Baht.

Sawass, 20/1 Ratchawongse Soi 3 Rd., Tel.: 232-825. 21 Zimmer. 150-250 Baht.

Sri Lanna, 53-55 Thevi-Uthit Rd., Tel.: 243-189. 32 Zimmer. 80-160 Baht.

Srisuphan, 92 Wua Lai Soi 2 Rd., Tel.: 233-826, 252-811. 18 Zimmer. 180-250 Baht.

Tana, 27/8 Tapae Soi 4, Tel.: 246-794. 23 Zimmer. 70-100 Baht.

Tapae, 2/2 Tapae Soi 4, Tel.: 251-590. 15 Zimmer. 60-80 Baht.

Top North, 15 Moonmuang Soi 2 Rd., Tel.: 213-900. 43 Zimmer. 150-250 Baht.

Wang, 75 Wangsingkham Rd., Tel.: 232-390. 20 Zimmer. 100 Baht.

Welcome, 48/4 Moonmuang Soi 2, Tel.: 210-447. 19 Zimmer. 100-120 Baht.

Y.M.C.A. International House, 2/4 Mengrai Rasami Rd., Tel.: 221-819, 221-820. 90 Zimmer. 380-1100 Baht.

Youth Hostel, 21/8 Chang Klang Rd., Tel.: 236-735/7. 26 Zimmer. 100-150 Baht.

Youth Hostel 2, Soi 3, 31 Phrapokklao Rd., Tel.: 212-863. 15 Zimmer. 80 Baht.

CHIANG RAI

Boonbandan Guest House, 1005/13 Jedyod Rd., Tel.: 712-914. 12 Zimmer. 200 Baht.

Chat Guest House, 1 Trirat Rd., Tel.: 713-459. 12 Zimmer. 70 Baht.

Country Guest House, 389 Banphaprakarn Rd., Tel.: 712-994. 45 Zimmer. 120 Baht.

Ko Loy Riverhouse, 485 Ta Nam Rd., Tel.: 713-469. 18 Zimmer. 100-200 Baht.

Krathom Rim Kok, 399/1 Phaholyothin Rd., Tel.: 711-899, 713-812. 13 Zimmer. 60 Baht.

White Guest House, The, 789 Phaholyothin Rd., Tel.: 731-427. 11 Zimmer. 80 Baht.

Y.M.C.A. International House, 70 Phaholyothin Rd., Tel.: 713-785/6, 714-336. 50 Zimmer, Restaurant, Einkaufspassage. 140-575 Baht.

Yoosuk Villa & Guest House, Ruamjittawai Rd., Tel.: 236-548. 20 Zimmer. 100-650 Baht.

Essen & Trinken

KÜCHE

Der weltweit zu verzeichnende Zuwachs an Thai-Restaurants in den vergangenen zehn Jahren macht deutlich, daß Thailands Küche, was ihre Vielfältigkeit und Einzigartigkeit betrifft, es mit jedem anderen Land Asiens aufnehmen kann. Es ist kein Wunder, daß Gourmets, die die Thai-Küche bereits zu Hause kennengelernt haben, hier alle Hemmungen fallen lassen und ihren Aufenthalt als *tour de cuisine* gestalten.

Wer glaubt, ein Gericht dürfe nur eine bestimmte Geschmacksrichtung aufweisen, wird in Thailand eines Besseren belehrt: Die unterschiedlichen Geschmacksnuancen einer einzigen Speise setzen manchen Feinschmekker in Erstaunen. Küchenchefs aus verschiedensten Regionen, eine Vielzahl von Gewürzen sowie ein Volk, das hervorragend kochen kann, sorgen für stets neue Geschmackserlebnisse – jede Mahlzeit ist so einmalig wie der Koch.

Kokosmilch bildet die Basis der meisten einheimischen Gerichte. Ingwer, Knoblauch, Zitronengras und feurige Chilis verleihen den Speisen jene Schärfe, bei der zarte Gemüter buchstäblich ins Schwitzen kommen. Doch nicht alle Chilisorten sind scharf. Grundsätzlich gilt: die kleinsten (*prik khii no* = „Rattenkötel") sind am teuflischten, sie vernebeln die Sinne und treiben einem das Wasser in die Augen. Wer kein scharfes Essen verträgt, kann sich oft mit dem Koch arrangieren; die meisten Speisekarten beinhalten auch milde Gerichte.

TIPS UND ERLÄUTERUNGEN

Essen ist ein Gemeinschaftserlebnis. Am besten nimmt man die Mahlzeiten in geselligem Rahmen mit Freunden zu sich. Zum Essen trinkt man Bier oder Whisky. Die Thai lassen sich beim Essen enorm viel Zeit, oft ist es für sie eine abendfüllende Angelegenheit. Die Speisen werden in der Mitte des Tisches plaziert, jeder bedient sich dann selbst. Auch aus diesem Grund sollte man zu mehreren kommen. Je mehr Gerichte auf dem Tisch stehen, umso mehr Geschmacksvarianten kann man kosten.

Zum Essen wird Reis gereicht. Ursprünglich hatten die Currys nur die Funktion einer Beilage, die die Geschmacksnerven anregen sollte, damit man mehr Reis aß. Auch heute noch nimmt die Landbevölkerung Unmengen an Reis zu sich und zum Würzen nur ein wenig getrockneten salzigen Fisch. Auch Chilis dienen als Reiswürze, und dies, obwohl der thailändische Reis zu den geschmackvollsten Sorten Asiens zählt. Probieren Sie einmal etwas puren Reis, ehe Sie mit dem Essen beginnen – er ist einfach köstlich.

Touristen und wohlhabende Städter drehten die Rangfolge schließlich um, so daß nun der Reis die Beilage zum Curry ist. Der Reis soll das Curry absorbieren helfen und den Gaumen klären – ähnlich wie das Weißbrot bei den Franzosen.

Beim Essen häuft man Reis auf den Teller und gibt etwas vom Curry darauf. Wer Wert auf gute Manieren legt, ißt immer erst eine Curryart auf, ehe er etwas von der nächsten auf seinen Reis schöpft. Die Thai halten den Löffel in der rechten, die Gabel in der linken Hand. Mit der Gabel füllt man den Löffel, ehe man ihn zum Mund führt. Stäbchen verwendet man nur für chinesische Nudelgerichte.

Wer sein erstes Thai-Essen in einem anderen Land versucht hat, wird immer wieder über die wahren Zutaten in Verwirrung geraten. Erdnußsoße beispielsweise, in vielen westlichen Restaurants als unentbehrlich gepriesen, erweist sich plötzlich als malaiischer und indonesischer Herkunft, in Thailand findet sie nur für *satay* Verwendung. Anstelle von Salz verwenden die Thai *nam plaa*, eine Fischsoße, die in kleinen Mengen unter den Reis gemischt wird.

Denken Sie bei der Bestellung im Restaurant daran, daß der Anfangsbuchstabe „K" wie „G" und „Kh" aspiriert ausgesprochen wird.

SCHARFE GERICHTE

„*Gaeng*" heißt Curry. Currys bilden den Grundstock der Thai-Küche und sorgen zugleich für deren schärfste Spezialitäten. *Gaeng Khiew Wan Gai* ist ein grünes Curry mit Hühnerfleisch und erbsengroßen Eierfrüchten. *Gaeng Khiew Wan Nua* ist eine Variante mit Rindfleischstücken. Zur Gruppe der gelben Currys – *Gaeng Luang* – gehört *Gaeng Karee*, das man ebenfalls mit Huhn oder Rindfleisch zubereitet.

Gaeng Phet ist ein rotes Rindfleischcurry. Ihm ähnelt *Penang Nua*, ein sogenanntes „trockenes" Curry. Bei diesem Gericht wird das Rindfleisch in einer würzigen Paste zubereitet.

Zu den beliebtesten Spezialitäten gehört *Thom Yam Kung*, eine sauerscharfe Suppe mit üppiger Shrimpseinlage. Man serviert sie in Metallterrinen, die mittels einer Art Mini-Holzkohlenofen während der ganzen Mahlzeit brühheiß bleiben. Vergleichbar ist *Po Tak* („Das Fischernetz reißt"), es wird jedoch mit Tintenfisch, Muscheln, Krabben und Fisch angereichert.

Gaeng Som, eigentlich eine saure Suppe, wird zur Gruppe der sauerscharfen Brühen gerechnet und mit Fisch- und Shrimpsstücken serviert.

Yam übersetzt man gemeinhin mit Salat. Tatsächlich handelt es sich bei diesem besonders scharfen Gericht aber um Fleisch und Gemüse.

MILDE CURRYS

In diese Gruppe fällt ein Lieblingsgericht vieler Ausländer, *Thom Kha Kai*, ein Curry aus eingedickter Kokosmilch und Hühnerfleisch, das man mit Zitronengras würzt.

Plaamuk Thawd Krathiem Prik Thai nennt man gebratene, mit Knoblauch und schwarzem Pfeffer gewürzte Tintenfische. Bitten Sie bei der Bestellung darum, daß der Knoblauch (*krathiem*) knusprig gebraten wird (*krawp krawp*). Das Gericht wird auch mit Fisch zubereitet.

Gaeng Joot ist eine klare Brühe mit Glasnudeln, Schweinehack und Pilzen.

Nua Phat Namman Hoi heißt Rindfleisch in Austernsoße mit gehackten Schalotten.

Muu Phat Priew Wan, Schweinefleisch süß-sauer, stammt vermutlich aus Portugal und wurde von chinesischen Auswanderern nach Thailand gebracht. Das Gericht wird auch mit Rotem Schnapper (eine Fischart, *Plaa Krapong*), Rindfleisch (*nua*) oder Shrimps (*kung*) serviert.

Homok Talay nennt man eine Meeresfrüchteterrine aus Fisch und Schalentieren in einer Kokosmousse, die man in Bananenschalen dünstet.

Gaeng Musselman ist ein mildes Curry. Hauptbestandteile sind Rindfleisch- oder Hühnerstücke, die man mit Zwiebeln und Kartoffeln in einer braunen Soße schmort – eine Art Eintopf.

Plaa Jaramet Nung Kiem Bue ist chinesischen Ursprungs, eroberte sich jedoch einen Platz in der thailändischen Küche. Es handelt sich um Brachsenmakrelen mit chinesischen Pflaumen und Ingwerstücken.

Pu Phat Pong Karee nennt man ungeschälte gedünstete Krabbenstücke in einer mit Schalotten gewürzten Currysoße.

Hoi Malang Pu Op Moh Din ist schmackhafte eingedickte Kokosmilch mit einer köstlichen Muscheleinlage.

NUDELN UND ANDERES

Die meisten Mittagsmenüs stammen aus der chinesischen Küche. Nudelgerichte, eine chinesische Erfindung, sind aus Thailand nicht mehr wegzudenken. An den Straßen bietet man in offenen Läden zwei Nudelkategorien an: naß und trocken. Den Flüssigkeitsgrad eines Nudelgerichts kann man bei der Bestellung mit „*nam*" oder „*haeng*" genauer spezifizieren. Ein sehr flüssiges *Kuay Tiew* wäre demnach ein *Kuay Tiew Nam*.

Kuay Tiew, eine Nudelsuppe mit Fischklößchen oder Rindfleischstücken, wird besonders mittags gern gegessen. *Baa Mii* bedeutet Eiernudeln mit Fleisch und Gemüse.

Auch die auf Reis basierenden Mittagsgerichte stammen aus China. *Khao Mun Kai* ist gekochter Reis mit Hähnchenstreifen und Ingwerstücken; *Khao Moo Daeng* heißt das gleiche Essen mit Schweinefleisch. *Khao Kha Moo* ist geschmortes Schweinefleisch mit Blattgemüse auf Reis.

Daneben gibt es die verschiedenen Speisenvarianten mit Nudeln. *Kuay Tiew Rawt Naa* sind breite weiße Nudeln, die man kocht und mit Windenblüten serviert. Für *Phat Thai* brät man die Nudeln im Wok und fügt *tofu* und Gemüsestücke hinzu. *Mii Krawp* heißen knusprig gebratene Nudeln, honigumhüllt und mit Gemüse angerichtet.

Spät nachts und früh morgens serviert man zwei suppenartige Gerichte mit Reiseinlage. *Khao Tom* ist wässriger Reis mit Schweinehack und Schalotten, *Jok* ist ähnlich, nur kocht man den Reis hierfür, bis er eine sämige Konsistenz, ähnlich Haferschleim erhält; das Ganze würzt man mit Ingwer, Koriander und Fleischstückchen.

REGIONALE KÜCHE

In jedem Teil des Landes findet man regionale Spezialitäten. Im Norden und Nordosten prägten die Lao die Küche, die zu jedem Essen Klebereis reichen. Die Küche des Südens steht unter dem Einfluß Malaysias und des Islam.

Der Norden: Hier reicht man zu praktisch allen Gerichten *Khao Niew*, den sogenannten Klebereis, der, zu Kugeln geformt, in die verschiedenen Soßen und Currys getunkt wird.

Sai Oua (oder *Naam*) nennt man die fetten scharfen Schweinswürste, die ebenfalls zur Küche des Nordens gehören. Man brät sie über brennenden Kokosnußschalen, was ihnen das besondere Aroma verleiht. Trotzdem die Zubereitung hygienisch grundsätzlich unbedenklich ist, sollte man diese Würste nur in besseren Restaurants essen. Hüten Sie sich vor den Chilis (*prik khii nuu*), die als Wurstwürze nur darauf lauern, Ihnen die Tränen in die Augen zu treiben.

Khao Soy kommt ursprünglich aus Birma. Es ist ein Eiernudelgericht mit Huhn- oder Rindfleischstücken in einer Soße aus Kokoscreme, bestreut mit Knuspernudeln.

Nam Prik Ong ist eine Mischung aus Schweinefleisch, Chilis, Tomaten, Knoblauch und Shrimpspaste. Man serviert es mit knackigen Gurkenstreifen, vorgekochten Kohlblättern und Speckschwarte (ein beliebter Snack im Norden).

Larb heißt ein Hackfleischgericht (Huhn, Schwein, Rind oder Fisch), das eigentlich zur Küche des Nordostens gehört. Allerdings ißt man es dort roh, während man es im Norden kocht. Zu *Larb* reicht man Bohnen, Minzenblätter und anderes Gemüse.

Gaeng Hang Lay kommt ebenfalls aus Birma und dürfte eines der schärfsten Gerichte des Nordens sein. Es ist ein süß-saures Curry aus Schweinefleisch und Tamarinden, ein hervorragender Dip für Bällchen aus klebrigem Reis.

Auch *Mieng*, vergorene Teeblätter, die man als Vorspeise reicht, stammt aus Birma.

Der Nordosten: Hier ißt man einfach und scharf. Wie auch im Norden dient Klebereis bei allen Gerichten als Beilage – allerdings behaupten manche Tischgäste des Nordostens (*I-sarn*), daß er das Denken erschwert und schläfrig macht.

Kai Yang, eine Brathuhnspezialität der Region, ist ein einmaliges Geschmackserlebnis. Man reibt das Huhn mit Honig und Kräutern ein, grillt es über offenem Feuer und zer-teilt es dann in kleine Häppchen. Dazu serviert man eine scharfe und eine süße Soße.

Larb wurde bereits für die Küche des Nordens beschrieben.

Nua Yang bereitet man aus gedörrtem Rindfleisch zu. Auch nach stundenlangem Kauen bewahrt ein Streifen *Nua Yang* noch sein Aroma.

Som Tam ist gewissermaßen das Nationalgericht des Nordostens. Ein sehr pikanter Salat aus roh geschnitzelten Papayas, getrockneten Shrimps, Zitronensaft und Chilis.

Der Süden: *Khao Yam* heißt ein Reisgericht mit einer Paste aus vergorenen Shrimps (*kapi*).

Phat Phet Sataw. *Sataw* sieht der Limabohne ähnlich, schmeckt jedoch leicht bitter. Ein Gericht mit Shrimps oder Schweinefleisch, gewürzt mit etwas Chili.

Khao Mok Gai ist ein arabisches Gericht aus gebratenem Hühnerfleisch, das man auf Safranreis anrichtet und mit zart knusprig geröstetem Ingwer vermengt.

Khanom Chin wird im ganzen Land gegessen, ist jedoch eine Erfindung des Südens. Man schmort dafür Hackfleischbällchen in einer roten Soße und serviert sie anschließend auf Reismehlnudeln. Man bietet es vor allem morgens auf den meisten Märkten zum Verkauf an.

Nam Prik Kung Siap heißen am Spieß gebratene getrocknete Garnelen. Dazu gibt es Chilis, *kapi* (fermentierte Shrimpspaste) und Limonen.

Gaeng Dtai Plaa wurde von alleinlebenden Fischern kreiert, die auf Vorrat kochen mußten. Fischnieren, Chilis und Gemüse kommen in eine Currysoße, das Ganze wird bis zu sieben Tage lang gekocht.

Homok Kai Plaa. Man rührt Fischrogen in eine Kokosmousse, wickelt die Masse in Blätter ein und dämpft sie.

DESSERTS

Eine schlichte Obstplatte ist das traditionelle Thai-Dessert – ein idealer Ausgleich zu scharfem Essen in heißen Nächten. Im allgemeinen tischt man dabei Papayas, Ananas und Melonen auf, jeweils in mundgerechte Bissen geschnitten. Genauso gut kann es sich aber um Bananen, Mandarinen oder Früchte der Saison (Jackfruit, Rambutan, Mangostine) handeln. Ein besonderes Geschmackserlebnis erwartet Sie bei Durian, einer großen Frucht mit stachliger Schale. Der Geruch ist nichts für schwache Nerven, doch der Geschmack ist außerordentlich.

Kokosmilch, Tapioca, Fadennudeln, Lotossamen, Wasserkastanien und Früchte sind die Hauptbestandteile der üppigen Süßigkeiten, die an Straßenständen verkauft werden. Ein Muß ist „Kathit-Eis" aus Kokosmilch.

ESSENGEHEN

BANGKOK

Thai-Küche

In vielen Hotelrestaurants ist die Küche hervorragend. Wir haben jene Restaurants ausgewählt, die man vielleicht nicht finden würde, wenn man auf eigene Faust loszieht.

Zum Mittagessen bietet sich das elegante Restaurant **The Cup** an der Peninsula Plaza an (Küche der Zentralregion). Mittagsbuffets werden im **Tiara Room** des Dusit Thani Hotels sowie im **Lord Jim's** des Oriental Hotels angeboten.

Den Nachmittagstee nimmt man in **The Author's Lounge** (Oriental Hotel), in der **Library 1918** (Dusit Thani Hotel) oder im **Garden Cafe** (Ambassador Hotel) zu sich. In vielen sogenannten „Coffeeshops" gibt es inzwischen auch internationale Heißgetränke wie Blue Mountain oder Wiener Schokolade.

Für einen abendlichen Drink bietet sich die **Sky Lounge** des Baiyoke Hotels an. Vom 43. Stock – dem höchsten Punkt der Stadt – hat man einen Blick über ganz Bangkok (24 Stunden täglich). Auch auf den zum Chao Phraya gewandten Terrassen einiger Hotels lohnt es sich, einen Drink zu schlürfen: **Menam**, **Shangri-La**, **Oriental**, **Royal Orchid Sheraton** oder **Royal River Hotel**.

Für das Abendessen schlagen wir folgende Restaurants vor:

Ban Chieng, 14 Soi Sriviang, Surasak Road, Tel.: 236-7045. In einem alten Haus untergebracht; Spezialitäten aus Zentral-Thailand.

Bussaracum, 35 Soi Pipat 2, Convent Rd., Tel.: 235-8915 und im Dusit Thani Hotel. Riesenauswahl an Currys (probieren Sie Thom Gai) und köstlichen Appetithäppchen.

Cabbages and Condoms, 10 Soi 12, Sukhumvit Rd., Tel.: 251-1158, 251-6416. Viele kommen nur wegen des Namens, doch auch das Essen ist ausgezeichnet. Vom Gewinn erhält ein Programm zur Familienplanung Unterstützung.

Lemongrass, 5/1 Soi 24, Sukhumvit Rd., Tel.: 258-8637. Großes Haus mit vielen Räumen, die eine intime Atmosphäre schaffen. Klassische Thai-Küche.

Rim Nam, 111 Phra Pinklao (am Thonburi-Ufer des Chao Phraya, flußabwärts von der Phra Pinklao Bridge), Tel.: 424-1112. Blick auf den Fluß. Thai- und chinesische Küche.

Rueng Pueng, 37 Soi 2, Saladaeng Rd. (hinter dem Dusit Thani). Spezialitäten aus verschiedenen Landesteilen.

Spezialitäten aus der nordöstlichen Region erhält man in den Restaurants hinter dem Rajdamnern Thai Boxing Stadium.

Im **Seafood Market**, 388 Sukhumvit Rd., Tel.: 258-0218, sucht man sich die gewünschten Meerestiere selbst aus (sie liegen auf Eis), bezahlt an der Kasse und läßt sie anschließend von einem Koch zubereiten. Kochen und Getränke werden extra berechnet.

Vegetariern sei das **Whole Earth** empfohlen, Bangkoks einziges vegetarisches Restaurant mit Thai-Küche. 93/3 Soi Lang Suan, Ploenchit Rd., Tel.: 252-5574. Auf der Speisekarte stehen jedoch auch nicht-vegetarische Gerichte. *Yam Makua Pao*, gebratene Aubergine (auf Wunsch mit Shrimpspaste), ist eine wahre Köstlichkeit.

Im **Tumnak Thai** ißt man draußen. Es steht mit seinen 3000 Plätzen im Guiness-Buch der Rekorde als weltweit größtes Restaurant. Es ist so riesig, daß die Kellner sich auf Rollschuhen bewegen. 131 Ratchada Pisek Rd., Tel.: 276-1810.

Wer sein Essen durch eine Show abgerundet sehen möchte, sollte das **Silom Village** probieren, einen Komplex kleiner Häuser und Pavillons. Man bestellt nach der Speisekarte oder direkt beim Händler. Abends gibt es musikalische Darbietungen (286 Silom Rd., Tel.: 235-8760).

Das **Baan Thai** ist eines der ältesten Lokale mit abendlicher Showeinlage. Es ist in einem Holzhaus im Thai-Stil untergebracht und man serviert dort eine feste Speisenfolge (7 Soi 32, Sukhumvit Rd., Tel.: 258-5403).

Sala Rim Nam (gegenüber dem Oriental) ist eines der schönsten Restaurants in dieser Kategorie. Die Ausstattung ist bezaubernd, das Essen hervorragend und die Show vom Feinsten. Eine Auswahl verschiedener Menüs aus der Thai-Küche.

Abendessen am Fluß. Am Nordende der Krunghton Bridge liegt das **Baan Khun Luang**, wo man thailändisch, japanisch und chinesisch kocht. Wie die meisten Restaurants liegt es an einem ruhigeren Flußabschnitt, so daß man in aller Ruhe speisen kann (131/4 Khao Rd., Tel.: 241-0521).

Südlich der Phra Pinklao Bridge (flußabwärts) bietet das **Wang Na** Köstlichkeiten aus der Thai-Küche an – allerdings ist es dort sehr laut (17/1 Chao Fa Rd., Tel.: 224-8552). Alle Hotels am Fluß haben Restaurants mit Blick auf den Chao Phraya.

Auf einem umgebauten Reiskahn, **The Tassaneya Nava**, kann man jeden Abend um 18.30 und 20 Uhr eine Bootsfahrt mit Abendessen unternehmen. Buchungen nimmt der World Travel Service im Oriental Hotel entgegen, Tel.: 236-0420.

Asiatisch

Bali (indonesisch), 20/11 Ruam Rudee Village, Soi Ruam Rudee, Ploenchit Rd., Tel.: 250-0711.

The Cedar (Nahost), 138 Soi 49, Sukhumvit Rd., Tel.: 392-7399. Hervorragende libanesische Küche.

Golden Dragon (chinesisch), 576/5-7 Sukhumvit Rd., Tel.: 251-4553. Kantonesische Küche.

Hanaya (japanisch), 683 Siphya Rd., Tel.: 234-8095. Filiale im 4. Stock des Amarin Plaza, Ploenchit Rd.

Himail Cha Cha (indisch), 1229/11 New Rd., Tel.: 235-1569. Spezialitäten aus Nordindien.

Korea House Restaurant (koreanisch), 57/23 Wittayu, Tel.: 252-2589. Im Innenhof hinter Hoburger, Ecke Ploenchit und Wireless Road.

Le Dalat (vietnamesisch), 51 Soi 23, Sukhumvit Rd., Tel.: 258-9298.

Mandalay (Birma), 77/5 Soi 11, Sukhumvit Rd., Tel.: 250-1220.

Nana Fondue (Nahost), 6/2-3 Soi 3, Sukhumvit Rd., Tel.: 253-4061.

Silver Palace Restaurant (chinesisch), 5 Soi Pipat, Silom Rd., Tel.: 235-5118. Große Auswahl erlesener *dim sum*-Gerichte.

Europäisch

Einige Hotels führen ebenso elegante wie teure französische Restaurants.

Angus Steak House (britisch), 9/4-5 Thaniya Rd., Tel.: 234-3590.

Avenue One (französisch), Siam Intercontinental Hotel.

By Otto (deutsch), 250 Sukhumvit Rd. (zwischen Soi 12 und 14), Tel.: 252-6836.

El Gordo (mexikanisch), 130/8 Silom Rd. (in der Soi geg. Bangkok Bank), Tel.: 234-5470. Man serviert Margarita im Tonkrug.

Le Bistro (französisch), 20/18-19 Ruam Rudee Village, Soi Ruam Rudee, Ploenchit Rd., Tel.: 252-9651.

Le Cristal (französisch), Regent Hotel.

Le Metropolitan (französisch), 135/6 Gaysorn Rd., Tel.: 252-8364.

L'Opera (italienisch), 55 Soi 39 Sukhumvit Rd., Tel.: 258-5605.

Normandie Grill (französisch), The Oriental Hotel.

Pan Pan (italienisch), 591 Sukhumvit Rd. (Ecke Soi 33), Tel.: 258-9304. Hier verkauft man auch köstliches italienisches Eis.

Prime Beef (britisch), 71/1 Soi 11/1, Sukhumvit Rd., Tel.: 253-2443.

Wienerwald (deutsch), 274/1 Sukhumvit Rd. (geg. Soi 19), Tel.: 252-3240.

Fastfood-Restaurants wie McDonalds, Burger King, A&W, Shakeys, Pizza Hut, Kentucky Fried Chicken, Mr. Donut, Dunkin Donuts and Swensen's führen mehrere Filialen in Bangkok.

CHIANG MAI

Thailändisch

Bain's Garden, 2/2 Wat Gate Rd., Soi 1. Gartenrestaurant mit großer Auswahl thailändischer Spezialitäten.

The Gallery, Charoenrat Road. Kombination aus Restaurant und Kunstgalerie mit Chinagarten und Terrasse über dem Fluß.

Krua Khun Phan, 80/1 Indrarot Rd. (nahe Suan Dok Gate). Verschiedene einheimische Fertiggerichte.

Ma-Prang (Star Fruit), at 25 Charoenprathet Rd., gegenüber dem Pornping Hotel. Gartenrestaurant.

Nang Nual, ebenfalls am Fluß gelegen, doch weiter flußabwärts, jenseits der Chiang Mai-Lamphun Rd. (nahe Wat Chedi Si Liem).

Riverside Restaurant, Charoenrat Road. Hervorragendes Restaurant am Ufer des Ping River. Livemusik.

Six Poles, Charoenrat Rd., gegenüber The Gallery. Es handelt sich um ein altes Restaurant im Stil des Nordens; thailändische und europäische Küche.

Hier findet man auch mehrere Lanna-Khantoke-Restaurants. Man genießt die Khantoke-Küche des Nordens und bekommt zum Nachtisch eine Darbietung traditioneller Musik und Tänze. Im **Diamond Hotel** (Charoenprathet Rd.) serviert man allabendlich Lanna-Khantoke-Gerichte zu klassischen Lannatänzen und Tänzen der Bergstämme. Reservierung empfohlen, Tel.: 234-155. Auch zum Programm des **Old Chiang Mai Cultural Center** gehören Khantoke-Küche und Tänze der Nordbewohner und Bergstämme. Die Vorführungen finden jeden Abend von 19 bis 22 Uhr in einem schönen, im Stil des Nordens erbauten Haus statt (185/3 Wua Lai Rd., Tel.: 235-097). Der Eintritt beträgt 200 Baht, Beginn ist 19 Uhr. Reservierungen erbeten.

Whole Earth, 88 Sridonchai Rd., Tel.: 232-463. Vegetarische und andere Gerichte aus der Thai-Küche. Gartenrestaurant.

Kaithong Restaurant, 67 Kotchasarn Rd., Tel.: 236-584. Für Freunde exotischer Speisen (Kaninchen, Kobra, Wild, Aal, Frösche, Schildkröten, Lamm usw.).

Asiatisch

Musashi (japanisch), 53/6 Inthawarot Rd., Tel.: 210-944.

Naina (indisch), 138 Charoenrat Rd., Tel.: 248-663.

Europäisch

Beer Stube (deutsch), 33/6A Moonmuang Rd. (nahe Tapae Gate), Tel.: 210-869.

Cafe de Paris (französisch), 14-16 Kotchasan Rd., Tel.: 234-804.

Daret's House (Eisdiele), 4/5 Chaiyaphum Road.

German Beer Garden (deutsch), 48 Charoenprathet Rd., Tel.: 236-179.

Papillon (französisch), 12/1 Rotfai Rd., neben dem Bahnhof, Tel.: 243-187.

Pensione La Villa (italienisch), 145 Ratdamnern Rd., Tel.: 215-403.

The Pub (britisch), Huay Kaew Rd., nahe Rincome Hotel (Tel.: 211-550). Englische Küche: offener Kamin.

PATTAYA

Thailändisch

Deeprom, 503 Pattaya Klang Rd., Tel.: 418-937.

Krua Suthep, Pattaya 2 Rd., Tel.: 419-888.

Nang Nual, South Pattaya, Tel.: 418-478, 418-708.

Sugar Hut, Jomtien Beach, Tel.: 422-600.

Asiatisch & Europäisch

Akamon (japanisch), Pattaya 2 Rd., North Pattaya, Tel.: 419-598, 423-727.

Dolf Riks (indonesisch), Regent Marine Complex, Pattaya 2 Rd., Tel.: 418-269.

Orient Express (Innerasien), Nipa Lodge, Beach Rd., Tel.: 418-195, 418-321. Innerasiatische Spezialitäten, serviert in einem umgewandelten Eisenbahnwagen.

PHUKET

Thailändisch

• Phuket Town

Tunk-ka Cafe, auf dem Rang Hill am Nordende der Stadt. Spezialitäten aus dem Süden Thailands.

Kaw Yam Restaurant, 1/1 Thoon Ka Rd. Küche des Südens.

• Patong

An der Soi Bangla liegen gleich zwei hervorragende Restaurants direkt nebeneinander: **No. 4** und **Tum.**

Malee's Seafood Village, Thaviwong Rd. Probieren Sie einmal ein Hai-Steak.

• Karon

Sunset Restaurant, geg. Karon Supermarket an der Soi Bangla. Gartenrestaurant mit gediegener Küche und annehmbaren Preisen.

• Kata

Boathouse Restaurant, Boathouse Inn. Hervorragendes Restaurant mit Seeblick.

Kampong Kata, auf einem Hügel über dem Zentrum Katas. Traditionelle Thai-Küche.

• Nai Harn

On the Rocks, jenseits des Phuket Yacht Club Hotel.

• Chalong

Gan Eng 1, am Ende der Chalong Road, direkt am Meer.

Asiatisch

• Patong

Fuji (japanisch), in der Mitte (rechter Hand) der Soi Patong Post Office.

Shalimar (indisch), 89/59 Soi Patong Post Office. Nordindische Spezialitäten

• Kata Road

Hayashi Thai House (japanisch), auf dem Hügel an der H 4028 (Patak Road). Herrlicher Ausblick.

Außer dem Shalimar führt keines dieser Restaurants vegetarische (indische) Gerichte.

Europäisch

• Patong

K. Hotel (deutsch), Rat-uthit Rd. Der Küchenchef kommt aus Deutschland.

Paciugo (Eisdiele), 30 Meter die Soi Patong Resort hinunter (linker Hand, geht von der Soi Bangla ab). Italienisches Eis.

Pizzeria Napoli (italienisch). Soi Patong Post Office. Pizza, Pasta und andere italienische Spezialitäten.

• Karon

Ristorante Italiano (italienisch), neben Coco Cabana. Küche Norditaliens.

GETRÄNKE

In vielen Restaurants, die fremden Zungen schmeicheln wollen, serviert man ein köstliches Mixgetränk aus pürierten Früchten, gestoßenem Eis und Sirup. Auch eisgekühlte junge Kokosnüsse sind ein Genuß: Trinken Sie erst die Milch und schaben Sie dann das frische Fruchtfleisch heraus. Limonaden wie Coca-Cola gibt es an jeder Ecke. Sehr gesund ist Vitamilk aus Sojabohnenmilch. Einen perfekten Durstlöscher mischt man sich aus Sodawasser, Eis und frischem Limonensaft.

Thailändischer Kaffee wird mit Zichorie aromatisiert und ist sehr stark. Der allenthalben angebotene *orange tea* ist zuckersüß, doch sehr schmackhaft. An heißen Tagen trinken die Chinesen dünnen heißen Tee. Eis ist nach ihrer Ansicht schlecht für den Magen. Probieren Sie alle drei Varianten trotzdem einmal mit Eis.

Die bekanntesten Biermarken sind Kloster, Singha und Singha Gold. Unter den zahllosen Whiskysorten genießt nur Mekhong einen guten Ruf. Man trinkt ihn mit Eis, Soda, Limonensaft oder etwas Honig. Die meisten international bekannten Spirituosen werden auch nach Thailand exportiert. In großen Restaurants reicht man dem Gast auch eine Weinkarte.

ERKUNDUNGEN

STÄDTE

BANGKOK

Nach dem Besuch der wichtigsten Sehenswürdigkeiten, Großer Palast, Wat Phra Keo, Wat Po, Wat Arun, Chatuchak-Wochenendmarkt und Schwimmender Markt, sollten Sie sich weniger spektakulären Zielen zuwenden:

Gegen 6.30 Uhr morgens kann man die Mönche am **Wat Benjamabophit** bei ihrer Betteltour beobachten. Hier ist es genau umgekehrt wie sonst: Buddhisten bringen den Mönchen, die schweigend vor den Tempeltoren warten, das Essen. Hier findet man wunderschöne Fotomotive.

Besichtigen Sie **Vimarn Mek**, den größten vergoldeten Teakholzpalast der Welt. Das Innere bezaubert durch die Kunstgegenstände aus Kristall, Gold und Silber. Geöffnet mittwochs bis sonntags von 9.45 bis 15 Uhr. Wenn Sie ein Ticket für den Großen Palast haben, ist der Eintritt frei, sonst beträgt er 50 Baht.

Ein Besuch des größten schwimmenden Markts von Bangkok, des **Phak Klong Talad** am Fuße der Memorial Bridge, ist früh morgens zu empfehlen. Danach steht ein Spaziergang über den Blumenmarkt an der Chakkapet Road an.

Nahe der Ostmauer des **Wat Po** kann man sich in einem Pavillon einer traditionellen, klassischen Thai-Massage unterziehen.

Vom Oriental Hotel oder von Tha Chang (Nähe Großer Palast) aus geht es mit dem Expreßboot in 45 Minuten flußaufwärts zu den belebten Märkten von Nonthaburi. Genießen Sie einen Drink oder eine Mahlzeit auf einem der schwimmenden Restaurants mit Blick auf das schöne alte Rathaus. Auch eine Fahrt flußabwärts, bis zum letzten Halt an der Krung Thep Bridge, lohnt sich.

Dienstags bis donnerstags wird jeweils um 9.30 Uhr eine kostenlose Führung durch das **National Museum** veranstaltet.

Lehrreich ist ein Besuch der **Schlangenfarm** (Saowapha Institute) an der Rama 4 Road. Man darf zusehen, wie den Schlangen das Gift abgemolken wird (täglich 11 und 14 Uhr).

Samstags oder sonntags sollte man den **Wochenendmarkt** (Weekend Market) am Chatuchak Park erkunden. Man beginnt am besten morgens, um nicht in die Mittagshitze zu geraten.

Ein Spaziergang durch die **Sampeng Lane** im Herzen von Chinatown ist hochinteressant. Schauen Sie auch in die Nebenstraßen.

Das **Jim Thompson House** dokumentiert einen Lebensstil, den es heute praktisch nicht mehr gibt. Interessant ist auch der Komplex alter Häuser am **Suan Pakkad Palace**.

Ancient City ist eine Freiluftanlage mit Miniaturnachbildungen der wichtigsten historischen Monumente Thailands.

Mieten Sie sich im Hotel Oriental ein Boot und schippern Sie den Klong Bangkok Noi entlang bis zum **Royal Barge Museum**. Auf der Rückfahrt kann man die kleineren Klongs erkunden, ehe man sich am Klong Bangkok Yai wieder gen Oriental wendet.

Thai-Boxkämpfen wohnt man im Rajdamnern oder Lumpini Stadium bei.

Am Montien Hotel wird Ihnen ein Astrologe ihr Schicksal deuten.

Kostenlose **Likay-Darbietungen** werden am Lak Muang aufgeführt.

Am **Erawan-Schrein** (Rajprasong) spendet man eine kleine Opfergabe und darf sich etwas wünschen.

AUF DEM LAND

ZENTRALREGION

Die staatliche Eisenbahn veranstaltet jeden Samstag Tagesfahrten zur legendären **Brükke am Kwai**. Wer mehr Zeit hat, kann in einer der Flößerhütten ein Stück flußaufwärts übernachten.

Mit der **Oriental Queen** fährt man auf dem Chao Phraya bis Ayutthaya. Unterwegs bietet sich ein Besuch in Bang Pa-In an.

Unternehmen Sie einen Schwimmausflug nach Pattaya.

Der Bus nach Petchburi bringt Sie zu dem auf einem Hügel gelegenen **Palast und Observatorium König Mongkuts**.

In **Rajburi** werden wunderschöne Keramiken hergestellt und verkauft.

In Lopburi steht der alte **Palast König Narais**.

DER NORDOSTEN

Der Nordosten ist wegen seiner **Khmer-Tempel** in Phimai, Phanom Wan, Phanom Rung und Muang Tham berühmt.

Unternehmen Sie einen Tagesausflug in den **Khao Yai National Park**. Die staatliche Eisenbahn organisiert solche Tagestouren jeweils samstags.

Lohnenswert ist auch eine Fahrt von Nong Khai am Mekong entlang bis Ubon.

DER NORDEN

Um das Bildnis des Phra Buddha Jinnarat am **Wat Mahathat** zu besichtigen, fährt man mit dem Zug bis Phitsanulok. Weiter geht es nach Sukhothai, Thailands erster Hauptstadt. Ein Ort kontemplativer Ruhe ist das wenig entfernte Si Satchanalai. Ehe Sie nach Phitsanulok zurückkehren, sollten Sie Ihre Tour mit einem Besuch in Kampengphet abschließen.

Der Tempel von **Doi Suthep** liegt auf einem Hügel. Besonders bei Sonnenuntergang hat man von hier einen herrlichen Blick auf das Tal von Chiang Mai.

An der Straße nach Borsang haben **Kunsthandwerker** ihre Werkstätten.

Die baumbestandene Straße nach Lamphun führt sie zu den Tempeln **Wat Phra That Haripunchai** und **Wat Chamathewi**.

Im **Mae Sa Valley** warten Orchideen- und Schmetterlingsfarmen auf Ihren Besuch. Von hier aus werden auch zweistündige Elefantenritte veranstaltet.

Machen Sie eine Trekking-Tour zu den **Bergstämmen** oberhalb Chiang Mais und Chiang Rais.

In der **Young Elephant's Training School** von Lampang oder im **Chiang Dao Elephant Camp** kann man dabei zusehen, wie Elefanten lernen, schwere Teakholzstämme zu transportieren.

Großboote fahren den **Kok River** entlang nach Tha Ton und Chiang Rai (3,5 Stunden).

Besuchen Sie das an der burmesischen Grenze gelegene Mae Sai. Von dort geht es zum **Goldenen Dreieck**, wo sich die Grenzen von Laos, Thailand und Birma im Mekong treffen.

DER SÜDEN

Sehenswert sind die Inseln in der Bucht von **Phang-nga**.

Fahren Sie mit dem Zug von Bangkok nach **Penang** in Malaysia.

Mieten Sie sich am besten einen Jeep, um das Ackerland und die Küstenregion um **Phuket** zu erkunden.

Die Strände von **Ko Samui** erforscht man am besten mit dem Motorrad.

Erleben Sie eine Fahrt mit einer **chinesischen Dschunke** vor Phukets Küste.

STRÄNDE

Was die Strandeinrichtungen betrifft, so ist für jeden Geschmack und Geldbeutel etwas dabei. Man kann von drei Kategorien ausgehen (1 = nur das Nötigste; 2 = gute, jedoch keine luxuriösen Einrichtungen; 3 = First-class-Hotels mit Restaurants, Sport-, Einkaufs- und Besichtigungsmöglichkeiten). Hier eine Liste der Hauptbadeorte:

PATTAYA & JOMTIEN

Die sogenannte Königin unter Thailands Stränden offeriert Abwechslungen jeder Art. Vom Luxushotel bis zum ventilatorbelüfteten Zimmer in einem Ladengeschäft abseits der Hauptstraße ist alles geboten. In den Restaurants kocht man international. Für Körperbewußte gibt es einen Golfplatz und jede Menge anderer sportlicher Einrichtungen. Pattayas berühmt-berüchtigtes Nachtleben dürfte in vieler Hinsicht konkurrenzlos sein. (3)

SÜDKÜSTE

Östlich von Ban Phe liegen mehrere Bungalow-Kolonien, allesamt in wundervoller tropischer Umgebung. Für Essen und Unterhaltung ist jeweils nur innerhalb einer Kolonie gesorgt, außerhalb ist nicht viel geboten. Wassersport ist nur begrenzt möglich. Ideal für Familienurlauber oder Reisende, die ihre Ruhe haben wollen. (2)

KO SAMET

Obwohl sich hier manches ändert, ist diese herrliche Insel, wo kleine Bungalows an traumhaften Stränden stehen, noch immer ein Paradies für Rucksackurlauber. Man baute inzwischen zwar mehrere Hotels, dennoch finden kaum Pauschaltouristen hierher, weil die Insel nur umständlich und per Fährboot erreichbar ist. Die Wassersportmöglichkeiten sind begrenzt, abendliche Unterhaltung wird praktisch nur in den Strandlokalen geboten. Ein Platz, um sich ein paar ruhige Tage zu machen. (1)

HUA HIN & CHA-AM

Dies ist der traditionelle Badeort der Thai-Aristokratie, und bis heute ist eine königliche Würde an den weiten Stränden spürbar. Hierher kommen vorzugsweise Familien und ältere Urlauber, aber auch junge Paare. Ein Ort für kontemplative Entspannung. Man spaziert die Fischdocks entlang, spielt eine Runde Golf, macht einen Strandausflug mit einem Pony, oder setzt sich einfach zum Träumen in den Liegestuhl. (2,5)

PHUKET

Wie kaum ein anderes Ferienziel in Asien erlebte Phuket einen rasanten Aufschwung. Man versucht, die Naturschönheiten mit den Erwartungen der europäischen und asiatischen Touristen an einen mit allen Schikanen ausgerüsteten Urlaubsort unter einen Hut zu bekommen. Trotz vieler Luxusabsteigen findet man auch noch ein paar erschwingliche Hotels. Sport ist zu Wasser und auf dem Land möglich (Golfplatz). Für Unterhaltungsshows, Nachtleben, Inselrundfahrten usw. ist gesorgt. (3)

PHI PHI

Jahrelang blieb die Schönheit dieser Inselchen wegen ihrer Abgelegenheit verborgen. Nur wenige Reisende bewohnten die Strohhütten am Strand. Noch immer haust man in Hütten, allerdings wird die Ausstattung zunehmend aufwendiger. Begrenzte Sportmöglichkeiten (Schnorcheln), kaum Nachtleben. Bootsausflüge zu benachbarten Inseln, ein paar Restaurants und atemberaubende Naturschönheiten. (1,5)

KRABI

Thailands jüngster Strandort verfügt mittlerweile über mehrere kleine Hotels, meist wohnt man jedoch in Bungalows. Vor der Küste kann man wunderbar schnorcheln. (1,5)

KO SAMUI

Die weiten Strände und der geruhsame Lebensstil lockten früher nur Rucksacktouristen an. Seit es eine Flugverbindung mit Bangkok und First-class-Hotels gibt, kommen auch besser betuchte Urlauber hierher. Verschiedene Wassersport- und Unterhaltungsmöglichkeiten. (2)

PAUSCHALANGEBOTE

Thai Airways International (THAI) hat Royal Orchid Holiday Tours im Angebot, das heißt, man erhält die Vorteile einer Individualreise zu Pauschalpreisen. Arrangieren Sie solche Touren vor der Ankunft. Sie dauern zwei Tage, können jedoch verlängert werden. Zur Auswahl stehen Ausflüge nach Bangkok, Chiang Mai und Phuket.

REISEVERANSTALTER

In Bangkok und Chiang Mai wimmelt es von Agenturen, die Fahrten zu den Tempeln, Ateliers der Kunsthandwerker, Kanälen (Klongs) und anderen Sehenswürdigkeiten organisieren.

KULTURELLES

Es scheint, daß die moderne Popkultur die traditionellen Thaikünste bereits ins Abseits gedrängt hat. Obwohl sich die Regierung um die Erhaltung der landeseigenen Kulturformen bemüht, haben diese kaum noch Rückhalt in der Bevölkerung. Man unterstützt zwar fremde Kunstformen in den verschiedenen Kulturorganisationen des Landes, doch man versäumte es, ausländische Künstler für die eigene Kultur zu interessieren, wie es etwa im Hongkong Art Center oder beim jährlichen Hongkong Arts Festival geschieht.

Die vielen Museen in und um Bangkok haben sich darauf spezialisiert, die Vergangenheit lebendig zu erhalten und hervorragende Zeugnisse zusammengetragen. Ausstellungen zeitgenössischer Kunst veranstalten private Galerien, Kulturzentren anderer Länder, oder Kulturorganisationen großer Firmen, vor allem Banken.

MUSEEN

Das **Nationalmuseum**, 4 Phra Athit Rd., Tel.: 221-2522, grenzt direkt an den Sanam Luang-Platz im Herzen der alten Königsstadt. Eine große archäologische Sammlung mit Buddha-Figuren, alten Krönungsinsignien, Keramik und Kunstobjekten aus den Nachbarländern (meist buddhistischen Ursprungs). Im Erdgeschoß sind die herrlichen Wandmalereien des Buddhaisawan-Tempels besonders hervorzuheben.

Das Museum bietet kostenlose Führungen in mehreren Sprachen und zu verschiedenen Themen an:

Deutsch: Kunst und Kultur Thailands (Dienstag, Donnerstag).

Englisch: Kunst und Kultur Thailands (Dienstag, Donnerstag); Buddhismus (Mittwoch).

Französisch: Prä-Thai und Thai-Kunst (Mittwoch).

Japanisch: Thai-Kultur und Keramik (erste zwei Dienstage im Monat); Wat Buddhaisawan (dritter Dienstag im Monat); Prä-Thai und Thai-Kunst (vierter und fünfter Dienstag im Monat).

Spanisch und Mandarin: Auf Anfrage (nur Reisegruppen); Tel.: 224-1402.

Eine Führung dauert etwa zwei Stunden. Auf keinen Fall darf man den Besuch des Buddhaisawan-Tempels sowie des Saals der Zeremonialwagen für die Feuerbestattung versäumen.

KUNSTGALERIEN

In der **Nationalgalerie**, 4 Chao Fa Rd., Tel.: 281-2224 (nördlich des Nationalmuseums, man überquert die Zufahrt zur Phra Pinklao Bridge), werden die Arbeiten thailändischer Künstler gezeigt und regelmäßige Filmvorführungen veranstaltet. Täglich außer Montag und Freitag von 9 bis 13 oder 16 Uhr geöffnet.

Nach turbulenten Ereignissen bleibt das **Bhirasri Institute** seit einiger Zeit geschlossen (Soi Atthakornprasit, eine Seitenstraße der South Sathorn Road). Es fehlen neue

Mäzene und Ideen. Da dies die einzige Galerie für zeitgenössische Kunst in Bangkok war, ist die Schließung beklagenswert.

Die **Silpakorn University** gegenüber dem Großen Palast (Na Phralan Road) ist Thailands bedeutendste Lehranstalt für bildende Kunst. Man veranstaltet regelmäßig Ausstellungen mit den Arbeiten der Studenten. Auch das Goethe-Institut, das British Council und die Alliance Française organisieren und unterstützen Thai-Kunst.

In den „Kunstgalerien" scheint man sonst mehr Wert auf den Verkauf von Massenware zu legen, als avantgardistische Strömungen zu sponsern. Nur **Visual Dhamma** engagiert sich aktiv bei der Unterstützung echter Talente. Wie sich schon aus dem Namen ersehen läßt, interessiert man sich hier vor allem für eine Richtung in der Thai-Kunst, die sich auf die Neubewertung buddhistischer Themen konzentriert. Das Haus liegt in der Soi Asoke, gegenüber dem Singha Beer House.

KONZERTE

Das Fine Arts Department veranstaltet regelmäßig Konzerte mit Thai-Musik und Tanz- sowie Theateraufführungen des **National Theatre**. Jeden Samstag um 14 Uhr kann man im Vortragssaal des **Public Relations Buildings** (Rajdamnern Klang Avenue, gegenüber dem Hotel Royal) einem Programm mit klassischem Thai-Tanz beiwohnen. Die Bangkok Bank veranstaltet jeden Freitag um 17 Uhr Konzerte mit traditioneller Musik im obersten Stock der **Pan Fah**-Filiale (Rajdamnern Avenue, an der Kreuzung Prasumane Road).

Nur höchst selten organisieren ausländische Kulturinstitute Tanz- oder Musikveranstaltungen des europäischen Raums. Manchmal treten thailändische Künstler mit einem Programm europäischer Musik auf. Aus Rücksicht auf den Geschmack der Einheimischen handelt es sich dabei eher um gemäßigte Standards als um wilde Avantgarde – das künstlerische Niveau ist im allgemeinen hoch.

Die Programme werden in englischsprachigen Zeitungen angekündigt.

THEATER

Das **National Theatre** widmet sich thailändischer Kunst, präsentiert aber hin und wieder auch große ausländische Ensembles wie die New York Philharmonics.

Wer sich für experimentellere Inszenierungen interessiert (thailändisch oder international), dem kann das **Thailand Cultural Center** empfohlen werden. Das Center, ein Geschenk der japanischen Regierung, liegt an der Ratchadapisek Road im Norden Bangkoks. Das Haus besitzt drei Bühnen und präsentiert dort alles vom Pianisten bis zum Puppenspiel.

Daß es eine große Theatertradition in Bangkok nicht mehr gibt, ist nicht zuletzt Schuld des Großstadtklimas: Jahrzehntelang strömte die chinesische Bevölkerung in die zwei Theater an der Yaowarat Road, die Stücke der chinesischen Oper spielten. Dann liefen die Kung-Fu-Filme der Oper unglücklicherweise den Rang ab (auch bei den Thai sehr beliebt), und die Jungen blieben lieber zu Hause vor dem Fernseher sitzen. Vor gut drei Jahren schloß das letzte chinesische Theater seine Pforten. Heute gastieren nur noch hin und wieder Truppen der Pekingoper im **Chalermburi Theatre**, das ansonsten als Kino fungiert. Veranstaltungshinweise findet man in der Zeitung.

Manchmal kann man während einer Begräbniszeremonie oder während des Vegetarian Festival, das jeden September in der Chinatown begangen wird, Zeuge einer Vorführung der Pekingoper werden. Solche Veranstaltungen gehen ohne Vorankündigung über die Bühne und haben daher echten Überraschungswert. Darbietungen dieser Art sind nicht zu überhören: Zimbeln, Trommeln und kreischende Violinen kündigen das Ereignis lautstark an.

Auch *likay*, die rustikale Variante der großen *lakhon-* und *khon-*Tanzdramen, ist kaum noch zu sehen. Früher waren diese Inszenierungen ein wichtiger Bestandteil jedes Tempelfestes. Leider gibt es solche Tempelfeste kaum noch, allenfalls irgendwo auf dem Land, und selbst dort sieht man sich lieber einen Film im Freiluftkino an, als eine *likay*-Aufführung.

Einer der wenigen Plätze, wo man noch *likay* spielt, ist in Lak Muang. Dort unterhält man eine Truppe, die für die Himmelsgötter und Geldgeber der Stadt auftritt.

PAUSCHALANGEBOTE

In den Kinos von Bangkok laufen thailändische, chinesische und westliche Filme. Was aus dem Westen kommt, ist entweder ein Kassenschlager oder ein Gewaltstreifen – statt Dialog nur Blut. Thailändische Filme basieren nach Ansicht der Stadtbevölkerung entweder auf dem Prinzip Gut gegen Böse, oder sie zeigen deftigen Humor, häßliche Schurken und jede Menge Prügeleien und interessieren nur die Landbevölkerung. Alternativ dazu sieht man allenfalls noch seichte Komödien über junge Liebe. Filme, die sich mit Problemen der Gesellschaft auseinandersetzen, sind die große Ausnahme.

Auch ausländische Filme zeigt man nur in der thailändischen Synchronisation ohne Untertitel – man sollte also einen sprachkundigen Freund mitnehmen, oder das Kino zum Ratespiel machen (aus den Bildern läßt sich die Handlung problemlos erschließen). Ansonsten bieten sich chinesische Streifen an (meist in Hongkong oder Japan gedreht). Hier geht es zumeist um die Rache des Kung-Fu-Kämpfers, gewalttätigen Mob, süßliche Familienkomödien oder junge Liebespaare. Diese Filme sind häufig untertitelt.

VERANSTALTUNGSHINWEISE

In der *Bangkok Post* und *The Nation* werden täglich Kinoprogramme und sonntags Wochenprogramme kommender Ereignisse abgedruckt.

BIBLIOTHEKEN

Zum Lesen und Nachschlagen bieten sich mehrere Bibliotheken in Bangkok an. Alle verfügen über einen englischsprachigen Bestand an Literatur über Thailand.

A.U.A., 179 Rajdamri Rd., Tel.: 252-8953. Montag bis Freitag 8.30 bis 18 Uhr, Samstag 8 bis 13 Uhr geöffnet. Unterstützt vom US Information Service.

British Council, 428 Siam Square, Soi 2, Tel.: 252-6136. Dienstag bis Freitag 10 bis 19 Uhr, Samstag 10 bis 17 Uhr.

Neilson Hayes, 195 Suriwong Rd., Tel.: 233-1731. Montag bis Samstag 9.30 bis 16 Uhr, Sonntag 9.30 bis 12.30 Uhr.

Siam Society, 131 Soi 21, Sukhumvit Rd., Tel.: 258-3491. Dienstag bis Samstag 9 bis 17 Uhr.

BUCHHANDLUNGEN

Bangkok ist reich an gut sortierten Buchhandlungen für die Bereiche Information und Unterhaltung. Suchen Sie Literatur über Bangkok oder einfach einen guten Schmöker für den Strand, sind sie dort genau richtig. Auch viele Hotels verfügen über einen Bücherstand.

Asia Books, 221 Sukhumvit Road (zwischen Soi 17 und 19) und im zweiten Stock des Landmark Hotel an der Peninsula Plaza. Kunstbücher, Schmöker, Reiseführer, Bestseller – in englischer Sprache.

D.K. Books, auch „Patpong University" genannt. Im Untergeschoß des CCT Building, 999 Suriwongse Road (bis 1.30 Uhr geöffnet). Bangkoks umfangreichste Buchhandlung. Englischsprachige Bücher zu jedem Thema.

Central Department Store, alle Filialen führen auch Abteilungen für Bücher.

NACHTLEBEN

Jahrelang stand Thailand im zweifelhaften Ruf, das Zentrum von Sex und Sünde zu sein. Natürlich kam dieser Ruf nicht von ungefähr, doch inzwischen änderte sich auch einiges. Die GIs der sechziger und die deutschen, japanischen und arabischen Sextouristen der siebziger Jahre treten heute zugunsten einer finanzkräftigeren Klientel in den Hintergrund. Letztere reisen zumeist paarweise und sie fungieren bei den Sex-Shows eher als Dilettanten denn als Konsumenten.

Dieser neuen Klientel paßte sich die Szene in Bangkok und einigen größeren Städten des Binnenlandes inzwischen an. Zwar hat die Zahl der Massagesalons und Bars nicht abgenommen, aber man konzentriert sich nun auch auf andere Freizeitangebote wie Jazzclubs, Videotheken, Discos und Restaurants unter freiem Himmel – zurechtgeschnitten auf eine neue Urlaubergeneration, die im Durchschnitt zwischen 20 und 50 Jahre alt ist.

In Phuket oder Chiang Mai erfreuen sich Bierbars oder Bars mit Hostessen-Betrieb bei Menschen beiderlei Geschlechts einiger Beliebtheit. Nur in Pattaya scheint man die Konjunktur noch nicht erfaßt zu haben und konzentriert sich nach wie vor in erster Linie auf den Sextourismus.

Daß der nächtliche Einkauf inzwischen zum Hauptvergnügen avancierte, darf schon als drastische Änderung betrachtet werden. An der Sukhumvit und Silom Road schießen Nachtmärkte wie Pilze aus dem Boden. Nicht einmal Patpong, die alte Sündenmeile, blieb davon verschont. Jeder Zentimeter wird von fliegenden Händlern genutzt, oft haben sie mehr Kunden als die Bars. Ein Talmiparadies: Unten feilschen die Händler mit gefälschter Markenware, einen Stock höher täuscht man in reichlich schmierigen Sex-Shows einen Orgasmus vor.

Doch auch die Bars blieben von den Veränderungen nicht verschont. Viele davon verwandelten sich in Discos, nach 23 Uhr ist es dort brechend voll. Wer auf der Suche nach dem „alten" Nachtleben ist, wendet sich am besten in die Soi Cowboy oder in den neuen Vergnügungskomplex Nana Entertainment.

Im allgemeinen trifft diese Charakterisierung auch auf die anderen Landesteile zu. Der Nachtmarkt von Chiang Mai (Chang Klang Road) zieht mehr Touristen an als die Bars an der Chaiyaphum Road. Auf Phuket reihen sich die Bierbars an den Stränden Patong (Soi Bangla), Karon und Kata – allerdings konnte der Sextourismus à la Bangkok hier nie richtig Fuß fassen.

Außerhalb der Touristenzentren kümmert man sich kaum um die Einrichtung spezieller Freizeitangebote für Nachtschwärmer – es lohnt sich nicht. Hier muß man sich schon mit Einkaufen, einem Spaziergang über einen Markt oder mit einem schummrigen Thai-Nachtclub und Thai-Pop begnügen. In diesen Gegenden nutzen Reisende die Nacht ohnehin eher zum Schlafen, um für die nächste Besichtigungstour fit zu sein.

BANGKOK

BARS

In Bangkok gibt es drei Zonen, wo man jener Form des Vergnügens nachgehen kann, die die Stadt bekanntmachte. Allerdings herrschen auch dort etwas gemäßigtere Umgangsformen, seit immer mehr Frauen aus westlichen Ländern diese Hochburg der Männerwelt erstürmen. Noch immer ist alles geboten, allerdings nicht mehr zu ebener Erde.

Patpong setzt sich aus drei Straßen zusammen: Patpong, Patpong 2 (ein Durcheinander von Bars und Neonlichtern) und Patpong 3 (die Schwulenzone). Patpong ist wegen seiner Go-Go-Bars berühmt. Bikinibekleidete Barmädchen tänzeln dort auf gefährlich hohen Absätzen vor den Gästen herum, die sich um den Tresen scharen. Sonderabgaben werden nicht erhoben, Bier ist das allgemeine Getränk, Cocktails mixt man auf Bestellung.

Die Barmädchen werden versuchen, sich von Ihnen einladen zu lassen. Es besteht jedoch kein Zwang, und man kann auch einfach nur dasitzen und dem Treiben zusehen. Wollen Sie eine Nacht mit einem der Mädchen verbringen, wird *sie* den Preis mit Ihnen aushandeln (siehe unten). **King's Castle**, **Safari**, **Thighbar**, **Queen's Castle**, **Pussy Galore** und viele mehr liegen auf etwa dem gleichen Preisniveau.

TIPS

Für Männer: Barmädchen dürfen mit ins Hotel genommen werden. Verläßt man die Bar jedoch vor Geschäftsschluß zu diesem Zweck (2 Uhr), muß man eine Gebühr entrichten. Alles andere handelt man mit dem Mädchen direkt aus, wobei *sie* das Sagen hat. Entspricht ein Mann nicht den Vorstellungen des Mädchens, wird sie auch nicht mitgehen.

In den meisten First-class-Hotels sieht man es (aus Sicherheitsgründen) nicht gern, wenn Barmädchen mit aufs Zimmer kommen. Man wird an der Rezeption verlangen, daß sie ihren Ausweis hinterlegt, denn immer wieder lassen Barmädchen tatsächlich etwas mitgehen. Lassen Sie daher keine Wertgegenstände offen herumliegen. Ein Wort zu den steigenden AIDS-Zahlen: Gehen Sie kein Risiko ein, eine Drogerie ist immer in der Nähe.

Für weibliche Singles: Bangkoks Nachtleben berücksichtigt kaum die Wünsche alleinstehender Frauen. Das Limelight ist einer der wenigen Plätze, wo man sich wohlfühlen kann. Keine Angst: die Barmädchen respektieren ausländische Frauen.

SEX-SHOWS

Die Schlepper von Patpong bieten immer wieder Programme für diese Darbietungen an. Lesen Sie ein Programm, wenn Ihnen danach ist, doch lehnen Sie jede Hilfe ab. Es ist kein Problem, sich selbst eines dieser Etablissements zu auszusuchen. In Bars wie **Kangaroo** oder **Firecat** ist die Show eher ausgeflippt als erotisch – sicher nicht jedermanns Sache, doch offenbar sowohl bei weiblichen wie männlichen Urlaubern gleichermaßen beliebt.

Meiden Sie sogenannte Live-Shows in den Seitenstraßen der Patpong oder entlang Patpong 2. Dort würde man Ihnen nur aberwitzige Rechnungen präsentieren und Sie mit bulligen Rausschmeißern bedrohen, wenn Sie Einspruch erheben.

Passiert Ihnen so etwas dennoch, händigen Sie das Geld lieber aus. Lassen Sie sich, wenn möglich, eine Rechnung geben und gehen Sie damit sofort zur Polizei in der Suriwongse Road (am Ende der Patpong 2) oder zur Tourist Police an der Kreuzung Silom und Rama 4 Road. Die Polizei geht gegen diese Praktiken vor, und wer schnell ist, sieht sein Geld oft wieder.

ANDERE ADRESSEN

Soi Cowboy ist quasi die billigere Variante zur Patpong. Hier läuft alles auf einer weniger spektakulären Ebene ab – wie es früher auf der Patpong und alten New Petchburi Road war. Hier geht es nach wie vor darum, sich irgendwo ein Barmädchen herauszupicken.

Der **Nana Entertainment Complex** in der Sukhumvit Road (geht von Soi 4 ab) liegt nicht nur geographisch zwischen Patpong und Soi Cowboy. Hier findet man die üblichen Bars und Bierlokale.

Das Gebiet um das **Hotel Grace** (Soi 3, Sukhumvit) wird hauptsächlich von Gästen aus Nahost frequentiert.

BEGLEITAGENTUREN

Die Reklame hierfür wirkt einladend, dahinter verbergen sich aber meist Bordelle. Die Frauen sind zumeist so gekleidet, daß man teurere Nachtclubs ansteuern sollte. Wenn Sie auf den eigenen Ruf achten müssen, halten Sie sich an diese Adressen – ansonsten tut's Patpong genauso.

MASSAGE

Es gibt zwei Kategorien: Reguläre und halbseidene Massagepraxen. Wo „Traditional Thai Massage“ oder „Ancient Thai Massage“ zu lesen ist, handelt es sich um uralte Behandlungsmethoden. Die besten Adressen hierfür findet man eigentlich am Wat Po.

Bei der zweiten Kategorie handelt es sich um jene „massage parlours“, wo es um eine andere Form der Entspannung geht. Man sucht sich hinter einem einseitigen Spiegel ein Mädchen aus und verbringt die nächste Stunde mit Baden und was sonst noch mit der Dame arrangiert wurde. Bei sogenannten B-course-Massagen massiert Ihnen das unbekleidete Mädchen den nackten Körper mit ihrem eigenen. Auch hier schaden Vorkehrungsmaßnahmen nicht, wenn die Leidenschaft überhandnimmt!

DISKOTHEKEN

Auf der Patpong kann man auch Tanzen gehen. Diskos wie das **Peppermint Bistro** haben noch lange nach den Bars offen – hier ist jeder für sich, es gibt weder Kuppelei noch irgendwelche Erwartungen.

Das **Silom Plaza**, an der Silom Road, gleich hinter der Patpong, entwickelte sich in den letzten Jahren zum Lieblingstreff junger Bangkoker. Chrom und Glitzer ziehen jedenfalls mehr Thai als Ausländer an – Platz genug ist für beide. Auch **Freak In** und **Freak Out** erfreuen sich großer Beliebtheit.

In den Außenbezirken Bangkoks liegen Megadiskos wie das **NASA Spacedome**. Im NASA haben 3000 Gäste Platz, es liegt am Ende der New Petchburi Road. Dröhnende Musik, Lichtblitze und Videowände gehören hier, wie überall in der Welt, zum Standard.

Auch **Bubbles** (Hotel Dusit Thani) und **Diana's** (Oriental Plaza) sind einen Besuch wert. Im äußerst schicken **Rome Club** (Patpong 3) tummeln sich meist Schwule, ab 22

Uhr fungiert es dann als Videothek für alle. In allen Diskos muß man mit Eintrittspreisen zwischen 120 und 180 Baht rechnen. Geöffnet ist bis 3 Uhr früh.

MUSIKLOKALE

Erwarten Sie keinen Jazz wie in New York, London oder Tokio. Dennoch, die Musik ist hörenswert, oft sogar avantgardistisch. Jazzclubs findet man vor allem an der Soi Sarasin, Soi Lang Suan und Silom Plaza. Im Unterschied zu den zwielichtigen Hostessen-Clubs sind die meisten Musikclubs offen oder glasverkleidet, mit Tischen im Freien. Zur guten Musik pflegt man hier gute Unterhaltung.

Jazzclubs werden von jungen Thai ebenso frequentiert wie von jungen Ausländern. Die wichtigsten Clubs mit internationalem Publikum sind **Brown Sugar** (Soi Sarasin) und **Round Midnight** (Soi Lang Suan). Das **Silom Plaza** besteht aus Nachtclubs auf drei Stockwerken, die sich um einen Innenhof mit Tischen gruppieren. Im **Saxophone** am Victory Monument (3/8 Phya Thai Road) spielt man Jazz Standards. Es hat bis 3 Uhr geöffnet.

Für Freunde des Dixieland ist jeden Sonntag ab 20.30 Uhr im **Bobby's Arms** etwas geboten. Die Band setzt sich aus Einheimischen zusammen, die einfach Spaß an der Sache haben. Im Bobby's ißt man englisch und trinkt Bier, es herrscht eine ausgelassene Atmosphäre (Erster Stock des Parkhauses hinter Foodland, Patpong 2).

Ansonsten findet man die besseren Nachtclubs in den First-class-Hotels. In die **Bamboo Bar** des Oriental begibt man sich am besten in Abendgarderobe. Die stilvolle Atmosphäre wird von Jazzsängern belebt, die oft aus den USA kommen. Auch in der **Tiara Lounge** des Dusit Thani präsentiert man gern Gaststars. Die meisten Hotels verfügen über Salons mit guter musikalischer Unterhaltung.

Weitere Unterhaltungsangebote entnimmt man am besten den Tageszeitungen (Konzerte, Kunstausstellungen, Vorträge etc.). In der Sonntagsausgabe der *Bangkok Post* sowie in *The Nation* werden jeweils die Ereignisse der nächsten Woche angekündigt.

CHIANG MAI

Chiang Mais Nachtleben läßt sich mit Bangkok nicht vergleichen. Vielleicht liegt es an den ermüdenden Trekkingtouren vieler Reisender, der insgesamt ruhigeren Atmosphäre oder am anderen Temperament hiesiger Gäste, jedenfalls verlaufen die Abende in Chiang Mai ziemlich friedlich.

MUSIKLOKALE & BARS

Im allgemeinen sitzt man abends in einem Restaurant oder Pub und läßt sich vom Softpop einheimischer Musiker unterhalten. Das **Riverside Restaurant** (Charoenrat Road) und das **Chiang Mai Tea House** (Chiang Mai-Lamphun Road) gehören zu dieser Kategorie. In den Bars der Chaiyaphum Road, beim Tapae Gate, spielt man Musik live und vom Band. Hier trifft man auch vereinzelt auf Barmädchen.

In der trockenen Jahreszeit verbringt man die Abende in Open-air-Restaurants wie **Old House** oder **Maprang** (Charoenprathet Road), im Straßencafé des **Novotel**, im **Beer Garden** (Soi 4, Charoenprathet) oder in **Daret's House** an der Chaiyaphum Road.

MASSAGE

Einer traditionellen Thai-Massage unterzieht man sich im **Hotel Diamond** (Charoenprathet Road) für 80 Baht pro Stunde oder im **Rin Kaew Phovej** (183/4 Wua Lai Rd., Tel.: 234-565, 235-969; neben dem Old Chiang Mai Cultural Center), das von 8 bis 24 Uhr geöffnet hat. Nicht unbedingt traditionell sind die Massagen im **Saiyuri** (Soi 3, jenseits der Bamrungrat Road).

PATTAYA

Pattayas Nachtleben ist berühmt-berüchtigt. Im Süden der Stadt schießen die Bars nach wie vor wie Pilze aus dem Boden. Hier geht es nur um Mädchen und Alkohol. Es gibt vielleicht zwei Musiklokale, wo man sein Bier ungestört – bei Rock'n Roll-Musik der sechziger Jahre – trinken kann. Die Bars Simon und Marine haben Diskos im Obergeschoß.

Die meisten Hotels führen Hausbands und eine Bar mit Sänger. Zahlreiche Bierbars, kaum anders als in South Pattaya, säumen die Beach Road.

PHUKET

Die lauen Nächte verlaufen in Phuket ebenso ruhig wie die Tage. An den meisten Stränden bricht mit der Nacht die Schlafenszeit an. Es gibt Bierlokale, doch nicht von der anrüchigen Sorte wie in Bangkok oder Pattaya. Das Nachtleben in Phuket Town, mit ein paar Nachtclubs, Kinos und Massagesalons, gehört den Thai.

Zwar verfügen die Hotels über Cocktailbars und Salonmusik, im allgemeinen bevorzugen es die Gäste dennoch, den Abend draußen zu verbringen. In vielen Hotels herrscht auch die verbreitete Sitte, Videofilme vorzuführen, aber abgesehen von den großen Hotels kann man das Programm zumeist vergessen.

Phukets bekanntester Strand heißt Patong. Hier verbringt man den Abend in einer der vielen Bierbars an der Soi Bangla: **Eat Joe's Bar**, **Dog and Duck**, **Bamboo Benz** und wie sie alle heißen. Tanzfreaks kommen in **Le Crocodile Music Hall** (Soi Bangla) und **Banana Disco** (94 Thaviwong, nahe dem Patong Beach Hotel) auf ihre Kosten.

Man findet auch ruhige Lokale, wo man Darts spielt, Videos ansieht oder einfach der Musik lauscht. Die dem Holiday Inn benachbarte **Paradise Bar** gehört zu den besten dieser Art (Thaviwong Road).

Die Strände **Karon** und **Kata** entwickeln gerade erst ein Nachtleben. Etwas abseits der Beach Road säumen **Karons** Bierbars eine schmale Straße. **Katas** Bierbars drängen sich um die Hauptstraßenkreuzung. **Easyrider** ist *das* Musiklokal von Kata: Man spielt Live-Musik der sechziger Jahre.

An der Montri Road in Phuket Town lädt **Pearl Bowl** zum Bowling ein. Kinofreunde können sich Thai-Filme an der Ecke Montri und Ranong Road ansehen, und auch das **Paradise Theater** (jenseits der Phuket Road) bringt manch netten Film.

MASSAGE

Zwielichtige Massagesalons wie in Bangkok oder Pattaya wird man hier nicht finden. Einzig **Pearl Massage** im Pearl Hotel (Montri Road) bietet Dienste an, die über das Therapeutische hinausgehen. Eine traditionelle Thai-Massage erhält man im **Hotel Daeng Plaza** an der Phuket Road.

EINKAUFEN

Wer sich für seine Einkäufe von vornherein ein finanzielles Limit setzt, ist selbst schuld, denn Thailand ist ein echtes Einkaufsparadies. Allerdings sollte man bei all den günstigen Gelegenheiten nicht den Überblick verlieren: es muß ja auch noch nach Hause geschleppt werden. Wer absolut nicht widerstehen kann, möge sich über die preiswerten Wege, wie man seine Mitbringsel heimbringt, im Kapitel „Ausfuhr" kundig machen.

Im Lauf der Jahre stellten sich gewisse Veränderungen beim Warenangebot ein. So bemühte man sich, den Markt mehr auf die Wünsche der Touristen abzustimmen. Mag es manch einem Puristen auch mißfallen, das erweiterte und veränderte Angebot ist den meisten Urlaubern sehr willkommen, und neue Produkte finden stets willige Abnehmer.

Eine weitere Veränderung fand bei der Warenverteilung statt. Früher konnte man für eine Region typische Produkte nur am Herkunftsort kaufen, inzwischen bietet man beispielsweise Regenschirme aus Chiang Mai auch in Phuket an. Chiang Mai und Bangkok sind Spitzenreiter, was die Vielfalt des Warenangebots anbelangt. Auch wer seinen Aufenthalt auf Bangkok beschränken muß, findet daher für andere Landesteile typische Produkte in Hülle und Fülle.

EINKAUFSTIPS

ANTIQUITÄTEN UND IMITATIONEN

In den Antiquitätenläden Bangkoks und Chiang Mais findet man jede Menge Artefakte aus Holz, Bronze, Terrakotta und Stein: Götter- und Heiligenfiguren, Charaktere der klassischen Literatur, holzgeschnitzte Engel, mythische Tiergestalten, Giebelschutzbretter von Tempeln oder Dachkonsolen aus allen Landesteilen sowie aus Birma.

Die Regierung hat zwar die Ausfuhr von Buddha-Figuren verboten, es gibt aber noch genug andere religiöse Charaktere, die weiterhin außer Landes gebracht werden dürfen. Bronzene Hirsche, Engel und Gestalten aus dem Ramakien fallen nicht unter das Ausfuhrverbot, ebensowenig burmesische Buddha-Figuren.

In Chiang Mai stellt man äußerst dekorative Repliken antiker Skulpturen her: Tiergestalten, Schüler Buddhas und vieles mehr. Solche Artefakte haben die unterschiedlichsten Größen und werden ganz regulär als Repliken verkauft.

Darüber hinaus ist Chiang Mai ein Zentrum für qualitativ hochwertige Einrichtungsgegenstände aus Teakholz, etwa Vitrinen, Tische, Speisezimmergarnituren, Elefantensitze usw.

KÖRBE

Thailands Reichtum an Bambus, Weidengewächsen und Gräsern liefert den Rohstoff für unterschiedlichste Gegenstände, vom Lampenschirm bis zum Schuh. Aus Korbweide und Bambus stellt man praktisch alles her, womit man ein Haus vollständig möblieren kann.

Aus *yan lipao*, einer feinen aber robusten Grasart, flicht man Taschen und Täschchen, die sich auch bei feinen Anlässen sehen lassen können. Ihre lange Haltbarkeit macht den hohen Preis wieder wett.

KERAMIK

Jadegrüne Celadon-Töpferwaren mit zart krakelierter Glasur sind eine thailändische Spezialität. Viele Gegenstände (Skulpturen, Lampen, Aschenbecher) bietet man auch in Dunkelgrün, Braun oder in Blautönen an.

Weißblaues, dem chinesischen nachempfundenes Porzellan erhält man ebenfalls in vielen Formen: Vasen, Lampenfüße, Geschirr, Figurinen und so weiter. Die Qualität hängt vom Können des Herstellers, vom Brennen und der Glasur ab.

Bencharong (fünf Farben) heißt eine andere im 16. Jahrhundert aus China übernommene Porzellanart. Man verwendet diese Technik eigentlich nur für feines Geschirr: Das klassische Bencharong-Muster zeigt eine kleine Heiligenfigur inmitten bezaubernder Blumenmotive. Die dabei verwendeten fünf Farben sind im allgemeinen Grün, Blau, Gelb, Rot und Schwarz.

Töpferware ist in praktisch allen Formen und Farben erhältlich. Großer Beliebtheit erfreuen sich braun glasierte Shanghai-Gefäße mit gelben Drachenmustern. Die Thai benutzen sie als Waschschüsseln, viele Touristen kaufen sie als Blumenübertöpfe. Steingut, zum Beispiel Schüsseln und Platten mit dem Motiv des Doppelfischs, wurde seit dem 13. Jahrhundert in den Brennöfen von Sawankhaloke (nahe Sukhotai) hergestellt.

Zu den besten Keramiken zählen jene von Ratchaburi, südwestlich von Bangkok. Die Vielfalt der Produkte ist einen Ausflug dorthin wert.

KUNSTHANDWERK

Lackarbeiten trifft man in zwei Formen an: Auf den Fensterläden der Tempel schimmern sie in Gold und Schwarz, ansonsten herrscht die mattrote Variante mit schwarzen und/oder grünen Mustern vor, die ihren Ursprung in Nordthailand und Birma hat. Man verkauft vor allem lackierte Schachteln, Tabletts und Holzfiguren. Manchmal sind die Gegenstände mit Einlegearbeiten oder Goldornamenten verziert.

Schwarzer Lack dient auch als Hintergrund für Perlmutt-Intarsien. Auf Präsentiertellern, Behältern und Platten sieht man religiöse und mythologische Szenen. Achten Sie auf die Echtheit: Mancher Handwerker benutzt statt der traditionellen sieben Lackschichten schnöde schwarze Farbe!

TEXTILIEN

Thailands berühmtestes Produkt ist vermutlich die Seide. Seit der amerikanische Unternehmer Jim Thompsen sie in aller Welt bekannt machte, erfreut sich Thaiseide ungebrochener Beliebtheit. Man erkennt sie – die in einer Vielzahl von Farben auf dem Markt ist – sofort am Relief kleiner Knötchen auf der Stoffoberfläche. Im Unterschied zur hauchdünnen indischen oder glatt glänzenden chinesischen Seide ist Thaiseide dick und eignet sich für Vorhänge und Möbelstoffe ebenso wie für Kleidung.

Einheimische Schneider fertigen Anzüge daraus, in erster Linie verwendet man sie aber für Blusen, Krawatten und Schals. Man überzieht damit Taschen, Bilderrahmen und andere Gegenstände. Mit verschiedensten Motiven bedruckte Stoffe verarbeitet man zu dekorativen Kissenhüllen.

Mudmee heißt eine Seidenart aus dem Nordosten, die in gedeckten Farben entweder als Meterware oder bereits verarbeitet verkauft wird.

Kleider und Hemden aus Baumwolle sind sehr beliebt, weil Baumwolle in der feuchtheißen Luft „atmet". Verkauf vom Ballen ist eher selten, meist gibt es nur fertige Kleidung. Thailands Süden ist ein Batik-Zentrum. Man fertigt daraus Kleidung und Wandbehänge.

Kalaga genannte Wandbehänge mit Motiven aus Religion und Mythologie stammen ursprünglich aus Birma. Man füllt die aufgenähten Figuren mit *kapok*, um ihnen ein reliefartiges Profil zu verleihen.

EDELSTEINE UND SCHMUCK

Thailand ist einer der größten Exporteure für Rubine und Saphire. Kenner finden hier rohe und geschliffene Steine zu einem Bruchteil der üblichen Preise.

Thailand gilt heute als führende Nation, was den Schliff farbiger Edelsteine und Diamanten betrifft. Der sogenannte „Bangkok-Schliff" hat seinen weltweiten Siegeszug längst angetreten. Einheimische Juweliere fassen die Steine in Gold und Silber und stellen daraus Schmuck und andere Luxusartikel her. Inzwischen können viele von ihnen einen internationalen Kundenstamm vorweisen. Hellgrüne Jade aus Birma wird ebenfalls zu Schmuck und weiteren Gegenständen verarbeitet.

Phuket ist ein international anerkannter Perlenproduzent, sowohl für echte als auch für Zuchtperlen. Man verkauft sie einzeln oder als fertiges Schmuckstück.

Modeschmuck entwickelte sich in Thailand zu einem gewinnträchtigen Industriezweig. Auch das Vergolden von Orchideen (etwa für Broschen) wurde in den letzten zehn Jahren immer populärer.

HANDWERK DER BERGSTÄMME

Hmong (Meo), Yao (Mien), Lisu, Lahu, Musur, Akha, Karen und andere Bergstämme des Nordens stellen bunte Petitpoint-Stickereien mit einer Vielzahl geometrischer und floraler Muster her. Was nicht zu Hemden- oder Mantelschmuck, Taschen, Kissenhüllen oder ähnlichem weiterverarbeitet wird, verkaufen die Stämme selbst.

Die Silberwaren der Bergvölker haben geringen Materialwert, bestechen jedoch durch ihre phantasievollen Formen und Muster. Hierzu gehören Halsschmuck, Armreifen, Kopfschmuck und Ringe, die die Frauen bei zeremoniellen Anlässen tragen. Ein immer beliebteres Element für den kunstvollen Kopfschmuck sind alte Rupien-Münzen aus Britisch-Indien.

Weitere Artefakte der Bergstämme sind Messer, Körbe, Pfeifen und Flöten aus Flaschenkürbissen, die Dudelsäcken ähneln.

FÜR ZUHAUSE

Handgefertigte Blumen und Früchte aus Organdy, Kunstseide, Baumwolle, Samt, Satin, Plastik, Polyester und Papier sind oft von ihren natürlichen Vorbildern kaum zu unterscheiden.

Tiere, Gefäße, Vasen, Wandschirme und Tische aus Papiermaché gibt es gleichermaßen als Geschenkartikel und Wohnzubehör.

Aus Muschelschalen fertigt man Lampenschirme, Schachteln und Bilderrahmen.

LEDER

Im Angebot sind die üblichen Produkte: Schuhe, Taschen, Geldbörsen, Aktenkoffer, Gürtel – allerdings mußte manch exotisches Tier seine Haut dafür hergeben: Schlange, Gürteltier, Krokodil, Rind (wird zu einem Elefantenhaut-Imitat verarbeitet), Eidechse, Frosch, Huhn und leider auch der Elefant.

METALL

Einige der schönsten Buddha-Figuren Asiens stammen aus Thailand. Heute ist bei der Bronzeskulptur ein Rückgang bei Qualität und Thema zu verzeichnen. Verschiedene Gottheiten, Gestalten der klassischen Literatur, Tiere und abstrakte Gebilde sind bis zu zwei Metern hoch. Um der Bronze mehr Glanz zu verleihen, faßt man die Skulpturen meist in Messing. Auch hübsche Messer stellt man aus messingüberzogener Bronze her.

Gehämmertes Silber und Gold findet für Schmuck und andere Luxusartikel Verwendung – oft mit Edelsteinen verziert.

Niello-Schachteln oder -Gefäße entstehen, indem eine schwärzliche Metallegierung in eine gravierte Zeichnung (Silber oder Gold) eingeschmolzen wird. Die helle Zeichnung hebt sich schließlich plastisch vom dunklen Hintergrund ab.

Thailand ist einer der wichtigsten Lieferanten von Zinngerät, seien es Uhren, Bierkrüge, Eierbecher oder Figurinen. Das Zinn wird in den Minen nahe Phuket gewonnen.

GEMÄLDE

Thailands Maler machen heute vor keinem Thema mehr halt. Allerdings wirken gegenstandslose Gemälde oft sehr stark westlich orientiert. Gegenwärtig sind Szenen des dörflichen Lebens und Neuinterpretationen buddhistischer Themen die Hauptrichtungen. Natürlich gibt es auch die üblichen Porträtmaler am Straßenrand, die nach Fotos oder lebendem Modell arbeiten. Oft sind die Ergebnisse nicht einmal schlecht. Die Preise richten sich nach der Bildgröße: Ein 40 x 60 cm fassendes Kohleporträt kostet etwa 1000 Baht. In Bangkok, Phuket und Pattaya finden Sie Ateliers, die sich auf Porträts spezialisiert haben.

THEATERKUNST

Die *khon*-Masken des klassischen Tanzdramas sind wertvolle Artefakte aus Papiermaché, das bemalt und lackiert, zuweilen auch vergoldet wird.

Mit den aus Wasserbüffelhaut zurechtgeschnittenen Figuren für die Schattenspiele illustrierte man das Ramakien-Epos. Beim Kauf solcher Figuren ist darauf zu achten, daß sie auch wirklich aus Büffelhaut und nicht aus Kunststoff bestehen.

Bei *nang thalung* handelt es sich um spezielle bunte Schattenfiguren, die sich bestens als Wandschmuck eignen.

Auch die Miniaturmodelle von Wägen und Kriegern aus vergoldetem Holz oder aus Glas sind vom Ramakien-Epos inspiriert. Aus den gleichen Materialien stellt man Nachbildungen der berühmten Royal Barges (königliche Barken) her.

SCHIRME

Schirme und Fächer aus sogenanntem Seidenpapier (*sa*) kommen aus Chiang Mai. Tatsächlich bestehen sie nicht aus Reispapier, sondern aus speziell präparierter Baumrinde.

ADRESSEN

Was es in Bangkok nicht zu kaufen gibt, wird man im übrigen Thailand erst recht nicht finden. Von den Verkehrsproblemen abgesehen, läßt es sich in dieser Stadt herrlich „shoppen“. Von der vollklimatisierten Einkaufsstraße bis zum Miniladen in der Seitengasse ist alles geboten.

In vollklimatisierten Einkaufszentren wie **Amarin Plaza**, **Siam Center**, **Mahboonkrong**, **Oriental Plaza** und **Central Plaza** ballen sich die unterschiedlichsten Geschäfte. Andere Einkaufszentren spezialisieren sich auf ein bestimmtes Produkt. **River City** etwa ist das Zentrum der Antiquitätenhändler.

Die Geschäfte der **Queen Sirikit's Chitralada**-Kette unterstehen der von der Königin ins Leben gerufenen SUPPORT-Organisation. Die Organisation nimmt sich der Erhaltung verschiedener Kunstformen an, indem sie entsprechende Kurse für Dorffrauen anbietet. Filialen findet man am Flughafen sowie im Grand Palace, Oriental Plaza, Hilton und in Pattaya. Das von der Regierung unterstützte Handwerkszentrum **Narayana Phand** (127 Rajdamri Road) bietet einen Überblick über die gesamte Bandbreite thailändischer Handwerkskunst.

In den meisten großen Kaufhäusern gibt es eine umfangreiche kunsthandwerkliche Abteilung. Handwerksläden säumen die **New Road** (zwischen Silom und Suriwong), **Silom Road** (nahe dem Narai Hotel), den oberen Abschnitt der **Suriwongse** und die **Sukhumvit Road**. Traditionelle Einkaufsadressen wie die **Sampeng Lane**, **Thieves Market**, die Amulettmärkte von **Tha Prajan** und **Wat Rajanadda** haben leider etwas von ihrer alten Anziehungskraft verloren, seit sich dort immer neue Geschäfte einnisten. Manchmal gelingt aber dennoch ein Schnäppchen. Ein absolutes Muß ist der Besuch des riesigen Wochenendmarkts (Chatuchak Park) mit seinen verschiedenen Bereichen, etwa für Porzellan, Messingartikel oder undefinierbaren Kuriositäten.

Auch in Chiang Mai bieten klimatisierte Kaufhäuser Gebrauchsgegenstände an. Die neun Kilometer lange Straße nach Borsang und die Wua Lai Road ist von den Werkstätten der Handwerker gesäumt. Nachgemachte Antiquitäten findet man in **Baan Tawai**, das an der Straße nach Chom Thong liegt. Auf dem legendären Nachtmarkt **Chang Klang** läßt sich so manch ein Schnäppchen machen. Auf Phuket konzentrieren sich die wenigen Einkaufsadressen auf die Fernstraße 402 zwischen Flughafen und Phuket Town. **Thai Village** (Kilometer 2,5), **Native Handicraft Center** (Km 8,5), **Shinawatr** (Km 9) und **Cheewa** (Km 10,6) verkaufen Kunsthandwerk aus ganz Thailand. In den Werkstätten von Thai Village kann man den Handwerkern darüber hinaus bei der Arbeit zusehen. Freizeitkleidung findet man in erster Linie an der Patong Beach Road, Soi Bangla und in Kata und Karon.

Pattaya hat zwar die Einkaufsstraße **Thai Pan**, meist ist man aber mit dem Angebot auf der Beach Road besser bedient (Freizeitkleidung).

STRASSENMÄRKTE

Was für Thai längst etwas Selbstverständliches ist, entdecken nun auch die Touristen: Die besten Einkaufsmöglichkeiten liegen oft buchstäblich auf der Straße. In Bangkok, Chiang Mai, Pattaya, Phuket und vielen kleinen Städten florieren die Straßenmärkte.

Man wird hier weder großartige Luxusartikel, noch die Qualität teurer Geschäfte vorfinden, aber alles andere kauft man nirgends besser ein. Einer der größten und ältesten Straßenmärkte Bangkoks ist der **Pratunam Market**. Auch beiderseits der **Rajaprarop Road** herrscht reges Treiben. Der Markt in der **Sukhumvit Road** (zwischen Soi 3 und 11) ist vor allem auf burmesische Puppen, Kunsthandwerk, Koffer und Taschen spezialisiert.

Auf den Märkten am oberen Ende der **Silom Road**, in der **Gaysorn Road** (nahe Rajprasong), am Ende der **Rajdamri Road** (bei Pratunam) sowie im sogenannten **Bangkok Bazaar** (innere Sois um Rajdamri) verkauft man gut verarbeitete Hemden und T-Shirts, das Stück für etwa 150 Baht.

In Chiang Mai ist der **Chang Klang-Nachtmarkt** *die* Attraktion; weitere Händler bevölkern die **Tapae Road**. Phukets Straßenmarkt zieht sich die **Ranong Road** entlang; in Pattaya sind **Beach Road** und **South Pattaya** in den Händen der Händler.

GESCHÄFTSZEITEN

Die großen Kaufhäuser Bangkoks sind von 10 bis 21 Uhr geöffnet, sonstige Geschäfte in der Regel von 9 bis 18 Uhr.

AUSFUHR

PER SCHIFF

Im allgemeinen erledigen es die Geschäfte, Ihre Einkäufe mit den nötigen Dokumenten auszustatten und zu verschiffen. Ansonsten bietet das General Post Office in der New Road einen Verpackungsservice für zu verschickende Waren an. Die meisten Postämter nehmen Pakete für die Beförderung per Schiff an und verkaufen darüber hinaus eigens dafür bestimmte Schachteln.

Auch THAI International bietet in Bangkok einen THAIPAC genannten Service an: Man bringt Ihre Einkäufe auf dem Luftweg zu dem von der THAI International bedienten Flughafen, der Ihrem Zuhause am nächsten liegt (egal welches Beförderungsmittel Sie für die Heimreise wählen). Dabei zahlen Sie nur 25 Prozent des üblichen Preises. Sie müssen die Waren nur zum Büro der THAI bringen (485 Silom Road). Einzige Bedingung ist, daß sie in die bereitgestellten Schachteln passen und pro Paket nicht mehr als 33 Kilo wiegen. Gegen eine geringe Gebühr übernimmt die THAI auch alle Zollformalitäten.

AUSFUHRBESCHRÄNKUNGEN

Die Ausfuhr thailändischer Buddha-Figuren, anderer Gottheiten sowie von Fragmenten, die vor dem 18. Jahrhundert datiert sind, wurde vom Fine Arts Department strengstens verboten.

Jede Antiquität und jeder andere Kunstgegenstand muß – unabhängig von Typ oder Alter – vom Fine Arts Department registriert werden. Für gewöhnlich übernimmt das Geschäft diese Formalitäten. Wollen Sie die Sache selbst in die Hand nehmen, wenden Sie sich mit zwei Fotos des Objekts (Postkartengröße) an das Fine Arts Department in der Na Prathat Road (gegenüber dem Sanam Luang). Je nach Wert des Gegenstands beträgt die Ausfuhrgebühr 50 bis 200 Baht.

Für Repliken benötigen Sie keine Ausfuhrgenehmigung. Bedenken Sie jedoch, daß die Zollbeamten am Flughafen keine Experten sind und ein Imitat leicht für ein Original halten könnten. Lassen Sie sich im Zweifelsfall eine Bestätigung vom Fine Arts Department ausstellen.

REKLAMATIONEN

Stellen Sie sich darauf ein, daß Sie als Kunde immer im Unrecht sind. Abgesehen von den Großkaufhäusern müssen sie damit rechnen, daß man Sie nach dem Bezahlen und Verlassen des Geschäfts nicht mehr kennt. Nur wenn der Fehler an einer Ware offensichtlich nicht von Ihnen verursacht wurde, haben Sie eine gewisse Umtauschchance. Die Tourist Police kümmert sich im allgemeinen nicht um solche Angelegenheiten, kaufen Sie deshalb bewußt und umsichtig ein.

SPORT

AKTIV

Thailand ist für sportliche Aktivitäten im Freien bestens gerüstet; Hallensport übt man in klimatisierten Räumen aus. Praktisch jedes größere Hotel hat einen Swimmingpool und ein Fitneßcenter, einige verfügen auch über Squashplätze und Joggingpfade.

BOWLING

In Bangkok bieten sich **Star Bowl** an der New Petchburi Road (nahe Soi 3) und **Ploenchit Bowl** in der Ploenchit Road (über dem Foodland Supermarkt, nahe der Kreuzung Wittayu Road) an. Pro Spiel bezahlt man 20 Baht.

In Chiang Mai geht man in die **Chiang Mai Bowl**, 102 Chang Klang Road, vor dem Hotel Chiang Inn (Tel.: 236-005). Geöffnet von 11 Uhr bis Mitternacht. Eintritt 18 Baht pro Spiel bis 18 Uhr, danach 20 Baht.

Pearl Bowl in der Montri Road, nahe dem Hotel Pearl in Phuket Town, hat zwölf Kegelbahnen und unterschiedliche Kugelgrößen zu bieten. Es kostet 20 Baht pro Spiel inklusive Kugel. Für 5 Baht kann man auch Schuhe ausleihen. Von 11 Uhr bis Mitternacht geöffnet. Pattayas Kegelbahn heißt **Pattaya Bowl**.

DRIVINGRANGES

Drivingranges in Bangkok: **Hotel Siam Intercontinental**, Tel.: 253-0355 App. 7636. Der Eintritt kostet von 7 bis 17 Uhr 90 Baht pro Stunde, ab 17 bis 22 Uhr 140 Baht pro Stunde. Der Drivingrange des **Army Golf Course**, Ram Intra Rd., Tel.: 521-1530, hat von 6 bis 21 Uhr geöffnet. Für ein Set mit Bällen zahlt man 10 Baht. **Golden Golf & Tennis**, 7 Soi Soonvijai 1, New Petchburi Rd., Tel.: 318-1651, hat von 6 bis 22 Uhr geöffnet. Ein Ball-Set kostet 20 Baht. Westlich des Hyatt Central Plaza Hotels, an der Phaholyothin Road (Tel.: 271-0130) liegt der **Railway Training Center Golf Course**. Geöffnet von 6 bis 20 Uhr; die Gebühr für ein Set Bälle beträgt 20 Baht.

Chiang Mai: **The Chiang Mai Driving Range**, 239/3 Wua Lai Rd., Tel.: 510-0492. Von 6 Uhr bis Mitternacht geöffnet; ein Set Bälle kostet 20 Baht.

Phuket: Der Drivingrange des **Phuket Golf and Country Club** liegt gegenüber dem Golfplatz des Country Club. Geöffnet 8 bis 16.30 Uhr; Gebühr für ein Set Bälle: 30 Baht, für einen Fahrer weitere 30 Baht.

Pattaya: Drivingrange des **Siam Country Club**. Für ein Set mit 40 Bällen bezahlt man 20 Baht.

ANGELN

HOCHSEEFISCHEN

Zum Hochseefischen fährt man nach Phuket oder Bang Saray (südlich von Pattaya). Unter den Felsen lauern Schwertfisch, Königsmakrele, Thunfisch, Stachelmakrele, Barrakuda, Bonito, Zackenbarsch, atlantischer Schnapper, Rochen und Hai. Boote, Ausrüstung und Führer kann man günstig mieten. In Bang Saray gibt es ein paar kleine Hotels, meist übernachtet man aber in Pattaya und macht sich dann in aller Frühe auf den Weg. Angeltouren organisiert das Büro der Bang Saray Fishing Lodge in Bangkok, Tel.: 233-7719, 234-3094.

In den Gewässern vor Phuket (Chicken und Raja Island, östlich von Phuket) erwarten Sie Segelfisch, Barrakuda, Albacore, Schwertfisch, Makrele, Thunfisch, Königsmakrele und viele andere. **The Travel Company**, Patong Beach (nahe der Soi Patong Post Office), Tel.: (032) 321-292, bietet täglich Fahrten auf umgebauten, 16 bis 22 Meter langen Fischkuttern an. Die Boote sind mit Haltevorrichtungen für die Angeln ausgerüstet. Im Preis von 1500 Baht pro Person sind Boot, Angel, Rollen für die Angelschnur, Köder, Mittag- und Abendessen sowie Getränke und Obst enthalten. Eine Mindestanzahl von Mitfahrern wird nicht vorausgesetzt. Die Fahrten werden das ganze Jahr hindurch veranstaltet.

Die Travel Company organisiert von Patong aus auch nächtliche Fischzüge. Start ist jeweils um 16 Uhr, die Rückkehr am folgenden Tag gegen 9 Uhr. Im Preis von 1500 Baht sind die bereits genannten Leistungen enthalten.

BINNENFISCHEREI

Im **Koongton Ram Indra**, 56/19 Ram Indra Rd., Tel.: 510-2636 (täglich von 10 bis 23 Uhr geöffnet), fängt man sich sein Essen selbst. Bezahlt wird nach der Größe des Fisches und für die Zubereitung durch die Restaurantküche. Die Angelausrüstung muß man selbst mitbringen. Spezialitäten sind Wels und andere Fische.

An der **Koongton Fishing Hut**, 113/1 Thessasamphan Rd., Tel.: 581-6689, 581-5379, kann man für 25 Baht pro Stunde angeln gehen. Der Fang wird für Sie gesäubert und ausgenommen und nach Ihren Wünschen zubereitet. Montag bis Freitag 7 bis 22 Uhr, Samstag und Sonntag 7 bis 24 Uhr.

FITNESSCENTER

Die asiatische Fitneßkette **Clark Hatch** richtete eine Filiale im Bangkok Hilton ein. Im Dusit Thani residiert **Fitneß International** – eine zeitlich begrenzte Mitgliedschaft ist möglich.

Auch in Phuket, im Le Meridien, gibt es eine Filiale des **Clark Hatch Fitneß Center**, Tel.: 321-480/1 App. 1428. Geöffnet von 7 bis 20.30 Uhr. Das **Holiday Inn** verfügt ebenfalls über Fitneßräume.

FREIZEITPARKS

Ein Teil des **Lumpini Parks** in Bangkok wird als Freizeitpark genutzt. In Chiang Mai verläuft ein Freizeitpark entlang der **Nimmanhaemind Road**, der von 5 bis 22 Uhr geöffnet hat. **Rang Hill**, in Phuket Town, dient als Fitneßgelände; in Pattaya schließlich hält man sich an den Hängen des **Pattaya Hill** fit.

GOLF

Die Thai sind nicht nur große Golf-Enthusiasten, sie beauftragen auch die bedeutendsten Landschaftsarchitekten mit der Anlage von Golfplätzen. Die schönsten Plätze liegen in Bangkok, Phuket und Pattaya, weitere findet man in Chiang Mai, Khao Yai und Hua Hin. Am Wochenende beträgt die Platzgebühr für ein Spiel zwischen 250 und 750 Baht – meist bekommt man auch problemlos einen Termin. Für einen Caddy muß man mit 90 bis 150 Baht pro Spiel rechnen.

Besuchen Sie den von Robert Trent Jones jr. angelegten **Navathanee Golf Course** in Bangkok, 22 M.1, Sukhapibal 2 Rd., Tel.: 374-7077; geöffnet von 6 bis 18 Uhr. Der **Army Golf Course**, 459 Ram Intra Rd., Tel.: 521-1530, hat von 5 bis 21.30 Uhr offen. Der **Railway Training Center Golf Course**, Paholyothin Rd., Tel.: 271-0130, westlich vom Hyatt Central Plaza Hotel, öffnet um 6 Uhr und schließt um 20 Uhr. Der **Krungthep Sports Golf Course** schließlich, 516 Krungtheps Sports Rd., Tel.: 374-6063, hat zwischen 5 und 17 Uhr geöffnet.

Chiang Mais **Lanna Golf Course**, Chotana Road, Tel.: 221-911, hat von 6 bis 18 Uhr offen. Die Platzgebühr beträgt 150 Baht, die Miete für einen Schläger 200 Baht, der Caddy kostet 100 Baht.

Auf Phuket legte man für den **Phuket Country Golf Club** einen nagelneuen Platz mit 18 Löchern an (zwischen Phuket Town und Patong Beach); Tel.: 321-038 od. 321-039. Geöffnet von 6.30 bis 18 Uhr. Die Platzgebühr beträgt 600 Baht (Nachsaison: 400 Baht), die Miete für Tasche und Schläger 300 Baht (Nachsaison: 250 Baht), ein Caddy kostet 100 Baht.

Auf dem **Siam Country Club Golf Course**, zehn Kilometer östlich von Pattaya, zahlt man 700 Baht für Platz und Caddy.

MINIGOLF

Spezielle Minigolfplätze gibt es in Bangkok nicht. Auf einem Rasengelände des **Siam Intercontinental** kann man jedoch zwischen 7 und 22 Uhr Minigolf spielen. Von 7 bis 17 Uhr zahlt man 30 Baht für 30 Minuten Spielzeit, danach 50 Baht. Schuhe und Schläger werden verliehen.

An Phukets Chalong Road, 100 Meter hinter der Chalong-Kreuzung liegt die neue Anlage **Chalong Bay Mini Golf**, eine Bahn mit 18 Löchern. Ein Spiel kostet 25 Baht, 30 Baht, wenn man einen Caddy braucht. Von 9 Uhr bis Sonnenuntergang geöffnet.

SCHNITZELJAGD

In mehreren Städten Thailands veranstaltet man die legendären Hash House Harriers (Schnitzeljagden), Querfeldeinrennen, die ursprünglich von englischen Soldaten in Malaysia ersonnen wurden. Die Teilnehmer („Jagdhunde" genannt) folgen einer Spur aus Papierschnitzeln, die der „Hase" auf Reisfeldern und Kokosplantagen anlegte. Oftmals werden die Jäger dabei in die Irre geführt und landen irgendwo im Sumpf, ehe sie die Spur wiederfinden.

Damit die „Meute" sich nicht vollends verliert, bläst der Anführer ein Horn, sobald er auf die Fährte gestoßen ist. Am Ende der Jagd wartet ein ordentlicher Biervorrat auf die Meute. Bei diesem Vergnügen ist jeder willkommen, der vor derberen Späßen nicht zurückschreckt.

In Bangkok versammeln sich die Teilnehmer jeden Samstag um 16.30 Uhr, montags um 17.15 Uhr und mittwochs um 17 Uhr an einem Ort, der im Sportteil der *Saturday Bangkok Post* angekündigt wird.

In Chiang Mai starten die Schnitzeljagden jeden zweiten Montag um 16 Uhr an der Black Cat Bar (Moon Muang Road). Nähere Auskunft über Tel.: 216-793 (Tony).

In Phuket sammelt ein Lieferwagen die Teilnehmer jeden Samstag um 15.30 Uhr an der Expat Bar (Soi Bangla, Patong Beach) ein. Das **Expat Hotel**, 89/14 Moo 3, Ratuthit Road, erteilt über Tel.: 321-300 nähere Auskünfte.

In South Pattaya ist die BJ's Bar Ihr Ansprechpartner zum Thema Schnitzeljagd.

REITEN

In Bangkok gibt es keine öffentlichen Reitmöglichkeiten. An der Chotana Road in Chiang Mai existiert dagegen ein Reitstall (nahe der Provinzverwaltung), der jeden Samstag und Sonntag von 6 bis 12 Uhr geöffnet hat. Der Preis beträgt 200 Baht pro Stunde. Nähere Informationen über Tel.: 247-478.

Der **Crazy Horse Club** auf Phuket (17 Moo 2, an der Straße, die Kakata Inn mit der H 4028 verbindet) veranstaltet unter Führung von Reitlehrern Ritte durch die Reisfelder und am Strand entlang. Auch morgendliche Ausritte in den Dschungel sind möglich. Während der trockenen Jahreszeit nehmen die Pferdebesitzer Gäste zu zweistündigen Ritten in die Hügel mit. Pro Stunde bezahlt man 300 Baht.

An der Straße zum Siam Country Club von Pattaya liegt die **Reo Ranch**, die pro Reitstunde 400 Baht verlangt.

JOGGING

Wer klug genug ist, sich nicht den Autoabgasen Bangkoks auszusetzen, benutzt die Joggingpfade im **Lumpini-** und **Chatuchak-Park**. Die Hotels Siam-Intercontinental, Rama Gardens und Hilton verfügen ebenfalls über Joggingpfade.

In Chiang Mai joggt man den Hügel zum **Doi Suthep Tempel** hinauf, von dort fahren Minibusse zurück in die Stadt. Auf Phuket bietet sich der 1,3 Kilometer lange Weg zum Freizeitpark auf dem **Rang Hill** an. Der **Pattaya Hill** dient in Pattaya zur sportlichen Ertüchtigung.

PETANQUE

Eine uralte Sportart (auch *peton* genannt), die in Thailand immer mehr Anhänger findet. In den Gärten der Hotels **Siam-Intercontinental** und **Rama Gardens** legte man jeweils eine Spielbahn an.

SCHIESSEN

In Bangkok gibt es keine Schießplätze. Das **Chiang Mai Physical Education College**, 68/1 Sanamkila Rd., Tel.: 214-237, ist dagegen dienstags bis sonntags von 9 bis 17 Uhr zugänglich. Der Eintritt kostet 20 Baht, das Leihen einer Waffe weitere 20 Baht.

Das **Phuket Shooting Range** (Tel.: 273-755) bietet Sportschützen die Möglichkeit mit Gewehren und Pistolen zu schießen. Unter den Waffentypen findet man AK-47er, M-16er, 45er Colt, 38er Smith and Wesson und 22er Magnums. Unterschiedliche Zielscheiben. Die Gebühren richten sich nach Waffentyp und verschossener Munition und ob man Ohrenschützer benutzte oder einen Lehrer mietete. 82/2 Patak Road (H 4028 nach Kata), 800 Meter hinter der Chalong-Kreuzung. Geöffnet von 9 bis 18 Uhr.

Das **Tiffany's** in Pattaya verfügt über 19 Schießstände und verschiedene Pistolen- und Gewehrtypen. Tel.: 419-642, von 11 bis 21 Uhr geöffnet.

EISLAUFEN

Man möchte es kaum glauben, aber Bangkok hat eine Eislaufbahn: Das **Ice Skate** nimmt den zweiten Stock des Mall Shopping Center ein, 1911 Ramkamhaeng Rd., Tel.: 318-1001 (östliche Vorstadt). Zur Benutzung der 2300 Meter langen Bahn, inklusive geliehener Schlittschuhe, zahlt man 55 Baht für zwei Stunden. Montag bis Donnerstag 12 bis 22 Uhr, Freitag 12 bis 24 Uhr, Samstag 10 bis 24 Uhr und Sonntag 10 bis 22 Uhr.

ROLLSCHUHLAUFEN

Im Erdgeschoß der Lard-Prao-Filiale des Central Department Store, Phaholyothin Road (dem Hotel Hyatt Central Plaza benachbart) befindet sich die Rollschuhbahn **The Skate** (Tel.: 541-1020 App. The Skate). Täglich von 12 bis 17 Uhr geöffnet. Die Preise inklusive geliehener Rollschuhe betragen montags bis freitags 20 Baht, samstags und sonntags 30 Baht (mit einem alkoholfreiem Getränk).

BILLARD

In jüngster Zeit brachte Thailand einige exzellente Snooker Pool-Spieler hervor, die sich in internationalen Wettkämpfen durchaus zu behaupten wissen. Aus diesem Grund schießen die Billardsalons wie Pilze aus dem Boden, und viele träumen von der großen Karriere. In Bangkok und Umgebung findet man jede Menge Spielmöglichkeiten, die bekanntesten gehören zur „Rooks"-Kette.

Im ersten Stock des Chiang Mai Plaza Hotels öffnet der **Plaza Snooker Club** täglich von 11 bis 13.30 seine Pforten. Der Eintritt beträgt 90 Baht pro Stunde.

Für den **Vee Vee Snooker Parlor** auf Phuket, 500 Meter südlich von Patong an der Straße nach Karon, reserviert man am besten über Tel.: 211-066 oder 211-077 einen Spieltisch. Eine weitere Spielmöglichkeit bietet der **New Wave Snooker Club** im Kata Center am Kata Beach.

In Pattaya spielt man auf den Billardtischen der **Pattaya Bowl** (Pattaya 2 Road).

SQUASH

Squash-Plätze gibt es ausschließlich in Hotels. Die Plätze im **Rama Gardens**, **Dusit Thani** (auch für Mitglieder des Fitneß International) und **Hilton** (auch für Clark Hatch-Mitglieder) sind Hotelgästen vorbehalten. Die Plätze des **Oriental** dürfen von Hotelgästen des Royal Orchid Sheraton mitbenutzt werden.

Im **Shangri-La** und **Imperial** haben auch Außenstehende Zutritt. Öffnungszeiten für das Shangri-La: 7 bis 9 Uhr, Tel.: 236-7777. Für die Plätze im Freien wird eine Gebühr erhoben: 50 Baht pro Stunde für Hotelgäste, sonst 100 Baht. Klimatisierte Plätze kosten für Hotelgäste 75 Baht pro Stunde, sonst 150 Baht. Die Plätze des Imperial Hotels haben von 8 bis 20 Uhr geöffnet, Tel.: 254-0111. 45 Minuten Spielzeit kosten 100 Baht. Umkleideräume am Swimmingpool.

In Chiang Mai spielt man im **Gymkhana Club** Squash: Chiang Mai-Lamphun Road, Tel.: 241-0035. Täglich von 6 bis 20 Uhr, Eintritt 40 Baht. Keine Leihmöglichkeiten für Schläger etc.

In der **Clark Hatch**-Filiale des Le Meridien von Phuket werden Squashplätze und -ausrüstung vermietet (Tel.: 321-480, 321-481 App. 1428). Pattaya verfügt über keine Squash-Einrichtungen.

TENNIS

Tennis hat sich in Thailand so sehr zum Massensport entwickelt, daß man die Plätze im voraus buchen sollte. Die Platzmiete beträgt tagsüber zwischen 30 und 60 Baht pro Stunde, abends 70 bis 90 Baht. Wenn nicht anders angegeben, muß die Ausrüstung mitgebracht werden. Auf den meisten Plätzen sind auch Lehrer verfügbar.

Bangkok: **Central Tennis Court**, 13/1 Soi Attakarnprasit, S. Sathorn Rd., Tel.: 286-7202. Von 7 Uhr bis Mitternacht geöffnet. **Sawasdee Courts** (zwischen Soi 27 und 29, von der Sukhumvit Road aus tief in Soi 31), Tel.: 258-4502. Täglich von 6 bis 23 Uhr.

Golden Golf & Tennis, 7 Soi Soonvijai 1, New Petchburi Rd., Tel.: 318-1651. Täglich 6 bis 22 Uhr. Leihgebühr für einen Schläger: 20 Baht pro Stunde. **A.U.A.**, 179 Rajdamri Rd., Tel.: 252-8953. Täglich von 6 bis 21 Uhr.

Die Plätze verschiedener Hotels sind auch öffentlich zugängig: **The Ambassador Ho-**

tel, Tel.: 251-0404, täglich 9 bis 21 Uhr. **Siam Intercontinental**, Tel.: 253-0355, geöffnet von 7 bis 22 Uhr. Die Leihgebühr für Tennisschläger beträgt 30 Baht pro Stunde, für Tennisschuhe 20 Baht pro Stunde; drei Bälle kosten 150 Baht.

Im **Hilton** können Fremde zwischen 10 und 16 Uhr für 100 Baht pro Stunde spielen, Tel.: 253-0123. Leihgebühr für den Schläger: 20 Baht pro Stunde. Die Plätze des **Shangri-La** und **Oriental** sind Hotelgästen vorbehalten.

Chiang Mai: Die Plätze des **Rincome** dürfen von Außenstehenden bespielt werden, wenn keine Hotelgäste Anspruch darauf anmelden. Ansonsten bietet sich der **Anantasiri Court** an, 90/1 Superhighway (gegenüber dem Chiang Mai Museum), Tel.: 222-210. Montag, Mittwoch, Freitag und Samstag von 7 bis 20 Uhr; Dienstag, Donnerstag und Sonntag von 7 bis 19 Uhr. Der Eintritt beträgt tagsüber 50 Baht pro Stunde, abends mit Beleuchtung 70 Baht. Leihgebühren: 20 Baht pro Stunde und Schläger, 10 Baht pro Stunde und Ball, 70 Baht pro Stunde mit Lehrer.

Auf Phuket haben große Hotels wie **Holiday Inn**, **Phuket Yacht Club**, **Coral Beach** oder **Phuket Meridien** Tennisplätze für ihre Gäste eingerichtet. Werden sie von diesen nicht in Anspruch genommen, können auch Nicht-Gäste dort spielen. Im **Holiday Inn** (Thaviwong Road, Patong Beach) zahlen Nicht-Gäste eine Platzgebühr von 200 Baht pro Stunde (nach 18 Uhr kommt ein Lichtzuschlag von 75 Baht pro Stunde dazu). Geöffnet von 7 bis 21 Uhr.

In Pattaya verfügen 14 Hotels über Tennisplätze. Die Preise gleichen jenen der anderen Orte, auch hier mit Beleuchtungszuschlag.

WASSERSPORT

BOOGIE BOARDS

Große Hotels wie das **Holiday Inn** an Phukets Patong Beach verleihen sie für 50 Baht pro Stunde.

JETSKI

Kaum weniger gefährlich als Wasserscooter. Wenn man herunterfällt, wird die Fahrt verlangsamt und das Gerät zurückgefahren, damit man wieder aufsteigen kann. 800 Baht pro Stunde.

PARASAILING

Man schnallt Sie an einem Fallschirm fest, dann nimmt Sie ein Schnellboot ins Schlepptau und Sie schweben fünf Minuten lang hoch über dem Meer. Dieser Sport ist alles andere als ungefährlich, Verletzungen gehören zur Tagesordnung. Achten Sie darauf, daß der Wind nicht zu stark und der Bootsführer nicht zu jung ist. 500 Baht pro Flug; nur in Phuket und Pattaya.

SEGELN

In Phuket und Pattaya kostet die Miete eines Katamarans (Prindles und Strandkatamarane) pro Stunde 300-500 Baht. Für 50-100 Baht bringt Sie ein Schiffsjunge aufs Meer hinaus. Jollen kann man für 200 Baht pro Stunde mieten.

SPORTTAUCHEN

Nach dem erfolgreichen Absolvieren eines Tauchkurses in Pattaya oder auf Phukets Patong Beach erhält man ein international anerkanntes PADI- oder NAUI-Zertifikat. Wer sich zum Divemaster ausbilden läßt, muß dafür 16 500 Baht anlegen.

In Pattaya bieten sich **Seafari** und **Dave's Divers Den** an (beide an der Beach Road). Auf Phuket führt Fantasea Tauchkurse durch (Patong Beach, neben dem Holiday Inn).

Tauchfahrten organisiert in Pattaya das **Seafari Sports Center**, Beach Road, Tel.: 419-060 und **Dave's Divers Den**, Soi 6, Beach Road. Dave's führt PADI- und NAUI-Kurse sowie Tauchfahrten zu anderen Inseln durch. Das trübe Wasser in der Bucht von Pattaya eignet sich allerdings nur bedingt zum Tauchen.

Auf Phuket veranstaltet man regelmäßig Tauchfahrten zu den Similan Islands. Auch individuelle Arrangements für andere Tauchgebiete sind kein Problem. **Fantasea** ist wohl der beste Veranstalter, doch auch andere Adressen in Patong organisieren Ähnliches zu ähnlichen Preisen. Die Abfahrtszeiten sind verläßlich, eine Mindestanzahl von Teilnehmern ist nicht erforderlich.

Vor der Westküste Phukets liegen verschiedene Korallenriffs, wo sich viele exotische Fische tummeln und hervorragende Motive für Unterwasserkameras abgeben. Ein Tauchgang kostet 500 Baht, zwei 750 Baht. Im Preis sind Boot und Taucherausrüstung inbegriffen. Wer als Nichttaucher mitfährt erhält einen Preisnachlaß von 50 Prozent. Weitere Ziele sind Shark Point, Ko Dok Mai, Raja Islands und Phi Phi Islands. Auch nächtliche Tauchfahrten sind möglich.

Asia Voyages bietet dreitägige Tauchfahrten (zwei Übernachtungen) auf der Dschunke *June Bahtra* an. Der Preis beträgt für vier Personen 42 000 Baht alles inklusive (Transfer, Taucherausrüstung, Verpflegung und ein Divemaster). Asia Voyages, Tel.: 216-137, 216-528, im Rasda Center von Phuket Town, Rasda Road.

Fantasea veranstaltet Fahrten mit sechs Übernachtungen auf der 16 Meter langen Ketsch *Andaman Explorer* zu den **Similan Islands**. Von Dezember bis April einmal wöchentlich um 8 Uhr ab Patong Beach. Rückkehr am siebten Tag um 6 Uhr zum Patong Beach. Der Preis für beliebig viele Tauchgänge, Unterbringung und Verpflegung beträgt 12 500 Baht, die Taucherausrüstung ist darin nicht enthalten.

SCHNORCHELN

Vor der Küste Bangkoks sind nur die Gewässer um Sattahip zum Schnorcheln klar genug. Auf Phuket ist es am schönsten vor Kata und Kata Noi Beach, ansonsten bietet sich eine Fahrt zu den Phi Phi oder Similan Islands an. Die Leihgebühr für Taucherbrille, Flossen und Schnorchel beträgt 100 Baht pro Tag.

SURFEN

In Pattaya kann man nicht surfen, auf Phuket nur während der Regenzeit (Juni bis November), und auch dann ist die Brandung kaum einen Meter hoch. Am besten geht es noch am Nordende Patongs, am Karon und Kelim Beach. Im „Of Foreigner“ Laden am Karon Beach (Soi Bangla) werden Surfbretter zu 100 Baht für zwei Stunden verliehen.

WASSERSCOOTER

Aufgrund ihrer Instabilität überschlagen sich Wasserscooter bei Wellengang gern, manchmal verheddern sich die Fahrer in irgendwelchen Ankerleinen – jedes Jahr passieren auf diese Weise schlimme Unfälle. Einige Hotelbesitzer bemühen sich (bisher vergeblich), diesen riskanten Sport verbieten zu lassen.

Möchten Sie es unbedingt damit probieren, sollten Sie den Zustand des Geräts sorgfältig prüfen und die Geschwindigkeit niedrig halten; natürlich sollten sie auch gut schwimmen können (wenn man herunterfällt, fährt die Maschine allein weiter). Vergegenwärtigen Sie sich darüber hinaus, daß man an Pattayas Stränden gern schadhafte Scooter vermietet, Ihnen dann die Schuld gibt und horrende Reparatursummen verlangt. 300 Baht pro Stunde.

WASSERSKI

Für eine Stunde inklusive Boot und Ski bezahlt man in Pattaya und Phuket 1500 Baht.

WINDSURFING

In Pattaya und Chomtien zahlt man 180 Baht pro Stunde oder 400-500 Baht für einen halben Tag. Im allgemeinen erteilt der Besitzer Unterricht ohne Preisaufschlag. Die Preise gelten auch für Patong und Karon Beach (Phuket).

PASSIV

Trotz des heißen Klimas sind die Thai leidenschaftliche Sportanhänger. Traditionelle und vom Westen übernommene Sportarten spielt man mit dem gleichen Enthusiasmus.

Unter den ausländischen Sportarten ist Fußball der absolute Favorit, und zwar bei Männern und Frauen. Es folgen Badminton, Basketball, Rugby, Leichtathletik, Schwimmen, Schießen, Boxen, Tennis und Golf.

Hauptschauplätze sportlicher Aktivitäten in Bangkok sind das National Stadium an der Rama 1 Road (nahe dem Mahboonkrong Shopping Center), das Hua Mark Stadium im Osten der Stadt (neben der Ramkamhaeng University) und das Thai-Japanese Sports Center bei Din Daeng (nahe der Nordausfahrt zum Expressway).

Auf Phuket geht man ins Phuket Stadium an der Vichaisongkhram Road, in Chiang Mai ins Chiang Mai Stadium und auf den Sportplatz der Chiang Mai University. Die englischsprachigen Zeitungen kündigen Sportveranstaltungen an.

Thailand entwickelte auch einige besondere Sportarten. Lassen Sie sich von der Grazie und Behendigkeit der Thai-Sportler bezaubern. Jeder Wettkampf muß hier auch Spaß machen.

DRACHENKAMPF

Wenn der Wind die Hitze im April und Mai etwas mildert, lassen die Thai ihre Drachen steigen. Bangkoks **Sanam Luang** und jedes freie Feld im ganzen Land ist dann mit jungen und alten Drachen-Enthusiasten bevölkert. Drachensteigen entwickelte sich in Thailand zum Wettkampfsport – verschiedene Teams werden von Großfirmen gesponsert.

Mindestens zwei Teams stehen sich im Wettkampf gegenüber. Ein Team schickt den bis zu zwei Meter großen, sternförmigen Chula-Drachen in die Lüfte, der das männliche Prinzip symbolisiert, die gegnerische Mannschaft lenkt den kleineren Pakpao-Drachen, dessen Rautenform für das Weibliche steht.

Jedes Team versucht, den gegnerischen Drachen zu fangen und über eine Trennlinie zu zerren. Trotz der Größenunterschiede sind die Gewinnchancen dabei gleich, weil der Pakpao wendiger ist als der riesige Chula. Die gute Koordination und Schnelligkeit der Mannschaften macht daraus ein spannendes Ereignis. Im Sanam Luang beginnen die Wettkämpfe jeweils um 14 Uhr.

PFERDERENNEN

Pferderennen sind in Thailand genauso spannend wie irgendwo anders. Gewettet wird nach westlichem System (Sieg, zweiter Platz und dritter Platz), doch ohne Variationen wie etwa der Dreierwette oder ähnlichem. Einsätze von 50 bis 200 000 Baht sind möglich. Auf Bangkoks zwei Rennplätzen wechselt man sich bei der Veranstaltung der sonntäglichen Rennen ab (während der Regenzeit wird pausiert).

Royal Turf Club, 183 Phitsanulok Rd. (gegenüber dem Chitrlada Palast), Tel.: 282-3770. **Royal Bangkok Sports Club**, 1 Henri Dunant Rd., Tel.: 282-3770. Bis 12.15 Uhr wird gesetzt, das letzte Rennen läuft um 18 Uhr. Rennen und Tips werden in der Zeitung angekündigt.

TAKRAW

Takraw ist dem Thaiboxen nicht unähnlich und wird in variierter Form auch in Malaysia und Indonesien ausgeübt: Ein aus Rattan geflochtener Ball (inzwischen auch aus Plastik) muß unter Zuhilfenahme sämtlicher Körperglieder, mit Ausnahme der Hände, über ein Netz oder durch einen Reifen befördert werden. Bei einem Netzspiel stehen sich zwei Mannschaften à drei Spielern gegenüber. Das kopfhoch angebrachte Netz läßt an Badminton denken. Bei einem spannenden Wettkampf sieht man die Spieler nicht selten Saltos schlagen, um den Ball übers Netz zu bekommen.

Bei der anderen Variante stehen sechs Spieler im Kreis um ein hochhängendes Netz. Mit Köpfen, Füßen, Knien und Ellbogen wird der Ball in die Luft befördert. Fällt der Ball ins Netz, gibt es Punkte. Jedem Team steht eine bestimmte Zeit zur Verfügung. Wer die meisten Punkte sammelt, gewinnt.

Im **Thai-Japanese Sports Center** (Tel.: 465-5325) veranstaltet man viermal jährlich Turniere. Der Eintritt ist frei. An der Nordwestseite des **Sanam Luang** kann man in der Drachenkampfsaison (April/Mai) auch *takraw*-Turniere erleben (freier Eintritt). Außerhalb der Regenzeit finden darüber hinaus in vielen Parks und Tempelhöfen Wettkämpfe statt.

THAIBOXEN

Dabei dürfte es sich um die populärste und spannendste Sportart Thailands handeln. Bangkoks **Rajdamnern Stadium** in der Rajdamnern Nok Avenue (nahe dem TAT) veranstaltet jeden Montag, Mittwoch und Donnerstag um 18 Uhr sowie sonntags um 16.30 und 18.30 Uhr Boxkämpfe. Am Sonntagnachmittag sind die Kämpfe am billigsten. Die Eintrittspreise schwanken zwischen 500 und 1000 Baht für Ringplätze – wenn man Glück hat gibt es auch Karten für 100 Baht.

Im **Lumpini Boxing Stadium**, Rama 4 Rd. (am Lumpini Park), finden dienstags und freitags um 18.30 Uhr und samstags um 13 und 18.30 Boxkämpfe statt. Die Preise sind mit Rajdamnern identisch, auch hier sind die Nachmittagsvorstellungen billiger.

Samstags und sonntags sowie an manchen Wochentagen um 22.30 Uhr werden Boxkämpfe im Fernsehen übertragen – eine hinreichende Einführung für viele Touristen. Auch **Rose Garden** und Phukets **Thai Village** veranstalten Schaukämpfe, doch mehr zum Spaß als um der Authentizität willen.

In Chiang Mai gibt es seit mehreren Jahren praktisch kein Thaiboxen mehr. Das **Phuket Boxing Stadium** (Saphan Road) ist dagegen jeden Freitag um 20 Uhr Schauplatz für Boxkämpfe. Eine Karte kostet 30, 50 oder 70 Baht. Die meisten größeren Städte haben eigene Boxschulen und lassen jede Woche junge Talente im Ring gegeneinander antreten.

BESONDERE HINWEISE

GESCHÄFTLICHES

Viele Hotels verfügen über Einrichtungen für Geschäftsleute zur Nachrichtenübermittlung und bieten mehrsprachigen Büroservice. Darüber hinaus kann man an verschiedenen Stellen Bangkoks kleine Büros inklusive Bürokräfte anmieten.

WICHTIGE ADRESSEN

American Chamber of Commerce, 140 Wireless Road, Tel.: 251-1605/251-9266. Montag bis Freitag 8.30-12 Uhr und 13-16.30 Uhr.

British Chamber of Commerce, Room 604 Bangkok Insurance Bldg., 302 Silom Rd., Tel.: 234-1140/234-1169. Montag bis Freitag 8.30-12 Uhr und 13-16.30 Uhr.

British Council, 428 Soi 2 Siam Square, Rama 1 Rd., Tel.: 252-6136/252-6111. Montag bis Freitag 8.30-16 Uhr. In Chiang Mai: 198 Bamrungrat Rd., Tel.: 242-103.

Franco-Thai Chamber of Commerce, 104 Wireless Rd., Tel.: 251-9385. Montag bis Freitag 8.30-12 Uhr und 14-17 Uhr.

German-Thai Chamber, 699 Klongboonma Bldg., Silom Road, Tel.: 234-2396/234-7190. Montag bis Freitag 9-12 Uhr.

Goethe-Institut, 18/1 Soi Ngamduplee, Rama 4 Rd., Tel.: 286-9002/3. Montag bis Freitag 8-17 Uhr, Samstag 8-12 Uhr.

Japanese Chamber of Commerce, 4. Stock, Panunee Bldg., 513/3 Ploenchit Rd., Tel.: 256-9170/1. Montag bis Freitag 9-17 Uhr, Samstag 9-12 Uhr.

KINDER

Für Kinder hat Bangkok wenig zu bieten. Manche Kaufhäuser, etwa die Chidlom-Filiale des Central Department Store, Thai Daimaru und Mahboonkrong, richteten jeweils im obersten Stockwerk Abteilungen mit elektronischen Spielen und Minifahrgeschäften ein (Autoskooter).

Attraktiver sind da die exotischen Tiere im **Dusit-Zoo** oder die Paddelboote auf den Seen des Dusit-Zoos, **Lumpini-** und **Chatuchak-Parks**. Im **Magic Land**, 72 Paholyothin Road, nahe dem Hyatt Central Plaza Hotel, sorgen Geisterbahnen, Autoskooter und Karussells für die Unterhaltung der Kleinen. Wochentags darf man mit der Eintrittskarte zu 70 Baht beliebig oft damit fahren, am Wochenende ist die Zeit auf zwei Stunden limitiert. Öffnungszeiten: Montag bis Freitag 10-17.30 Uhr, Samstag und Sonntag 9.30-19 Uhr.

Im Osten der Stadt (101 Sukhapiban Road) liegt das Freizeitzentrum **Siam-Park** mit seinen Wasserrutschbahnen und künstlichen Wasserläufen. Öffnungszeiten: Montag bis Freitag 10-18 Uhr, Samstag und Sonntag 9-19 Uhr. Der Eintritt kostet für Erwachsene 80, für Kinder 50 Baht. **Zur Beachtung:** Im Schwimmbereich darf man keine T-Shirts tragen, vergessen Sie daher nicht, genug Sonnenschutzmittel mitzunehmen.

HOMOSEXUELLE

In Thailand ist man Homosexuellen gegenüber sehr tolerant. In verschiedenen Bars wird für ihre Unterhaltung gesorgt.

BANGKOK

Inzwischen dürfte bekannt sein, daß Thailand Homosexuellen gegenüber eines der aufgeschlossensten Länder überhaupt ist. Die meisten Lokale findet man an der Patpong 3 und am oberen Ende der Silom Road. Sie unterscheiden sich kaum von den anderen Anmach-Lokalen: Man tanzt, trinkt etwas und hält nach heißen Flirts Ausschau. Auch wer nur Gesellschaft sucht, bleibt selten allein.

Allerdings sollte man sich davor hüten, sich mit Minderjährigen einzulassen.

CHIANG MAI

The Butterfly Room, 126 Loi Kroa Rd., Tel.: 249-315, 213-584. Nächtliches Cabaret zwischen 23 und 24 Uhr.

The Coffee Boy, 248 Toong Hotel Rd., Tel.: 244-458 (in einem alten Lanna-Haus). Klassische Musik, an Wochenenden Cabaret ab 23 Uhr.

PATTAYA

Die Transvestitenshows haben ihren Ursprung in Pattaya. Im **Tiffany's** (South Pattaya) und **Alcazar** (Second Road), den ältesten Clubs dieser Art, kann man phantasievoll kostümierte Herren bewundern, die vorzugsweise große Stars des Showgeschäfts imitieren.

PHUKET

Black and White, ein Club an der Soi Bangla, präsentiert jeden Dienstag und Freitag um 23 Uhr Transvestitenshows. **My Way**, eine andere Gaybar, liegt neben der Soi Patong Post Office.

BEHINDERTE

Bangkoks Gehwege sind uneben und voller Hindernisse und daher für Rollstuhlfahrer eine Zumutung. Behindertengerechte Rampen findet man allenfalls an einer Handvoll Gebäuden. Wer schwerhörig ist, kann sich dagegen in Bangkok glücklich schätzen, da der ohrenbetäubende Straßenlärm ihm/ihr nichts anhaben kann.

SPEZIELLE EINRICHTUNGEN

Alliance Française, 29 S. Sathorn Rd., Tel.: 286-3879, 286-3841. Montag bis Freitag 8-19.30 Uhr, samstags 9-19 Uhr geöffnet. In Chiang Mai: 138 Charoenprathet Rd., Tel.: 235-277.

American University Alumni (AUA), 179 Rajdamri Rd., Tel.: 251-1606. In Chiang Mai: 24 Rajdamnern Ave., Tel.: 211-377.

Foreign Correspondents Club of Thailand, 21. Stock des Dusit Thani Hotels, Tel.: 233-1130 App. 206. Montag bis Samstag 9-24 Uhr geöffnet.

Lions Chaophaya (Bangkok) Association, 10 Soi Soomvijai, New Petchburi Rd., Tel.: 258-9037. Treffen jeweils am letzten Donnerstag im Monat. Ausländische Mitglieder sind willkommen.

Rotary Club, Bangkok Rotary, Hilton Hotel, Tel.: 251-1360. Treffen jeweils donnerstags um 12.30 Uhr im Bangkok South Rotary, Montien Hotel, Tel.: 234-8060 App. 260. Freitags Treffen 12.30 Uhr im Bangkapi Branch des Siam Intercontinental, Tel.: 253-0355. Weitere Treffen dienstags um 12.30 Uhr. Ausländische Mitglieder sind willkommen. Man spricht Englisch.

FOTOGRAFIEREN

Thailand ist ein Dorado für Fotografen: wundervolle Tempel und Landschaften, keine kamerascheuen Menschen, kein Fotografierverbot während der Feierlichkeiten und Feste. Nehmen Sie genügend Filme mit, sofern Sie sie nicht vor Ort kaufen wollen (was in den größeren Städten kein Problem ist). Dias werden innerhalb eines Tages entwickelt, manche Fotolabors entwickeln Bilder in 23 Minuten.

Das Licht der Tropen wirkt gegen Mittag oft etwas grell, daher empfiehlt es sich, Polarisations- und Konversionsfilter (81A) mitzunehmen. Wer Diafilme verwendet, sollte den ASA-Messer eine Stufe höher einstellen als gewohnt (80 statt 64 zum Beispiel), um mehr Farbsättigung zu erhalten. Auch ein Blitz kann nicht schaden: Die Thai sind vernünftig genug, sich nicht der prallen Sonne auszusetzen, sie gehen in den Schatten oder tragen Hüte – ein Blitz hilft Ihnen dann, trotzdem gute Bilder zu machen.

SPRACHE

Die Sprache Thailands stammt – ebenso wie die Bevölkerung – ursprünglich aus Südchina, das für seinen Reichtum an Klangfarben bekannt ist. Erst nachdem die Thai über das Gebirge in den Einflußbereich Indiens kamen, entwickelten sich Mehrsilbigkeit, grammatische Strukturierung und Schrift. Schließlich entstand eine Sprache mit einfacher Grammatik, doch komplizierter Tonalität (auf fünf Tonfällen beruhend). Die Schrift zu lesen ist für Außenstehende ein Kapitel für sich, da man alles zusammenschreibt, so daß ein Satz wie ein Wort aussieht.

Den Schlüssel zur Verständigung bildet das Lautsystem. Schlecht informierte Europäer glauben immer, der Tonfall sei Nebensache – sie machen jedoch sehr schnell die Erfahrung, daß falsche Aussprache nicht einfach falsche Aussprache ist, sondern daß ein falsch ausgesprochenes Wort etwas völlig anderes bedeutet und zu Mißverständnissen führt.

Aus dem Indischen leiten sich die Schrift sowie die bei Hof gesprochene Sprache ab. Thailändische Namen sind unwahrscheinlich lang und haben eine ganz konkrete Bedeutung. Wenn Sie sich alle Namen, die Sie kennenlernen, mit ihrer Bedeutung merken können, haben Sie einen nicht alltäglichen und äußerst umfangreichen Wortschatz gelernt.

Es gibt keine einheitliche Transkription vom Thai ins Deutsche oder Englische. So können Namen und Straßennamen in drei verschiedenen Schreibweisen vorkommen: Der Familienname Chumsai kann je nach der Familie auch Jumsai oder Xoomsai geschrieben werden – auch die Thai selbst haben da so ihre Probleme.

Auch die Art, wie Thai bei der Umschrift ins Englische die Konsonanten verwenden, erfordert Gewöhnung. Folgt *p* oder *t* ein *h*, so klingt die Aussprache weicher (angehauchter Laut), ohne das *h* ist sie hart. Endet ein Wort mit einem Konsonanten, wird dieser gern anders ausgesprochen als geschrieben: Ein *j* am Wortende wird wie *t* gesprochen, ein *l* wie *n*.

Aussprache der Vokale (für deutsche Ohren): *i* wie in Gewitter, *ii* wie in Sieb – *e* wie in Bett – *a* wie in Panne, *aa* wie in Banane – *u* wie in Kuh – *o* wie in Lob – *ei* wie in Laib – *ao* wie in Auge – (offenes) *o* wie in oft – *y* wie in jung – *oi* wie in heute.

Für die Pronomen *ich* und *mir* gibt es im Thai nur ein Wort, allerdings nach Mann und Frau unterschieden. Ein Mann benutzt das Wort *phom*, wenn er von sich spricht, eine Frau *chan* oder *diichan*. Ein Mann benutzt ferner das Partikel *khrap* am Ende eines Satzes, wenn er sich an jemand anderen wendet (*pai* (f) *nai*, *khrap* (h)? = Wohin gehen Sie, mein Herr/meine Dame?), eine Frau fügt *kha* an (*pai* (f) *nai*, *kha* (h)?).

Wer eine Frage stellen will, setzt dem Satz ein hoch tönendes *mai* hinzu: *Rao pai* (wir gehen) oder *Rao pai mai* (h)? (sollen wir gehen?). Bei der Verneinung setzt man dagegen ein *mai* in fallendem Ton zwischen Subjekt und Verb: *Rao pai* (wir gehen) wird zu *Rao mai pai* (wir gehen nicht). „Viel“ oder „sehr“ drückt man durch das Suffix *maak* aus: *ron* (heiß), *ron maak* (sehr heiß).

Damit Sie sich besser zurechtfinden, haben wir eine Liste wichtiger Wörter und Redewendungen zusammengestellt. Welchen der fünf Tonfälle Sie dabei jeweils treffen müssen, wird in Klammern angegeben: (h) heißt hoher Ton, (t) tiefer Ton, (m) mittlere = normale Tonlage, (s) steigender Ton (wie beim Fragen stellen), (f) fallender Ton (z. B. in „Ah! Ich verstehe“).

ERSTER KONTAKT

Guten Tag/ Auf Wiedersehen	*sawatii* (ein Mann fügt *khrap* an, eine Frau *kha*, also etwa *sawatii, kha*)
Wie geht es Ihnen?	*khun sabai dii, ruu* (s)
Entschuldigung	*khoo* (offenes o) (s) *thoot* (geschl. o) (f)
Danke, gut	*sabai dii, khap khun*
Vielen Dank	*khapkhun maak*
Treten Sie ein	*chern kao* (f)
Setzen Sie sich	*chern nang*
Darf ich eintreten?	*khao dai* (f) *mai* (h)
Darf ich fotografieren?	*khoo* (offen) *tai ruup* (f) *noi, a dai* (f) *mai* (h)

Macht nichts	*mai* (f) *pen rai*
Ich spreche kein Thai	*phom* (s) (*chan*) *phuut Thai mai* (f) *dai* (f)
Ich spreche etwas Thai	*phom* (s) (*chan*) *phuut Thai dai* (f), *nit* (h) *noi*
Wo wohnen Sie?	*khun asai yu thii* (f) *nai* (s)
Wie heißt das auf Thai?	*nii* (h), *khu kho* (offenes o) *riak awai phasa Thai*
Wieviel?	*thao* (f) *rai*
Wann?	*mua* (f) *rai*

RICHTUNGSANGABEN

gehen	*pai*
kommen	*maa*
wo	*thii* (f) *nai* (s)
rechts	*khwaa* (s)
links	*sai* (h)
abbiegen	*liao*
geradeaus	*trong pai*
bitte langsamer fahren	*cha cha noi*
Wie heißt diese Straße?	*nii thanon arai*
Wie heißt diese Stadt?	*nii muang arai*
Wie weit ist es nach…?	*kii kiilo djon…*
Halten Sie hier	*yuut thii* (f) *nii* (f)
schnell	*reo*
Hotel	*rongrem*
Straße	*thanon*
Gasse	*soi*
Brücke	*saphan*
Polizeiwachc	*sathaanii tamruat*
Markt	*talaat*

NÜTZLICHE AUSDRÜCKE

Ja, so ist es	*chai* (f)
nein/nicht *mai* (f)	*chai* (f)
gut	*dii* (m)
schlecht	*mai* (f) *dii*
teuer	*pheng*
Haben Sie etwas Billigeres?	*mii arai thii thuuk* (t) *kwa nii* (h)
Können Sie im Preis etwas heruntergehen?	*loot noi dai* (f) *mai* (h)
Haben Sie eine andere Farbe?	*mii sii uhn mai* (h)
zu groß	*yai kern pai*
zu klein	*lek kern pai*
Haben Sie das auch größer?	*mii khanaat yai kwa nii* (h) *mai* (h)
Haben Sie das auch kleiner?	*mii khanaat lek kwa nii* (h) *mai* (h)
Wo ist die Toilette?	*suam thii nai* (s)

NÜTZLICHE WÖRTER

heiß/Hitze	*ron* (h)
scharf	*phet*
kalt	*yen*
süß	*waan* (s)
sauer	*preo* (f)
köstlich	*aroi*
Kokosnuß	*maphraao*

ZAHLEN

eins	*nung* (m)
zwei	*soong* (offenes o) (s)
drei	*saam* (s)
vier	*sii* (m)
fünf	*haa* (f)
sechs	*hok* (m)
sieben	*djet* (dtschet) (m)
acht	*phet* (m)
neun	*kaao* (f)
zehn	*sip* (m)
elf	*sip et* (m, m)
zwölf	*sip soong* (offen) (m, r)
dreizehn	*sip saam* (m, r)
zwanzig	*yii sip* (m, m)
dreißig	*saam sip* (r, m)
hundert	*nung roi* (m, m)
tausend	(*nung*) *phan* (m, m)
zehntausend	(*nung*) *muun*

WOCHENTAGE

Montag	*wan djan* (dschan)
Dienstag	*wan angkhaan*
Mittwoch	*wan phut*
Donnerstag	*wan pharuhat*
Freitag	*wan suk*
Samstag	*wan sao*
Sonntag	*wan athit*
heute	*wan nii* (h)
gestern	*mua wan nii* (h)
morgen	*phrung nii* (h)
jeden Tag	*thuk* (h) *wan*

TEMPEL-TERMINOLOGIE

Bot: Der Teil eines Tempels, in dem Zeremonien abgehalten werden – im allgemeinen den Mönchen vorbehalten. Sechs Randsteine, *bai sema*, markieren den Sitz des Heiligtums an der Außenseite des Gebäudes. Viele *wats* haben statt eines *bot* nur einen *vihan*.

Chedi: Leicht mit einem Stupa zu verwechseln. Gebäude mit glockenförmigem Dach, das zur Aufbewahrung von Reliquien dient.

Chofa: Wellen- oder flammenartiges Ornament an den Spitzen mancher Tempelgiebel (bot und vihan).

Naga: Ornament in Schlangen- beziehungsweise Drachenform, das sich vor allem an Dachrändern herabschlängelt. Als Skulptur dient die mystische Schlange dem Schutz eines meditierenden Buddha.

Prang: Eine Art *chedi* aus der Ayutthaya-Periode. Der Turm hat die Form einer langgezogenen Glocke mit abgerundeter Spitze.

Sala: Offener Pavillon.

Vihan: Als Zeremonienraum der belebteste Teil eines *wat*. Ein Tempel kann auch über mehrere davon verfügen.

Wat: Wat wird oft einfach mit „Tempel" übersetzt, es handelt sich dabei jedoch um einen ganzen Komplex von Gebäuden und Monumenten innerhalb eines ummauerten Tempelbezirks.

LITERATURHINWEISE

ALLGEMEINES

Dauth, Jürgen: Abschied von Mr. Muniandy, Südostasien im Wandel, Mai Verlag 1989.

Südostasien Handbuch, Loose [7]1989

BILDBÄNDE

Apa Reisebibliothek. Thailand, Reise- und Verkehrsverlag 1989

Rauchwetter, Gerhard: Traumziel Königreich Thailand, Süddeutscher Verlag 1988

Reichert, Folker: Thailand. Land der Freien, Harenberg

Schneider-Esleben, Paul: Burma, Bali, Thailand, Hirmer Mosel 1989

Wacker, Anke, **Nyffelder**, Roland: Thailand, Reich Verlag 1990

GESCHICHTE

Südostasien in der Kolonialzeit. Fischer Weltgeschichte Bd. 18

Weinmann, Marlis: Ansätze zu einem neuen Thailandbild. Betrachtungen zur Geschichte der Thais

KUNST UND KULTUR

Cooper, Robert und Nanthapa: Thailand. Kulturknigge, Simon und Magiera 1990

Dittmar, Johanna: Thailand und Burma. Tempelanlage und Königsstädte zwischen Mekong und Indischem Ozean, DuMont Kunst-Reiseführer, 6. Aufl. 1989

Felten, W., **Lerner**, M.: Das Erbe Asiens. Skulpturen der Khmer und Thai vom 6. bis 14. Jahrhundert, Klett-Cotta

Sparr-Sookmark, Ulrike Ebba von: Kulturschock Thailand, Rump 1989

Wenk, Klaus: Thailändische Miniaturmalereien

ders.: Perlmuttkunst in Thailand

ders.: Ramakien-Reliefs in Thailand

ders.: Wandmalereien in Thailand, 3 Bände, Zürich 1976

ders.: Die buddhistische Kunst Thawan Datchanis

LANDESKUNDE

Donner, Wolf: Thailand. Räumliche Strukturen und Entwicklung. Wissenschaftliche Buchgesellschaft 1989

Fischer Länderkunde 3. Südostasien

Hohnholz, Jürgen: Thailand. Geographie, Geschichte, Kultur, Religion, Staat, Gesellschaft, Politik, Wirtschaft, 1984

POLITIK/ZEITGESCHEHEN

Boesch, Ernst E.: Zwiespältige Eliten. Sozialpsychologische Untersuchung über administrative Eliten in Thailand

Dauth, Jürgen: Armut hat kein Stimmrecht. Die Entwicklung Südostasiens, Lamuv 1989

Donner, Wolf: Thailand ohne Tempel, Lebensfragen eines Tropenlandes, Fischer 1989

Evers, H.D., **Schiel**, T.: Strategische Gruppen. Vergleichende Studien zu Staat, Bürokratie und Klassenbildung in der Dritten Welt, Reiner 1988

Scharlau, Winfried: Vier Drachen am Mekong, Asien im Umbruch, DVA 1989

RELIGION

Glasenapp, H.v.: Die fünf Weltreligionen, Diederichs 1989

Hamilton-Merrit, Jane: Wandlung durch Meditation. Eine Frau aus dem Westen in Thailands Klöstern, Econ

Die **Religionen** Südostasiens. In: Die Religionen der Menschheit Bd. 23, Kohlhammer

Skrobanek, Walter: *Buddhismus und Politik in Thailand*, in: Südostasien, Tradition und Gegenwart, hrsg. von Heiner Dürr und Rolf Hanisch, Westermann Verlag 1986

DIVERSE

Frauen in Thailand, dtv

Jahn, Alfred: Thailand ganz anders. Erinnerungen eines deutschen Kinderchirurgen, Printul 1988

Jones, Alexandra: Indara. Roman aus dem versunkenen Siam, Heyne 1990

Latza, Berit: Sextourismus in Südostasien. Fischer Taschenbuch

Malee: Tigerkralle und Samtpfote. Authentischer Lebensroman eines thailändischen Freudenmädchens, Goldmann

Michael-Rushmer, Jane: Die Original Thailändische Küche, Heyne 1991

Muschelprinz und Duftende Blüte. Liebesgeschichten aus Thailand, Manesse 1966

Siebert, Rüdiger: Insel im schwarzen Fluß. Geschichte einer verkauften Kindheit in Thailand, Arena

REISE- UND ERLEBNISBERICHTE

Riegel, Franz: Ang-Thong. Vom Leben auf einsamen Inseln, Impressionen einer Faltbootreise, Pollner

Möbius, Michael, **Ster**, Anette: Dschunke, Jeep und Bambusfloß. Durch Burma und Thailand, Erlebnisbericht, Reisetips, Länderkunde, Frederking & Th. 1989

Wiese, Eigel: Thailand. Begegnung im Goldenen Dreieck, Pietsch

NÜTZLICHE ADRESSEN

BÜROS DER TAT

Wichtige Informationen für Ihre Thailand-Reise erhalten Sie vor Ort bei den Büros der Tourism Authority of Thailand (TAT), dem staatlichen Fremdenverkehrsverband. Alle im folgenden aufgeführten Filialen haben Broschüren, Karten und Videofilme vorrätig, die Ihnen bei der Planung Ihrer Reise von Nutzen sein können. Die Angestellten der TAT informieren Sie gern über Sehenswürdigkeiten, Unterkünfte und vieles mehr.

Weitere Auskünfte, speziell zu aktuellen Themen und Ereignissen, holt man sich am besten über Reisemagazine und Zeitungen ein – sie berücksichtigen Bangkok, Pattaya, Chiang Mai, Chiang Rai, Phuket, Hat Yai und Ko Samui. Der Zeitung *The Nation* liegt jeden Freitagmorgen ein Touristikteil bei (*Saen Sanuk*).

THAILAND

Bangkok
No. 4 Rajdamnern Nok Ave., Bangkok 10100, Tel.: 282-1143/4.

Chiang Mai
105/1 Chiang Mai-Lamphun Rd., Amphoe Muang, Chiang Mai 50000, Tel.: (053) 235-334, 248-604/7.

Hat Yai
1/1 Soi 2, Niphat Uthit 3 Rd., Hat Yai, Songkhla 90110, Tel.: (074) 243-747, 245-986.

Kanchanaburi
Saeng Chuto Rd., Amphoe Muang, Kanchanaburi 71000, Tel.: (034) 511-200.

Nakhon Ratchasima
2102-2104 Mittraphap Rd., Amphoe Muang, Nakhon Ratchasima 30000, Tel.: (044) 243-427, 243-751.

Pattaya
382/1 Chaihat Rd., South Pattaya 20260, Tel.: (038) 428-750, 429-113.

Phitsanulok
209/7-8 Surasi Trade Center, Boromtrailokanat Rd., Amphoe Muang, Phitsanulok 65000, Tel.: (055) 253-742, 252-743.

Phuket
73-75 Phuket Rd., Ainphoe Muang, Phuket 83000, Tel.: (076) 212-213, 211-036.

Surat Thani
5 Talat Mai Rd., Ban Don, Amphoe Muang, Surat Thani 84000, Tel.: (077) 282-829, 281-828.

Ubon Ratchathani
264/1 Khuan Thani Rd., Amphoe Muang, Ubon Ratchathani 34000, Tel.: (045) 243-770, 243-771.

ASIEN & PAZIFISCHER RAUM

Australien 12th. fl., Royal Exchange Bldg., 56 Pitt St., Sydney 2000, Tel.: (02) 227-549, 227-540; Telegramm: THAITOUR SYDNEY; Telex: 23467 THAITC AA.

Hongkong
Room 401, Fairmont House, 8 Cotton Tree Drive, Central, Tel.: (5) 868-0732, 868-0854; Telegramm: HKTHAITOUR; Telex: 63092 HKTAT HX.

Japan
Hibiya Mitsui Bldg., 1-2, Yurakucho 1-Chome, Chiyoda-ku, Tokyo 100, Tel.: (03) 3580-6776, 3580-0237; Telegramm: THAITOUR TOKYO; Telex: 333964 TATTYO; Hiranomachi Yachiyo Bldg., 5th Fl., 2-8-1 Hiranomachi, Higashi-ku, Osaka 541, Tel.: (06) 231-4437; Telex: J64675; FAX: (06) 231-4337.

Malaysia
c/o Royal Thai Embassy, 206 Jalan Ampang, Kuala Lumpur, Tel.: 248-0958; Telex: TAT-KL 31089 (MA).

Singapur
c/o Royal Thai Embassy, 370 Orchard Rd., Singapore 0923, Tel.: 235-7901, 235-7694; Telegramm: THAITOUR SINGAPORE; Telex: 39428 TATSIN RS.

EUROPA & USA

Bundesrepublik Deutschland
Bethmannstr. 58/IV., D-6000 Frankfurt/M. 1, Tel.: (069) 29 57 04, 29 58 04; Telegramm: THAITOUR FRANKFURT/M; Telex: 413 542 TAFRA D.

Frankreich
90 Avenue des Champs-Elysees, 75008 Paris, Tel.: 4562-8656/8748; Telegramm: THAITOUR PARIS; Telex: 650093 TATPAR F.

Großbritannien
49 Albemarle St., London WIX 3FE, Tel.: (71) 499-7670/9; Telegramm: THAITOUR LONDON; Telex: 298760 THAI TRG, TAT/LON.

Italien
Ente Nationale Per Il Tourismo-Thailandese, Via Barberini 50, 00187 Roma, Tel.: (06) 474-7410, 474-7660; Telex: 626139 TAT I.

USA
5 World Trade Center, Suite 2449 New York, N.Y. 10048, Tel.: (212) 432-0433; Telegramm: THAITOUR NEW YORK; Telex: 667612 TAT UW; 3440 Wilshire Blvd., Suite 1101, Los Angeles, CA 90010, Tel.: (213) 382-2353/4; Telegramm: THAITOUR LOS ANGELES; Telex: 686208 TTC LSA.

DIPLOMATISCHE VERTRETUNGEN

Thailändische Botschaft
Ubierstraße 65
5300 **Bonn** 2
Tel.: 0228/35 50 65-68

Thailändisches Konsulat
Podbielskiallee 1
1000 **Berlin** 33
Tel.: 030/831 27 15

Thailändisches Konsulat
An der Alster 85
2000 **Hamburg** 76
Tel.: 040/248 39 118 (10-13 Uhr)

Thailändisches Generalkonsulat
Königsallee 27
4000 **Düsseldorf** 1
Tel.: 0211/838 22 47 (9-12 Uhr)

Thailändisches Konsulat
Roßmarkt 14
6000 **Frankfurt** 1
Tel.: 069/201 10

Thailändisches Generalkonsulat
Meglingerstraße 19
8000 **München** 71
Tel.: 089/78 19 97 (Mo-Do 9-12 Uhr)

in Österreich
Thailändisches Generalkonsulat
Formanekgassse 12
1190 **Wien**
Tel.: 0222/36 53 43

Thailändisches Konsulat
Arenbergstraße 2
5020 **Salzburg**
Tel.: 0662/64 65 66

Thailändisches Konsulat
Boznerplatz 2
6021 **Innsbruck**
Tel.: 0512/204 61

Thailändisches Konsulat
Bahnhofstraße 26-28
6850 **Dornbirn**
Tel.: 05572/256 14

in der Schweiz
Thailändisches Konsulat
20 rue Sénebier
1205 **Genève**
Tel.: 022/781 33 66

Thailändisches Konsulat
Eigerstraße 60
3007 **Bern**
Tel.: 031/46 22 81

Thailändisches Konsulat
Beethovenstraße 41
8039 **Zürich**
Tel.:01/202 85 75

WEITERE INSTITUTIONEN

Deutsch-Thailändische Gesellschaft, Koblenzer Straße 89, 5300 Bonn 2
Tel.: 0228/ 35 16 73

BOTSCHAFTEN IN THAILAND

Sofern nicht anders angegeben, haben sämtliche Botschaften von Montag bis Freitag geöffnet.

Ägypten
49 Soi Ruam Rudee, Sukhumvit Rd., Tel.: 253-0161. Bürostunden: 10-12.30 Uhr.

Argentinien
20-85 Prommitr Villa, Soi 49/1, Sukhumvit Rd., Tel.: 259-0401. Bürostunden: 8.30-15 Uhr.

Australien
37 S. Sathorn Rd., Tel.: 287-2680. Bürostunden: 8-12.30 und 13.30-16 Uhr. Konsulat: 8.15 -12 Uhr.

Bangladesch
8 Soi Charoenmitr, Soi 63, Sukhumvit Rd., Tel.: 391-8069, 391-8070. Bürostunden: 8.30-16.30 Uhr.

Belgien
44 Soi Pipat, Silom Rd., Tel.: 233-9370, 233-0840. Bürostunden: 8.30-13.30 Uhr.

Brasilien
9. Stock, Maneeya Center Bldg., 518/5 Ploenchit Rd., Tel.: 252-6023. Bürostunden: Montag bis Donnerstag 9-14 Uhr, freitags 9-12 Uhr.

Brunei
14. Stock, Orakan Bldg., 26/50 Soi Chidlom, Ploenchit Rd., Tel.: 251-5766/7. Bürostunden: 8.30-12 und 13.30-16.30 Uhr.

Bulgarien
11 Soi Lampetch, Hua Mark, Tel.: 314-3056. Bürostunden: 8-14 Uhr.

Birma (Myanmar)
132 N. Sathorn Rd., Tel.: 233-2237, 234-2258. Bürostunden: 8.30 -12.30 und 13-16.30 (freitags bis 17 Uhr).

Chile
15 Soi 61, Sukhumvit Rd., Tel.: 391-4858. Bürostunden: 8-14 Uhr.

China
57/2 Rajadapisek Rd., Tel.: 245-7032/3. Bürostunden: 9-12 und 14-17 Uhr.

CSFR
Rm. 705, 7. Stock, Silom Bldg., 197/1 Silom Rd., Tel.: 234-1922, 233-4535. Bürostunden: 8-13 Uhr.

Dänemark
10 Soi Attakarnprasit, S. Sathorn Rd., Tel.: 286-3930, 286-3943. Bürostunden: Montag bis Donnerstag 7.30-13 Uhr, freitags 7.30-12.30 Uhr.

Deutschland
9 S. Sathorn Rd., Tel.: 286-4223/4. Bürostunden: 8.30-12 Uhr.

Dominikanische Republik
92/06 Changwattana Rd., Laksi, Bangkaen, Tel.: 521-0030. Bürostunden: 9-13 Uhr.

England
1031 N. Wireless Rd., Tel.: 253-0191/2 (8-12 und 13.30-16.30 Uhr). Konsulat: 8-12 Uhr.

Finnland
16. Stock, Amarin Plaza Bldg., 500 Ploenchit Rd., Tel.: 256-9306/7. Bürostunden: 8-12 und 13-15.15 Uhr.

Frankreich
35 Soi Rongpasi (Customs House Lane), Charoenkrung Rd. (New Road), Tel.: 234-0950/1. Bürostunden: 8.30-12 und 13-17 Uhr.

Griechenland
3. Stock, President Travel Service Bldg., 412/8-9 Soi 6, Siam Square, Rama 1 Rd., Tel.: 251-5111/2. Bürostunden: 8-12 und 13.30-15.30 Uhr, samstags 9.30-12 Uhr.

Indien
46 Soi 23, Sukhumvit Rd., Tel.: 258-0300/1. Bürostunden: 8.30-13 und 13.30-17 Uhr.

Indonesien
600-602 Petchburi Rd, Tel.: 252-3135/6 (7.30-12 und 13.30-15.30 Uhr). Konsulat: 8-12 Uhr.

Iran
602 Sukhumvit Rd. (zwischen Soi 22 and 24), Tel.: 259-0611/2. Bürostunden: 8.30-16 Uhr.

Irak
47 Pradipat Rd., Tel.: 278-5335. Bürostunden: 8.30-15.30 Uhr.

Irland
205 Rajawong Rd., Tel.: 223-0876. Bürostunden: 9.30-17.30 Uhr.

Israel
31 Soi Lang Suan, Ploenchit Rd., Tel.: 252-3131/2. Bürostunden: Montag bis Donnerstag 8-16 Uhr, freitags 8-15 Uhr. Konsulat: 8-13 Uhr.

Italien
399 Nang Linchee Rd., Tel.: 287-2054/5. Bürostunden: 9-13 Uhr.

Japan
1674 New Petchburi Rd., Tel.: 252-6151/9. Bürostunden: 8.30-12 Uhr.

Jugoslawien
28 Soi 61, Sukhumvit Rd., Tel.: 391-9090/1. Bürostunden: 9-16.30 Uhr.

Kanada
11. Stock, Boonmitr Bldg., 138 Silom Rd., Tel.: 234-1561/8. Bürostunden: Montag bis Donnerstag 7.30-12.15 Uhr und 13-16.15 Uhr, freitags 7.30-13 Uhr.

Korea
Sathornthani Bldg., 90 N. Sathorn Rd., Tel.: 234-0723/4. Bürostunden: 8.30-12 und 13.30-16.30 Uhr.

Laos
193 S. Sathorn Rd., Tel.: 286-0010, 286-3362. Bürostunden: 8-12 und 14-16.30 Uhr.

Malaysia
35 S. Sathorn Rd., Tel.: 286-7190/7769. Bürostunden: 8.30-12 und 13-16 Uhr.

Mexiko
44/7-8 Convent Rd., Tel.: 235-6367, 234-0935. Bürostunden: 8.30-12.30 und 13.30-15 Uhr.

Monaco
3. Stock, Nailert Bldg., 888 Petchburi Rd., Tel.: 252-8106 App. 46. Bürostunden: 9-12 und 14-16 Uhr.

Nepal
189 Soi Puengsuk, Soi 71, Sukhumvit Rd., Tel.: 391-7240, 390-2985. Bürostunden: 8-12 und 13.30-16.30 Uhr.

Neuseeland
93 Wireless Rd., Tel.: 252-8995, 251-8165. Bürostunden: 8-12 und 13.30-16 Uhr.

Niederlande
106 Wireless Rd., Tel.: 254-7701. Bürostunden: 9-12 Uhr.

Norwegen
20. Stock, Chokchai Bldg., 690 Sukhumvit Rd., Tel.: 258-0531, 259-1010. Bürostunden: Montag bis Donnerstag 9-15 Uhr, freitags 9-13 Uhr.

Oman
7. Stock, Assawinvichit Bldg., 134/1-2 Silom Rd., Tel.: 236-7385. Bürostunden: 8-14 Uhr.

Österreich
14 Soi Nanta (geht von Soi Attakarnprasit ab), S. Sathorn Rd., Tel.: 286-3011, 286-3037. Bürostunden: Montag bis Freitag 8.30-12 Uhr und 13-16 Uhr, samstags 9-12 Uhr.

Pakistan
31 Soi 3, Sukhumvit Rd., Tel.: 253-0288/9. Bürostunden: 8.30-16 Uhr. Konsulat: 8.30-11.30 Uhr.

Peru
Louis T. Leonowens Bldg., 723 Siphya Rd.

Philippinen
760 Sukhumvit Rd. (geg. Soi 47), Tel.: 259-0139, 259-0140. Bürostunden: 9-12 und 14-16 Uhr.

Polen
61 Soi Prasarnmit (Soi 23), Sukhumvit Rd., Tel.: 258-4112. Bürostunden: 9-16 Uhr.

Portugal
26 Captain Bush Lane, New Rd., Tel.: 233-7610, 234-2123. Bürostunden: 9-14 Uhr.

Rumänien
39 Soi 10, Sukhumvit Rd. Bürostunden: 8.30-14.30, samstags 8.30-12 Uhr.

Saudi Arabien
10. Stock, Sathornthani Bldg., 90 N. Sathorn Rd., Tel.: 235-0875. Bürostunden: 9-15 Uhr.

Singapur
129 S. Sathorn Rd., Tel.: 286-2111, 286-1434. Bürostunden: 8.30-12 und 13-16.30 Uhr.

Spanien
104 Wireless Rd., Tel.: 252-6112, 252-8368. Bürostunden: 8.30-15.30 Uhr. Konsulat: 8.30-12 Uhr.

Sri Lanka
1/7-8 Soi 10, Sukhumvit Rd., Tel.: 251-0803, 251-8062. Bürostunden: Montag bis Donnerstag 8-15 Uhr, freitags 8-14 Uhr.

Schweden
11. Stock, Boonmitr Bldg., 138 Silom Rd., Tel.: 236-7156, 236-6918. Bürostunden: 8-12.30 Uhr.

Schweiz
35 N. Wireless Rd., Tel.: 253-0156/7. Bürostunden: 9-12 Uhr.

Türkei
153/2 Soi Mahadlek Luang 1, Rajdamri Rd., Tel.: 251-2987/8.

UdSSR
108 N. Sathorn Rd., Tel.: 234-9824, 235-5599. Bürostunden: Montags 7.30-16.15 Uhr, Dienstag bis Freitag 7.30-15.15 Uhr.

Ungarn
28 Soi Sukchai (geht von Soi 42 ab), Sukhumvit Rd., Tel.: 391-2002/3. Bürostunden: 9-12 Uhr.

USA
95 Wireless Rd., Tel.: 252-5040/9. Bürostunden: 7.30-12 und 13-16.30 Uhr.

Vietnam
83/1 Wireless Rd., Tel.: 251-7203, 251-5836. Bürostunden: 8.30-16.30 Uhr.

VISUELLE BEITRÄGE

Fotografien von	**Luca Invernizzi Tettoni** *und*
Seite 73	**Alain Evrard**
56/57, 78, 86, 134, 144/145, 173, 264	**APA Photo Agency**
267	**Denise Tucket**
Umschlagvorderseite, 16/17, 36, 37, 46L, 48, 58/59, 150, 151, 215, 252, 269, 270, 272, 289, 319	**Hans Höfer/APA Agency**
314	**Ingo Jezierski**
55	**Luca Invernizzi Tettoni/APA Photo Agency**
40/41, 42/43, 45, 47L&R	**M.C. Piya Rangsit**
52/53, 69R, 254/255, 263, 265	**Steve Van Beek**
Karten	**Berndtson & Berndtson**
Illustrationen	**Klaus Geisler**
Design Consulting	**V. Barl**

REGISTER

A

B

C

D

E

F

G

H

I,J

L

M

N

R

S

T

U,V

W

Y, Z